全世界无产者，联合起来！

# 列宁全集

第二版增订版

## 第二十五卷

1914年3—7月

中共中央 马克思 恩格斯 列宁 斯大林 著作编译局编译

人民出版社

《列宁全集》第二版是根据中国共产党中央委员会的决定，由中共中央马克思恩格斯列宁斯大林著作编译局编译的。

# 凡　　例

1. 正文和附录中的文献分别按写作或发表时间编排。在个别情况下，为了保持一部著作或一组文献的完整性和有机联系，编排顺序则作变通处理。

2. 每篇文献标题下括号内的写作或发表日期是编者加的。文献本身在开头已注明日期的，标题下不另列日期。

3. 1918 年 2 月 14 日以前俄国通用俄历，这以后改用公历。两种历法所标日期，在 1900 年 2 月以前相差 12 天（如俄历为 1 日，公历为 13 日），从 1900 年 3 月起相差 13 天。编者加的日期，公历和俄历并用时，俄历在前，公历在后。

4. 目录中凡标有星花 * 的标题，都是编者加的。

5. 在引文中尖括号〈　〉内的文字和标点符号是列宁加的。

6. 未说明是编者加的脚注为列宁的原注。

7.《人名索引》、《文献索引》条目按汉语拼音字母顺序排列。在《人名索引》条头括号内用黑体字排的是真姓名；在《文献索引》中，带方括号[　]的作者名、篇名、日期、地点等等，是编者加的。

# 目　　录



## 1914 年

## 附　　录

## 插　图

# 前　言

本卷收载列宁在1914年3月至7月期间的著作。

1914年春，俄国的罢工运动继续蓬勃发展。3月，里加和彼得堡橡胶工人大批中毒事件激起了全国的抗议浪潮。随后在彼得堡和莫斯科发生了10多万工人大罢工，抗议不准工人杜马代表出席杜马会议。全国参加五一节示威游行和罢工的工人超过50万人。巴库石油工人在5月开始的总罢工得到了全国无产阶级的声援，彼得堡、莫斯科、哈尔科夫、基辅等许多城市的工人相继举行罢工。国内政治生活的每一个事件都在无产阶级中产生反响，各地的罢工运动此起彼伏，以不可阻挡之势向前发展。1914年上半年全国参加罢工的人数有150万，其中参加政治罢工的几乎占80%。国内局势进一步证明列宁关于俄国存在革命形势的论断是正确的。1913年底和1914年上半年，列宁在克拉科夫和波罗宁主持召开了多次中央委员会会议，解决了革命斗争过程中的一些重大问题。布尔什维克把秘密工作和公开工作结合起来，调动了无产阶级的一切革命力量，赢得了绝大多数工人的拥护，而取消派在群众中的影响则急转直下，托洛茨基发起的反对布尔什维克的八月联盟彻底瓦解。

列宁和布尔什维克坚定不移地同取消派、托洛茨基派、左派民粹派以及其他机会主义者进行斗争，争取工人阶级的真正统一。

这是贯穿本卷的主要内容。

《"八月"联盟的瓦解》、《"八月联盟"的空架子被戳穿了》、《取消派和拉脱维亚的工人运动》、《拉脱维亚马克思主义者的决议和取消派》等文章揭露了八月联盟彻底瓦解的真相，说明了俄国工人只有反对取消派才能实现真正的统一。在《论高喊统一而实则破坏统一的行为》一文中，列宁向年轻一代工人介绍了俄国社会民主工党内部马克思主义者和机会主义者斗争的历史，揭露托洛茨基对党内斗争历史的歪曲和对布尔什维克的攻击。列宁称托洛茨基是"最坏的派别活动残余的最坏的代表"，打着"非派别性"的旗号庇护取消派，进行分裂活动。在《统一》、《工人的统一和知识分子的"派别"》、《论统一》等文章中，列宁提出了工人阶级及其政党的统一的条件。列宁认为，没有组织就不可能有统一，没有少数服从多数就不可能有组织；统一的基础是阶级纪律，是承认大多数人的意志；工人阶级需要的是马克思主义者的统一，而不是马克思主义者同马克思主义的反对者和歪曲者的统一。

《论冒险主义》、《资产阶级知识分子反对工人的方法》、《关于"前进派分子"和"前进"集团》等文章指出，取消派、前进派和托洛茨基集团没有坚定、完整、鲜明、彻底的以及受过多年经验检验的路线，不能回答策略、组织、纲领等问题，他们是一些小资产阶级知识分子集团和冒险主义者，他们被马克思主义的工人运动所抛弃，但又企图用欺骗手段再次混进这一运动。自由派煽起民族主义，竭力革新和活跃唯心主义的、康德主义的和马赫主义的哲学，传播资产阶级的政治经济学理论，而小资产阶级知识分子集团则愚弄工人，使工人受资产阶级思想支配。这些反马克思主义的知识分子集团同工人运动是不能调和的。列宁写道："世界各地的工人政党都不联合知识分子集团和‘派别’，就是联合**工人**也要以下列条件为基础：(1)承认和执行关于策略和组织问题的明确的马克思主义的决议；(2)少数的觉悟工人服从多数的觉悟工人。”（见本卷第298页）

孟什维克取消派、托洛茨基派、前进派等机会主义集团在俄国工人运动内部失去了支持以后，便求助于第二国际领导人。社会党国际局执行委员会根据1913年12月社会党国际局会议的决议，于1914年7月在布鲁塞尔召集俄国工人运动各派代表协商恢复党的统一问题。列宁决定不参加这个会议。收入本卷的《俄国社会民主工党中央委员会在布鲁塞尔会议上的报告和给出席该会议的中央代表团的指示》，是列宁为布尔什维克中央委员会派去的代表团起草的。这个报告用事实和数字证明，在俄国并不存在像俄国机会主义者和他们的庇护者描述的那种“派别斗争的混乱状态”，而只有马克思主义者同取消派的斗争，在这一斗争中逐渐形成了真正马克思主义的工人政党，这个党联合了俄国绝大多数觉悟工人。列宁在报告中指明，布尔什维克同取消派的分歧不是如何建设党的问题上的意见分歧，而是关系到党的存在问题的意见分歧。因此，这里根本谈不上什么调和或妥协。只有同取消派进行坚决的斗争，才能建设党和巩固党。报告还提出了同取消派实行“统一”的一些条件：必须无条件地确认关于取消派的全党决议；不得贬低“地下组织”的作用和意义；不容许反对地下活动和群众性罢工以及游行示威；不容许在当今的俄国鼓吹“公开的”工人政党；真正承认党的纲领，并且为实现党的纲领而进行实际的斗争；公开承认国际主义原则并谴责资产阶级民族主义的“民族文化自治”纲领；每个党员必须参加一个秘密的党的组织并在其中进行工作;等等。

《俄国工人报刊的历史》、《我们的任务》、《〈马克思主义和取消主义〉文集的结束语》、《工人运动中的思想斗争》等文章,论述了俄国马克思主义派和机会主义派20年斗争的历史。列宁在这些文章中指出,从1894年到1914年,在马克思主义同俄国工人运动相结合的20年中,俄国马克思主义运动和工人运动就没有间断过同机会主义派的斗争。1895—1902年马克思主义者即火星派同经济派进行斗争,1903—1908年布尔什维克派同孟什维克派进行斗争,1908—1914年马克思主义者同取消派进行斗争。列宁还指出,取消派和左派民粹派这两个在俄国工人运动中被击败的小资产阶级派结成反对马克思主义的联盟,也差不多准备了20年,现在已到了正视现实的时候,在俄国马克思主义的工人运动中必须开展反对取消派和左派民粹派的斗争。他揭示了俄国社会民主主义运动中出现机会主义派别的社会根源和阶级根源。他指出,俄国是一切资本主义国家中最落后、小资产阶级最多的国家之一,因此俄国工人运动中必然产生小资产阶级的机会主义派别,无产阶级的阶级运动只有经过先进工人的长期斗争和艰苦工作,才能去掉小资产阶级的各种杂质和病态,从而巩固起来。他指出,经过20年的斗争,"真正马克思主义政党的真正无产阶级基础,现在才第一次牢固地形成起来"(见本卷第141页)。

《左派民粹派在美化资产阶级》、《论左派民粹派》、《左派民粹主义和马克思主义》、《俄国的土地问题》等文章,反映了布尔什维克同左派民粹派的斗争。这些文章批判了左派民粹派的农民民主主义观点中的农奴制残余。左派民粹派反对农民土地特别是份地自由买卖和抵押,幻想不经过资本主义的进一步发展而走向社会主义。列宁指出："试图用限制土地自由转移的法律或规章来阻挡世界资本主义，就和试图用枝条编成的篱笆来阻挡火车一样，是件十足的蠢事。维护这种做法也就是维护农奴主的盘剥，维护农村的停滞和**腐朽**。"（见本卷第162页）他还指出：俄国土地问题的经济实质就是对俄国进行资产阶级民主改革；俄国的经济发展必然由农奴制走向资本主义，再经过资本主义走向社会主义。马克思主义者反对一切阻碍这种发展进程的企图。俄国工商业的资本主义的发展必不可免地破坏农奴制的、份地的土地占有制。一切买卖和抵押土地的自由是资本主义发展的必要条件。"限制份地自由转移就是**扼制**经济发展，**阻挠**雇佣工人阶级的形成、成长、觉醒、团结，**恶化**工人和农民的处境，**加强**农奴主的影响。"（见本卷第318页）因此，马克思主义者认为左派民粹派是"反动的社会主义者"（见本卷第162页）。

《表明工人运动中各派力量的一些客观材料》、《左派民粹派在工人中的力量有多大》等文章表明，自从1912年12月中央委员会克拉科夫会议提出从下面实现工人运动的统一、由工人自己在为无产阶级革命要求而进行的斗争中实现统一的口号，经过一年半的时间，布尔什维克击败了取消派和左派民粹派，把五分之四的工人争取过来了，实现了工人的真正统一。列宁用事实和数字说明俄国工人运动中的三派——马克思主义派、取消派和左派民粹派力量的消长情况：布尔什维克的《真理报》的发行量将近4万份，而取消派的《光线报》只有16 000份；工人给无产阶级报纸的全部集体捐款中，有五分之四是捐给《真理报》的；大多数工人拥护布尔什维克杜马党团，而不同孟什维克杜马党团来往；在全俄的和彼得堡的保险机关的选举中，当选的人中有80％以上是真理派；等等。

列宁从这些客观材料得出结论说，1912年、1913年和1914年上半年的群众运动经验证实马克思主义派的纲领思想、策略思想、组织思想及其各项决议是完全正确的，只有布尔什维克才真正是个不依赖资产阶级的、马克思主义的无产阶级派别。

1913年10月底在第四届国家杜马中成立的独立的布尔什维克党团，利用杜马讲坛向广大工人群众宣传党的主张。本卷的一些文献反映了列宁经常关心和指导布尔什维克党团的活动。列宁非常重视利用杜马讲坛宣传布尔什维克的民族纲领。他为布尔什维克党团草拟了《关于民族平等的法律草案》、《关于民族平等和保护少数民族权利的法律草案》和《关于民族政策问题》的讲话稿。在这些文献中，列宁揭露沙皇政府对占俄国人口总数五分之三的少数民族实行的民族压迫政策，指明俄国正处于沙皇政府同各族人民进行国内战争的状态，明确地表示工人阶级反对民族压迫，主张取消对一切民族的民族限制。列宁为布尔什维克党团起草的《谈谈农业部的预算问题》讲话稿，批判沙皇政府的新土地政策，揭示它的实质是奖励独立田庄，加紧破坏农民村社，以便更快地为沙皇制度建立新的社会支柱——富农阶级。这篇讲话稿揭露沙皇政府和地主政党的报刊把新土地政策说成是改造俄国落后的农业、消灭农奴制残余方面的重大进步的欺人之谈，用具体事实说明大多数农民依旧处于农奴制的奴隶地位。列宁指出："为了真正消灭盘剥和农奴制压迫，把土地转交而且是无偿地转交给农民是唯一可行的措施，它完全合理，符合农民利益，符合整个国家发展的利益，符合进步和文化的利益。"（见本卷第187页）

列宁阐述民族问题的文章在本卷中占很大的篇幅。在1913—1914年间，俄国社会民主工党内关于民族问题的争论十分激烈。争论的焦点是一个多民族国家的无产阶级政党的纲领有没有必要承认民族自决权。取消派、崩得分子和小资产阶级民族主义者猛烈攻击党纲中关于民族自决权的第9条。他们提不出独立的论据，只是重复罗莎·卢森堡在1908—1909年间关于民族问题和自治的论述。卢森堡把民族自决权看做对被压迫民族的资产阶级民族主义的支持，要求从党纲中去掉这一条。本卷收载的《论民族自决权》这篇重要理论文章，阐发并论证了马克思主义的民族纲领和党的民族政策，批判了卢森堡无视大俄罗斯民族主义的错误和党内机会主义者反对民族自决的言论，揭露了维护大俄罗斯资产阶级的国家特权的民族自由主义。

列宁根据对民族运动的历史、经济条件的分析指出："所谓民族自决，就是民族脱离异族集合体的国家分离，就是成立独立的民族国家。"（见本卷第228页）他还强调指出，在分析任何一个社会问题时，马克思主义理论的绝对要求就是把问题提到一定的历史范围之内，在谈到某一国家的民族纲领时，要估计到在同一历史时代这个国家不同于其他各国的具体特点。他阐明了俄国民族问题的特点：俄国是以大俄罗斯民族为中心的国家，沙俄专制制度比周围各国都落后、反动，占全国人口多数的其他民族备受压迫，反对民族压迫的民族运动正在兴起，大俄罗斯民族主义成为尚未完成的民主革命和无产阶级斗争的主要障碍。因此，列宁认为，民族问题是俄国民主革命的一部分，承认各民族有自决直至分离的权利至为重要，而否认自决权则帮助了大俄罗斯民族的黑帮。无产阶级"承认各民族平等，承认各民族都有成立民族国家的平等权利，同时又把各民族无产者之间的联合看得高于一切，提得高于一切，从工人的阶级斗争**着眼**来估计一切民族要求，一切民族的分离"

（见本卷第 242 页）。无产阶级支持被压迫民族的资产阶级民族主义中反对民族压迫的一般民主主义内容，同时反对其中追求本民族的特权的趋向。

列宁明确指出俄国无产阶级当时在民族问题上的任务是：一方面要反对一切民族主义，首先要反对大俄罗斯民族主义，承认各民族完全平等，包括承认民族自决权；另一方面，为了同一切民族的各种民族主义进行有成效的斗争，必须坚持无产阶级斗争和无产阶级组织的统一，不管资产阶级如何力求造成民族隔绝，必须使无产阶级组织极紧密地结成一个跨民族的共同体。“各民族完全平等，各民族享有自决权，各民族工人打成一片，——这就是马克思主义教给工人的民族纲领，全世界经验和俄国经验教给工人的民族纲领。”（见本卷第 288 页）

在《精致的民族主义对工人的腐蚀》一文中，列宁批判了资产阶级宣传的以民族划线来分裂工人事业、分裂工人组织、分裂工人运动的民族主义。列宁指出，马克思主义的民族纲领同资产阶级的民族纲领的根本区别在于：马克思主义者不但坚持各个民族和各种语言最充分的平等，而且坚持各个民族的工人必须在各种统一的无产阶级组织中打成一片。资产阶级要求民族平等实际上往往是宣传民族独特性和沙文主义，宣传民族分裂和疏远，而无产阶级国际主义不但宣传民族接近，而且宣传一国的各族工人在统一的无产阶级组织中打成一片。列宁号召各民族工人共同反对各种各样的沙文主义和民族主义。在《民族平等》一文中，列宁揭露俄国黑帮实行的民族压迫政策是民族分裂的政策，是经常腐蚀人民意识的政策。

编入本卷的《又一次消灭社会主义》一文反映了列宁同攻击马

克思主义的资产阶级思想家的斗争。这篇长文批驳了自由派资产阶级思想家司徒卢威对马克思主义政治经济学的攻击。司徒卢威试图诋毁马克思的劳动价值理论，说什么《资本论》第1卷和第3卷有矛盾，劳动价值论和在价值规律基础上形成的平均价格有矛盾。列宁揭露说，司徒卢威声称要有批判地重新审查马克思的政治经济学并提出新的研究方法，却不认真地分析和研究由马克思的哲学和政治经济学结成的严整的唯物主义世界观的各个组成部分。列宁指出，司徒卢威的理论是学术垃圾，而不是科学。司徒卢威触及许多问题，似乎要予以科学的论证，其实在他的著作中，除了东拼西凑的引文和草率的评论，什么都没有提供。他把任何科学规律一概抛弃，为宗教规律扫清场地。他没有研究资本主义的发展趋势，就证明社会主义不可能实现。他想推翻马克思，但又完全没有能力，便用一大堆断章取义的引文向读者说明马克思主义不值一驳。这只是又一次证明了资产阶级时代的一条规律："为了消灭马克思，对科学的践踏愈是厚颜无耻，就愈能获得荣誉。"（见本卷第40页）列宁写道："对能否科学地分析现状感到绝望，不要科学，竭力蔑视任何概括，躲避历史发展的一切'规律'，用树木挡住**森林**，——这就是我们在司徒卢威先生那里所看到的那种时髦的资产阶级怀疑论和僵硬死板的经院哲学的阶级含义。"（见本卷第46页）

在《列宁全集》第2版中，本卷文献比第1版相应时期的文献增加12篇。其中有：《告乌克兰工人书》、《俄国社会民主工党中央委员会关于成立领导秘密工作的中央组织部的决议》、《五一节和俄国的工人运动》、《俄国社会民主工党中央委员会向第二国际维也纳代表大会的报告的提纲》、《书评（И.М.科兹米内赫-拉宁〈莫斯科省工厂的加班劳动〉》、《〈论《同时代人》杂志〉一文的提纲》、《一位自由派的坦率见解》、《俄国社会民主工党中央委员会的决定》、《布鲁塞尔代表会议上的波兰反对派》、《〈革命与战争〉一文的提纲》。此外，《谈谈农业部的预算问题》一文的最后一部分也是新补充的。《附录》中的两篇文献《〈论民族自治权〉一文的提纲》、《俄国社会民主工党中央委员会在布鲁塞尔会议上的报告的提纲》是新增加的。

在本增订版中，本卷文献比《列宁全集》第2版相应时期的文献增加2篇，增加文献与1914年5月罗·瓦·马林诺夫斯基退出国家杜马一事有关，一篇是《关于开除马林诺夫斯基》，收入本卷正文部分；另一篇是《罗·瓦·马林诺夫斯基案件调查委员会的结论》，收入本卷附录部分。

弗·伊·列宁

（1914 年）

# “八月”联盟的瓦解

(1914 年 3 月 15 日〔28 日〕)

凡是关心俄国工人运动和马克思主义运动的人都知道，在1912 年 8 月，成立了一个由取消派、托洛茨基、拉脱维亚人、崩得分子、高加索人组成的联盟(同盟)[1]。

不是由工人出钱办的，恰恰是在彼得堡选举时为了瓦解大多数有组织的工人的意志而办的《光线报》[2]，为这个联盟大做广告，热闹非凡。宣扬参加这个联盟的“人数众多”，宣扬它是“各种流派的马克思主义者”的同盟，宣扬它的“统一”和非派别性；同时又痛骂“分裂派”，即 1912 年一月代表会议[3]的拥护者。

这样，“统一”问题就以新的形式，即作为一个实际问题，摆到了肯动脑筋的工人面前。事实本应该让人看清楚了谁是对的：是赞扬“八月联盟派”[4]的“统一”纲领和策略的那些人，还是指出这是一块用新伪装掩护业已破产的取消派的假招牌的那些人?

时间正好过去了**一年半**。在 1912—1913 年的高涨时期，这也算是一段很长的时间了。1914 年 2 月出版了一种新杂志，这一次是由八月联盟纲领的“**真正**”拥护者托洛茨基创办的非常“统一的”、绝对而且货真价实的“非派别性的”杂志，杂志的名称叫《斗争》[5]。

无论是《斗争》杂志第 1 期的内容，或者是取消派在《斗争》杂志出版以前对它的评论，都一下子使细心的人看出八月联盟的**瓦解**和为掩饰这个瓦解、欺骗工人所作的拼命挣扎。不过，这种骗局不久也会被揭穿的。

在《斗争》杂志出版以前，《北方工人报》[6]编辑部发表了一篇用心险恶的短评，它说：“关于这个杂志，近来在马克思主义者中间谈论得很多，可是我们现在还不清楚它的真面目。”

读者只要想一想：从1912年8月起，托洛茨基就是八月统一联盟的首领之一，但是整个1913年已经表明，他脱离了《光线报》和“光线派”。在1914年，这位托洛茨基创办了**自己的**杂志，同时仍旧在《北方工人报》和《我们的曙光》杂志[7]挂个虚名。**“在人们中间谈论得很多”**的是：取消派隐瞒了托洛茨基**反对**光线派、**反对**费·唐·先生、尔·马·先生以及诸如此类的“陌生人”的秘密“信”。

可是讲真话的、非派别性的、统一的《北方工人报》编辑部却说：“我们现在还不清楚它的真面目”！

他们还不清楚八月联盟已经瓦解了！！

不，费·唐·先生、尔·马·先生以及其他光线派分子，这一点你们非常“清楚”，你们不过是要骗骗工人而已。

正像我们在1912年8月就已经说过的那样，八月联盟原是掩护取消派的空架子。**它四分五裂了**。**甚至**它在俄国国内的朋友也未能抱成一团。名噪一时的联合派连他们彼此间的联合也保不住，结果形成了**两个**“八月联盟”派：光线派（《我们的曙光》杂志和《北方工人报》）和托洛茨基派（《斗争》杂志）。两派各执一片被它们撕破了的“共同的联合的”八月联盟旗帜，却还在声嘶力竭地高喊“统一”！

《斗争》杂志的倾向如何？托洛茨基给《北方工人报》第11号写的一篇冗长的小品文谈到了这一点，但是取消派报纸的编辑部一针见血地回答他说，"面目仍然不清楚"。

事实上取消派是有**自己的**面目的，不过这是自由派的面目，而不是马克思主义者的面目。凡是读过费·唐·、尔·谢·、尔·马·、叶若夫、波特列索夫之流的著作的人，都认识这种面目。

至于托洛茨基，他是从来没有任何"面目"的，他只是朝三暮四地动摇于自由派和马克思主义者之间，时而从这里时而从那里胡乱摘引些个别的字眼和响亮的词句。

对于任何一个有争论的问题，《斗争》杂志没有说过**一句**实质性的话。

这是令人难以置信的，然而这是事实。

关于"地下组织"的问题，**只字未提**。

托洛茨基同意不同意阿克雪里罗得、查苏利奇、费·唐·、尔·谢·(《光线报》第101号)等人的思想呢？——**一声不响**。

关于为公开的党而斗争的口号呢？——**一言不发**。

关于叶若夫之流和其他光线派分子谈论罢工的自由派言论呢？关于废除民族问题纲领呢？——**一声不响**。

关于尔·谢多夫及其他光线派分子**反对两条**"鲸鱼"[8]的言论呢？——**一声不响**。托洛茨基硬说他是赞成把局部要求和最终目的结合起来的，但是他对**取消派**实现这种"结合"的方法究竟抱什么态度，却一字不提！

托洛茨基以特别响亮、空洞和含糊的词句作掩护，愚弄不觉悟的工人，对地下组织的问题避而不谈，还硬说我国没有自由派的工人政策，等等，这实际上是在保护取消派。

托洛茨基对以齐赫泽为首的七人团[9]专门讲了一大套道理，告诉他们应当怎样**更巧妙地**否定地下组织和党。这一套滑稽可笑的道理清楚地说明，七人团**在继续瓦解**。布里扬诺夫已经退出了七人团。他们在怎样回答普列汉诺夫这件事情上无法取得一致的意见。他们现在还动摇于唐恩和托洛茨基之间；而齐赫泽看来正在尽力施展他的外交才能以弥合新的裂痕。

这些与党貌合神离的人，不能在**自己的**“八月联盟”纲领的基础上团结起来，还要高喊“统一”以此欺骗工人！真是白费心机！

统一就是承认“老的一套”并且同否定“老的一套”的人作斗争。统一就是俄国多数工人团结在大家早已知道的谴责取消主义的决议的周围。统一就是杜马代表必须像六个工人代表[10]那样同多数工人的意志结合起来。

而取消派和托洛茨基，“七人团”和托洛茨基，破坏了自己的八月联盟，抛弃了党的所有决议，脱离了地下组织和有组织的工人，所以是最恶劣的分裂派。幸亏工人们已经明白了这一点，而且所有觉悟工人**实际上**正在**反对**破坏统一的取消派，建立自己的统一。

载于 1914 年 3 月 15 日《真理之路报》第 37 号

译自《列宁全集》俄文第 5 版第 25 卷第 1—4 页

# 告乌克兰工人书[11]

（不晚于1914年3月19日〔4月1日〕）

乌克兰工人同志们：

在乌克兰，在叶卡捷琳诺斯拉夫地区，建立起了巨大的采矿工业中心，那里有几万名矿工——有大俄罗斯人，也有乌克兰人，他们同千百万乌克兰工人居民一样，正在用自己艰苦的劳动为资本家创造财富，遭受资本家的剥削。在基辅、沃伦、赫尔松等地以及在全乌克兰的地主农庄里的乌克兰农业工人生活得也不比他们好。

现在也该是我们乌克兰工人觉醒和坚决地联合起来同资本作斗争的时候了。因为我们作为工人和被奴役民族的一员，正在遭受压迫，我们的民族被剥夺了在学校用母语受教育的权利。然而我们的敌人已经使我们也懂得了：(1)工人的解放应该是工人自己的事情；我们只有自己觉悟起来，自己组织起来，才能争取到较好的生活；(2)只有同一切民族的工人首先是同大俄罗斯工人，即矿工、工厂工人和农业工人结成兄弟联盟，我们才有可能找到解放的道路。

同志们！我们的道路是：一切民族的工人结成兄弟的联盟。任何民族主义者，无论是大俄罗斯民族主义者或是乌克兰民族主义者，都欺骗不了我们。大俄罗斯民族主义者禁止使用我们的语言，从而剥夺了我们真正发展的手段，他们还在我们同大俄罗斯工人之间散布不和。乌克兰民族主义者声称他们也反对民族压迫，然而他们只不过是假装成工人的朋友，用自己的民族主义思想来愚弄工人。不！我们知道，俄国马克思主义者同俄国境内一切民族中觉悟的工人联合起来，正在争取一切民族的平等权利。我们知道，大俄罗斯的觉悟工人并不承认大俄罗斯民族享有特殊的国家特权，而是争取民族自决权，即俄国被压迫民族自由建立自己生活的权利。

对工人来说，除了各民族工人在共同组织里兄弟般地联合起来以外，没有别的和更好的道路。

乌克兰工人同志们！

为了使我们的运动能取得成功，我们必须有自己的报纸，我们应当尽快地开始出版工人报纸《劳动的真理报》[12]的附刊——《乌克兰工人专页》。

出版《乌克兰工人专页》还能把我们同俄罗斯的无产阶级联合起来。《乌克兰工人专页》能帮我们唤醒更广泛的乌克兰工人群众并把他们吸引到普遍的马克思主义工人运动中去。

然而《乌克兰工人专页》也同《劳动的真理报》的矿工专页[13]一样，只有乌克兰工人自己不失时机地立即大力筹集款项才能存在下去。

乌克兰工人同志们！

你们要尽快地为自己的专页募捐，请在你们中间建立一些小组来进行这项工作，并把筹集的款项寄给《劳动的真理报》编辑部。在钱数足够时，我们就立即开始出版专页。我们的乌克兰工人专页发展下去有可能成为乌克兰工人日报。不过，我们乌克兰工人需要积极地直接参加专页的工作，否则我们所创办的事业就会毫无生气。请把论文、短评和通讯寄给《乌克兰工人专页》。

同志们！所有城市和乡村，所有矿井和工厂都来响应我们的倡议吧，为了你们自己的事业，为了你们的《乌克兰工人专页》开始工作吧。

载于1914年6月29日《劳动的真理报》第28号

译自《列宁文集》俄文版第39卷第120—121页

# 资本主义和报刊

（1914年3月20日〔4月2日〕）

两贼相争，好人得利。资产阶级报界“人士”一旦吵翻，他们就会把“大”报卖身投靠的丑态和肮脏勾当向公众披露出来。

《新时报》[14]成员尼·斯涅萨列夫同《新时报》发生了争吵，他盗用了公款，于是很不体面地被辞退了。最近他发表了一部135页的“著作”，书名是：《〈新时报〉的幻景。拟小说》（1914年圣彼得堡版）。斯涅萨列夫先生照例硬装成一位“正人君子”，描绘了西方资本主义国家早已形成的并日益渗入俄国资产阶级报界的风气，当然，这种风气是在特别有利于黑暗现象的存在并使极其卑鄙龌龊的收买、巴结等现象不受惩罚的条件下渗透进来的。

这位“受害的”《新时报》成员用一种美妙的天真口吻写道：“大家都已经渐渐地习惯于过远远超过自己财力的生活。社会什么时候用什么办法才能摆脱这种现象，能不能摆脱，这还不得而知。但是目前情况就是如此，这却是一个公认的事实。”资产阶级报纸“**参与**”办租让企业，是能够过超过收入的生活的一种有神效的办法。这位《新时报》成员说：“我们可以举出好几十个不同的租让企业来，这些租让企业能够办起来不仅要归功于某些关系，而且要归功于某些报纸上的某些文章。《新时报》当然也不例外。”例如，有一次伦敦的马可尼无线电报公司的代表来找斯涅萨列夫先生，请他草拟俄国马可尼公司的章程和有利于这个公司的租让方案。“这项工作的报酬规定为 1 万卢布……而且达成了协议。”

受害的斯涅萨列夫说，不仅是他为了这笔钱把自己出卖给了资本家，而且整个《新时报》也出卖了自己，掀起了“为这家租让企业作宣传的运动”，该报得到的好处是电报减价 50%，还得到一个拥有 5 万卢布股票的公司创办人的“席位”。

伦敦的资本家——掠夺俄国人——从俄国政府得到租让企业——报刊的参与——普遍的卖身投靠——以几万卢布可以随便买卖任何人，——这就是盗用公款、受了委屈的斯涅萨列夫展示的一幅真实画面。

拥有百万资本的企业《新时报》每况愈下。百万富翁叛逆者阿·谢·苏沃林的几个儿子花天酒地，一掷千金。应当救救这家高贵的报纸。于是“伏尔加—卡马银行的常务董事彼·李·巴尔克”出场了（第 85 页）。他劝阿·谢·苏沃林把业务交给公司管理，公司在 1911 年 8 月接到了由**最高当局**批准的章程，而且在 800 股中阿·谢·苏沃林占了 650 股（每股 5 000 卢布）。公司成立时的资产负债表是虚假的（第 97 页），——斯涅萨列夫先生作了说明，并且补充道：“在公司成立时能通过这种资产负债表的，或者是根本不懂得数字的人……或者是像古契柯夫先生那样非常精通业务但是一心追求个人目的的人。”筹建这个公司（成立大会是在 1911 年 11 月 10 日召开的）的主要人物是**斯涅萨列夫本人**、彼·李·巴尔克、维·彼·布勒宁、十月党人[15]国家杜马代表舒宾斯基和高贵的叛逆者阿·谢·苏沃林的几个儿子等等。

读者已经知道，这群高贵的人们从 1911 年 11 月起活动得特别起劲。受害的斯涅萨列夫说：**从 1912 年起**，《新时报》刊登土地银行广告的优先权(“收入并不很大”:一年只有 15 000 卢布或者“接近”这个数目!)就成了一种津贴。因为按规定广告应该刊登在销路最广的报纸上。而《新时报》当时并**不**是销路最广的报纸,但是它“利用”(高贵的斯涅萨列夫起誓说,“这是头一回”)它在政界中的幕后势力和熟人关系承揽了土地银行的广告。“在解决这个问题的时候,大臣会议犹豫再三才决定让《新时报》刊登广告。”(第 21 页)

还有一个文学艺术团体的俱乐部,“不客气地说,是一个赌场”(第 69 页);“俱乐部的欠账簿记下了《新时报》的同人所欠的好几千卢布。这些账干脆被一笔勾销”。

靠交易所发迹、聚敛了“几百万”财富的交易所经纪人马努斯(第 120 页),同缅施科夫等先生一起,在《新时报》上展开了罢免科科夫佐夫大臣的运动。现在让读者猜一猜,所有这些“活动家”每人得到了多少万卢布,还可以得到多少万卢布。

几百万卢布在飞舞。《新时报》的 500 万的资产负债表中,约有 300 万是虚假的。给二三等工作人员的薪水和稿酬**每月**两三千卢布。数十万、数百万的钱是被挥霍掉的。欠银行的债款有好几十万。到处是卖身投靠。形形色色的卖淫,有非法的卖淫,也有用婚姻加以圣化的合法的卖淫。那里是最优秀、最上层的彼得堡社会。有百万富翁、内阁大臣、交易所经纪人、显要的外国人。有赌场。有各式各样的敲诈勒索。“没有任何政治信念。”(第 36 页)人们勾心斗角,互相妒忌。阿姆菲捷阿特罗夫和斯涅萨列夫要求同一位工程师决斗,因为他诬陷《新时报》编辑部诽谤了大学生。阿·谢·苏沃林虽然“很喜爱”阿姆菲捷阿特罗夫,但还是不能“不给他一点难堪来开开心”:他准许把布勒宁那篇“下流地”攻击阿姆菲捷阿特罗夫的妻子女演员拉伊斯卡娅的小品文发表出来。布勒宁要撵走阿姆菲捷阿特罗夫。苏沃林的儿子们欠下了好几十万卢布的债。

《新时报》在1905年亏损了15万卢布。

莫斯科的商人和工厂主被1905年吓住了，拿出10万卢布来办一家给有爱国主义倾向的工人看的报纸。于是《新时报》就根据他们的要求着手安排工作。

这家报纸“勉强维持了”两年，终于倒闭了。莫斯科人损失了10万卢布，《新时报》的人损失了15万卢布（第61页）。

盗贼，男娼，卖身投靠的文痞，卖身投靠的报纸。这就是我们的“大报界”的真相。这就是“上流”社会的精华。这些人“尽人”皆知，他们“到处”都有关系……　农奴主的厚颜无耻和资产阶级的无耻卖身投靠暗中合流，这就是“神圣的俄罗斯”。

载于1914年3月20日《真理之路报》第41号

译自《列宁全集》俄文第5版第25卷第5—8页

# 激进的资产者论俄国工人

（1914年3月22日〔4月4日〕）

有时候，看看**局外**人怎样评论我们，怎样评论我们的工人报刊、我们的工人联合会、我们的工人运动等等，是有好处的。不管是公开的敌人，或是暗藏的敌人，或是动摇不定的人，或是动摇的“同情”分子，只要他们有一点头脑，了解并懂得一点政治，他们的观点都是值得注意的。

“劳动派分子”或“人民社会党人”[16]（如果实事求是地说，应该是激进的资产者或资产阶级民主派）谢·叶尔帕季耶夫斯基先生无疑就是上述的最后一种人。

这位作家是尼·康·米海洛夫斯基最忠实的同道和战友之一，后者现在正受到那些违背情理希望获得社会主义者称号的“左派民粹派”[17]的令人作呕的吹捧。谢·叶尔帕季耶夫斯基先生是俄国平民生活的细致的观察者，他对平民生活中的种种情绪是很“敏感”的。

他可以说是俄国取消派最早的先驱者之一，因为他和他的朋友早在1906年秋季（见臭名远扬的1906年8月号《俄国财富》杂志[18]）就宣扬“公开的党”的必要性，攻击“地下组织”的狭隘性，并且本着公开的党即合法的党的精神来修改这种地下组织的主要口号。这些“社会立宪民主党人”（**连**左派民粹派当时都**不得不**这样称呼他们）在口头上和在思想上认为自己之所以否定地下组织，用取消主义的观点宣扬“公开的党”或“为公开的党而斗争”，是出于到“群众”中去和组织群众这样的愿望。

事实上，在“人民社会党人”先生们的计划中，除了庸俗的小市民的畏惧（对群众）和轻信（对当局），什么也没有。由于他们争取建立“公开的党”，他们当中一部分人有被监禁的危险，一部分人则已关在监狱里，结果他们就同群众既没有公开的联系，也没有任何别的联系，他们既没有公开的党，也没有任何别的党。最终，他们也和我们的取消派一样，成了合法派-取消派集团，成了“独立的”（对地下组织是独立的，但是在思想上对自由主义并不是独立的）文人集团。

灰心、瓦解和崩溃的年代过去了。吹来了另外一阵微风。对平民情绪很敏感的叶尔帕季耶夫斯基先生在今年1月号《俄国财富》杂志上用《生活在前进》这么一个醒目的标题，写了一篇谈论俄国社会各个阶级的情绪的文章。

我们这位民粹派分子高喊生活在前进，他把他所记得的历次代表大会、萨拉兹金的演说和贝利斯案件[19]全都翻出来了。“如果拿地方上的〈当然是完全合法的〉策略来看，现在不仅有时看不出右派立宪民主党人和左派十月党人的区别，而且有时也看不出社会革命党人、社会民主党人〈是取消派中的吗？民粹主义取消派先生！〉和左派立宪民主党人的区别”，尽管如此，地方上却显然地出现了活跃的景象。“在俄国，人们似乎在一堵把俄国分隔开来的墙壁两边集合起来。一边集合了联合起来的贵族、联合起来的官僚、主管部门人员和在某种程度上‘靠国库生活的’平民，另一边集合的则是普通平民，外省社会的广大群众。”

由此可见，我们这位民粹派分子的眼界是不开阔的，他的分析是肤浅的：还是自由派的那一套把政权和社会对立起来的说法。关于社会内部的阶级斗争、关于资产阶级和工人、关于自由派和民主派之间日益加深的争执，从地方上的庸人的观点是很难讲出什么东西来的。

关于农村的下层，也很难作出什么结论。谢·叶尔帕季耶夫斯基先生写道：

“……黑暗和沉默笼罩着农村，在那里看不到什么，也听不到什么……”合作运动“突然兴起并且广泛发展起来……”独立田庄主和村社社员之间的斗争……“**这一切都显露得不够**”。

“是的，应当承认，政府为了分裂和涣散农民群众而努力在独立田庄主和村社社员中间筑起的墙愈来愈高了，但是，农村里显然还没有能培养起符合政府意图的感情和情绪。在这两种人的心里仍旧同样热烈地燃烧着对土地的渴望和期待，而过去被‘土地问题’掩盖了的对自由、‘权利’的渴望，显然也愈来愈强烈愈坚决了。”

最后，我们这位描写俄国社会生活的作家指出：“现在，一再地重复革命这个字眼的正是右派集团”，这些集团“本身是真害怕了，他们的确预感到冲突即将到来，他们确信灾难是避免不了的”。关于工人，作者讲了如下一些话：

“**在这里，关于有组织的工人我没有什么可谈的。他们用不着摸索前进，探寻自己的结论，——他们那里一切都很清楚，每个人都很明白。他们的意见已经十分确切地肯定了下来，他们不仅有渴望和期待，而且有在意志坚强的动力支持下的要求，——这种动力不是自发的冲动，而是系统化了的、拟定得十分完备的方法。**……〈省略号是叶尔帕季耶夫斯基先生用的〉**毫无疑问，这些有组织的人们的意见、渴望和期待，正在渗透到他们所来自的农村中去。**”

写这些话的从来就不是马克思主义者，而是一直置身于“有组织的工人”之外的人。因此，**局外人**对事态的这种评价，对于觉悟的工人就更有价值。

叶尔帕季耶夫斯基先生，这位取消派的“先驱”应当好好考虑一下他现在不得不承认的几种情况的意义。

首先，在**什么样的**工人中间“意见已经十分确切地肯定了下来”，并且具有“拟定得十分完备和系统化了的方法”呢？**只有**在取消主义的反对者中间（因为取消派的意见和方法是十分混乱的），**只有**在那些不曾怯懦地和仓皇地抛弃地下组织的人中间。**只有**他们才真正是“**一切都很清楚、每个人都很明白**”。这看来似乎是反常的（奇怪的），然而是事实：混乱的是那些迷恋“公开的党”的人，——而“一切都很清楚、每个人都很明白”、“意见已经十分确切地肯定了下来、方法拟定得十分完备”的，只有“地下组织”的拥护者，只有忠实地遵守了这个似乎是狭隘的没有生气的（见《我们的曙光》杂志、《光线报》、《新工人报》[20]、《北方工人报》）地下组织的训条的人。

创立取消主义的第一个人（《俄国财富》杂志的头目叶尔帕季耶夫斯基先生），却第一个判处了取消主义的死刑，在它的坟前读“祭文”。

叶尔帕季耶夫斯基先生自己可能没有意识到这一点，但是他提出的问题已经远远越出了某些政治家个人所能理解的范围。

还有第二个情况，同时也是最重要的情况。在俄国历史上一个最混乱和最困难的时期，在1908—1913年这5年内，俄国人民的**所有**阶级中，为什么只有无产阶级不是“摸索”前进？为什么只有它才是“一切都很清楚，每个人都很明白”？为什么无产阶级能够摆脱最大的思想上的分裂，摆脱纲领上的、策略上的和组织上的分裂以及各种各样的瓦解和动摇，摆脱无论在自由派、民粹派或者“也是马克思主义者”的知识分子中间存在的这些现象，而把“意见十分确切地肯定了下来”，把“方法系统化并且拟定得十分完备”？这不仅由于这些意见和方法是地下组织肯定和拟定的，而且由于一些极深刻的社会原因，由于各种经济条件以及随着每一俄里新铁路的修筑，随着商业、工业、城乡资本主义的每一步发展而影响愈来愈大的各种因素，这些因素使无产阶级的人数增多，力量增强，使他们得到了锻炼并且团结起来，使他们不致**跟着**一般平民走，不致像小市民那样动摇不定，不致怯懦地背弃地下组织。

凡是对这些仔细考虑过的人都会懂得，把雇佣工人的阶级先进分子和必然会摇摆不定的小资产阶级农民“合并”到一个党内的企图，会造成多么大的危害。

载于 1914 年 3 月《启蒙》杂志
第 3 期

译自《列宁全集》俄文第 5 版
第 25 卷第 9—13 页

# 政治教训

（1914年3月22日〔4月4日〕）

前不久，国务会议[21]否决了在波兰未来的自治机构中使用波兰语的提案。这次违反政府首脑的意志而举行的表决，在关于俄国各统治阶级以及我国国家制度和国家管理的“特点”问题上向我们说明了许多东西。

报刊上已经披露了波兰自治机构使用波兰语问题的久远历史。掌握政权的俄国地主早从1907年起就已经同波兰的上层贵族进行了这方面的谈判。商谈过俄国黑帮和波兰黑帮哪怕进行某种程度的合作或者仅仅实现比较和平地相处的条件。——而且这一切自然完完全全是为了“民族文化”的利益。

波兰地主一向维护波兰的民族文化，要争得自治机构（而不仅是自治权）和使用波兰语的权利。大俄罗斯地主则维护俄罗斯的民族文化，声明（他们已经掌握了一切，因此无需再争得什么）俄罗斯民族文化是至高无上的，“俄罗斯的”海乌姆地区应当脱离波兰。同时，双方还缔结了**反对**犹太人的协定，预先把犹太人的“百分比”缩小到一定限度，——使波兰在用黑帮手段迫害和压迫犹太人方面不致落后于俄国。

据报道，是斯托雷平亲自和波兰的贵族、波兰的大地主进行这些谈判的。斯托雷平作了承诺。草案也提出来了。但是……海乌姆地区虽已分离出来，而在波兰自治机构使用波兰语的权利却被我们的国务会议**否决了**。科科夫佐夫“忠心耿耿地”维护斯托雷平的事业，但是并没有能维护住。国务会议中的右派成员没有跟着他走。

另外还有一个虽然是小小的协定，也被“撕毁了”。不久以前，古契柯夫代表全俄国的资产阶级说，他们同反革命政府达成了默契：“他们支持政府进行改革。”支持倒是支持了，可是改革并**没有**实行。

而在我们所举的例子里，不是资产阶级，不是反对派，而是最道地的地主们也达成了默契：“我们”进一步靠拢斯托雷平，他们给我们自治和使用波兰语的权利。靠拢倒是靠拢了，可是使用波兰语的权利并没有获得。

从这个小小的例子可以得到丰富的政治教训。民族间的斗争在我们眼前变成了两个民族的统治阶级勾结起来对第三个（犹太）民族进行特殊压迫。必须记住，所有的统治阶级，不仅地主，就是资产阶级，甚至最民主的资产阶级都是这样干的。

俄国的现实的制度和管理暴露了它们的阶级基础：是地主在指挥、决定和操纵一切。这个阶级的权力是无限的。它只“允许”资产阶级……缔结协定，然后它又**撕毁**这些协定。

不仅如此。实际表明，连统治阶级**内部**的协定也往往被非常轻易地“撕毁”掉。这就是俄国与其他阶级国家的差别，这就是我们的独特之处，——正因为如此，欧洲在一二百年以前就已经解决了的问题在我们这里还没有得到解决。

载于1914年3月《启蒙》杂志
第3期

译自《列宁全集》俄文第5版
第25卷第14—15页

# 关于民族平等的法律草案[22]

（1914年3月28日〔4月10日〕）

同志们！

俄国社会民主党工人党团决定向第四届国家杜马提出关于废除对犹太人和其他“异族人”的权利限制的法律草案，草案附在本文后面。

这个法律草案的宗旨是要废除对犹太人、波兰人等一切民族的一切民族限制。但是它特别详细地谈到了对犹太人的限制。原因很明显，因为在俄国没有哪一个民族受到像犹太民族受到的那样的压迫和迫害。反犹太主义在有产者阶层中日益根深蒂固。犹太工人在双重压迫下痛苦呻吟，因为他们既是工人又是犹太人。近几年来对犹太人的迫害已经具有一种令人难以相信的规模。大家只要回想一下反犹大暴行和贝利斯案件就够了。

在这种情况下，有组织的马克思主义者对犹太人问题必须予以应有的注意。

不言而喻，犹太人问题只有同俄国当前的基本问题放在一起才能得到认真的解决。当然，我们也不指望民族主义的和普利什凯维奇的第四届杜马会废除对犹太人和其他“异族人”的限制。但是工人阶级应该发出自己的呼声。**俄罗斯**工人反对民族压迫的呼声应该特别响亮。

我们公布这个法律草案，是希望犹太工人、波兰工人以及其他被压迫民族的工人就草案发表自己的意见，如果他们认为有必要，就提出自己的修正意见。

同时我们也希望俄罗斯工人用自己的声明等等大力支持我们的法律草案。

根据草案第 4 条，我们将应予废除的规定和法令另列清单附在草案后面。这个附件中单是涉及犹太人的法令就有近 100 条。

# 关于废除对犹太人权利的一切限制及与任何民族出身或族籍有关的一切限制的法律草案

1. 居住在俄国境内的各民族公民在法律面前一律平等。

2. 对俄国的任何一个公民，不分性别和宗教信仰，都不得因为他的任何民族出身或族籍而在政治权利和任何其他权利上加以限制。

3. 凡在社会生活和国家生活的任何方面对犹太人加以限制的一切法律、暂行规定、法律附则等等，一律废除。第 9 卷第 767 条称：“**在没有对犹太人作专门规定**的一切场合，一般法律均适用于犹太人。”这一条文应予取消。在居住权和迁徙权、受教育权、担任国家职务和社会职务权、选举权、服兵役、在城市和乡村购置和租用不动产权等方面对犹太人的所有一切限制应予废除；在从事自由职业等方面对犹太人的一切限制应予废除。

4. 本法律另附应予废除的旨在限制犹太人权利的法令、命令、暂行规定等等的清单。

载于 1914 年 3 月 28 日《真理之路报》第 48 号

译自《列宁全集》俄文第 5 版第 25 卷第 16—18 页

# 农业工人的工资

（1914年3月29日〔4月11日〕）

大家都知道，在工厂工业中，从1905年起工资约提高了**百分之二十**。

首先着手研究**农业工人**在这一时期的工资问题的，是不久前出版的约·德罗兹多夫的小册子《俄国农业工人的工资与1905—1906年土地运动的关系》（1914年圣彼得堡谢苗诺夫出版社版，定价50戈比）。现在我们把这本有趣的著作中的主要结论写出来。

如果以戈比计算，欧俄农业工人的平均日工资如下：

| | 戈比 | 百分比 |
|---|---|---|
| 1902—1904年平均 | 64.0 | 100.0 |
| 1905年平均 | 64.8 | 101.2 |
| 1906年平均 | 72.0 | 112.5 |
| 1907年平均 | 73.1 | 114.2 |
| 1908年平均 | 72.4 | 113.1 |
| 1909年平均 | 75.8 | 118.4 |
| 1910年平均 | 76.6 | 119.6 |

从这些数字可以看出来，工资提高得最多的一年刚好是1906年，也就是1905年运动的影响无疑最明显的那一年。

可见，从1905年起，连农业工人的低得令人难以相信的工资也有所提高！如果把货币工资同粮食价格加以比较就可以看出，工资提高得仍然很不够。小册子的作者作了这样的比较，并且把我们所列举的农业工人的货币工资按各地平均价格折合成**粮食**（黑麦）。原来，按粮食计算的工资，已经从1902—1904年的0.93普特**降低**到1905年的0.85普特和1906年的0.91普特。

换句话说，俄国农业工人1902—1904年用每天的工资本来可以买到0.93普特黑麦，在1906年只能买到0.91普特了。不言而喻，如果没有1905年和1906年的推动，**实际**工资一定还要降低得更厉害。

由于收成的好坏不同以及其他原因，工资年年都有很大的波动：例如，1905—1907年的工资提高了，虽然提高的幅度极不均匀；1908年（最反动的一年）工资又**降低了**，1909年和1910年又稍微提高了一点。

由于工资年年都有波动，所以不应当拿个别年份来比较，而应当拿10年来比较。德罗兹多夫先生作了这样的比较，他计算出欧俄农业工人的平均工资在1891—1900年这10年中是55.08戈比，在下一个10年（1901—1910年）中是69.18戈比，增加了25.5%。

这就是说，俄国**300万**（毫无疑问，这个数字是大大缩小了的）农业工人所得到的增资额，即使按一年200个工作日计算，**全年**总共也只约有**8 000万卢布**。

其实，在同一期间食物的价格平均上涨了20.5%。这就是说，工资的**真正的**提高即实际工资的提高是微不足道的。作者把货币日工资折合成粮食，计算出革命中的10年只比革命前的10年提高了3.9%。由此可见，工人的一切努力仅能使工资**维持**原有的水平，工资的提高**极其有限**。

但是，如果把这两个10年的工人工资的变化和**地价**的变化加以比较，那就会让人看到，**地主老爷**的收入是**大大**增加了。购买土地就等于购买土地提供的**收入**，即购买**地租**；因此土地价格是资本化的地租。从这里我们看到，在上述两个10年中，1俄亩[①]土地的平均价格由69.1卢布提高到132.4卢布，**即几乎**提高了**一倍**！

几百万雇佣工人的工资增加了**四分之一**，地主的收入却增加了**一倍**。雇佣工人工资的增加很难跟上食物价格的上涨。而地主收入的增加要比物价的上涨快四倍。地主和农民中的富裕**业主**愈来愈富了。

同时应当注意到，土地收入的增加以及农产品价格的提高，势必不断地加深农业资产者同农业无产者之间的、**小业主**（虽然是"劳动的"）同雇佣工人之间的阶级鸿沟。因此，如果有人对"劳动"农民说：在资本主义制度下，你们要使自己的小经济摆脱贫困，**唯一**的出路就是同雇佣工人联合起来，那说的是实话。如果有人像我们的"民粹派"那样，拼命维护"劳动"**农户**的利益，声称小经济在资本主义制度下是富有生命力的，那就是支持小业主的资产阶级意图，即小业主的资产者"灵魂"，而不是他的无产者"灵魂"，说这种话的人同资产者一模一样。

载于1914年3月29日《真理之路报》第49号

译自《列宁全集》俄文第5版第25卷第19—21页

① 1俄亩等于1.09公顷。——编者注

# 拉脱维亚工人论社会民主党党团的分裂

（1914年3月30日〔4月12日〕）

凡是阅读取消派报刊的工人都知道，俄国的取消派经常吹嘘，说什么拉脱维亚的工人马克思主义者是站在他们一边的。取消派在社会民主党杜马党团内制造分裂时，也一个劲儿地抬出拉脱维亚人。他们写道：谁都不敢指责拉脱维亚社会民主党工人否定"地下组织"，就连这些拉脱维亚工人也站在我们这一边了。

凡对事实了解得很清楚的人都不会怀疑，取消派是在……回避事实真相。拉脱维亚工人在讨论"六人团"和"七人团"问题的时候，绝大多数都是拥护"六人团"的。《真理报》[23]刊登了由数以百计的拉脱维亚社会民主党工人和里加、米塔瓦、利巴瓦等地的许多团体作的几十个决议，他们都拥护6个工人代表所采取的立场。继彼得堡之后，反应最热烈的就是拉脱维亚最大的工人集中地里加。绝大多数里加工人的决议，都表现了对彻底的马克思主义思想的最大忠诚和对取消主义的由衷不满。

但是，有一点说对了：拉脱维亚的"上层分子"狂热地拥护取消派及其"七人团"。当时为取消派所把持的拉脱维亚报纸，刊登了反对"六人团"的文章。这些文章无论在丑恶的腔调方面，或者在取消主义的内容方面，同俄国取消派在彼得堡办的报纸上的文章相比，都毫不逊色。

诚然，在拉脱维亚**工人**中，只有极少数人支持取消派的运动。但是“领导”机关却站在取消派一边。于是取消派就继续“代表”拉脱维亚有组织的无产阶级说话……

但是，过了不久，拉脱维亚全体工人马克思主义者的代表举行了会议[24]。关于社会民主党杜马党团分裂的问题，在会上自然占有非常重要的地位。“居领导地位的”取消派费尽心机，想支持“七人团”，或者至少想使问题不了了之。可惜！他们没有得逞。拉脱维亚的社会民主党工人通过自己的正式代表作出了下列决议（除必要的变动外，我们都逐字引用[25]）：

**关于社会民主党国家杜马党团的分裂**。

“全体拉脱维亚工人马克思主义者的代表，对社会民主党国家杜马党团的分裂深表遗憾，并且认为，这种分裂是党团以外的分裂，即俄国马克思主义者之间的分裂的必然后果。

他们强调指出，党团的统一是必要的，并且认为这种统一在如下条件下是可能实现的：

（1）把马克思主义者整体的最高机关在分裂以前所通过的下列决定作为联合的基础：**马克思主义者整体的纲领及其章程、伦敦决议、1908年12月和1910年1月全俄马克思主义者代表机关的决议**；

（2）**找到能保证党团内少数人的权利的共同活动方式**。

**拉脱维亚的工人马克思主义者责成自己的领导机关，支持一切符合本决议观点的联合步骤**。”

决议就是这样。读者可以看到，它的中心思想是，联合的必要条件是承认**老**马克思主义者整体。谁不承认纲领、章程以及1907

年、1908年、1910年的各项决议[26]，同他就无法实现统一。拉脱维亚工人就是这样说的。拉脱维亚人的决议的重要意义就在这里。

毫无疑问，在拉脱维亚代表大会上，调和主义倾向是很严重的。拉脱维亚人不愿意直接和公开地宣布：杜马中的取消派集团是一个违反工人意志的分裂派集团，它必须放弃自己的杜马代表资格。他们所以不愿意这样做，是因为拉脱维亚的少数派还没有走得像俄国取消派那么远，是因为拉脱维亚人对于同齐赫泽党团[27]和解还抱有某些希望。

但是，不管怎样，拉脱维亚工人已经提出了明确的统一**条件**。

从拉脱维亚人的决议的观点来看，造成党团分裂的那些有争议的问题到底应该怎样解决呢？

首先，拉脱维亚人要求承认纲领。这就是说，他们**谴责**在杜马讲台上提出臭名昭著的"民族文化自治"[28]。因为，纲领已经正式拒绝了这种要求，甚至连取消派分子尔·马尔托夫也承认"民族文化自治"同纲领是不大吻合的。要使统一成为可能，取消派就应当放弃民族文化自治。这就是拉脱维亚人对第一个有争议问题的答复的含义。

其次，是关于接受亚格洛代表参加党团的争论。拉脱维亚工人是**怎样**解决这个争论的呢？他们说：请看1908年12月的决议。我们现在打开这个文件就可以看到：

——"关于同波兰社会党'左派'[29]的联合。

——全俄马克思主义者代表机关听取了孟什维克同志们关于同波兰社会党'左派'联合的提议后，没有进行讨论，就转入了待审议的事项。"（见报告第46页）

事情很明显。1908年的全俄决定根本就不愿意考虑同亚格洛的党联合的问题。取消派**违背了**这个决议。这就是说他们应当收回他们关于亚格洛的分裂主义决议。

拉脱维亚人接着就要求承认1908年12月和1910年1月的所有原则性的决议。这是些什么样的决议呢？它们是怎样评价取消主义的呢？我们翻开这些文件就能看到：

——“鉴于在许多地方发现有一部分党员知识分子试图取消‘地下组织’，代之以一种绝对要在合法范围内活动的不定型的联盟，甚至不惜以公然放弃马克思主义者整体的纲领、策略和传统为代价来换取合法性……决议**认为必须同取消主义的做法进行最坚决的斗争**，号召一切真正的马克思主义工作者，不分派别，都能最坚决地抵制这种做法。”

1908年的决议就是这样谴责取消主义的（见报告第38页）。拉脱维亚人要求承认这些决议。

其次是1910年1月的决议。在这些决议中我们看到：“社会民主主义运动在资产阶级反革命时期所处的历史环境，必然会产生**资产阶级对无产阶级的影响**……否认秘密的党，贬低它的作用和意义，试图缩小马克思主义者整体的纲领性和策略性的任务及口号。”

1910年的决议就是这样谴责取消主义的。拉脱维亚人也要求取消派承认这些决议。

拉脱维亚人的决议是**一致**通过的。**甚至**到会的拉脱维亚取消派也不敢投票反对。他们已经从重视“地下组织”、承认老马克思主义者整体的决议的拉脱维亚工人那里得到了十分深刻的教训。投票反对这个决议，就意味着向全体拉脱维亚无产者挑战，就会在工人中失掉最后一批拥护者。

拉脱维亚工人的决议(代表 3 000 多名有组织的工人)就是这样。

拉脱维亚工人没有用任何刺激的词句,而是很客气地但又很坚决有力地向齐赫泽党团宣布:

——你们愿意统一吗? 那就请你们承认老马克思主义者整体的各项主要决议,不再违背 1908—1910 年的纲领和决议,同否定"地下组织"的人脱离关系,一句话,请站到马克思主义的立场上来。

齐赫泽党团试图盗用其名义来进行活动的最后一个真正的工人组织,现在已经同它断绝了关系。果然不出所料,拥护这 7 个倒向取消主义的代表的,只剩下一小撮取消派了。整个无产阶级正在离开他们或者已经离开他们了。

**没有工人拥护的党团**——这就是杜马中的取消派党团。

自从拉脱维亚人通过上述决议以后,这已经是无可争辩的事实了。

载于 1914 年 3 月 30 日《真理之路报》第 50 号

译自《列宁全集》俄文第 5 版第 25 卷第 22—26 页

# “八月联盟”的空架子被戳穿了

（1914年3月30日〔4月12日〕）

在一年半多一点的时间以前，即在1912年8月，发生了一件在俄国工人运动史上有相当重要意义的事件。在第四届国家杜马选举的前夕，取消派同参加八月代表会议的各派代表“联合”（这是他们的说法）起来了，他们希望用这一点来证明他们根本不是取消派，他们过去和现在都没有取消任何东西，真正严肃的实实在在的工人马克思主义组织完全可以同他们“统一”。

这次八月代表会议已经使取消派同他们的反对者之间的争论转入另一个范围：现在，问题不仅涉及取消派的理论和策略正确与否，而且涉及**他们自己的**实践是在证实还是在驳斥取消主义的言论。**他们的**八月代表会议是空架子、伪装、骗局、空谈呢，还是严肃的工作、真诚的措施、证明取消派**有可能**改正错误的某种实际的东西呢？

问题就是这样。

取消派应该用他们的行动、他们的八月代表会议的经验来回答这个问题。

现在只有一个马克思主义组织，也就是拉脱维亚马克思主义者回答了这个问题，他们是**所有的**派别一致公认的没有违背党的决议的马克思主义者，他们**自己**有过著名的八月联盟的经验。消息非常灵通的人士告诉我们，俄国有组织的拉脱维亚马克思主义者的最高代表会议已经闭幕。拉脱维亚有组织的马克思主义者的这一次代表会议是最高会议，这一点是任何人、任何派别都不否认的，而且出席这次会议的不仅有俄国工人多数派（取消派的反对者）的全权负责代表，**而且还有取消派**、他们的八月联盟的领导机关、崩得[30]和波兰社会党"左派"的全权负责代表。

那些自己有过八月联盟经验并试图帮助取消派放弃取消主义的人，全面地讨论和评价了八月联盟及其各机关一年半来的经验。

这次讨论和评价得到了什么结果呢？

**拉脱维亚有组织的马克思主义者的决议说："……调和派的无论如何要同取消派（1912年的八月代表会议）联合的尝试是徒劳无益的，联合派自己也落到了在思想上和政治上依附取消派的地步……"**

这就是公正的马克思主义者团体的正式决议，它完全彻底地戳穿了八月联盟的空架子！

两年来我们所说的一切，也就是取消派对我们破口大骂、赌咒发誓地加以否认的那一切，现在由那些**亲自参加过**八月代表会议、八月联盟和八月联盟的领导机关的人证实了，而且正式加以声明了。

拉脱维亚有组织的马克思主义者正式承认，"最近五年来，党内斗争的中心问题是关于"早已受到全党谴责的"取消派倾向的问题"，并且说他们要从八月联盟领导机关**召回**他们拉脱维亚的代表，因为这个机关（拉脱维亚马克思主义者的决议说）"**没有同取消派划清界限**"。

可见事态一再地揭露了取消派，完全证明了我们是正确的。

我们说八月代表会议是空架子、骗局、惯常的(在小资产阶级党派中)**竞选骗局**,完全说对了。取消派在竞选的时候,不敢打着自己的旗帜光明磊落地维护自己的信念,而是躲在八月联盟后面赌咒发誓说:我们不取消任何东西。

拉脱维亚人戳穿了这个骗局。

同时请注意,这些拉脱维亚人过去是,而且现在仍然是采取**中立的**立场的:他们中立到这种程度,甚至决定不同任何一部分有组织的俄国马克思主义者发生组织关系!戳穿八月联盟的空架子和取消派的竞选伪装的,竟是一些**中立的**组织,所以这件事就具有更加重大的意义。

我们将来还要不止一次地引用拉脱维亚马克思主义者的这些决议,因为这些决议再次证明,我们说俄国的马克思主义工人只有**反对**取消派才能实现统一,是十分正确的。最后,我们在这里只提一下这个马克思主义组织关于民族原则问题的一项特别重要的决议。

拉脱维亚马克思主义者自己就代表着没有充分权利的被压迫民族的工人,他们自己就是在居民的民族成分十分复杂的中心城市工作的。例如,在里加,他们必须同德意志族、俄罗斯族、拉脱维亚族、犹太族、立陶宛族的无产阶级打交道。多年的经验已经使拉脱维亚马克思主义者非常坚定地相信工人阶级地方组织的**各民族团结**的原则是正确的。

**拉脱维亚马克思主义者的决议说:“……在每一个城市中都应当有一个马克思主义无产者的联合组织,这个组织要根据斯德哥尔摩代表大会所肯定的原则,以及1908年的全俄代表会议附加的说明进行工作。”**

大家知道，这个附加说明**直截了当地**斥责了联邦制原则。不是实行各个民族工人组织的联邦制，而是实行各民族的团结，建立用当地无产阶级的**各种**语言来进行工作的统一组织。

这才是唯一正确的马克思主义原则。这才是对那些力图**以民族划线分裂**无产阶级的民族主义市侩们的唯一符合社会主义的反击。这就是要求执行一直遭到崩得肆无忌惮践踏的全党决议。

自己制造分裂而又竭力高唱“统一”的取消派和崩得分子在工人中间布下的骗局，就要彻底破产了。对我们俄国国内的斗争抱中立态度的拉脱维亚马克思主义者的决议最清楚地向全体工人表明，真正实现**统一**是可能的而且是应该的，但是只有反对分裂派才能做到，因为分裂派拒绝执行全党早就提出的放弃取消主义、放弃按民族划分工人组织这个一贯要求。

载于 1914 年 3 月 30 日《真理之路报》第 50 号

译自《列宁全集》俄文第 5 版第 25 卷第 27—30 页

# 又一次消灭社会主义

（1914 年 3 月）

我们离开 1905 年暴风骤雨的时期还不到 10 年，但是俄国在这短短的时期中发生的变化似乎很大。俄国好像一下子从一个宗法制国家变成了一个现代资本主义的国家。旧俄国的思想家列·尼·托尔斯泰，在他一段富有特色、忧伤可笑的话中反映了这种情况，他埋怨俄国人民“快得出奇地学会了搞革命、搞议会”[31]。

俄国能够在 20 世纪的 5 年到 10 年之内“突然”变成一个资产阶级国家，显然是由于上一世纪的整个后半叶已经是资产阶级制度更替农奴制度的一个阶段。

考察一下这种更替如何影响到我国官方的即学院式的政治经济学界对待马克思主义的态度的改变，这不是没有意义的。想当初，我国只有极右的御用教授们才干“消灭”马克思的勾当。自由主义民粹派教授们的学术界全都敬重马克思，“肯定”劳动价值论，因而引起了“左派民粹派”的天真幻想，以为资产阶级在俄国没有什么基础。

现在我国“一下子”繁衍出一大批自由派和进步派的“马克思的吞噬者”，如杜冈-巴拉诺夫斯基先生①或司徒卢威先生等等。这些人**暴露出**自由主义民粹派对马克思的“敬重”的真正内涵和

① 见本版全集第 24 卷第 393—396 页。——编者注

意义:他们在口头上仍然表示敬重,实际上,他们从来不懂得唯物辩证法和阶级斗争的理论,结果也就不可避免地背弃了劳动价值论。

在 1905 年以前,除农奴主和“官僚”以外,资产阶级再没有看到别的敌人;因此,它对欧洲无产阶级的理论也竭力抱同情态度,尽量不去注意“左面的敌人”。在 1905 年以后,俄国产生了反革命的自由派资产阶级,于是自由派教授们的学术界在他们的“社会”威望**不致有丝毫损害**的情况下,开始认真地来消灭马克思了。

我们准备向读者介绍这类“认真的”学者中的一位所写的一部最新的学术著作。

## 一

В.П.里亚布申斯基去年出版了司徒卢威先生的《经济和价格》一书的第 1 卷(1913 年莫斯科版)。最初以里亚布申斯基先生出版司徒卢威先生关于“大俄罗斯”的论文为标志的臭名昭著的“学术界和工业界的联盟”,现在已经壮大,而且完全巩固了。原来只是学术界和工业界的联盟,现在已经发展成了学术界、工业界和政权的联盟,因为司徒卢威先生提出这部学术著作是要求授予学位,而且真的获得了学位。

司徒卢威先生在序言中说:差不多在 15 年以前,他就考虑写这部著作了。因此,完全有理由预料,这是一部严肃的和有分量的著作。

作者本人对这部著作评价非常高,扬言要“重新审查〈当然是

“批判地”重新审查〉政治经济学中的某些传统的问题和原理”，其中包括“作为政治经济学的一个基本概念”的价格的意义。

“……这样重新审查的结果，就是要按照彻底的、以严格制定的准确概念和鲜明的区别为依据的经验主义的精神，提出我们这门科学新的方法论课题。”

引自司徒卢威先生“著作”结尾部分的这几句话，可以说包含了该著作的主导动机。作者的纲领就是“彻底的经验主义”（当今任何一个时髦的哲学家，不管他用自己的理论去为什么样圆滑的僧侣主义辩护，他总是这样开场的）和“严格制定的准确概念和鲜明的区别”。这也就是臭名昭著的“批判主义”的尽人皆知的动机，这种“批判主义”往往不过是一种玩弄词句的经院哲学而已……

司徒卢威先生尤其希望在该书中所占篇幅大得多的“关于价格的历史现象学的探讨和素材”那一部分（第1卷的整个第2编几乎都是谈的这一点）表现出“彻底的经验主义”。而所谓“严格制定的准确概念和鲜明的区别”，就是指第1编的那些论断以及“关于经济思维发展中的若干主要哲学动机”、关于“经济和社会”等等的绪论。

我们就从司徒卢威先生的几个基本的理论论断谈起。

## 二

“在宗教法规学者中至今还十分流行的那种规范的伦理学的价值（ценность）〈即价值（стоимость）；司徒卢威先生顽固地使用不正确的术语，用“ценность”代替“стоимость”，虽然早就有人向他证明这是不对的〉观同认为价值是价格的内在‘原理’或‘规律’这种价值观，看来也许相距很远，其实并非如此。事实上我们看到，宗教法规学者说的‘内在效用’、‘价值’、‘自然价格’正在变为‘内在价值’或‘自然价值’或‘自然价格’，即变为现代经济学家所说的客观价值[①]”（第XXV页）。

这里我们看到了司徒卢威先生的主要思想（更确切些说，是主要的思想恐惧病）和这位作者所玩弄的典型手法。为了诋毁科学的价值规律，司徒卢威先生竭力把这个规律同宗教法规学者的“伦理学”规律相提并论。司徒卢威先生这样做当然没有提供任何的论据。他写“我们看到……”这句话，只是在该书注释中引证了一位俄国康德主义者1810年的文章中的一段话（与该问题毫无关系的一段话），可以想见，我们这位学者为了寻找论据遇到了多大的困难！

司徒卢威先生不可能不知道，任何一条科学规律（决不只是价值规律），在中世纪人们都是从宗教和伦理的意义上去理解的。对于自然科学的规律，宗教法规学者也是这样解释的。因此根本不能认真地把宗教法规学者说的价格规律同古典政治经济学家说的价格规律相提并论。司徒卢威先生的这种“思想”不能够叫做什么思想，这不过是一种纯粹的儿戏掩盖下的思想恐惧病罢了。

司徒卢威先生接着写道：

“‘价值规律’逐渐变为政治经济学中的一个‘固定观念’。在**马克思**这位作家的著作中，‘普遍论的’（“实在论的”）思维动机在这方面表现得最明显，

① 顺便谈一下，司徒卢威先生既然承认“现代的”（与中世纪的宗教法规学者们相比）经济学家所指的恰恰是**客观**“价值”，这就说明他主观地坚持用“**价值**”（ценность）这个名词而同“客观”“**价值**”（стоимость）相对立是错误的。

在他的著作中这种动机同经济科学中最广泛的一般哲学概念结合了起来。这种动机在他的著作中同那种制定得不详细的、却是非常完整的唯物主义世界观结合起来了。劳动价值不仅变成了一种规律，而且变成了价格的'实体'。至于这种机械自然主义的、同时也是'实在论的'价值概念如何妄想囊括经济生活中经验主义的现象世界，以至最后陷入不可克服的巨大矛盾，这些我们已经在自己的著作中不止一次地谈过了。"

你们看，这就是司徒卢威先生"科学的"手法！这就是他消灭马克思主义的手段！使用一两个所谓科学术语，稍微提示一下思维"动机"，引证一下1900年《生活》杂志的文章[32]——这就是他的全部学问。教授先生，这未免少了一点儿……

司徒卢威先生用他在杂志上写的文章不能证明在马克思的《资本论》第1卷和第3卷之间，在劳动价值论和价值规律基础上形成平均价格之间有什么矛盾，更不用说有什么"巨大"矛盾了。

司徒卢威先生玩弄中世纪那种"区分"唯名论和实在论、把普遍论和个别论对立起来的把戏，这对于理解或批判马克思的理论，对于阐明司徒卢威先生自己的理论(或奢望创立自己的理论)都是毫无用处的。这是游戏，是学术垃圾，而不是科学。当然，中世纪唯名论者同实在论者的斗争和唯物主义者同唯心主义者的斗争具有相似之处，但是，这种斗争不仅同中世纪的许许多多理论，而且也同古代的许许多多理论有相似之处，有历史继承的联系。要认真地研究清楚哪怕是中世纪的争论同唯物主义历史的联系，就需要作一番专门的考察。但是，我们这位作者却根本没有进行丝毫的认真研究。他从一个题目跳到另一个题目，触及的问题成千上万，但是一个也不加以分析，并且以可笑的勇敢精神作出了一些极其武断的结论。

在上面所引的这段话中，他自己也不得不承认，马克思的哲学和政治经济学结成了一个**完整的**唯物主义世界观。马克思的一般哲学概念**是极其广泛的**!

这可不是随随便便承认的呀!既然他不得不这样承认,既然他谈到要批判地重新审查政治经济学,谈到政治经济学新的方法论课题,那他就应该认真地研究马克思的这一"完整的"唯物主义世界观的**各个**组成部分。然而司徒卢威先生却丝毫没有着手进行这种研究!他一味用轻蔑的评语来攻击"形而上学的唯物主义"。谁不知道,在不可知论(康德主义、实证主义、马赫主义等)的时髦理论看来,无论是彻底的唯物主义,还是彻底的哲学唯心主义,都是"形而上学"。司徒卢威先生发表这种评语,只是**在暗示**他的哲学世界观没有任何完整性。但是,想用这样的评语来回避对马克思的**完整的**唯物主义世界观进行分析和研究,是不行的。这样只能证明他自己思想贫乏。

## 三

把马克思主义同关于原罪的经院学说相提并论,这是司徒卢威先生这部学术著作中的绝妙之处,因此不能不较详细地来谈一谈。我们预先声明,下面的引文都很长,请读者原谅。为了紧紧抓住当今自由派教授所玩弄的手法,引文确切是很必要的。

司徒卢威先生写道:"我十分清楚,马克思的劳动价值论,按其逻辑结构来说,同很多世纪以前用'实在论'所论证的关于原罪的经院学说有十分相似之处,在那里已经有了它的雏形…… 马克思认为经验'价格'受价值规律的支配,也就是说它的存在取决于价值实体，这正如经院哲学认为人们的经验行为是由原罪决定的一样。

请看几个对比。

**马克思**：‘如果我们把商品总量，首先是把一个生产部门的商品总量，当做一个商品，并且把许多同种商品的价格总额，当做一个总价格，那么问题就很容易说明了。这样一来，关于单个商品所说的话就完全适用于市场上现有的一定生产部门的商品总量。商品的个别价值应同它的社会价值相一致这一点，现在在下面这一点上得到了实现或进一步的规定：这个商品总量包含着为生产它所必要的社会劳动，并且这个总量的价值＝它的市场价值。’①

**托马斯·阿奎那**：‘我们应当说，所有的亚当后裔都可以看做是一个人，因为他们从自己的始祖那里所承受下来的天性都是一样的，这正像所有住在一个郡里的人被看做一个整体，而整个郡被看做一个人一样……’”

看来，够了吧？司徒卢威先生担保说，这“不是玩弄哗众取宠的〈!??〉类比，也不是卖弄聪明”。也许是这样。但是，这无疑是玩弄庸俗的类比，更确切些说，这简直是小丑行为。如果那些以自由派和进步派自居的学者，能够在自己的一伙人中容忍扮演这种小丑的英雄，而且还授予这些英雄以学位，聘请他们来教育青年，那么，这只是第一百次、第一千次证明了资产阶级时代的一条“规律”：为了消灭马克思，对科学的践踏愈是厚颜无耻，就愈能获得荣誉。

司徒卢威先生想推翻马克思，但又完全无能为力，于是不得不

① 见《马克思恩格斯文集》第 7 卷第 203 页。——编者注

用这种小丑行为来掩盖自己的狼狈相。某一生产部门的全部商品可以同其他部门的全部商品相交换，这是无可争辩的事实。任何“经验论者”都把全部商品的总价格除以单位商品的数目，从而得出平均价格，这也是事实。司徒卢威先生所喜欢的那种统计（下面我们就会看到，对于这种统计，他也只是“一掠而过”，并不去作丝毫的研究）处处都向我们表明，马克思使用过的方法仍在运用。然而这一切与职业的“社会主义者的吞噬者”有何相干呢？只要能踢马克思一脚就行，其他什么都好办了。

司徒卢威先生从事这种高尚的职业，究竟从哪些哲学权威那里得到理论上的支持呢，这从我们这位教授的下面一段话中也可以看出来：

> “在这项工作〈总结19世纪思想家的全部工作〉中，公正的后裔应当赋予伟大的法国形而上学者雷努维埃以显著地位，因为今天的许多批判性的和积极的思想都是起源于他的。”（第43页）

雷努维埃是法国“新批判唯心主义”学派的首领，经验批判主义者（即敌视唯物主义的哲学家）维利把他叫做“高级蒙昧主义者”（见《唯物主义和经验批判主义。对一种反动哲学的批判》一书1909年莫斯科版第247页中我对雷努维埃所作的评述）①。雷努维埃写“规律”一词以大写字母开头，并且直接把它变为宗教的基础。

请看司徒卢威先生是用什么样的手法来消灭马克思的——据他自己承认是——“完整的唯物主义世界观”的：他把马克思同中世纪的神学家等同看待，其理由是：马克思把一个生产部门的商品

① 见本版全集第18卷第219—220页。——编者注

价格算在一起，而中世纪的神学家托马斯·阿奎那为了论证原罪学说则把始祖亚当的后裔都算在一起。同时，为了“伟大的”雷努维埃，为了在19世纪宣扬过哲学唯心主义、用“规律”这一概念建立了宗教基础的雷努维埃，马克思被消灭了!!

啊，司徒卢威先生！啊，“伟大的”雷努维埃的门徒！啊，重任在身的俄国青年的导师！

## 四

司徒卢威先生写道：“在自然规律这一观念上建立起来的政治经济学大厦，在遭受神秘的历史主义和唯物的历史主义攻击之后，进行了巨大的改造：在这种改造过程中，这种观念彻底破产了。它的基本的内在矛盾暴露出来了。这种矛盾在已成为资产阶级经济自由主义理论基础的‘自然’政治经济学中也许表现得最为明显…… 的确，如果在经济生活中是自然规律主宰一切，那就不可能有同自然规律不协调的和违反自然规律的经济生活的事实。然而自由主义的‘自然’政治经济学，在著作中和生活中却时时与这些事实相抵触…… 在资产阶级自由主义的政治经济学破产之后，再谈什么‘自然规律’，连脸上也不怎么光彩了。一方面，从完整的、原则上统一的社会经济过程中抽出某些个别的方面、关系和现象，认为它们是‘自然的东西’，并把它们说成是特殊范畴的现象，这显然是不科学的。另一方面，宣告存在‘自然规律’，尽管就经济自由主义本身来说，这也是出于并未意识到的伦理动机，但这样宣告是替某些只具有暂时意义的社会关系和社会形式辩护并使之永世长存的手段，是‘资产阶级的’辩护术，因而在伦理上已经威信扫地了。”(第56—57页)

作者就是这样来侮辱自然规律这个观念的。但是说这种话的人自己也不得不承认，“唯物主义者马克思越过整个18世纪向唯物主义者配第伸出了手”(第56页)，“配第是那个时代从自然科学奔向社会科学这一强大潮流的最鲜明、最突出的代表”（第 50 页）。

大家知道，从自然科学奔向社会科学的强大潮流，不仅在配第时代存在，在马克思时代也是存在的。到 20 世纪，这个潮流是同样强大，甚至可说更加强大了。在一部标榜科学性、以研究“经济思维的哲学动机”为宗旨的著作中，怎么能够提出这个“潮流”问题，提出配第和马克思的唯物主义问题，而又不对自然科学的哲学前提和结论作任何说明呢??

然而，这正是司徒卢威先生的全部手法：提出了，或者更确切些说，触及了一千零一个问题，什么都“点一下”，装做什么都权衡过，什么都考虑过，其实，除了一些东拼西凑的引文和肤浅的评语，什么都没有提供。

说政治经济学中的自然规律这个观念已经遭到破产，说再“谈”这种观念“连脸上也不光彩了”，这真是弥天大谎。事实恰恰相反。正是“从自然科学奔向社会科学的潮流”加强了并继续在加强这一观念，并使它成为一种不可避免的观念。正是“唯物的历史主义”彻底论证了这一观念，清除了其中形而上学的（这个术语根据马克思主义的解释就是：反辩证法的）谬误和缺点。说什么古典作家的“自然规律”是资产阶级的辩护术，“在伦理上已经威信扫地”，这完全是一派胡言，这既是对古典作家，也是对“唯物的历史主义”的最肆无忌惮的歪曲，因为古典作家摸索了，而且也摸索到了资本主义的许多“自然规律”，不过他们不理解资本主义的暂时性，也看不到其中的阶级斗争。唯物的历史主义纠正了这两个缺点，因此说什么“在伦理上已经威信扫地”，这简直是牛头不对马嘴。

司徒卢威先生使用了夸张的、“刺激的”词句(说谈“自然规律”“连脸上也不光彩了”),妄想借此掩盖他那种资产阶级固有的**害怕**科学、**害怕**对现代经济作科学分析的**心理**。老爷式的怀疑论是资产阶级和一切趋向没落的阶级的特征,但是,自然规律这个观念在社会运行和发展的过程中,不是趋向没落,而是日益巩固。

## 五

现在我们来看一下,司徒卢威先生为了给政治经济学“提出新的方法论课题”而答应提供的那些“严格制定的准确概念和鲜明的区别”,究竟是一些什么东西。

在第5页上有这样一句话:“……我们给经济下的定义就是合理的经济活动即经营的主观目的论的统一体。”

这话听起来“满有学问”,其实却是毫无内容的文字游戏。经济的定义就是经营!这完全是废话…… “经营的主观统一体”,在梦想中或幻想小说中也许存在。

司徒卢威先生害怕讲**物质**产品的生产(“形而上学的唯物主义”!),他所提供的只是一种玩物,而不是定义。司徒卢威先生抽掉了社会关系的一切要素和特征,似乎故意“虚构了”一种从来不是,也不可能是**政治经济学**对象的“经济”。

下面就是他所确定的“经济制度的三种基本类型”:(1)并立经济的总和;(2)相互作用的经济体系;(3)作为“主观目的论的统一体”的“社会-经济”。属于第一种类型的是一些互不往来、互不发生作用的经济(试图让有名的鲁滨逊复活!);属于第二种类型的有奴隶制,有农奴制,有资本主义,有简单商品生产;属于第三种类型的是共产主义,“如果说它还有一点实现的可能,那也只是在巴拉圭的耶稣教徒国实现过”。这种连一点历史现实性的影子都没有的了不起的分类,是同他对经济制度和社会制度的区别相辅相成的。

司徒卢威先生教训我们说:**经济**范畴“表现任何经营主体同外部世界的经济关系”;**经济间的**范畴“表现各自主经济的相互作用所产生的现象”;**社会**范畴“产生于在相互作用中从事经营的人们的社会不平等”。

这样说来,奴隶制、农奴制和资本主义的经济制度在逻辑上、经济上和历史上都可以同社会不平等分开!!司徒卢威先生心劳日拙,妄图采用新的定义和区别,其结果只能得出这样的结论。“抽象地说来,并立经济的总和可以同平等和不平等的关系结合在一起。它可以是农民民主制和封建社会。”

我们这位作者就是这样议论的。无论从逻辑理论、经济理论或历史理论的观点来看,他的论断都是荒谬绝伦的。他把随便什么都归入“并立经济的总和”这个概念,这就明显地暴露了这个概念是毫无内容的。无论是农民民主制和封建制,或是毗邻而居的(在彼得堡公寓走同一条楼梯、住同一个楼层的)业主,这都是“并立经济的总和”!作者已经忘记了,在他的体系中,这种总和应是**三大经济制度类型之一**的特征。可见,司徒卢威先生的“科学的”定义和区别,不过是胡言乱语而已。

但是,这种不高明的、庸俗的游戏,这种对逻辑和历史的嘲弄,也有它独特的“含义”。这种“含义”就是资产阶级已感到绝望而又“目空一切”(如果可以这样来翻译法文中的“je m’en fiche”的话)。

对能否科学地分析现状感到绝望,不要科学,竭力蔑视任何概括,躲避历史发展的一切“规律”,用树木挡住**森林**,——这就是我们在司徒卢威先生那里所看到的那种时髦的资产阶级怀疑论和僵硬死板的经院哲学的阶级含义。认为**用不着**也**不可能**拿经济制度来解释“社会不平等”(因为资产阶级不喜欢这样做),这就是司徒卢威先生的“理论”。让政治经济学去作老生常谈,去研究经院哲学,去毫无意义地追求事实吧(例子在后面),至于“社会不平等”问题,还是留给社会学和法学去议论,那里更安全一些,那里更容易把这种不愉快的问题“搪塞”过去。

经济现实昭然若揭地向我们表明,社会划分为阶级是资本主义和封建主义经济制度的基础。政治经济学这门科学一问世就注意去**说明**这种阶级的划分。整个古典政治经济学在这条道路上跨出了许多步,而马克思更向前跨进了一步。现代资产阶级被这一步吓得魂不附体,对现代经济演进中十分明显,十分有威力的“规律”感到惶惶不安,以至资产者及其思想家们竟然准备把一切古典作家和任何规律都一笔勾销,只要能把各种……叫什么来着?……社会不平等统统送进法学的档案库就行。

## 六

司徒卢威先生特别希望把价值这个概念送进档案库。他写道:“价值作为一种与价格不同、不以价格为转移而决定价格的东西,乃是一种幻影。”(第 96 页)“客观价值这个范畴可以说只是对价格范畴的形而上学的夸大。”(第 97 页)

为了消灭社会主义，司徒卢威先生选择了一种最……激进、最简便、然而也是最轻浮的方法，就是一概否定科学。脑满肠肥、失魂落魄的资产者所信奉的老爷式怀疑论在这方面已经达到了极限。陀思妥耶夫斯基作品中的一位律师[33]，在为抢劫杀人罪辩护时竟说：既然没有抢劫，也就是没有杀人。同样，司徒卢威先生**硬说**价值是一种幻影，以此“推翻”马克思的价值论。

“目前，甚至用不着去推翻它〈客观价值论〉：只要我们像在这里和《绪论》中那样描述一番，就足以表明，在科学体系中是没有也不可能有它的地位的。”（第 97 页）

瞧，怎么能不把这种最“激进的”方法叫做最轻浮的方法呢？几千年来，人类发觉了交换现象的规律性，竭力想理解它，想更确切地表述它，并且通过日常对经济生活进行的亿万次观察来检验自己的解释。可是，一位从事收集引文（我差些没说成是：集邮）这一时髦行业的时髦代表人物，突然“推翻了这一切”，说什么“价值是一种幻影”。

难怪早就有人说过，如果数学定理触犯了人们的利益（更确切些说，触犯了阶级斗争中的阶级利益），这些定理也会遭到强烈的反对。要反驳经济科学中颠扑不破的真理只要稍微有一点学问就可以了。比如，只要加入一句话：价值**作为一种不以价格为转移的东西**乃是一种幻影。——这就万事大吉了！

如果只说这句插话是荒谬的，那倒没有什么了不得。价格是价值规律的表现。价值是价格的规律，即价格现象的概括表现。在这里说什么“不以”价格“为转移”，这只能是为了嘲弄科学，因为科学在所有的知识领域都向我们表明，基本规律是通过貌似紊乱的现象表现出来的。

就拿物种变化的规律,即从低级物种中形成高级物种的规律来说吧。把自然科学的总结,把已经找到的规律(这些规律是大家公认的,尽管在繁杂的事物中有许多看来似乎是违背规律、不合规律的现象),把修正和补充这些规律的探索都说成是一种幻影,这是最轻而易举的事。在自然科学领域内,如果有人说自然世界的现象的规律是一种幻影,人们一定会把他送进疯人院,或者对他嗤之以鼻。在经济科学领域内,有人这样大胆……赤身裸体地……招摇过市,人们却乐于聘他当教授,因为愚弄资产阶级子弟这件事,他确实是完全能够胜任的。

“价格是事实。我们不妨认为:价格是交换物之间现实的交换关系的概念,是已经实现了的交换关系。

价值是一种标准。我们不妨认为:价值是交换过程中交换物之间理想的或应有的相互关系的概念。”(第 88 页)

“我们不妨认为”如何如何,这样随随便便、极不严肃地发表意见,对司徒卢威先生来说难道不显得很特别吗?司徒卢威先生向来爱故意卖弄令人费解的术语和新造的词汇,现在突然改用了杂文的笔调……　的确,不改用杂文的笔调,要把价值说成是一种幻影,是有点儿困难的。

既然价格是“已经实现了的交换关系”,那么请问:这种关系存在于谁和谁之间呢?很明显,存在于进行交换的经济之间。既然这种“交换关系”的出现不是偶然的、例外的、暂时的,而是一直在有规律地、随时随地重复着,那就很明显,这种“交换关系”把各个经济的总和结成为**一种经济制度**;那就很明显,在这些经济之间有着固定的分工。

请看,司徒卢威先生在“经济间的”关系(据说这种关系是同社会关系相**分离的**）问题上所要的花招**已经**像纸牌搭成的房子那样垮台了。司徒卢威先生把商品生产这个概念赶出门外，却偷偷地把它从窗口放了进来。司徒卢威先生的臭名昭著的“经验主义”，就是要从科学中排除资产者所讨厌的那种概括，然而又不得不——所谓非正式地——加以承认。

既然价格是交换关系，那就必然会理解在个别的交换关系同经常的交换关系之间，在偶然的交换关系同大量的交换关系之间，在一时的交换关系同长时间的交换关系之间所存在的区别。既然如此（无疑是如此），那我们同样必然会从偶然的和个别的交换关系上升到稳定的和大量的交换关系，从价格上升到价值。司徒卢威先生试图把价值说成是“应有的东西”，把价值同伦理学或宗教法规学者的学说等等相提并论，这种尝试也像纸牌搭成的房子那样垮台了。

司徒卢威先生把认为价值是一种幻影叫做“经验主义”，把力求（“从亚里士多德”到马克思一直如此（第 91 页），还应当补充说，中间经过了整个古典政治经济学！）找到价格形成和变化的**规律**叫做“形而上学”，这也就是在重复现代反动哲学家的手法：把整个自然科学中的唯物主义看做“形而上学”，把通向宗教的阶梯称为“经验主义”。排除科学中的**规律**，事实上只能是**偷运宗教的规律**。司徒卢威先生以为要些“小小的花招”就能向人瞒过这件简单的、无可怀疑的事实，真是枉费心机。

# 七

正如我们所看到的，司徒卢威先生躲在怀疑论后面，而不同马克思主义者正面交锋。这样他就热衷于在自己的书里到处插进一些反对马克思主义的评语，指望被一大堆东拼西凑、断章取义的引文压得透不过气来的读者会落入他的圈套。

譬如，他引证圣西门的一段话，提到了许多有关圣西门的著作（我们这位“学者”经常采用这种摘抄德文图书目录的做法，显然，这是……猎取学位的一条最可靠的途径），还十分详尽地抄录雷努维埃关于圣西门的论述。

结论怎样呢？

结论是这样的：“社会主义的高级形式，即所谓科学社会主义，是革命思想同反动思想发生关系所生下的产儿，这看来似乎十分荒诞，然而这却是无可辩驳的历史事实。”（第 51—52 页）这是因为通向科学社会主义的道路经过圣西门，而“圣西门则既是 18 世纪启蒙运动者的学生，又是 18 世纪末和 19 世纪初反动分子的学生”（第 53 页）。“有一点必须时时牢记：历史唯物主义，按其实质来说，是对 18 世纪精神的反动的产物。第一，它是有机观对唯理论的反动，第二，它是经济主义对政治主义的反动。此外，圣西门在他信教的时期，又代表了感情和宗教对法和人类正义这两种观念的反动。”（第 54—55 页）司徒卢威先生为了进一步论证自己的见解，又一次重复说：“马克思主义是法国神权学派以至整个历史反革命反动势力的译成了实证论、无神论和激进主义语言的公式。

马克思抛弃了理性，便成了革命者和社会主义者……”（第 55 页）

马克思一方面能够吸收并进一步发展同中世纪封建势力和僧侣势力斗争的“18 世纪的精神”，另一方面又能吸收并进一步发展 19 世纪初那些哲学家和历史学家的经济主义和历史主义（以及辩证法），这就证明马克思主义的深刻性和它的力量，证明把马克思主义看做是科学上**最新成就**的见解是完全正确的。至于在反动的历史学家和哲学家的学说中包含有关于政治事态更迭的规律性和阶级斗争的深刻思想，这一点马克思总是明确地、毫不含糊地指出来。

然而司徒卢威先生却要颠倒黑白，把马克思主义说成是反动的产物，虽然他马上补充说，导向马克思主义的**不是作为僧侣主义者的**圣西门，而是作为历史学家和经济学家的圣西门！！

可见，我们这位作者对圣西门**在** 18 世纪的启蒙运动者**之后**和**在**马克思**之前**在社会科学上取得了哪些成就，没有说过**一句**正经话，而是借助一些尖刻的词句**跳过了**整个社会科学。

**由于**古典经济学家发现了价值规律和社会划分为阶级这一基本现象，创立了这门科学，**由于** 18 世纪的启蒙运动者同前者一起用反封建主义反僧侣主义的斗争进一步丰富了这门科学，**由于** 19 世纪初的历史学家和哲学家们（尽管他们抱有反动观点）进一步阐明了阶级斗争的问题，发展了辩证方法，并把它用于或开始用于社会生活，从而把这门科学推向前进，马克思主义正是在这条道路上又向前跨出了几大步，所以它是欧洲整个历史科学、经济科学和哲学科学的**最高发展**。这是合乎逻辑的结论。然而司徒卢威先生的结论却说：**因此**，马克思主义不值一驳，关于价值规律等等不值一提，马克思主义是反动的产物！

司徒卢威先生真的以为用如此拙劣的手法就能骗过自己的听众，把自己的蒙昧主义掩盖起来吗？

## 八

司徒卢威先生的这部学术著作要是没有“证明”社会主义不可能实现，那当然就不能成为提请授予学位的学术著作了。

一部论述价格和经济问题，也论述政治经济学的“若干哲学动机”问题的著作，居然没有研究资本主义的历史趋势就“证明”社会主义不可能实现，你们也许会觉得这未免有点过分吧？

可是，在司徒卢威先生看来，这是再简单不过了！请看：

> “归根结底，经济自由主义设想的是，在实现‘自然规律’的基础上，社会经济过程中合理的、应有的东西同自然的、必然的东西之间完全一致，以及这一过程完全合理化…… 历史上最完善的一种社会主义即所谓科学社会主义，在否认‘自然规律’的同时，又赞同经济自由主义的这一基本思想。它还认为事物的合理结构同事物的自然进程之间的和谐是可能的，认为社会经济过程的完全合理化也是可能的。”（第 58 页）

接着说了一些蔑视这种“信念”的话（第 59 页）并得出了严肃科学的结论（第 60 页）（司徒卢威先生的“著作”的第 1 卷第 1 编第 2 章第 7 节）：

> “科学经验的研究把社会主义的和自由主义的理想同现实世界作了对比，不得不承认，在它看来，这两种理想中所包含的信念是不可能实现的。这两种理想，严格说来，同样都是不能够实现的，同样都是空想。”

真的，看到这样的东西，甚至不敢相信自己的眼睛。当今教授们的学术界竟腐败、堕落和无耻到这种地步！司徒卢威先生明明知道，科学社会主义是以资本主义使生产社会化这一事实为依据的。这一事实正被世界各地看到的无数现象所证明。关于这些现象的发展程度和发展速度，有极其丰富的“经验”材料可以说明。

可是，我们这位学者却回避生产社会化的问题，他的“科学经验的研究”不去接触**任何一个**领域里的无数事实，他空谈了一阵自由主义和合理化，就宣告问题已经科学地解决了！

说自由主义设想的是完全的合理化，是不对的。说马克思主义**否认**“自然规律”，也是不对的。关于“完全合理化”的全部言论都是错误的和空洞的，这都是些可怜的托词和庸俗的游戏，所追求的都是一个目的：回避科学社会主义明确提出的问题，叫嚷社会主义不可能实现，借以吓唬青年学生。

## 九

司徒卢威先生这部著作有很大一部分，有一大半讲的是“关于价格的历史现象学的探讨和素材”。

我们这位把价值说成是幻影、把**价格**当做事实来研究的“彻底经验主义”的狂热拥护者，真正能够大显身手的地方正是在这里！

近年来价格统计获得了巨大的进展。各国都收集了大量的材料。价格史方面的著作也出版了很多。如果严谨的学者甚至不屑反驳马克思的价值论，那他为什么不用价格史和价格统计的“经验的”材料来分析一下哪怕是这个理论的某些主要问题呢？除劳动**“因素”**以外，任何外界因素的影响可以略去不算，关于生产某种商品所耗费的劳动量，有确切的材料可供查考，这样的商品可以找到成千上万种，这样的商品价格史阶段或时期也可以找到好几百个。我们这位“彻底经验主义”的拥护者，在关于价格的“科学研究著作”中，在关于“价格的历史现象学”这一编中，为什么不**触及**这些材料呢？

为什么？显然是因为司徒卢威先生十分清楚地认识到，他的立场是站不住脚的，要想驳倒客观价值论即劳动价值论是不可能的，于是他本能地感觉到非**跑步**躲开任何科学研究不可。

司徒卢威先生在这部著作中用来阐述“关于价格的历史现象学的探讨和素材”的几百页内容是当今资产阶级学者逃避科学的一种少有的出色的范例。这里什么都有！评述了指定价格和自由价格；考察了波利尼西亚人；引用了马达加斯加的统一者安德里安阿姆普伊尼美里娜国王于 178?—1810 年颁布的市场贸易章程（多么渊博！）；引用了巴比伦汉穆拉比王法典（大约在公元前 2100 年这个时期）中关于医生诊金的某些条款；引用了日耳曼人民法典中关于妇女买价的规定（主要引用学术水平极高的拉丁文的著作）；翻译了印度神圣的法律家马努和亚伊纳瓦尔基亚的著作中有关贸易法的 7 篇文章①；谈到了罗马法关于保护买主等等的规定，一直说到罗马由警察调整价格的希腊化时期的典型案例，以及加洛林王朝立法中的罗马警察法的基督教化。

可以预料，出版了司徒卢威先生这部著作的 B.П.里亚布申斯

① 谢·费·奥登堡先生在亲切地答复司徒卢威先生的询问时写道：“关于您〈司徒卢威先生〉所提到的那些问题的法律书籍看来已经比较真实地反映了生活。”（见司徒卢威先生的著作第 1 卷第 2 部分第 2 编第 2 章第 8 节中的注 51b）

基先生，只要再出版200来卷关于价格的历史方法论的探讨和素材，譬如，把各个时期各个民族的市场情况一一加以描述，文中加上插图和由司徒卢威先生从最好的德文图书目录中胡乱摘引来的注释，这样就可以使自己的科学艺术保护者的美名万世流芳，也可以使司徒卢威先生这位严肃学者的美名万世流芳了。彻底的经验主义将会高奏凯歌，而政治经济学中的各种“规律”的幻影则将烟消云散。

在革命前的旧俄国，学者一般分为两大阵营：迎合内阁的学者和独立的学者，并且大家都知道前一种是卖身投靠的下流作家，是一些奉命写作的人。

这个粗略的划分是符合宗法式的、半亚洲式的关系的，但无疑已经过时，应当废弃了。俄国在迅速地欧化。我国的资产阶级几乎已经完全成熟，某些方面甚至有点过于成熟了。资产阶级学者“不依赖”政府，他们根本不会奉命写作，因为他们真诚恳挚地相信，他们在真诚恳挚地研究问题时所用的观点和方法，是同我国工商界的“领袖”如В.П.里亚布申斯基先生之流的利益相符合的。在一切都突飞猛进的今天，要获得名学者的声誉，要使自己的著作得到正式承认，那就要用一两个“康德式的”定义来证明社会主义不可能实现；那就要消灭马克思主义，援引几千个欧洲教授的姓名和著作，向读者和听众说明，马克思主义甚至不值一驳；那就要把任何科学规律一概抛弃，为宗教规律扫清场地；那就要把堆积如山的所谓有高度学术水平的破烂和垃圾塞进青年学生的头脑。

即使这一切比德国资产阶级学者干的要粗鲁得多，这也没有什么。应该重视的是，俄国毕竟完全踏上了欧化的道路。

载于 1914 年 3 月《现代世界》杂志第 3 期

译自《列宁全集》俄文第 5 版第 25 卷第 31—54 页

# 俄国社会民主工党中央委员会关于成立领导秘密工作的中央组织部的决议[34]

（1914年4月2—4日〔15—17日〕）

鉴于秘密工作的条件，成立一个中央委员会的特别部门直接领导秘密的组织工作。

中央委员会所有部门的全体会议只有在紧急情况下，在遵守特殊保密规定以及双方部门的代表意见完全一致的情况下，才能召开。日常联络则通过某些全权代表进行。

为了隐蔽起见，中央组织部称做工人合作社委员会。

该部(1)指导彼得堡委员会的工作，经常在工作上给予帮助，在工作遭到破坏的情况下，使其得到恢复；(2)本着党的精神关心各合法组织的工作联系；(3)寻求掩护秘密联系以及地下活动的特殊秘密形式；(4)统一全俄范围内的工作，建立正常的联络和巡视制度；(5)在1914年8月之前主要负责党代表大会[35]的筹备工作。

组织部的成员由中央委员会俄国委员会任命，人数为3—5名，候补人员与此相等或人数加倍。

载于1957年《苏共历史问题》杂志第3期

译自《列宁全集》俄文第5版第25卷第55页

# 论工人运动的形式

（同盟歇业和马克思主义的策略）[36]

（1914年4月4日〔17日〕）

同盟歇业，即企业主串通起来大批解雇工人，同工人罢工一样，是资本主义社会必然的和不可避免的现象。资本倾其全力向破产的小生产者和无产阶级进攻，不断降低工人的生活条件，使他们面临严重的饥饿甚至饿死的危险。在世界各国有过这样的例子，在许多民族的生活中甚至有过这样的整个时期：工人由于没有进行反抗而陷于难以置信的贫困和十分可怕的饥饿境地。

工人的反抗产生于出卖劳动力这种生活条件本身。虽然在斗争中工人要付出巨大的牺牲，但是他们只有依靠这种反抗才能保持住勉强过得去的生活水平。然而，资本日益集中，工厂主的联盟日益发展，无产者和失业者的数目日益增长，而无产阶级也就日益贫困，争取勉强过得去的生活水平也就日益困难了。近几年来迅速上涨的高昂的生活费用，常常使工人的全部努力化为乌有。

工人组织，首先是工人的工会，正在吸引愈来愈多的无产阶级群众参加有组织的斗争，使工人的反抗尽可能做到更有计划和更有步骤。由于有了各行各业的群众性的工会，罢工斗争变得日益顽强：罢工次数在减少，但是每一次冲突的规模却在扩大。

企业主的同盟歇业是斗争激化引起的，反过来它又使斗争更加激化。无产阶级通过斗争团结起来，通过斗争既提高了自己的觉悟，也发展了自己的组织，还丰富了自己的经验，他们中间愈来愈多的人愈来愈坚定地相信，对资本主义社会必须进行彻底的经济改造。

马克思主义的策略，就在于把**各种不同的**斗争方法结合起来，巧妙地从一种方法过渡到另一种方法，不断提高群众的觉悟，扩大群众的集体行动的广度，其中每一个行动单独来看，有的是进攻性的，有的是防御性的，但是总的说来，它们将导向愈来愈深刻、愈来愈坚决的冲突。

在俄国，没有像我们在西欧国家所看到的**那种**开展斗争的基本条件，即没有在巩固的、不断发展的工会参加下开展斗争的基本条件。

跟早就实现了政治自由的欧洲不同，我国的罢工运动在1912—1914年间已经越出了狭隘的工会范围。自由派**否认**这一点，自由派的工人政客（取消派）不理解这一点，或者闭眼不看这一点。然而事实已经迫使人们承认了这一点。米留可夫在国家杜马就勒拿惨案[37]提出质询时的发言，明显地表露出对工人运动**总的**意义的承认，虽然这种承认是**被迫的**、事后才说的、吞吞吐吐的、挂在嘴上的（即不提供实际的帮助，只是惊叹而已）。取消派用“罢工狂热”这类自由派言论**反对**在罢工运动中把经济动机和其他动机结合起来（我们要提醒一句，叶若夫之流的先生们从1912年就开始发表**这种**言论了！），从而引起了工人理所当然的反感。工人因此自觉地和坚决地“撤销”取消派先生们在工人运动中的“职务”。

马克思主义者对罢工运动的态度，并未在工人中引起任何动摇和不满。**早在**1913年**2月**[38]，有组织的马克思主义者就对同盟歇业的意义正式作出了评价(不错,这是在自由派的奴隶取消派先生们没有见到的场合作出的)。早在1913年2月,马克思主义者的正式决议就明确地毫不含糊地提到同盟歇业,指出在策略中必须**考虑到**同盟歇业。如何考虑呢?要更仔细地讨论每次行动是否合适,改变斗争形式,用一种形式来代替(当时所讲的正是代替!)另一种形式,而且斗争形式的**提高**仍应当是持续不断的趋势。觉悟的工人对某些更高的具体形式也是十分熟悉的,这些形式在历史上曾不止一次地试用过,只有取消派才感到"不可理解"和"格格不入"。

3月21日,在同盟歇业刚宣布以后,真理派就立即提出了自己的明确口号:**不要**按工厂主的意愿选择行动的时间和形式,现在不罢工。工会和有组织的马克思主义者都知道并且看到,这个口号是**他们自己的**口号。提出这个口号的正是先进无产阶级的大多数,他们把自己的代表选进了保险理事会[39],**不顾**取消派破坏组织的自由主义的哀号,领导着彼得堡工人的**全部**工作。

3月21日的"现在不罢工"的口号是工人的口号,工人知道,他们善于用一种形式来**代替**另一种形式,并且不论过去和将来,都力求通过不断改变运动形式来普遍提高运动的水平。

取消派和民粹派这些破坏工人运动的人,这一次也会试图破坏工人的事业,这一点工人是知道的,并且早就作了反击的准备。

3月26日,破坏和违反彼得堡和俄国**大多数**觉悟工人的意志的取消派集团和民粹派集团,都在自己的报纸上发表了对这伙人来说已习以为常的资产阶级庸俗见解:民粹派(为了取悦于取消派)大谈其所谓"轻率"(觉悟工人早就知道,没有人比民粹派更轻率的了);取消派发了一通自由主义言论(对这些言论《真理之路报》[40]第47号已予以剖析和斥责），鼓吹……不要用相应的、更高级的形式，而用……请愿书和“决议”来代替罢工！！！

先进工人唾弃了取消派的可耻的自由主义劝告，唾弃了民粹派的轻率的空谈，坚定地走自己的道路。

关于在同盟歇业的**特定**情况下，用**特定的**、相应的、更高级的斗争形式来代替罢工这一老的决定，工人们很清楚，并且正确地应用了。

同盟歇业者的挑衅没有得逞。工人没有在敌人强迫他们作战的地方应战；他们适时地应用了有组织的马克思主义者的决定，更清楚地看到了自己的运动的全部意义，更积极地、更明显地沿着过去的道路继续前进。

载于1914年4月4日《真理之路报》第54号

译自《列宁全集》俄文第5版第25卷第56—59页

# 左派民粹派在美化资产阶级

(1914年4月6日〔19日〕)

左派民粹派先生们只要一离开关于“劳动农民”的泛泛空谈，一离开令人讨厌的和表明他们对《共产党宣言》和《资本论》根本无知的空谈，一转到**精确的材料**上面来，就马上暴露出左派民粹派那种对资产阶级的美化。

关于“劳动农民”的**全部**理论的资产阶级性质，被空谈和叫喊掩盖起来，却被事实和对马克思学说的研究揭穿了。

下面就是一位纯粹用知识分子腔调作文章的巴特拉克先生在《坚定思想报》[41]第14号上发表的关于“社会主义和农民”的议论。

巴特拉克先生说，**“劳动农户日益增长”**，并且引用了法国和德国的统计材料。可是统计材料这种东西是不能用空谈和叫喊来支吾搪塞的，因此骗局马上就被揭穿了。

法国的“小农户”，即拥有**5公顷到10公顷**(1公顷比1俄亩稍小一点)土地的农户的土地面积增加了。

好极了，巴特拉克先生！但是您是否听说过，农业的集约化程度愈高，**“小”**(就土地的数量来说)农户使用**雇佣劳动**的情况就愈多呢？不谈雇佣劳动的材料，不就是意味着美化资产阶级吗？啊，巴特拉克先生？

我们来看看德国的材料。拥有5—10公顷土地的652 798个农户有 487 704 个**雇佣工人**。这是怎么回事呢？原来是大部分小业主都在剥削雇佣工人！法国的情况怎样呢？在法国，需要在小块土地上使用**雇佣劳动**的葡萄种植业，要比德国分布得广得多。

“劳动农户”的理论是一种不谈雇佣劳动材料的欺骗工人的理论。

巴特拉克先生拿德国作例子。说“中小”农户应当算做“劳动”农户（舌头是没有骨头的，把什么样的人叫做“劳动”业主都行！）。可见，巴特拉克先生是根据“中”“小”农户增长而得出“劳动农户”增长的结论的。

请大家看看这位新的资产阶级辩护士列举的材料吧。

他是从拥有 2 公顷**以下**土地的农户谈起的。这类农户的数量是：1882 年占 58.03%；1895 年占 58.22%；1907 年占 58.89%。说它增长了，难道不对吗？

**可是，关于这是雇佣工人数量的增长这一点**，我们这位“左派民粹派”**却默不作声**！！！

被他歪曲的统计材料清楚地说明：在拥有 2 公顷以下土地（1907 年）的 3 378 509 户农户中，**只有** 474 915 户即稍多于1/10的农户，就其主要职业来说，是独立农民，**而大多数则是雇佣工人**（1 822 792 户）。

在 3 378 509 户农户中，有 2 920 119 户即大多数是从事**副**业的，他们的主要收入来源**并不是**农业。

试问，把**雇农和日工**，即雇佣工人当做“劳动农户”，这难道不是美化资产阶级和资本主义吗?!

难道这里使用的“劳动业主”这种愚蠢的字眼，不是在**掩盖**无产阶级（雇佣工人）和资产阶级之间的鸿沟吗?? 难道使用这种字眼，不是在偷运资产阶级的理论吗??

其次，他还举了拥有 2 公顷到 5 公顷土地的农户。这类农户的数量是：1882 年占 18.6%；1895 年占 18.29%；1907 年占 17.57%。巴特拉克先生就是这样写的。

可是结论呢？他**默不作声**。

结论很清楚：是**减少了**，而不是增加了。恰恰在这些农户中，而且只有在这些农户中，**雇人的**(购买私人劳动的)和**受雇的**都不占绝对的优势。雇人的占 411 311 户(根据雇佣工人的数字)；受雇的占 104 251 户(这还不是受雇的全部数字，这方面的统计材料不全)。加在一起是 515 000 户，而上述这些农民总共是 1 006 277 户，这就是说，甚至在这些农户中，受雇的和雇人的相加也占了一大半!!

"劳动农户"这个好听的字眼是用来欺骗工人的，它**隐瞒了买卖劳动力**的材料。

再次，巴特拉克先生举了拥有 5 公顷到 20 公顷土地的农户，并且指出，他们在日益增长。

可是雇佣劳动呢？一字不提，一言不发。"劳动农户"的理论家们是资产阶级派来掩盖关于雇佣劳动材料的。

我们来看看这些材料。拥有 5—10 公顷土地的 652 798 户农户(1907 年)，有 487 704 个雇佣工人，就是说，这些农户有一半多是雇佣劳动的剥削者。

拥有 10—20 公顷土地的 412 741 户农户，有 711 867 个雇佣工人，**也就是说，所有的或者几乎所有的农户都是雇佣劳动的剥削者**。

这种自称"社会主义者"而又把**雇佣劳动的剥削者**当做"劳动

农户”的人该叫做什么呢？

左派民粹派，正像马克思主义者多次说明过的，是小资产者，他们美化资产阶级，掩盖资产阶级对雇佣劳动的剥削。

对于左派民粹派的，特别是巴特拉克先生的资产阶级理论，我们以后还要谈。现在我们先作一个简单的总结。

“劳动农户”的理论是资产阶级对工人的一种欺骗，其手法之一就是**隐瞒**买卖劳动力的材料。

在左派民粹派先生们喜欢笼统指出的“中小”农民中间，实际上绝大多数不是出卖劳动力，就是购买劳动力；不是受雇，就是雇人。资产阶级的“劳动农户”理论正是掩盖了**事物的**这种**本质**。

无产者向小农说：你本身是半无产者；只有**跟着**工人走，舍此你别无生路。

资产者向小农说：你本身是小业主，“劳动业主”。劳动农户在资本主义制度下也在“增长”。你的事业是业主的事业，而不是无产阶级的事业。

小业主有两个灵魂：无产阶级的和“业主的”。

左派民粹派**实际上**是在重复资产阶级的理论，用“业主”的幻想来**腐蚀**小农。正因为如此，马克思主义者要同左派民粹派的这种用资产阶级理论腐蚀小农（以及落后工人）的行为进行坚决斗争。

载于1914年4月6日《真理之路报》第56号

译自《列宁全集》俄文第5版第25卷第60—63页

# 关于民族政策问题[42]

（1914年4月6日〔19日〕以后）

我想谈谈我们政府关于民族问题的政策。在我国内务部所“主管”的那些问题中间，这是一个极其重要的问题。从国家杜马最后一次讨论该部预算的时候起，俄国民族问题就被我们的统治阶级提到日程上来，并且愈来愈尖锐化了。

贝利斯案件再一次引起整个文明世界对俄国的注意，它揭露了我国盛行的可耻制度。在俄国连法制的影子也没有。行政当局和警察局完全可以肆无忌惮、厚颜无耻地迫害犹太人，甚至完全可以包庇和隐瞒罪行。贝利斯案件的结论正是如此，这个案件表明了一种最密切最隐秘的联系……①

现在俄国可以说笼罩着大暴行的气氛，为了表明我这样说并非夸大，不妨引用一下最“可靠的”、最保守的、“可以制造大臣的”作家美舍尔斯基公爵提供的证明。下面是他在他的《公民》杂志[43]上所引用的“一个来自基辅的俄罗斯人”的反映：

> “我们的生活气氛窒息着我们，无论走到哪里，到处都有阴谋的低语，到处都是嗜血的渴望，到处都有告密的臭气，到处都有憎恨，到处有怨声，到处都有呻吟。”

……笼罩着俄国的就是这种政治气氛。在这种气氛下谈论或者考

① 手稿缺第3页和第4页。——俄文版编者注

虑法律、法制、宪法以及诸如此类天真的自由派主张，那简直是可笑的，更确切些说，令人可笑，更令人感到……严重！

我国任何一个稍微有点觉悟、用点心思的人每天都能感到这种气氛。但是并不是所有的人都有足够的勇气透彻地想一想这种大暴行气氛的**意义**。为什么这种气氛笼罩着我国？为什么这种气氛**能够**笼罩我国？这完全是因为我国实际上正处于一种遮遮掩掩的**国内战争**状态。有些人极不愿意承认这个现实，有些人想用一块罩单把这种现象遮盖起来。我国的自由派，无论是进步党人还是立宪民主党人[44]，特别喜欢用几乎完全是“立宪的”理论的破布条来缝制这种罩单。但是我认为，对于人民代表来说，最有害最罪恶的事情莫过于在国家杜马讲坛上散布“令人鼓舞的谎言”了。

只要正视现实，只要承认我国正处于遮遮掩掩的国内战争状态这个无可怀疑的事实，那么政府对待犹太人和其他（请原谅我用“政府的”说法）“异族人”的全部政策就容易理解了，就显得很自然而且不可避免，因为政府不是在管理，而是在战斗。

政府选用“纯粹俄罗斯式的”大暴行的手段来作战，那是因为**政府再没有其他的手段**。任何人都会尽其所能来自卫。普利什凯维奇和他的朋友们只好用“大暴行的”政策来自卫，因为**他们**再没有其他的政策了。这里没有什么可叹息的，在这里用宪法、法律或者管理制度等用语来支吾搪塞是荒谬的，——这里的问题仅仅在于普利什凯维奇之流的**阶级**利益，在于这个阶级的困难处境。

或者是坚决地而且不只是在口头上“清算”这个阶级，或者是承认俄国整个政策中的“大暴行”气氛是不可避免的和无法消除的。或者是容忍这种政策，或者是支持人民的、群众的、首先是无产阶级的反对这种政策的运动。二者必居其一，在这里中间道路是没有的。

在俄国，甚至政府的，也就是显然夸大了的和按照“政府意图”编造的统计，也认为大俄罗斯人只占全国人口的43%。大俄罗斯人还**不到**俄国人口总数的一半。连小俄罗斯人即乌克兰人也被我国官方，被斯托雷平“**本人**”亲口说成“**异族人**”。这就是说，“异族人”在俄国占人口总数的57%，也就是占人口的大多数，几乎占人口总数的3/5，实际上也许超过3/5。我是被叶卡捷琳诺斯拉夫省选为国家杜马代表的，那里绝大多数居民是乌克兰人。不许纪念舍甫琴柯这一禁令成了反政府鼓动最好的、绝妙的、千载难逢的和最成功的办法，再也想不出比它更好的鼓动办法了。我认为，我们社会民主党所有从事反政府宣传的优秀鼓动家，从来没有像采用这种办法那样，在如此短的时间内在反对政府方面取得如此惊人的成就。采用这种办法之后，千百万“平民百姓”都变成了自觉的公民，都对俄国是“各族人民的牢狱”[45]这句名言坚信不疑了。

我国的右派政党和民族主义者现在这么起劲地高呼反对“马泽帕派”[46]，我国著名的鲍勃凌斯基怀着民主主义者的满腔热忱保卫乌克兰人，不让他们受**奥地利**政府的压迫，——好像鲍勃凌斯基想参加奥地利社会民主党似的。但是，如果把向往奥地利、偏爱奥地利政治制度的行为称为“马泽帕主义”，那么鲍勃凌斯基也许还不是最差劲的“马泽帕分子”，因为鲍勃凌斯基为乌克兰人在奥地利受压迫大抱不平，大声疾呼！！请你们想一想，俄国的乌克兰人，就算是我所代表的叶卡捷琳诺斯拉夫省的居民，他们读到或听到了这些会怎么样！如果鲍勃凌斯基“本人”，如果民族主义者鲍勃凌斯基，如果伯爵鲍勃凌斯基，如果地主鲍勃凌斯基，如果工厂主鲍勃凌斯基，如果结交最高贵的名门贵族（几乎是结交了“统治阶层”)的鲍勃凌斯基认为少数异族在奥地利处于不公正和受压迫的境地,——尽管在奥地利既没有任何类似犹太区[47]的可耻界限,也没有刚愎自用的总督们任意放逐犹太人的卑劣行为,也没有在学校中排斥母语的事情,——那么关于俄国的乌克兰人的处境该怎么说呢?? 关于俄国的其他“异族人”的处境又该怎么说呢??

难道鲍勃凌斯基和其他民族主义者以及右派分子没有发觉他们是在唤醒俄国的“异族人”,即唤醒五分之三的俄国居民,使他们认识到俄国**甚至**比欧洲最落后的国家奥地利还要**落后**吗??

整个问题就在于普利什凯维奇之流所统治的俄国,或者更确切些说,在普利什凯维奇之流的铁蹄下呻吟的俄国的情况是如此独特,以致民族主义者鲍勃凌斯基的演说竟能卓越地阐明和激励社会民主党人的鼓动。

努力干吧! 努力干吧! 工厂主兼地主的鲍勃凌斯基阁下,您大概会帮助我们唤醒、教育、振奋奥地利和俄国的所有乌克兰人吧!! 我在叶卡捷琳诺斯拉夫省听到一些乌克兰人说,他们想给鲍勃凌斯基伯爵写一封致谢信,感谢他成功地进行了有利于乌克兰同俄国分离的宣传。我在听到这些话后并不感到惊奇,因为我曾经看到一些传单,它一面印着不许纪念舍甫琴柯的禁令,另一面印着鲍勃凌斯基娓娓动听的**有利于**乌克兰人的演说摘录…… 我曾经建议把这些传单寄给鲍勃凌斯基、普利什凯维奇和**其他的**大臣。

但是,如果说普利什凯维奇和鲍勃凌斯基是鼓吹把俄国改造成一个民主共和国的头等宣传家,那么,我国的自由派,包括立宪民主党人在内,却希望把**自己**在民族政策的某些主要问题上同普利什凯维奇之流**一致的看法**对居民隐瞒起来。在谈到执行众所周知的民族政策的内务部的预算的时候,如果我不谈一谈立宪民主党所持的同内务部原则**一致的看法**，那我就是没有尽到我的责任。

其实很明显，谁想做——说得温和些——内务部的“反对派”，谁也就应当认清内务部那些来自立宪民主党阵营的**思想上的**同盟者。

据《言语报》[48]的报道，今年3月23—25日在圣彼得堡举行了立宪民主党即“人民自由党”的例行的代表会议。

《言语报》(第83号)写道：“民族问题讨论得……特别热烈。基辅的代表们(尼·维·涅克拉索夫和亚·米·科柳巴金两人也赞同他们的意见)指出，民族问题是正在成熟的巨大因素，必须比以前更坚决地欢迎这个因素。可是费·费·科科什金指出，无论是纲领或过去的政治经验，都要求我们十分谨慎地对待‘民族’政治自决这一‘有伸缩性的原则’。”

《言语报》就是这样报道情况的。尽管这个报道故意写得含含糊糊，好让**尽可能少的**读者能够看清问题的本质，但是在任何一个细心的肯思考的人看来，问题的本质仍然是很清楚的。同情立宪民主党人和传播他们观点的《基辅思想报》[49]也报道了科科什金的讲话，其中补充了一条理由：“因为这会引起国家的瓦解。”

科科什金的讲话的用意无疑就是如此。科科什金的观点在立宪民主党人中间把涅克拉索夫和科柳巴金之流的最畏怯的民主主义也打败了。科科什金的观点也就是维护**大俄罗斯人**(虽然他们在俄国占少数)的特权、同内务部**并肩**捍卫这种特权的**大俄罗斯**自由派资产阶级民族主义者的观点。科科什金“在理论上”捍卫了内务部的政策，——这就是问题的本质，这就是问题的关键。

“要更加谨慎地对待”民族“政治自决”！可别让政治自决“引起国家瓦解”！——这就是科科什金的民族政策的**内容**，它和内务部政策的基本方针是**完全一致的**。但是科科什金和立宪民主党的其他领袖们不是小孩子。他们很清楚这样一句格言:"并非人为安息日而生,而是安息日为人而设。"人民不是为国家而生的,国家是为人民而设的。科科什金和立宪民主党的其他领袖们不是小孩子。他们很懂得,在我们这里,国家就是(实际上)普利什凯维奇之流的阶级。国家的完整就是普利什凯维奇之流的阶级的完整。这才是科科什金之流所关心的东西,如果撕下他们政策的外交辞令的外衣而直接看一下他们政策的**本质**,就会知道这一点。

为了更清楚地说明问题,我要举一个简单的例子。大家都知道,在 1905 年,挪威不顾用战争相要挟的瑞典地主的激烈反对,终于同瑞典分离了。[50]幸亏瑞典的农奴主没有俄国农奴主那么大的神通,所以战争没有发生。人口只占少数的挪威不是像农奴主和主战派所希望的那样,而是和平地、民主地、文明地同瑞典分离了。结果怎样呢? 这种分离使人民受到损失了吗? 使文明的利益受到损失了吗? 使民主的利益受到损失了吗? 使工人阶级的利益受到损失了吗??

丝毫没有! 无论挪威或者瑞典,都属于比俄国文明得多的国家,——顺便提一句,**这正是因为**它们能够民主地运用民族"政治自决"的原则。断绝**强制的**联系也就是**加强**自愿的经济联系,加强文化联系,加强这两个在语言和其他方面十分接近的民族之间的相互尊重的关系。瑞典民族和挪威民族的共同性和亲密关系实际上由于分离而**增进了**,因为分离也就是断绝**强制的**联系。

我希望从这个例子能够看清楚,科科什金和立宪民主党是完全站在内务部的立场上的,因为他们用"国家的瓦解"来吓唬我们,号召人们"谨慎地对待"这个十分明确而且在整个国际民主运动中不容争辩的民族“政治自决”的原则。我们社会民主党人反对**各种**民族主义，主张民主**集中制**。我们反对分立主义，我们深信，**在其他条件相等的情况下**，大国比小国能有效得多地完成促使经济进步的任务，完成无产阶级同资产阶级斗争的任务。但是我们珍视的只是自愿的联系，而决不是强制的联系。凡是我们看到存在着民族间的**强制的**联系的地方，虽然我们决不宣传每个民族一定要分离，但是我们**无条件地**、坚决地维护每个民族的政治自决的**权利**，即分离的权利。

维护、宣传、承认这种**权利**，就是维护民族平等，就是不承认**强制的**联系，就是反对任何民族的任何国家特权，就是培养各民族工人的充分的阶级团结精神。

取消强制的、封建的和军事的联系，代之以自愿的联系，才有利于各民族工人的阶级团结。

我们最珍视的就是人民自由中的民族平等和为了社会主义……①

并维护大俄罗斯人的特权。可是我们说：**任何**民族都不应该有任何特权，各民族完全平等，**一切民族**的工人应该团结和打成一片。

18年以前，即1896年，伦敦国际工人和社会主义组织代表大会[51]通过了一项关于民族问题的决议，只有这项决议为促进真正的“人民自由”和争取社会主义指出了正确的道路，这项决议说：

“代表大会宣布，它主张一切民族有完全的自决权，它同情现在受到军事的、民族的或其他的专制制度压迫的一切国家的工人。大会号召所有这些国家的工人加入全世界有觉悟的工人队伍，以便和他们一起为打倒国际资本主

① 手稿缺第25页和第26页。——俄文版编者注

义、实现国际社会民主党的目标而斗争。”

我们也号召俄国各族工人的队伍要团结一致，因为只有这种团结一致才能保证民族平等和人民自由，才有利于社会主义。

1905年团结了俄国各民族的工人。反动派则极力煽起民族仇恨。**一切**民族的自由派资产阶级，首先是和主要是大俄罗斯自由派资产阶级，都争取**本**民族的特权（例如，波兰代表联盟[52]反对犹太人在波兰享有平等权利），维护民族的隔绝，维护民族的特殊性，这样来**帮助**我国内务部的政策。

以工人阶级为首的真正的民主派举起了各民族完全平等以及各民族工人在其阶级斗争中打成一片的旗帜。我们就是从这种观点出发反对所谓的“民族文化”自治，即反对以民族划线分割一个国家的教育事业，或者使教育事业不受国家管理而交给各个单独组成的民族联盟管理。一个民主国家必须承认各地区的自治权，特别是居民的民族成分复杂的地区和专区的自治权。这种自治同民主集中制一点也不矛盾；相反地，一个民族成分复杂的大国只有通过地区的自治才**能够**实现真正民主的集中制。一个民主国家必须无条件地承认用母语的**充分自由**，摒弃任何一种语言的**任何**特权。一个民主国家不容许在公共事务的任何一个方面、任何一个部门中，有任何一个民族压迫其他民族，即以多压少的现象。

但是从国家手中接过教育事业，再按组成民族联盟的各个民族把教育事业划分开，从民主的观点看来，尤其是从无产阶级的观点看来，这是有害的办法。这只会使民族的隔绝加深，而我们应当极力使各民族接近起来。这还会引起沙文主义的增长，而我们应当建立各民族工人最亲密的联盟，使他们协力进行反对**各种各样的**沙文主义、**各种各样的**民族特殊性、**各种各样的**民族主义的斗争。各民族工人的教育政策是统一的：使用母语的自由，实行民主的和**世俗的**教育。

最后我再一次向普利什凯维奇、马尔柯夫第二和鲍勃凌斯基表示谢意，感谢他们成功地进行了反对俄国整个国家制度的鼓动，感谢**他们**为人们上了关于俄国必然要变为民主共和国的**直观教育课**。

载于1924年《无产阶级革命》杂志第3期

译自《列宁全集》俄文第5版第25卷第64—72页

# 英国的宪法危机

(1914 年 4 月 10 日〔23 日〕)

我们在《真理之路报》第 34 号上报道爱尔兰发生的饶有趣味的事件时,谈到了被保守党人[53]吓倒了的英国自由党人[54]的政策①。

在这篇文章写成之后,又发生了一些新的事件,这些事件已经使爱尔兰自治引起的局部冲突(自由党人同保守党人之间的)变成了整个英国宪法的危机。

保守党人用阿尔斯特[55]新教徒将举行"暴动"以反对爱尔兰自治来进行威胁,所以自由党政府调了一支军队去强迫他们尊重议会的意志。

结果如何呢?

英国军队的将军和军官们哗变了!

他们宣布,他们不同阿尔斯特新教徒作战,这样做是违背他们的"爱国心"的,他们提出了辞呈!

自由党政府完全被这次统率军队的地主举行的叛乱吓呆了。自由党人已经习惯于用立宪的幻想和关于法制的空谈来安慰自己,闭眼不看实际的力量对比,不看阶级斗争。这种实际的力量对比曾经是并且仍旧是这样:由于资产阶级胆小怕事,英国还为地主

① 见本版全集第 24 卷第 397—400 页。——编者注

老爷们保存着一系列资产阶级**以前**的、中世纪的制度和特权。

为了粉碎贵族军官的叛乱，自由党政府本来应该向人民、向群众、向无产者求救，但这正是"开明的"自由派资产者先生们最害怕的。于是政府劝导叛乱的军官把辞职书收回去，向他们提出不用军队来对付阿尔斯特的**书面保证**，这**实际上**是向叛乱的军官**让步**。

他们竭力向人民隐瞒提出书面保证（公历 3 月 21 日）这件可耻的事情，自由党党魁阿斯奎斯、莫利等人在各种正式声明中编造了一套最离奇、最无耻的谎话。然而真相还是暴露出来了。向军官提出书面保证一事是抵赖不掉的。显然，国王施加了"压力"。陆军大臣西利的辞职，阿斯奎斯的"亲自"接任陆军大臣，阿斯奎斯的改选，向军队下达的关于尊重法制的通令，——这一切全不过是官样文章而已。自由党人向撕毁宪法的地主让步的事实终归是事实。

在这以后，英国议会里出现了一系列最热闹的场面。自由党政府活该遭到了保守党人无情的嘲笑和蔑视，最温和的自由派工人政治家之一、工人代表拉姆赛·麦克唐纳，则对反动派的行为表示最激烈的抗议。他说："这些人时刻都准备卖力地、疯狂地镇压罢工者。但当问题涉及阿尔斯特时，他们就拒绝履行自己的职责了，这是因为爱尔兰自治法触犯了他们的阶级偏见和阶级利益。"（爱尔兰的地主都是英格兰人，而爱尔兰自治则是爱尔兰的资产者和农民的自治，这会使高贵的贵族老爷的掠夺欲望稍稍受到一些限制。）拉·麦克唐纳接着说："这些人只想用战争来对付工人，一旦要强迫富翁和私有者尊重法律，他们就拒绝履行自己的职责了。"

这一次地主反对"万能的"（自由党的笨伯们，特别是自由党的学者们几百万次地这样想过和说过）英国议会的叛乱具有异常巨大的意义。1914 年 3 月 21 日（俄历 3 月 8 日）将成为一个具有世界历史意义的转变的日子，在这一天高贵的英国贵族地主彻底粉碎了英国的宪法和法制，给人们上了一堂极好的阶级斗争课。

这堂课说明了，自由党人的不彻底的、虚伪的、假改良的政策不可能缓和英国无产阶级同资产阶级之间的尖锐矛盾。这堂课对整个英国工人运动不会是毫无作用的；现在工人阶级很快将不会对那张叫做英国的法制和宪法的废纸，那张已经被英国贵族公然在全体人民面前撕毁了的废纸再抱庸俗的信仰了。

这些贵族好像是些**来自右面的**革命者，他们的行为揭穿了一切妨碍人民看清令人不快但又无可怀疑的阶级斗争的实际情形的陋习和帷幕。大家都看到了资产阶级和自由党人伪善地隐藏起来的东西（任何地方的资产阶级和自由派都是伪善的，但是未必有哪个地方的伪善能达到英国那种程度，能像英国那么精巧）。大家都看到，破坏议会意志的阴谋是早就酝酿好了的。真正的阶级统治过去和现在都是**在**议会**之外**。上面提到的长期以来都没有起作用的（更正确些说，好像没有起作用的）中世纪制度，迅速地起作用了，并且显得比议会**更有力量**。平时爱唱改良、议会威力等麻痹工人的高调的英国小资产阶级自由党人，实际上是一些头脑空虚的、被用来愚弄人民的傀儡，但他们的讲话一下子就被**政权**在握的贵族“**打断了**”。

为了赞美英国的法制和社会和平，有人写过多少本书啊，特别是德国的和俄国的自由派分子！大家知道，德国和俄国自由派的历史使命就是奴颜婢膝地崇拜英法阶级斗争的收获，宣称这个斗争的结果是“**超阶级**”的“科学真理”。而实际上，英国的“法制和社会和平”不过是大约从19世纪50年代到20世纪初英国无产阶级消沉时期的暂时结果。

英国的垄断地位已经结束了。世界竞争激烈起来了。生活费用在飞速地上涨。大资本家的同盟挤垮了中小业主,并且倾其全力向工人进攻。在18世纪末以后,在19世纪30年代和40年代的宪章运动[56]以后,英国无产阶级一次又一次地觉醒过来。

1914年的宪法危机就是这种觉醒的历史中的一个重要阶段。

载于1914年4月10日《真理之路报》第57号

译自《列宁全集》俄文第5版第25卷第73—76页

# 统　一

(1914 年 4 月 12 日〔25 日〕)

自称“非派别性的”《斗争》杂志已经在彼得堡出版了 3 期。这个杂志的基本方针是维护统一。

同谁统一呢？**同取消派**。

在最近一期的《斗争》杂志里，刊登了两篇主张**同取消派实行统一**的文章。

第一篇是著名的取消派分子尤·拉林写的。正是这位拉林不久前在取消派的一家机关报刊上写道：

“清除资本主义发展道路上的专制制度残余，将不经过任何革命……　当前的任务是……向广大人士灌输这样一种指导思想：在目前时期，工人阶级应当不是‘为了革命’，不是‘为了期待革命’而组织起来……”

就是这位取消派分子现在又在《斗争》杂志上主张统一，并且提出一种统一的形式——**联邦制**。

联邦制就是权利平等的组织之间达成的协议。这就是说，在确定工人阶级的策略方面，拉林建议把拥护“不折不扣的口号”的绝大多数工人的意志同或多或少地赞成上面那段话的取消派小集团的意志**等量齐观**。按照取消派分子拉林的狡计，大多数工人在没有得到《北方工人报》的取消派先生们的同意之前，是没有权利采取任何步骤的。

取消派已经遭到工人的唾弃，现在按照取消派分子拉林的计划，他们一定会借助于联邦制而重新取得领导地位。因此，拉林建议采用联邦制，不过是企图重新强迫工人接受已经遭到工人运动唾弃的取消派的意志罢了。取消派是这样想的：不让我们从大门进去，我们就爬窗子。因此我们把这种实际上是违反大多数工人意志的做法，叫做“通过联邦制达到统一”。

《斗争》杂志编辑部同拉林有争论。联邦制，也就是取消派同马克思主义者**作为权利平等的双方**逐渐达成协议，还不能使这个编辑部满足。

它所要的不是同取消派达成协议，而是“在共同的策略决定的基础上”重新同他们合并，这就是说，团结在《真理之路报》的策略路线周围的绝大多数工人，必须为了**与取消派共同的策略**而**放弃**自己的决议。

按照《斗争》杂志编辑部的看法，觉悟工人制定的、经过最近几年整个运动的经验考验的策略应当废弃。为什么呢？为了让取消派的策略计划和那些已被工人自己以及整个事态发展进程否定了的观点有立足之地。

根本不尊重觉悟工人的意志、决定和观点，这就是《斗争》杂志编辑部所鼓吹的同取消派统一的主张的基础。

工人的意志表现得很清楚，很明确。任何一个还没有丧失理智的人，都能够准确地说出绝大多数工人赞成哪一种策略。但是，取消派分子拉林却跑出来宣布说：大多数工人的意志，在我看来一文不值；让这个大多数靠边吧，让他们承认一小撮取消派的意志同大多数觉悟工人的意志是平等的，是有同样价值的吧。

《斗争》杂志的一位调和派分子，跟在这位取消派分子后面跑出来说：工人已经为自己制定了明确的策略并且正在努力实行这种策略吗？这算不了什么。为了**与取消派共同的策略决定**，还是让他们放弃这个经过考验的策略吧。

《斗争》杂志的调和派所谓的**统一**，就是为了让取消派取得平等的地位而违反大多数工人已经明确表达出来的意志。

但这不是统一，而是对统一的嘲弄，对工人意志的嘲弄。

工人马克思主义者不是这样理解统一的。

同自由派工人政客，同破坏工人运动的人，同违反大多数工人意志的人根本不可能实现联邦制的或其他任何形式的统一。一切彻底的马克思主义者，一切维护马克思主义者整体和不折不扣的口号的人，能够而且应该不受取消派的左右、把他们撇在一边而实现统一。

统一，这是伟大的事业和伟大的口号！但是，工人事业所需要的是**马克思主义者的统一**，而不是马克思主义者同反对和歪曲马克思主义的人的统一。

我们必须问每一个谈论统一的人：同谁统一？同取消派吗？那我们没有必要在一起。

如果说的是真正马克思主义的统一，那我们要说：从真理派的报纸创刊那天起，我们就号召把一切马克思主义的力量团结起来，号召从下面实现统一，号召在实际工作中实现统一。

决不同取消派调情，决不同破坏整体的小集团进行外交式的谈判，我们要竭尽全力把工人马克思主义者团结在马克思主义的口号和马克思主义者整体的周围。觉悟工人将把强迫他们接受取消派意志的任何做法看做犯罪行为，也将把分裂真正马克思主义者的力量的做法看做犯罪行为。

这是因为统一的基础是阶级纪律，是承认大多数人的意志，是同大多数人步调一致、齐心协力地工作。我们将始终不渝地号召全体工人实现这样的统一，遵守这样的纪律，进行这种齐心协力的工作。

载于1914年4月12日《真理之路报》第59号

译自《列宁全集》俄文第5版第25卷第77—80页

# 五一节和俄国的工人运动[57]

(1914 年 4 月 12 日〔25 日〕以后)

我谨代表俄国工人向瑞士工人致敬,并热烈地祝愿他们在争取社会主义的斗争中继续取得成就。

瑞士工人早已享有相当充分的政治自由,因而他们难以想象俄国工人是何等无权。我们的国家杜马选举法[是对公民权利的恶毒嘲弄]是与众不同的[按照该选举法工人是被拒之于门外的]。参加单独的**工人选民团**的工人和从工人中产生的杜马代表,都不是由工人自己,而是由**地主和神父**选举的!不用说,按照这种选举法(通过确定复选人的数目)反动派在各地是稳占多数的。尽管如此,工人派到杜马去的**全是**社会民主党人[秘密党的候选人]。

这怎么可能呢?工人提出的复选人**全是**社会民主党人,而**全体**复选人只选党提出的候选人,对其他人一概不选。工人[社会民主党人]**迫使**地主反动派把社会民主党人选入了杜马!!

在俄国工人因参加工人运动[不经任何审判]成十成百地被逮捕,并且[不经审判]被判处**行政**流放。然而[用 1905 年的全俄大罢工和 1905 年的革命首次给了俄国的横行不法以沉重打击的]俄国工人[现在仍然]大力继续[自己的革命]斗争,以至任何迫害都[无力]无法阻止他们。

合法的工人联合组织也被[政府]我们的行政当局不经任何审判[最……专横[①]]强行封闭。然而工人一次又一次地建立起自己的组织。[俄国大多数有觉悟的工人竭尽全力保卫自己的秘密的党——俄国社会民主工党,千方百计地利用合法的运动形式去掩护自己的秘密革命工作。]当前[例如,现在]在俄国到处都办起了保险基金会,工人只把可以信赖的人——"真理派"选进理事会。"真理派"一词的意思就是指《真理报》集团的拥护者。俄国第一份马克思主义的合法日报取的就是这个名字。它是在被 1912 年 4 月 4 日勒拿惨案掀起的巨大罢工高潮时刻——1912 年 4 月 22 日创办起来的。政府查封了《真理报》,工人们就创立了坚持同一方针的《北方真理报》。该报同样遭到查封,于是又办起了《工人真理报》。经过无数次的查封、罚款、没收以后,现在仍然出版着《真理之路报》,它于 1914 年 4 月 22 日(俄历)庆祝了俄国工人日报创刊两周年。

俄国有觉悟的工人,无论是我当选的弗拉基米尔省的,还是我当杜马代表的圣彼得堡的,正如我所确信的那样,都热烈拥护社会民主党[自己的秘密的党,即俄国社会民主工党,并提出了包含三点内容的革命斗争口号]。在俄国,就连资产阶级——立宪民主党人也好,十月党人也好,还有那些温和的、敌视革命的君主主义政党现在都意识到了一场新的革命的可能性和不可避免性。[横行不法的现象到处都那样严重]人们的不满到处都那样强烈,农民的破产和千百万农民的挨饿又那样惨不忍睹。

但是,在俄国社会各阶级中,**仅仅只有**无产阶级公开举起了彻

① 原件如此。——俄文版编者注

底的民主改革[革命]的旗帜[并且在人民群众中宣传革命。在俄国各地有觉悟的工人中间我常见到包含三点内容的革命口号,那就是:(1)民主共和国;(2)没收地主土地使其归农民所有;(3)八小时工作制。前两点的提出是由于如果没有政治自由、不推翻农奴主-地主的政权(他们在国家杜马和国务会议中都占多数,任意践踏俄国的一切法律),工人就看不到通向广泛开展的争取社会主义的阶级斗争的道路]。

瑞士工人现已广泛而自由地进行着自己的阶级斗争,准备力量去推翻资产阶级。值此五一节——全世界工人的节日和检阅他们的[革命]力量的节日之际,我谨代表俄国全体有觉悟的工人向我们的兄弟,瑞士工人致以热烈的问候。

谨向瑞士工人呼吁。

载于 1966 年《瑞士历史杂志》
第 3 期第 412—414 页

译自《列宁文集》俄文版第 38 卷
第 139—141 页

# 有组织的马克思主义者论国际局的干预

（1914年4月15日〔28日〕）

我们获悉，有组织的马克思主义者就国际局[58]干预俄国社会民主党事务的建议所作的答复，已经送交国际局。现在我们把这个答复中的主要部分引述如下。

*　　*　　*

俄国有组织的马克思主义者的代表机关收到《国际局定期公报》[59]第11期的《附刊》以后，认为自己必须对国际局及其执行委员会表示深切的谢意，感谢它们支持工人运动以及关心工人运动通过自身的团结而得到加强和巩固。

目前俄国马克思主义者中间的情况如下。

1907—1908年的总的局势，在马克思主义者中间引起了极大的思想危机，并造成了组织瓦解。在1908年和1910年，有组织的马克思主义者已经正式承认，存在着一种取消和否定老党而幻想着成立新的、公开的党的**取消派**思潮。正式决议坚决地、义无反顾地谴责了这种思潮。但是取消派不服从决议，而且继续进行他们的破坏"整体"的分裂活动。

1912年1月，马克思主义者整体恢复起来了，它**排斥了**取消派，取消派已经被认为是这个整体之外的派别。

从此以后，俄国的绝大多数觉悟工人就团结在1912年1月通过的决议和选出的领导机关的周围。这是俄国全体工人都知道的事实，但是鉴于取消派和分散在国外的一些集团散布了不计其数的毫无根据、歪曲真相的说法，因此，对这个事实必须而且可以用许多客观事实加以证明。

(1)俄国的选举法把工人划为一个单独的工人选民团。由这个选民团选出的国家杜马代表中的布尔什维克，在第二届杜马[60](1907年)占47%，在第三届杜马[61](1907—1912年)占50%，在第四届杜马[62](1912—1914年)占67%。

第四届杜马的选举是在1912年9月举行的，布尔什维克获得了多数(⅔)，这证明有组织的马克思主义已经完全战胜了取消主义。

(2)1912年4月，马克思主义的日报《真理报》创刊了。取消派也在彼得堡创办了一个同它竞争的分裂主义的机关报《光线报》。据这家报纸自己统计，在1912年1月1日到1914年1月1日这两年中，同取消派的帮手如许多国外集团和崩得一起援助取消派的报纸的，有**750**个工人团体；可是为马克思主义路线而斗争的《真理报》在同一时期就团结了**2 801**个工人团体。

(3)1914年初，工人伤病救济基金会在彼得堡选举了参加全俄保险理事会和首都保险会议的代表。被工人选入前一个机关的有5人和10个助手，选入后一个机关的有2人和4个助手。在这两次选举中，**《真理报》拥护者提出的名单都全部**通过了。在后一次选举中，主席肯定:《真理报》的拥护者有**37**人，取消派有**7**人，民粹派有**4**人，弃权者**5**人。

我们只指出这些最简单的实际情形。从这里可以看出，俄国马克思主义者的真正的统一正在不断地向前推进，大多数觉悟工人已经在 1912 年 1 月决议的基础上团结起来了。

接着文件对竭力**破坏**俄国大多数工人**意志**的某些国外集团和取消派的破坏活动进行了评述。

现在在国外活动的，除了护党派和取消派以外，至少还有 **5 个**独立的**俄国的**社会民主党集团，其中还不包括各民族的。在 1912 年和 1913 年整整两年中，在任何地方都没有看到任何一点说明这些国外集团同俄国的工人运动有联系的客观材料。1912 年 8 月，取消派组织了一个所谓的“八月联盟”，托洛茨基、崩得和拉脱维亚社会民主党也参加了这个联盟。这个事实上为取消派打掩护的“联盟”的虚幻性早已被识破了。现在，这个“联盟”已经彻底垮台：1914 年 2 月拉脱维亚社会民主党代表大会决定从这个联盟召回自己的代表，因为这个联盟没有同取消派划清界限。托洛茨基也在 1914 年 2 月创办了自己一派的杂志，他在这个杂志上用自己**脱离**八月联盟的行动来加强他号召统一的**呼声**！

目前代表“八月联盟”的“组织委员会”纯粹是个空架子，不言而喻，同这个空架子发生任何关系都是不可能的。既然取消派在谈“统一”和“平等”，那么就应该指出，主张统一的人的首要任务就是放弃破坏绝大多数工人的团结的活动，坚决同破坏“整体”的取消派断绝关系。俄国取消派挂在嘴边的“统一”，和“阿列曼—康比埃的党”在法国或者“波兰社会党”在德国所谈的统一[63]一样，是对大多数工人的真正统一的嘲笑。

接着，复信人坚决要求社会党国际局执行委员会尽力敦促“社会民主党的一切派别组织就有争议的问题交换意见”（1913 年 12 月国际局常会决议），以便当着公正机关的面，把取消派的“八月联盟"和"组织委员会"的虚幻性以及他们破坏大多数俄国社会民主党工人的团结的活动彻底向国际揭露。

载于1914年4月15日《真理之路报》第61号

译自《列宁全集》俄文第5版第25卷第81—84页

# 民族平等

(1914年4月16日〔29日〕)

在《真理之路报》第48号(3月28日)上,俄国社会民主党工人党团公布了关于民族平等的法律草案,该法律草案的正式名称是《关于废除对犹太人权利的一切限制及与任何民族出身或族籍有关的一切限制的法律草案》①。

为争取生存、争取面包的斗争而焦虑不安的俄罗斯工人,不会也不应忘记居住在俄国的千百万"异族人"所遭受的民族压迫。统治民族——大俄罗斯人约占帝国全部人口的45%。在每100个居民中,"异族人"就有50多人。

这么多居民的生活状况比俄罗斯人更为凄惨。

民族压迫政策是**分裂**各民族的政策。它同时又是一种不断**腐蚀**人民意识的政策。黑帮的全部打算,就是要把各民族的利益对立起来,毒害愚昧无知和备受压制的群众的意识。只要拿起黑帮的任何一张报纸,你就可以看到,迫害"异族人",挑起俄罗斯农民、俄罗斯小市民、俄罗斯手工业者同犹太的、芬兰的、波兰的、格鲁吉亚的,乌克兰的农民、小市民、手工业者之间互相猜疑,——这就是整个黑帮赖以为生的粮食。

但是工人阶级需要的**不是分裂,而是团结**。对于工人阶级来

---

① 见本卷第19—21页。——编者注

说，再没有比荒唐的偏见和迷信更加可恨的敌人了，而工人阶级的敌人却在愚昧无知的群众中散播这些毒素。对“异族人”的压迫，是一根棍子两个头。一头打击“异族人”，另一头打击俄罗斯民族。

因此，工人阶级必须以最坚决的态度反对任何民族压迫。

工人阶级应当用必须实现完全平等、完全和彻底摒弃任何民族的任何特权这种信念来抵制黑帮的煽动，不让他们以此转移工人阶级的视线，不去注意对异族人的迫害。

黑帮正在进行特别仇恨犹太人的煽动。普利什凯维奇之流企图把犹太民族变成自己的一切罪恶的替罪羊。

因此，俄国社会民主党工人党团在自己法律草案中十分正确地把**犹太人的**无权地位问题摆在首要地位。

不管学校也好，报刊也好，议会讲坛也好，这一切都被用来散播对犹太人的愚蠢的、荒唐的、恶毒的仇恨。

干这种卑鄙龌龊勾当的不只是黑帮这伙败类，而且还有一些反动的教授、学者、新闻记者和杜马代表。为了毒害人民的意识正在耗费亿万卢布。

**俄国**工人的一件光荣的事情，就是用成千上万个无产者的签名和声明来支持俄国社会民主党工人党团反对民族压迫的法律草案…… 这将最有效地巩固俄国不分民族的全体工人的**充分**团结，使他们更加打成一片。

载于1914年4月16日《真理之路报》第62号

译自《列宁全集》俄文第5版第25卷第85—86页

# 取消派和拉脱维亚的工人运动

(1914 年 4 月 16 日〔29 日〕)

不久前,全体有组织的拉脱维亚工人通过了谴责取消主义、拥护马克思主义路线的决议,使“八月联盟”遭到了一次决定性的打击,这个决议表明,所有无产阶级分子迟早总要同取消派决裂的。《北方工人报》竭力想把这个令人不快的事实“支吾过去”。尔·马·和费·唐·担负了这个不太轻松的任务。

对于取消派无聊的谩骂我们将置之不理。在这里我们重视的只是在组织上和政治上有意义的那一方面。

取消派说:好吧,就算拉脱维亚马克思主义者退出了“八月联盟”,但是他们也没有加入“列宁派”啊。

先生们,完全正确!拉脱维亚马克思主义者确实还抱着**中立**态度。在我们报纸的最初几篇谈到拉脱维亚决议的文章中,我们就已经说过,拉脱维亚人**才**走了**第一步**,总的说来,他们采取的是**调和**态度①。

但是,取消派考虑过没有,从这里可以得出什么结论?

既然拉脱维亚人真是调和派,既然他们拥护无论什么样的统一,既然他们在组织问题的斗争中采取中立态度,**那么**,具有调和主义情绪的拉脱维亚马克思主义者给取消主义所作的政治评价**就**

① 见本卷第 25—29、30—33 页。——编者注

**使取消派更加难堪**。

这个政治评价是十分清楚和毫不含糊的。拉脱维亚工人坚决赞成以前那个认为**取消主义是资产阶级对无产阶级影响的表现**的决议。他们宣布，同取消派联合就意味着落到了“在思想上和政治上依附取消派的地步”。

是的，尔·马·和费·唐·两位先生，拉脱维亚人的确还抱着中立态度，是的，他们还没有抛弃“调和的”希望，是的，他们还没有从自己的立场作出各种实际的结论，是的，他们对于那些拥护你们的集团还太温和。但正是这些温和的和中立的人对你们声明，说你们的取消主义路线只是反映了**资产阶级**对工人中的落后阶层的影响。

从犹太取消派的《时报》[64]所发表的文章可以看到，取消派在评论拉脱维亚人的决议时陷入了多么可笑的混乱状态。约诺夫先生在这家报纸的几篇冗长的文章中说：“拉脱维亚同志们没有主张分裂，相反，他们是这种策略最激烈的反对者。”

而同一个作者又说：“毫无疑问，决议〈拉脱维亚人的决议〉的总的精神是列宁的精神。它〈决议〉的基调是敌视取消主义，承认必须同它斗争。”(《时报》第 14 号)

取消派先生们，请彼此商量一下，写出口径一致的东西来吧。

取消派希望拉脱维亚人再**倒退一步**——回到取消主义。我们希望他们前进一步——站到俄国马克思主义者的立场上来。谁的希望能实现，过些时候就会见分晓。我们放心地听凭拉脱维亚和整个俄国工人运动的发展来决定这一点。但是，目前有一点是做到了：拉脱维亚人致命地打击了“八月联盟”并承认取消主义是资产阶级思潮。

关于拉脱维亚人就社会民主党党团分裂问题所作的决议，还要再说几句。究竟接受不接受拉脱维亚人提出的条件，6 个取消派代表没有直截了当地回答这个问题。他们企图在费·唐·先生的帮助下如人们所说的“岔开话头”。这他们是办不到的。

请看看费·唐·先生的“论据”吧。有人向他举出 1908 年反对同亚格洛的党联合的决议(拉脱维亚人**赞成**这个决议)。而他在回答的时候振振有词地说第二届杜马党团曾经接纳了……立陶宛社会民主党人。这两者之间只有一个“小小的”区别：俄国马克思主义者曾屡次议决同立陶宛人**联合**，而**不**同波兰社会党**联合**，因为这个党**不是**马克思主义的政党。区别在于，立陶宛代表是在所有地方社会民主党人全力支持下选入杜马的，而亚格洛则是在**违背**波兰社会民主党人意志，**违背**大多数工人复选人意志的情况下选入杜马的。

拉脱维亚人提出以承认 1908 年和 1910 年谴责取消主义这一**资产阶级**思潮的全俄决议作为统一的条件。齐赫泽党团接受这个条件吗？齐赫泽党团的拥护者费·唐·先生对于这一点要说些什么呢？他只能说，“由于版面不够，我们〈也就是他〉就不谈”这些全俄决议了。

有什么办法呢，我们只好等吧，等《北方工人报》空出更多的版面时最后来回答：对马克思主义者整体在 1908 年和 1910 年通过的认为取消主义是资产阶级思潮的决议，这家报纸究竟采取什么态度。

而工人无疑会根据取消派的这些托词作出自己的结论，并且深信，对马克思主义的事业来说，这些人不过是些僵死的人。

载于 1914 年 4 月 16 日《真理之路报》第 62 号

译自《列宁全集》俄文第 5 版第 25 卷第 87—89 页

# 农村中的农奴制经济

（1914 年 4 月 20 日〔5 月 3 日〕）

我国的自由派无论如何不愿承认在俄国农村中至今还非常广泛地采用着农奴制的经营方法。农奴制还活着。这是因为近乎赤贫的农民还在用自己瘦弱的牲畜和简陋的农具为地主劳动，因借债或租佃而受盘剥，这也就是农奴制经济的经济实质。

在资本主义制度下，工人既没有土地，也没有劳动工具。在农奴制经济条件下，被剥削的劳动者既有土地，也有劳动工具，然而正是这一切使他遭受盘剥，使他**依附**于“地主老爷”。

以**推崇**地主所有制而闻名的《俄国思想》杂志[65]在 3 月份出版的那一期上**无意之间吐露了**真情。

我们在这个杂志上看到这样一段话：“在我们这个世纪，在电力和飞机的世纪，竟存在着冬季雇工制，这岂不荒唐吗？然而这种奴隶制和盘剥制的形式至今依然盛行，就像吸附在农民机体上的水蛭。

冬季雇工制是俄国的一种奇异的和特有的现象。它把‘义务’农民这个农奴制时代的名词在完整的意义上保留下来了。”

写这段话的不是某个“左派”刊物，而是反革命自由派的杂志！

根据 1913 年春季各地的材料来看，“义务”农户的数目有时达到 56％（如在切尔尼戈夫省），就是说，几乎占农户总数的**五分之三**。而在冬季雇佣时，农民的劳动报酬要比在夏季雇佣时少**二分之一或三分之二**。

我们看到，一方面是农民遭受着纯粹农奴制的盘剥和处于毫无出路的贫困境地，一方面是独立田庄、种植牧草、采用机器等等的“进步现象”，这些现象使某些天真的人们赞美不已。事实上，在大批农民继续极端贫困和备受盘剥的情况下，这些进步只能使他们的处境更加恶化，只能增加危机的必然性，扩大现代资本主义的要求同野蛮的、中世纪的、亚洲式的“冬季雇工制”之间的矛盾。

对分制，即耕种土地可得一半收成或割草可得三分之一的草料（“三分制”），也是农奴制的直接残余。根据最近的材料，在俄国各地区，农民按对分制耕种的土地为农民自己土地的21%—68%。而按对分制收割的草地则更多：为农民自己土地的50%—185%！……

一家温和的自由派杂志写道：“有些地区，对分制佃农除了用一半收成交地租或用三分之二的草料交草场租，还必须在农庄里**无偿地劳动**一两个星期，而且往往要带上自己的马匹或一个未成年的孩子。”

这和农奴制有什么区别呢？农民无偿地为地主劳动，只从地主的土地上得到一半收成！

我国的自由派考察“农民问题”一向持这样一种观点：农民“耕地不足”，必须由“国家来安排”农民的生活，或者按照某种“份额”来分配土地（民粹派也有这种毛病）。这种观点是根本不对的。问题在于农奴制经济关系所引起的阶级斗争，这才是问题的实质。既然还保存着目前这样的地主土地占有制，那就**必然**要保存着盘剥现象、农奴制，以及像《俄国思想》杂志所说的那种奴隶制。在这里任何“改革”和任何政策上的改变都是无济于事的。这里所说的是关于一个阶级的土地占有制问题，这种土地占有制使任何“进步”都变成了乌龟式的爬行，使大批农民变成了受压制和依附于

"地主老爷"的赤贫者。

这里要谈的既不是"消费"份额或"生产"份额(这一切都是民粹派的胡说八道),也不是"耕地不足"或"分配土地",而是要消灭妨碍资本主义国家发展的那种农奴制的阶级压迫。这样,也只有这样才能理解俄国觉悟工人所说的有名的"俗语"——"鲸鱼"。

载于1914年4月20日《真理之路报》第66号

译自《列宁全集》俄文第5版第25卷第90—92页

# 俄国工人报刊的历史

(1914年4月22日〔5月5日〕)

俄国工人报刊的历史同民主运动和社会主义运动的历史有着不可分割的联系。因此,只有知道了解放运动的各个主要阶段,才能真正地懂得,工人报刊的准备和产生为什么经历了这样的道路而不是任何其他的道路。

俄国解放运动经历了三个主要阶段,这与曾给过该运动以深刻影响的俄国社会的三个主要阶级是相适应的,这三个主要阶段就是:(1)贵族时期,大约从1825年到1861年;(2)平民知识分子或资产阶级民主主义时期,大致上从1861年到1895年;(3)无产阶级时期,从1895年到现在。

贵族时期最杰出的活动家是十二月党人[66]和赫尔岑。在当时农奴制的条件下,根本谈不到工人**阶级**从整个无权的、"低下的"、"卑微的"农奴**群众**中划分出来。当时以赫尔岑的《钟声》杂志[67]为首的未经书报检查的一般民主主义报刊,是工人报刊(无产阶级民主主义或社会民主主义报刊)的先驱。

正像十二月党人唤醒了赫尔岑那样,赫尔岑和他的《钟声》杂志也促进了**平民知识分子**的觉醒。所谓平民知识分子就是受过教育的自由派和民主派资产阶级的代表,他们不是出身于贵族,而是出身于公务员、小市民、商人、农民。维·格·别林斯基是早在农奴制时代出现的、我国解放运动中平民知识分子完全取代贵族的先驱者。他那封总结了自己文学活动的著名的《给果戈理的信》[68]，是未经书报检查的民主主义报刊发表的、直到今天仍具有巨大现实意义的优秀作品之一。

在农奴制崩溃的时候，出现了平民知识分子，他们是整个解放运动的，特别是未经书报检查的民主主义报刊的来自群众的主要活动家。民粹主义成了符合平民知识分子观点的占主导地位的思潮。民粹主义作为一种社会潮流，始终未能同右的自由主义和左的无政府主义划清界限。但是，继赫尔岑之后发展了民粹主义观点的车尔尼雪夫斯基，比赫尔岑更前进了一大步。车尔尼雪夫斯基是彻底得多的、更有战斗性的民主主义者。他的著作散发着阶级斗争的气息。他毅然决然地实行了揭露自由派叛变行为的路线，这条路线至今仍为立宪民主党人和取消派所痛恨。尽管他具有空想社会主义的思想，但是他毕竟是一位资本主义的异常深刻的批判者。

在 19 世纪 60 年代和 70 年代，有好多富有战斗性的民主主义和空想社会主义内容的未经书报检查的报刊作品，已经开始深入到“群众”中去。在那个时代的活动家当中，最著名的有工人彼得·阿列克谢耶夫、斯捷潘·哈尔图林等等。但是无产阶级民主主义的支流还未能从总的民粹主义的洪流中分离出来。只有在俄国马克思主义流派（“劳动解放社”[69]，1883 年成立）在思想上确立之后，同社会民主党有联系的工人运动开始不断发生之后（1895—1896 年的彼得堡罢工），它才可能分离出来。

在谈论俄国工人报刊真正开始出现的这个时代以前，我们先引用一个能够显著地表明上述三个历史时期的运动之间**阶级**差别

的材料。这是一个说明各种等级和行业(即各个阶级)的人在国事犯(政治犯)中所占比重的材料①。在100个政治犯中间:

| | 贵族 | 小市民和农民 | 农民 | 工人 | 知识分子 |
|---|---|---|---|---|---|
| 1827—1846年…… | 76 | 23 | ? | ? | ? |
| 1884—1890年…… | 30.6 | 46.6 | 7.1 | 15.1 | 73.2 |
| 1901—1903年…… | 10.7 | 80.9 | 9.0 | 46.1 | 36.7 |
| 1905—1908年…… | 9.1 | 87.7 | 24.2 | 47.4 | 28.4 |

在贵族时期,即农奴制时期(1827—1846年),绝大多数(76%)"政治犯"是占人口极少数的贵族。在民粹主义时期即平民知识分子时期(1884—1890年;可惜没有60年代和70年代的类似材料),贵族退到次要地位,但是仍然占着很大的百分比(30.6%)。参加民主运动的绝大多数(73.2%)是知识分子。

1901—1903年时期,正是第一份马克思主义的政治报纸——旧《火星报》[70]时期,在运动完全民主化(贵族占10.7%,"非特权者"占80.9%)的情况下,工人(46.1%)**超过了**知识分子(36.7%)。

我们要预先指出:在第一个群众运动时期(1905—1908年)所发生的变动,**只是**农民(24.2%对9.0%)取代了知识分子(28.4%对36.7%)。

俄国社会民主党的奠基者是1883年在国外诞生的"劳动解放社"。它在国外未经书报检查而印行的著作,首次系统地叙述了马克思主义思想并得出了各项实际结论,正如全世界的经验所表明的,只有马克思主义思想才能正确地说明工人运动的实质和它的任务。1885年在彼得堡出版了社会民主党的《工人报》[71],当然是未经书报检查的,可是只出版了两期。这恐怕是1883—1895年

① 见本版全集第23卷第420—423页。——编者注

这12年中在俄国创办社会民主党工人报刊的唯一的一次尝试。没有群众性的工人运动，工人报刊就不可能广泛地发展起来。

从1895—1896年起，从著名的彼得堡罢工时期起，开始了有社会民主党参加的群众性工人运动。只有这个时期才真正是俄国工人报刊出现的时期。当时工人的主要出版物是未经书报检查的传单，其中大部分不是铅印而是用胶版印制的，是为了进行“经济的”（也有非经济的）鼓动而写的，也就是说，传单叙述了各工厂和各工业部门工人的疾苦和要求。自然，如果没有先进工人最积极地参加编写和散发，这种出版物是不可能有的。在当时参加活动的彼得堡工人中，可以举出瓦西里·安德列耶维奇·舍尔古诺夫（他后来因双目失明，不能像以前一样积极地活动）以及热情的“火星派分子”（1900—1903）和“布尔什维克”（1903—1905）伊万·瓦西里耶维奇·巴布什金（他在1905年底或1906年初因参加西伯利亚起义而遭枪杀）。

传单是由社会民主党团体、小组和组织印发的，从1895年底起，它们大部分都开始采用“工人阶级解放斗争协会”[72]这个名称。1898年，各地社会民主党组织的代表大会便创立了“俄国社会民主工党”[73]。

继传单之后，开始出现了未经书报检查的工人报纸，例如1897年在圣彼得堡出版的《圣彼得堡工人小报》[74]以及在同一地方出版、不久就迁到国外去的《工人思想报》[75]。各地的社会民主党报纸，从这时起直至革命爆发时为止，几乎始终都是未经书报检查的，——当然，报纸经常遭到破坏，但是它们一而再，再而三地在全俄各地出现。

那一个时期的，即20年前的全部工人传单和社会民主党报纸，是现在的工人报刊的直接的先驱：所刊登的同样是“揭发”工厂情况的文章，同样是“经济”斗争的新闻，同样是从马克思主义和彻底的民主主义立场对工人运动的任务所作的原则性说明，——而且**同样有**工人报刊中的**两个主要派别**，即马克思主义派和机会主义派。

有一个很值得注意的事实直到现在还远没有受到足够的重视，这个事实就是：俄国**群众性的**工人运动一诞生（1895—1896年），就立刻划分成马克思主义派和机会主义派，虽然这种划分的形式、外貌等等不断变化，但其实质从1894年一直到1914年却始终不变。很明显，这种特定的划分以及社会民主党人的内部斗争，是有着深刻的社会根源即阶级根源的。

上面提到的《工人思想报》代表当时的**机会主义**流派，即所谓“经济主义”。这一派在1894—1895年各地工人运动活动家进行论战的时候就已经显露了出来。从1896年起，俄国工人的觉醒在国外引起了社会民主党出版物的大繁荣，可是国外“经济派”的出现和团结，到了1900年春天（也就是在《火星报》创刊以前，《火星报》创刊号是在1900年底出版的）便以分裂而告终。

1894—1914年这20年工人报刊的历史，也就是俄罗斯马克思主义运动和俄罗斯（更正确些说是俄国）社会民主党的两个派别的历史。为了**了解**俄国工人报刊的历史，不仅要知道各种机关刊物的名称，名称并不能给现在的读者说明什么问题，只会使他们误入迷途，而更重要的是了解社会民主党各派的**内容**、性质和思想路线。

“经济派”的主要机关报刊是《工人思想报》（1897—1900）和《工人事业》杂志[76]（1898—1901）。《工人事业》杂志的领导者是波·克里切夫斯基(后来投到工团主义者那边去了)、亚·马尔丁诺夫(著名的孟什维克,现在是取消派分子)和阿基莫夫(目前是在一切重要问题上都同取消派意见一致的"独立社会民主党人")。

反对经济派的起先只有普列汉诺夫和整个"劳动解放社"(《工作者》文集[77]等),后来是《火星报》(从 1900 年到 1903 年 8 月,即到俄国社会民主工党第二次代表大会[78]召开时为止)。"经济主义"的实质是什么呢?

"经济派"口头上非常积极地维护工人运动的群众性和工人的独立性,坚持"经济"鼓动具有头等意义,向政治鼓动过渡要适度或慢慢来。读者可以看到,这正是取消派现在拿来炫耀的那一套惯用的漂亮话。行动上,"经济派"推行的是自由派的工人政策,当时"经济派"的领袖之一谢·尼·普罗柯波维奇先生曾经简洁地表述了这种政策的实质:"经济斗争——归工人,政治斗争——归自由派。"最会高喊工人的独立性和群众运动的"经济派",事实上是工人运动中的一个机会主义的、小市民-知识分子的一翼。

在 1901—1903 年,100 个国事犯中觉悟工人已经占 46 个,知识分子只占 37 个。这时绝大多数觉悟工人都站到旧《火星报》方面来反对机会主义。《火星报》在三年(1901—1903)的活动中,根据彻底的马克思主义,既制定了社会民主党的纲领,也制定了社会民主党的策略原则,还提出了把工人的经济斗争和政治斗争结合起来的形式。在革命前的年代里,工人报刊在《火星报》周围并在它的思想领导下有了巨大的增长。俄国各地未经书报检查的传单和未经批准的印刷所非常多,而且迅速地增加着。

由于在 1903 年《火星报》完全战胜了"经济主义",无产阶级的彻底的策略完全战胜了机会主义的知识分子的策略,又有更多的社会民主党的“同路人”涌进它的队伍，而机会主义也就**在火星主义的土壤上**，作为它的一部分，以“孟什维主义”的形式复活了。

孟什维克是在俄国社会民主工党第二次代表大会（1903 年 8 月）上形成的，**由**“火星派”**少数派**（由此就有了孟什维主义这个名称）**以及一切反对《火星报》的机会主义者组成**。“孟什维克”又退回到“经济主义”上去，当然形式有所更新；以亚・马尔丁诺夫为首的所有留在运动中的“经济派分子”都加入了“孟什维克”的队伍。

从 1903 年 11 月起由改组后的编辑部出版的**新**《火星报》[79]就成了“孟什维克”的主要机关报。当时狂热的孟什维克托洛茨基曾经直言不讳地宣称：“在旧《火星报》和新《火星报》之间横着一道鸿沟。”《前进报》[80]和《无产者报》[81]（1905 年）则是“布尔什维克”的主要机关报，他们一直捍卫与旧“火星报”相一致的彻底马克思主义的策略。

1905—1907 年革命这几年，从是否真正联系群众和是否代表无产阶级群众的策略的角度考验了社会民主党和工人报刊中的两个主要派别，即孟什维克派和布尔什维克派。如果先进工人密切联系群众的活动没有为公开的社会民主党报刊打下基础，就不可能在 1905 年秋天一下子出现这种报刊。如果说 1905 年、1906 年、1907 年公开的社会民主党报刊是**两种**流派、两种派别的报刊，那只能用那个时代工人运动中的小资产阶级路线和无产阶级路线的差异来解释。

在三个高潮时期，三个比较“自由”的时期，都出现了公开的工人报刊：1905 年秋天（布尔什维克的《新生活报》[82]，孟什维克的《开端报》[83]——这里我们只举出许多机关报刊中的主要报刊），1906 年春天（布尔什维克的《浪潮报》、《回声报》[84]等，孟什维克的

《人民杜马报》[85]等)，以及 1907 年春天。

不久前，尔·马尔托夫自己用几句话说明了孟什维克在这个时代的策略的实质，他说："除了协助资产阶级自由主义民主派设法把有产阶级中的反动派排挤出国家政权，孟什维克看不到无产阶级还能有什么其他参与这次危机的有效方式，但是无产阶级在进行协助的时候，应当保持完整的政治独立性。"(见鲁巴金的《书林概述》第 2 卷第 772 页)这种"协助"自由派的策略，事实上就等于让工人**依赖**自由派，事实上这就是自由派的工人政策。反之，布尔什维克的策略是保证无产阶级在资产阶级危机中的独立性，努力使危机发展到顶点，揭露自由派的叛变行为，教育和团结小资产阶级(特别是农村小资产阶级)来反击这种叛变行为。

大家知道，这几年(1905—1907)工人群众是跟着布尔什维克走的，就连孟什维克自己以及今天的取消派，如柯尔佐夫、列维茨基等都不止一次地承认过这一点。布尔什维主义表现了运动的无产阶级实质，孟什维主义则代表了运动中的机会主义的、小市民-知识分子的一翼。

我们不可能在这里更详细地剖析工人报刊中两派的策略的内容和意义。我们只能限于准确地弄清基本事实，确定历史发展的主要路线。

俄国工人报刊差不多有一个世纪的历史，起先是准备阶段的历史，也就是说**不是**工人运动的、**不是**无产阶级运动的历史，而是"一般民主的"即资产阶级民主解放运动的历史，然后才是它本身的 20 年无产阶级运动、无产阶级民主运动或社会民主运动的历史。

世界上任何地方的无产阶级运动都不是也不可能是"一下子"

就以纯粹的阶级形态诞生，像密纳发从丘必特的脑袋里钻出来那样[86]，一出世就一切齐备。无产阶级的阶级运动只有经过先进工人、所有觉悟工人自己的长期斗争和艰苦工作，才能去掉小资产阶级的各式各样的杂质、局限性、狭隘性和各种病态，从而巩固起来。工人阶级同小资产阶级生活在一起，小资产阶级因破产而不断向无产阶级队伍输送新成员。俄国是资本主义国家中小资产阶级最多、小市民最多的国家，它直到现在还处于资产阶级革命的时代。而这个时代，例如对英国来说，是指 17 世纪，对法国来说是指 18 世纪和 19 世纪上半叶。

目前正承担起创办、巩固、发展工人报刊这项与自己血肉相关的事业的觉悟工人，不会忘记俄国马克思主义运动和社会民主党报刊 20 年的历史。

工人运动的那些神经衰弱的知识分子朋友，竭力躲避社会民主党的内部斗争，并且到处叫喊和号召要避免内部斗争，他们是给工人运动帮倒忙。他们都是些善良的然而是空虚的人，他们的叫喊也都是空虚的。

先进工人只有研究了马克思主义同机会主义斗争的历史，认真地和详细地了解独立的无产阶级民主派从小资产阶级的小市民中分化出来的过程，才能最终地巩固自己的觉悟和自己的工人报刊。

载于 1914 年 4 月 22 日《工人日报》第 1 号

译自《列宁全集》俄文第 5 版第 25 卷第 93—101 页

# 我们的任务

（1914 年 4 月 22 日〔5 月 5 日〕）

我们已经对俄国工人报刊的历史和《真理报》的诞生经过作了简短的评述。我们力求说明，俄国各类民主运动的悠久历史如何导致马克思主义思想旗帜指引下的独立的工人民主运动，而俄国的马克思主义运动和工人运动 20 年的历史，经过工人先锋队同小资产阶级机会主义派别的长期斗争，又导致绝大多数觉悟工人在著名的 1912 年春季工人运动高涨时期创办的《真理报》周围团结了起来。

我们看到，在报纸创办后的两年内，觉悟的工人真理派不仅在思想上团结了起来，而且在一定程度上也在组织上团结了起来，他们用自己的力量创办、支持、巩固并发展了彻底的马克思主义的工人报刊。工人真理派严格地保持了自己同前一个历史时期有组织的马克思主义者的继承性，不违背他们的任何一个决议，在旧事物的基础上创造新事物，始终不渝地向着坚定而明确的彻底马克思主义的目标迈进，从而为完成无比艰巨的历史任务奠定了基础。

1908—1911 年时期的工人运动遇到了无数的敌人，面临着各种各样的困难，有外部的，也有内部的。到目前为止世界上还没有哪个国家的工人运动能够做到既摆脱**这样的**危机，又保持继承性和组织性，继续忠于过去的决定、纲领和策略。

而俄罗斯工人，确切些说，俄国工人**做到了**这一点，光荣地摆脱了极端严重的危机，继续忠于过去，保持了组织上的继承性，同时又不断掌握培养自己力量的**新**形式、教育和团结无产阶级新一代的**新**方法，以便用老方法来完成老的即还没有完成的历史任务。

在俄国社会的各个阶级中，只有俄国工人阶级做到了这一点，当然这不是因为它比其他国家的工人高明，恰恰相反，它在组织程度和觉悟程度方面还大大落后于其他国家的工人。俄国工人阶级所以做到了这点，是因为它一开始就**依靠了**世界各国工人的**经验**，一方面依靠了他们的理论经验，即他们思想觉悟的成果，他们的科学成就，也就是**马克思主义**总结出来的经验；另一方面又依靠了拥有良好的工人报刊和群众组织的邻国无产者的实际经验。

工人真理派在最艰难的时候坚持了**自己的**路线，既战胜了外部的种种迫害，又战胜了内部的消沉、动摇、畏缩和背叛，他们现在可以十分自觉而坚定地对自己说：我们知道，我们走上了正确的道路，但是我们在这条道路上还刚迈了几步，在我们面前还摆着主要的困难，我们还需要做许多工作，才能使自己完全巩固起来，才能唤起千百万落后的、沉睡的、闭塞的无产者投入自觉的生活。

让无产阶级队伍内盲目追随自由派的小资产阶级“同路人”带着蔑视的神情叫嚷反对“地下组织”和反对“鼓吹秘密报刊”吧！让他们迷恋六三[87]“合法性”吧！我们知道，这种“合法性”是不牢靠的，我们不会忘记关于未经书报检查的报刊所起的作用的历史教训。

我们只要继续开展“真理派”工作，就会推动单纯的新闻事业**同**工人事业的**各个**方面齐头并进。

《真理之路报》的发行量应当扩大为现在的3倍、4倍乃至5

倍。应当增设整个工会的附刊,并且应有各个工会和工人团体的代表参加编辑。我们的报纸还应当增设区域性(莫斯科、乌拉尔、高加索、波罗的海沿岸和乌克兰)的附刊。同各民族的形形色色的资产阶级和小资产阶级的民族主义者相反,应当不断地加强俄国各民族工人的团结,为此我们的报纸还应当创办有关俄国各民族工人运动的附刊。

应当大大地扩大《真理之路报》的国外栏和报道觉悟工人的组织生活、思想生活和政治生活的新闻栏。

应当创办一戈比一份的《真理晚报》;目前这种形式的《真理之路报》对于觉悟的工人是必要的,并且还应当继续扩大。但是,对于没有组织起来的工人、群众宣传员和还没有卷入运动的千百万群众来说,这种报纸的价钱太贵,内容太深,篇幅太大了…… 先进工人永远不会忘记这些人,他们懂得,行会的闭关自守、劳动贵族的出现及其同群众的分离,都意味着使无产者思想钝化,沦为牛马,使他们变成庸俗的小市民和可怜的奴仆,意味着失去无产者解放的一切希望。

应当创办能在无产阶级和半无产阶级群众中间畅销 20 万—30 万份的一戈比一份的《真理晚报》,向他们展示全世界工人运动的光芒,使他们深信自己的力量,促进他们团结,帮助他们提高到完全觉悟的程度。

应当努力使《真理之路报》的读者按工厂、按地区等等组织起来,并大大超过目前的组织水平,使他们更加积极地参加通讯报道、管理报纸和推销报纸的工作。应当设法使工人们经常参加编辑工作。

应当……应当做的事真是太多了!我们在这里不能把应当做

的事都一一列举出来，如果我们想在这里列举出我们工作的一切的或主要的方面和范围，那就太可笑了（甚至比这更糟）！

我们知道，我们走上了正确的道路。我们知道，我们正同世界各国的先进工人携手前进。我们知道，我们所从事的这项具体工作只是整个事业的极微小的一部分，我们只是在争取解放的伟大路程上开步走。但是我们也知道，世界上没有一种力量能阻挡我们在这条道路上前进。

载于1914年4月22日《工人日报》第1号

译自《列宁全集》俄文第5版第25卷第102—105页

# 德国工人运动中的哪些东西是不应该模仿的

(1914 年 4 月 22 日〔5 月 5 日〕)

不久以前,德国工会最著名的负责人士之一卡·列金,把他的旅美报告加上《美国工人运动见闻》的标题,印成一本相当厚的书出版了。

作为一个不仅是德国工会运动,而且是国际工会运动的著名人物,卡·列金对他的旅行特别重视,可以说是当做国家要事来安排的。他同美国社会党以及"美国劳工联合会"(American Federation of Labor)[88]即由有名声的(有坏名声的)龚帕斯领导的工会组织,曾经就这一次旅行商谈了好几年。当列金获悉卡尔·李卜克内西将去美国时,就不愿意同时前往,"以免两个对党的策略和对工人运动某些方面的意义及价值看法不完全一致的发言人同时在美国讲话"。

卡·列金收集了大量关于美国工会运动的材料,但是完全没有能力在书中整理这些材料,充斥该书的主要是些废话,是不连贯的旅行记,按内容来说像杂文,按枯燥的笔调来说则比杂文还糟。列金甚至对他特别感兴趣的美国各工会组织的章程也没有加以研究和分析,只是翻译一下了事,而且译得不系统不完整。

列金旅行中的一段插曲非常耐人寻味,它十分鲜明地揭示了世界工人运动,特别是德国工人运动中的**两种倾向**。

列金访问了美国的众议院即所谓“国会”。共和国的民主制度给这位在警察式的普鲁士国家培育出来的人留下了很好的印象,他怀着一种可以理解的高兴心情指出,国家不仅给美国每个议员提供一间有全套最新设备的专用房间,而且给他们配备了由国家发给薪水的秘书来执行议员们的大量工作。议员和议长的平易近人、从容不迫的态度,跟列金在欧洲国家的议会特别是德国国会中所看到的截然不同。在欧洲,社会民主党人连想也不能想他会在资产阶级议会的正式会议上向这种议会致祝词!而在美国这是很平常的事,社会民主党人的称号并没有吓倒任何人……除了**这位社会民主党人自己**!

这里正表现出美国资产阶级“用温和的手段杀死”不坚定的社会党人的手法,也表现出德国机会主义为了讨好“温和”可爱的民主派资产阶级而放弃社会主义的手法。

列金的祝词译成了英语(民主派丝毫不怕在自己的议会中听到“异己的”语言),200 多名议员把列金当做共和国的“客人”一一和他握手,议长还特别向他致谢。

列金写道:“我的祝词的形式和内容受到美国和德国社会主义报刊的一致赞许。然而德国有些编辑却非要说,我的祝词又一次证明,对社会民主党人来说,向资产阶级听众发表社会民主主义演说是办不到的。他们这些编辑如果处在我的地位,大概会发表一篇反对资本主义、主张群众罢工的演说。而我认为重要的是,向这个议会强调指出,德国社会民主党的和参加工会组织的工人希望各民族间的和平,希望通过和平进一步发展文化,使它达到可以达到的最高水平。”

可怜的“编辑们”,他们被我们的列金用自己的“国家要人”的演说驳倒了!在德国工人运动中,工会运动所有首领们的机会主义，其中包括列金，而且特别是列金的机会主义，早已是尽人皆知的东西，很多觉悟的工人已经给了它正确的评价。但是在我们俄国，人们对**欧洲**社会主义的"榜样"谈得太多，而看中的又恰恰都是这个"榜样"最坏的消极面，因此对列金的演说不妨稍微详细地谈一谈。

200 万德国工会会员大军的领袖，社会民主党工会的领袖，德意志帝国国会社会民主党党团的一员，在资本主义美国的最高代表会议上发表了地道的自由派资产阶级的演说。自然，任何一个自由派分子，甚至任何一个十月党人都不会不赞成有关"和平"和"文化"的词句。

当德国的社会党人指出这不是社会民主主义的演说时，我们这位资本雇佣奴隶的"领袖"却极端蔑视这些社会党人。这些"编辑们"同"干练的政治家"、工人捐款的募集者比较起来又算得什么呢！我们这位庸俗的纳尔苏修斯[89]对编辑们所持的这种轻蔑态度，正同某个国家的警察式的彭帕杜尔[90]对第三种分子[91]所持的轻蔑态度一样。

他们"这些编辑"大概会发表一篇"反对资本主义"的演说的。

请想一想，这位"也是社会党人"在嘲笑什么：他嘲笑社会党人竟会产生这样的念头，认为必须发表**反对**资本主义的讲话。这种念头同德国机会主义的"国家要人们"太格格不入了，因为他们讲话是**不触犯**"资本主义"的。他们这种背弃社会主义的奴才相使他们自己蒙受耻辱，而他们却以耻为荣。

列金并不是一位普普通通的人物。他是工会大军的代表，或者更正确些说，是工会大军军官团的代表。他的演说决不是偶然的，决不是失言，决不是仅此一次的越轨行为，决不是一位德国边远地区的办公室“办事员”在没有感染上警察式妄自尊大作风的和蔼可亲的美国资本家面前感到不好意思而出的差错。如果问题**仅仅**是这样，列金的演说就不值得一谈了。

但是，显然不是这样。

在斯图加特的国际代表大会[92]上，德国代表团中有一半人是这种可怜的社会党人，他们曾在殖民地问题上投票赞成极端机会主义的决议案。

请拿德国的《社会主义〈??〉月刊》[93]来看吧，你们会在上面看到像列金这类的活动家们经常发表的有关工人运动**一切**最重要问题的言论。他们的这些言论是彻头彻尾机会主义的，是与社会主义没有**丝毫**共同之处的。

“正式的”德国党的“正式”解释说，“谁也不看”《社会主义月刊》，它并无影响云云，这是**假话**。斯图加特“事件”证明这是假话。那些给《社会主义月刊》写文章的著名的重要活动家、国会议员、工会领袖们始终不断地在向群众灌输自己的观点。

德国党的“官方乐观主义”早就被自己阵营中的一些人指出了，而这些人从列金那里得到了轻蔑的（在资产者看来）和光荣的（在社会党人看来）的绰号：“这些编辑”。俄国的自由派和取消派（当然包括托洛茨基在内）愈频繁地设法把这种可爱的品质**移植到我国土壤上来**，我们就应该愈坚决地给予回击。

德国社会民主党有巨大的功绩。由于马克思同赫希柏格、杜林之流一伙人进行的斗争，德国社会民主党有了严整的理论，也就是我国民粹派枉费心机企图回避或者企图按照机会主义观点加以修正的那个理论。这个党拥有群众组织、报纸、工会、政治社团，也就是说，群众极广泛地组织起来了。这种局面在我国也正在明显地形成，这表现在马克思主义者真理派在杜马选举中、在每天的报刊上、在保险理事会选举中、在工会中普遍获胜。被工人“撤销职务”的取消派拼命想回避这个适合于俄国情况的把俄国群众广泛组织起来的问题，他们的企图同民粹派的企图一样，是徒劳无益的，无非是意味着知识分子**脱离**工人运动而已。

但是，德国社会民主党的功绩毕竟还是功绩，这倒不是因为有列金那样可耻的发言以及《社会主义月刊》撰稿人那样可耻的“发言”（在报刊上的），而是说**尽管**有这样的言论，功绩仍然是功绩。我们不应该用“官方乐观的”词句来掩盖和混淆在这类现象中暴露出来的德国党的明显的**病症**，而应该在俄国工人面前把它揭示出来，以便从有较长历史的运动的经验中学习，弄明白哪些东西是不应该模仿的。

载于1914年4月《启蒙》杂志第4期

译自《列宁全集》俄文第5版第25卷第106—110页

# 书　　评

尼·亚·鲁巴金《书林概述》第2卷

1913年莫斯科科学出版社第2版　定价4卢布

(1914年4月22日〔5月5日〕)

这部长达930页、大开本、排得很密、有一部分排成两栏的巨著是"从科学和哲学思想史、文学和社会思想史方面对俄国图书财富作一概述的尝试"。该书的副标题就是这样。

我们要评介的第2卷的内容,包括社会科学的各个领域。顺便指出,这里既包括西欧的社会主义,也包括俄国的社会主义。不用说,出版这类书籍有很大价值,作者的计划大体上说来也完全正确。的确,除了从思想史方面来写,没有别的办法能够**合理地**对"俄国图书财富作一概述"并为自学和图书馆提供一部"参考材料"。这里需要的正是对每一编写"引论"(作者写了这种引论),对其主题作概述并对**每种**思潮作准确的介绍,然后再按每种思潮列出这一编的参考书目。

作者以及序言中提到的他的许多撰稿人付出了巨大的劳动,开始了一件极有价值的工作,我们衷心希望这项工作能够开展起来,并且向广度和深度发展。其中特别珍贵的是,作者既没有排斥国外的出版物,也没有排斥遭到查禁的出版物。鲁巴金先生的这部著作是任何一个像样的图书馆非备不可的。

这部著作的缺点，在于作者的折中主义，在某些问题上没有充分广泛地（更确切些说，才刚刚开始）请专家们来撰稿。

第一个缺点大概和作者对“论战”的古怪偏见有关。鲁巴金先生在序言中声称，他“一生从不参加任何论战，并且认为在绝大多数场合，论战是利用人的各种感情来模糊真理的一种极好的手段”。第一，作者没有领悟到，没有“人的感情”，就从来没有也不可能有人对于真理的**追求**。第二，作者忘记了，他是想对“思想史”作概述，而思想史就是思想的更替史，**因此**，也就是思想的**斗争**史。

二者必居其一：**或者是**不自觉地对待思想斗争，那就很难着手研究思想斗争史（更谈不到参加这种斗争了）；**或者是**放弃“从不参加任何论战”的妄想。比方说，我打开鲁巴金先生关于政治经济学理论的“引论”，马上就看出，作者摆脱上述两难推论的办法是：第一，进行**隐蔽的**论战（这种论战方式有着论战的种种缺点，却没有论战的任何重大优点）；第二，为折中主义辩护。

鲁巴金先生在叙述波格丹诺夫的《简明教程》时，竟“大胆地”指出“马克思主义者”著作家的一个结论同“尼·康·米海洛夫斯基关于进步的著名提法”有“令人感兴趣的”相似之处（第815页）……

噢，这就是“一生从不参加任何论战的”鲁巴金先生！……

在前面一页还赞扬了“严密的科学性，深刻的分析和对重大理论的批判态度”……你们想想看这是指谁呢？……原来是指典型的折中主义者杜冈-巴拉诺夫斯基先生！！……就是鲁巴金先生自己也不得不承认，这位教授既拥护一点点马克思主义，也拥护一点点民粹主义，又拥护一点点“边际效用论”，然而还是把他称做“社会主义者”！！！难道写这种稀奇古怪的东西，不正是用可能有的最坏形式**进行反对**社会主义的**论战**吗？

如果鲁巴金先生把作为政治经济学参考书目导言的那8万多个字符(即整整一本小册子)分成四部分,比方说,请黑帮分子、自由派分子、民粹主义者和马克思主义者分别来写,那**公开**论战就会多些,而千分之九百九十九的读者就会容易一千倍、迅速一千倍地找到真理。

鲁巴金先生在布尔什维主义和孟什维主义的问题上就采用了这种方法,即请"论战"双方的代表来撰稿。他给了我①和尔·马尔托夫各半页的篇幅。就我来说,我非常满意尔·马尔托夫的叙述,例如他承认,取消主义归结起来就是试图"建立公开的工人政党","对保存下来的地下组织采取否定态度"(第771—772页),他也承认:"除了协助资产阶级自由主义民主派设法把有产阶级中的反动派排挤出国家政权,孟什维克看不到无产阶级还能有什么其他参与这次危机〈指1905年的危机〉的有效方式,但是无产阶级在进行协助的时候,应当保持完整的政治独立性。"(第772页)

当鲁巴金先生刚开始自己接着介绍孟什维主义时,就出了错误,例如,他硬说什么阿克雪里罗得同普列汉诺夫一起"**离开了**"取消派(第772页)。我们不能过分责备鲁巴金先生的这种错误,这在开始编纂这种包罗万象的综合性出版物时是不可避免的,但是不能不希望作者多多采用请**各**知识领域不同派别的代表来撰稿的方法。这样做的好处是能使写的东西既准确而又完整,并且具有**客观性**;而失掉的只会是折中主义和**隐蔽的**论战。

载于1914年4月《启蒙》杂志
第4期

译自《列宁全集》俄文第5版
第25卷第111—114页

① 见本版全集第22卷第298—300页。——编者注

# 取消主义的定义

(1914年4月29日〔5月12日〕)

本报的读者都知道,取消主义在俄国当前工人运动中引起了多少争论和斗争。我们曾经不厌其烦地指出,任何一个觉悟工人(在某种意义上甚至可以说:任何一个觉悟的民主主义者)对取消主义都不能没有一个明确的认识。

但是我们的对手,无论是《北方工人报》或者是《我们的曙光》杂志,不仅没有全文刊登并向读者解释那些说明取消主义本质的正式决议(例如1908年和1910年的决议),而且还做出了某种更恶劣和更有害的事情:他们或者矢口“否认”取消主义,或者不去确切地叙述1910年**一致通过的**决议,**反而**讲些语无伦次的、毫不相干的废话。

因此,当**尔·马尔托夫亲自**在出版物中准确和真实得令人难以相信地(就这位作者而言是令人难以相信地)给取消主义下了定义,或者说对取消主义作了描述的时候,我们认为必须利用这个千载难逢的好机会。

在尼·鲁巴金的名著《书林概述》的第2卷(1913年莫斯科第2版第771页)中,鲁巴金先生原封不动地刊出了尔·马尔托夫的一封信,他在信中应鲁巴金先生的请求“阐述了孟什维主义的实质和历史”。尔·马尔托夫在信中一字不差地写了如下一段话:

“在社会运动被破坏以后，孟什维克那种同样的革新党组织的倾向〈指“用更明确的阶级的社会主义精神开创党的新建设，或者说为社会民主党进行根本性的自我革新建立新基础”的倾向〉，具体表现在加紧进行成立工会、自学会（一部分是合作社）等各种非党工人组织的活动上，**以及以这种组织为基础建立公开的工人政党**或它的前哨组织的**尝试上**（参与这种尝试的人**对保存下来的地下组织采取否定态度，因此**在论战中获得了“合法派”或“**取消派**”的绰号）。”

马尔托夫关于取消主义就谈了这一些。在这里，我们在几个主要地方都加上了着重标记。我们不打算谈其中与事实不符的细小之处，例如，说什么只有“参与这种尝试的人”并且只是“在论战中”才被称为取消派；实际上对每一个马克思主义者都有约束力的全体马克思主义者 1908 年的正式决定就说取消主义是一种流派。不过，比较起来这只是细枝末节。

而主要的和本质的一点是尔·马尔托夫在这里无意中表露了他对什么是取消主义的理解和认识。

试图建立公开的工人政党，自然就要宣传和维护这个主张。对保存下来的（自然也对新产生的）“老式”组织持否定态度。这才是问题的本质，而这一点是《我们的曙光》杂志、《光线报》和《北方工人报》过去和现在都千百次地力图混淆、掩饰和否认的。

读者只要仔细想一想上述事实的意义就会明白，为什么取消派一讲到“统一”，就会引起觉悟工人的强烈不满和愤怒或者（看当时的情绪怎样）辛辣的嘲笑。建立公开的党这个主张的拥护者会真心实意地否定“地下组织”，这是完全可以想象的，因为他的信念就是这样。但是，《我们的曙光》杂志或《北方工人报》的那些撰稿人的“统一”言论会是真心实意的，这却是**不可**思议的。为这些报刊撰稿就是**在行动上反对**“地下组织”，**为**他们正在继续鼓吹和维护的公开的党而斗争。

因此,当 1913 年 12 月社会党国际局把弄清俄国党的统一条件问题提上议程时,彼得堡和莫斯科的有组织的马克思主义者都立即公开地说:首要的和基本的条件是坚决地、无条件地放弃取消主义,彻底地、根本地改变《我们的曙光》集团和《光线报》派的**整个方向**。光线派分子(费·唐·和尔·马·)也同样公开地回答说,他们不同意这个条件。

既然这样,那么谁同这个顽固坚持自己的自由派主张的集团谈"统一",谁显然是自欺欺人。大多数觉悟工人团结在马克思主义的决议和马克思主义者整体的周围,反对这个分裂派集团的真正的统一已经形成,而且会日益巩固。

载于 1914 年 4 月 29 日《真理之路报》第 73 号

译自《列宁全集》俄文第 5 版第 25 卷第 115—117 页

# 《马克思主义和取消主义》文集的结束语[94]

（1914 年 4 月）

取消主义问题不仅对工人民主派，而且对俄国所有的民主派都具有极重大的意义。如果我们民主派的报刊竭力回避这个问题，或者把它当做马克思主义者中间的“局部争论”顺便提一下，那只能暴露出这种报刊想避免对当代最重要的政治问题作出评价。这是因为取消主义问题，也就是对我国的六三体制，甚至推而广之，对我国整个反革命势力作出全面评价的问题，也就是关于民主派的基本任务和行动方法的问题。

似乎还没有一个人怀疑过，俄国历史最近这个时期（大约从 1908 年开始）的特征，不仅在于反动派对整个民主势力的迫害大大加强，而且在于既波及无产阶级也波及全体资产阶级民主派分子的思想上的严重瓦解和崩溃。可是，即使这个有目共睹的事实**大家**都承认，那也只有马克思主义者向自己提出了十分明确的任务：确切地判断这种思想瓦解和崩溃的**阶级**根源和**阶级**意义。不作这样的判断，就不可能自觉地选择策略。

在国外的马克思主义报刊上，这种判断工作从 1908 年，也就是从这种瓦解的事实刚一明朗化就开始了。马克思主义者不可能像自由派那样对这种瓦解听之任之，但他们也不可能像民粹派中的优秀分子(从民主派的角度来说)那样仅仅主观地斥责这种瓦解。对社会思潮必须作出社会经济的即阶级的说明。

我们知道,布尔什维克报刊在1908年12月以前就回答了什么是取消主义的实质的问题,这个回答当时被大家必须遵守的党的决议肯定了下来。到1909年春季,布尔什维克(通过他们的领导机关)就同所谓的“前进派”①[95],即召回主义或认为召回派是“一种合理的色彩”的代表人物、“造神说”和马赫主义反动哲学的拥护者正式决裂了。[96]这次决裂显示出“来自左面的取消主义”的基本特点是转向无政府主义,正像来自右面的取消主义或者说本来意义的取消主义转向自由主义一样。

1910年1月以前,对当时的瓦解和崩溃十之八九是由国外布尔什维克报刊作出的这种马克思主义的分析,已经很透彻,已经无可争辩地得到确认,以致**全体**马克思主义者,**所有**派别(**既**包括取消派,**也**包括“前进派”)的代表在1910年1月通过的几个著名的决议不得不**一致**承认取消派“偏向”和前进派“偏向”都是**资产阶级**对无产阶级**影响的表现**。

要评价这种马克思主义的分析和马克思主义的决议的社会意义,只要看一看**非**马克思主义的流派就行了。在自由派那里,我们可以看到“路标派”[97]的最极端的取消主义,而且在1905年的方法是否已废止这个问题上**至今**思想还是一片混乱。在**左派**民粹派那里,我们可以看到各种极端取消主义的言论,从1908—1911年在巴黎印行的出版物一直到不鲜明的取消派的《创举》杂志[98]上都有,还有萨文柯夫-罗普申和切尔诺夫先生们在《箴言》杂志[99]上发

① 阿列克辛斯基、波格丹诺夫、卢那察尔斯基、斯塔·沃尔斯基等人。

表的取消主义言论。另一方面，左派民粹派的正式的“召回主义”还在继续侵蚀和削弱这个流派。

下面的事实证实了马克思主义分析的客观真理性：在1908年以后的五年多的时间内，**所有**先进的社会思潮一直碰到而且至今还仍然碰到的正是取消派和民粹派的“这些”错误，正是“这些”关于在新环境下怎样善于用新手段准备力量，捍卫那些老方法以完成还没有完成的老任务的问题。

在六三时期初期，马克思主义的分析揭露了理论上的取消主义偏向和“召回主义”偏向。在这一时期的末期，我们看到，俄国绝大多数觉悟工人甚至在公开场合，当着大家的面团结在马克思主义者的周围了，而力图影响无产阶级的民主派报刊的两**翼**则为小资产阶级的取消派和小资产阶级的民粹派所占领。不久以前，在左派民粹派的《北方思想报》[100]（第1号）上，布赖涅斯先生的一篇发自里加的关于保险运动的通讯写道：

“抵制的浪潮只有在制鞋工人中才看得到，他们中间建立了一些抵制派小组。遗憾的是，抵制派小组的主要鼓舞者是民粹派。”（引自1913年12月20日《无产阶级真理报》[101]第12号上的《民粹主义和取消主义是瓦解工人运动的因素》一文①）

同一家报纸承认：

“应当指出，使马克思主义者感到荣幸的是，他们现在在联合会〈工会〉中有很大的影响，而我们左派民粹派在那里的活动没有一定的计划，因此我们几乎是默默无闻的。”（同上）

把欧洲小市民的最新的机会主义同真正俄国小市民替“劳动”

① 见本版全集第24卷第265—269页。——编者注

业主辩护的思想结合起来的左派民粹派，不但在理论上一筹莫展，而且在策略上也一筹莫展和摇摆不定。左派民粹派的老党什么也没有留下来，只留下了动摇，同取消派完全一样。工人运动中被战败的这两个小资产阶级流派，只好**结成联盟**（联合起来）**反对马克思主义者**。

真是每况愈下！取消派从鼓吹公开的党，从发表像波特列索夫先生和尤什凯维奇先生之流的那种背弃领导权思想和背弃马克思主义的言论，堕落到公然进行反对马克思主义政党的**斗争**了。前几天有一位彼得堡的左派民粹派分子在《坚定思想报》（第5号）上写了如下一段话：

"我们一走进会场（选举保险理事会的），马上就看清了真理派的狭隘的派别立场，但是我们没有失去希望。我们同取消派一起提出了共同的非派别性的名单，在名单中我们占一个理事和两个副理事的席位。"（引自1914年3月16日《真理之路报》第38号）

希望用资产阶级的影响腐蚀工人的各派小资产阶级民主主义者，联合起来反对马克思主义者吧！"非派别性"这个愚蠢的字眼可以迷惑不会思考和什么也没有学到的人，给了庸人们很大的方便，他们多么喜欢这个字眼呀！不过同左派民粹派结成联盟对可怜的取消派并没有（将来也不会有）什么帮助；觉悟工人选进保险理事会的**全是**取消派的反对者即马克思主义者。

试图让工人屈从资产阶级政策和资产阶级思想的非党知识分子小集团目前在俄国已完全形成了，这就是取消派和左派民粹派。与党貌合神离的马克思主义者中间的机会主义者同民粹派的这种**反对**彻底的马克思主义的**联盟**，从"经济主义"刚抬头那时（1894—1895）算起，差不多准备了20年。现在已经到了正视现实的时候了，应当坚决果断地说：俄国马克思主义的工人运动**只有**和只能在反对取消派和民粹派的斗争中形成。

世界各地的无产阶级在任何一个资本主义社会中都必然与小资产阶级有千丝万缕的联系，无产阶级在工人政党形成时期总要经历一个时间或长或短、程度或深或浅的在思想和政治上受资产阶级支配的时期。这种一切资本主义国家共同的现象，在不同的国家内由于历史和经济特点的不同而具有各种不同的形式。在英国，自由派资产阶级在政治上充分自由、英国长期处于垄断地位这种情况下，能够在思想上腐蚀和奴役大多数觉悟工人达数十年之久。在法国，共和派小资产阶级激进主义的传统，过去和现在都把很多工人变成“激进的”资产阶级政党的拥护者，或者变成同样是资产阶级的无政府主义的拥护者。在德国，半世纪以前工人还跟着自由派舒尔采-德里奇走，并且还受拉萨尔和施韦泽的“民族自由主义的”(同时是“普鲁士王国的”)机会主义的动摇的影响，而现在数十万工人还在跟着玩弄“民主制”把戏的天主教“中央党”[102]走。

在俄国，直到现在还没有实现**用资产阶级民主的办法**解决农民问题。小资产阶级民粹主义披上“社会主义”的外衣，这又有什么可奇怪的呢？在所有资本主义国家中，俄国是小市民**最多**的国家。所以一当马克思主义在俄国成为**群众性的**社会思潮，其中就出现了小资产阶级知识分子的机会主义，其表现形式最初是“经济主义”和“合法马克思主义”[103](1895—1902)，然后是孟什维主义①(1903—1908)，最后是取消主义(1908—1914)。

---

① 孟什维主义(尤其是取消主义)就是从“经济主义”、“崩得主义”和“合法马克思主义”产生出来的(创建俄国工人阶级政党的旧《火星报》曾经同这些主义

现在，取消主义已经完全成熟，成熟到了完全脱离马克思主义工人政党的地步：既然取消派中最“左”的、措辞最圆滑的**尔·马·**先生都说：

“经验证明，‘公开的工人政党’并不是一种反动的幻想，因为现在俄国**这样的政党从某种意义上来说是有的……**”（黑体是尔·马·先生用的。见1914年《我们的曙光》杂志第2期第83页）

……那么大家就应当明白，认为**可以把这样的**集团同马克思主义的工人政党“联合起来”或者“调和起来”的想法是十分荒谬可笑的。

现在只有完全没有头脑的人才会说什么马克思主义的工人政党同**这样的**集团，同《我们的曙光》集团和《北方工人报》集团“统一”起来。

从1904年到1914年，俄国阶级划分的政治确定性在各方面都有了很大的进展。当时，有领地的贵族还没有分化，某些贵族代表人物的沙龙自由主义甚至使旧政权感到惊恐。当时，旧政权把“乡巴佬”农民当做社会制度的支柱，甚至让农民在布里根杜马和维特杜马[105]中发挥很大的影响。当时，古契柯夫—米留可夫—彼舍霍诺夫的自由主义和民主主义还可能融成一体。当时，孟什维主义还想成为，而且确实成了——大体说来——党**内**的一个派别，因为它在“讨论纲领问题”时是**在**工人政党的**范围内**坚持自己的机会主义口号的。

---

斗争了**三年**），当取消派历史学家不得不支吾搪塞以**掩盖**这个令人不快但又无可怀疑的事实时，就显得特别令人可笑。例如，请看波特列索夫先生写的关于阿克雪里罗得的小册子。波特列索夫先生也同样心劳日拙地企图掩盖和**隐瞒**阿克雪里罗得在“地方自治运动计划”[104]中说过不要吓跑自由派这个事实。顺便提一下，连孟什维克普列汉诺夫说到取消主义也完全承认它同“经济主义”和“合法马克思主义”有着历史上的（除了理论上的）血缘关系。

现在的取消派和那时比起来已经向右走出老远了，他们离开了党，抖掉身上从“地下组织”带来的灰尘，结成了一个由合法的自由派和取消派报人组成的牢固的反党中心，被工人撤销了在所有工人组织和团体中的职务。把**这样的**取消派同1903—1907年的孟什维克相提并论，那就是让人家用旧的称呼和名字，用响亮的旧词句来蒙蔽自己，那就是对十年来俄国阶级关系和党派关系的演变一无所知。

现在1914年的取消派等于1907年的《同志报》[106]派。

被流放的和侨居国外的人如此脱离现实生活，如此沉溺于对7—10年前的往事的怀念，在他们中间见到有成十成百个“过了时的人”（在1904—1907年加入工人政党而目前捞到各种合法“肥缺”的知识分子中，同样也有很多这样的人，不过就品德卑劣这一点来说他们要可悲得多），还在幻想工人政党同尔·马·、费·唐·、波特列索夫、叶若夫、谢多夫先生之流的派别“统一”，那是十分自然的。

但是，当今俄国青年工人**看到**取消派脱离了党，**看到**他们从“死气沉沉的支部”中**逃跑**，听到他们诋毁地下组织以及说“鼓吹秘密报刊”是有害的那种叛徒言论（见1914年3月13日《北方工人报》的引文），他们不得不在一连串代表大会上、在第四届杜马选举中、在各种工人团体的集会上以及在保险理事会的选举中**反对**这些取消派先生同民粹派分子和非党人士结成的联盟，不得不**撤销**这伙人在所有工人团体中的**职务**，因此，他们对于好心人想让取消派同工人政党“统一”起来的幻想和言论，只会随情绪的不同或者发出毫不客气的哈哈大笑，或者向知识分子中的马尼洛夫[107]们投去困惑和怜悯的目光，这同样也是十分自然的。

让《斗争》杂志那位用恳求的目光盯着斯柯别列夫和齐赫泽的托洛茨基，或巴黎《护党报》①[108]那些抱着期待和希望注视着布里扬诺夫的撰稿人去唠唠叨叨谈论“统一”吧，——不过他们的话听起来已经有点凄凉而且不合时宜。

谁还鼓吹马克思主义者同那些发表“公开的工人政党并不是一种反动的幻想”等等言论的人“统一”起来，那他除非是一个超常愚蠢的人，否则就是对俄国工人运动和各地情形一无所知，或者是渴望有这样一个美好的“捉摸不定的”局面，渴望有这么一天——说不定会有的！——《我们的曙光》杂志、《日报》[109]和《基辅思想报》的文人集团同马克思主义者工人集团“在平等的基础上”联合时会把托洛茨基（或其他某一个“非派别人士”）当做“非派别人士”请出来。多么美好甜蜜的远景啊！

但是，实际生活以及试图同取消派“联合”的实际经过所表明的情形，与这种美好而甜蜜的远景差得很远。1910 年 1 月，大家确曾共同努力，认真地试图同取消派联合，但是这次尝试被取消派破坏了。**所有**大小集团曾经同取消派联合起来反对可恨的 1912 年一月代表会议。这是在最狂热地（甚至是滔滔不绝地）谩骂这次代表会议的基础上建立起来的狂热的联盟；托洛茨基和《护党报》撰稿人都参加了这个“联盟”，所有前进派分子当然也参加了。如果凶恶的分裂派-“列宁派”真是统一的绊脚石，那么当 1912 年 3 月一切集团和取消派在《前进报》[110]上发起这次反对“列宁派”的联合行动之后，真正的统一该很快兴旺起来啦！

但是可惜啊！恰巧从那时开始（当时俄国工人在 4 月份创办

① 普列汉诺夫。

了《真理报》,开始在以最认真的态度对待党性的基础上把俄国各地成百成千的工人团体联合起来),恰巧从1912年3月开始,这些奇怪的联合派愈来愈厉害地瓦解了!! 到1912年8月建立著名的取消派"八月联盟"时就已经**没有**前进派,**没有**《护党报》的人了。

过了一年半,在**所有**合法的工人团体、所有工会和组织以及很多报纸和机关刊物中的俄国工人团体的联合,已经完全成长、壮大和巩固了,并且在国家杜马中还有了决心执行大多数工人意志的俄国社会民主党工人党团。

可是我们的"联合派"呢?

啊,他们"联合"得如此成功,以致现在一个"前进"集团成了**两个**"前进"集团(还不包括经验一元论者波格丹诺夫,因为有些人把他算做第三个"前进"集团),在托洛茨基和取消派的统一的机关报刊(《光线报》)之外又有了一个托洛茨基的单独的、自称这一次是真正"非派别性"刊物的《斗争》杂志。除托洛茨基在偷偷地离开取消派以外,**全体有组织的拉脱维亚马克思主义者**也脱离了取消派,而且十分坚决。拉脱维亚马克思主义者**虽然**严守中立,不进行派别活动,但是他们1914年在自己的代表大会上也公开声明:

**"调和派〈八月联盟的参加者〉自己也落到了在思想上和政治上依附取消派的地步!!"**

从1912年3月**所有**派别同取消派联合起来反对凶恶的"分裂派"-"列宁派"那时起,到1914年3月"八月联盟"这个空架子彻底垮台这段时间,再清楚不过地表明:工人马克思主义者的真正联合(在俄国,不是在巴黎,也不是在维也纳)完全是在**反对**取消派、**不理睬**同崇拜"公开的工人政党"的人"统一"的空谈这种情况下进行的,而且会继续进行下去。

上千个工人团体公开地团结在马克思主义报纸的周围，这是真正的统一形成和发展的生动证明。建立在马克思主义者早在六三时期初期就制定的思想基础之上的这种统一，能够比任何人都有效百倍地利用一切合法机会，而且在利用合法机会时能贯彻如下的**精神**：同谴责"鼓吹秘密报刊"、同情"公开的党"、放弃领导权、把"鲸鱼"放到次要地位等等主张进行无情的斗争。

只有这样的统一，也只有在这种思想基础上的统一，才能给俄国工人阶级指明正确的道路。

载于1914年7月圣彼得堡波涛出版社出版的《马克思主义和取消主义》文集第2册

译自《列宁全集》俄文第5版第25卷第118—127页

# 俄国社会民主工党中央委员会向第二国际维也纳代表大会的报告的提纲

（1914 年 4—5 月）

**向维也纳代表大会[111]的报告：**

I. A. 罢工运动。游行示威。

工人报纸。

保险运动。

工会。

合作社。

第四届国家杜马选举。

II. B. 破坏罢工和革命的游行示威。

竞争的报纸。

1912—1914 年的秘密出版物（取消派：**0**）。

秘密集会和秘密代表会议（1912 年，1913 年，1913 年）

八月联盟的瓦解。

III. C. (1)工人团体。

(2)工会。

(3)保险机关。

(4)没有工人的取消派。

(5)投 **6** 人的票和投 **7** 人的票的情况。

IV. D. I. 否定秘密党。

II. 在合法报刊上攻击秘密口号。

III. 民族问题:崩得的分离主义。

IV. 民族问题:亚格洛。

V. 民族问题:民族文化自治。

VI. 破坏多数人的意志和瓦解他们。

VII. 诽谤运动

(α)X.。

(β)马林诺夫斯基。

V. E.二十年的历史:

| | |
|---|---|
| "经济主义" | 1894—1903 年 |
| 孟什维主义 | 1903—1908 年 |
| 取消主义 | 1908—1914 年。 |

注意‖共同的代表大会?

VI. 由于取消派和国外小集团(托洛茨基派、前进派、普列汉诺夫派)的极端无耻的谎言,我们声明:

(1)**与**我们的尽快召开一切"派别"的代表会议的要求**相反**,会议未能举行,我们表示十分遗憾;

(2)我们认为,召开这样的代表会议的**唯一**目的是**揭露**取消派分子和一些小集团的谎言,**收集**客观材料和事实。

我们参加任何这类代表会议的条件是:要保证收集此类材料

并在各西欧社会党的报刊上**公布**。

取消派无耻地利用国际的决议来鼓吹破坏大多数有组织的工人的意志的自由。这是不能容忍的!!

德国给每个“小集团”提供3 000马克援助的例子:亚格洛!!

**大致是**:

1. 号召**就**……交换意见。

……“否定老党”……　对需要澄清的事和“混乱局面”作具体说明。

2. “老党已经消失”……　不能开除同志,等等……　骇人听闻!**转弯抹角地**对待“关键问题”……

3. “好心人的眼泪”:强盗
侨民
个人的忿恨
坐到一张桌子旁
容易,如此等等。波兰社会民主党。
昨日的罗莎
今日的华沙和罗兹
左派?

4. 参看1912年3月26日《前进报》。

5. 老党不存在吗?不能确定多数吗?不可能有群众组织吗?

6. 泛泛之谈与事实!

7. 选举。
8. 报纸。
9. **6** 人和 **7** 人的运动。

10. 而周围呢？瓦解——或是国外小集团**毫无作用**（191**2**—191**3** **两**年）。

——或是**取消派**……
否定党的（α）。
……或者抱怀疑态度的（β）。

11. 条件（I）无条件地承认老党（原则上）……
（其中包括民族问题）
（其中包括左派）
（II）无条件地承认多数（作为达到统一的实际步骤）……

12. 统一吗？**是的！** 2 500 **个**工人团体的统一，而不是对秘密党抱怀疑态度的知识分子小集团的分崩离析！！

**就各主要之点交换意见！！**

载于 1959 年《历史文献》杂志第 4 期　　译自《列宁全集》俄文第 5 版第 25 卷第 441—444 页

# 再论政治危机

（1914 年 5 月 3 日〔16 日〕）

关于驱逐全体社会民主党人和劳动派的有名的 4 月 22 日杜马会议[112]，各家报纸已经议论得很多了。但是对于这个事件的意义，仍然阐明得不够。

任何政治危机，不管其结局如何，都会带来好处，这是因为它能使隐蔽的事物变为明显的事物，暴露政治上起作用的力量，揭穿各种欺骗和自我欺骗以及空谈和幻影，明显地展示“**事物的真相**”，并且可以说是强迫印入人们的头脑。

杜马中的全体民主派代表，既包括社会民主党人，也包括劳动派，受到了停止参加杜马会议 15 次的处分，并且大都是被武力逼迫离开的。采取这种停止参加会议的措施，是为了迎合那些由于追究齐赫泽而清楚地表明自己“坚决”打算向右靠一步（更确切些说，是一下子就向右靠 10 步）的人。投票赞成采取这种停止参加会议的措施的，有右派和十月党人，**加上一部分进步党人**，即与立宪民主党人结成亲密的、实际上不可分割的联盟的资产阶级自由派。

立宪民主党人弃权了!!! 以民主主义相标榜的政党这次弃权，最好不过地表明了——远不是第一次——立宪民主党先生们的自由主义的本性。第四届杜马准备驱逐齐赫泽，继而驱逐其他社会民主党人，然后驱逐所有民主派，首先从停止他们参加会议开始，而处于反对派地位的自由派的“领袖”先生们竟然**弃权了**!! 在这件事发生以后，不管自由派和立宪民主党人花费多少笔墨，写出多少诡辩和推托的言词，譬如说什么我们只是不赞成社会民主党人发言的“形式”等等，但是事情的实质，对于任何一个不愿欺骗自己的人来说始终都是一清二楚的。

在哥列梅金、罗将柯以及拥护他们两人的多数要停止民主派代表参加会议的时候弃权，这实际上就是用缄默来支持他们，在道义上赞同他们，从政治上增援他们。

不能认为尔·马·在《北方工人报》第61号上所表述的观点是正确的，他写道：“以十月党人为首的杜马中的多数采取了政治上自杀的行动。”这是左派自由派的观点，而不是民主派的观点，更不是社会民主党人的观点。

杜马中的多数和十月党人根本没有自杀。他们都是些自觉的反革命分子，是六三联盟和斯托雷平体制的自觉的参加者，民主派的自觉的敌人。既然他们承认哥列梅金是自己的政治领袖，跟着这位领袖来反对自己的阶级敌人，反对与十月党人明显为敌的民主派的代表，那有什么自杀可言呢？

为什么要说“自杀”这种夸张的、根本不符合事实的话呢？要知道说这种话的**前提**就是认为十月党人**不是**民主派的敌人，也就是说，把一种令人愤慨的虚假的设想当做前提。这种话很像失去理智的左派民粹派的庸俗民主主义论调，他们常常叫喊道：第三届和第四届杜马不过是一种“纸牌式的”机关，是纸牌搭成的房子。除非十月党人是“人民意志”的代表者，否则就不能把他们投票拥护哥列梅金、马克拉柯夫和舍格洛维托夫看做是自杀。其实，他们所代表的是大资产阶级和地主阶级中最害怕人民的那些阶层的

**“意志”**。

不，我们应当正视真实情况。这在政治上永远是最好的和唯一正确的办法。

4月22日杜马发生的事件彻底粉碎了残余的立宪幻想和合法幻想——这就是真实情况。普利什凯维奇、罗将柯和“左派”十月党人的反革命联盟加上一部分进步党人，直接地、**公开地**、坚决地、士兵式地（最后一词用的并非转义而是本来的意思，因为当时士兵确实被调进了杜马）反对民主派。米留可夫之流的反革命自由派**弃权**。这在经历了第三届和第四届杜马的全部历史之后，在经历了20世纪头10年的全部历史之后是意料中的事。

好吧！少来点自我欺骗会对人民更好些。全国从4月22日的杜马事件得到什么益处呢？益处就在于又丢掉了一点对我国的自由事业有害的幻想。

载于1914年5月3日《真理之路报》第76号

译自《列宁全集》俄文第5版第25卷第128—130页

# 工人运动中的思想斗争

(1914年5月4日〔17日〕)

革命后的俄国最重要的特点就是在**反对派的**即进步的阶层中发生了深刻的思想转变。谁要是忘记了这个特点,谁就不可能理解俄国的革命及其性质,也不可能理解工人阶级的当代任务。

自由派资产阶级的思想转变表现在建立反民主主义的派别上(司徒卢威、伊兹哥耶夫、瓦·马克拉柯夫是明目张胆地干,其他的立宪民主党人则是偷偷摸摸、"羞羞答答"地干)。

民主派的转变表现在社会民主党人(无产阶级民主派)中间以及社会革命党人(资产阶级民主派)中间发生严重的思想瓦解和动摇上。甚至民主派的优秀代表也只限于对这种瓦解、动摇和背叛行为**表示悲痛**。马克思主义者则要找出这种**社会**现象的**阶级**根源。

这种瓦解的主要表现就是取消主义,早在1908年人们就给取消主义下了正式的、被"马克思主义者整体"所确认的定义,说它是"一部分知识分子试图取消"地下组织而"代之以"公开的工人政党。在担负领导工作的马克思主义者于1910年1月举行的、有**一切**"派别"和**一切**集团的代表参加的最后一次正式会议上,**没有一个**人反对把取消主义当做**资产阶级对无产阶级影响的表现**加以谴责。这一谴责以及对取消主义的**阶级**根源所作的说明都被**一致**通过了。

从那时到现在已经过去 4 年多了，群众性工人运动的极其丰富的经验又数千次地证明，对取消主义的这种评价是正确的。

事实证明，无论是马克思主义的理论或者是群众性工人运动的实践，都同取消主义这个资产阶级的、反对工人的派别彻底决裂了。请回想一下 1914 年 3 月这一个月的情况吧，当时《北方工人报》是怎样辱骂“秘密报刊”(3 月 13 日的报纸)和游行示威的(哥尔斯基先生在 4 月 11 日的报纸上)，布尔金是怎样用彻头彻尾的自由派的腔调来辱骂“地下组织”的(《我们的曙光》杂志第 3 期)，臭名昭著的**尔·马·**是怎样用《我们的曙光》杂志编辑部的名义在这一点上全力支持布尔金并且主张“建立公开的工人政党”的，——只要回想一下这些情况就足以了解，为什么觉悟的工人们**不能**用别的态度来对待取消主义，而只能无情地遣责和彻底地抵制取消派。

但是这里出现一个非常重要的问题：这个派别在历史上是怎样产生的？

它是在马克思主义同俄国群众性工人运动联系起来的 **20 年**历史中产生的。在 1894—1895 年以前，还没有这种联系。“劳动解放社”只是在理论上为社会民主党奠定了基础，并且迎着工人运动跨出了第一步。

1894—1895 年的鼓动和 1895—1896 年的罢工，才建立了社会民主党同群众性工人运动牢固的密切的联系。也**就在这个时候**开始了马克思主义运动中的两个派别的思想斗争：“经济派”同彻底的马克思主义者即稍后一个时期的“火星派”的斗争(1895—1902 年)，“孟什维克”同“布尔什维克”的斗争(1903—1908 年)，取消派同马克思主义者的斗争(1908—1914 年)。

"经济主义"和取消主义是存在了20年的同一个小资产阶级的、知识分子的机会主义的不同形式。所有这些形式的机会主义不仅有思想的联系，而且还有人员的联系，这是无可怀疑的事实。只要指出亚·马尔丁诺夫就够了，他最初是"经济派"的首领，后来成了孟什维克，现在则是取消派分子。只要举出像格·瓦·普列汉诺夫这样的见证人就够了，他本人虽然在很多地方①接近孟什维克，但是他还是直率地承认：孟什维克吸收了知识分子机会主义分子，取消派是"经济主义"错误的继承者和工人政党的破坏者。

那些回避或歪曲工人运动这20年的思想斗争历史的人（诸如取消派和托洛茨基之类），给工人带来了极大的危害。

谁要是像健忘的伊万[115]那样来对待工人自己的运动的历史，他就不可能是有觉悟的工人。俄国是一切资本主义国家中最落后、小资产阶级最多的国家之一。因此工人的**群众**运动中产生小资产阶级的、机会主义的**一翼**，就不是偶然的，而是必然的。

20年来在清除工人运动中的资产阶级影响，即"经济主义"-取消主义的影响方面，有了**巨大的**进展。真正马克思主义政党的真正无产阶级基础，现在才第一次牢固地形成起来。谁都承认，甚

---

① 为什么我们说"在很多地方"？因为普列汉诺夫采取了一种**特殊的**立场，有**好多**次离开了孟什维主义：(1)在1903年代表大会上，普列汉诺夫同孟什维克的机会主义作过斗争；(2)代表大会以后普列汉诺夫主编《火星报》第46—51号，也反对过孟什维克；(3)1904年，普列汉诺夫为阿克雪里罗得的地方自治运动计划作过辩护，辩护的办法是恰恰避而不谈这个方案的主要错误；(4)1905年春天，普列汉诺夫脱离了孟什维克；(5)在1906年第一届杜马解散之后，普列汉诺夫采取了根本不是孟什维克的立场（见1906年8月的《无产者报》[113]）（本版全集第13卷第373—377页。——编者注）；(6)据切列万宁说，普列汉诺夫在1907年伦敦代表大会上[114]同孟什维克"组织上的无政府主义"作过斗争。要了解孟什维克普列汉诺夫为什么这样长久、这样坚决地反对取消主义，揭露取消主义，就应当知道这些事实。

至真理派的对手也不得不承认——这是事实迫使他们承认的！——在觉悟的工人中间，真理派占绝大多数。1910年1月，马克思主义者的"全会"**在理论上**肯定取消主义是"资产阶级对无产阶级的影响"，4年来觉悟的工人执行了全会决议，削弱了取消派的力量，撤销了取消派的各种职务，把取消派变成一个与群众性工人运动不相干的合法的机会主义文人集团，从而使人们在实践中肯定了这一点。

在这20年的思想斗争过程中，俄国工人运动不断成长壮大，日趋成熟。它战胜了"经济主义"，因为觉悟的无产阶级的全部优秀分子都站在"火星派"一边。它使"孟什维克"在革命的一切紧要关头都处于少数地位，**甚至**列维茨基**本人**也只好承认，工人群众是跟着布尔什维克走的。

它现在又终于战胜了取消主义，因此它又走上了正确的道路，走上了进行广泛的、由马克思主义理论所阐明的、由不折不扣的三个口号所概括的斗争的正确道路，走上了先进阶级为实现人类的先进历史任务而斗争的正确道路。

载于1914年5月4日《真理之路报》第77号

译自《列宁全集》俄文第5版第25卷第131—134页

# 关于民族平等和保护少数民族权利的法律草案[116]

（1914 年 5 月 6 日〔19 日〕以后）

1. 俄国行政区划的变动，不论是农村或城市（村、乡、县、省、城市的区和段，以及郊区等），都必须以当前经济条件和当地居民民族成分的调查为依据。

2. 这种调查由当地居民按照比例代表制通过普遍、直接、平等和无记名投票选出的委员会来进行；少数民族因人口过少（按照比例代表制）不足以选出一名委员的，可以选出一名享有发言权的委员。

3. 新界的最后批准权属于国家中央议会。

4. 全国各地应毫无例外地按照比例代表制通过普遍、直接、平等和无记名投票选举产生地方自治机关；在地理、生活或经济条件以及居民的民族成分特殊的所有地区，有权成立自治区并设自治区议会。

5. 自治议会和地方自治机关的管辖范围由国家中央议会确定。

6. 国内各民族无条件地一律平等，属于一个民族或一种语言的任何特权都应被认为是不能容许的、违背宪法的。

7. 某一地区或边疆区的一切国家机关和社会团体用何种语言

处理事务，由当地的地方自治机关或自治议会确定，同时，各个少数民族根据平等的原则，有权要求无条件地保护本民族语言的权利，例如，要求国家机关和社会团体用来访来函的语言作答复的权利，等等。地方自治机关、市政当局等等不论在财政或行政、司法以及任何其他方面破坏少数民族语言平等的措施应被认为无效，必须根据国家公民提出的抗议予以废除，国家的任何公民不论居住何处都可以提出抗议。

8. 国家的每个自治单位，无论是农村的或城市的，都应当按照比例代表制通过普遍、平等、直接和无记名投票来选举教育委员会，这种教育委员会在城市和地方自治机关的监督和领导下，全面地、独立自主地管理用于居民一切文化教育所需要的经费。

9. 在非单一民族成分的地域单位，教育委员会的委员人数不得少于 20 人。这个数目（20 人）根据自治单位和自治议会的决定可以增加。凡少数民族达到当地人口 5％的那些地区，可被认为是非单一民族成分的地区。

10. 该自治单位的任何少数民族因人口过少按照比例代表制不足以选出一名教育委员会的委员的，都有权选出一名享有发言权的委员参加教育委员会。

11. 一个地区用于少数民族文化教育需要的经费的比例数字，不得少于这些少数民族在该地区总人口中所占的比例数字。

12. 人口普查，包括公民母语的调查，在全国范围内每 10 年至少进行一次，而在非单一民族成分的区域和地区，每 5 年至少进行一次。

13. 教育委员会所采取的任何措施，不论在哪方面破坏当地居民民族的完全平等和语言的完全平等，或者使文化教育经费的分配比例与少数民族在人口中的比例不相适应，都应被认为无效，必须根据国家公民提出的抗议予以废除，国家的任何公民不论居住何处都有权提出抗议。

载于1937年《列宁文集》俄文版第30卷

译自《列宁全集》俄文第5版第25卷第135—137页

# “庄园主邻居”

（1914年5月8日〔21日〕）

有些成语往往可以极其准确地表达出相当复杂的现象的本质。一位地主兼国家杜马右翼多数派的成员，就哥列梅金在具有历史意义的4月22日杜马会议上的发言所说的一句名言，无疑就是这样的成语。

**“要是有伊·洛·哥列梅金这样一位庄园主邻居，那该多愉快啊！”**

这句话是在工人代表和农民代表被驱逐出国家杜马的那一天讲的，现在，在被驱逐的代表又回到自己的席位上的时候，回忆一下这句话是很有好处的。这句话非常清楚地描绘出了民主派在杜马内外所遇到的那种力量。

冒冒失失地说出这个成语的贵族本来是想开一下玩笑，但是他无意之间说出了一个重要的、含义比他原来想说的要深刻得多的真理。的确，整个第四届杜马，整个由右派和十月党人组成的多数派以及国务会议的“显贵”，不是“庄园主邻居”又是什么呢？

在俄国，194个三等文官占有土地3 103 579俄亩，平均每个三等文官占有土地2万多俄亩①。人数不到3万的俄国最大的地主总共占有土地7 000万俄亩。正是这个阶级掌握着国家杜马和

① 原资料的数字显然有误：平均占地约为16 000俄亩。——俄文版编者注

国务会议中的多数以及大多数高级官吏,更不用说地方自治机关和地方管理机关的情况了。他们都是"庄园主邻居"。

在当今资本主义时代,那些"庄园主邻居"本人也愈来愈多地办工厂,经营酿酒、制糖等行业,愈来愈多地参加各种各样的工商企业、金融企业和铁路企业。最大的贵族阶层同最大的资产阶级紧密地交织在一起了。

这些"庄园主邻居"是俄国的最好的**阶级**组织,因为他们不仅像邻居那样组织起来,不仅组织成各种团体,而且还组织成一种国家力量。一切最重要的机关都被他们把持着,都是"按他们的模样"、根据他们的"需要"和利益建立起来的。当然,由于俄国的战争历史等原因,我国的国家制度还有一些非常重要的特点,一些有时也能引起地主阶级不满的特点。然而总的说来,大俄罗斯的地主老爷们毕竟提供了一个最好的**阶级**组织的榜样!

我国的资产阶级没有从这个榜样中得到多大好处,例如,他们就不敢设想,把**自己的**阶级组织成一种国家力量。但是,作为一个阶级组织起来的无产阶级,从来都没有忘记而且永远也不会忘记"庄园主邻居"的这个杰出榜样……

载于1914年5月8日《真理之路报》第80号

译自《列宁全集》俄文第5版第25卷第138—139页

# 民粹派和“派别暴力”

（1914 年 5 月 9 日〔22 日〕）

工人运动愈开展，它的行动愈齐心，脱离群众的知识分子小集团就叫喊得愈凶，说这是“派别活动”、“真理派的流行病”、“派别的迷惑”等等。这些善良的人们甚至没有想到，他们这样做正证明了自己的思想贫乏。他们看成是天灾、只好放声哀号的地方，实际上恰恰表现出我国工人运动的成熟性和坚定性。

最能够暴露出知识分子反对工人“派别活动”的那种叫嚣的全部丑恶性和虚伪性的，莫过于不久以前公开进行的工人选举保险理事会这件事了。

我们不妨来看看民粹派的《劳动思想报》[117]。**在**彼得堡的所有保险理事会选举已经结束**之后**，我们在 4 月 20 日的《劳动思想报》上看到了一篇大肆叫嚣的文章，它一本正经地论证说，无论如何不应当“向真理派的派别暴力〈!!〉屈服”。

派别暴力！民粹派的报纸放肆到了什么程度，居然写出这种煽动性的词句！

请读者想想。工人进行了公开的选举。工人们相互打听了参加者的政治倾向。向大家公布了没有任何人提出过异议的关于复选人政治面貌的下列材料：真理派 37 人，取消派 7 人，民粹派 4 人，政治态度不明的 5 人。工人们当然选举占多数的真理派。（也选出了几个少数派的代表，他们是非取消派的孟什维克。）在这以后，民粹派的报纸就发出了所谓“派别暴力”的叫嚣。

但是，民粹派先生们，要知道你们这样做就使自己成了十分可笑的角色。你们用自己的例子清楚地表明，滥用“派别活动”这个词是十分**荒谬**的。你们忘记了两个简单的数字：37 和 4。在 53 个工人复选人中，民粹派占 4 人，即只占 7%。但是民粹派显然认为，工人们不应当选得票多的，而应当选得票**少的**当自己的代表。要满足民粹派的这种欲望，37 个工人复选人就应当同 4 个工人复选人拉平。37 等于 4。善良的和“非派别性的”民粹派实质上企图向工人说明的就是这一点。难怪工人们怎么也领会不了民粹派的这种深奥的道理。

“非派别性的”民粹派先生们，凡事都有个限度。当你们在 53 个复选人中只占 4 人的时候，你们就叫喊什么多数人的“派别暴力”，这只能说明：你们不尊重多数人的意志，你们疯狂叫嚷反对“派别活动”是企图**破坏绝大多数工人的意志**。真正企图让一小撮人对绝大多数人使用暴力的，不是别人，恰恰正是你们。

你们推行脱离群众的小集团的最可怜最无原则的政策，你们企图用叫喊反对“派别暴力”来影响工人们的神经，你们用这种并不诱人的手段**硬要**别人来满足你们小集团的利益。如果说有某种最不正派的“派别活动”的话，那正表现在破坏工人意志的取消派和民粹派小集团的言行上。

在**里加**这个大中心城市的保险理事会选举中，我们也看到同样的情况。

为了推选参加省保险会议的候选人，里加召开了各伤病救济基金会理事的会议。派代表出席这次会议的有 21 个救济基金会。

会上各政治派别展开了激烈的斗争。一方面是取消派、民粹派、无党派人士和几个工会。另一方面是真理派。双方都有许多人发表了演说。结果，真理派的名单获得 44 票，其他一切派别的联盟一共获得 20 票。（这个材料转引自《劳动思想报》第 2 号）可见，真理派就占了⅔强。

在这以后，民粹派又哭叫起"派别活动"、"派别暴力"来了。

你瞧，他们就是这样玩弄字眼的！其实民粹派从来不是社会民主党的一个**派别**。民粹派和社会民主党一向是**两个**独立的**政党**，有各自的纲领、策略和组织。社会民主党人和民粹派之间的斗争是**两个党的**政治斗争，根本不是"派别"的斗争。这哪里说得上"派别活动"呢？

取消派和"调和派"反对"派别活动"的叫嚣只会有利于工人政党的**敌人**，只会造成混乱和涣散，混淆概念，把工人弄糊涂，这不是很明显吗？

叫嚷反对"派别活动"已经成为一种手法。马克思主义者的敌人正在有意识地利用这种手法来愚弄工人。当某个知识分子或知识分子小集团不喜欢工人们的决定时，他们就大叫：救命啊，又搞"派别活动"啦，救命啊，使用"派别暴力"啦！

先生们，你们这样叫嚷不会使任何人感到惊奇。分裂派分子和自由派分子费·唐·在《北方取消派报》上每隔一行就要赌咒发誓说，他是拥护"统一"的；托洛茨基在他的极端知识分子的、彻头彻尾知识分子的杂志中大肆渲染地叫喊着"从派别中解放出来"；《劳动思想报》那些小资产阶级的"也是社会党人"硬说，他们是拥护统一的，——可是工人们对所有这些人的回答是：谁拥护工人运动的真正统一，谁就应当服从觉悟工人的多数，谁就不得反对马克思主义的纲领和马克思主义的策略。

载于1914年5月9日《真理之路报》第81号

译自《列宁全集》俄文第5版第25卷第140—143页

# 精致的民族主义对工人的腐蚀

（1914年5月10日〔23日〕）

工人运动愈发展，资产阶级和农奴主就愈拼命地试图镇压或瓦解它。用暴力来镇压和用资产阶级影响来瓦解，这两种方法在全世界、在各个国家都经常采用，统治阶级的各个党时而采用这种方法，时而采用那种方法。

在俄国，特别在1905年以后，最聪明的资产者清楚地看到，光用赤裸裸的暴力是靠不住的，于是各"进步的"资产阶级党派就愈来愈经常地鼓吹各种各样的能够削弱工人阶级斗争的资产阶级思想和学说，用这种方法来**分化**工人。

精致的民族主义就是这样一种思想，它在最漂亮和最动听的借口下，例如在保护"民族文化"利益、保护"民族自治或独立"等等利益的借口下鼓吹分化瓦解无产阶级。

觉悟的工人正用全副力量反击**各种各样的**民族主义，不论是粗鲁的、暴力的、黑帮的民族主义，还是鼓吹各民族平等**同时**又主张……**以**民族**划线分化瓦解**工人事业、工人组织、工人运动的最精致的民族主义。觉悟的工人正在执行马克思主义者最近（1913年夏天）一次会议[118]的决议，他们跟各种各样的民族主义资产阶级不同，不但坚持各个民族和各种语言最充分、最一贯、最彻底的**平等**，而且还坚持各个民族的工人必须在各种**统一的**无产阶级组织中**打成一片**。

马克思主义的民族纲领与任何资产阶级的，即使是最“进步的”资产阶级的民族纲领的根本区别就在这里。

马克思主义者重视承认民族平等和语言平等，不仅因为他们是最彻底的民主派。无产阶级团结的利益、工人的阶级斗争的同志般团结一致的利益要求各民族最充分的平等，以消除民族间最微小的不信任、疏远、猜疑和仇恨。充分平等也包括否认某种语言的任何特权，包括承认各民族自决的**权利**。

但是对于资产阶级来说，要求民族平等实际上往往就等于鼓吹民族特殊性和沙文主义，而且这种要求又经常是同**鼓吹**民族分裂和疏远同时并进的。无产阶级**国际主义决**不能容忍这种要求，因为国际主义不但宣传民族**接近**，而且宣传一国的各族工人在**统一的**无产阶级组织中**打成一片**。因此，马克思主义者坚决斥责所谓“民族文化自治”，也就是使教育事业不受国家管理而交给**各个**民族管理的计划。这个计划就是在“民族文化”问题上，以一个国家联盟的民族划线分割教育事业，把它交给各自有**单独的**议会、教育经费、教育委员会和教育机关的**民族联盟**。

这是腐蚀和分化工人阶级的精致的民族主义的计划。针对这个计划（崩得分子、取消派分子、民粹派分子的，即各种小资产阶级集团的计划），马克思主义者提出了如下的原则：各个民族和各种语言最充分的平等，直到否认国语的必要，同时坚持各民族最亲密的接近，坚持建立各民族统一的**国家**机关、统一的教育委员会、统一的教育政策（世俗教育！），坚持各族工人团结一致反对**一切民族资产阶级的民族主义**，反对以“民族文化”的口号作幌子来欺骗头脑简单者的民族主义。

让那些小市民民族主义者——崩得分子、取消派分子、民粹派分子和《钟声》杂志[119]的作者们——去公开捍卫他们那些精致的资产阶级民族主义的原则吧！这是他们的权利。但愿他们不要像弗·奥·女士在《北方工人报》第35号上那样欺骗工人，硬要读者相信，似乎《拥护真理报》[120]**否定**用母语来教学！！！

这是极大诬蔑，因为真理派不但承认这种权利，而且比任何人都**更坚定不移地**承认这种权利。真理派拥护宣布**不要义务国语**的那次马克思主义者会议，在俄国**首先完全**承认使用母语的权利！

把用母语教学同"以民族划线分割一个国家的教育事业"混淆起来，同"民族文化自治"混淆起来，同"使教育事业不受国家管理"的做法混淆起来，是绝顶无知的表现。

世界上任何地方的马克思主义者（甚至民主主义者）都没有否定用母语教学。**世界上任何地方**的马克思主义者都没有采纳过"民族文化自治"的纲领，——**只有**在奥地利**一个**国家有人**提出过**这个纲领。

弗·奥·女士所引用的芬兰的例子恰恰打了她自己的耳光，因为在这个国家中承认并实现了**各个民族和各种语言的平等**（这是我们无条件地并且比一切人都更彻底地承认的），至于像"**使教育事业不受国家管理**"、成立单独的民族联盟来管理整个教育事业以及用民族藩篱把国家整个教育事业分割开等等，那**是根本没有的事**。

载于1914年5月10日《真理之路报》第82号

译自《列宁全集》俄文第5版第25卷第144—147页

# 论政治形势

（1914年5月13日〔26日〕）

俄国当前政治形势的特点是一般罢工运动以及政治罢工（如五一罢工）日益发展，“真理派”在工人中间不断加强（首都保险机关的选举和全俄保险机关的选举都再一次证实了这一点）。

工人运动的这种性质同绝大多数觉悟工人视之为**自己人**的派别有着非常明显的联系，所以用不着作特殊的说明了。

其次，当前政治形势的标志是特别清晰地显露出一个“左派联盟”，也就是无产阶级民主派与资产阶级民主派（劳动派和取消派）采取共同行动，既反对普利什凯维奇之流，也反对变节的资产阶级自由派。左派阻挠杜马议程的进行，右派、十月党人和部分进步党人投票赞成（立宪民主党人**弃权**）停止社会民主党人和劳动派分子参加杜马会议，这两件事让人清楚地看到了这个“左派联盟”。无产阶级民主派丝毫没有削弱自己的独立性，也没有放弃自己无产阶级的即真理派的路线。支持这条路线而反对自由派的只有劳动派和取消派，虽然这两个派别常常摇摆，倒向自由派。

最后，在资产阶级中间，当前政治形势的标志是动摇和不满。工商界代表大会的发言和决议就表明了这一点。不满意政府和反对政府的情绪表现得很明显。

十月党人——地方自治人士和自由派——在杜马讨论内务部的预算时通过了反对内务部的决议，也表明了这一点。立宪民主党人欢呼十月党人接受了“他们的”观点，可是他们忘记再补充一句：此时，他们自己也接受了**十月党人的**观点！！

第四届杜马通过的决议所持的是十分明确的反革命的、帝国主义的观点。这个决议谴责政府的政策，是因为

“各地行政当局的胡作非为，在广大的、安分的〈即反动资产阶级的和地主阶级的〉居民阶层中引起了不满和暗潮，这就促进了反国家派别的产生和加强”。

十月党人先生们指的是民主派。立宪民主党人先生们一再地公然背弃民主派。这样更好些，因为他们从来不是民主派，也不可能成为民主派，他们伪装成民主派不过是要欺骗民主派罢了。民主派不摆脱立宪民主党人玩弄的这种资产阶级自由主义的骗局，在俄国就一步也不能前进。

结论：

工人运动进一步加强了。大多数工人同“真理派”的团结进一步紧密了。

无产阶级民主派与资产阶级民主派（劳动派和取消派）采取共同行动反对右派和立宪民主党人，从这个意义上说，“左派联盟”清楚地显露出来了。

六三体制的内部，地主和反动资产阶级内部却是分崩离析，摇摆不定，互不信任，彼此心怀不满。“他们”互相指责：普利什凯维奇之流指责自由派，自由派指责普利什凯维奇之流，都说对方在鼓励和加速新的革命。

形势就是这样。

载于1914年5月13日《真理之路报》第85号

译自《列宁全集》俄文第5版第25卷第148—150页

# 工人的统一和知识分子的“派别”

(1914 年 5 月 13 日〔26 日〕)

觉悟的工人们在继续进行自己的运动时,经常回顾工人运动所走过的道路,一再考虑这条道路是不是正确,能不能再加以改进。

在俄国所有的阶级中,没有一个阶级像工人阶级这样直率地、明确地、尽可能公开地讨论自己的策略,即自己运动的方向和方法,就是有教养的和有钱的资产阶级也办不到。只有那些愚蠢的或害怕广大群众参与政治的人,才会觉得工人报刊上经常开展有关策略问题的公开的热烈争论是不适当的或多余的。事实上正是这些热烈的争论帮助全体工人养成全面考虑工人自己的政策的习惯,为运动制定出坚定明确的阶级路线。

不久以前,“国家有价证券印刷厂”的工人们令人十分信服地表明,觉悟工人对待策略问题的争论所采取的和应该采取的是什么样的态度。

他们在《真理之路报》第 68 号上写道:“印刷厂的同志们响应《北方工人报》拥护者的号召,把捐款平分给了两家报纸,以为这样做似乎是实现统一的一个步骤。我们向他们指出,这个步骤在我们看来是不正确的,不但不能导致工人运动的统一,反而会推迟工人团结到马克思主义旗帜下的时间。我们不妨举这样一个实际例子。譬如，我们看到有两个人就有关我们本身的一个问题在进行着激烈的争论，我们对这种争吵感到不快，希望能制止争吵。在这种情况下我们应当怎样做呢？很明显，我们应当弄清楚谁比较正确，而且站到他一边，这样，错了的人就会认识到自己的错误，如果还不能认识自己的错误，那也会在精疲力竭时停止争论。但是，如果我们对两个人都加以支持和鼓励，那争论就会没有尽头。”

印刷厂的工人们就是这样写的。他们就这件事向全体工人所作的简单说明，是根本驳不倒的。

“平分”援助，或者希望把一切派别合并即“**把一切**派别**联合起来**”（顺便提一下，这是同情取消派的杜马代表所说的），这实际上就是力图从一旁指挥工人，以为工人自己无法“弄清楚”。每一个知识分子的小集团都可以出版小册子或杂志，宣布自己是一个“派别”，例如反马克思主义的哲学家波格丹诺夫小集团、托洛茨基小集团或摇摆于民粹派和马克思主义者之间的尼·尼·吉姆美尔小集团等等就是这样做的。

“派别”要多少有多少，可是有人却号召工人说：请你们“平分”援助吧，请你们承认“**一切派别**”吧！！！

显然，任何一个哪怕是稍微有一点觉悟的工人都会问：在争论什么问题？是关于**我的**斗争吗？是关于**我的**政策和策略吗？是关于**我的**政党吗？

要是这样，可爱的先生们，还是让我自己来弄清楚吧，只有我赞同和拥护的策略，我才认为是**自己的**策略。

这是非常清楚的，清楚得像白昼一样。

只是由于在俄国没有出版自由，还有很多工人（特别是在外省）是第一次看到某种工人报纸，还根本“弄不清楚”工人政策方面的各种问题，只是由于这种原因，在俄国才有可能出现这种知识分子指挥工人的现象，即号召工人承认“一切派别”，把援助“平分”给这些派别。

在市场上常有这样一种情况：喊得最凶、发誓最狠的人，正是希望把最坏的货物推销出去的人。

在知识分子忙忙碌碌的市场上也常有这样一种情况：叫喊反对指挥工人喊得最凶的，恰恰就是那些指挥工人的知识分子，恰恰就是宣布了一大堆反马克思主义和反无产阶级的“派别”的知识分子。

拿彼得堡来说吧。未必有一个头脑健全的人会不同意这样一个事实：与外省相比，彼得堡的工人更有文化，更有觉悟，更习惯于也更有本领来真正独立地“弄清楚”马克思主义学说方面和工人运动实践方面的一切问题。

结果怎样呢？

彼得堡的工人自己**弄清楚了**，并且认定**真理**派是正确的派别。

彼得堡的绝大多数工人都拥护“真理派”，并且用实际行动证明，他们**只**承认这个“派别”是**自己的**派别。

在外省，真理派没有占这样大的优势，但毕竟占着优势。两年来关于工人团体的材料证明了这一点，虽然这种材料使“真理派”的对手“感到不快”，但它并不因此就不成其为事实。

大多数觉悟工人都弄清楚了，他们审查了拥护和反对某种策略的理由，认定真理派的策略是**自己的**策略。然而各知识分子“派别”的创始人，即取消派、托洛茨基主义（《斗争》杂志）以及民粹主义和马克思主义的混合体（吉姆美尔先生的《同时代人》杂志[121]）等等的创始人，现在却企图搞垮和破坏大多数觉悟工人的统一和意志。

我们深信,所有这些宣扬反马克思主义思想或宣扬向这种思想让步的知识分子"派别",都将在先进的工人马克思主义者的觉悟和意志面前碰得粉碎。彼得堡的例子就证实了我们的这一信念。

特别可笑的是,各个小集团和"派别"的知识分子创始人一方面在破坏工人的统一,另一方面却高喊"统一"。他们反对实际上已经形成了的工人的统一,而拥护口头上许诺的各知识分子派别的统一。

载于1914年5月13日《真理之路报》第85号

译自《列宁全集》俄文第5版第25卷第151—154页

# 论左派民粹派

(1914 年 5 月 14 日〔27 日〕)

左派民粹派在《坚定思想报》第 20 号上，民粹派在《俄国财富》杂志第 4 期上大肆攻击民粹派的《俄罗斯新闻》[122]，因为《俄罗斯新闻》主张份地转移的自由，即份地买卖和抵押的自由。

这个问题值得注意，是因为它特别清楚地证实了马克思主义者认为民粹主义理论极端落后、极端反动的估计。此外，这个问题的现实意义也使我们不得不谈一谈它。

在商品生产占统治地位的社会里，农业中的一切小业主必然日益被卷入**交换**，并且依赖**市场**，不仅依赖当地的和本国的市场，而且依赖**世界**市场。世界经济的每一天的发展，新建的每一俄里铁路，每一个刚刚离开农村到城市或者到工厂"谋生"的劳动者，每一部新的农业机器，总之，可以说世界经济生活每前进一步都把最偏僻的地方卷入了交换。日常看到的亿万种现象证明，这种交换经济，商品生产，资本主义正毫无例外地在世界各个角落和一切国家发展着。这是因为交换经济和简单商品生产转化为资本主义，同样是对每个农村、每个"手工业"行业进行的亿万次日常经济观察所证实的现象。

显然，处于这种世界经济环境里的农民就是**商品生产者**，他们日益依赖市场，以便出卖自己的产品，购买劳动工具和消费品，雇用工人或者自己受雇当工人。在这种情况下，既然存在着土地私有制，那么，买卖和抵押土地的自由就是资本主义发展的必要条件。限制这种自由的种种尝试，结果只能是产生一千零一种逃避法律的方法，滋长一千零一种拖拉作风和官吏们死板的形式主义，使农民的境况更加**恶化**。试图用限制土地自由转移的法律或规章来阻挡世界资本主义，就和试图用枝条编成的篱笆来阻挡火车一样，是件十足的蠢事。维护这种做法也就是维护农奴主的盘剥，维护农村的停滞和**腐朽**。

学过一点政治经济学的人都知道，俄国正在进行资本主义和农奴制的交替。

俄国**没有**什么其他的、“第三种”国民经济结构。农奴制和资本主义都是对劳动的剥削，在**这个意义上两种**制度都是“绞索和盘剥”。但是农奴制的特点是：长期停滞，劳动者麻木愚昧，劳动生产率很低。资本主义的特点则是：经济和社会的发展非常迅速，劳动生产率大大提高，劳动者的麻木状态被打破，劳动者团结起来和投入自觉生活的能力开始苏醒。

因此，称资本主义为绞索和盘剥，同时还**主张**(像民粹派那样)**阻碍**资本主义发展，那就是**在实际上**成为农奴制残余、野蛮和停滞的维护者。

左派民粹派主张限制土地转移的自由，因此，马克思主义者过去一向而且将来也要称他们为“反动的社会主义者”。

我们劝告觉悟的工人，正是在这个问题上要向左派民粹派和一切民粹派“宣战”！我们敢用脑袋担保，拥护左派民粹派的将是一些昏聩的老朽，他们不仅主张限制土地转移自由，而且还主张保留信仰鬼神、奴颜婢膝、鞭笞、扒灰和用棍子来“管教”“老婆”的陋习。

拥护我们的却是朝气蓬勃、有文化、不信鬼神的年轻一代。只要摘引彼舍霍诺夫先生的一段话，就足以使年轻一代以应有的方式对待这一类人了：

> 彼舍霍诺夫先生写道："我说过，农民没有本事充分理智地利用抵押贷款。这当然是完全可以理解的，因为劳动经济制度并不是这样的制度……"

请看，农民没有"理智"！请看，农奴主和自由派官吏们倒有替农民做主的"本事"!!

这就是一个现实的、眼前的、实际的、细小的但是很清楚的问题。在有醒悟了的、自觉的农民参加的每次会议上，都应当在这个问题上嘲笑左派民粹派这班先生。

"劳动"经济只是知识分子的甜蜜空谈。任何一个农民都很清楚，没有买和卖，是活不下去的。在这样一个简单的事实面前，"劳动经济制度"的空谈是要彻底破产的。

*　　　*　　　*

左派民粹派在蒙骗"庄稼汉"，他们把土地自由转移的问题同"土地退出商品流转并把土地变为全民财产"(《坚定思想报》第 20 号)的主张混为一谈了。

第一，只有不学无术的人才可能不知道，"把土地变为全民财产"**不是**要土地退出商品流转，**而是相反**，要更广泛、更自由、更迅速地**把**土地**吸引到**商品流转中来。

"反动的社会主义者"先生们，学一点马克思的政治经济学吧！

第二，正像马克思所证明和指出的那样，**激进的**资产者可以提出而且也屡次提出过"把土地变为全民财产"的要求。这是无可争辩的。但是,谁以为维护**农奴主**对土地自由转移的限制会促进这种转变,那他就不是激进的资产者而是落后的资产者了。

只要还存在土地私有制,限制土地的转移就是一种有害的和反动的办法。要实现工人民主派的理想,只有最迅速地消灭农奴制的痕迹,最迅速地发展资本主义,没有其他道路可走。

* * *

马克思主义者一向这样说,现在也反复这样说:必须**肃清**农民民主主义观点中的**农奴制**残余。民粹派**仅仅在**反对农奴制,拥护民主制**这点上**才值得支持。可是,既然他们在维护小资产者的麻木和落后、狭隘和自私,那么他们就是最大的反动派。

载于1914年5月14日《真理之路报》第86号

译自《列宁全集》俄文第5版第25卷第155—158页

# 关于开除马林诺夫斯基[①]

（1914 年 5 月 21 日〔6 月 3 日〕以前）

有人要把马林诺夫斯基开除出党——这个建议得到某些人士的赞同。然而这是一个不明智的建议，只能用神经过敏来作解释。

马林诺夫斯基干出了严重破坏组织的事情，他严重违反了党的纪律。这是无可争辩的。他因此受到俄国大多数觉悟工人的机关报《真理之路报》义正词严的公开谴责。他受到一些工人组织和领导机关的谴责。他认识到自己的过错，认识到他的理由[123]根本站不住脚。他主动放弃了他担任的一切重要职务。

问题明摆着。这分明是意志消沉，是地地道道的政治上的自杀。

在一个大约很长的时间内，至少是在觉悟工人自己作出新的决定之前，马林诺夫斯基已被从无产阶级政党工作人员的名单上完全勾掉了。惩罚十分严酷。

还要惩罚吧？以开除来惩罚??那只能说明对意志消沉者毫不留情，只能说明过于冲动。再说，他认识到自己的过错后出走了，他知道有朝一日要重新从事政治活动还得再三赢得人们的信任，所以就自行退出了，对这样的人是无法开除的。

主张开除党籍的建议是不明智的。马林诺夫斯基政治上已经

① 文献的标题是列宁加的。——俄文版编者注

自杀，受到了罪有应得的惩罚。一些人的说法是对的，即：他一个人垮了，俄国社会民主工党杜马党团依然存在，并且正意气风发地坚定地在前进。俄国社会民主工党万岁！

马尔托夫先生和唐恩先生还在取消派报纸上干着愚蠢、卑鄙和下流的勾当。这两位先生只能恶语中伤、造谣诽谤和诬陷栽赃，否则他们就不成其为布勒宁分子了。说这两位下流的政论家是“一副做了手脚的扑克牌中的大王和小王”是恰如其分的，**就连**考茨基也说他们的著作是“令人反感的”。[124]

马尔托夫之流这些下流的先生在捞取小小的政治资本，他们又一次失败了。工人已经对他们表示了极端的蔑视。让他们被自己泼出的污水呛得喘不过气来吧，这是咎由自取。让他们去许诺“自己展开调查”吧：请便吧，请便吧，布勒宁派和普拉纳伊季斯派的先生们！工人们对你们作出了评价，车工别列宁痛斥了你们的恶劣行径！[125]哈尔科夫《晨报》的资产阶级民主派老老实实地道了歉[126]，可是取消派，马尔托夫之流的先生们在继续放屁。你们尽管放好了！！

工人懂得，被撤了职的取消派**只能**搞搞布勒宁派的把戏。马尔托夫—布勒宁之流的先生们，搞你们的把戏吧，你们不会使任何人感到惊讶，谁也不会理睬你们！

---

你们对取消派过于温和了！应当对他们展开抨击。否则就在道义上犯了大罪，就是允许他们诱惑小人物。**每天**写上 5—10 行抨击他们，很快就叫他们改掉坏毛病。需要重复。

没有必要成立马林诺夫斯基案件调查委员会。无事可做。马林诺夫斯基一时冲动，干了蠢事，彻底垮了，他自行退出、受到了惩罚。一清二楚。够了。让取消派的恶棍们去叫喊吧，对他们只须付之一笑，**每天**在报上这样写上几句（用小号字）：**致布勒宁分子**：放屁吧，加紧地放，泼污水吧。（致《我们的工人报》[127]上的马尔托夫和唐恩）

这就够了。我们的工人读到这些就能学会，就会明白。

应当**让**我们的人**学会**（他们幼稚，没有经验，不懂得）**如何**同爱放屁的马尔托夫之流作斗争。对我们的人缺乏经验和幼稚不要姑息迁就（否则就是一个政论家和领袖人物的罪过），要**教育**他们，要指点，要解释。让他们不满一两个星期吧：他们很快就会看清真相的!!

译自未刊印的《列宁文集》
俄文版第 41 卷

# 取消派和马林诺夫斯基的简历

（1914 年 5 月 22 日〔6 月 4 日〕）

取消派在谈到马林诺夫斯基出走[128]的许多文章里，除其他种种诽谤外，还一口咬定，完全是真理派的"分裂活动"把马林诺夫斯基推举到显赫的位置，说马林诺夫斯基是一个政治"风向标"，如此等等。

下面我们要把取消派报纸《光线报》的一篇**编辑部**文章一字不改地刊登出来，这篇文章是在马林诺夫斯基被选入国家杜马的第二天，也就是取消派还用不着下贱到用卑劣的谎话同对手斗争的时候发表的。

请看这篇文章的全文（1912 年 10 月 28 日《光线报》第 37 号）：

### 罗·瓦·马林诺夫斯基

（莫斯科工人选出的代表）

前彼得堡五金工会书记罗曼·马林诺夫斯基被莫斯科省工人选为代表了。社会民主党杜马党团有了他，才第一次有了一位工会运动的著名实践家，他在最艰苦的反动年代曾经积极地参加了各种公开的工人组织。

从 1906 年 5 月 1 日工会成立的那天起，马林诺夫斯基就是工会会员。1907 年初，他被选为工会书记，直到 1909 年 11 月在禁酒代表大会[129]第一个工人代表团筹备会议上被捕以前，他一直担任这个重要职务。由于被驱逐出圣彼得堡，他不能积极参加工会工作了，但是他同组织仍旧保持着思想上的联系。

马林诺夫斯基担任书记工作那几年，正是在工会生活中不仅必须同艰苦的外部条件作斗争，而且必须克服工人本身的冷漠态度的时期。马林诺夫斯基的个人榜样可以作为对付这种“内部敌人”的锐利武器。

他精力充沛，好像从不知疲倦。不论是领导罢工这样的重要工作还是组织建设这样的细致工作，他都以同样的热情来进行。

最主要的是，马林诺夫斯基总是努力把这种日常工作同工人运动的总任务联系起来，在奋力解决当前问题时，从不忘记最终目标。

工会工作占用了马林诺夫斯基的许多时间和精力。虽然如此，他并没有局限于做工会工作，在某种程度上他参加了近几年来工人的历次行动。他是彼得堡工人选出的出席1908年在莫斯科举行的合作社代表大会[130]的代表。1909年的复活节，他代表圣彼得堡五金工人出席了工厂医生第一次代表大会[131]，在会上作了关于老年和残废保险的报告。五金工人还选派他出席禁酒代表大会，因为被捕，他没有能参加这次代表大会。

在莫斯科，马林诺夫斯基的活动不得不有所限制。不过就是在莫斯科，他也不是袖手旁观的：他参加了工厂医生第二次代表大会[132]的筹备工作，有一个时期同工人合作社很接近，如此等等。

对政治性的工人运动这位莫斯科的新代表也一向极为关注。

从思想信仰来说，他是一位布尔什维克。可是这并没有妨碍他在1908年——当他的同志们在伦敦代表大会后竭力争取让党的代表参加工会理事会的时候——为了工会运动的统一而站出来反对自己的同志们。这也没有妨碍他在工厂医生第一次代表大会上为了工人代表团的统一而反对莫斯科布尔什维克的破坏行为。

可以大胆地指望，这位新工人代表在政治舞台上的活动一定会获得像在工会运动方面的活动所获得的同样成果。

**两年前取消派自己**就是用这种歌功颂德的词句**介绍布尔什维克马林诺夫斯基的**。马林诺夫斯基的工作是全体工人有目共睹的，因此能不这样写吗？**甚至**当时已经是马林诺夫斯基政敌的取消派，也不能不对他表示极大的尊敬。他们用对马林诺夫斯基过分赞扬的词句来介绍他以往的工作，介绍当时已经把他推举上来的工作。他们把他树为其他人的榜样。根本没有“风向标”之类的话。不过当时还没有编造出马林诺夫斯基是作为赞同取消派那种“统一”的候选人被选进杜马的神话。

过了两个星期，举行了联合的社会民主党杜马党团第一次会议。取消派自己一致推选马林诺夫斯基为杜马党团的副主席，这和以前他们支持他当出席各种社会团体代表大会（如工厂医生代表大会等等）的工人代表团团长候选人一样。最著名的“八月联盟派分子”（现在的《斗争》杂志的台柱）在杜马选举以后，在给马林诺夫斯基的那些推崇备至的书信中，几乎把他称为未来的倍倍尔。

当马林诺夫斯基成了取消派的激烈反对者的时候，当马林诺夫斯基采取了一个不久以后他自己也一定会认为是绝对错误的步骤的时候，取消派就从黑帮报纸的垃圾堆里捡起最龌龊的诽谤，泼到他们曾经备加颂扬的前代表身上。

马林诺夫斯基凭他的政治经历和他的才华，在任何党团里都能起显著的作用，如果他同取消派意见一致的话，取消派就会把他当做圣像来供奉，这是尽人皆知的。可是取消派却恬不知耻地说，是“分裂活动”把马林诺夫斯基推举了上来。

看到有人竭力利用一个人的个人不幸来攻击敌对的政治派别，你真会替这种人感到**害臊**。我们不想把马林诺夫斯基同赫鲁斯塔廖夫相提并论。但是，如果在赫鲁斯塔廖夫的事件发生以后，取消派的政敌根据这种个人的遭遇来侮辱孟什维主义，“利用”赫鲁斯塔廖夫事件来攻击整个孟什维克派，那么取消派会说些什么呢？大家都知道，赫鲁斯塔廖夫是一位孟什维克，曾经是孟什维克出席伦敦代表大会并且在报刊上发表文章等等的著名代表；大家都知道，孟什维克曾为赫鲁斯塔廖夫而感到自豪。

“真理派”的政敌确实不少。但是还**没有一家**敌对的报纸（只有杜勃洛文派和普利什凯维奇的报纸例外)堕落到取消派报纸近来那样下贱的地步。甚至自由派的举止也比他们体面得多。

先用一些令人不能置信的最肮脏的字眼诬蔑对手,最后又夸夸其谈地号召同这位被诽谤的对手实行……统一。这就是所有马尔托夫和唐恩之流的虚伪的、可耻的、卑鄙的策略。

取消派在马林诺夫斯基出走事件上所表现的卑鄙行为,连瞎子也一定会看得一清二楚。

载于1914年5月22日《工人日报》第2号

译自《列宁全集》俄文第5版第25卷第159—162页

# 论两条道路

(1914 年 5 月 24 日〔6 月 6 日〕)

不久以前,高加索取消派领袖阿恩在一篇引起觉悟工人注意的文章中声称,他同《光线报》及其继承者的意见不一致,不同意他们的**机会主义**策略。

这个声明等于宣告"八月联盟"的**瓦解**,——任何诡辩,任何伎俩也驳不倒这个事实。

但是现在,我们要请读者注意另外一点,也就是阿恩关于俄国发展的两条道路的言论。阿恩写道:

"《**光线报**》把自己的策略和改良的可能性联系在一起,执行改良的方针。《**真理报**》把自己的策略和'急风暴雨'联系在一起,执行破坏的方针。"

于是阿恩得出结论说:应该把这**两个**策略结合起来。这个结论是完全要不得的。这不是马克思主义的结论。

现在我们就来分析一下。

俄国的**道路**,俄国发展的性质和速度是由什么决定的呢?

是由社会力量的对比、阶级斗争的合力决定的。

这是非常明显的。

在俄国起作用的有哪些社会力量?阶级斗争的路线如何?

俄国是一个资本主义国家,它不能不按照资本主义的方式发展。现在俄国正在经历资产阶级民主改造,即摆脱农奴制而求得解放。在世界资本主义环境下，俄国的这种解放是必然的。暂时还不知道的只是争取解放的各种社会力量将形成怎样的合力。主要社会力量有下列三种：(1)资产阶级君主主义自由派(进步党、立宪民主党和一部分十月党的资本家和一部分地主)；(2)资产阶级民主派(农民、小市民、知识分子等等)；(3)无产阶级。

这三个阶级中的每一个阶级都按照本阶级的经济状况所决定的路线进行活动(当然，我们所讲的只是群众的活动)。将要形成的是一种而且**只**能是**一种**合力。

在什么意义上可以说俄国的两条道路呢？只有在如下的意义上才可以说，即我们现在不知道，并且在斗争结束以前也无从知道，这种合力的方向在**两条**最简单明了、大家一眼就可以看出的路线之间比较靠近的是**哪一条**。第一条路线是“改良”，第二条路线是“急风暴雨”。

所谓改良，就是**不**从旧的统治阶级手中夺取国家政权的变革。而性质相反的变革就叫做“急风暴雨”。资产阶级自由派的阶级利益要求**只**实行改良，因为资产阶级害怕“急风暴雨”更甚于害怕反动势力，资产阶级企图保持旧的农奴制的机构(官僚制度、两院制等等)来抵御工人。在世界上无一例外的所有国家，包括俄国在内，农民在资产阶级民主改造时期都是动摇于资产阶级和无产阶级之间的。这种动摇是不可避免的，因为农民既是地主和农奴制的敌人，同时自己又是小业主即小资产者。

至于无产阶级，它的利益同极大多数居民、同所有被剥削者的利益是一致的，它所走的**不是**改良主义的道路，而是在俄国以人所共知的“三条鲸鱼”为标志的那条道路。

如果大多数农民和居民跟着自由派走，那将是最坏的一条“道路”，对工人和被剥削者最不利，对他们最痛苦的一条道路。如果大多数农民和居民跟着工人走，情况就会相反。究竟形成何种合力，只有斗争的最终结局才能完全揭示出来。

现在我们明白了，阿恩的含混不清的言论的真正意思是什么。他与其说是认识到了，不如说是感觉到了取消派的机会主义以及他们对工人阶级的背叛。

取消派是改良主义者。实际上他们执行的是**自由派的**而不是马克思主义的工人政策，他们要引导工人去服从资产阶级。

“真理派”执行马克思主义的、无产阶级的政策，在俄国的改造中捍卫工人阶级的利益。“真理派”是不是忽视利用改良呢？这很好回答，摆一些事实就可以了。就拿真正的而不是凭空想出来的改良——保险来说吧。大家知道，真理派“抓”这项改良要比取消派抓得紧十倍，关于这一点请参看《保险问题》杂志[133]和全俄保险理事会选举结果。

再拿罢工时经济斗争的“局部要求”来说吧。大家知道，真理派付出了1 000倍的精力来领导这种真正的而不是凭空想出来的运动。

如果真有一个集团否定利用改良、否定局部改善，那就**不能**同它联合，因为它实行的是对工人有害的非马克思主义的政策。

同取消派也不能联合，因为它否定和辱骂“地下组织”，否定和抛弃两条“鲸鱼”，在俄国目前情况下宣告为建立公开的党而斗争，宣告政治改良是可能的，而这一切都是背叛工人阶级、投靠资产阶级的行为。

真理派“执行急风暴雨即破坏的方针”（用阿恩的说法），同时没有放过（事实说明了这一点）任何一个真正的改良和局部改善的微小机会，又向群众解释改良主义的虚伪性。这种策略是唯一正确的、唯一马克思主义的策略，因此全俄国的觉悟工人以压倒的多数（事实，即工人团体的数目证明了这一点）接受了这个策略。

只有小资产阶级民主派的拥护者，即民粹派和取消派在徒劳无益地反对工人，反对“真理派”。

载于1914年5月24日《工人日报》第3号

译自《列宁全集》俄文第5版第25卷第163—166页

# 不知道自己希望什么的普列汉诺夫

(1914 年 5 月 25 日〔6 月 7 日〕)

大家知道,普列汉诺夫在策略问题和组织问题上已经不止一次地碰到倒霉的事情。最近 11 年来(从 1903 年秋天他脱离布尔什维克投奔孟什维克的时候起),在这两个问题上他不止一次地糊涂得令人发笑。

现在他又开始糊涂起来了,因此我们不得不向读者谈谈这个悲惨的情景。首先我们要回忆一下普列汉诺夫在动乱时期(1909—1911 年)的巨大功绩。他歌颂地下组织,坚决拥护党关于反对取消主义的决议。他指出取消派搞机会主义和恢复"经济主义"(1894—1902 年马克思主义运动中的资产阶级思潮)。他证明,取消派否定地下组织就是背叛了党。他公正地阐明,"波特列索夫先生"等于犹大,使徒们**没有**犹大要比**有**犹大更有力量。

这些都是完全贯彻了 1908 年和 1910 年决议的明确而严整的思想。

下面请看普列汉诺夫的新"转变"。现在,他在《统一报》[134]上骂真理派搞"派别活动"和"篡夺"(非法夺取,贪天之功),硬说我们这里"不是有一家而是有整整两家工人报刊"。

这句话不太通,但意思还是清楚的。取消派的报纸也被宣布为工人的报纸!! 真是怪事! 要知道同一个普列汉诺夫曾捍卫过宣布取消主义是**资产阶级对无产阶级的影响**的正确决议。

普列汉诺夫想忘掉这一点也没有用。工人只会对这种健忘加以嘲笑。

取消派的报刊**不**是工人的报刊，而是传播**资产阶级对无产阶级的影响**的报刊。这在“整体”的决议[135]中写得明明白白。取消派至今还在向大家明显地证实这一点(例如，见1914年《我们的曙光》杂志第3期上布尔金和马尔托夫**反对**地下组织的同一调子的言论)。

普列汉诺夫号召同取消派统一究竟是什么意思呢？同完全像波特列索夫那样否定地下组织的文人集团统一吗？主张这种统一，就得**主张否定地下组织**！

普列汉诺夫糊涂到不可救药的地步了！

其实，取消派不但在《我们的曙光》杂志和《新工人报》(该报的领袖是费·唐·和尔·马·)上，而且也通过齐赫泽之流清清楚楚地说过，他们**坚持自己的意见**，也就是保护波特列索夫，允许辱骂地下组织。他们维护建立公开的工人政党的主张。

普列汉诺夫在同一个时间既指责取消主义是反党的犯罪行为，又主张和取消派“统一”。

对此只能一笑置之。

真理派张开双臂欢迎一切真正愿意承认被波特列索夫抛弃的那种“形式”的工人，并认为同地下组织反对者讲“统一”的空谈，正是那些不知道自己究竟希望什么的人的空谈。

对于所谓“篡夺”的指责，真理派只需心平气和地反问一句：那些喜欢夸夸其谈、讲空话而害怕**事实**的人难道不像篡夺者和贪天之功的人吗？普列汉诺夫住在国外；取消派从1912年8月到

1914 年 5 月没有出版过**一份**国外报纸，**举不出一个**证明普列汉诺夫也维护的那种“组织”存在的事实，他对此为什么谦逊地闭口不谈呢??

**而**取消派的对手**在许多**号报纸**上**却举出许多**事实**，证明俄国**各**地存在着组织。

普列汉诺夫不谈事实，因为事实会粉碎他的空话。

就拿在俄国公布的并且可以公开审核的材料来说吧。在 1912 年和 1913 年整整两年里，真理派**团结了**（团体捐款也证明了这一点）**2 801 个**工人团体，取消派只团结了 **750 个**。加上 1914 年 2 月 1 日到 5 月 6 日这段时期，初步计算可以达到 **5 302 个**对 **1 382 个**。

真理派占将近**五分之四**的多数!!

不难理解，为什么**害怕**事实的人只好讲空话。

真理派把俄国五分之四的觉悟工人**团结**在工人代表补充和审查了三次（1912 年 1 月，1913 年 2 月和夏天）的明确的决议的周围。这些决议在几百篇文章里得到了发挥，并且已经贯彻执行了。

这不是空话，不是寓言，不是关于大脖子和野人的笑话（普列汉诺夫总是翻来覆去地讲这些老掉了牙的笑话!），而是**事实**。这就是**真正的统一**，是根据实践经验检验过**自己的**策略的**工人的**统一。

如果把成千上万的工人赞成的这个策略轻蔑地称为“列宁的”策略——这完全是对列宁的恭维，——**5 000 个**工人团体不会因此就不存在，他们的统一、他们的党也不会因此就消失掉。

“派别活动”、“分散”、“分裂”这一类字眼，用在普列汉诺夫和他现在的朋友们的身上倒正合适。请看一下刊印在普列汉诺夫《统一报》第 1 版上的知识分子民粹主义杂志《同时代人》的撰稿人的名单吧。我们看到了吉姆美尔先生之流的名字，他们宣传**反马**

**克思主义的**思想，普列汉诺夫曾经正确地把这种思想叫做“**反动的社会主义者**”的思想。我们看到了寻神派和马赫主义者波格丹诺夫、巴扎罗夫、卢那察尔斯基的名字。我们看到了取消派唐恩、马尔托夫、切列万宁的名字（不知为什么没有《北方工人报》第 66 号上提到的波特列索夫的名字）。这里还有自由派鲍古查尔斯基等人的名字。

就在这个没有工人气味的《同时代人》杂志上，吉姆美尔先生公开吹嘘，说普列汉诺夫主张同他统一！！**而普列汉诺夫却一声不响**。

该摘掉假面具了，不然工人也许会不客气地把它扯下来！可怜的普列汉诺夫不知不觉地滚进了**反马克思主义的**知识分子小集团，滚进了资产阶级民主派的废墟，这个地方是一片混乱和涣散，派别林立，同这两年已经团结起来的几千个真理派工人团体的统一形成鲜明的对照。

我们为普列汉诺夫感到惋惜，因为凭他同机会主义者、民粹主义者、马赫主义者以及取消派的斗争本应该得到更好的结果。我们将在已经建立了五分之四的基础上继续建立那些具有明确的、通过实践经验检验的策略的工人团体的统一。

我们对任何一个摒弃取消主义的人表示欢迎，大门并没有关上。

我们要用托洛茨基的《斗争》杂志和普列汉诺夫的《统一报》的实例来说明那些脱离工人运动的知识分子小集团的可怜而又可笑的摇摆，这些小集团总是没完没了地摇来摆去，今天倒向这一边，明天倒向那一边，一会儿倒向知识分子波特列索夫，一会儿又倒向知识分子吉姆美尔。

真是一幅可悲的情景，但也是一个小资产阶级国家在资产阶级民主改造时代不可避免的情景。

载于1914年5月25日《工人日报》第4号

译自《列宁全集》俄文第5版第25卷第167—170页

# 谈谈农业部的预算问题[136]

（1914年5月28日〔6月10日〕以前）

我国政府认为自己的新土地政策，在地方官的协助下加紧和加速破坏村社的政策，奖励独立田庄的政策，是它在同革命作斗争中获得的特别巨大的成就。贵族联合会[137]早在1906年，即革命刚发生不久，就呼吁政府培植农民土地私有制，以便更快地建立起能站在地主方面反对农民的富裕农民阶层。斯托雷平就立即走上了贵族联合会所指出的这条道路。第三届杜马中的地主政党即右派和十月党人，都全力支持这个新土地政策，认为它不仅是制止革命的最好手段，而且是向欧洲式经济制度发展的一个伟大进步，是在消灭农奴制残余方面前进了一步。

大家知道，把新土地政策叫做"解放"事业的这种赞扬，至今仍然带着各种各样的调门不断出现在政府的、右派的和十月党人的刊物上。

正是从这一角度出发，我准备在自己的发言中对政府在土地问题上的政策的**依据**作一评价。有人对我们大谈土地"固定"为私人所有的事例增加的情况，独立田庄数量增多的情况。但是关于我国农村中盘剥性的和农奴制的关系现在还具有何种规模，却连一个字也没有向我们吐露。而这一点正是问题的关键。有人向我们许下诺言，说在保持普利什凯维奇之流这个农奴主阶级在经济上和政治上的无限权力的条件下，也可以对我国落后的农业进行“欧洲式的”改造。但是诺言归诺言，**目前，在**已经有了政府所夸耀的那些进步**以后**，农村情况如何呢？**目前**，在现在这个时期，农民群众遭受盘剥和农奴制压迫的广泛程度如何呢??

为了说明这个问题，我拿一份杂志作为证明，这份杂志的领导人不久以前受到过——完全应该受到——**安东尼·沃伦斯基本人**，当然还有像《新时报》的罗扎诺夫那些以自己的反动（和甘愿充当政府的奴仆）出名的作家们热烈的称赞。这不是什么“左派的”杂志，绝对不是！这是跟着反动派对革命进行**各种**攻击和辱骂的人们所办的杂志。这是一份尽力为一切僧侣主义和地主所有制的不可侵犯作辩护的杂志。大概，你们已经猜到我讲的是《俄国思想》杂志。

这份杂志此次破例讲了真话，并且引用了一些关于**对分制**和**冬季雇工制**等现象在俄国盛行的确凿材料。大家都知道，这是我国农村里最普通最平常的事情。但是“大家”什么都愿意谈，就是不愿意谈这些平常的事情。

这个杂志写道：“在我们这个世纪，在电力和飞机的世纪，竟存在着冬季雇工制，这岂不荒唐吗？然而这种奴隶制和盘剥制的形式至今依然盛行，就像吸附在人民机体上的水蛭。……冬季雇工制把‘义务’农民这个农奴制时代的名词在完整的意义上保留下来了。”

对冬季雇工制下这种评语的不是我，而是以仇恨革命出名的杂志。奴隶制，盘剥制，农奴制——这就是那些非常“善良的”人们**不得不**给我们的农村“制度”所起的名称。

在冬季雇工制下：

“农民要接受最苛刻的条件，工钱比春季和夏季少½到⅔。冬季干一俄亩地的活——翻耕三遍、播种、刈割、捆扎和运粮入仓——的报酬，大约等于夏季支付一次收割（刈割和捆扎）的报酬”。

究竟有多少农民处在这种农奴制的、盘剥制的、奴隶制的状况下呢？

“根据地方上的报道，西南地区的某些农村里，‘义务’农户**截至 1913 年春季止**仍达到 48%，莫吉廖夫省达到 52%，切尔尼戈夫省达到 56%。”

请注意，这是指 1913 年春季的情况！！这是在 1912 年丰收以后的情况！！这是在政府向全世界大肆吹嘘所谓“土地规划”获得了令人头晕眼花的成就时的情况！！

既然如此，除了把臭名昭著的“土地规划”叫做掩盖整个旧农奴制的粉饰的坟墓外，还能有其他叫法吗？

半数农户是迫于极端贫困而受盘剥的“义务”农户。饥饿，甚至在收成最好的丰年也难幸免的饥饿，迫使他们不得不在冬季以低三分之二的价钱向地主出卖自己的劳动。实际上这完全等于徭役制、农奴制的继续，因为这种农奴制的真正实质都完整地保留了下来：还存在着贫穷的、饥饿的、破产的农夫，他们甚至在好年景也不得不在“冬季雇工制”的条件下用自己的简陋的工具和疲惫不堪的牲畜去耕种地主的土地。

让土地固定为私人所有的事例增加吧。这甚至可能是对无产者很有利的办法，这样他们就能释下重负而更自由地为自由和社会主义而斗争。

然而，私有制的任何“固定”和任何“福利”，对于离开农村就**无处可去**，不得不在冬季受地主盘剥的成百万农户或成千万农民，显然不会有什么帮助。

这些农民必然要力求把全部地主土地无偿地转交给自己，因为这是他们摆脱终身受盘剥的**唯一**出路。这一点与村社土地占有制完全无关。个体农户和最地道的“私有者”同村社社员一样。如果他们靠自己的粮食只能维持“**到米科拉节**[138]”因而不得不在重利盘剥的条件下向地主借贷，那他们就依然是永远受压迫的奴隶。

对于这几千万农民来说，谈什么经济“进步”、“文化提高”和改进土地耕作等等，那是可笑的！极端的贫困迫使他们以三分之一的代价受雇于地主，夏季，他们自己的庄稼将散失在地里，——夏季，警察和乡丁会用绳索把他们绑起来，牵到“**老爷**”那里去干活，因为他们以干活为交换条件向这些地主老爷预支了粮食或钱，——在这种情况下，哪里还谈得上什么改进呢！！

以干活为交换条件在冬季出借粮食或钱的地主，根本不像“欧洲的”雇主，也根本不像任何的企业资本家。他们不是企业家，而是高利贷者或农奴主。改进生产在这种“经济制度”下不仅不需要，而且从这种制度的观点来看，也是根本**不愿意的**，这对它是**不需要的**和**有害的**。破产的、贫困的、饥饿的农夫和他的挨饿的牲畜、简陋的工具——这就是想**永远保持**俄国的落后状况和农民的受压迫地位的这种地主经济**所需要的**东西。既然大批的农民群众陷入了农奴制的依附地位，那么，这种情况就可能再延续整整几十年，直到农民能够从这种羁绊下解放出来为止，——因为极少数富裕的“独立田庄主”分化出去或者土地的固定以及无产者的出卖土地，丝毫不能改变农民群众的受盘剥的状况。

这就是称赞斯托雷平新土地政策的人所忘却的，或者确切些说，想尽量忘却、掩盖和隐蔽的事实。他们齐声高唱这个政策是一个“进步”，但是他们却**绝口不谈**这个进步只涉及极少数人，并且慢得像乌龟爬行，而**多数人**仍然处在过去的受盘剥的农奴地位。

独立田庄主的数目在增长，运入俄国的机器更多了，牧草种植业在不断发展，农村的合作社愈来愈多。这些都是事实。替政府辩护的先生们！但是相反的一面你们却隐瞒了。尽管有了这一切轰轰烈烈的进步，多数农民仍然处在农奴制的奴隶地位。因此，所有的“进步”都是非常**狭窄**和**不稳固的**，因此，饥荒是不可避免的，因此，整个国内市场是薄弱和空虚的，因此，横行不法的现象是如此牢固地保存下来了，因此，新的土地革命就**愈发**不可避免。这是因为飞机、电力和汽车的世纪同“冬季雇工制”或“对分制”的矛盾更大了。

这里我可以举出为安东尼·沃伦斯基所称赞的同一份杂志提供的关于俄国的对分制的**最新**材料。农民的对分制播种面积同他们自己的土地的播种面积相比，在中部各省达到21％，在沿湖各省达到42％，在西北各省达到68％!! 而对分制割草场面积，在中部各省达到50％，在沿湖各省、伏尔加左岸各省和西北各省达到110％—185％!!

这就是说，在俄国的**三个**大的区域里，对分制割草场面积**超过了**私有的割草场面积!!

什么是“对分制”呢？

“使用地主土地的农民，用自己的种子，担负土地的全部耕作过程和全部收割工作，一直到把收割物运入粮仓，在这种条件下，自己只能获得收成的一半。而割草是按‘三分制’来分配的——对分制佃农只拿割草的1/3，其余2/3归地主。”

而且还不仅如此。

“有些地区（特别是在明斯克省和切尔尼戈夫省），对分制佃农除了用一半收成交地租或用三分之二的草料交草场租，还**必须在农庄里无偿地劳动一两个星期，而且往往要带上自己的马匹或一个未成年的孩子**。”

难道这不是地地道道的徭役制吗？难道这不是古老的农奴制的经营方式吗？

在这些材料里根本没有一点新的东西。相反地，这是同“新”土地政策**并存**的、原封不动保留下来的一种畸形的老古董。凡是接触过农村生活的人，早就知道这种老古董了。农村的统计学家和观察家曾经写过几十本、几百本关于这种老古董的书。而这种老古董到现在为止还占着统治地位，巩固着俄国的极端落后和毫无法制的状况。

只要大量土地掌握在具有无限权力的地主手里，任何法律也不能终止这种农奴制，在这方面，无论怎样用“私人土地占有制”来代替受压迫农民的“村社”，都是无济于事的。

根据内务部出版的关于1905年土地占有情况的政府统计材料，在欧俄，**不到3万个**地主占有**7 000万**俄亩土地。

*　　*　　*

如果我们根据同一统计材料看一下贫苦农民群众的情况，那就可以看出，1 000万户也只有约7 000万俄亩土地。

最大的地主都属于最显赫的贵族。50名二等文官有284 000俄亩，平均每人5 500俄亩。

194名三等文官有3 103 579俄亩，平均每人2万俄亩。

只要情况还是这样，千百万农民的极端贫困就不可避免；经常的饥馑就不可避免；盘剥现象和农奴制依附关系就不可避免。农民的所谓“地少”就是地主拥有的土地多。农民“地少”就是显贵和官僚拥有的土地多。

一些人认为，把地主土地转交给农民就是社会主义措施。这是错误的。这里根本没有社会主义。但是为了真正消灭盘剥和农奴制压迫，把土地转交而且是无偿地转交给农民是唯一可行的措施，它完全合理，符合农民利益，符合整个国家发展的利益，符合进步和文化的利益。

没有这个措施，农民的极度饥馑和极端无权就不可避免，因为大地主-农奴主的统治既是阶级的经济统治，又是阶级的政治统治。只要这个阶级的统治（我们的老熟人普列什凯维奇和马尔柯夫第二非常清楚地向全国提供了这样的样板）还保存下来，任何“改革”就不可能进行，即使进行了，那也是空的、骗人的，是为了转移视线。正因为如此，俄国觉悟工人揭露自由派所谓在保存上述阶级的条件下可能进行改革的这种空洞的、骗人的信念，广泛宣传把所有地主土地无偿地转交给农民和民主共和国的口号，也就是表达了真正全民的需要和要求。

前一部分载于1924年《无产阶级革命》杂志第3期；后一部分载于1980年《列宁文集》俄文版第39卷

译自《列宁全集》俄文第5版第25卷第171—176页和《列宁文集》俄文版第39卷第127—128页

# 论 统 一

（1914年5月30日〔6月12日〕）

“工人厌倦分裂了。工人要统一。工人气愤的是分裂有时竟弄到打架的地步……”

从这些或那些工人那里，有时能听到这样一类消息。

的确，工人必须统一。而尤其必须的是要明白这样的道理：除了工人自己，**任何人**也不会“给”他们统一，任何人也**不能**帮助他们统一。统一是无法“许诺”的，——那是吹牛，是自我欺骗；统一不能靠知识分子小集团的“协议”来“建立”，那是最可悲、最天真、最无知的迷误。

应当去**争取**统一，并且只有工人自己，觉悟的工人自己坚持不懈地努力才能争取到统一。

写上斗大的“统一”二字，空口许诺统一，“宣布”自己是统一的拥护者，那是最容易的事。但是，只有依靠先进工人、**所有**觉悟工人的努力和他们的组织才能真正促进统一。

没有组织就不可能有统一。没有少数服从多数就不可能有组织。

这些都是无可争辩的真理。任何人也不会怀疑。问题还在于（只在于！）付诸实施，这可不是轻松的事情。这就要求所有觉悟工人的努力、顽强的精神和团结。没有这种努力根本谈不到工人的统一。

第二国际阿姆斯特丹的决议[139]坚决要求每一个国家的工人政党必须统一。这个决议是正确的。它要求的是**工人的统一**，而我国有些人想偷偷地用**不肯承认多数工人意志的那些知识分子小集团的统一**来代替这个决议!!

这令人可笑，更令人可悲。

两年半来(从 1912 年 1 月 1 日起)，整个俄国的大多数觉悟工人实际上已经团结在 1912 年 1 月、1913 年 2 月、1913 年夏天通过的真理派决议的周围。给各报捐款的工人团体的确切数字可以证明这一点。在工人群众中找不到拥护者的各知识分子小集团回避这些材料，不谈这些材料，可是这些材料并不会因此而消失，这只能证明各知识分子小集团脱离工人群众，**害怕真理**。

给圣彼得堡各报捐款的工人团体数目如下：

| | 真理派的报纸 | 取消派的报纸 |
|---|---|---|
| 1912 年和 1913 年这整整两年内 | 2 801 | 750 |
| 1914 年的半年内(1 月 1 日—5 月 13 日) | 2 873 | 671 |
| **总 计** | 5 674 | 1 421 |

这些发表过多次、从未有人修正和反驳的材料说明，取消派在觉悟工人中**只占五分之一**(而且这里把取消派的**所有**同盟者，即高加索人、托洛茨基分子、崩得分子、拉脱维亚人都算做取消派了，现在同盟者正纷纷地同他们**脱离关系**，拉脱维亚人**已经脱离了关系**)。

总之，五分之四的工人承认真理派的决议是**自己的**决议，拥护真理派，**实际上**已经团结在真理派的周围。

这才是**工人的**统一，而不是知识分子小集团的统一；这才是实际上的统一，而不是口头上的统一；这才是作为整个俄国两年半的工人运动总结的统一，而不是空口许诺的统一。

今后也要争取这样的统一，做到少数服从这个占工人五分之四的多数。**没有也不可能有**其他道路。难道工人们是些小孩子，会相信占工人五分之四的多数能允许占五分之一的少数或者完全脱离工人的一些知识分子**破坏**多数工人的**意志**吗?? 就连有这样的想法也是可笑的、荒谬的。

谁要骂真理派是"篡夺者"（强盗、贪天之功的人），就让他骂吧。就让取消派、普列汉诺夫、托洛茨基、前进派、崩得分子以及随便什么人依靠这种谩骂联合起来吧。这都是那些恨自己软弱无力的小集团的谩骂。这些软弱无力、脱离工人群众的小集团高喊"统一"纯属虚伪，因为破坏统一的**正是他们，用分裂的手段破坏多数工人的意志**的正是他们。

这些小集团的挣扎是不起作用的。不值得去理睬他们的谩骂。不顾那些气势汹汹但又软弱无力的知识分子小集团用尽一切骂人的字眼，真理派的工人们正在建立并将继续建立**工人的统一**。

载于1914年5月30日《劳动的真理报》第2号

译自《列宁全集》俄文第5版第25卷第177—179页

# 《论〈同时代人〉杂志》一文的提纲[140]

（1914年5月）

## 论《同时代人》杂志

1

自由派分子鲍古查尔斯基——非党的左翼杂志（非常左的、非常机智的、非常热爱工人的民主主义者马尔托夫）。

激进派资产阶级沙龙中的沙龙社会民主党人。

“劳动派的社会化”

取消派和民粹派所说的“派别活动”‖ 民粹派主张“统一”：苏汉诺夫不体面的清谈。

还有人名的展出……人名的陈列、展览：

普列汉诺夫同波特列索夫排在一起

（《**北方工人报**》第66号）???

“平分捐款”‖ 邦契-布鲁耶维奇——孤独（真理派？），凄凉而且**不合时宜**。

“所有的流派”‖ 取消派——“都是名人”。

左派民粹派——也一样……

在保险运动及‖ 新型的“左派联盟”。不，这不是左派联盟，不是**社**

工人组织里的取消派和左派民粹派的联盟 ‖ **会民主党**和**资产阶级民主派**的联盟，而是**差别微乎其微的两种资产阶级民主派**——取消派和民粹派——合流的开始。

与群众毫无联系的知识分子的杂志（类似《俄国财富》杂志）……

俄国现实总结构中的阶级意义？要更明确些。自由主义资产阶级民主派（劳动派；人民社会党人；取消派；左派民粹派）——无产阶级民主派……

"统一"？（折断了的棍子）……

2

1.《同时代人》杂志——"新动向"的征兆之一。

2. 开始和继续。从鲍古查尔斯基＋库斯柯娃＋普罗柯波维奇（非党的杂志）到社会革命党＋取消派的联盟（包括不同流派的**单干者**{邦契-布鲁耶维奇、斯切克洛夫}）。

**普列汉诺夫**的特殊地位。

{诺沃托尔日斯基论他，第5期第81页；斯特列尔佐夫，第6期第85页；苏汉诺夫，第6期第59页。

3. 鲍古查尔斯基（**留下的**）。他的清谈和**立宪民主党**相似。

4. 转折之后：**苏汉诺夫**。

关于民粹派和
马克思主义者的
清谈。

5. 在民粹派那儿做客
(尔·马尔托夫)。

6. 开端……
(在彼得堡工人运动中取消派同民粹派的联盟)
关于派别活动的清谈
“修正主义”。

7. 党的态度(反对**小组**)。

8. 对新东西的评价
形形色色的奇谈怪论
((“在马克思主义的基础上”))
司徒卢威
“经济主义”
库斯柯娃、普罗柯波维奇等等
民粹派。

载于1939年《无产阶级革命》杂志第1期

译自《列宁全集》俄文第5版第25卷第445—447页

# 图快出丑

（1914年5月）

不久以前，奥地利社会民主党的《斗争》月刊[141]登了一篇署名弗·阿·的轰动一时的简讯，说德国机会主义者的著名领袖爱德华·伯恩施坦放弃了自己的修正主义、机会主义的观点，又回到马克思主义方面来了。

修正主义或者说对马克思主义的“修订”，是目前资产阶级影响无产阶级和腐蚀无产者的主要表现之一，甚至是最主要的表现。正因为如此，机会主义者的领袖爱德华·伯恩施坦才扬名（臭名）于世界。

爱德华·伯恩施坦真的又回到马克思主义方面来了吗？凡是多少熟悉德国社会民主党报刊的人，听了这个消息一定会感到奇怪，因为机会主义者的主要机关刊物《社会主义月刊》（用德文出版）仍在继续出版，而且照旧宣传实质上是完全背叛社会主义的纯资产阶级观点。伯恩施坦依然是这个杂志的最主要的撰稿人。这究竟是怎么一回事呢？

事情是这样的，伯恩施坦在布达佩斯作了一次专题报告，据当地一家报纸的报导，他在那次演讲中似乎放弃了修正主义。

奥地利人弗·阿·过于轻信，过于冒失，急忙向全世界宣布：伯恩施坦的观点有了新的转变。取消派分子弗·列维茨基，这位机会主义杂志《我们的曙光》(孟什维克普列汉诺夫曾称之为**俄国的**《社会主义月刊》)的极有名的机会主义撰稿人,却还要冒失十倍,他**只根据**弗·阿·的**话**就在4月3日《北方工人报》第46号上写了一篇很长的杂文,并且加了一个响亮的标题:《从修正主义到马克思主义》。

列维茨基先生甚至等不及伯恩施坦的报告在报刊上发表出来。真是图快出丑。

爱·伯恩施坦听到他在布达佩斯的专题报告在全世界所获得的"名声",就在4月11日(公历)写信给布鲁塞尔社会民主党的《人民报》[142],直截了当地声明:"《斗争》杂志的消息完全不确实,我在布达佩斯没有讲任何新的东西,没有放弃《社会主义的前提》〈伯恩施坦主要的机会主义著作〉中的任何观点,布达佩斯那家报纸关于我的专题报告的报道完全把我的话和报道者的意见混淆起来了!!"

一场风波原来不过是平常的报上的谣言。

这里只是暴露出奥地利(何止奥地利呢?)某些社会民主党人有一种可悲的毛病,就是急于替机会主义**打掩护**,宣称它已经不再存在。

过分热心的列维茨基先生简直磕破了头皮。他在《北方工人报》上写道:"修正主义的始祖〈?〉伯恩施坦既已转到〈?〉马克思主义方面来,德国社会民主党内的机会主义也就彻底〈!!?〉完蛋了。"

真是字字"珠玑"。转变并未发生。伯恩施坦不是始祖。修正主义也没有完蛋。

热心的列维茨基先生写道:"……在俄国,修正主义甚至在左派民粹派中间也不再是理论上的时髦货了,过去有一个时期他们是不反对依据这个学说来反对马克思主义的。修正主义在俄国社会民主党内没有任何影响,尽管有个别著作家试图把它移植到俄国的土壤上来……"

仍然每一个字都是谎话。现在左派民粹派在**一切**最重要的问题上还是以修正主义的"学说"为"依据",这从每期《俄国财富》杂志和《箴言》杂志可以看出来,从每号《坚定思想报》也可以看出来,掩盖左派民粹派的机会主义是有害的。

从1895—1896年群众性的工人运动和群众性的社会民主主义运动**一开始**,修正主义就在俄国社会民主党内**产生了影响**,难道列维茨基先生没听说过彻底的马克思主义者即旧《火星报》的拥护者同"经济派"的多年斗争吗?难道他没听说当时党的一些决议和许多文章已经肯定、证明和说明"经济主义"是修正主义、机会主义的俄国形式吗?难道列维茨基先生忘记了今天有名的取消派分子、昨天有名的"经济派分子"亚·马尔丁诺夫先生吗?

列维茨基先生否定修正主义是为了掩饰**自己的**修正主义。我们不妨提醒他一下,哪怕就提以下四点:(1)1909—1910年孟什维克普列汉诺夫难道没有在报刊上宣称孟什维克搜罗了许多机会主义分子吗?(2)同一位普列汉诺夫难道没有指出取消派"争取合法性"的口号具有机会主义性质吗?(3)**某些**孟什维克反取消派难道没有指出取消主义同"经济主义"的**联系**吗?(4)柯尔佐夫从便于鼓动着眼否定"两条鲸鱼"(三条中的),这难道不是机会主义吗?

仅这四件事实(这样的事实四十四件也举得出)就足以清楚地说明:1895—1902年的"经济主义",1903—1908年的"孟什维主义",1908—1914年的取消主义不是别的,正是机会主义和修正主义的俄国形式或变种。

载于1914年5月《启蒙》杂志第5期

译自《列宁全集》俄文第5版第25卷第180—182页

# 论高喊统一而实则破坏统一的行为

(1914 年 5 月)

当今工人运动中的问题,在许多方面都是些棘手的问题,尤其在经历过这一运动的昨天(即历史上刚过去的阶段)的那些人看来,更是如此。这里首先包括所谓派别活动和分裂等等问题。我们经常可以听到,参加工人运动的知识分子用一种激愤的、神经质的、几乎是歇斯底里的口气要求不要触及这些棘手的问题。在经历过马克思主义者内部各派长期斗争(如 1900—1901 年开始的斗争)的人看来,过多地反复议论这些棘手的问题,自然可能是不必要的。

但是,参加过马克思主义者内部 14 年(如果从出现"经济主义"最早征候算起,其实已经有 18—19 年了)斗争的人,现在已不很多了。现在补充到马克思主义者队伍中来的绝大多数工人,对于过去的斗争不是记不清楚,便是完全不知道。他们对这些棘手的问题特别感到兴趣(我们的杂志[143]所进行的调查,也证明了这一点)。所以,我们打算就这些**似乎**是初次(对于年轻一代工人来说,确实是初次)由托洛茨基的"非派别性工人杂志"——《斗争》杂志提出来的问题谈一下。

## 一　论“派别性”

托洛茨基称自己的新杂志为“非派别性”杂志。他在广告中把这几个字放在首要位置，他在《斗争》杂志编辑部的文章中，杂志出版以前则在取消派的《北方工人报》上发表的介绍该杂志的一篇文章中，都大肆渲染这一点。

什么叫做“非派别性”呢？

托洛茨基的《工人杂志》是托洛茨基**为**工人办的杂志，因为在杂志上丝毫看不出有工人的倡议，也看不出同工人组织有什么联系。托洛茨基为了通俗起见，在他为工人办的杂志上，向读者解释了“领土”和“因素”等等名词。

这很好。但是为什么不把“非派别性”这个名词也向工人解释解释呢？难道这个名词比领土和因素**更**容易懂吗？

不是的，问题不在这里，问题在于最坏的派别活动残余的最坏的代表者想用“非派别性”这个标签来**欺骗**年轻的一代工人。这一点很值得加以说明。

派别活动是社会民主党在某一历史时代的主要特点。究竟是什么时代呢？就是从1903年至1911年这段时期。

为了尽量清楚地说明派别活动的实质，至少必须回忆一下1906—1907年的具体情况。当时党是统一的，没有分裂，但是有派别活动，也就是说，在统一的党内**实际上**存在着**两个**派别，两个事实上是独立的组织。当时基层工人组织是统一的，但是每遇到重大的问题，两个派别就制定两套策略；这两种策略的各自拥护者在统一的工人组织中互相争论(例如,在1906年讨论杜马组阁——即立宪民主党组阁——这个口号的时候,在1907年选举伦敦代表大会代表的时候,情况就是这样);于是问题**按多数意见**来解决:一派在统一的斯德哥尔摩代表大会[144]上(1906年)遭到失败,另一派则在统一的伦敦代表大会上(1907年)遭到失败。

这在俄国有组织的马克思主义运动的历史上是尽人皆知的事实。

只要回顾这些尽人皆知的事实,就足以识破托洛茨基所散布的那些弥天大谎。

自从1912年以来,俄国有组织的马克思主义者中间已经有两年多**没有**派别活动,在**统一的**组织中、在**统一的**代表会议和代表大会上的那种关于策略问题的争论没有了。现在的情况是,党同取消派已经**完全**决裂,党在1912年1月已经正式声明:取消派已**不再**属于党。托洛茨基往往把这种情况叫做“分裂”,关于这个名称,我们到下面还要专门谈谈。但是,“派别活动”这一名词**同真实情况不符**,这是毫无疑问的事实。

我们已经说过,这种说法是不加批判、不用头脑、毫无意义地重复**在昨天**即在过去的时代**曾经是真实的情况**。我们听到托洛茨基说起“派别斗争的混乱状态”(见第1期第5、6页及其他许多页),立刻就明白,他指的**究竟是哪些**早已过时的事情。

请用目前在俄国有组织的马克思主义者中占十分之九的年轻工人的眼光来看一下现在的情况吧。他们看到工人运动中广泛表现出来的有**三种**不同的观点或思潮:“真理派的”(以《真理报》为中心,发行量40 000份),“取消派的”(15 000份)和左派民粹派的(10 000份)。报纸的发行量可以向读者说明某种宣传的**广泛**性。

试问,这与“混乱状态”有什么关系呢?托洛茨基爱讲漂亮而空洞的话,这是大家都知道的,但是,“混乱状态”一词**不仅是**空话,**而且**是把**昨天国外的**关系搬到(确切些说,妄想搬到)今天俄国的土壤上来。问题的实质就在这里。

在马克思主义者同民粹派的斗争中,没有任何“混乱状态”。这一点想必**连**托洛茨基**也**不敢不承认。马克思主义者同民粹派的斗争,从马克思主义运动一诞生就开始了,到现在已经有30多年的历史。这一斗争的原因,就是无产阶级和农民这两个不同阶级的利益以及观点存在着根本的分歧。如果说有“混乱状态”,那只存在于不懂得这一点的怪人的头脑之中。

还有什么呢?马克思主义者同取消派斗争的“混乱状态”吗?这也是不符合事实的,取消派已经被全党认为是一种**思潮**,并且从1908年起就受到全党的痛斥,因此决不能把反对这一**思潮**的斗争称为混乱状态。只要不是对俄国马克思主义运动史毫不关心的人都知道,取消派甚至就其领袖和参加者的成员来说,都是同“孟什维主义”(1903—1908)和“经济主义”(1894—1903)有着十分紧密而不可分割的联系。这就是说,在这方面也有将近20年的历史了。把自己党的历史看做“混乱状态”,那是不可原谅的无知。

可是,**从**巴黎或维也纳的**角度**来看目前的情况,那一切都会是另一个样子。**除了**“真理派”和“取消派”之外,**至少**还有**五个俄侨**“派别”,这些单独的集团,如托洛茨基集团、两个“前进”集团,“布尔什维克护党派”以及“孟什维克护党派”[145],都想把自己算做是同一社会民主党内的派别。在巴黎或维也纳(我只是拿这两个特别大的城市作例子),这是所有马克思主义者都很清楚的。

在那里,托洛茨基的话在某种意义上是正确的:那里确实有派别活动，确实是一片混乱状态！

所谓“派别活动”，就是名义上统一（**在口头上**大家都是在一个党内），而实际上四分五裂（在行动上各个集团都是独立的，彼此进行谈判和协商，像是主权国家）。

所谓“混乱状态”，就是指（1）没有关于这些派别同俄国工人运动有联系的经得起核对的客观材料，（2）没有材料能判明这些派别的真正的思想面貌和政治面貌。拿1912年和1913年这整整的两年来说吧。大家知道，这是工人运动活跃和高涨的年代，当时任何一个稍微像样的**群众性的**（在政治上，只有群众性的东西才能算数）思潮或派别，都**不能不**对第四届杜马的选举，对罢工运动，对合法的报纸、工会、保险运动等活动产生影响。在这整整两年的时间内，这五个国外派别中任何一个都**没有在**俄国群众性工人运动的上述**任何一种**活动中显示过任何作用！

这是每个人都容易核对的事实。

这一事实证明，我们说托洛茨基是“最坏的派别活动残余”的代表，是完全正确的。

凡是多少了解一些俄国工人运动的人都知道，口头上标榜非派别性的托洛茨基就是“托洛茨基**派**”的代表，这就是派别活动，这里具备了派别活动的两个重要特征：（1）名义上承认统一，（2）实际上各自为政。这就是派别活动的残余，因为这里根本找不到同俄国群众性工人运动的真正联系。

而且，这是最坏的一种派别活动，因为它在思想上政治上**没有**任何明确的立场。而真理派也好（甚至坚决反对我们的尔·马尔托夫也承认，我们以有关一切问题的众所周知的正式决议为中心建立了“团结和纪律”），取消派也好（他们的面貌很清楚，至少那些最著名的人物的面貌很清楚，但那不是马克思主义的面貌，而正是自由派的面貌)，都不可否认有这样的明确立场。

从维也纳和巴黎的角度(决不是从俄国的角度)看确实存在的那些同托洛茨基派类似的派别组织，其中有一部分不可否认也是有某种明确的立场的。例如，马赫主义的"前进"集团拥护**马赫主义**理论，是明确的；"孟什维克护党派"坚决反对这些理论，维护马克思主义，并且在理论上谴责取消派，这也是很明确的。

而托洛茨基呢，在思想上政治上却没有任何明确的立场，他的所谓"非派别性"专利权，不过是在各派之间任意**飞来飞去**的专利权而已(关于这点，我们下面就要详细谈到)。

小结：

(1)托洛茨基不去解释、也不懂得马克思主义运动中各种思潮和各种派别之间**思想**分歧的历史意义，虽然在社会民主党20年来的历史中充满了这种分歧，而且牵涉到当代所有的基本问题(这一点，我们还要谈到)；

(2)托洛茨基不懂得，**派别活动**的基本特点是名义上承认统一，实际上四分五裂；

(3)托洛茨基打着"非派别性"的旗帜，在维护一个最没有原则、在俄国工人运动中最没有基础的国外派别组织。

闪光的东西不一定都是金子。托洛茨基的词句虽然灿烂夺目，娓娓动听，可是没有丝毫内容。

# 二 论分裂

有人会反驳我们说:“就算你们真理派没有派别活动,也就是说,不是在名义上承认统一而实际上四分五裂,可是你们却有更坏的东西,那就是分裂主义。”托洛茨基正是这样说的;他不善于思考自己说话的含义,不能自圆其说,一会儿大声疾呼反对派别活动,一会儿又高喊什么“分裂派接连获得自杀性的胜利”(第1期第6页)。

这段话只能有一种含义,就是:“**真理派**接连获得胜利”(这是经得起核对的客观事实,只要研究一下1912年和1913年俄国群众性的工人运动,便可以肯定这一事实),**可是我托洛茨基**却要严斥真理派,因为第一,他们是分裂派,第二,他们是自杀的政治家。

对这一点我们来分析一下。

首先我们要感谢托洛茨基,不久以前(从1912年8月至1914年2月),他还跟着费·唐恩跑,大家知道,唐恩曾经威胁和号召要“**杀死**”反取消派。现在托洛茨基并不威胁说要“杀死”我们这一派(和我们的党,——请托洛茨基先生不要生气,这是实话!),而只是预言我们这一派会**自己**杀死自己!

这不是说得客气多了吗?这不是已经同“非派别性”言论相差无几了吗?

玩笑少开(虽然对于托洛茨基的这种令人难以忍受的清谈,唯一客气的回答方法就是开开玩笑)。

所谓“自杀”,只是一句空话,只是“托洛茨基主义”而已。

分裂主义是一种严重的政治罪名。取消派以及上述这些从巴黎和维也纳的角度来看无疑是存在的集团，都千方百计地把这个罪名一再加到我们头上。

但是，他们重复这种严重的政治罪名，都采取了极不严肃的态度。请看托洛茨基吧。他承认“分裂派〈应读做：真理派〉接连获得自杀性的胜利”，同时又补充说：

> “**许许多多处于政治上完全茫然失措状态的先进工人，往往自行成为分裂派积极的代理人。**”（第1期第6页）

这几句话难道不是揭示了对问题最不严肃的态度吗？

目前，我们在俄国工人运动的角斗场上除了取消派看不到任何其他派别，你们却责备我们是分裂派。你们是不是认为我们对取消派的态度不正确呢？是的，上面所举的那些国外的集团，无论它们彼此有多大的差别，但是它们都一致认为我们对取消派的态度是不正确的，是“分裂主义的”态度。在这一点上，**所有**这些集团和取消派也有相似之处（而且是政治上的本质的相似）。

如果我们对取消派的态度在理论上原则上是不正确的，那么托洛茨基就应该**直截了当**说出来、**明确**宣布、开门见山地指出，他究竟认为什么地方不正确。可是，托洛茨基**多年来**一直回避这个重要的问题。

如果在实践中，运动的经验否定了我们对取消派的态度，那也应该分析这个经验，但是，托洛茨基也没有这样做。他承认：“许许多多先进工人往往成为分裂派**积极的代理人**”（应读做：真理派路线、策略、组织体系的积极代理人）。

为什么会发生托洛茨基也承认已被经验所证实的可悲现象，

即**先进**工人，而且是**许许多多**先进工人，都拥护《真理报》呢?

托洛茨基回答说:这是因为这些先进工人在“政治上完全茫然失措”。

不用说，这种解释使托洛茨基，使五个国外派别和取消派都身价百倍。托洛茨基非常欢喜“以博学的专家的姿态”，说些夸张漂亮的词句，给历史现象作些抬高托洛茨基身价的解释。如果“许许多多先进工人”，都成为与托洛茨基路线不合的另一条政治的和党的路线的“积极的代理人”，那么，托洛茨基就立刻毫不客气地、直截了当地解答说，这些先进工人是“处于政治上完全茫然失措状态”，而他托洛茨基显然是“处于”政治上坚定、鲜明和路线正确的“状态”! …… 这位托洛茨基同时却又捶胸大骂派别活动、小组习气以及知识分子把自己意志强加于工人的行为! ……

看到这样的东西，人们不禁要问:这种喊声是不是从疯人院里发出来的?

关于取消主义和谴责取消主义的问题，党在 1908 年就向“先进工人”提出了，关于同取消派这个已经非常明确的集团(即《我们的曙光》集团)“分裂”的问题，也就是不**撇开**这一集团、不反对这一集团就无法建设党的问题，则是在两年多以前，在 1912 年 1 月提出的。绝大多数先进工人恰恰是**拥护**“一月(1912 年)路线”的。托洛茨基讲到“胜利”和“许许多多先进工人”，可见他本人也承认这个事实。托洛茨基只是**谩骂**这些先进工人是“分裂派”、“政治上茫然失措”，以此来支吾搪塞!

只要不是疯子，都会从这些事实中作出另一种结论。哪里**大多数**觉悟工人在明确的决议指导下团结起来了，哪里就有**统一的**意见和行动，哪里就有党性和党。

哪里有被工人“撤销职务的”取消派分子，或者有两年来**丝毫**没有证明自己同俄国群众性工人运动有联系的将近半打国外集团，哪里才真是一片茫然失措和**分裂主义**的景象。现在托洛茨基试图说服工人**不要执行**马克思主义者真理派所承认的那个“整体”的**决议**，就是**试图**破坏运动，引起分裂。

虽然他这样做起不了作用，但我们还是必须揭露知识分子小集团的这些妄自尊大的领袖，他们自己在搞分裂，却又大喊反对分裂；他们两年多来在“先进工人”面前已经遭到**完全失败**，现在却非常蛮横无理地**侮辱**这些决议，**侮辱**这些先进工人的意志，骂**他们**“政治上茫然失措”。这岂不完全是诺兹德列夫[146]或犹杜什卡·戈洛夫廖夫[147]的手法吗？

我们出于政论家的责任，要不厌其烦地列举**确凿的**无可辩驳的材料，来回答这些反复的分裂叫嚣。在工人选民团选出的第二届杜马代表中，布尔什维克占47％，在第三届杜马代表中占50％，在第四届杜马代表中占67％。

请看，这就是大多数“先进工人”的所在，这就是党的所在，这就是大多数觉悟工人的统一意见和统一行动的所在。

取消派作了反驳（见《我们的曙光》杂志第3期布尔金和尔·马·的文章），说我们是依靠斯托雷平划分选民团的制度才有了立论的根据。这是没有道理的、不实事求是的反驳意见。德国人按照排斥妇女的俾斯麦选举法进行选举，以此来衡量他们所获得的成就。而德国的马克思主义者根据**现行的**选举法来衡量自己所获得的成就，但决不为选举法的种种反动限制辩护。也许只有疯子才会借此来责备德国的马克思主义者。

同样地，我们根据**现行的**选举法来衡量我们所获的成就，也并不是为选民团或选民团制度辩护。在前后三届杜马(第二届、第三届、第四届杜马)选举中,都有选民团的划分,但是**在**同一工人选民团**内部**,**在**社会民主党**内部**,却发生了不利于取消派的**根本的**变动。谁不愿自欺欺人,谁就应该承认**工人的统一**战胜了取消派这一客观事实。

另一种反驳意见也同样的"聪明":说什么"孟什维克和取消派投了某某布尔什维克的票(或参加了选举)"。好极了!难道这不同样适用于在第二届杜马选举时占53%,在第三届杜马选举时占50%,在第四届杜马选举时占33%的**非**布尔什维克代表吗?

如果可以不引用杜马代表的材料,而引用工人选出的复选人即受托人等等的材料,那我们很乐意这样做。但是,这种更详细的材料**并没有**,"反驳者"不过是借此蒙骗公众而已。

关于工人团体帮助各派报纸的材料怎么样呢?在**两**年中间(1912和1913),有2 801个团体拥护《真理报》,750个团体拥护《光线报》[①]。这些材料,谁都能够加以核对,而且谁也没有想否认。

试问,**多数**"先进工人"的**行动和意志的统一**在哪一边,**违背**多数工人的意志又在哪一边?

托洛茨基的"非派别性",就其最肆无忌惮地违背大多数工人意志这一点来说,恰恰就是分裂主义。

① 截至1914年4月1日止的初步统计,有4 000个团体拥护《真理报》(从1912年1月1日算起),有1 000个团体拥护取消派及其所有的同盟者。

## 三 论八月联盟的瓦解

要检验托洛茨基所提出的关于分裂主义的责难是否正确，是否符合事实，还有一种方法，而且是一种十分重要的方法。

你们认为“列宁派”就是分裂派吗？好吧，就假定你们的话是对的。

如果你们是正确的，为什么其他一切派别和集团都未能证明：**撇开**“列宁派”和**反对**“分裂派”，就能同取消派团结一致？…… 如果我们是分裂派，为什么你们联合派彼此没有联合，也没有同取消派联合起来呢？你们要是这样做，岂不是**用行动**向工人表明统一的可能和统一的好处吗？……

我们来追溯一下往事吧。

1912 年 1 月，“分裂派”即“列宁派”声明，他们是**撇开**取消派和**反对**取消派的党。

1912 年 3 月，**所有的**集团和“派别”——取消派、托洛茨基派、前进派、“布尔什维克护党派”、“孟什维克护党派”——在他们的俄文报刊以及德国社会民主党的《前进报》上**一致**反对“分裂派”。他们同心协力、和衷共济、众口一词、异口同声地痛骂我们，给我们起了“篡夺者”、“故弄玄虚的骗子”等等亲热好听的诨名。

先生们，好极了！你们为什么不联合起来**反对**“篡夺者”，给“先进工人”作一个**统一**的榜样？这对你们来说不是最容易的事吗？如果先进工人一方面看到你们取消派和**非**取消派团结一致反对篡夺者，另一方面又看到“篡夺者”、“分裂派”等等**众叛亲离**，他们难道会不拥护你们吗??

如果意见分歧仅仅是由“列宁派”虚构或鼓吹出来的,如果实际上取消派、普列汉诺夫派、前进派和托洛茨基派等等有统一的**可能**,为什么你们两年来**自己**没有作出榜样来证明这一点呢?

1912 年 8 月召开过“联合派”代表会议。但是立刻就发生了**分裂**:普列汉诺夫派根本拒绝参加,前进派参加了,可是很快就退出了,而且还提出过抗议,揭露此事不过是空中楼阁。

取消派、拉脱维亚人、托洛茨基派(托洛茨基和谢姆柯夫斯基)、高加索人、七人团“联合起来了”。是真的联合起来了吗?我们当时就说过,并没有真的联合,这不过是为取消主义打掩护罢了。事态的发展是否把我们的话推翻了呢?

到了 1914 年 2 月,正好过了一年半就发生了以下的事情:

(1)七人团瓦解——布里扬诺夫退出七人团。

(2)留在新的“六人团”内的齐赫泽同图利亚科夫或另外一个人,在答复普列汉诺夫的问题上,不能取得一致意见。他们在报纸上表示要给他答复,**但是始终未能答复**。

(3)托洛茨基事实上已经好几个月没有在《光线报》露面了,他**脱离**该报办他“自己的”《斗争》杂志去了。托洛茨基称这个杂志为“非派别性”杂志,这就明显地(凡是稍微了解情况的人都看得很明显)说明,在托洛茨基看来,《我们的曙光》杂志和《光线报》**原来是**些带有“派别性的”联合派,也就是说,是拙劣的联合派。

亲爱的托洛茨基,既然您是个联合派,您说可以同取消派统一,既然您和他们一起站在“1912 年 8 月所拟定的基本观点”(《斗争》杂志第 1 期第 6 页《编辑部的话》)的立场上,那么,为什么**您自己没有**在《我们的曙光》杂志和《光线报》上同取消派联合起来呢?

早在托洛茨基的杂志出版以前,《北方工人报》发表过一篇用心险恶的短评,说该杂志的面目“还不清楚”,说关于这个杂志“在马克思主义者中间谈论得很多”,《真理之路报》(第 37 号)[①]自然就不得不揭穿这种谎话,说明“马克思主义者中间谈论”的是托洛茨基**反对**光线派的秘密信,说明托洛茨基的面目和他脱离八月联盟的行动已经十分“清楚”了。

(4)曾经反对过尔·谢多夫的(因此受到费·唐恩之流当众斥责的)高加索取消派的著名领袖阿恩,现在已经在《斗争》杂志上出头露面了。高加索人现在愿意同托洛茨基一道走,还是同唐恩一道走,这一点“还不清楚”。

(5)拉脱维亚的马克思主义者曾经是“八月联盟”中唯一实在的组织,现在已经**正式**退出了这个联盟,并在他们最近一次代表大会的决议中声明(1914 年):

> **“调和派的无论如何要同取消派(1912年的八月代表会议)联合的尝试是徒劳无益的,联合派自己也落到了在思想上和政治上依附取消派的地步。”**

这个采取**中立**立场、不愿和两个中央机关的**任何一个**发生联系的组织,根据一年半的经验,作了这样的声明。对于托洛茨基来说,**中立**者所通过的这项决议应当是更有分量了!

看来,够了吧?

那些给我们加上分裂主义罪名、责备我们不愿意或不善于同取消派相处的人,**自己**也没有同取消派相处好。八月联盟原来是一个空架子,它已经土崩瓦解了。

托洛茨基向读者隐瞒这种瓦解,也就是在欺骗读者。

---

① 见本卷第 1—4 页。——编者注

我们的对手的经验证明我们是正确的，证明同取消派一起共事是不可能的。

## 四　一个调和派分子对“七人团”的忠告

《斗争》杂志第1期以《杜马党团的分裂》为题发表了一篇编辑部文章，文章谈到一个调和派分子对拥护取消派的（或动摇到取消派方面去的）国家杜马代表七人团的忠告，忠告的主要点就是下面这句话：

“凡是必须同其他党团达成协议的时候，应该首先同六人团商量。”（第29页）

这个明智的忠告看来就是托洛茨基同取消派-光线派发生分歧的原因之一。从两个杜马党团斗争一开始，从夏季会议（1913年）通过决议那时起，真理派就采取了这种立场。而且在分裂以后，俄国社会民主党工人党团还在**报刊**上屡次声明，它尽管屡遭“七人团”的拒绝，但仍将采取这个立场。

我们在一开始，在夏季会议通过决议的时候，就认为而且现在还认为，就**杜马**活动问题**达成协议**，是适当的，也是可能的。既然我们同小资产阶级的农民民主派（劳动派）都能屡次达成这种协议，那么，我们同小资产阶级的自由派工人政治家，当然更有可能、更有必要达成协议了。

不要夸大意见分歧，而要正视现实：所谓“七人团”，就是一些动摇到取消派方面去的人，他们昨天还完全跟着唐恩跑，今天却忧郁地把自己的目光从唐恩转到了托洛茨基的身上，并且来回地转来转去。所谓取消派，就是脱离党、推行自由派工人政策的合法派。他们否认“地下组织”，所以在党的建设和工人运动的事务方面，根本谈不上同他们实行什么统一。谁不这样看，谁就没有估计到 1908 年以后所发生的深刻变化，因而大错特错。

但是，在个别问题上，当然可以同这个党外的或者说与党貌合神离的集团**达成协议**：我们对待这个集团，也应该像对待劳动派那样，**应该**经常地迫使他们在工人的（真理派的）政策和自由派的政策之间作出抉择。例如，在争取出版自由的问题上，是按自由派那样地提问题，否定或忘记未经书报检查的报刊，还是实行相反的工人的政策，取消派显然是动摇的。

在**杜马**政治的范围内不会直接提出最重要的问题即**杜马外的**问题，在这个范围内同自由派工人代表的七人团达成协议是可能的，也是适当的。在这一点上，托洛茨基**由**取消派立场转**到**党的夏季（1913 年）会议的立场上来了。

不过不要忘记，党外的集团对于协议的理解，同党员一般的理解是完全不同的。在非党员看来，在杜马中的“协议”，就是“**制定**策略决议或路线”。在党员看来，达成协议就是试图**吸引**其他人来实行党的路线。

例如，劳动派没有政党。在他们看来，达成协议就是今天同立宪民主党人一起，明天同社会民主党人一起“自由地”“制定”路线。而我们对于同劳动派达成协议的理解完全不同：我们关于一切重要策略问题都有党的决议，我们无论什么时候都不会放弃这些决议；在我们看来，同劳动派达成协议，无非是把他们**吸引**到我们方面来，**让**他们**相信**我们的主张是正确的，使他们**不拒绝**反对黑帮和反对自由派的一致行动。

党员和非党员在对协议的看法上存在的这种基本区别，竟被托洛茨基忘得干干净净（他在取消派那里毕竟没有白待！），他下面这段议论就可以说明这一点：

> “国际的代表必须把我们已经发生分裂的议会代表团中的两部分召集起来，并同它们一起研究它们观点一致的地方和分歧的地方……　那时就能制定一个详细的策略决议案，规定议会策略的原则……”（第1期第29—30页）

这就是取消派对问题的提法的最明显最典型的范例！托洛茨基的杂志把党忘掉了：是啊，这样的小事难道还值得想起它吗？

在欧洲（托洛茨基喜欢硬扯到欧洲主义），不同的政党彼此达成协议或实行联合，通常是互派代表来开会，首先澄清分歧点（国际提出来作为俄国当前任务的正是这一点，国际并没有把考茨基认为“老党已不存在”的轻率论断写入决议[148]）。代表们澄清了分歧点以后，就拟出一些**应提交两党的代表大会分别加以讨论的**有关策略和组织等问题的**决定**（决议、条件等等）。如果能拟出一致赞成的决定草案，那就由两党的代表大会来决定是否采纳；如果拟定出来的是两种**不同**的提案，那么，同样由两党的代表大会进行彻底的讨论。

取消派和托洛茨基觉得“可爱的”，仅仅是**欧洲**机会主义的榜样，而决不是欧洲党性的榜样。

“详细的策略决议案”将由杜马代表来制定！！俄国“先进工人”（托洛茨基对他们非常不满意，是不无原因的）从这个例子能够清楚地看出，维也纳和巴黎的那些让考茨基甚至相信了在俄国“党已不存在”的国外小集团，异想天开到多么可笑的程度。在这个问题上，外国人有时也许会受他们的骗，但是，俄国“先进工人”（不怕是否又会引起威严的托洛茨基的不满）却要当面耻笑这班异想天开的家伙。

工人会对他们说："我们的详细的策略决议案是由党的代表大会和代表会议来制定的，就像 1907 年、1908 年、1910 年、1912 年和 1913 年的历次会议那样（不知道你们非党人士是怎么干的）。我们很愿意向不了解情况的外国人和健忘的俄国人介绍我们党的决议，我们更愿意请'七人团'、'八月联盟派'或'左派'的代表或是其他任何人，把他们代表大会或代表会议的决议向我们介绍一下，并且请他们在下次代表大会上能提出一个明确的问题：他们对于我们的决议或对于 1914 年保持中立的拉脱维亚人代表大会的决议等等，究竟采取什么态度。"

这就是俄国"先进工人"要对各种异想天开的人说的话，这就是彼得堡有组织的马克思主义者**已经**在马克思主义报刊上**说过**的话。托洛茨基想不理睬在报刊上对取消派提出的这些条件吗？那对托洛茨基就更糟了。我们的责任是要预先告诉读者：不愿考虑俄国多数觉悟工人的意志而提出异想天开的"联合"（是仿照八月"联合"吗？）计划，是多么可笑啊！

## 五 托洛茨基的取消主义观点

托洛茨基在他的新杂志上，极力不谈自己观点的实质。《真理之路报》（第 37 号）已经指出，关于地下组织、关于为公开的党而斗争的口号等问题，托洛茨基一句话也没有提到。[①] 正因为如此，我

① 见本卷第 1—4 页。——编者注

们指出，他企图成立独立的组织，而又**不**亮明它的思想政治面貌，这是**最坏的**派别活动。

托洛茨基虽然不愿公开阐明自己的观点，但是在他的杂志上有许多地方已经表明他所偷运、所隐藏的究竟是些什么思想。

在第1期第1篇编辑部文章中有这样一段话：

“我们革命以前的社会民主党，只有按其思想和目标来说，才是一个**工人**政党。实际上，它不过是引导正在觉醒的工人阶级的马克思主义知识分子的组织。”（第5页）

这是大家早已知道的自由主义和取消主义的论调，事实上是一种**否定**党的导言。这种论调是以歪曲历史事实为基础的。1895—1896年的罢工已经形成了在思想上组织上都同社会民主党有联系的**群众性的**工人运动。在这些罢工中，在这些经济的和非经济的鼓动中，是“知识分子**引导**工人阶级”的吗！！？

请看，1901—1903年有关国事罪的确切材料和前一时期同类材料的比较：

在每100个参加解放运动（犯国事罪）的人中间，各种从业人员所占的比例：

| 时　期 | 农　业从业人员 | 工商业从业人员 | 自由职业者和学生 | 无固定职业者和无职业者 |
|---|---|---|---|---|
| 1884—1890年 | 7.1 | 15.1 | 53.3 | 19.9 |
| 1901—1903年 | 9.0 | 46.1 | 28.7 | 8.0 |

由此可见，在80年代，**俄国还没**有社会民主党，运动还是“民粹主义的”运动，那时知识分子居于主要地位，占运动参加者的一半以上。

在1901—1903年这段时期，已经有了社会民主党，旧《火星报》已经进行工作，情况就完全改观了。知识分子只占运动参加者的**少数**，**工人**（“工商业从业人员”）已经比知识分子多得多，工人和农民一起占总数一半以上。

正是在马克思主义运动内部的各种思潮的斗争中，出现了社会民主党内的小资产阶级知识分子的**一翼**，开始是“经济主义”（1895—1903），接着是“孟什维主义”（1903—1908）和“取消主义”（1908—1914）。托洛茨基重复取消派对党的诬蔑，害怕提起党内各种思潮20年来的斗争历史。

请看另一个例子：

> “俄国社会民主党对议会制度的态度，也经过了三个阶段〈正如其他各国一样〉：起初是‘抵制主义’……然后是原则上承认参加议会的策略，但是……〈这个“但是”妙极了，用谢德林的话来说，耳朵不会高过额头，不会的！[149]〉是为了纯粹鼓动的目的……最后把当前的要求……搬上杜马的讲台……”（第1期第34页）

这又是用取消派的手法歪曲历史。这里虚构第二阶段和第三阶段的差别，是为了暗中替改良主义和机会主义辩护。抵制主义**无论**在欧洲**或**俄国，都不是“社会民主党对议会制度的态度”的一个阶段，在欧洲，过去和现在存在的只是无政府主义，在俄国，譬如对布里根杜马的抵制，**只是**针对特定的机关的，同“议会制度”**从来**没有什么关系。这是自由派和马克思主义派为争取继续强攻而进行的一场特殊斗争的产物。至于这个斗争如何反映在马克思主义运动内部两种思潮的斗争上，托洛茨基却根本没有提到！

既然提到历史，就应该说明各种具体问题，说明各种思潮的阶级根源；谁愿意用马克思主义的观点研究阶级斗争，研究各个派别在参加布里根杜马这一问题上所发生的斗争，谁就会看出自由派工人政策的根源。但是托洛茨基“提到”历史，只是为了**规避**具体问题，而**杜撰**一些替目前的机会主义者辩护的理由或类似理由的东西！

他写道：“……事实上，所有的派别都在采用同样的斗争方法和建设方法。”“高喊我们工人运动中有自由主义的危险，这不过是宗派主义者对现实的粗暴歪曲。”（第1期第5页和第35页）

这就是公然地替取消派辩护，而且火气很大。但是，我们还是要举出一件比较新鲜的小小的事实。托洛茨基专爱说空话，我们希望工人自己来考虑这一事实。

这件事实就是3月13日《北方工人报》所载的言论：

“人们不去强调摆在工人阶级面前的一定的具体任务，即迫使杜马否决法案〈关于出版的法案〉，却提出争取实现‘不折不扣的口号’这一模糊的提法，同时鼓吹秘密报刊，而这种鼓吹只能削弱工人争取自己的合法报刊的斗争。”

这是白纸上写黑字，明确地维护取消派的政策，批评真理派的政策。怎么样？难道一个有见识的人能说两派在这个问题上是采取“同样的斗争方法和建设方法”吗？难道一个有见识的人能说取消派在这里**不是**实行**自由派的**工人政策吗？能说工人运动中的这种自由主义危险是臆造出来的吗？

托洛茨基所以回避事实和具体的证据，正是因为这些事实和证据无情地推翻了他那些气愤的叫嚣和夸张的词句。装腔作势，说什么“宗派主义者对现实的粗暴歪曲”，当然是很容易的。再添上一些更刺激更夸张的字眼，说什么必须“从保守的派别活动中解放出来”，这也是不难做到的。

可是，这不是太不值钱了吗？这种武器不正是从托洛茨基在中学生面前大出风头那个时代的武器库中拣来的吗？

但是，使托洛茨基大为恼火的“先进工人”，还是希望得到一个直截了当的明确答复：上面这种对具体政治运动的估计已经明确地反映了一种“斗争方法和建设方法”，您对这种方法是否赞成？是赞成，还是不赞成？如果赞成，那就是实行自由派的工人政策，就是背叛马克思主义，背叛党；如果认为可以同**这种**政策，同推行**这种**政策的集团讲“和平”，讲“统一”，那就是自欺欺人。

不赞成吗？——那就请您直截了当地说吧。可是，在今天的工人看来，讲空话已经不足为奇了，讲空话满足不了他们，也吓唬不了他们。

顺便说一句：取消派在上面这段话中所鼓吹的政策，甚至从自由派观点看来也很愚蠢，因为在杜马中能否通过法律，要取决于那些已经在委员会摊牌的本尼格森之类的“十月党人-地方自治人士”。

*　　*　　*

参加俄国马克思主义运动较久的人，都很熟悉托洛茨基这个人物，所以用不着对他们多说了。但是年轻的一代工人不知道他，所以不能不谈一谈，因为他对于那些事实上也动摇于取消派和党之间的五个国外小集团来说是一个典型人物。

在旧《火星报》时期（1901—1903），给这种在“经济派”和“火星派”之间跑来跑去的动摇分子起过一个绰号：“图希诺的倒戈分子”[150]（人们曾这样称呼俄国混乱时期那些从一个阵营跑到另一个阵营的军人）。

我们说到取消主义的时候，就确认这是一种经过许多年生长起来的、同20年来马克思主义运动历史上的“孟什维主义”和“经济主义”一脉相承、同一定阶级即自由派资产阶级的政策和思想有联系的思潮。

"图希诺的倒戈分子"自称超越一切派别，其唯一根据就是他们今天"借用"这一派的思想，明天又"借用"另一派的思想。在1901—1903年间，托洛茨基是个激烈的"火星派分子"，所以梁赞诺夫把他在1903年代表大会上所扮演的角色称为"列宁的棍子"。1903年底，托洛茨基成了一个激烈的孟什维克，就是说，他从火星派方面跑到"经济派"方面去了；他宣称："在旧《火星报》和新《火星报》之间横着一道鸿沟。"在1904—1905年间，他离开孟什维克而采取了动摇的立场，时而同马尔丁诺夫（"经济派"）合作，时而标榜荒唐的左的"不断革命"。在1906—1907年间，他接近布尔什维克，而到1907年春天又自称和罗莎·卢森堡见解相同。

在瓦解时代，他经过长久的"非派别性的"动摇之后，又向右转了，在1912年8月同取消派结成了联盟。现在，他又离开了取消派，但**实际上**还是在重复取消派的思想。

这种典型带有过去历史阶段和历史形态渣滓的特色，那时俄国群众性的工人运动还处于沉睡状态，任何一个小集团都可以"自由地"自命为派别、集团、派别组织，一句话，自命为可以同他人谈论联合的"强国"。

必须使年轻的一代工人十分清楚他们是在同什么样的人打交道，这种人抱着一种难以置信的野心，根本**不**愿理睬党从1908年起就确定和规定了对取消主义的态度的决议，根本**不**愿考虑实际上已经使大多数人在完全承认上述决议的基础上**统一起来**的俄国当今工人运动的经验。

载于1914年5月《启蒙》杂志第5期

译自《列宁全集》俄文第5版第25卷第183—206页

# 书　评

## 约·德罗兹多夫《俄国农业工人的工资与1905—1906年土地运动的关系》

1914年圣彼得堡谢苗诺夫出版社版
全书68页　定价50戈比

（1914年5月）

德罗兹多夫先生在自己的小册子里首先提出了一个极其有趣的和重要的问题。对他的首创精神不能不表示欢迎。作者收集了关于日工资（以货币和粮食计算的）和1902—1904年经营者所有的土地的黑麦单位面积产量的材料，关于1905—1910年的逐年材料，并且把欧俄各地区的这些材料作了比较。

作者发现，1905年西南地区的工资增加得最多（比1902—1904年增加了10%）。全俄国平均起来，1905年增加1.2%，1906年增加12.5%。作者由此得出结论说，工资增加得最多的是农业资本主义最发达和罢工这种斗争形式（与所谓“破坏和砍光的”形式不同）最流行的地区。严格地说来，要下这样的结论，现有材料还是不够的。例如在1905年工资增长上，乌拉尔地区在各地区中占第二位（该区增长9.68%，西南地区增长10.35%）。如果拿整个革命后的时期即1905—1910年的平均工资来看，西南地区（与1902—1904年相比）增加10.3%，乌拉尔地区增加21.7%。作者对乌拉尔地区采用了所谓“撇开”的办法，同时还援引我的《资本主义的发展》一书作为根据。但是我在那本书中，并不是在研究一般工资水平的时候，而是在研究大规模的工人**流动**的时候，才把乌拉尔地区撇开的[①]，可见作者援引得不对。把乌拉尔经营者所有的土地播种面积所占的百分比不大作为根据[②]，也未必是令人满意的。作者本应当收集更详尽的、每一省的材料，再把工资的增长同关于整个土地运动(包括罢工这种形式的，也包括“破坏和砍光”等等形式的)相对的**猛烈程度**的材料加以比较。

全俄国农业工人的货币工资，大体说来在1905—1906年增加得**最多**：如果把1902—1904年的工资定为100，那么1905年是101.2%，1906年是112.5%。以后4年的相应数字是114.2%、113.1%、118.4%、119.6%。很显然，货币工资**普遍**提高是革命的结果，1905—1906年的斗争在这里起了直接和主要的影响。

读者要知道详细情形可参看德罗兹多夫先生的这本有内容的小册子，但是我们要指出，他说农民实质上是想“赶走地主”的要求是“分明不能实现的”(第30页)，这话是毫无道理的。他还说在破坏和砍光的地区，“斗争是为了实现平均使用土地以及诸如此类的小资产阶级空想要求”(第38页)，这话同样是毫无根据和欠考虑的。这是因为第一，农民不仅争取使用土地，而且争取占有土地(即“赶走地主”)；第二，他们不是争取平均使用土地，而是争取把地主的土地转归他们所有，这是两种截然不同的事情；第三，民粹派关于土地“平均”、“社会化”、“使土地退出商业周转”的主观**愿望**

① 见本版全集第3卷第539—541页。——编者注

② 在这上面作者把北部地区同乌拉尔等量齐观。但是北部地区的工资在1905年降低了6%，而1906年只增加了8%。

(和“**理论**”)以及诸如此类的谬论,过去是现在仍旧是空想,可是在小资产阶级群众“赶走”农奴主这种要求里面一点“空想的”成分也没有。作者把农民争取土地的斗争(这是进步的资产阶级或激进的资产阶级的斗争)的客观历史意义同民粹派始终是空想的、反动的主观理论和愿望混为一谈了。这种混淆是极其错误的,是非辩证的,非历史的。

作者在比较 1891—1900 年和 1901—1910 年的平均工资之后得出的总的结论是:俄国的日**货币**工资增加了 25.5%,而折合成粮食的**实际**工资**只**增加了 3.9%,可以说几乎没有变化。我们要指出,各地区如按这两个 10 年的货币工资增长的幅度排列,结果是这样的:立陶宛增加 39%,伏尔加河沿岸增加 33%,乌拉尔地区增加 30%,小俄罗斯增加 28%,中部农业区增加 26%,等等。

最后,作者把最后两个 10 年中(1891—1900 年和 1901—1910 年)农业工人工资增长情况同地租增长情况作了比较。原来全俄国平均工资由每天 52.2 戈比增加到 66.3 戈比,即增加了 27%。而地价(谁都知道地价就是资本化的地租)由每俄亩 69.1 卢布增加到 132.4 卢布,**即**增加了 91%。换句话说,工资增加了 ¼,而地租**几乎翻了一番!!**

作者得出公正的结论说:“这种情况只能意味着一件事情,就是俄国农业工人的相对的生活水平降低了,而与此同时,土地占有者阶级的生活水平却相对地提高了…… 地主阶级同雇佣工人阶级之间的社会差距愈来愈大了。”

载于 1914 年 5 月《启蒙》杂志第 5 期

译自《列宁全集》俄文第 5 版第 25 卷第 207—209 页

# 书　　评[151]

И.М.科兹米内赫-拉宁
《莫斯科省工厂的加班劳动》
1914年莫斯科版　定价1卢布

(1914年5月)

不久前出版的科兹米内赫-拉宁先生的一本新的统计小册子，考察了俄国工人极其关注的加班劳动问题。

应该指出，科兹米内赫-拉宁引用的统计材料仅仅是1908年的，并且只涉及莫斯科省的工人。此外，1908年的数据在目前必然显得在很大程度上过时了，如果考虑到以下情况就更显得过时了：1908年是工业停滞的年份，而在此之后俄国工业发展进入了以工业繁荣、对劳动力的需求同时激增为标志的年份。这种情况就必然促使在许多工业部门加紧采用加班劳动。

科兹米内赫-拉宁(莫斯科省的工厂视察员)的材料无疑具有半官方性质，它是用向工厂主调查的方法收集来的，因此对待这种材料要相当慎重，但尽管如此，还是不能不予以特别重视。首先，有关这个问题的文献资料在我们俄国是如此贫乏，以致每部著作都应该加以利用，其次，甚至连这个半官方性质的统计也给我们提供很多有趣的东西。

科兹米内赫-拉宁先生总共调查了莫斯科省152个企业(主要

是大企业)的 112 380 名工人,并且调查的是以纺织工业为主。

从小册子里所引用的数据看,莫斯科地区纺织工业的加班劳动并不很普遍。例如,在调查过的 59 000 个棉花加工工人中,只有 767 人在节日加班劳动。平时加班劳动的人数要多得多(1 717 人),但这也不过占总人数的 1%—2%。这是可以理解的,因为纺织工业在技术上要求每一个阶段之前就必须安排一定数量的劳动力,而主要的是 1908 年对纺织工业来说远非是顺利的年份。企业主关心的常常是如何缩减生产,而不是用加班劳动提高企业的生产率。

另一个重要工业部门——金属加工工业的情况就不同了。那里加班劳动很普遍,有时竟达到工人总数的 20%。

至于加班劳动时间的多少,根据科兹米内赫-拉宁的材料,无论是五金工人还是纺织工人,他们每人平均加班劳动的时间都在 25 至 35 小时之间(包括平时劳动和节日劳动)。这个数字很大。被加班费剥夺的工余时间平均为 30 小时,不用说,这完全有损于工人的文化和智力的发展。

我们再来看看,工人们有损于智力的劳动消耗,肌肉、神经……的损耗,换得的又是什么呢?科兹米内赫-拉宁先生非常详尽地算出了各个部门工人每小时加班劳动的报酬。这里我们看到,纺织工人的加班劳动报酬平均每小时只有 15—16 戈比,很少高于此数。4 月和 9 月略微高些,然后 12 月至 2 月又降到 13 戈比。毛纺织厂的工钱尤其少得可怜,如 3 月份星期日和节日的劳动报酬平均每小时只有 6.75 戈比。加班劳动的工资额尚且如此,平时工资低微就更不用说了!

从下表可以看到,五金工人的加班劳动报酬并不比纺织工人多多少，平均每小时为 13 至 20 戈比。莫斯科五金工人加班劳动的工资浮动情况和工资额就清楚地表明，这里的劳动条件即使和彼得堡相比也要差得多。

莫斯科工人通过各种加班劳动所得的收入微乎其微。

例如，每月加班劳动的工资平均为：

纺织工人

| | | （单位　戈比） |
|---|---|---|
| 星期日与节日的 | 强制的 | 408 |
| | 非强制的 | 221 |
| 平时…………… | 强制的 | 353 |
| | 非强制的 | 235 |

五金工人

| | | |
|---|---|---|
| 星期日与节日的 | 强制的 | 337 |
| | 非强制的 | 184 |
| 平时…………… | 强制的 | 325 |
| | 非强制的 | 231 |

最后应该强调指出，科兹米内赫-拉宁先生对加班劳动最多的部门——小工业几乎完全未作调查（被调查的工人中仅有 1.45％属于不足 100 人的企业）。如果考察一下小工业部门的劳动条件，无疑会得出令人吃惊的结论。

载于 1914 年 5 月《启蒙》杂志第 5 期

译自《列宁全集》俄文第 5 版第 25 卷第 210—213 页

# 论民族自决权

（1914 年 2—5 月）

俄国马克思主义者纲领中关于民族自决权的第 9 条，近来引起了（我们在《启蒙》杂志上已经指出了这一点①）机会主义者的大举进攻。俄国取消派分子谢姆柯夫斯基在彼得堡取消派报纸上，崩得分子李普曼和乌克兰民族社会党人尤尔凯维奇分别在自己的机关刊物上，极力攻击这一条，用极端轻蔑的态度鄙视这一条。机会主义对我们马克思主义纲领进行这种“十二个民族的侵犯”**152**，无疑同现在的各种民族主义偏向有密切联系。因此，我们认为详细地分析一下这个问题是切合时宜的。不过我们要指出，上述的机会主义者中，没有一个人拿出过什么独立的论据：他们都只是重复罗莎·卢森堡在 1908—1909 年间用波兰文写的一篇长文《民族问题和自治》的论点。所以我们在本文中要对罗莎·卢森堡的“新奇”论据给予最多的注意。

## 1. 什么是民族自决？

要用马克思主义观点来研究所谓自决，首先自然就得提出这

① 见本版全集第 24 卷第 120—154 页。——编者注

个问题。应当怎样理解自决?是从权利的各种"一般概念"得出的法律定义中去寻找答案呢,还是从对民族运动所作的历史-经济的研究中去寻找答案?

谢姆柯夫斯基、李普曼和尤尔凯维奇之流的先生们甚至没有想到要提出这个问题,只是借嘲笑马克思主义纲领"不清楚"来敷衍了事,由于头脑简单,看来他们甚至还不知道民族自决问题不仅在1903年通过的俄国党纲中谈到了,而且在1896年伦敦国际代表大会决议中也谈到了(我将要在适当地方详细谈到这一点)。这些都是不足为奇的。使人感到非常奇怪的是,曾多次宣称这一条似乎太抽象、太形而上学的罗莎·卢森堡,自己却犯了这种抽象和形而上学的错误。正是罗莎·卢森堡老是泛泛地谈论民族自决(甚至非常可笑地空谈怎样去认识民族意志),而从来没有明确地提出这样的问题:事情的本质究竟是在于法律的定义,还是在于全世界民族运动的经验?

明确提出这个马克思主义者不能回避的问题,立刻就会把罗莎·卢森堡的论据驳倒十分之九。民族运动并不是首先在俄国发生,也不是俄国一国特有的现象。在全世界,资本主义彻底战胜封建主义的时代是同民族运动联系在一起的。这种运动的经济基础就是:为了使商品生产获得完全胜利,资产阶级必须夺得国内市场,必须使操同一种语言的人所居住的地域用国家形式统一起来,同时清除阻碍这种语言发展和阻碍把这种语言用文字固定下来的一切障碍。语言是人类最重要的交际手段;语言的统一和无阻碍的发展,是实现真正自由广泛的、适应现代资本主义的商业周转的最重要条件之一,是使居民自由广泛地按各个阶级组合的最重要条件之一,最后,是使市场同一切大大小小的业主、卖主和买主密切联系起来的条件。

因此，建立最能满足现代资本主义这些要求的**民族国家**，是一切民族运动的趋势（趋向）。最深刻的经济因素推动人们来实现这一点，因此民族国家对于整个西欧，甚至对于整个文明世界，都是资本主义时期**典型的**正常的国家形式。

因此，如果我们要懂得民族自决的意义，不是去玩弄法律上的定义，“杜撰”抽象的定义，而是去研究民族运动的历史-经济条件，那就必然得出如下结论：所谓民族自决，就是民族脱离异族集合体的国家分离，就是成立独立的民族国家。

至于为什么只能把自决权理解为作为单独的国家生存的权利，而作别的理解是不正确的，这还有其他一些理由，我们下面再谈。现在我们要谈的是，罗莎·卢森堡如何企图“避开”成立民族国家的趋向是有深刻经济原因的这个必然的结论。

考茨基的小册子《民族性和国际性》（《新时代》杂志[153]1907—1908年卷第1期附刊，俄译文载于1908年里加出版的《科学思想》杂志[154]），罗莎·卢森堡是很熟悉的。她知道，考茨基①在这本小册子的第4节里详细地分析了民族国家问题，并且得出结论说，奥托·鲍威尔“**低估了**建立民族国家趋向的力量”（见上引小册子第23页）。罗莎·卢森堡自己引用了考茨基的话：“民族国家是最适合现代的〈即资本主义的、文明的、经济上进步的，不同于中世纪的、前资本主义等等时代的〉条件的国家形式，是使国家能最容易

① 1916年，列宁在准备再版本文时，在此处加了一条注释：“请读者不要忘记，考茨基在1909年以前，在出版他那本卓越的小册子《通向政权的道路》以前，曾经是机会主义的敌人，他转而维护机会主义只是1910—1911年的事，到1914—1916年才变得异常坚决。”——俄文版编者注

完成其任务〈即保证资本主义最自由、广泛、迅速发展的任务〉的国家形式。”这里应当再补充考茨基的一个更确切的结论，这个结论就是：民族复杂的国家(即不同于民族国家的所谓多民族国家)“由于这样或那样的原因，仍然是内部结构不正常或者说发育不完全的〈落后的〉国家”。不言而喻，考茨基所说的不正常，完全是指还不能做到最适应发展中的资本主义的要求。

现在我们要问：罗莎·卢森堡对考茨基的这些历史-经济的结论，究竟采取了什么态度呢？这些结论正确不正确呢？是考茨基的历史-经济理论正确，还是鲍威尔的那个基本上是心理学的理论正确？鲍威尔的明显的“民族机会主义”，他的民族文化自治的主张，他对民族主义的迷恋(如考茨基所说“有时强调民族因素”)，他“过分夸大民族因素而完全忘记国际因素”(考茨基)，这一切同他低估建立民族国家这一趋向的力量有什么联系呢？

罗莎·卢森堡甚至没有提出这个问题。她没有看出这种联系。她没有仔细地考虑鲍威尔理论观点的**整体**。她甚至完全没有把民族问题上的历史-经济理论同心理学理论加以对比。她只是对考茨基提出了如下的反驳意见。

> “……这种‘最好的’民族国家只是一个抽象概念，在理论上加以发挥和在理论上加以维护倒很容易，但是不符合实际。”(1908 年《社会民主党评论》杂志[155]第 6 期第 499 页)

罗莎·卢森堡为了证实这个大胆的意见，接着就大发议论说，资本主义列强的发展和帝国主义，使小民族的“自决权”成为虚幻的东西。她大声地说：“对那些形式上独立的门的内哥罗人、保加利亚人、罗马尼亚人、塞尔维亚人、希腊人来说，甚至在一定程度上对瑞士人来说，能够真正谈到‘自决’吗？他们的独立不就是‘欧洲音乐会'上政治斗争和外交把戏的产物吗?!"(第500页)最适合条件的,"并不是考茨基所认定的民族国家,而是强盗国家"。然后她就列举了几十个数字,说明英法等国所属殖民地面积的大小。

看了这些议论,不能不对作者不通**事理**的本领表示惊奇!摆出一副了不起的架势教训考茨基,说什么小国在经济上依赖大国,说什么资产阶级国家为了用强盗手段征服其他民族而互相斗争,说什么存在着帝国主义和殖民地,这是一种可笑的幼稚的卖弄聪明的行为,因为所有这些都和问题毫不相干。不仅小国,就是俄国这样的国家在经济上也完全依赖"富裕的"资产阶级国家的帝国主义金融资本势力。不仅巴尔干的几个蕞尔小国,就连19世纪的美国在经济上也曾经是欧洲的殖民地,这一点马克思在《资本论》里就已经说过了[①]。所有这些,考茨基和每个马克思主义者当然都十分清楚,但是同民族运动和民族国家问题是牛头不对马嘴。

罗莎·卢森堡用资产阶级社会中的民族经济独立自主问题偷换了民族政治自决,即民族国家独立问题。这种聪明的做法,正像一个人在讨论议会(即人民代表会议)在资产阶级国家内应拥有最高权力这个纲领要求时,竟扯到大资本在资产阶级国家任何一种制度下都拥有最高权力这种十分正确的见解一样。

毫无疑问,世界上人口最多的亚洲,大部分或者处于"列强"殖民地的地位,或者是一些极不独立和备受民族压迫的国家。可是,这种尽人皆知的情况难道能够丝毫动摇下面一件无可争辩的事实吗?这就是在亚洲只有日本,也就是说,只有这个独立的民族国家才造成了能够最充分地发展商品生产,能够最自由、广泛、迅速地

---

① 参看《马克思恩格斯文集》第5卷第876页。——编者注

发展资本主义的条件。这个国家是资产阶级国家，因此它自己已在压迫其他民族和奴役殖民地了；我们不知道，亚洲是否来得及在资本主义崩溃以前，也像欧洲那样形成独立的民族国家的体系。但是有一点是无可争辩的，这就是资本主义唤醒了亚洲，在那里也到处都激起了民族运动，这些运动的趋势就是要在亚洲建立民族国家，也只有这样的国家才能保证资本主义的发展有最好的条件。亚洲的实例**证实了**考茨基的观点，而**推翻了**罗莎·卢森堡的观点。

巴尔干各国的实例也推翻了她的观点，因为现在大家都看到，在巴尔干保证资本主义发展的最好的条件，正是随着在这个半岛上建立独立的民族国家才形成起来的。

所以，无论是全体先进文明人类的实例也好，巴尔干的实例也好，亚洲的实例也好，都同罗莎·卢森堡所说的相反，而证明考茨基的论点绝对正确：民族国家是资本主义的通例和“常规”，而民族复杂的国家是一种落后状态或者是一种例外。从民族关系方面来看，民族国家无疑是保证资本主义发展的最好的条件。这当然不是说，这种国家在资产阶级关系基础上能够排除民族剥削和民族压迫。这只是说，马克思主义者不能忽视那些产生建立民族国家趋向的强大的**经济**因素。这就是说，从历史-经济的观点看来，马克思主义者的纲领中所谈的“民族自决”，除政治自决，即国家独立、建立民族国家以外，**不可能**有什么别的意义。

至于从马克思主义的观点，即无产阶级的阶级观点看来，究竟在什么条件下，才能支持“民族国家”这个资产阶级民主要求，下面将要详细地谈到。现在，我们只是阐明一下“自决”这一**概念**的定义，不过还应当指出，罗莎·卢森堡是**知道**这个概念（“民族国家”）

的内涵的，而拥护她的那些机会主义者，如李普曼、谢姆柯夫斯基、尤尔凯维奇之流，**连这一点也不知道！**

## 2. 历史的具体的问题提法

在分析任何一个社会问题时，马克思主义理论的绝对要求，就是要把问题提到**一定的**历史范围之内；此外，如果谈到某一国家（例如，谈到这个国家的民族纲领），那就要估计到在同一历史时代这个国家不同于其他各国的具体特点。

如果把马克思主义的这个绝对要求应用到我们现在这个问题上来，那应该怎么办呢？

首先必须把从民族运动的角度来看根本不同的两个资本主义时代严格区别开来。一个时代是封建制度和专制制度崩溃的时代，是资产阶级民主制的社会和国家形成的时代，当时民族运动第一次成为群众性的运动，它通过报刊和参加代表机关等等途径，以不同方式把**一切**阶级的居民卷入了政治。另一个时代，就是我们所处的各资本主义国家已经完全形成、宪制早已确立、无产阶级同资产阶级的对抗大大发展的时代，这个时代可以叫做资本主义崩溃的前夜。

前一时代的典型现象，就是由于争取政治自由，特别是民族权利的斗争的开展，民族运动方兴未艾，人数最多、最"难发动的"居民阶层——农民投入这个运动。后一时代的典型现象，就是没有群众性的资产阶级民主运动，这时发达的资本主义使完全卷入商业周转的各个民族日益接近，杂居在一起，而把跨民族联合起来的资本同跨民族的工人运动的对抗提到第一位。

当然，这两个时代没有被一堵墙隔开，而是由许多过渡环节联系在一起；同时各个国家在民族的发展速度、居民的民族成分、居民的分布等等方面仍各不相同。如果不估计到所有这些一般历史条件和具体国家条件，就根本无法着手考察某个国家的马克思主义者的民族纲领。

正是在这里，我们发现了罗莎·卢森堡的议论中最大的弱点。她拼命用一套反对我们纲领第 9 条的“厉害”字眼来点缀自己的文章，喋喋不休地说它“笼统”、“死板”，是“形而上学的空谈”等等。这位著作家既然如此高明地斥责形而上学的观点（按照马克思的理解，就是反辩证法的观点）和空洞抽象的观点，我们自然也就应该期待她给我们作出一个用具体的历史的方法研究问题的榜样。这里所说的是在一个特定的时代——20 世纪初和一个特定的国家——俄国的马克思主义者的民族纲领。罗莎·卢森堡想必应当这样提出问题：俄国究竟处在**什么历史**时代？**这个**国家在**这个**时代的民族问题和民族运动究竟有**哪些具体**特点？

**可是罗莎·卢森堡丝毫没有谈到这一点**！民族问题在这个历史时代的**俄国**究竟是什么问题，**俄国**在这方面究竟具有哪些特点，——在她的文章里根本找不到对这个问题的分析！

文章告诉我们：巴尔干的民族问题跟爱尔兰的不同；马克思怎样估计 1848 年具体环境下的波兰人和捷克人的民族运动（整页都是引证马克思的话）；恩格斯怎样估计瑞士林区各州反对奥地利的斗争以及 1315 年的莫尔加滕战役（整页都是摘引恩格斯的话和考茨基的有关评注）；拉萨尔认为 16 世纪德国农民战争是反动的，等等。

这些意见和引证谈不上有什么新颖之处，但不管怎么样，对读者来说，再次回顾一下马克思、恩格斯和拉萨尔用什么方法分析各国的具体历史问题，还是颇有兴味的。只要重读一下从马克思和恩格斯那里摘录来的那些大有教益的话，就会十分明显地看到罗莎·卢森堡把自己置于何等可笑的境地了。她娓娓动听又怒气冲冲地鼓吹必须用具体的历史的方法分析各个时代各个国家的民族问题，但是她**丝毫**没有打算确定一下，20世纪初的**俄国**究竟是处在资本主义发展的**什么**历史阶段，这个国家的民族问题究竟有哪些**特点**。罗莎·卢森堡举出一些**别人**怎样用马克思主义方法分析问题的例子，好像是故意在强调：善良的愿望往往铺成地狱，好心的忠告往往被用来掩饰不愿意或不善于实际运用这些忠告。

请看一个大有教益的对照。罗莎·卢森堡在反对波兰独立的口号时，引用了她在1898年所写的一篇证明“波兰工业发展”迅速是由于能向俄国推销工厂产品的著作。不用说，从这里丝毫也不能得出什么有关自决**权**问题的结论，这只不过证明旧的贵族波兰已经消失，如此等等。但罗莎·卢森堡总是悄悄地把笔锋一转，得出这样一种结论，说什么促使俄国同波兰结合的诸因素中，现代资本主义关系的纯经济的因素现在已经占了优势。

可是，我们的罗莎一谈到自治问题时，尽管她的文章标题叫《民族问题和自治》，是**泛指的**论题，她却开始证明**唯独**波兰王国应该有自治权（见1913年《启蒙》杂志第12期上关于这个问题的评论①）。为了证明波兰应有自治权，罗莎·卢森堡剖析了俄国国家

① 见本版全集第24卷第147—154页。——编者注

制度的各种特征，显然既有经济的，也有政治的，既有生活习俗的，也有社会学方面的特征，认为它具有构成“亚洲式的专制制度”这一概念的全部特征（《社会民主党评论》杂志第 12 期第 137 页）。

大家知道，如果在一个国家的经济中纯属宗法制的特征，即前资本主义的特征还占优势，商品经济极不发达，阶级分化还极不明显，那么上述那种国家制度就具有极大的牢固性。如果在国家制度显然带有**前**资本主义性质的国家里，存在着一个资本主义发展**迅速**的按民族划分的区域，那么这种资本主义的发展愈迅速，它同**前**资本主义的国家制度之间的矛盾也就愈厉害，这个先进区域脱离整体的可能性也就愈大，因为联结这个区域和整体的不是“现代资本主义的”关系，而是“亚洲式的专制制度的”关系。

可见，罗莎·卢森堡甚至在俄国政权的社会结构同资产阶级波兰作对比的问题上，也完全不能自圆其说。至于俄国民族运动的具体历史特点问题，她甚至根本没有提出来。

这个问题我们必须分析一下。

## 3. 俄国民族问题的具体特点和俄国的资产阶级民主改革

“……虽然‘民族自决权’原则有伸缩性，纯粹是老生常谈，显然不但适用于俄国的各个民族，而且同样适用于德国和奥地利、瑞士和瑞典、美洲和澳洲的各个民族，但是我们在当今任何一个社会党的纲领内，都找不到这个原则……”（《社会民主党评论》杂志第 6 期第 483 页）

罗莎·卢森堡开始攻击马克思主义纲领第 9 条时就是这样写

的。她说纲领的这一条“纯粹是老生常谈”，要我们接受这种见解，而她自己恰巧是犯了这种错误，因为她竟可笑地大胆地宣称这一条“显然同样适用于”俄德等等国家。

我们的回答是：罗莎·卢森堡显然下决心要使自己的文章成为供中学生做习题用的逻辑错误大全，因为她的这一论断完全是胡说八道，完全是对历史的具体的问题提法的嘲笑。

如果不是像小孩子那样，而是像马克思主义者那样来解释马克思主义的纲领，那就不难看出，这个纲领是同资产阶级民主民族运动有关的。既然如此（而且无疑是如此），那么，这个纲领“显然”“笼统地”适用于**一切**有资产阶级民主民族运动的场合，是一种“老生常谈”等等。罗莎·卢森堡只要稍加思索，也显然会得出结论说，我们的纲领**仅仅**适用于确有民族运动存在的场合。

罗莎·卢森堡只要把这些明显的道理思索一下，就会很容易地知道，她说的话是多么荒谬。她责难**我们**提出的是“老生常谈”，她用来**反驳我们**的论据是：在**没有**资产阶级民主民族运动的国家的纲领里没有民族自决的条文。好一个聪明绝顶的论据啊！

把各个国家的政治经济的发展情况加以比较，把各个国家的马克思主义纲领也加以比较，从马克思主义观点看来，具有极大的意义，因为各现代国家无疑具有共同的资本主义本性和共同的发展规律。可是，这样的比较必须作得适当。这里有一个起码的条件，就是要弄清所比较的各个国家的历史发展时期是否**可比**。例如，只有十分无知的人，才会把俄国马克思主义者的土地纲领拿去同西欧的土地纲领“作比较”（如叶·特鲁别茨科伊公爵在《俄国思想》杂志上所做的那样），因为我们的纲领所回答的是**资产阶级民主的**土地改革问题，而西欧各国根本谈不到这样的改革。

民族问题也是这样。这个问题在西欧大多数国家里早已解决了。在西欧各国的纲领里寻找并不存在的问题的答案，这是可笑的。这里罗莎·卢森堡恰恰忽视了最主要的一点：资产阶级民主改革早已完成的国家和没有完成的国家之间的区别。

这种区别正是全部关键的所在。由于罗莎·卢森堡完全忽视了这种区别，她那篇宏论也就成了一套空洞无物的老生常谈了。

在西欧大陆上，资产阶级民主革命时代所包括的是一段相当确定的时期，大致是从 1789 年到 1871 年。这个时代恰恰是民族运动以及建立民族国家的时代。这个时代结束后，西欧便形成了资产阶级国家的体系，这些国家通常都是单一民族国家。因此，现在到西欧社会党人纲领里去寻找民族自决权，就是不懂得马克思主义的起码常识。

在东欧和亚洲，资产阶级民主革命时代是在 1905 年才开始的。俄国、波斯、土耳其和中国的革命，巴尔干的战争，就是**我们**这个时代我们“东方”所发生的一连串有世界意义的事变。只有瞎子才不能从这一串事变中看出**一系列**资产阶级民主民族运动的兴起，看出建立民族独立的和单一民族的国家的趋向。正是因为而且仅仅是因为俄国及其邻邦处在这个时代，所以我们需要在我们的纲领上提出民族自决权这一条。

我们不妨从上面引自罗莎·卢森堡论文的那段话往下再摘一句：

> 她写道：“……特别是在民族成分非常复杂的国家中进行活动并且认为民族问题对党具有头等意义的那个党的纲领里，即奥地利社会民主党的纲领里，并没有包含民族自决权的原则。”（同上）

总之，她“特别”想拿奥地利的例子来说服读者。那就让我们从具体的历史的观点来看看，举这个例子是否很有道理。

第一，我们要提出资产阶级民主革命是否完成这个基本问题。奥地利的资产阶级民主革命是 1848 年开始，1867 年完成的。从那时起到现在差不多经历了半个世纪，那里始终是由大体上已经建立的资产阶级宪制统治着，而合法的工人政党也就是根据这个宪制公开进行活动的。

因此，就奥地利发展的内部条件来说(即从整个奥地利资本主义发展，特别是奥地利各个民族资本主义发展来看)，**并没有**产生飞跃的因素，而伴随这种飞跃的现象之一，则可能是建立独立的民族国家。罗莎·卢森堡在进行比较时，设定俄国在这一点上处于同样的条件，于是她不仅作了这种根本不符合事实的、反历史的假设，而且不由自主地滑到取消主义立场上去了。

第二，奥地利各民族的相互关系和俄国各民族的相互关系完全不同，这对于我们所讨论的问题具有特别重大的意义。奥地利不仅是一个长期以来德意志人占优势的国家，而且奥地利的德意志人还曾经怀有想做整个德意志民族霸主的野心。对老生常谈、死板公式、抽象概念等等如此讨厌的……罗莎·卢森堡，也许肯赏脸回想一下，这种"野心"已经被 1866 年的战争粉碎了。在奥地利占统治地位的民族——德意志人竟留在 1871 年最终建成的独立的德意志国家**外面**了。另一方面，匈牙利人建立独立的民族国家的尝试，早在 1849 年就被俄国农奴制的军队粉碎了。

于是就造成了一种非常特殊的局面：匈牙利人和捷克人恰恰不倾向于脱离奥地利，而是倾向于保持奥地利的完整，其目的正是为了保持民族独立，以免完全被那些更残暴更强悍的邻国破坏掉！由于这种特殊情况，奥地利便形成两个中心的(二元的)国家，而现在又变成三个中心的(三元的:德意志人、匈牙利人、斯拉夫人)国家。

俄国同这种情形有哪点相似的地方呢?我们这里的"异族人"是否因为怕受到**更坏的**民族压迫而情愿同大俄罗斯人联合呢?

只要提出这个问题,就足以看出在民族自决问题上拿俄国同奥地利来比较,是多么荒谬、多么死板、多么愚昧了。

在民族问题上,俄国所具有的特殊条件恰恰同我们在奥地利看到的相反。俄国是以一个民族即以大俄罗斯民族为中心的国家。大俄罗斯人占据着广袤的连片地区,人口约有 7 000 万。这个民族国家的特点是:第一,"异族人"(总计占全国人口多数,即57%)恰恰是住在边疆地区;第二,这些异族人所受的压迫比在邻国(并且不仅是在欧洲的邻国)要厉害得多;第三,这些居住在边疆地区的被压迫民族往往有一些同族人住在国界的另一边,他们享有较多的民族独立(只要提一下住在俄国西部和南部边界以外的芬兰人、瑞典人、波兰人、乌克兰人、罗马尼亚人就够了);第四,"异族"边疆地区的资本主义发展程度和一般文化水平,往往高于国家的中部地区。最后,我们看到,正是在毗邻的亚洲国家资产阶级革命和民族运动的阶段已经开始,这种革命和运动部分地蔓延到了俄国境内的那些同血统的民族。

可见,正是由于俄国民族问题的这些具体的历史特点,我们在当前所处的时代承认民族自决权,具有特别迫切的意义。

况且,就是从单纯事实方面来看,罗莎·卢森堡断定奥地利社会民主党纲领不承认民族自决权,也与实际不符。只要打开通过民族纲领的布隆代表大会[156]的记录,我们就可以看到,当时罗辛族社会民主党人甘凯维奇代表整个乌克兰(罗辛人)代表团(记录第 85 页),波兰社会民主党人雷盖尔代表整个波兰代表团(记录第 108 页)都声明,这两个民族的奥地利社会民主党人已经把他们本民族要求民族统一、自由和独立的愿望,列在自己的要求之内了。可见,奥地利社会民主党虽然没有在自己的纲领里直接提出民族自决权,但是它完全容许党的**某些部分**提出民族独立的要求。事实上这当然就是承认民族自决权!可见,罗莎·卢森堡把奥地利拿来作论据,实际上是在**各**方面**反驳了**罗莎·卢森堡自己。

## 4. 民族问题上的“实际主义”

机会主义者特别喜欢接过罗莎·卢森堡这样一个论据:我们纲领的第 9 条没有包含一点“实际的东西”。罗莎·卢森堡自己也非常欣赏这个论据,我们在她的这篇文章中可以看到有时在一页之内一连把这个“口号”重复了 8 次。

她写道,第 9 条“对于无产阶级的日常政策没有提供任何实际的指示,对于民族问题没有提供任何实际的解决办法”。

她的这个论据还有这样的表述:第 9 条不是言之无物,就是要求必须支持一切民族要求。我们现在就来探讨一下这个论据。

在民族问题上要求“实际”是什么意思呢?

或者是指支持一切民族要求;或者是指对每个民族分离的问题作出“是或否”的回答;或者是指民族要求能无条件地立即“实现”。

我们就来探讨一下要求“实际”的这三种可能的含义。

在一切民族运动开始时很自然地充当运动首领(领导者)的资产阶级,把支持一切民族要求称为实际的事情。但是无产阶级在

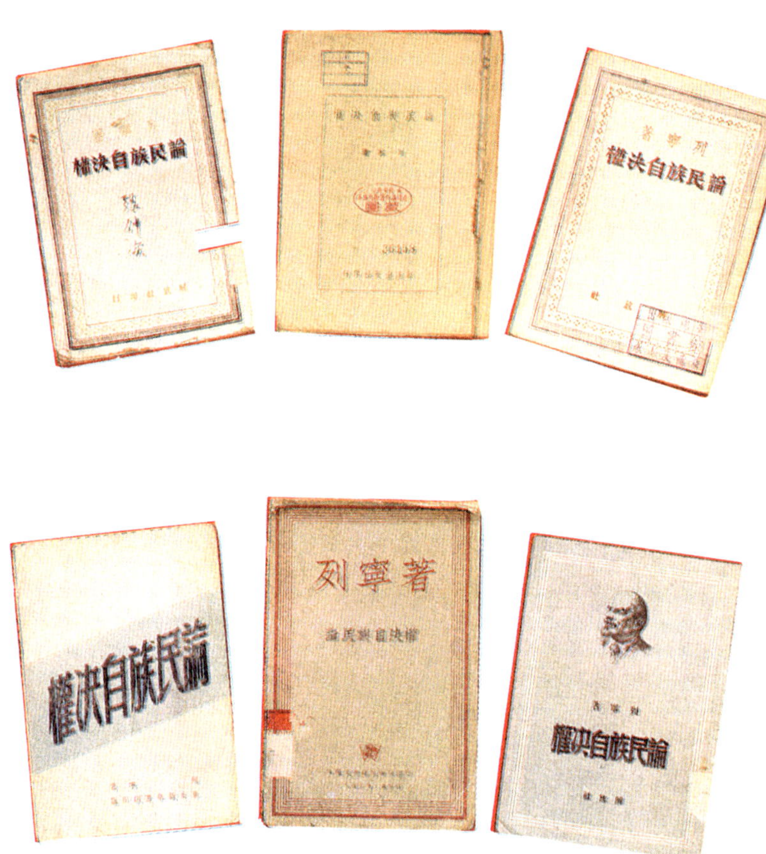


1938—1949 年我国出版的列宁《论民族自决权》一书的部分版本

民族问题上的政策(在其他问题上也一样),只是在一定的方向上支持资产阶级,而永远不同资产阶级的政策完全一致。工人阶级只是为了民族和睦(这是资产阶级不能完全做到的,只有在**完全**民主化的时候才能实现),为了平等,为了创造最好的阶级斗争环境,才支持资产阶级。因此,无产者恰恰是为了**反对**资产阶级的**实际主义**才提出了民族问题上的**原则性**政策,始终**只是有条件地**支持资产阶级。任何资产阶级在民族问题上都希望**本**民族享有种种特权,或者为本民族谋取特殊利益;这就叫做“实际”。无产阶级反对任何特权,反对任何特殊。要无产阶级讲“实际主义”,就等于迁就资产阶级,陷入机会主义。

对每个民族分离的问题都要作出“是或否”的回答吗?这似乎是一个很“实际的”要求。其实它在理论上是荒谬的、形而上学的,在实践上是让无产阶级服从资产阶级政策。资产阶级总是把自己的民族要求提到第一位,而且是无条件地提出来的。无产阶级认为民族要求服从阶级斗争的利益。资产阶级民主革命究竟是以该民族分离还是以该民族取得同其他民族平等的地位而告终,这在理论上是不能预先担保的;无产阶级认为重要的,是**在这两种情况下**都要保证本阶级的发展;资产阶级认为重要的,是阻碍这种发展,把无产阶级发展的任务推到“本”民族的任务后面去。因此,无产阶级就只提出所谓消极的要求,即要求承认自决**权**,而不向任何一个民族担保,不向任何一个民族答应提供**损害**其他民族利益的**任何东西**。

就算这是不“实际”吧,但这在事实上能最可靠地保证用尽可能民主的办法解决问题;无产阶级**只**需要有这种保证,而每一民族的资产阶级则需要保证**自己的**利益,不管其他民族的处境如何(不管它们可能受到什么损害)。

资产阶级最关心的是某项要求是否“能实现”,——因此就产生了同其他民族的资产阶级勾结而损害无产阶级利益的永远不变的政策。而对无产阶级重要的是巩固本阶级来反对资产阶级,用彻底的民主和社会主义的精神教育群众。

让机会主义者去说这不“实际”吧,但这是唯一实际的保证,是违背封建主和**民族主义**资产阶级的意愿争取最大限度的民族平等和民族和睦的保证。

在每个民族的**民族主义**资产阶级看来,无产者在民族问题方面的全部任务都是“不实际的”,因为无产者仇视任何民族主义,而要求“抽象的”平等,要求根本取消任何特权。罗莎·卢森堡不懂得这一点,糊里糊涂地赞美实际主义,这恰巧是为机会主义者,特别是为向大俄罗斯民族主义作机会主义让步大开方便之门。

为什么说是向大俄罗斯民族主义让步呢?因为大俄罗斯民族在俄国是压迫民族,而民族问题上的机会主义在被压迫民族中和压迫民族中的表现自然是各不相同的。

被压迫民族的资产阶级借口自己的要求合乎“实际”而号召无产阶级无条件地支持它的要求。最实际的莫过于直接说个“是”字,赞成**某一个**民族的分离,而不是赞成一切民族的分离**权**!

无产阶级反对这种实际主义。它承认各民族平等,承认各民族都有成立民族国家的平等权利,同时又把各民族无产者之间的联合看得高于一切,提得高于一切,**从**工人的阶级斗争**着眼**来估计一切民族要求,一切民族的分离。实际主义的口号,实际上只是盲从资产阶级要求的口号。

有人对我们说:你们赞成民族分离权,就是赞成被压迫民族的资产阶级民族主义。说这种话的有罗莎·卢森堡，附和她的有机会主义者谢姆柯夫斯基，——顺便说一下，他是在取消派报纸上就这个问题鼓吹取消派思想的唯一代表！

我们的回答是：不，在这里，正是资产阶级看重“实际的”解决，而工人看重**在原则上**划清两种倾向。**在**被压迫民族的资产阶级反对压迫民族**这一点上**，我们在任何时候、任何场合都加以**支持**，而且比任何人都更坚决，因为我们反对压迫是最大胆最彻底的。当被压迫民族的资产阶级极力主张**自己的**资产阶级民族主义时，我们就要反对。我们反对压迫民族的特权和暴力，同时丝毫也不纵容被压迫民族谋求特权。

如果我们不提出和不宣传分离**权**的口号，那就不仅是帮助了**压迫**民族的资产阶级，而且是帮助了**压迫**民族的封建主和专制制度。考茨基早就提出这个论据来反对罗莎·卢森堡，而这个论据是无可争辩的。罗莎·卢森堡因害怕“帮助”波兰民族主义资产阶级而否定**俄国**马克思主义者纲领中提出的分离**权**，**实际上**就是帮助了大俄罗斯黑帮。她实际上是助长机会主义容忍大俄罗斯人的特权(甚至是比特权更坏的东西)的态度。

罗莎·卢森堡醉心于反对波兰民族主义，却忘记了大俄罗斯人的民族主义，而**这个**民族主义在目前恰恰是最可怕的，恰恰是资产阶级色彩较少而封建色彩较浓，恰恰是民主运动和无产阶级斗争的主要障碍。**每个**被压迫民族的资产阶级民族主义，都有**反对**压迫的一般民主主义内容，而我们**无条件**支持的正是这种内容，同时要严格地区分出谋求本民族特殊地位的趋向，反对波兰资产者压迫犹太人的趋向，等等。

这在资产者和小市民看来是“不实际的”。但这是民族问题上唯一实际的、原则性的、真正有助于民主、自由和无产阶级联合的政策。

承认一切民族都有分离权；从消除任何不平等、任何特权和任何特殊地位着眼，来评价每一个关于分离的具体问题。

让我们看看压迫民族的地位。压迫其他民族的民族能不能获得解放呢？不能。大俄罗斯居民[①]要获得解放，就必须反对这种压迫。镇压被压迫民族运动的漫长历史，数百年的历史，"上层"阶级对这种镇压的不断宣传，造成了大俄罗斯民族的种种偏见，成了大俄罗斯民族本身解放事业的莫大障碍。

大俄罗斯黑帮有意支持和煽动这种偏见。大俄罗斯资产阶级容忍或迎合这种偏见。大俄罗斯无产阶级不同这种偏见进行不断的斗争，就不能实现**自己的**目的，就不能替自己扫清走向解放的道路。

建立独立自主的民族国家，在俄国暂时还只是大俄罗斯民族的特权。我们，大俄罗斯无产者，不维护任何特权，当然也就不维护这种特权。我们在这个国家的土地上进行斗争，要把这个国家的各民族工人联合起来，我们不能保证民族的发展一定要经过某条道路，我们要经过**一切**可能的道路走向我们的阶级目标。

可是，不同一切民族主义进行斗争，不捍卫各民族的平等，就不可能走向这一目标。例如，乌克兰能不能组成独立国家，这要以千百种预先不得而知的因素为转移。我们不想凭空"**猜测**"，但坚

① 巴黎有一位名叫列·弗拉·的人，认为这是一个非马克思主义的用词。这位列·弗拉·是可笑的"superklug"（译成有讽刺意味的词，就是"自作聪明的"）。这个"自作聪明的"列·弗拉·大概打算写一部怎样从我们的最低纲领中（根据阶级斗争观点！）剔除"居民"、"民族"等等字眼的研究著作。

决拥护这一毫无疑问的原则:乌克兰有成立这种国家的权利。我们尊重这种权利,我们不赞成大俄罗斯人有统治乌克兰人的特权,我们**教育**群众承认这种权利,否认任何一个民族享有**国家**特权。

在资产阶级革命时代一切国家都经历过的那种飞跃中,为了建立民族国家的权利而发生冲突和斗争是可能的,而且是很有可能的。我们无产者预先就宣布我们**反对**大俄罗斯人的特权,并且依照这个方针来进行自己的全部宣传鼓动工作。

罗莎·卢森堡因追求“实际主义”而忽略了大俄罗斯无产阶级和其他民族的无产阶级的**主要**实际任务,即进行日常宣传鼓动,反对任何国家特权和民族特权,主张一切民族有成立自己的民族国家的同等权利;这种任务是我们在民族问题上的主要(在目前)任务,因为只有这样,我们才能捍卫住民主运动的利益和一切民族的一切无产者平等联合的利益。

让大俄罗斯人中的压迫者和被压迫民族的资产阶级(二者都要求**明确地**回答是或否,都责难社会民主党人的态度“不明确”)去说这种宣传“不实际”吧。其实,正是这种宣传,只有这种宣传,才能保证对群众进行真正民主主义和真正社会主义的教育。也只有这种宣传,才能保证俄国在它仍是一个多民族的国家时,有最大的民族和睦的可能,一旦出现分离为各民族国家的问题,又能保证最和平地(并且对无产阶级的阶级斗争最无损害地)实行这种分离。

为了更具体地说明民族问题上这个唯一的无产阶级政策,我们现在研究一下大俄罗斯自由派对“民族自决”的态度和挪威同瑞典分离的实例。

## 5. 自由派资产阶级和社会党机会主义分子对于民族问题的态度

我们已经看到,罗莎·卢森堡当做一张主要“王牌”用来反对俄国马克思主义者纲领的就是如下这个论据:承认自决权等于支持被压迫民族的资产阶级民族主义。另一方面,罗莎·卢森堡说,如果把这种权利理解为只是反对一切民族压迫,那么在纲领上就不需要专门列这一条,因为社会民主党是根本反对任何民族暴力和不平等的。

第一个论据,正如考茨基差不多在20年前就不容争辩地指出过的那样,是把自己的民族主义嫁祸于人,因为罗莎·卢森堡害怕被压迫民族的资产阶级民族主义,而**在行动上**却替大俄罗斯黑帮民族主义张目!第二个论据实质上是胆怯地回避这样一个问题:承认民族平等是不是包括承认分离权?如果包括,那就是说,罗莎·卢森堡承认我们党纲第9条在原则上是正确的。如果不包括,那就是说她不承认民族平等。在这里,回避问题和支吾搪塞是无济于事的!

然而对于上述的以及一切与此类似的论据的最好检验方法,就是研究社会**各阶级**对这个问题的态度。对马克思主义者来说必须进行这种检验。必须从客观情况出发,必须考察各阶级彼此对于这一条文的态度。罗莎·卢森堡没有这样做,因而正好犯了她枉费心机地企图加在论敌头上的形而上学、抽象、老生常谈、笼统等等的错误。

这里所说的是**俄国**马克思主义者的纲领，即俄国各民族的马克思主义者的纲领。应不应该考察一下俄国各**统治**阶级的立场呢？

"官僚"（恕我们用了这个不确切的字眼）和贵族联合会之类的封建地主的立场，是人所共知的。他们对民族平等和自决权，都采取了绝对否定的态度。他们的口号是从农奴制度时代拿来的旧口号——专制、正教、民族，他们所谓的民族只是指大俄罗斯民族。甚至乌克兰人也被宣布为"异族人"，连他们的母语也受到压制。

我们来看看"被召来"参加政权的俄国资产阶级吧，固然它在政权中所占的地位很有限，但总算是参加了政权，参加了"六三"立法和行政体制。十月党人在这个问题上实际上跟着右派走，这是用不着多说的。可惜，某些马克思主义者对于大俄罗斯自由派资产阶级，即进步党人和立宪民主党人的立场注意得太少了。然而，谁不研究这个立场，不仔细考察这个立场，那他在讨论民族自决权时就必然会犯抽象和武断的错误。

去年《真理报》同《言语报》进行了论战，这个立宪民主党的主要机关报虽然非常巧于玩弄外交辞令以逃避直接回答"不愉快的"问题，但终究被迫作了一些宝贵的自供。这场风波是 1913 年夏天在利沃夫召集的全乌克兰学生代表大会[157]引起的。首屈一指的"乌克兰问题专家"或者说《言语报》乌克兰问题撰稿人莫吉梁斯基先生发表了一篇文章，用许多最厉害的骂人字眼（"梦呓"、"冒险主义"等等）攻击乌克兰分离（分立）的主张，攻击民族社会党人顿佐夫所鼓吹而为上述代表大会所赞同的这个主张。

《工人真理报》[158]丝毫也不赞同顿佐夫先生的意见，直截了当地指出他是个民族社会党人，说许多乌克兰马克思主义者都不同意他的看法，但还是声明说，《言语报》的**论调**，或者更确切些说，《言语报》**对于问题的原则提法**，对一个大俄罗斯的民主派或愿意当民主派的人来说，是极不得体的，是不能容许的。①《言语报》可以直接反驳顿佐夫之流的先生们，但是一个自命为民主派的大俄罗斯人的机关报竟忘记分离**自由**和分离**权**，那是**根本**不能容许的。

过了几个月，莫吉梁斯基先生在利沃夫出版的乌克兰文报纸《道路报》[159]上读到了顿佐夫先生的反驳意见，其中顺便提到"《言语报》的沙文主义攻讦只有在俄国社会民主党报刊上受到了应有的指摘〈是痛斥吧？〉"，于是莫吉梁斯基先生便在《言语报》第331号上发表了一篇"解释"文章。莫吉梁斯基先生的"解释"就是一连三次重复说："批评顿佐夫先生所提出的办法"，"与否认民族自决权毫无共同之处"。

莫吉梁斯基先生写道："应当指出，'民族自决权'也不是什么不容批评的偶像〈听啊！！〉：民族生活的不良条件能引起民族自决问题上的不良倾向，而揭穿这种不良倾向并不就是否认民族自决权。"

可见，自由派关于"偶像"的论调，是完全同罗莎·卢森堡的论调合拍的。显然，莫吉梁斯基先生是想回避直接回答一个问题：他究竟承认不承认政治自决权，即分离权？

于是，《无产阶级真理报》（1913年12月11日第4号）便向莫吉梁斯基先生和立宪民主**党直截了当地**提出了这个问题。②

当时《言语报》（第340号）就发表了一篇未署名的即编辑部的正式声明，来回答这个问题，其内容可归纳为下列三点：

---

① 见本版全集第23卷第354—355页。——编者注

② 见本版全集第24卷第220—222页。——编者注

(1)立宪民主党纲领第 11 条,直接地和明确地谈到了民族"自由**文化**自决权"。

(2)《言语报》断言,《无产阶级真理报》把自决同分离主义,即同某个民族的分离"彻底混淆了"。

(3)"**立宪民主党人确实从来也没有拥护过脱离俄国的'民族分离'权**。"(见 1913 年 12 月 20 日《无产阶级真理报》第 12 号上所载《民族自由主义和民族自决权》一文[①])

我们先来看看《言语报》声明中的第二点。它向谢姆柯夫斯基之流、李普曼之流、尤尔凯维奇之流及其他机会主义者先生们明确地指出,他们大喊大叫,说什么"自决"的含义"不清楚"或"不明确",**实际上**,即根据俄国各阶级相互关系和阶级斗争的客观情况来看,只是**简单地重复**自由主义君主派资产阶级的言论而已!

当时《无产阶级真理报》向《言语报》的那些高明的"立宪民主党人"先生们提出了**三个**问题:(1)他们是不是否认在全部国际民主运动史上,特别是从 19 世纪中叶以来,民族自决始终都正是被理解为政治自决,即成立独立民族国家的权利呢?(2)他们是不是否认 1896 年的伦敦国际社会党代表大会的著名决议也是指这种意思呢?(3)他们是不是否认普列汉诺夫早在 1902 年谈到自决问题时,就把自决理解为政治自决呢?——当《无产阶级真理报》提出这三个问题时,**立宪民主党人先生们便哑口无言了!!**

他们一句话也没有回答,因为他们无言可答。他们不得不默默承认《无产阶级真理报》绝对正确。

自由派大喊大叫,说什么"自决"这个概念不清楚,说社会民主

① 见本版全集第 24 卷第 262—264 页。——编者注

党把自决同分离主义“彻底混淆了”等等，这不过是力图**搅乱**问题，不愿承认民主派共同确认的原则而已。谢姆柯夫斯基、李普曼和尤尔凯维奇之流的先生们如果不是这样愚昧无知，就会羞于用**自由派**口吻来向工人说话了。

让我们继续说下去吧。《无产阶级真理报》迫使《言语报》不得不承认，立宪民主党纲领上所谈的“文化”自决，恰恰就是**否认政治**自决的意思。

“立宪民主党人确实从来也没有拥护过脱离俄国的‘民族分离’权”，——《无产阶级真理报》把《言语报》上的这些话当做我国立宪民主党人“恭顺”的范例，介绍给《新时报》和《庶民报》[160]看，是不无原因的。《新时报》在第13563号上，当然没有放过机会来骂骂“犹太鬼子”，还向立宪民主党人说了各种挖苦的话，但是同时也声明：

> “在社会民主党人看来是政治常识公理的东西〈即承认民族自决权，分离权〉，现在甚至在立宪民主党人中间也开始引起非议。”

立宪民主党人声明他们“从来也没有拥护过脱离俄国的民族分离权”，于是就在原则上站到同《新时报》完全一样的立场上去了。这也就是立宪民主党人的**民族自由主义**的基本原则之一，也是导致他们同普利什凯维奇之流接近，在政治思想上和政治实践上依附于普利什凯维奇之流的基本原则之一。《无产阶级真理报》写道：“立宪民主党人先生们学过历史，所以很清楚，在实际中运用普利什凯维奇之流的‘抓走和不准’[161]这种古已有之的权利往往会导致什么样的——说得婉转些——‘类似大暴行的’行动。”立宪民主党人很清楚普利什凯维奇之流的无限权力的封建根源和性质，但他们还是完全**拥护**这个阶级所建立的关系和国界。立宪民主党人先生们很清楚，这个阶级所建立或所确定的关系和国界有很多是非欧洲式的，反欧洲式的（要不是听起来像是无端蔑视日本人和中国人，那我们就会说是亚洲式的）东西，但他们还是认为这些关系和国界是一个不可逾越的极限。

这也就是迎合普利什凯维奇之流，向他们卑躬屈节，唯恐动摇他们的地位，保卫他们不受人民运动的攻击，不受民主运动的攻击。《无产阶级真理报》写道："实际上这是迎合了农奴主的利益，迎合了统治民族最坏的民族主义偏见，而不是同这种偏见进行不断的斗争。"

立宪民主党人熟悉历史，并且奢望成为民主派，所以不敢明说（连试一试也不敢），现在已经成为东欧和亚洲特征的民主运动，力求按文明资本主义国家模样改造东欧和亚洲的民主运动，必定保持封建时代，即普利什凯维奇之流具有无限权力而资产阶级和小资产阶级的广大阶层毫无权利的时代所确定的国界。

《无产阶级真理报》同《言语报》的论战中所提出的问题，决不只是什么文字上的问题，而是一个当前迫切的实际政治问题，1914年3月23—25日举行的最近那次立宪民主党代表会议也证明了这一点。《言语报》（1914年3月26日第83号）关于这次代表会议的正式报道中说：

"民族问题讨论得也特别热烈。基辅的代表们（尼·维·涅克拉索夫和亚·米·科柳巴金两人也赞同他们的意见）指出，民族问题是正在成熟的巨大因素，必须比以前更坚决地欢迎这个因素。可是〈这个"可是"恰恰同谢德林所说的那个"但是"，即"耳朵不会高过额头，不会的"一语相合〉费·费·科科什金指出，无论是纲领或过去的政治经验，都要求我们十分谨慎地对待'民族政治自决'这一'有伸缩性的原则'。"

立宪民主党代表会议上的这段极其精彩的言论，值得一切马克思主义者和一切民主主义者密切注意。（顺便指出，《基辅思想报》显然非常知情并且无疑是正确转述了科科什金先生的意思，这家报纸补充说，科科什金特别指出过国家"瓦解"的危险，当然，这是对论敌的一种警告。）

《言语报》的正式报道是用极圆滑的外交笔调写成的，为的是尽可能少撩起幕布，尽可能多地掩盖内情。但是从这篇报道中大体上还是可以看出立宪民主党代表会议上所发生的事情。熟悉乌克兰情况的自由派资产者代表和"左派"立宪民主党人所提出的，**正是**民族**政治**自决的问题。否则，科科什金先生就用不着号召"谨慎对待"这一"公式"了。

在立宪民主党人纲领（参加立宪民主党代表会议的代表当然知道这个纲领）上所写的，恰巧**不是**政治自决，而是"文化"自决。可见，科科什金先生是**捍卫**这个纲领而**反对**乌克兰代表和左派立宪民主党人的，是捍卫"文化"自决而**反对**"政治"自决的。非常明显，科科什金先生表示反对"政治"自决，指出"国家瓦解"的危险，把"政治自决"原则称为**"有伸缩性的"**（与罗莎·卢森堡的论调完全合拍！），也就是捍卫大俄罗斯的民族自由主义，而反对立宪民主党内比较"左倾"或比较民主的分子，反对乌克兰资产阶级。

科科什金先生在立宪民主党代表会议上获得胜利了，这从《言语报》的报道里露了马脚的"可是"二字就可以看出来。大俄罗斯的民族自由主义在立宪民主党人中获得胜利了。难道这种胜利还不能促使俄国马克思主义者中间那些开始和立宪民主党人一样也害怕"民族政治自决这一有伸缩性的原则"的糊涂虫醒悟过来吗？

"可是"，我们现在要从问题的实质看看科科什金先生的思路。

科科什金先生援引“过去的政治经验”(显然是指 1905 年的经验，当时大俄罗斯资产阶级害怕失去自己的民族特权，又以自己的这种恐惧吓坏了立宪民主党)，指出“国家瓦解”的危险，这就表明他十分清楚政治自决就是指分离权和成立独立民族国家的权利，不可能有什么别的意思。试问，从民主派的观点，特别是从无产阶级的阶级斗争的观点来看，究竟应当怎样看待科科什金先生的这种忧虑呢？

科科什金先生硬要我们相信，承认分离权就会增加“国家瓦解”的危险。这是遵循“抓走和不准”这一格言的警察梅姆列佐夫的观点。而从一般民主派观点来看，恰巧相反，承认分离权就会**减少**“国家瓦解”的危险。

科科什金先生的论调和民族主义者一模一样。民族主义者在他们最近一次代表大会上猛烈攻击了乌克兰的“马泽帕分子”。萨文科先生一伙惊呼，乌克兰运动有减弱乌克兰同俄国联系的危险，因为奥地利正利用亲乌克兰政策来加强乌克兰人同奥地利的联系!! 令人不解的是，为什么俄国不能用萨文科先生们怪罪于奥地利的**那种方法**，即让乌克兰人有使用母语、实行自治和成立自治议会等等自由的方法，去试一试“加强”乌克兰人同俄国的联系呢？

萨文科先生们的论调和科科什金先生们的论调完全相同，而且从单纯逻辑方面来看，也同样可笑，同样荒谬。乌克兰民族在某一国家内享有的自由愈多，乌克兰民族同这一国家的联系也就会愈加牢固，这不是很明显的吗？看来，只有断然抛弃民主主义的一切前提，才能否认这种起码的真理。试问，对一个民族来说，还能有比分离的自由，比成立独立民族国家的自由更大的民族自由吗？

为了更进一步说明这个被自由派(以及那些因为头脑简单而

附和他们的人)弄糊涂了的问题,我们举一个最简单的例子。就拿离婚问题来说吧。罗莎·卢森堡在她的论文中写道,中央集权的民主国家虽然完全可以容许个别部分实行自治,但是它应当把一切最重要的立法工作,其中包括有关离婚的立法工作,留归中央议会处理。这样关心用民主国家的中央政权来保障离婚自由,是完全可以理解的。反动派反对离婚自由,号召大家要“谨慎对待”,而且大喊大叫,说离婚自由就意味着“家庭瓦解”。而民主派认为,反动派是虚伪的,实际上他们在维护警察和官僚的无限权力,维护男性的特权以及对女性最沉重的压迫;实际上离婚自由并不意味着家庭关系“瓦解”,反而会使这种关系在文明社会中唯一可能的和稳固的民主基础上巩固起来。

指责拥护自决自由即分离自由的人是在鼓励分离主义,正像指责拥护离婚自由的人是在鼓励破坏家庭关系一样愚蠢,一样虚伪。在资产阶级社会里,只有拥护资产阶级婚姻所赖以维持的特权和买卖性的人,才会反对离婚自由,同样地,在资本主义国家中,否认民族自决即民族分离自由,只能意味着拥护统治民族的特权和警察的治国方式,而损害民主的治国方式。

毫无疑义,资本主义社会的各种关系所造成的政客习气,有时也使议员或政论家极端轻率地,甚至简直荒谬地空谈某个民族的分离问题。可是,只有反动派才会被这种空谈所吓倒(或者假装被吓倒)。凡是拥护民主观点,即主张由居民群众解决国家问题的人,都很清楚,政客的空谈和群众的解决问题“有很长的距离”。居民群众根据日常的生活经验,十分清楚地理上和经济上联系的意义,大市场和大国家的优点,因此,只有当民族压迫和民族摩擦使共同生活完全不堪忍受,并且阻碍一切经济关系时,他们才会赞成分离。而在这种情况下,资本主义发展的利益和阶级斗争自由的利益恰恰是要求分离的。

总之,无论从哪一方面来看,科科什金先生的论调都是极其荒谬的,都是对民主原则的嘲笑。但是这些论调也有某种逻辑,那就是大俄罗斯资产阶级阶级利益的逻辑。科科什金先生同立宪民主党的大多数人一样,也是这个资产阶级钱袋的奴仆。他维护资产阶级的一切特权,特别是它的**国家**特权;他同普利什凯维奇并肩携手,一起维护这些特权,不过普利什凯维奇更相信农奴制的棍棒,而科科什金之流知道这根棍棒已被1905年折裂而大受损伤,所以更多地指望使用资产阶级愚弄群众的手段,例如用"国家瓦解"这个魔影来恫吓小市民和农民,用"人民自由"同历史基础相结合的词句来欺骗他们,等等。

自由派敌视民族政治自决原则的实际阶级意义只有一个,这就是民族自由主义,就是维护大俄罗斯资产阶级的国家特权。而俄国马克思主义者中间的机会主义者,即取消派分子谢姆柯夫斯基、崩得分子李普曼、乌克兰小资产者尤尔凯维奇等,正是在目前,在六三体制时代极力反对民族自决权,他们**实际上**完全是跟着民族自由主义跑,而用民族自由主义思想来腐蚀工人阶级。

工人阶级及其反资本主义斗争的利益,要求各民族的工人最充分最紧密地团结一致,要求反击任何民族的资产阶级的民族主义政策。所以社会民主党如果否认自决权,即否认被压迫民族的分离权,或支持被压迫民族资产阶级所提出的一切民族要求,都会背离无产阶级政策的任务,而使工人服从于资产阶级政策。在雇佣工人看来,不管谁是主要的剥削者,是大俄罗斯资产阶级还是异族资产阶级,是波兰资产阶级还是犹太资产阶级,诸如此类,都是一样。在意识到本阶级利益的雇佣工人看来，大俄罗斯资本家的国家特权也好，波兰资本家或乌克兰资本家说他们一旦拥有国家特权就会在人间建立天堂的诺言也好，都是无足轻重的。无论是在统一的多民族国家中，或是在一个个的民族国家中，资本主义总是在向前发展，并且会继续向前发展。

在任何情况下，雇佣工人仍是剥削的对象，因此，反对剥削的斗争要有成效，无产阶级就必须不依赖民族主义，必须在各民族资产阶级争霸的斗争中保持所谓完全中立。任何民族的无产阶级只要稍微拥护“本”民族资产阶级的特权，都必然会引起另一民族的无产阶级对它的不信任，都会削弱各民族工人之间的阶级团结，都会把工人拆散而使资产阶级称快。否认自决权或分离权，在实践上就必然是拥护统治民族的特权。

拿挪威同瑞典分离的具体例子来看，我们就会更清楚地认识这一点。

## 6. 挪威同瑞典的分离

罗莎·卢森堡正是引用了这个例子，并且就这个例子发表了如下的议论：

“对联邦关系史上最近发生的挪威同瑞典分离这件事，波兰社会爱国主义报刊（见克拉科夫的《前进报》[162]）曾迫不及待地表示赞赏，把它看做国家分离趋向具有力量和进步性的一种可喜现象，时隔不久这件事却令人惊异地证明，联邦制以及由此造成的国家分离决不是进步或民主的表现。挪威黜免和赶走瑞典国王的所谓‘革命’之后，挪威人用全民投票正式否决了成立共和国的方案，安然地给自己另选了一个国王。那些崇拜一切民族运动和任何一种独立的浅薄之徒所宣称的'革命',原来只是农民和小资产阶级的分立主义的表现,反映出他们想用自己的金钱找一个'自己的'国王以代替瑞典贵族所强加的国王的愿望,因而这种运动是与革命毫不相干的。同时,瑞典和挪威君合国破裂一事又一次证明,在此以前的联邦制,就在这里也不过是纯粹代表王朝利益的,因而也就是君主制度和反动统治的一种形式。"(《社会民主党评论》杂志)

这就是罗莎·卢森堡在这个问题上所说的一切!! 应当承认,罗莎·卢森堡就这个例子所发表的议论把她无可奈何的态度暴露得再明显不过了。

过去和现在所谈的问题都是:在多民族的国家里社会民主党有没有必要制定承认自决权或分离权的纲领。

在这个问题上罗莎·卢森堡本人所举的挪威的例子究竟告诉我们些什么呢?

我们的这位作者转弯抹角,绕来绕去,故作聪明,大叫大喊反对《前进报》,但是不回答问题!! 罗莎·卢森堡什么都说到了,就是对问题的实质**不置一词**!!

毫无疑问,挪威的小资产者希望用自己的金钱找一个自己的国王,并且用全民投票否决了成立共和国的方案,也就暴露了最恶劣的小市民品质。毫无疑问,《前进报》没有看到这一点,那也暴露了同样恶劣的小市民品质。

但是所有这些究竟同问题有何相干呢??

要知道,这里所谈的是民族自决权,是社会主义无产阶级对待这种权利的态度! 为什么罗莎·卢森堡不回答问题,而只是兜圈子呢?

俗语说,对老鼠来说,没有比猫更凶的野兽[163]。看来"弗腊克派"[164]也是罗莎·卢森堡心目中最凶的野兽了。"弗腊克派"是"波兰社会党"的俗称,即所谓革命派,而克拉科夫的《前进报》是赞同这个"派别"的思想的。罗莎·卢森堡一心同这个"派别"的民族主义作斗争，竟弄得头昏眼花，以致除了《前进报》，什么都从她的视野中消失了。

如果《前进报》说："是"，那么罗莎·卢森堡认为她的神圣义务就是要马上说："不"，殊不知她持这种态度，并不表明她不依附《前进报》，恰恰相反，这表明她依附"弗腊克派"到了可笑的地步，表明她观察事物并不比克拉科夫那个鼠目寸光的人更深一些、更广一些。《前进报》当然是个很糟糕的报纸，而且根本不是个马克思主义的机关报，但是我们既然谈到挪威的例子，该报的态度决不会妨碍我们分析这个例子的实质。

要用马克思主义观点来分析这个例子，我们应当说明的就不是极可怕的"弗腊克派"的恶劣品质，而首先是挪威同瑞典分离的具体历史特点，其次是两国**无产阶级**在发生这种分离时的任务。

使挪威同瑞典接近的那些地理、经济和语言上的联系，其密切程度并不亚于许多非大俄罗斯斯拉夫民族同大俄罗斯民族的联系。但是挪威同瑞典的联合不是自愿的，所以罗莎·卢森堡谈论"联邦制"实在毫无道理，只是因为她不知道该说什么罢了。挪威是在拿破仑战争年代由各国君主违背挪威人的意志**送给**瑞典的，而瑞典人为了征服挪威，曾不得不把军队调到挪威去。

此后在几十年的长时期内，虽然挪威享有非常广泛的自治权（有自己的议会等等），但是挪威同瑞典不断发生摩擦，挪威人极力设法摆脱瑞典贵族的束缚。1905 年 8 月，他们终于摆脱了这种束缚：挪威议会通过决议，不再承认瑞典国王为挪威国王，后来举行了全民投票，即向挪威人民征求意见，结果绝大多数人投票赞成（约 20 万票对几百票）同瑞典完全分离。瑞典人经过一番犹豫之后，只得容忍分离的事实。

这个例子告诉我们，在现代经济和政治的关系下，可能发生和实际发生民族分离的根本原因是什么，在有政治自由和民主制的情况下，这种分离有时会采取怎样的**形式**。

任何一个社会民主党人，只要他不敢说政治自由和民主制问题同他无关（他要是这样说，自然也就不成其为社会民主党人了），就不能否认，这个例子**用事实**证明觉悟的工人**必须**不断地进行宣传和准备，使民族分离可能引起的冲突，**完全**按照 1905 年解决挪威同瑞典冲突的**那种办法**去解决，而不是“按照俄国方式”去解决。这也就是纲领中要求承认民族自决权的条文所要表达的意思。于是罗莎·卢森堡只好用猛烈攻击挪威小市民的市侩习气和克拉科夫《前进报》的方法来回避这个不利于她的理论的事实，因为她十分清楚，这个历史事实已把她所发表的民族自决权是“空想”、等于“用金碗吃饭”的权利等等言论，**驳得体无完肤**。这种言论只是反映了一种贫乏的、自以为了不起的机会主义信念，以为东欧各民族间现有力量对比永远不会改变。

我们再往下看吧。在民族自决问题上，也同在其他一切问题上一样，我们首先注意和最注意的是各民族内部无产阶级的自决。罗莎·卢森堡把这个问题也轻轻放过去了，因为她觉得，用她所举的挪威的例子来分析这个问题，不利于她的“理论”。

在分离引起的冲突中，挪威无产阶级和瑞典无产阶级究竟采取了什么立场？应当采取什么立场？**在**分离**之后**，挪威觉悟的工人自然应当投票赞成共和制①，如果有些社会党人不这样投票，那

① 如果当时挪威民族中的大多数人拥护君主制，而无产阶级拥护共和制，那么一般说来，在挪威无产阶级面前就摆着两条道路：或者是实行革命，如果革命条件已经成熟的话；或者是服从大多数而去进行长期的宣传鼓动工作。

只是证明在欧洲社会主义运动中愚蠢的小市民机会主义有时还很严重。对此不可能有两种意见,我们所以提到这一点,只是因为罗莎·卢森堡想用**文不对题**的空话来抹杀问题的实质。在分离问题上,我们不知道挪威社会党纲领是不是责成挪威社会民主党人必须持一种确定的意见。就假定他们的纲领没有责成这样做,假定挪威社会党人把挪威自治能不能充分保证阶级斗争自由以及同瑞典贵族的长期摩擦和冲突对经济生活自由妨碍到什么程度的问题留做悬案吧。但是,挪威无产阶级应当反对这个贵族而支持挪威农民民主派(即使它具有小市民的种种局限性),却是无可争辩的。

而瑞典无产阶级呢?大家知道,在瑞典神父支持下的瑞典地主们曾经鼓吹对挪威宣战,由于挪威比瑞典弱得多,由于它已经遭受过瑞典的侵犯,由于瑞典贵族在本国内占有很大的势力,这种鼓吹就构成了非常严重的威胁。可以有把握地说,瑞典的科科什金们长期以来也是竭力号召"谨慎对待""民族政治自决这一有伸缩性的原则",大肆渲染"国家瓦解"的危险,硬说"人民自由"可以同瑞典贵族制度的基础相容,用这些言论来腐蚀瑞典民众。毫无疑问,如果瑞典社会民主党没有拿出全部力量既反对地主的思想和政策,又反对"科科什金的"思想和政策;如果**除了**一般民族平等(科科什金们也是承认这种平等的),它没有坚持民族自决权,即挪威分离的自由,那它就是背叛了社会主义事业和民主事业。

瑞典工人这样承认挪威人的分离权,**促进了**挪威和瑞典两国工人的紧密联盟,**促进了**他们同志般的充分的阶级团结,因为挪威工人相信瑞典工人没有沾染瑞典民族主义,相信瑞典工人把同挪威无产者的兄弟情谊看得高于瑞典资产阶级和贵族的特权。欧洲各国君主和瑞典贵族所强加于挪威的联系遭到破坏，却使挪威工人同瑞典工人的联系加强了。瑞典工人证明，无论资产阶级的政策会发生**怎样的**变故（在资产阶级关系的基础上，瑞典人用暴力迫使挪威人服从这种事完全可能重演！），他们一定能保持和捍卫两个民族的工人的完全平等和阶级团结，共同反对瑞典资产阶级和挪威资产阶级。

由此也可以看出，“弗腊克派”有时试图“利用”我们同罗莎·卢森堡的意见分歧去反对波兰社会民主党，那是毫无道理的，而且简直是不严肃的。“弗腊克派”并不是无产阶级政党，不是社会主义政党，而是小资产阶级民族主义政党，像是波兰社会党革命派。要使俄国社会民主党人同该党团结一致，根本谈不到，而且永远也不可能。相反，任何一个俄国社会民主党人从来也没有因为同波兰社会民主党人接近和联合而“后悔”。在充满民族主义倾向和狂热的波兰最先建立了一个真正马克思主义的、真正无产阶级的政党，这是波兰社会民主党的重大历史功绩。波兰社会民主党的这个功绩是伟大的功绩，这倒并不是由于罗莎·卢森堡说了一些反对俄国马克思主义纲领第 9 条的混话，而是说尽管有了这种令人痛心的情况，仍不失为伟大的贡献。

“自决权”对于波兰社会民主党人，当然不具有像对俄国社会民主党人那样重大的意义。波兰社会民主党人一心同民族主义的波兰小资产阶级作斗争，因此特别喜欢（有时候也许是稍微过分了些）“矫枉过正”，这是完全可以理解的。从来没有一个俄国马克思主义者想把波兰社会民主党人反对波兰分离的主张当做他们的罪过。这些社会民主党人只是在试图否认（像罗莎·

卢森堡那样)**俄国**马克思主义者的纲领必须承认自决权的时候，才犯了错误。

这实质上就是把从克拉科夫的小天地来看是可以理解的关系，搬到俄国所有大大小小民族(包括大俄罗斯人)的范围中来了。这就成了“改头换面的波兰民族主义者”，而不是俄国社会民主党人，不是跨民族的社会民主党成员了。

这是因为跨民族的社会民主党正是主张承认民族自决权的。现在我们就来谈谈这个问题。

## 7. 1896 年伦敦国际代表大会的决议

这个决议写道：

“代表大会宣布，它主张一切民族有完全的自决权(Selbstbestimmungsrecht)，它同情现在受到军事的、民族的或其他的专制制度压迫的一切国家的工人。大会号召所有这些国家的工人加入全世界有觉悟的〈Klassenbewusste，即认识到本阶级利益的〉工人队伍，以便和他们一起为打倒国际资本主义、实现国际社会民主党的目标而斗争。”①

我们已经指出过，我们的机会主义者，谢姆柯夫斯基、李普曼、尤尔凯维奇之流的先生们，根本不知道有这个决议。但罗莎·卢森堡是知道的，还引了它的全文，其中也有同我们的纲领一样的

① 见用德文公布的伦敦代表大会正式文件：«Verhandlungen und Beschlüsse des internationalen sozialistischen Arbeiter-und Gewerkschafts-Kongresses zu London，vom 27.Juli bis 1.August 1896»，Berlin，1896，S.18(《伦敦国际社会主义工人和工会代表大会记录和决议(1896 年 7 月 27 日—8 月 1 日)》1896 年柏林版第 18 页。——编者注)历届国际代表大会决议已经印成俄文小册子出版，译文中把“自决”一词误译成“自治”了。

“自决”一词。

试问,罗莎·卢森堡是怎样搬掉横在她的“新奇”理论前面的这块绊脚石的呢?

哦,简单得很:……决议的重点是在它的第二部分……决议带有宣言的性质……只是出于误解才会引用它!!

我们这位作者无可奈何、一筹莫展的样子,简直令人吃惊。通常只有机会主义者在怯懦地回避对彻底民主主义的和社会主义的纲领性条文公开提出异议时,才推说这些条文带有宣言性质。显然,罗莎·卢森堡这次令人痛心地与谢姆柯夫斯基、李普曼、尤尔凯维奇先生之流结伴,并不是偶然的。罗莎·卢森堡不敢公开声明,她到底认为她所引证的决议是正确的还是错误的。她支吾搪塞,躲躲闪闪,好像指望读者粗心大意、糊里糊涂、读到决议后半节便会忘掉前半节,或者从来没有听说过伦敦代表大会**以前**社会主义报刊上进行过争论。

但是,罗莎·卢森堡如果以为她在俄国觉悟的工人面前,可以这么容易地践踏国际关于这个重要原则问题的决议,甚至不愿对决议作一番批评分析,那她就大错而特错了。

罗莎·卢森堡的观点在伦敦代表大会以前的争论(主要是在德国马克思主义者的杂志《新时代》上进行的)中曾经发表过,**实际上已经在国际面前遭到了失败!**这就是俄国读者应当特别注意的问题实质。

当时争论的是波兰独立问题。发表的观点有三种:

(1)“弗腊克派”的观点,代表他们讲话的是黑克尔。他们要国际在**自己的**纲领中承认波兰独立的要求。这个提议没有通过。这个观点在国际面前遭到了失败。

(2)罗莎·卢森堡的观点:波兰社会党人不应当要求波兰独立。从这个观点来看根本谈不上宣布民族自决权。这个观点也在国际面前遭到了失败。

(3)由卡·考茨基阐发得最详尽的观点;他反对罗莎·卢森堡,证明她的唯物主义是极端“片面的”。按照这个观点,国际现在不能把波兰独立作为自己的纲领,但是考茨基说,波兰社会党人完全可以提出这类要求。从社会党人的观点看来,在有民族压迫的情况下忽视民族解放的任务,是绝对错误的。

国际的决议也就重申了这种观点最重要最基本的内容:一方面,完全直截了当地、不容许丝毫曲解地承认一切民族都有完全的自决权;另一方面,又同样毫不含糊地号召工人**在国际范围内**统一他们的阶级斗争。

我们认为这个决议是完全正确的,而且对于20世纪初的东欧和亚洲各国来说,只有根据这个决议,只有把它的两个部分密切联系起来,才能给无产阶级在民族问题上的阶级政策提供唯一正确的指示。

现在我们较详细地来分析一下上述三种观点。

大家知道,卡·马克思和弗·恩格斯认为积极支持波兰的独立要求,是西欧一切民主派,特别是社会民主党的绝对职责。对于上一世纪40年代和60年代,即奥地利和德国的资产阶级革命时代和俄国的“农民改革”时代来说,这个观点是完全正确的、唯一的彻底民主主义的和无产阶级的观点。只要俄国和大多数斯拉夫国家的人民群众还在沉睡不醒,只要这些国家还**没有**什么独立的群众性的民主运动,波兰**贵族的**解放运动,不但从全俄,从全斯拉夫的民主运动的观点,就是从全欧民主运动的观点看来,都有头等重大的意义。①

马克思的这种观点，在19世纪第二个三分之一或第三个四分之一的时期是完全正确的，但是到20世纪就不再是正确的了。在大多数斯拉夫国家，甚至在其中最落后的国家之一俄国，都掀起了独立的民主运动，甚至独立的无产阶级运动。贵族的波兰已经消失而让位给资本主义的波兰了。在这种条件下，波兰不能不失去其**特殊的**革命意义。

波兰社会党(现在的“弗腊克派”)在1896年企图把适用于**另一时代**的马克思观点“固定下来”，这已经是利用马克思主义的**词句**来反对马克思主义的**精神**了。因此，当时波兰社会民主党人起来反对波兰小资产阶级的民族主义狂热，指出民族问题对于波兰工人只有次要的意义，第一次在波兰创立了纯粹无产阶级政党，并且宣布波兰工人同俄罗斯工人在其阶级斗争中应该结成最紧密联盟的极重要的原则，这些都是完全正确的。

但这是不是说，国际在20世纪初可以认为民族政治自决原则对于东欧和亚洲是多余的呢？可以认为民族分离权原则是多余的呢？如果这样认为，那是荒谬绝伦的，那就等于(在理论上)承认土耳其、俄国和中国对国家的资产阶级民主改革已经完成，就等于(在实践中)对专制制度采取机会主义态度。

① 如果把1863年波兰起义贵族**165**的立场、全俄革命民主主义者车尔尼雪夫斯基的立场和乌克兰小市民德拉哥马诺夫在多年以后的立场加以比较，倒是一件极有趣味的历史研究工作：车尔尼雪夫斯基也能够(和马克思一样)重视波兰运动的意义，而德拉哥马诺夫则代表了农民的观点，这种农民还极端粗野愚昧，只看见自己眼前的一堆粪，他们由于对波兰地主的正当仇恨，不能了解这些地主的斗争对于全俄民主运动的意义(参看德拉哥马诺夫的《历史上的波兰和大俄罗斯民主派》)。德拉哥马诺夫后来得到当时已经变成民族主义自由派的彼·伯·司徒卢威先生的热烈亲吻，完全是受之无愧的。

不。对于东欧和亚洲来说，在资产阶级民主革命已经开始的时代，在民族运动兴起和加剧的时代，在独立无产阶级政党产生的时代，这些政党在民族政策上的任务应当是两方面的：一方面是承认一切民族都有自决权，因为资产阶级民主改革还没有完成，因为工人民主派不是用自由派态度，不是用科科什金派的态度，而是彻底、认真、诚心诚意地捍卫民族平等；另一方面是主张该国各民族的无产者建立最密切的、不可分割的阶级斗争联盟，不管该国的历史怎样变迁，不管资产阶级怎样变更各个国家的疆界。

1896 年国际的决议所规定的正是无产阶级的这两方面的任务。1913 年俄国马克思主义者夏季会议所通过的决议的基本原则也正是这样。有些人觉得这个决议“自相矛盾”，因为决议第 4 条承认自决权，即分离权，似乎是使民族主义“达到了”最高限度（其实，承认**一切**民族有自决**权**，正是最高限度的**民主主义**和最低限度的民族主义），而第 5 条却又提醒工人要反对任何一个资产阶级的民族主义口号，要求各族工人在跨民族的统一的无产阶级组织中团结一致和打成一片。可是，只有头脑简单到极点的人，才会认为这里“自相矛盾”，因为他们不能理解这种事实，例如，为什么瑞典工人维护挪威实行分离并成立独立国家的自由，反而**促进了**瑞典和挪威两国无产阶级的统一和阶级团结。

## 8. 空想家卡尔·马克思和实际的罗莎·卢森堡

罗莎·卢森堡宣称波兰独立是一种“空想”，并且一再加以重复，令人作呕，她用讽刺的口吻高声反问道：为什么不提出爱尔兰独立的要求呢？

"实际的"罗莎·卢森堡，显然不知道卡·马克思是如何对待爱尔兰独立问题的。这点值得一谈，以便说明应当怎样用真正马克思主义观点而不是用机会主义观点来分析**具体的**民族独立要求。

马克思正如他自己所说的那样，习惯用"探查牙齿"的办法来检验他所认识的那些社会主义者的觉悟和信念。马克思认识洛帕廷以后，在 1870 年 7 月 5 日写信给恩格斯，极力称赞这位俄国青年社会主义者，但是同时补充说：

"……弱点就是**波兰**问题。洛帕廷谈论这个问题所说的话，同英国人——例如英国老宪章派——谈论爱尔兰所说的话完全一样。"①

马克思向压迫民族的一位社会主义者询问了一下他对被压迫民族的态度，就能立刻发现统治民族（英吉利和俄罗斯）的社会主义者的一个**共同**缺点：不了解他们对被压迫民族所负的社会主义义务，一味重复他们从"大国"资产阶级方面接受来的偏见。

在谈到马克思关于爱尔兰问题的积极主张以前，我们必须附带说明一下，马克思和恩格斯对于任何民族问题都是采取严格的有批判的态度，认为这个问题只有相对的历史意义。例如 1851 年 5 月 23 日，恩格斯写信给马克思说，研究历史的结果使他对波兰问题得出了悲观的结论，波兰问题只有暂时的意义，即只是在俄国土地革命以前才有意义。波兰人在历史上所起的作用只是干了一

① 参看《马克思恩格斯全集》第 1 版第 32 卷第 505—506 页。——编者注

些“大胆的蠢事”。“一分钟也不能认为，波兰甚至只是和俄国相比，曾经有成效地代表过进步，或者做出过什么具有历史意义的事情。”俄国的文明、教育、工业和资产阶级成分，要比“具有小贵族懒惰本性的波兰”多。“同彼得堡、莫斯科和敖德萨等地比较起来，华沙和克拉科夫算得上什么啊！”[①]恩格斯不相信波兰贵族的起义会成功。

可是这些非常英明的和有远见的思想，绝对没有妨碍恩格斯和马克思在12年以后，即俄国仍然处于沉睡状态而波兰已经沸腾起来的时候，又对波兰运动表示最深切的和热烈的同情。

1864年，马克思起草国际告工人阶级书时写信给恩格斯(1864年11月4日)说，必须同马志尼的民族主义作斗争。马克思写道：“在《告工人阶级书》中说到国际的政策时，我讲的是各个国家而不是各个民族，我所揭露的是俄国而不是较小的国家。”[②]民族问题和“工人问题”比较起来，只有从属的意义，这在马克思看来是无可置疑的。但是他的理论同忽视民族运动的观点却有天壤之别。

1866年来到了。马克思给恩格斯的信中谈到巴黎“蒲鲁东派”，说他们“宣称民族特性是无稽之谈，攻击俾斯麦和加里波第等人。作为同沙文主义的论战，他们这种做法是有利的，也是可以理解的。可是他们作为蒲鲁东的信徒(我在这里的密友拉法格和龙格也在内)，竟认为整个欧洲都应当而且将会安静地坐等法国老爷们来消除‘贫穷和愚昧’……这些人真是太荒唐可笑了”(1866年6月7日的信)。[③]

马克思在1866年6月20日写道：“昨天国际总委员会讨论了

① 参看《马克思恩格斯全集》第1版第27卷第285页和第286页。——编者注
② 见《马克思恩格斯文集》第10卷第215页。——编者注
③ 参看《马克思恩格斯全集》第1版第31卷第224页。——编者注

目前的战争问题。……果然不出所料,讨论归结到了'民族特性问题'和我们对这个问题应当采取的态度。……'青年法兰西'的代表(**不是工人**)终于说出了自己的想法,他们认为一切民族特性和民族本身都是'陈腐的偏见'。这是蒲鲁东派的施蒂纳思想。……全世界都应当等候法国人成熟起来实行社会革命。……我在开始发言时说,我们的废除了民族特性的朋友拉法格等人,竟向我们讲'法语',就是说,讲会场上十分之九的人不懂的语言,我的话使英国人大笑不止。接着我又暗示说,拉法格看来是完全不自觉地把否定民族特性理解为由模范的法兰西民族来吞没各种民族特性了。"①

从马克思所有这些批评意见中可以得出一个很明显的结论:工人阶级是最不会把民族问题当做偶像的,因为资本主义的发展不一定就唤起**一切**民族都来争取独立生活。可是,既然群众性的民族运动已经产生了,那么回避它,拒绝支持其中的进步成分,这在事实上就是陷入**民族主义**偏见,就是认为"自己的"民族是"模范民族"(我们再补充一句,或者是享有建立国家特权的民族)。②

我们再回来谈谈爱尔兰问题。

马克思关于这个问题的主张,在他的书信里有下面几段话表述得最清楚:

"我已竭力设法激起英国工人举行示威来声援芬尼[167]运动。……过去我认为爱尔兰从英国分离出去是不可能的。现在我认为这是不可避免的,虽然分离以后可能会成立联邦。"马克思在

① 参看《马克思恩格斯全集》第1版第31卷第230—231页。——编者注

② 再参看马克思1867年6月3日给恩格斯的信。"我读了《泰晤士报》[166]的巴黎通讯,得知巴黎人发出了反对亚历山大、支持波兰的呼声等等,这真使我感到高兴。蒲鲁东先生和他的空谈家小集团不是法国人民。"(《马克思恩格斯全集》第1版第31卷第307页。——编者注)

1867 年 11 月 2 日给恩格斯的信中就是这样写的。[①]

他在同年 11 月 30 日写的一封信里又补充说：

“我们应当给**英国**工人提出什么样的建议呢？我认为他们应当在自己的纲领中写上 Repeal〈脱离〉联盟这一条〈所谓联盟是指爱尔兰同英国的联盟，而脱离联盟就是指爱尔兰从英国分离出去〉，简单地说，就是 1783 年的要求，只是要把它民主化，使之适合于当前的形势。这是一个**英国**政党在其纲领中所能采纳的使爱尔兰获得解放的唯一合法的，因而也是唯一可能的形式。以后的经验一定会表明：两个国家之间的单纯的君合制是否能持续存在。……

爱尔兰人需要的是：

1. 自治和脱离英国而独立。

2. 土地革命。……”[②]

马克思非常重视爱尔兰问题，他曾在德意志工人协会里就这个问题作过几次一个半小时的报告（1867 年 12 月 17 日的信）[③]。

恩格斯在 1868 年 11 月 20 日的信里指出“英国工人中间有仇恨爱尔兰人的心理”[④]，差不多过了一年以后（1869 年 10 月 24 日），他谈到这个问题时又写道：

“从爱尔兰到俄国只有一步之差（il n’y a qu’un pas）……从爱尔兰的历史中可以看到，如果一个民族奴役了其他民族，那对它自己来说是多么的不幸。英国的一切丑恶现象都可以从爱尔兰领地找到它们的根源。关于克伦威尔时代，我还得下功夫研究，不过有

① 参看《马克思恩格斯全集》第 1 版第 31 卷第 381 页。——编者注

② 参看《马克思恩格斯文集》第 10 卷第 272 页。——编者注

③ 参看《马克思恩格斯全集》第 1 版第 31 卷第 418 页。——编者注

④ 参看《马克思恩格斯全集》第 1 版第 32 卷第 196 页。——编者注

一点在我看来是确定无疑的:假如没有必要在爱尔兰实行军事统治和形成新的贵族,那么连英国也会呈现另一种局面。”①

我们还要顺便指出马克思在1869年8月18日写给恩格斯的信:

“在波兹南,波兰工人在他们的柏林同行的帮助下胜利地结束了罢工。这种反对‘资本老爷’的斗争——即使是采取较低层次的形式,即罢工的形式——将会铲除民族偏见,它与资产者老爷的和平空谈是完全不同的。”②

马克思在国际里对爱尔兰问题所执行的政策,可从下列事实看出:

1869年11月18日,马克思写信给恩格斯说,他在国际总委员会内就英国内阁对赦免爱尔兰人的态度问题讲了1小时15分钟的话,并且提出了下列决议案:

“决定:

格莱斯顿先生在答复爱尔兰人要求释放被囚禁的爱尔兰爱国人士时,有意地侮辱了爱尔兰民族;

他提出的实行政治大赦的条件,无论对于弊政的受害者还是对于这些受害者所属的人民,都是一种侮辱;

格莱斯顿曾经不顾自己身居要职,公开地和热烈地为美国奴隶主的暴动叫好,而现在却向爱尔兰人民宣传消极服从的学说;

格莱斯顿先生在爱尔兰人大赦问题上的全部做法,是他忠实地履行他先前曾慷慨激昂地加以揭露从而把他的托利党[168]政敌赶下台的那种‘**征服政策**’的结果;

① 参看《马克思恩格斯全集》第1版第32卷第359页。——编者注

② 同上书,第348页。——编者注

国际工人协会总委员会对爱尔兰人民在要求大赦的运动中所表现出的勇敢、坚定和高尚的品格表示敬佩；

本决议应传达至国际工人协会欧美各国所有支部以及所有同它有联系的工人组织。"①

1869年12月10日，马克思写道，他准备在国际总委员会对爱尔兰问题作一个报告，其内容如下：

"……完全撇开替爱尔兰主持公道的各种'国际主义的'和'人道主义的'词句，——这一点在国际委员会里是不言而喻的——，指出**英国工人阶级直接的绝对的利益，是要它摆脱现在同爱尔兰的关系**。我确信这一点，至于其理由，有一部分我是不能向英国工人说明的。我长期以来认为可以借英国工人阶级的崛起来推翻统治爱尔兰的制度。我在《纽约论坛报》[169]〈这是美国报纸，马克思在很长一个时期为该报撰稿〉上总是维护这种观点。但是我更加深入地研究了这个问题以后，现在又得出了相反的信念。只要英国工人阶级没有摆脱爱尔兰，**那就毫无办法**。……英国内部的英吉利反动势力根源于对爱尔兰的奴役。"（黑体是马克思用的）②

马克思对爱尔兰问题的政策，读者现在想必完全明白了吧。

"空想家"马克思竟如此"不实际"，公然主张爱尔兰分离，而这种分离在半个世纪以后也还没有实现。

马克思为什么采取这个政策呢？这个政策是不是错误的呢？

马克思最初以为能够解放爱尔兰的不是被压迫民族的民族运动，而是压迫民族的工人运动。马克思并没有把民族运动看做绝对的东西，他知道只有工人阶级的胜利才能使一切民族得到完全

① 参看《马克思恩格斯全集》第1版第32卷第373—374页。——编者注

② 见《马克思恩格斯文集》第10卷第316页和第317页。——编者注

的解放。预先就估计到各被压迫民族的资产阶级解放运动和压迫民族的无产阶级解放运动之间的一切可能的相互关系(正是这个问题使当前俄国的民族问题变得极其困难),那是不可能的事。

但是后来出现了这样的情况:英国工人阶级在相当长的时期内受自由派的影响,成了他们的尾巴,由于实行自由派的工人政策而使自己失去了领导。爱尔兰的资产阶级解放运动加强起来,并且采取了革命的形式。马克思重新审查了自己的观点并且作了改正。“如果一个民族奴役了其他民族,那对它自己来说是多么的不幸。”①只要爱尔兰还没有摆脱英国的压迫,英国工人阶级就不能得到解放。英国的反动势力靠奴役爱尔兰来站稳脚跟并取得养料(也像俄国的反动势力靠奴役许多民族来取得养料一样!)。

马克思在国际中提出了同情“爱尔兰民族”和“爱尔兰人民”的决议(聪明的列·弗拉·大概要大骂可怜的马克思忘记了阶级斗争了!),鼓吹爱尔兰同英国**分离**,“即使分离以后还会成立联邦”。

马克思这一结论的理论前提是什么呢?在英国,资产阶级革命总的说来早已完成了。但是在爱尔兰却还没有完成;只是现在,经过半个世纪以后,英国自由派的改良才正在把它完成。如果英国资本主义的覆灭,像马克思最初所预料的那样快,那么爱尔兰就不会有全民族的资产阶级民主运动了。可是这种运动既然产生了,马克思就号召英国工人支持它,给它以革命的推动,为了**自己的**自由把它进行到底。

爱尔兰同英国在19世纪60年代的经济联系,当然比俄国同波兰和乌克兰等等的联系还要密切些。当时,爱尔兰从英国分离

① 参看《马克思恩格斯全集》第1版第32卷第359页。——编者注

出去的“不实际”和“不能实现”(单就地理条件,以及英国拥有广大的殖民地来说),是显而易见的。马克思在原则上虽然是反对联邦制的,但他这次却容许联邦制[①],**只要**爱尔兰的解放不是通过改良的道路而是通过革命的道路,即通过英国工人阶级支持的爱尔兰人民群众运动来实现就行了。毫无疑问,只有这样来解决历史任务,才能最符合无产阶级的利益,促进社会迅速发展。

结果不是这样,原来爱尔兰人民和英国无产阶级都软弱无力。直到现在,才由英国自由派和爱尔兰资产阶级通过卑鄙的交易,用土地改革(交付赎金)和自治(现在还没有实行)来**着手解决**爱尔兰问题(阿尔斯特的例子表明这是何等困难)。究竟怎样呢?能不能由此得出结论,说马克思和恩格斯是“空想家”,说他们提出的是“不能实现的”民族要求,说他们受了爱尔兰小资产者民族主义者(“芬尼”运动无疑是小资产阶级性质的运动)的影响等等呢?

当然不能。马克思和恩格斯在爱尔兰问题上也实行了真正以民主主义和社会主义精神教育群众的彻底的无产阶级政策。当时只有这个政策才能使爱尔兰和英国都不致把必要的改革延迟半个世纪,不致让自由派为讨好反动势力而把这种改革弄得面目全非。

马克思和恩格斯在爱尔兰问题上的政策提供了各压迫民族的无产阶级应当怎样对待民族运动的伟大范例。这种范例至今还具

---

① 顺便谈一下:不难看出,为什么从社会民主党的观点看来,**既**不能把民族“自决”权理解为联邦制,**也**不能理解为自治(虽然抽象地说,两者都是包括在“自决”这个概念之内的)。联邦权根本是荒谬的,因为联邦制是双边协定。马克思主义者决不能在自己的纲领内拥护任何联邦制,这是用不着说明的。至于自治,马克思主义者所维护的并不是自治“权”,而是自治**本身**,把它当做民族成分复杂和地理等条件各异的民主国家的一般普遍原则。因此,承认“民族自治权”,也像承认“民族联邦权”一样,是荒谬的。

有巨大的**实际**意义，它警告人们要预防世界各国、各种肤色、使用各种语言的市侩们所犯的“奴仆式的急性病”，这些人匆匆忙忙认定，改变某一民族的地主资产阶级用暴力和特权所确定的疆界是“空想”。

如果当时爱尔兰无产阶级和英国无产阶级没有采纳马克思的政策，没有提出主张爱尔兰分离的口号，从他们方面来说就是最有害的机会主义，就是忘记民主主义者和社会主义者的任务而向**英国**反动势力和资产阶级让步。

## 9. 1903 年的纲领及其取消者

俄国马克思主义者的纲领是 1903 年的代表大会通过的，这次大会的记录现在已成了罕有的珍本，所以现在绝大多数工人运动的活动家都不知道纲领某些条文的由来(况且有关文献远不是都能有合法印行的良机……)。因此，把 1903 年代表大会讨论我们所关心的这个问题的情况分析一下是必要的。

首先应当指出，俄国社会民主党关于“民族自决权”问题的文献虽然非常少，但是就从现有的文献中仍然可以十分清楚地看出，所谓自决权向来都是指分离权而言。谢姆柯夫斯基、李普曼、尤尔凯维奇之流的先生们所以怀疑这一点，说第 9 条“不清楚”等等，完全是由于他们极端无知或漠不关心。早在 1902 年，普列汉诺夫[①]

① 1916 年列宁在此处加了一条注释：“请读者不要忘记，普列汉诺夫在 1903 年曾是机会主义的主要敌人之一，很久以后他才完成了他那向机会主义以及后来向沙文主义的臭名昭著的转变。”——俄文版编者注

在《曙光》杂志上维护纲领草案中的"自决权"时就写道，这个要求对于资产阶级民主派并不是非有不可的，但是"对于社会民主党人是非有不可的"。普列汉诺夫写道："如果我们把它忘记了，或者不敢把它提出来，唯恐触犯我们大俄罗斯同胞的民族偏见，那么我们口里所喊的'全世界无产者，联合起来！'……就会成为一句可耻的谎言……"[170]

这是对纲领第 9 条的基本论据所作的非常中肯的说明，正因为它非常中肯，所以那些批评我们纲领的"忘了自己身世的"人，过去和现在总是小心翼翼地回避它。不承认这一条，不管拿什么理由作借口，**实际上**都是对**大俄罗斯**民族主义的"可耻的"让步。既然谈论的是**一切**民族的自决权，为什么说是对大俄罗斯民族主义让步呢？因为这里所谈的是**同**大俄罗斯民族分离。**无产者联合**的利益，他们的阶级团结的利益，都要求承认**民族分离**权，——这就是 12 年前普列汉诺夫在上述那段话里所承认的论据；我们的机会主义者如果对这一点认真思索一下，对于自决问题也许就不会发表这么多谬论了。

在批准普列汉诺夫所维护的这个纲领草案的 1903 年代表大会上，主要工作是在**纲领委员会**里进行的。可惜，纲领委员会的讨论没有作记录。要是关于这一条的讨论有记录，那就非常有意思了，因为波兰社会民主党人的代表瓦尔沙夫斯基和加涅茨基**只是**在委员会里曾试图维护自己的观点，对"承认自决权"提出异议。读者如果愿意把他们的论据（瓦尔沙夫斯基的发言，他和加涅茨基的声明，见记录第 134—136 页和第 388—390 页）拿来同罗莎·卢森堡在我们上面分析过的那篇用波兰文写的论文中的论据比较一下，就可以看出他们的论据是完全相同的。

第二次代表大会的纲领委员会(在这个委员会里,起来反驳波兰马克思主义者最多的是普列汉诺夫)是怎样对待这些论据的呢?对这些论据无情地嘲笑了一番!要**俄国**马克思主义者拒绝承认民族自决权的建议是如此荒谬,谁都看得一清二楚,以致波兰的马克思主义者**甚至不敢再在代表大会全体会议上重申自己的论据!!**他们知道在大俄罗斯、犹太、格鲁吉亚、亚美尼亚的马克思主义者的最高会议上守不住自己的阵地,于是就退出了代表大会。

这段历史插曲对于每一个真正关心**自己**纲领的人当然具有非常重大的意义。波兰马克思主义者的论据在代表大会的纲领委员会里被彻底驳倒了,他们放弃在代表大会的全体会议上维护自己观点的企图,——这是一件意义非常重大的事实。难怪罗莎·卢森堡在她 1908 年写的那篇文章里"谦逊地"隐讳了这一点,大概是一想到代表大会,就觉得不愉快吧!她还隐讳了瓦尔沙夫斯基和加涅茨基在 1903 年以全体波兰马克思主义者名义提出的"修改"纲领第 9 条的这项令人发笑的拙劣建议,无论是罗莎·卢森堡,还是其他波兰社会民主党人始终没有敢(而且现在也肯定不敢)重提这项建议。

罗莎·卢森堡为了隐瞒自己在 1903 年的失败,没有提起这些事实,但是关心自己党的历史的人,应该设法弄清这些事实并好好考虑它们的意义。

罗莎·卢森堡的朋友们在退出 1903 年的代表大会时给代表大会的声明写道:"……我们提议,把纲领草案第 7 条〈现在的第 9 条〉改写为:第 7 条,**建立保障国内各民族有发展文化的充分自由的机关**。"(记录第 390 页)

可见,波兰的马克思主义者当时关于民族问题发表的观点是很不明确的,他们所提出来**代替**自决的东西,实质上不过是那个臭名远扬的“民族文化自治”的别名而已！

听起来几乎很难令人相信，可惜这是事实。在代表大会上，虽然 5 个崩得分子拥有 5 票，3 个高加索人拥有 6 票，而科斯特罗夫的发言权还不计算在内，但结果竟**没有一**票赞成**取消**自决这一条。有 3 票主张用“民族文化自治”补充这一条（即赞成戈尔德布拉特所提出的条文：“建立保障各民族有发展文化的充分自由的机关”），有 4 票赞成李伯尔所提出的条文（“各民族有自由发展文化的权利”）。

现在出现了俄国自由派政党即立宪民主党，我们知道，在**它的**纲领中已经把民族政治自决改成“文化自决”。这样看来，罗莎·卢森堡的波兰朋友们同波兰社会党的民族主义所进行的“**斗争**”干得很出色，竟提议用**自由派的**纲领来代替马克思主义的纲领！而他们还责备我们的纲领是机会主义呢，难怪这种责备在第二次代表大会的纲领委员会里只能遭到嘲笑！

我们知道，出席第二次代表大会的代表**没有一个人**反对过“民族自决”，那么这些代表究竟是怎样理解这个“自决”的呢？

记录中的下面三段话可说明这一点：

“**马尔丁诺夫**认为，不能对‘自决’一词作广义的解释；它的意思只是指民族有权实行分离而组成单独的政治整体，而决不是区域自治。”（第 171 页）马尔丁诺夫当时是纲领委员会的委员，在这个委员会里，罗莎·卢森堡的朋友们的论据遭到了驳斥和嘲笑。当时，马尔丁诺夫按他的观点来说是“经济派”，是激烈反对《火星报》的，如果他当时发表了为纲领委员会大多数委员不能同意的意见，他肯定是会被驳倒的。

当委员会工作结束以后，在代表大会上讨论纲领第 8 条（现在的第 9 条)时,首先发言的就是崩得分子戈尔德布拉特。

戈尔德布拉特说:"'自决权'是丝毫不容反对的。如果某一民族争取独立,那我们就不能反对它。就像普列汉诺夫所说的,如果波兰不愿和俄国结成合法婚姻,那我们就不应去妨碍它。在这个范围内我同意这种意见。"(第 175—176 页)

普列汉诺夫在代表大会全体会议上根本没有就这一条发过言。戈尔德布拉特引用的是普列汉诺夫在纲领委员会会议上所说的话;在该委员会里,详细而通俗地解释了"自决权"的意思就是分离权。在戈尔德布拉特之后接着发言的是李伯尔,他说:

"如果某一民族不能留在俄国版图内生活,党当然是不会阻碍它的。"(第 176 页)

读者可以看到,在通过纲领的第二次党代表大会上,在自决的含义"仅仅"是指分离权这一点上没有两种意见。当时,连崩得分子也懂得这个真理,而只是在目前这个反革命继续猖獗和"背叛之风"盛行的可悲时期,才出现了一些因无知而胆大妄为的人,说纲领"不清楚"。可是,在谈到这些可怜的"也是社会民主党人"之前,我们暂且先把波兰人对纲领的态度问题谈完。

他们参加第二次(1903 年)代表大会时有一个声明,说的是联合的必要性和迫切性。可是,他们在纲领委员会里遇到"挫折"以后就退出了代表大会,而他们的**最后的话**就是载于代表大会记录的书面声明,其中包括上面所引的那个主张用民族文化自治来**代替**自决的建议。

1906 年,波兰马克思主义者加入党了,可是他们无论在入党的时候,或者在入党以后(无论在 1907 年代表大会上,在 1907 年和 1908 年代表会议上,或在 1910 年中央全体会议上),都**从来没**

**有提出过**修改俄国党纲第 9 条的任何建议!!

这是事实。

不管人们怎样花言巧语,但是这件事实毕竟明显地证明,罗莎·卢森堡的朋友们都认为第二次代表大会纲领委员会的争论和这次代表大会通过的决议已经把问题完全解决,证明他们已经默认自己的错误并且改正了错误,因为他们在 1903 年退出代表大会以后,又于 1906 年加入了党,而且从来没有打算通过**党的**途径提出修改纲领第 9 条的问题。

罗莎·卢森堡的文章是在 1908 年由她自己署名发表的(当然谁都从来没有想到要否认党的著作家有批评党纲的权利),而**在**这篇文章发表**之后**,同样也**没有一个**波兰马克思主义者的正式机关提出修改第 9 条的问题。

因此,托洛茨基为罗莎·卢森堡的某些崇拜者效劳,真是熊的帮忙[171],他以《斗争》杂志编辑部的名义在第 2 期(1914 年 3 月)上写道:

"……波兰马克思主义者认为'民族自决权'毫无政治内容,应该从纲领中删去。"(第 25 页)

热心效劳的托洛茨基比敌人还要危险!除了"私下的谈话"(说穿了,也就是流言蜚语,托洛茨基向来是靠这个过日子的),他找**不到**任何证据把全体"波兰的马克思主义者"都算做罗莎·卢森堡的每篇文章的拥护者。托洛茨基把"波兰的马克思主义者"说成丧失人格和良心、连自己的信念和自己党的纲领都不尊重的人。好一个热心效劳的托洛茨基!

1903 年,波兰马克思主义者的代表**因为**自决权问题而退出了第二次代表大会,**当时**托洛茨基还可以说,他们认为这种权利没有什么内容而应该从纲领中删去。

可是，自此以后，波兰马克思主义者**加入了**拥有这一纲领的党，而且从来没有提出过修改纲领的建议。①

托洛茨基为什么对他的杂志的读者隐瞒这些事实呢？只是因为他想借此投机，挑起波兰反对取消派的人同俄国反对取消派的人之间的意见分歧，并且想在纲领问题上欺骗俄国工人，这样做对他有利。

托洛茨基在马克思主义的任何一个重大问题上，从来都没有什么定见，他只要看见有意见发生分歧，就马上"钻空子"，从一方投奔另一方。现在他是同崩得派和取消派合为一伙。而这些老爷们对党是不讲客气的。

请听听崩得分子李普曼所说的话吧！

> 这位绅士写道："15年前俄国社会民主党在自己的纲领里提出每个民族都有'自决'权的条文时，每个人〈!!〉都曾问过自己：这个时髦〈!!〉用语到底是什么意思呢？这个问题没有得到回答〈!!〉。这个词仍然是〈!!〉一个十分模糊的疑团。实际上，当时很难驱散这个疑团。当时有人说：现在还没有到可以把这一条具体化的时候，暂时就让它是一个疑团吧〈!!〉。生活本身会指明这一条应当包含什么内容。"

这一个"没有裤子穿的男孩"[172]嘲讽党纲，不是干得很漂亮吗？

他为什么要嘲讽党纲呢？

只是因为他一窍不通，什么都没有学过，连党史都没有读过，

① 有人对我们说，波兰马克思主义者在俄国马克思主义者1913年夏季会议上**只有**发言权，他们对于自决权（分离权）问题完全没有参加表决，而在发言中反对过这种权利。他们当然完全有权这样行动，并且完全有权照旧在波兰宣传反对波兰分离。但是这跟托洛茨基说的不完全相同，因为波兰马克思主义者并没有要求"从纲领中删去"第9条。

只是因为落入了取消派的圈子,那里的人在党和党性的问题上“通常”是不在乎赤身裸体的。

在波米亚洛夫斯基的小说里,有一个神学校学生以“把痰吐到装满白菜的桶里”[173]而自鸣得意。崩得派先生们更进了一步。他们把李普曼之流放出来,让这些绅士当众把痰吐到自己的桶里。至于国际代表大会曾经通过某个决议,至于崩得自己的两位代表在自己党的代表大会上曾表明完全能够理解(虽然他们非常“严格”批评过和坚决反对过《火星报》!)“自决”的意义,甚至表示赞同,这一切又同李普曼之流的先生们有什么关系呢?既然“党的政论家们”(别开玩笑了!)像神学校学生那样来对待党的历史和纲领,那么把党取消岂不更省事吗?

你们再看另一个“没有裤子穿的男孩”,即《钟声》杂志的尤尔凯维奇先生。尤尔凯维奇先生手头大概有第二次代表大会的记录,因为他引了普列汉诺夫所说的那一段由戈尔德布拉特转述过的话,并且看得出他知道自决的含义只能是分离权。但是这并没有妨碍他在乌克兰小资产阶级中间造谣诬蔑俄罗斯马克思主义者,说他们主张保持俄国的“国家完整性”(1913 年第 7—8 期合刊第 83 页及其他各页)。当然,尤尔凯维奇之流的先生们要离间乌克兰的民主派同大俄罗斯的民主派,除这样造谣诬蔑之外,是再也想不出更好的办法来了。这种离间行为是符合《钟声》杂志这个文人集团的全部政策路线的,他们就是在鼓吹乌克兰工人**分离出去**,组成**单独的**民族组织!①

一批民族主义的市侩力图分裂无产阶级,——《钟声》杂志的

① 请特别看一下尤尔凯维奇先生为列文斯基先生的《加利西亚乌克兰工人运动发展概略》1914 年基辅版所写的序言。

客观作用就是如此——他们在民族问题上散布极端糊涂的思想，当然是和他们的身份完全相称的。不言而喻，尤尔凯维奇之流和李普曼之流的先生们（他们一听见人家把他们叫做“与党貌合神离的人”，就委屈得“要命”），简直一个字也没有提到**他们**到底打算怎样在纲领中解决分离权的问题。

现在再看第三个而且是主要的一个“没有裤子穿的男孩”，即谢姆柯夫斯基先生。他在取消派的报纸上，当着大俄罗斯公众的面“大骂”纲领第 9 条，同时又说他“由于某种理由不赞成”删去这一条的“建议”!!

这令人难以置信，然而这是事实。

1912 年 8 月，取消派代表会议正式提出民族问题。一年半以来，谈第 9 条这个问题的文章，除谢姆柯夫斯基先生的一篇之外，再也没有了。而且这位作者在文章中**反驳**纲领时，又说他“由于**某种**理由〈是某种隐疾吧?〉不赞成”修改纲领的建议!! 我敢担保：在全世界都很难找到这种机会主义的例子，很难找到这种比机会主义更坏的背叛党、取消党的例子。

谢姆柯夫斯基的论据如何，从下面这个例子就可以看清楚了：

他写道：“如果波兰无产阶级希望同全体俄国无产阶级在一国范围内共同进行斗争，而波兰社会中的反动阶级则相反，希望波兰同俄国分离，希望在全民投票（征求全民意见）中赞成分离的票占多数，那又该怎么办呢? 我们俄罗斯社会民主党人在中央议会中究竟是跟我们的波兰同志共同投票**反对**分离呢，还是为了不破坏‘自决权’而**赞成**分离呢?”（《新工人报》第 71 号）

可见，谢姆柯夫斯基先生甚至不知道**在说些什么**! 他没有想一想，分离权的前提恰好是**不能**由中央议会来解决问题，而只能由**要分离的那个**地区的议会（议会，全民投票等等）来解决问题。

现在**无论是**普利什凯维奇之流**或是**科科什金之流,甚至把分离的念头也看做罪恶,居然有人撇开当前现实的具体政治问题,而像一个小孩那样发问:如果在民主制度下大多数人都赞成反动派,“那又该怎么办呢”! 大概**整个**俄国的无产者今天不应该同普利什凯维奇和科科什金之流作斗争,而是要放过他们,去同波兰的反动阶级作斗争吧!!

这种荒谬已极的议论竟写在取消派的机关报上,而该报的思想领导者之一就是尔·马尔托夫先生,就是那个起草过纲领草案,并且在1903年使它获得通过,后来还写文章维护过分离自由的尔·马尔托夫。现在尔·马尔托夫大概是按以下惯例作出决断的:

> 那里不需要聪明人,
> 您派列阿德去就行,
> 让我看看再说。[174]

他把谢姆柯夫斯基这个列阿德派去,让他在日报上向那些不了解我们纲领的新读者们曲解纲领,制造无穷的混乱!

取消派实在是跑得太远了,——连许多过去著名的社会民主党人都没有留下一点党性的痕迹。

至于罗莎·卢森堡,当然不能把她同李普曼、尤尔凯维奇和谢姆柯夫斯基之流等量齐观,但是她的错误恰好被这班人抓住了,这个事实也就特别明显地证明她陷入了怎样的机会主义泥坑。

## 10. 结束语

现在让我们来总结一下。

从整个马克思主义理论看来,自决权问题并没有什么困难的地方。无论是 1896 年伦敦大会的决议也好,无论是自决权只能理解为分离权也好,无论是组织独立民族国家是一切资产阶级民主革命的趋势也好,严格地说都不可能有什么争议。

在某种程度上造成困难的情况是,俄国境内被压迫民族的无产阶级同压迫民族的无产阶级正在并肩奋斗,而且应当并肩奋斗。我们的任务就是要坚持无产阶级争取社会主义的阶级斗争的统一,抵抗一切资产阶级的和黑帮的民族主义影响。在被压迫民族中间,无产阶级组成独立政党的过程,有时要同该民族的民族主义作非常激烈的斗争,致使一些人看不清远景,忘记了压迫民族的民族主义。

但是,看不清远景这种现象只能是暂时的。各民族无产者共同斗争的经验非常清楚地表明,我们不应当从"克拉科夫的"观点,而应当从全俄的观点来提出政治问题。而在全俄政治中占统治地位的是普利什凯维奇和科科什金之流。他们的思想影响极大,他们对异族人的迫害(因为异族人拥护"分离主义",存有分离的**念头**)在杜马、学校、教会、营房以及千百种报纸中得到广泛宣传和实施。正是这种大俄罗斯民族主义的毒素毒化了全俄国的政治空气。一个民族奴役其他民族而使反动势力在全俄巩固起来,那是这个民族的不幸。怀念 1849 年和 1863 年仍是一种在起作用的政治传统,如果没有规模很大的风暴发生,这种传统还会在几十年的长时期内阻碍一切民主运动,**特别是**社会民主主义运动。

毫无疑问,不管被压迫民族(而被压迫民族的"不幸",有时就在于人民群众被"本"民族解放的思想所迷惑)中某些马克思主义者的观点有时看起来多么合乎情理,但**在实际上**,从俄国阶级力量的客观对比来看,拒绝维护自决权就等于最凶恶的机会主义;就等于拿科科什金之流的思想来腐蚀无产阶级。而这种思想，实质上也就是普利什凯维奇之流的思想和政策。

因此，如果说罗莎·卢森堡的观点作为波兰的、"克拉科夫的"一种特殊的狭隘观点[①]起初还情有可原，那么到了现在，当民族主义，首先是政府的大俄罗斯民族主义到处盛行的时候，当**这种民族主义**在左右政治的时候，这种狭隘观点就不能原谅了。实际上，现在**一切**民族中的机会主义者都抓住了这种狭隘观点，他们躲避"急风暴雨"和"飞跃"的思想，认为资产阶级民主革命已经终结，并且追随科科什金之流的自由主义。

大俄罗斯民族主义，也同任何民族主义一样，会经历几个不同的阶段，这要看资产阶级国家内部哪些阶级占首要地位。1905 年以前，我们几乎只知道有民族主义反动派。革命以后，我国就产生了**民族主义自由派**。

事实上我国的十月党人和立宪民主党人(科科什金)，即当代整个资产阶级，也都是站在这个立场上的。

往后**必然**会产生大俄罗斯的民族主义民主派。"人民社会"党创始人之一彼舍霍诺夫先生，在 1906 年《俄国财富》杂志 8 月号上号召人们谨慎对待农夫的民族主义偏见的时候，就表达了这种观点。不管人家怎样诬蔑我们布尔什维克，说我们把农夫"理想化"了，可是我们总是而且以后还要继续把农夫的理智和农夫的偏见，农夫反对普利什凯维奇的民主主义立场同农夫想跟神父和地主调

---

① 不难理解，**全俄**马克思主义者，首先是大俄罗斯马克思主义者承认民族分离权，决不排斥某个**被压迫**民族的马克思主义者去**宣传**反对分离，正像承认离婚权并不排斥在某种场合宣传反对离婚一样。所以我们认为，波兰马克思主义者中一定会有愈来愈多的人嘲笑谢姆柯夫斯基和托洛茨基现在正在"挑起的"那种并不存在的"矛盾"。

和的倾向严格地区别开来。

无产阶级民主派现在就应当考虑到大俄罗斯农民的民族主义(考虑的意思不是对它让步,而是要同它作斗争),而且将在相当长的时期内大概也要考虑到这一点。[①] 1905年以后表现得十分明显的被压迫民族的民族主义(只要提一下第一届杜马中的"自治联邦派",乌克兰运动和穆斯林运动的发展等等就行了),必然会使城乡大俄罗斯小资产阶级的民族主义加强起来。俄国的民主改革进行得愈慢,各民族资产阶级的民族迫害和厮杀也就会愈顽强,愈粗暴,愈残酷。同时,俄国普利什凯维奇之流的特殊反动性,将会在某些被压迫民族(它们在邻国有时享有大得多的自由)中间,引起(并加强)"分离主义"趋向。

这种实际情况就使俄国无产阶级负有双重的,或者更确切些说,负有两方面的任务:一方面要反对一切民族主义,首先是反对大俄罗斯民族主义;不仅要一般地承认各民族完全平等,而且要承认建立国家方面的平等,即承认民族自决权,民族分离权;另一方面,正是为了同一切民族的各种民族主义进行有成效的斗争,必须坚持无产阶级斗争和无产阶级组织的统一,不管资产阶级如何力

① 波兰民族主义先由贵族民族主义变成资产阶级民族主义,然后又变成农民民族主义,如能探讨一下这一过程,那是很有趣的。路德维希·伯恩哈德在他写的《普鲁士的波兰人》(«Das polnische Gemeinwesen im preussischen Staat»,有俄译本)一书中,自己站在德国的科科什金的立场上,却描写了一种非常值得注意的现象:德国的波兰人组织了一种"农民共和国",这就是**波兰**农民的各种合作社和其他种种团体都紧密团结起来,为民族、为宗教、为"波兰人的"领土而斗争。德国人的压迫使波兰人团结起来了,使他们形成了一个单独的团体,并且还把波兰贵族、波兰资产者和波兰农民群众中间的民族主义思想相继激发起来了(特别是1873年德国人开始禁止在学校里使用波兰文以后)。在俄国也有这种趋向,而且不仅关系到一个波兰。

求造成民族隔绝，必须使各无产阶级组织极紧密地结成一个跨民族的共同体。

各民族完全平等，各民族享有自决权，各民族工人打成一片，——这就是马克思主义教给工人的民族纲领，全世界经验和俄国经验教给工人的民族纲领。

---

在本文已经排好版以后，我收到了《我们的工人报》第3号，在这份报纸上弗拉·科索夫斯基先生谈到承认一切民族有自决权，他写道：

"这个条文是从第一次党代表大会（1898年）决议中机械地抄袭来的，而第一次党代表大会又是从国际社会党代表大会决议中搬来的。从当时的争论中可以看出，1903年代表大会对于这个条文，正是按照社会党国际所赋予它的那种意思来解释的，即解释为政治自决，民族在政治独立方面的自决。民族自决这一原则既然是指领土独立权而言，也就根本不涉及在某一国家机体**内部**如何调整那些不能或不愿退出现有国家的民族之间的关系问题。"

可见，弗拉·科索夫斯基先生手头是有1903年第二次代表大会的记录的，并且很清楚自决这一概念的真正的（而且是唯一的）含义。而崩得《时报》编辑部曾经让李普曼先生嘲讽纲领并宣称纲领不清楚。请把这两件事实对照一下吧！！崩得分子先生们的那种"党的"风气真是奇怪得很…… 至于科索夫斯基为什么硬说代表大会通过自决条文是**机械的**抄袭，那就只有"真主知道"了。常常有这样一些人，他们只是"想要反驳"，至于反驳什么，怎样反驳，为什么要反驳，为了什么目的而反驳，那他们是根本不清楚的。

载于1914年4—6月《启蒙》杂志第4、5、6期

译自《列宁全集》俄文第5版第25卷第255—320页

# 问题明确了

## 请觉悟的工人们注意

(1914年6月5日〔18日〕)

在《真理之路报》第63号上,俄国社会民主党党团作了最后一次尝试,想弄清楚:6位代表(齐赫泽党团)在目前,在绝大多数觉悟工人指责他们和取消派联盟以后,是否打算作出响应,同俄国社会民主党工人党团达成协议[175]。

俄国社会民主党工人党团向"社会民主党党团"提出了一个问题:他们现在是否打算**无保留地**承认马克思主义者整体1903年(关于纲领)和1908—1910年(谴责取消主义)的决议。不难理解,俄国社会民主党工人党团之所以首先提出这个问题,就是因为1903年、1908年和1910年的决议,**是在**马克思主义者和取消派**还没有发生任何分裂之前**通过的;这些决议是所有马克思主义者的旗帜;如果俄国社会民主党工人党团同"社会民主党党团"可能达成某种协议的话,那当然只能以无条件地承认分裂前所通过的这些决议为基础。

在《我们的工人报》第2号上,齐赫泽党团作了《公开的答复》,这个答复使问题彻底明确了,因此值得所有力求认真弄清楚分歧所在和希望真正统一的工人们予以极大的注意。

## 1. 纲领和民族问题

在制定纲领的马克思主义者**代表大会**上(1903 年),崩得分子(犹太取消派)提议把"建立能保障他们有发展文化的充分自由的机关"的要求载入纲领。现在的取消派马尔丁诺夫、马尔托夫、柯尔佐夫当时反对这项提案。他们非常正确地指出,这种要求是违反社会民主党的民族关系原则的。代表大会一致反对崩得分子,**否决了**这种要求(见记录)。

马克思主义者断言,"建立机关"也就是社会民主党所否定的"民族文化自治"。

6 位代表在《公开的答复》里作出了相反的论断。他们说:我们宣布的是"建立机关",但是我们没有宣布民族文化自治。

好吧,——我们回答他们说,——暂且就**假定**这真的不是一回事。**但是就连"建立机关"不也遭到了代表大会的否决吗**?这一点你们是非常清楚的。你们知道,**你们放弃纲领**是为了讨好民族主义者。提出议案而遭到代表大会否决的崩得分子,就是由于你们违反纲领才对你们表示欢迎的。

在第四届杜马开始时社会民主党党团发表一项声明之后,他们写道:

——"可以指出,社会民主党〈即取消派〉的提法是不够清楚的。的确是如此。**但重要的是,工人代表**〈即齐赫泽的拥护者〉**摆脱了**民族问题上的正式理论所持的**僵化观点**。"(《时报》第 9 号,社论第 3 栏)

"正式理论"就是指**纲领**。崩得分子对齐赫泽及其伙伴**违反纲

**领的行为**大加赞扬。俄国社会民主党工人党团提出质问："社会民主党党团"是不是同意收回这种违反纲领的言论。

回答得非常清楚："这个提法〈即"建立机关"〉根本就不含有社会民主党党团应当拒绝的任何东西。"（见《公开的答复》）

我们不愿意放弃违反纲领的做法——这就是"社会民主党党团"的回答。

## 2. 1908 年的决议

其次，俄国社会民主党工人党团质问"社会民主党党团"：是否打算承认马克思主义者 1908 年的决议，即不久前也得到拉脱维亚调和派承认的决议。

这项决议说：

"取消主义，这就是党内有一部分知识分子试图取消〈即解散、毁坏、废除、停止〉现有的党组织，代之以一种绝对要在合法范围内活动的〈即"公开"存在的〉不定型的联盟，甚至不惜以公然放弃党的纲领、策略和传统〈即过去的经验〉为代价。"

这项决议认为"**必须在思想上和组织上同取消主义的企图进行最坚决的斗争**"（见记录第 38 页）。[176]

这项决议是由马克思主义者整体通过的，在场的有一切派别，其中包括取消派（唐恩、阿克雪里罗得等人）、崩得分子等等的代表。它是在 1908 年 12 月，**在**没有发生任何分裂**之前**通过的。

俄国社会民主党工人党团质问齐赫泽党团是否承认 1908 年谴责取消主义的**这项**决议。

齐赫泽党团回答了什么呢？

**一言未发**!! 一声不响！它回避1908年的这项决议，好像根本不存在这个决议似的。这是难以置信的，但这是事实。这种沉默比任何言论都更有表现力。它表明他们对决议采取了非常**放肆的**态度。我不喜欢的决议，对我来说就干脆不存在——这就是持取消派立场的代表的品德。

这些代表在处理接受亚格洛代表参加党团的问题上也是这样。有人向他们指出，1908年的决议拒绝同亚格洛的**非**社会民主党"统一"。而他们却反驳说，1907年（即通过这项决议的前一年）第二届杜马党团曾经把毫无疑问是社会民主党人的立陶宛代表吸收到党团里面去。这是对决议的公然嘲弄。

## 3. 1910年的决议

这项决议说：

"社会民主主义运动在资产阶级反革命时期所处的历史环境，必然会产生**资产阶级对无产阶级的影响**，其表现是：一方面否认秘密的社会民主党，贬低它的作用和意义，试图缩小彻底的社会民主党的纲领性和策略性的任务及口号，等等；另一方面，反对社会民主党在杜马中进行工作和利用合法的机会，不懂得这两种工作的重要性，不善于使彻底的社会民主党的策略去适应目前时局的特殊历史条件，等等。

在这种条件下，社会民主党的策略中的一个不可缺少的因素，就是用扩大和加深社会民主党在无产阶级的一切阶级斗争方面的工作来克服上面这两种倾向，并说明这两种倾向的危险性。"

这项决议是在没有发生任何分裂之前**一致**通过的,在场的有**一切**派别的代表。它谴责了取消主义和召回主义。

俄国社会民主党工人党团问"社会民主党党团":你们承认不承认这项决议?后者答道:要知道,"1910 年的决议中连取消主义这个**词**都没有"。

连这个"词"都没有!那么马克思主义者整体在指责"否认秘密的社会民主党,降低它的作用和意义"的表现时,指的**究竟是谁**呢??不是取消派又是谁。

最后,我们还有一个在三年以前发表的而且谁也没有把它推翻的最明确的文件;这个文件出自一切"民族的"(拉脱维亚人、崩得分子、波兰人)马克思主义者和托洛茨基(取消派不可能提出比他们更好的证人了)之手;这个文件直截了当地宣称:"实质上是完全可以把决议中所指出的、必须与之斗争的那个思潮叫做取消主义的……"[177]

这些代表怎么敢这样……厚着脸皮把工人引入……明显的歧途呢?

"社会民主党党团"不愿意承认 1910 年的决议!它反而声明它同取消派的《我们的工人报》的意见"完全一致"。

对那些持取消派立场的代表来说,马克思主义者整体 1903 年、1908 年和 1910 年的决议是不存在的。对他们来说,只存在取消派报纸的"决议"。

## 4."派　别"

"社会民主党党团"否认明确的决议,无视工人的意志,却大谈特谈所有“马克思主义派别”的好处。

全世界的马克思主义者都以**工人组织**为出发点，而我们这里却有人希望以不可捉摸的“派别”为出发点。德国以至世界各国的社会民主党都是团结**工人**，团结工人的支部、工人的组织和团体。我们这里却有人希望团结什么“派别”。

“马克思主义者中的所有派别”！要知道，单在一个取消派中现在起码就有两个“派别”：《斗争》杂志和《我们的工人报》，它们争论的是，谁能更好地遵守“八月联盟的戒律”。

团结10个脱离群众的“派别”是没有希望的事情。团结**一切**愿意建立马克思主义者整体的**工人**才是伟大的事业，在俄国社会民主党工人党团的热烈支持下，这一事业正在我们眼前实现。

*　*　*

问题明确了。绝大多数工人（见保险理事会选举、团体捐款、工人团体同两个杜马党团的关系的材料）都拥护马克思主义者，拥护俄国社会民主党工人党团，反对取消派。八月联盟瓦解了：拉脱维亚的社会民主党人已经退出，布里扬诺夫也退出了，阿恩和《斗争》杂志的拥护者也要退出。聚集在齐赫泽周围的6位代表，已经同**最坏的**、同八月联盟中取消主义色彩最浓的残余分子勾结在一起。

工人们应当作出自己的结论了。

载于1914年6月5日《劳动的真理报》第7号

译自《列宁全集》俄文第5版第25卷第214—219页

# 论冒险主义

(1914年6月9日〔22日〕)

马克思主义者在谈到某些集团的冒险主义性质的时候，总是同时指出每一个觉悟的工人都必须熟悉的这一现象的十分确定的社会历史特点。

在俄国社会民主党历史上有过无数的只存在“一个小时”，存在几个月的集团，它们在群众中毫无根基(没有群众的政治就是冒险主义的政治)，也没有任何严肃的、固定的思想。在一个小资产阶级的国家里，在资产阶级改造的历史时期，形形色色的知识分子**必然**会攀附工人，必然会试图建立各种冒险主义的——就上述意义来说是冒险主义的——集团。

不愿意叫别人牵着鼻子走的工人必须严格地审查每一个集团，既要看这个集团的思想严肃不严肃，也要看这个集团在群众中有没有根基。不要相信言论，而要进行最严格的审查，这就是马克思主义者工人的口号。

让我们回忆一下1895—1902年“火星派”和“经济主义”的斗争。这是社会民主党内的两个派别，一个是无产阶级的、马克思主义的派别，它已经经受了《火星报》三年战斗的审查，经受了所有先进工人的审查，而这些先进工人已经承认用文字固定下来的关于“火星派”的策略和组织的明确决议是自己的决议。“经济主义”是

**资产阶级的**派别，是力图使工人服从自由派的机会主义派别。

除了这两个真正的派别以外，还有许多早已被人忘掉的毫无基础的集团（“自由社”、“斗争社”[178]、柏林小报集团等等）。在这些集团里面，也有不少正派的和真诚的社会民主党人，但他们既**没有**固定的严肃的思想、纲领、策略和组织，又**没有**群众根基，就这个意义来说，他们**实际上是**冒险主义者。

一切严肃认真的人要评价目前的派别和集团，就应该采取而且只能采取这样的办法去研究历史，考虑某种宣传的思想意义，用事实来检验言论。

只有傻瓜才相信言论。

“真理派”是一个派别，它对一切有关策略、组织和纲领的问题都作了明确的马克思主义的答复，并且作出了决议（1908 年、1910 年、1912 年、1913 年 2 月和夏天）。这些决议严格地保持了同旧《火星报》时代（1901—1903 年），更不用说同伦敦（1907 年）代表大会的继承性。这些决议经过全体先进工人 5—6 年（1908—1914 年）的经验的检验，已经证明是正确的。先进工人承认这些决议是**自己的**决议。“真理派”实际上已经联合了俄国五分之四的觉悟工人（在两年半内，联合了 6 700 个社会民主党工人团体中的 5 300 个）。

取消派也是一个派别。它差不多有 20 年的历史，因为它是“经济主义”（1895—1902 年）的直接的继续，是孟什维主义（1903—1908 年）的产物。这个派别的自由派资产阶级的根源和自由派资产阶级的内容已经由 1908 年和 1910 年的决议指明了（难怪取消派甚至不敢公布这些决议的全文!!）。取消派的各种自由主义思想是相互联系、浑然一体的：不要地下组织，不要鲸鱼，要公开的党，反对“罢工狂热”，反对最高的斗争形式等等。在自由派资产阶级“社会”中，无论是在立宪民主党人或者非党的（以及与党貌合神离的）知识分子中间，早就对取消派深表同情。取消派是一个主要的派别。不过不是马克思主义的，不是无产阶级的，而是自由派资产阶级的派别。只有毫无头脑的人们才会说出同取消派“和睦相处”的话来。

现在我们再看看也想成为“派别”的一切其他集团。让我们把它们列举出来：（1）阿列克辛斯基的前进派；（2）波格丹诺夫的前进派；（3）沃伊诺夫的前进派；（4）普列汉诺夫派；（5）“布尔什维克护党派”（实际上是调和派：马尔克·佐梅尔及其同伙）；（6）托洛茨基派（即托洛茨基，甚至连谢姆柯夫斯基都不包括在内）；（7）“高加索派”（即与高加索并无关系的阿恩）。

我们把一些**在报刊上**出现的集团列了出来；它们在俄国和国外都宣称，它们想成为**单独的**“派别”和集团。我们尽量把所有俄罗斯人的集团列出来，而把非俄罗斯人的集团撇开不谈。

这些集团没有一个例外，都是彻头彻尾的冒险主义的集团。

读者会问：为什么呢？有什么证据呢？

事变最多、意义最大的最近10年（1904—1914年）的历史就是证据。在这10年中，上述所有这些集团的活动家们在策略和组织的重大问题上，都暴露出最无可奈何、最可怜、最可笑的动摇，暴露出他们**完全没有能力**建立起扎根于群众的派别。

就拿他们中间的佼佼者普列汉诺夫来说吧。普列汉诺夫个人的功绩在过去是很大的。在1883—1903年的20年间，他写了很多卓越的著作，特别是反对机会主义者、马赫主义者和民粹主义者的著作。

但是从1903年以来，普列汉诺夫就在策略和组织问题上极可笑地动摇起来：(1)1903年8月是一个布尔什维克；(2)1903年11月(《火星报》第52号)主张同**“机会主义者”**-孟什维克建立和平；(3)1903年12月是一个孟什维克，而且是一个狂热的孟什维克；(4)1905年春天，布尔什维克胜利以后，主张“相仇的兄弟”“统一”起来；(5)1905年年底到1906年年中是一个孟什维克；(6)从1906年年中开始，时而脱离孟什维克，在1907年伦敦代表大会上斥责孟什维克(切列万宁的自白)为“组织上的无政府主义”；(7)1908年同取消派决裂；(8)1914年又重新转为取消派。普列汉诺夫宣扬同取消派“统一”，又不能简单清楚地说明：统一的**条件**是什么？为什么可能同波特列索夫**先生**统一？执行某些条件的保证在哪里？

根据这10年的经验，我们敢保证，普列汉诺夫只能搅起一些浪花，他现在不能将来也不能形成一个“派别”。

我们完全理解真理派为什么乐意把普列汉诺夫反对取消派的文章刊登出来；难道真理派能够拒绝那些完全贯彻1908年和1910年反对取消派的决议的文章吗？普列汉诺夫现在又开始跟在取消派、波格丹诺夫等人后面重复什么“一切派别”统一起来的空谈了。我们坚决地谴责这种做法，必须同这种做法进行无情的斗争。

世界各地的工人政党都不联合知识分子集团和“派别”，就是联合**工人**也要以下列条件为基础：(1)承认和执行关于策略和组织问题的明确的马克思主义的决议；(2)少数的觉悟工人服从多数的觉悟工人。

这种把反对地下组织的人无条件地排斥在外的统一，真理派在两年半(1912—1914年)内已经实现了五分之四。不管没有头脑的人怎样辱骂真理派是派别活动分子和分裂分子等等，但是，工人统一的事实决不会因这些空话和谩骂而消失……

普列汉诺夫现在扬言要破坏这种多数工人的统一。我们沉着而坚定地向工人说：不要相信言论，要用事实来检验言论，这样你们会看到，上述每一个冒险主义集团的每一个步骤，都会愈来愈清楚地暴露他们无可奈何的和可怜的动摇。

载于1914年6月9日《工人日报》第7号

译自《列宁全集》俄文第5版第25卷第220—223页

# 拉脱维亚马克思主义者的决议和取消派

(1914年6月9日〔22日〕)

我们在报纸的专号里曾经向读者介绍了拉脱维亚马克思主义者最近通过的决议,而且在评论这些决议的时候说过:拉脱维亚人向调和主义作了让步,但同时也给了取消派的八月联盟一个致命的打击①。工人们谁不记得当时取消派掀起了怎样的轩然大波。

取消派动用了一切可能动用的力量来反驳这个结论。为了这个目的,马尔托夫的全部机智,唐恩的全部……真诚,谢姆柯夫斯基和约诺夫的全部智慧和卓越的文才,都动员起来了。取消派不顾一切地想"证明":拉脱维亚代表大会根本没有谴责取消主义,没有表示反对八月联盟等等,等等。总之,我不是我,马不是我的。

时间才过去了两三个月,现在我们在取消派自己的杂志(《我们的曙光》第4期)上看到最"著名的"拉脱维亚取消派爱·魏斯先生的文章,这位先生**完全证实了**过去我们对事件所作的最符合事实的评价。

---

① 见本卷第25—29、30—33页。——编者注

魏斯先生是我们的一个最厉害的对手。他接二连三地猛烈“批评”俄罗斯的“列宁派”和拉脱维亚的多数派。但是他有勇气公开承认自己的失败，并且扬言要继续为自己的取消主义观点奋斗。他没有慌作一团，没有支吾搪塞，也没有像谢姆柯夫斯基那样拼命地颠倒黑白。同这样的对手可以激烈地辩论，但是他毕竟还是值得尊敬的，因为他没有采取谢姆柯夫斯基之流所用的那种……卑鄙不堪的手法。

魏斯先生写道：

——“在会上〈代表大会上〉，占多数的是拉脱维亚马克思主义者中间的同情……‘列宁派小组’的那一派，诚然，所谓多数也不过只多一票，在某些问题上才多两票。

——拉脱维亚马克思主义者第四次代表大会是一次恢复旧的……布尔什维克思想的尝试。

——关于党团〈杜马党团〉的决议是一致通过的。这个决议是代表大会的**少数派**所作的一次巨大让步〈也就是对“列宁派”的让步〉。

——列宁派小组可以指望获得拉脱维亚人的正式支持”等等。

作者附带说明，“少数派也成功地给列宁派的胜利搞了一次小小的破坏”，他把多数派对调和派的让步叫做（理应如此！）“古怪的”举动。

但是他清清楚楚、毫不含糊地承认这个事实：大会站到了“反对取消主义”的立场上，大会在主要问题上追随了真理派。

旧戏又在重演。取消派总要先大叫大闹两三个月，然后自己才被迫承认，正确地叙述事实的正是我们。

从下面的事情可以看出取消派为了拼命“解释”使他们不高兴的党的决议，有时胡闹到什么地步。大家知道，1908 年 12 月的全俄马克思主义者会议曾经**拒绝**同亚格洛的党（波兰社会党）联合。

拒绝的方式很不客气，即根本不理睬同杜马代表亚格洛那个非社会民主党联合的建议，转而讨论以下议程。拉脱维亚人在1914年的自己的代表大会上确认了1908年的所有决议，从而说明他们谴责把非社会民主党人亚格洛接纳到社会民主党党团里来的行为。这项决议使取消派特别不高兴。

结果怎样呢？犹太取消派的《时报》是用下列方式“解释”这项决议的：

——“转而讨论以下议程是什么意思呢？这表示会议不想表决这个建议，既不想拒绝也不想接受这个建议。于是就转而讨论另一个问题。1908年的会议只不过是把同亚格洛派联合的问题当做悬案〈!!〉搁了下来。”（《时报》第17号）

这样来“解释”党的决议难道不是不……客气到极点了吗？

在取消派提出的同亚格洛派联合的建议遭到拒绝以后，也就是在1908年，费·唐恩在自己的印出来的正式报告中写道：

——“根据波兰代表团〈波兰社会民主党人〉的建议，代表会议甚至不愿意讨论我们的议案，根本不理睬这一议案，转而讨论以下议程。在这个小小的事实当中，小组的狭隘性和思想上的小组习气看来已达到了顶点。”（费·唐恩的报告第45页）

费·唐恩破口大骂，是因为他知道转而讨论以下议程也就是**最不客气地**拒绝同亚格洛的非社会民主党联合。而现在竟有人这样向我们“解释”这种最不客气的拒绝，说什么问题“被当做悬案搁了下来”，也就是说，每一个人都可以任意按照自己的看法解决这个问题！如此嘲弄马克思主义的决议，真是到了无以复加的地步。

不管取消派怎样躲躲闪闪，生活还是要走自己的路。生活肯定了马克思主义的路线。拉脱维亚社会民主党的事件像整个俄国工人运动的全部进程一样清楚地证实了这一点。

载于1914年6月9日《工人日报》第7号

译自《列宁全集》俄文第5版第25卷第224—226页

# 一位自由派的坦率见解

(1914年6月10日〔23日〕)

自由派难得坦率。他们(以米留可夫和立宪民主党为首)通常遵循这样一条准则:人长舌头是为了隐瞒自己的思想。

自由派难得对公众发表明确的政治见解。他们通常是蒙蔽公众,拍着胸脯对天发誓说:我们也是民主派。

因此,国家杜马代表、"左派十月党人"自由派梅延多夫男爵的坦率的见解是一个非常可喜的例外。看来,梅延多夫确实要比某些立宪民主党人左些。这个见解发表在《言语报》(1914年6月1日)第146号上,是评论政治形势的。

梅延多夫先生像所有自由派资产者一样,"不相信反动方针削弱"。他仍然像所有的资产者和立宪民主党人一样,"特别伤心地确认,政府的政策把国家推上极端危险的道路"。

这个自由派男爵认为极端危险的是什么呢?

他写道:"社会条件和政治制度之间的不相适应日益加深。一旦社会上安定的和温和的分子被政府排斥到次要地位,广大群众就会登上政治舞台的前台,这无论在政治上还是在文化上,我认为都是很不妙的。迷信民主制对我是格格不入的。"

迷信民主制对我们马克思主义者也是格格不入的。我们知道,民主制就是最完善的、彻底摆脱了农奴制的**资产阶级**社会制度。民主制并不能消除资本主义的消极方面,它只是使自由的、公开的、广泛的**阶级斗争**成为可能。

马克思主义者主张民主制，同时知道**资产阶级**民主制的全部局限性。男爵这个自由派地主声称反对"迷信"，反映了他对民主制的**农奴主式的**仇视。

民主制就是没有中世纪的或者说农奴主的特权，就是群众统治。梅延多夫恰恰**不喜欢**广大群众登上政治舞台的前台，所有的自由派、所有的立宪民主党人也都不喜欢。

立宪民主党人和所有的自由派害怕民主**甚于**害怕反动。

这就是问题的实质。

必须感谢梅延多夫，感谢他坦率地吐露了自由主义对民主制的仇视。知道真相总是有益的。

自由派害怕广大群众登上政治舞台的前台，这就是关键所在。

但是梅延多夫如何解释他这样害怕呢？这里他就不坦率了。他写道：

> "我非常担心，不久将来的广大民主群众的口号同不久以前民主派的理想口号会大相径庭。最近以来的种种事实表明，广大群众极其容易受狭隘民族主义和沙文主义的情绪和行为感染…… 我担心，不久的将来，民主派的激进主义会同与文化毫无共同之处的极端民族主义的'冲动'和睦相处。我有时候暗自为这种情绪设想了这样一种离奇的可能性，即将来会要求废除……俄罗斯出身和信仰正教的人的死刑。"

如果梅延多夫男爵是诚实的，如果他的头脑中不是从青年时代起就塞满了"唯心主义的"废物，那么从他的"担心"中只能得出一个结论：必须转到社会民主党人这边来！

这是因为只有社会民主党始终不渝、坚定不移地为争取最广泛最完整意义上的文化、**反对一切**"狭隘民族主义和沙文主义的情绪和行为"而斗争。

一旦大俄罗斯农民彻底摆脱农奴制的压迫，他们的狭隘民族主义和沙文主义的情绪大概会加强，而目前大力培植这种情绪的正是梅延多夫在党内和“社交界”的同僚，大俄罗斯的地主和资本家。我们马克思主义者非常清楚，除了民族主义者-反动派以外，还有民族主义者-自由派（或者说民族主义自由派，十月党人和立宪民主党人就属这一派），最后，还有民族主义民主派。

由此究竟应得出什么结论呢？是必须“担心”由农奴制俄国向资产阶级民主制俄国过渡呢，还是必须全力支持并帮助这种过渡，同时一分钟也不忘记无产阶级反对任何资产阶级（即使是民主资产阶级）、反对任何民族主义（即使是农夫民族主义）的阶级斗争？

梅延多夫先生由于害怕民主派而向农奴主求救。而工人们说：同资产阶级民主派一起反对农奴主，同各民族的工人结成联盟反对任何民族主义，其中包括既反对大俄罗斯的、也反对农民的、也反对民主派的民族主义。

载于 1914 年 6 月 10 日《劳动的真理报》第 11 号

译自 1970 年《苏共历史问题》第 4 期第 3—5 页

# 工人阶级和工人报刊

（1914年6月13日和14日〔26日和27日〕）

对于觉悟的工人来说，再没有比**了解**和**正确地认识**工人运动的**意义**更为重要的任务了。工人运动的唯一的，也是不可战胜的力量源泉，就是工人的**觉悟**以及工人斗争的广泛性，也就是说，有**大批**雇佣工人参加这个斗争。

已经办了几年的圣彼得堡马克思主义报刊提供了唯一的、卓越的、无可替代的、经得起任何人检查的说明工人运动广泛性和哪种派别在工人运动中占优势的材料。只有那些想隐瞒真相的人才会像自由派和取消派那样回避这种材料。

说明1914年1月1日—5月13日给圣彼得堡"真理派"（马克思主义派）的报纸和取消派的报纸的捐款情形的完整材料，已经由维·亚·吉·同志整理出来了。现在我们把他编制的表格全部刊印出来，而在正文里，为了不让数字过分地麻烦读者，我们有时只引用整数。

这就是维·亚·吉·同志所编制的表格。

## 给圣彼得堡马克思主义派（“真理派”）报纸和取消派报纸的捐款

**（1914 年 1 月 1 日—5 月 13 日）**

| 捐款来源 | 圣彼得堡 | | | | | | 莫斯科 | | | | | | 外省 | | | | | | 共计 | | | | | |
|---|---|---|---|---|---|---|---|---|---|---|---|---|---|---|---|---|---|---|---|---|---|---|---|---|
| | 真理派 | | | 取消派 | | | 真理派 | | | 取消派 | | | 真理派 | | | 取消派 | | | 真理派 | | | 取消派 | | |
| | 捐款次数 | 捐款总数 | | 捐款次数 | 捐款总数 | | 捐款次数 | 捐款总数 | | 捐款次数 | 捐款总数 | | 捐款次数 | 捐款总数 | | 捐款次数 | 捐款总数 | | 捐款次数 | 捐款总数 | | 捐款次数 | 捐款总数 | |
| | | 卢布 | 戈比 | | 卢布 | 戈比 | | 卢布 | 戈比 | | 卢布 | 戈比 | | 卢布 | 戈比 | | 卢布 | 戈比 | | 卢布 | 戈比 | | 卢布 | 戈比 |
| **工人团体……** | **2 024** | **13 943** | **24** | **308** | **2 231** | **98** | **130** | **865** | **—** | **25** | **263** | **52** | **719** | **4 125** | **86** | **338** | **2 800** | **62** | **2 873** | **18 934** | **10** | **671** | **5 296** | **12** |
| **非工人团体的总数……** | **325** | **1 256** | **92** | **165** | **1 799** | **40** | **46** | **260** | **51** | **24** | **1 137** | **30** | **332** | **1 082** | **79** | **230** | **2 113** | **90** | **713** | **2 650** | **01** | **453** | **6 759** | **77** |
| 其　中： | | | | | | | | | | | | | | | | | | | | | | | | |
| 学生和青年团体…… | 26 | 369 | 49 | 19 | 292 | 13 | 8 | 119 | 30 | 3 | 21 | — | 20 | 162 | 13 | 23 | 317 | 09 | 54 | 650 | 92 | 45 | 630 | 22 |
| “拥护者”、“朋友”等等的团体…… | 8 | 164 | — | 14 | 429 | 25 | 6 | 42 | 10 | 5 | 892 | — | 28 | 252 | 72 | 35 | 1 129 | 35 | 42 | 458 | 82 | 54 | 2 450 | 60 |
| 其他团体…… | 2 | 8 | — | 6 | 72 | 60 | 1 | 2 | — | — | — | — | 30 | 115 | 29 | 24 | 113 | 52 | 33 | 125 | 29 | 30 | 186 | 12 |
| 个人…… | 281 | 650 | 96 | 120 | 966 | 72 | 29 | 63 | 61 | 14 | 197 | 80 | 221 | 332 | 05 | 132 | 443 | 80 | 531 | 1 046 | 62 | 266 | 1 608 | 32 |
| 未具名的…… | 8 | 64 | 47 | 6 | 38 | 70 | 2 | 33 | 50 | 2 | 26 | 50 | 33 | 220 | 60 | 16 | 110 | 14 | 43 | 318 | 57 | 24 | 175 | 34 |
| 国外…… | — | — | — | — | — | — | — | — | — | — | — | — | — | — | — | — | — | — | 10 | 49 | 79 | 34 | 1 709 | 17 |
| **总　计……** | **2 349** | **15 200** | **16** | **473** | **4 031** | **38** | **176** | **1 125** | **51** | **49** | **1 400** | **82** | **1 051** | **5 208** | **65** | **568** | **4 914** | **52** | **3 586** | **21 584** | **11** | **1 124** | **12 055** | **89** |

首先我们要谈谈工人团体的**数目**。这些数字是“真理派”和“取消派”报纸创刊以来的累积总数。**工人**团体的数目如下：

| | 支持真理派报纸的 | 支持取消派报纸的 |
|---|---|---|
| 1912 年全年 | 620 | 89 |
| 1913 年全年 | 2 181 | 661 |
| 1914 年 1 月 1 日—5 月 13 日 | 2 873 | 671 |
| **共　计** | 5 674 | 1 421 |

团体的总数是 7 095 。当然，有些团体捐款不止一次，但是没有材料说明这样的团体究竟有多少。

我们看到，同情取消派的**只占**工人团体总数的1/5（五分之一）。“真理派”、真理派的决议和真理派的策略在两年半的期间内**联合了**俄国4/5有觉悟的工人。把这种工人统一的事实同“前进派”、“普列汉诺夫派”、“托洛茨基派”等各种知识分子小集团关于“统一”的空谈对照一下，是有益处的。

现在我们把 1913 年和 1914 年双方的数字比较一下（1912 年的数字是无法比较的，因为《真理报》创办于 4 月，而《光线报》是 5 个月以后才出版的）。我们看到，真理派团体的数目增加了 692 个，**即增加了 31.7%**，而取消派团体的数目只增加了 10 个，**即增加了 1.5%**。可见，工人愿意支持真理派报纸的这种趋势的发展要比愿意支持取消派报纸的**快 20 倍**。

我们再来看看这两个派别的工人在整个俄国分布的情况：

| | 工人团体所占的百分数 | |
|---|---|---|
| | 真理派 | 取消派 |
| 在圣彼得堡 | 86% | 14% |
| 在莫斯科 | 83% | 17% |
| 在外省 | 68% | 32% |

结论很清楚：工人群众愈成熟，他们的觉悟和政治积极性愈高，真理派在他们中的优势就**愈显著**。在彼得堡取消派几乎完全被排挤掉了（100个里有14个）；在外省，因为那里的群众对政治最不了解，取消派还能够勉勉强强维持一点场面（100个里有32个）。

指出下面一点是极有意义的：来源完全不同的另一个材料，也就是受工人委托选举保险机关的代表成分的材料，同关于工人团体的材料异常接近。参加首都保险会议选举的受托人有37名是真理派，7名是取消派，分别占84%和16%。真理派受托人占总数的70%（53名中有37名），在选举**全俄**保险机关的57名受托人中有47名真理派，即占82%。取消派、非党人士和民粹派，也就是仍然受资产阶级影响的工人只占极少数。

下面，请看看关于工人团体捐款的平均数的有趣材料吧：

| | 工人团体捐款的平均数 | |
|---|---|---|
| | 真理派 | 取消派 |
| 在圣彼得堡 | 6卢布88戈比 | 7卢布24戈比 |
| 在莫斯科 | 6卢布65戈比 | 10卢布54戈比 |
| 在外省 | 5卢布74戈比 | 8卢布28戈比 |
| 在全俄国 | 6卢布58戈比 | 7卢布89戈比 |

真理派团体向我们表明了一个自然的、合乎情理的、可以说是正常的现象：随着工人群众平均工资的提高，工人团体捐款的平均数也相应提高。

在取消派方面，除莫斯科团体（捐款只有25次！）的平均数跳得特别高以外，我们还看到，外省团体的捐款平均数也**高于**彼得堡团体的！！！怎样才能解释这种奇怪的现象呢？

只有花大力气对材料进行更仔细的整理，才能对这个问题作出可靠的答案。我们设想的答案是这样的：取消派所联合的是某些工业阶层中的少数工资最高的工人。在全世界都可以看到，这类工人最顽固地坚持自由主义和机会主义的思想。在我国的彼得堡，容忍取消派时间最长的是印刷工人，直到最近这次（1914 年 4 月 27 日）印刷工会选举，真理派才争取到在理事会理事名单中占半数，在候补理事中占多数。各国的印刷工人都是最倾向于机会主义的，有几类印刷工人的工资最高。

如果说我们关于同情取消派的是少数工人贵族的论断只是一种设想，那么**个人**捐款情况却是不容置疑的。在非工人的捐款中有**一半以上**是个人捐款（我们这里是 713 次中有 531 次，取消派那里是 453 次中有 266 次）。我们这类捐款的平均数是 1 卢布 97 戈比；取消派是 **6 卢布 5 戈比**!!

很显然，捐款给真理派的是下级职员、公务员等等具有半无产者性质的小资产阶级分子。而在取消派方面，我们看到的是资产阶级阔朋友。

至于“拥护者、友人等等团体”这些资产阶级阔朋友们，我们就看得尤为清楚了。这些团体给了我们 458 卢布 82 戈比，即占捐款总数的 2%；而且一个团体的平均捐款是 10 卢布 92 戈比，只相当于工人团体的平均捐款的 1.5 倍。这些团体给了取消派 2 450 卢布 60 戈比，即占捐款总数的 20%**以上**；而一个团体的平均捐款是 **45 卢布 39 戈比**，即等于工人团体的平均捐款的 **6 倍**!!

我们再把国外捐款加进去，国外捐款主要是来自资产阶级大学生。国外给我们的捐款是 49 卢布 79 戈比，即占 0.25%弱，给取消派的捐款是 1 709 卢布 17 戈比，即占 **14%**。

把个人的、“拥护者、友人”的以及国外的捐款加在一起，这些方面来的捐款总数为：

真理派 1 555 卢布 23 戈比，即占全部捐款的**7%**。

取消派 5 768 卢布零 9 戈比，即占全部捐款的**48%**。

在我们这一方面，这类捐款不到工人团体捐款(18 934 卢布)的1/10，在取消派方面却**超过了**工人团体的捐款(5 296 卢布)!!

结论很清楚：取消派的报纸**不是**工人的报纸，而是**资产阶级的**报纸。它主要是靠**资产阶级阔朋友**的钱来维持的。

取消派依赖资产阶级，实际上要比我们的材料所表明的厉害得多。因为真理派的报纸曾经**多次**公布自己的财务报表，从这些报表上可以看出，收入加上捐款，报纸的收支是相抵的。尽管报纸不断遭到没收，广告也不多，但发行量达 4 万份(1914 年 5 月的平均数字)，收支相抵是不难理解的。而取消派**只**公布过**一次**(《光线报》第 101 号)他们的报表，这张报表上有 4 000 卢布的赤字，以后就转而采取资产阶级的习惯做法，不再公布报表了。在发行量为 15 000 份的情况下，他们的报纸出现赤字是不可避免的，很显然，接连的亏空是靠资产阶级阔朋友来填补的。

自由派工人政治家喜欢暗示要"**公开的**工人政党"，但是他们不愿向真正的工人**公开**他们对资产阶级的真正的依赖性！我们这些地下工作者只好来教育教育取消派自由派分子，让他们知道公开报表的好处……

根据总计，工人和非工人捐款的比例是这样的：

| 捐款： | 在给报纸捐款的每个卢布中：真理派 | 取消派 |
|---|---|---|
| 来自工人的占 | 87 戈比 | 44 戈比 |
| **不是**来自工人的占 | 13 戈比 | 56 戈比 |
| **共　计** | 1 卢布 00 戈比 | 1 卢布 00 戈比 |

真理派得到的帮助，有1/7来自资产阶级，而且，正如我们所看到的，是来自资产阶级中民主派色彩最浓、富裕程度最低的阶层。取消派的报社**主要是**资产阶级的报社，还有少数的工人跟着它走。

捐款来源的材料也向我们表明了购买报纸的读者的阶级地位。

只有最自觉地同情报纸方针的固定读者才会自愿地给报纸捐款。而办报方针不管办报人是否愿意都得“适应”报纸读者中的最“有影响的”阶层。

从我们的材料可以得出下列结论：一是理论结论，即促进工人阶级认识工人运动条件的结论；二是实践结论，即为我们的工作提供直接指示的结论。

有时听人说，俄国有两种工人报刊，甚至普列汉诺夫不久前也重复过这种话。但这不符合实际。说这种话的人或者暴露出自己完全无知，或者暴露出自己暗中打算帮助取消派散布资产阶级对工人的影响。党的决议早已不止一次地（例如在1908年和1910年）明确直率地指出取消主义的资产阶级性质。在马克思主义报刊的文章中，已经把这个真理解释过几百次了。

公开面向群众的日报的经验必然**揭露**取消**派**的真正的**阶级**性质。这种经验已经揭露出了取消派的阶级性质。取消派的报社实际上是领导着少数工人的资产阶级报社。

除此以外，我们也不应忘记，取消派的报纸几乎直到1914年春天以前还是八月联盟的机关报。拉脱维亚人现在刚脱离了八月联盟，托洛茨基、艾姆-艾尔、阿恩、布里扬诺夫、叶戈罗夫也已经脱离或者正在脱离取消派；联盟还在继续瓦解。在最近的将来，取消

**派**的资产阶级性质以及前进派、普列汉诺夫派、托洛茨基派等知识分子**小集团**的毫无生命力必然会暴露得更清楚。

实践的结论可以归纳为下面几点：

(1)真理派在不到两年半的期间团结了 5 674 个工人团体，这个数字在俄国这样艰难的条件下是相当可观的。但这还只是开始。我们需要的不是几千个而是几万个工人团体。必须以十倍的努力来进行工作。从几百个工人那里一个戈比、一个戈比地收集得来的 10 卢布，无论就思想意义来说，或者就组织意义来说，都要比从资产阶级阔朋友那里得到的 100 卢布更重要，更宝贵。即使从财务方面来看，经验也会迫使人们承认，靠工人的戈比可以办成一份经久不衰的工人报纸，而靠资产阶级的卢布却办不成。取消派的报社是一个势必破灭、行将破灭的肥皂泡。

(2)我们在外省特别落后，那里有百分之三十二的工人团体还跟着取消派走！！一切有觉悟的工人必须全力以赴结束这种可悲而又可耻的现象。必须竭尽全力把外省的工作抓紧。

(3)看来，运动几乎还完全没有触动农村工人。不管农村的工作多么困难，都必须最顽强、最坚决地进行这项工作。

(4)就像母亲细心地照顾生病的孩子、增加他的营养那样，觉悟的工人必须更加细心地照顾感染上取消主义毛病的工人所在的那些地区和工厂。在年轻的工人运动中出现这种从资产阶级那里来的毛病是不可避免的，但是在正确的护理和不断的治疗之下，病是会痊愈的，不会给工人留下终生的特别有害的后遗症。更加热心地用马克思主义的读物来给有毛病的工人增加营养，——更加细心、更加通俗地解释党的历史和策略，解释党的关于取消主义的资产阶级性质的决议的意义，——更加详尽地说明无产阶级统一的绝对必要性，也就是少数工人必须服从多数，俄国1/5有觉悟的工人必须服从4/5有觉悟的工人。这就是我们最重要的任务之一。

载于1914年6月13日和14日《劳动的真理报》第14号和第15号

译自《列宁全集》俄文第5版第25卷第227—234页

# 左派民粹主义和马克思主义

（1914 年 6 月 19 日〔7 月 2 日〕）

马克思主义者已经不止一次地指出农民土地自由转移（即买卖和抵押）问题的意义。正是在这个特别现实的问题上，能够最清楚地看到我国民粹派的小资产阶级性，甚至是**公然的反动性**。

一切民粹派，从《俄国财富》杂志的半立宪民主党人（切尔诺夫和维赫利亚耶夫等等先生们曾经正确地称他们为“社会立宪民主党人”）到《坚定思想报》的最“左”的民粹派都反对农民土地特别是份地的完全自由转移。

马克思主义者则在自己的**纲领**里直截了当地指出，他们“**要始终不渝地反对一切阻碍经济发展进程的企图**”。

俄国的经济发展，也像全世界的经济发展一样，由农奴制走向资本主义，再经过大机器生产的资本主义走向社会主义。

不经过资本主义的**进一步**发展，不经过**资本主义的**大机器生产，而由“另一条”道路走向社会主义，这是俄国自由派老爷或者落后的小业主（小资产者）所特有的“幻想”。直到现在还盘踞在左派民粹派头脑里的这种幻想，只是反映了小资产阶级的落后性（反动性）和软弱性。

包括俄国在内的全世界的觉悟工人，愈来愈坚信马克思主义的正确性，因为生活本身告诉他们，只有大机器生产才能唤醒工人，教育和团结工人，为**群众**运动创造**客观**条件。

《真理之路报》重申了一条众所周知的马克思主义的真理：资本主义比农奴制**进步**①；阻碍资本主义的发展是一种最荒谬的、最反动的、对劳动者最有害的空想，左派民粹派分子尼·拉基特尼科夫先生（《勇敢思想报》[179]第7号）却责备《真理之路报》在执行"美化资本主义绞索的不太体面的任务"。

每一个关心马克思主义和世界工人运动经验的人对此不妨想一想！！像尼·拉基特尼科夫先生和左派民粹派这样对马克思主义惊人无知的人真是少有，也许只有资产阶级经济学家才会这样。

难道拉基特尼科夫先生没有读过《资本论》？没有读过《哲学的贫困》？没有读过《共产党宣言》？如果他没有读过，那就根本用不着侈谈什么社会主义，白费时间岂不可笑。

如果他读过，他就应当知道，在马克思**所有**著作中的一个**基本**观念（思想），马克思逝世后为各国经验证实了的一种思想，就是认为资本主义比农奴制**进步**。从这个意义上来说，马克思和所有的马克思主义者是在"美化"（用拉基特尼科夫的拙劣而愚蠢的说法）"资本主义绞索"！！

只有不了解历史发展条件的无政府主义者或小资产者才会说：不管是农奴制的绞索还是资本主义的绞索，反正都是绞索！！这说明他们局限于谴责，而不了解经济发展的**客观**进程。

谴责是表示我们主观上的不满。农奴制发展成为资本主义的客观进程所做的，却是使**千百万**劳动者随着城市、铁路、大工厂的发展以及工人的流动增多而**摆脱**农奴的沉睡状态，资本主义本身

① 见本卷第161—164页。——编者注

唤醒了他们,并且把他们团结了起来。

无论是农奴制,或者是资本主义,都是压迫工人的,并且力图使工人处于愚昧无知的状态。但是,农奴制**可能**而且确实**在许多世纪中**使千百万农民处于麻木状态(例如:俄国从 9 世纪到 19 世纪;中国还要多许多世纪)。而资本主义却**不可能**使工人处于不流动、沉睡、麻木、愚昧的状态。

农奴制的时代是劳动者沉睡的时代。

资本主义的几十年唤醒了千百万雇佣工人。

左派民粹派先生们,不了解这一点就等于丝毫不了解社会主义,或者就等于把社会主义从客观条件所产生的千千万万人的斗争变为善良的老爷讲的童话故事!

不管维护怎样的、哪怕是最微小的对份地转让的**限制**,就是在**实际上**成为反动分子,成为农奴主的帮凶。

限制份地自由转移就是**扼制**经济发展,**阻挠**雇佣工人阶级的形成、成长、觉醒、团结,**恶化**工人和农民的处境,**加强**农奴主的影响。

彼舍霍诺夫和拉基特尼科夫之流的先生们在维护对农民土地自由转移的限制,**实际上**就成了这"等人"的帮凶。

载于 1914 年 6 月 19 日《劳动的真理报》第 19 号

译自《列宁全集》俄文第 5 版第 25 卷第 235—237 页

# 俄国的土地问题

（1914年6月22日〔7月5日〕）

俄国的土地问题在目前具有极大的意义。大家都知道，不仅广大的人民群众，就是政府也把这个问题提到了一个中心位置上。

1905年运动的历史特点，就是俄国绝大多数的居民即农民把土地问题提到了第一位。无论是自由派资产阶级政党，或者工人政党，都在自己的纲领里考虑了这个事实。另外一方面，就连通过六三体制实现地主同上层资产阶级联盟的政府，也正是把土地问题作为自己政策的中心（用暴力破坏村社土地占有制，培植份地私有制，主要是独立田庄中的份地私有制）。

俄国土地问题的经济实质是什么呢？就是对俄国进行资产阶级民主改革。俄国已经成为资本主义的、资产阶级的国家。而我国的土地占有制在很大的程度上仍然是农奴制的：无论是地主的土地占有制，还是份地的即农民的土地占有制都是如此。经营制度在很多场合仍然是农奴制的：工役制、徭役制，即半破产的、贫困的、挨饿的小业主向地主租土地，租割草场，租牧场，借钱，为此必须在“贵族老爷的”土地上“做工偿还”。

俄罗斯农村由于自己的农奴制愈是落在工业的、商业的、资本主义的俄罗斯后面，那么对旧的、农奴制的（无论是地主的，还是份地的）土地占有制的必不可免的破坏就一定愈激烈。

地主竭力使这种破坏按照地主的办法来进行，符合地主的利益，即保存自己占有的全部土地，帮助富农尽快地剥夺农民的土地。大多数的农民则竭力按照农民的办法进行这种破坏，使之符合农民的利益。

在这两种情况下改革都**仍然是资产阶级的**。马克思无论在《哲学的贫困》、在《资本论》或者在《剩余价值理论》中，都充分地证明了：**资产阶级的**经济学家曾经不止一次地要求土地**国有化**，也就是把全部土地变为公有财产，而这种办法**完全是资产阶级的**。实行这种办法，资本主义会更广泛、更自由、更迅速地发展起来。这种办法是很进步、很民主的；它会彻底根除农奴制，摧毁土地占有的垄断，消灭**绝对**地租（取消派分子彼·马斯洛夫跟在资产阶级学者后面错误地否认有绝对地租）。它会加速农业生产力的发展，纯洁雇佣工人的阶级运动。

但是，我们再重复一次，这是**资产阶级**民主主义的办法。左派民粹派（例如瓦季莫夫先生在《勇敢思想报》上）顽固地把**资产阶级的**土地国有化叫做**“社会化”**，顽固地不顾马克思对资本主义制度下的土地国有化的本质所作的最详尽的说明。

左派民粹派顽固地重复着关于“劳动经济”及其在“社会化”条件下获得发展的纯粹资产阶级的学说，其实在土地国有化的条件下必然要最广泛最迅速地发展起来的，正是**资本主义的**土地占有制，而且是完全摆脱农奴制的最纯粹的**资本主义的**土地占有制。

“土地社会化”这个提法只是暴露了左派民粹派完全不理解马克思的政治经济学原理，暴露了他们转到（间或地、秘密地、常常是不自觉地）资产阶级政治经济学方面去了。

马克思劝告觉悟的工人既要清楚地意识到在资本主义基础上

进行的一切土地改革(其中也包括土地国有化)所固有的资产阶级性质,又要支持种种反对农奴主和农奴制的资产阶级民主改革。但是马克思主义者决不能把资产阶级的办法同社会主义混淆起来。

载于1914年6月22日《劳动的真理报》第22号

译自《列宁全集》俄文第5版第25卷第238—240页

# 谩骂的政治意义

（谈谈统一问题）

（1914 年 6 月 24 日〔7 月 7 日〕）

读者会问：难道谩骂可能有政治意义吗？

毫无疑问是有的。现在我们就从所有觉悟工人都关心的方面举一个例子。

我们真理派被骂为“篡夺者”（非法盗用名义者）。**1912 年 3 月**，普列汉诺夫派、前进派、托洛茨基派、取消派、还有其他一大批小集团都在这种谩骂的基础上“联合起来了”。

现在，**1914 年 6 月**，经过了两年多的时间，《统一报》的拥护者、取消派、前进派、托洛茨基派，大概还有其他十来个小集团，又一次在这种谩骂的基础上“联合起来”反对我们。

为了深入考虑这种谩骂的政治意义，我们请读者回忆回忆《统一报》拥护者及其同伙想用叫嚣和谩骂来“回避”的几件最简单的事情。

“他们”全都把 1912 年 1 月的代表会议宣布为篡夺和非法盗用名义，说代表会议无权称自己是整体的最高机关、最高机构。

先生们，说得好极了！不过请看一看，**政治事实**是怎样揭露你们言论的全部空洞性和欺骗性的。

假定你们是正确的；假定 1912 年 1 月的代表会议是“非法盗

用名义”。从这里应当得出什么结论来呢？

从这里应当得出这样的结论：受到这种“非法盗用名义”侵害的一切集团、派别、小组、一切社会民主党人都应当**挺身捍卫**“合法性”。对不对？联合起来不仅为了谩骂篡夺者，而且**为了推翻他们**。

这似乎是无可争辩的吧？

英勇的普列汉诺夫、勇敢的托洛茨基、大胆的前进派、高尚的取消派**似乎不可能仅仅**联合起来谩骂篡夺者，而不联合起来**推翻篡夺者**。

如果我们的英雄们没有这样做，那他们就是空谈家了，对不对？

可是为了推翻“篡夺者”，又需要做些什么呢？

为此，做到下面这一点就够了：反对篡夺行为的高尚的抗议者们聚集在一起，**不要**篡夺者参加，斥责篡夺者，并且拿出不同于篡夺者机构的合法机构的**范例、经验和事实**（是事实，而不是诺言；是行动，而不是言论）来给工人看看。

不把俄国全体觉悟工人当做白痴的人当然都会同意：这些工人看了高尚的抗议者反对“篡夺者”的联合工作后，就会支持这些抗议者，赶走篡夺者，对篡夺者尽情地嘲笑和斥责！！

这似乎是一清二楚的吧？

不仅马克思主义者，而且任何一个自尊的民主主义者都**必须**同所有反对“篡夺行为”的人联合起来**推翻**篡夺者，这似乎是绝对无可争辩的吧？

可是实际情况如何呢？

实际结果又如何呢？

在我们高尚的反对“篡夺行为”的人们对篡夺者讨伐了**两年**以后，结果如何呢？

结果是：“篡夺者”把俄国4/5（**五分之四**）的觉悟工人联合在自己的决议的周围了。

从1912年1月1日到1914年5月13日的两年半时间内，有5 674个工人团体捐款资助真理派的报纸，而高尚的反对“篡夺行为”的人们，即取消派和他们的朋友才获得1 421个工人团体的资助。

“篡夺者”实现了俄国五分之四的工人实际的而不是口头上的**统一**。

高尚的反对“篡夺行为”的人们却四分五裂，因为他们的八月联盟瓦解了，托洛茨基、拉脱维亚人、高加索人的领袖们等等都分出来成为**单独的**小集团了，这些小集团不论分散开来或者集合在一起，**在实际运动中都等于零**。

这是什么样的奇迹啊？

五分之四的工人怎么会**拥护**可憎的“篡夺行为”，**反对**人数众多的、各种各样的、代表“**许多派别**”的讨伐篡夺行为的高尚人们呢？

读者们，这种事所以可能发生而且必然发生，有以下的原因：政治上的谩骂往往掩盖着谩骂者的毫无原则、束手无策、软弱无力和色厉内荏。

原因仅此而已。

尽管有对“真理派”、“篡夺者”、“列宁派”等等的一切谩骂，觉悟的工人现在和将来都仍然联合在彻底的马克思主义的思想和策略的周围。尽管有这一切谩骂，他们还是承认**完全来自下面的统一,即在谴责取消主义的基础上、在承认“整体”的一切决议的基础上的工人的统一。工人运动的原则只能是少数服从多数,而决不是同知识分子小集团达成协议。

载于1914年6月24日《劳动的真理报》第23号

译自《列宁全集》俄文第5版第25卷第241—243页

# 表明工人运动中各派力量的一些客观材料[180]

(1914年6月26日〔7月9日〕)

觉悟工人的最重要任务,是**认识**本阶级的运动,认识运动的实质、目的和任务,以及运动的条件和实际形式。这是因为工人运动的全部力量就在于它的觉悟性和**群众**性:资本主义每发展一步,都使无产者即雇佣工人的数量增加,并且团结他们,组织他们,教育他们,从而造成一支必然要奔向自己目标的阶级力量。

报刊上经常解释的马克思主义者的纲领和策略决议,有助于工人群众认识运动的实质、目的和任务。

俄国工人运动中各派之间的斗争是有深刻的阶级根源的。在俄国工人运动中,同马克思主义派(真理派)作斗争的有两"派"(就其群众性和历史根源来说)可以称得上"派别",那就是民粹派和取消派,两者都体现了资产阶级对无产阶级的影响。这一点马克思主义者已经解释过许多次,并且在马克思主义者关于民粹派(同他们斗争已经有30年了)和取消派(它也有将近20年的历史,因为取消主义是"经济主义"和孟什维主义的直接继续)的许多决议中已经加以肯定了。

目前,表明俄国工人运动中各派力量的**客观**材料积累得愈来愈多了。我们应该尽一切力量收集、核对和研究这些客观材料,这些材料涉及的不是某些个人和集团的行为和情绪，而是**群众**的行为和情绪，这些材料来自各种**怀有敌意的**报纸，每一个识字的人都可以**核对**。

只有根据这样的材料，才能学习和研究本阶级的运动。民粹派和取消派以及各种知识分子小集团，如“前进派”、普列汉诺夫派、托洛茨基派，它们的一个主要缺点，甚至可说是最主要的缺点（或者说对工人阶级犯下的罪过）就是**主观主义**。他们处处都把自己的愿望、自己的“意见”、自己的估计、自己的“打算”当做工人的意志，当做工人运动的要求。比如，他们讲到“统一”时，却目空一切地无视俄国**大多数**觉悟工人自 1912 年初至 1914 年中这两年半来建立真正统一的**经验**。

现在我们将有关工人运动中各派力量的**客观**材料汇总列表如下。愿意相信主观估计和种种诺言的人可以去找各种“小集团”，我们的材料是只请那些希望研究客观事实的人看的。事实如下：

| | | 真理派 | 取消派 | 百分数 | | 左派民粹派 |
|---|---|---|---|---|---|---|
| | | | | 真理派 | 取消派 | |
| **杜马选举结果：** | | | | | | |
| 1. 工人选民团选出的代表人数 | 第二届杜马，1907 年…… | 11 | 12 | 47 | 53 | — |
| | 第三届杜马，1907—1912 年…… | 4 | 4 | 50 | 50 | 抵制 |
| | 第四届杜马，1912 年…… | 6 | 3 | 67 | 33 | 抵制 |
| **捐款的工人团体数目：** | | | | | | |
| 2. 捐款给彼得堡各报纸的工人团体数目 | 1912 年…… | 620 | 89 | — | — | — |
| | 1913 年…… | 2 181 | 661 | 76.9 | 23.1 | 264 |
| | 截至 1914 年 5 月 13 日止…… | 2 873 | 671 | 81.1 | 18.9 | 524 |

| | 真理派 | 取消派 | 百分数 | | 左派民粹派 |
|---|---|---|---|---|---|
| | | | 真理派 | 取消派 | |
| **工人选举保险机关结果：** | | | | | |
| 3. 参加全俄保险机关选举的受托人…… | 47 | 10 | 82.4 | 17.6 | ？1—2？ |
| 4. 参加首都保险机关选举的受托人…… | 37 | 7 | 84.1 | 15.9 | 4 |
| **在拥护某一杜马党团的决议上签名的人数：** | | | | | |
| 5. 两家报纸征集到的拥护“六人团”（真理派）或“七人团”（取消派）的签名…… | 6 722 | 2 985 | 69.2 | 30.8 | — |
| **各派同工人团体的联系：** | | | | | |
| 6. 工人团体给这个或那个党团写信捐款的次数（自1913年10月至1914年6月6日）…… | 1 295 | 215 | 85.7 | 14.3 | — |
| **彼得堡各报纸发行量：** | | | | | |
| 7. 出版份数（根据埃·王德威尔得收集和发表的材料）…… | 40 000 | 16 000 | 71.4 | 28.6 | 12 000（每周三次） |
| **国外的刊物：** | | | | | |
| 8. 从取消派八月（1912年）代表会议后至1914年6月止各派领导机关的机关刊物出版期数…… | 5 | 0 | — | — | 9 |
| 9. 在这几期上提到非公开组织的次数（每处算做一次）…… | 44 | 0 | — | — | 21 |
| **对资产阶级的依赖：** | | | | | |
| 10. 给圣彼得堡各报的捐款（从1914年1月1日至5月13日）。**不是**由工人捐助的款项所占的百分数…… | — | — | 13 | 56 | 50 |
| 11. 各报纸在整个期间公布财务报表次数…… | 3 | 1 | — | — | ？（0？） |
| 12. 其中用来路不明的款项，即用资产阶级捐款弥补赤字的报表所占的百分数…… | — | — | 0 | 100 | ？ |

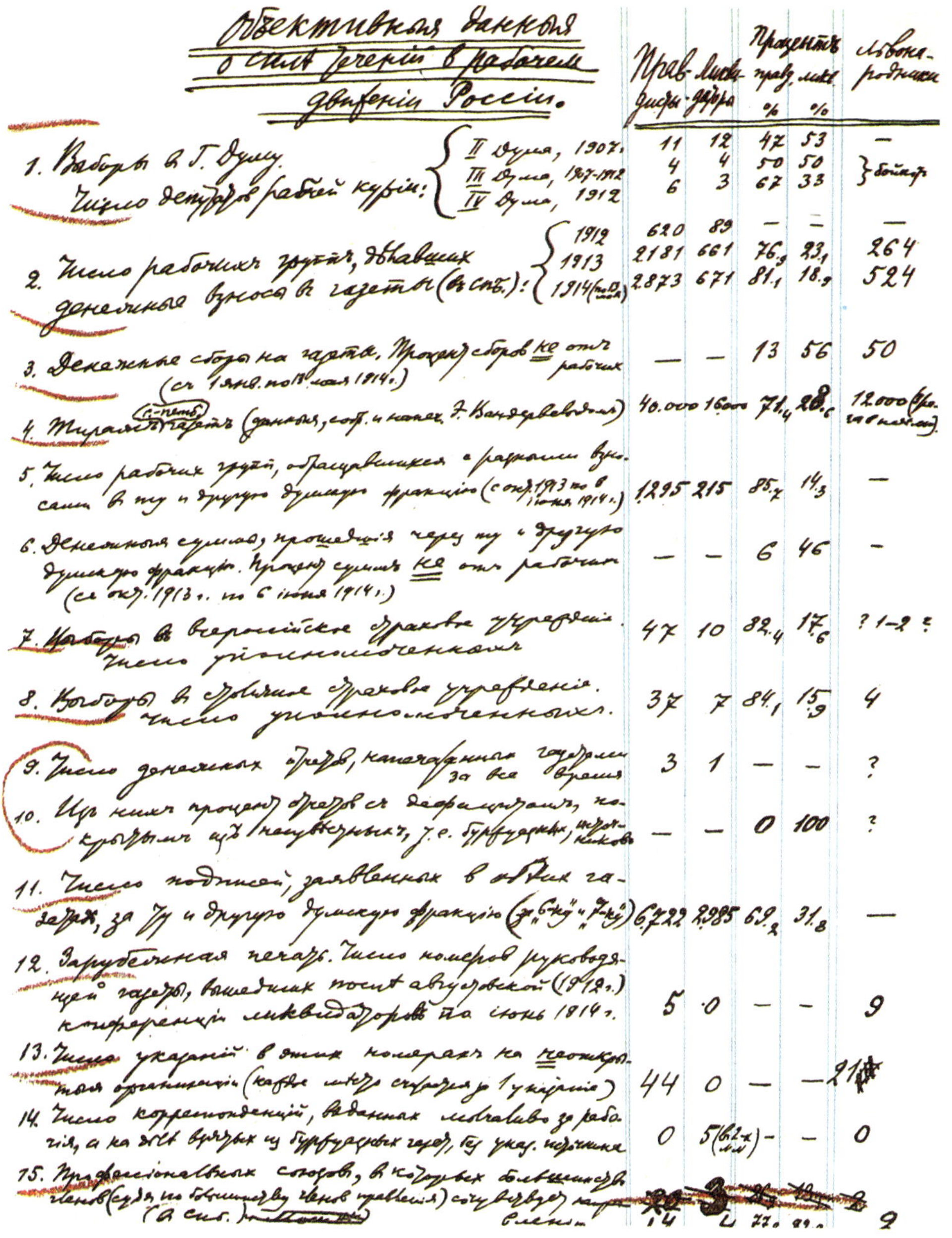

## Объективныя данныя о силѣ теченій в рабочем движеніи Россіи.

| | Правдисты | Ликвидаторы | Процент: правд. % | Процент: ликв. % | Левонародники |
|---|---|---|---|---|---|
| 1. Выборы в Г. Думу. Число депутатов рабочей куріи: II Дума, 1907 | 11 | 12 | 47 | 53 | — |
| III Дума, 1907–1912 | 4 | 4 | 50 | 50 | } бойкот |
| IV Дума, 1912 | 6 | 3 | 67 | 33 | |
| 2. Число рабочих групп, дававших денежные взносы в газеты (в СПБ.): 1912 | 620 | 89 | — | — | — |
| 1913 | 2181 | 661 | 76.9 | 23.1 | 264 |
| 1914 (по 13 мая) | 2873 | 671 | 81.1 | 18.9 | 524 |
| 3. Денежные сборы на газеты. Процент сборов не от рабочих (с 1 янв. по 13 мая 1914 г.) | — | — | 13 | 56 | 50 |
| 4. Тираж с.-петерб. газет (данные, сопр. и напеч. Э. Вандервельде) | 40.000 | 16.000 | 71.4 | 28.6 | 12.000 (приблиз.) |
| 5. Число рабочих групп, обращавшихся с разными взносами в ту и другую думскую фракцію (с окт. 1913 по 6 июня 1914 г.) | 1295 | 215 | 85.7 | 14.3 | — |
| 6. Денежныя суммы, прошедшія через ту и другую думскую фракцію. Процент суммы не от рабочих (с окт. 1913 г. по 6 июня 1914 г.) | — | — | 6 | 46 | — |
| 7. Выборы во всероссійское страховое учрежденіе. Число уполномоченных | 47 | 10 | 82.4 | 17.6 | ? 1–2 ? |
| 8. Выборы в столичное страховое учрежденіе. Число уполномоченных. | 37 | 7 | 84.1 | 15.9 | 4 |
| 9. Число денежных отчетов, напечатанных газетами за все время | 3 | 1 | — | — | ? |
| 10. Из них процент отчетов с дефицитами, покрытыми из неизвестных, т. е. буржуазных, источников | — | — | 0 | 100 | ? |
| 11. Число подписей, заявленных в обеих газетах, за ту и другую думскую фракцію (за «6-ку» и «7-ку») | 6722 | 2985 | 69.2 | 31.8 | — |
| 12. Заграничная печать. Число номеров руководящей газеты, вышедших после августовской (1912 г.) конференціи ликвидаторов по июнь 1914 г. | 5 | 0 | — | — | 9 |
| 13. Число указаній в этих номерах на нелегальную организацію (какое-либо сходство с 1 указаніем) | 44 | 0 | — | — | 21 |
| 14. Число корреспонденцій, ведущих молчаливо за рабочих, а на деле вредных из буржуазных газет, без указ. источника | 0 | 5 (в 2-х м. м.) | — | — | 0 |
| 15. Профессіональных союзов, в которых большинство членов (судя по большинству членов правленія) сочувствует направленію (в СПБ.) | 14 | 4 | 77. | 22. | 9 |

1914年6月列宁《表明工人运动中各派力量的一些客观材料》一文草稿的一页

（按原稿缩小）

| | 真理派 | 取消派 | 百分数 | | 左派民粹派 |
|---|---|---|---|---|---|
| | | | 真理派 | 取消派 | |
| 13. 由两个杜马党团经手捐来的款项(从1913年10月起至1914年6月6日止)。**不是**由工人捐助的款项所占的百分数…………………… | — | — | 6 | 46 | — |
| 14. 冒充工人写的、其实是不注明出处从资产阶级报纸上摘来的通讯数目…………………………………… | — | 5 (在《我们的工人报》第17号和第19号上) | | | 0 |
| **工会:** | | | | | |
| 15. 大多数会员(以工会理事多数为准)同情某一派的圣彼得堡工会数目…………………………………… | 14½① | 3½① | — | — | 2 |

我们先把上面的材料简略说明一下,然后再作结论。

最方便的办法是逐条说明。第1条。关于复选代表和受托人的材料现在**没有**。谁要是对利用“选民团”的材料表示不满,那他简直可笑,因为别的材料根本就没有。德国社会民主党是按排斥妇女、形成“男子”选民团的俾斯麦选举法来衡量他们的成绩的。

第2条。不仅“在决议上匆忙签名”而且真正捐款的工人团体有多少,这不仅是表明某派力量的最正确最可靠的标志,而且是表明组织程度即党性的最正确最可靠的标志。

正因为如此,取消派和各个“小集团”都表露出他们主观上对这种标志的厌恶。

取消派分子反驳说:我们还有犹太人和格鲁吉亚人的报纸,而《真理报》就只此一家。这种说法不对。第一,爱沙尼亚人和立陶

① 有一个工会,同情真理派和同情取消派的人数相等。

宛人的报纸也是真理派的报纸[181]。第二，拿地方上来讲，难道可以把莫斯科忘掉吗？莫斯科的工人报纸[182]在1913年团结和联合了**390个**工人团体（《工人日报》[183]第1号第19页），而犹太人的《时报》从第2号（1912年12月29日）开始到1914年6月1日为止只联合了**296个**工人团体（其中有190个是在1914年3月20日以前联合的，有106个是在1914年3月20日至6月1日这段时期联合的）。可见，仅莫斯科一地就“抵得上”取消派主观地拿来作例证的《时报》，而且还绰绰有余！

我们请格鲁吉亚和亚美尼亚的同志收集有关高加索取消派报纸的材料。那里究竟有多少工人团体？需要有全面的客观材料。

工人团体数的计算可能有错误，但也只能是局部性的错误。我们请大家都来核对和更正。

第3条和第4条是无需说明的。最好是进行一次调查，来收集地方的**新**材料。

第5条。在2 985个取消派分子签名中，**包括了**1 086个崩得分子和719个高加索人。我们希望当地的同志能核对这些数字。

第6条。两个党团的司库都印发党团收到的各种捐款**总**额的报表。这是衡量和工人联系的精确的客观标志。

第7条。报纸的发行量。这些材料是由埃·王德威尔得收集和发表的，可是取消派和自由派（《基辅思想报》）却把这些材料隐瞒了起来。这就是“主观主义”。最好能收集到至少一个月的更完备的材料。

第8条和第9条。这是表明取消派背弃“地下组织”，即背弃党的一个客观例证。但是在国外，从1914年1月1日起至5月13日止，真理派一共收到捐款49卢布79戈比（0.25%），取消派却收到了 1 709 卢布 17 戈比(14%)。不要说“我不能”,而要说“我不想”!

第 10—14 条。这些客观的标志说明了取消派和民粹派对资产阶级的依赖,说明了他们的资产阶级性质。**在主观上**,取消派和民粹派是“社会主义者”和“社会民主主义者”。**在客观上**,无论按他们的**思想**内容,或群众运动的**经验**,它们都是资产阶级知识分子的集团,都是极力使少数工人脱离工人政党的集团。

请读者特别注意取消派伪造工人通讯的事实。这真是空前的骇人听闻的骗局!希望各地的马克思主义者都来揭穿这种欺骗,收集这方面的客观材料(见 1914 年 6 月 11 日《劳动的真理报》第 12 号[184])。

第 15 条。这项材料特别重要,最好是进行一次专门的调查来加以补充和核对。这些材料是我们从 1914 年圣彼得堡波涛出版社出版的《工人手册》[185]上引来的。属于取消派工会的有办事员、制图员和药剂师(1914 年 4 月 27 日举行的最近一次印刷工会理事会的选举结果,有一半的理事和一半以上的候补理事属于真理派)。属于民粹派工会的有面包工人和制盒工人。会员总数约有 22 000 人。

在莫斯科 13 个工会中,有 10 个属于真理派,有 3 个工会虽然不肯定,但是比较接近真理派。属于取消派和民粹派的一个也没有。

从客观材料得出的结论说明:只有真理派才真正是个不依赖资产阶级的、马克思主义的无产阶级派别,它组织了和联合了⁴⁄₅**以上**的工人(同取消派相比,1914 年真理派所团结的工人团体占总数 81.1%)。取消派和民粹派无疑是两个派别,但却是资产阶级民主主义派别，而不是工人的派别。

1912 年、1913 年以及 1914 年上半年的群众运动经验，极好地证实了真理派的纲领思想、策略思想、组织思想以及各项决议和路线是完全正确的。我们深信我们所走的道路是正确的，我们应该鼓足干劲，进一步加强我们的工作。

载于 1914 年 6 月 26 日《劳动的真理报》第 25 号

译自《列宁全集》俄文第 5 版第 25 卷第 244—250 页

# 左派民粹派在工人中的力量有多大

(1914 年 6 月 28 日〔7 月 11 日〕)

大家知道,世界上还有一部分工人跟着这个或那个资产阶级政党走。在俄国资产阶级民主改革时期,有少数觉悟工人还在追随资产阶级的取消派文人集团,追随资产阶级民主主义的民粹派。

整个民粹派,包括左派民粹派在内,都是俄国资产阶级(农民)民主派,这一点在马克思主义者的最明确的正式**决议**里(1903 年、1907 年、1913 年)[186]已经说过许多次。左派民粹派把**农民的**(在本质上无疑是十足**资产阶级的**)大胆要求称为"社会主义",因此有一部分工人跟着他们走,这在资本主义国家反对农奴制的运动日益尖锐的时代是完全可以理解的。

但是究竟有多大部分觉悟工人追随左派民粹派呢?

不久以前,一个最无原则的知识分子的杂志,也就是"联合了"(在说谎话的基础上)左派民粹派、普列汉诺夫和波特列索夫先生之流的《同时代人》宣称,"约有三分之一"的工人追随左派民粹派。

这种谎话同取消派通常所说的谎话一样厚颜无耻。

说明左派民粹派在工人中间的影响程度的客观材料,据我们所知道的只有三种。第一,报纸发行份数的材料。第二,捐款的工人团体数目的材料。第三,参加首都保险机关选举的受托人人数的材料。

这些材料与马尔托夫、吉姆美尔先生之流的无耻的谎话不同，**任何人**都能够根据公开公布的有关**不同**党派的资料找到并且检查这些材料，现在我们把这些材料比较一下。

| | 真理派 | 取消派 | 左派民粹派 | 百分数 真理派 | 百分数 取消派 | 百分数 左派民粹派 |
|---|---|---|---|---|---|---|
| 彼得堡报纸一周的发行份数……… | 240 000 | 96 000 | 36 000 | 64.5 | 25.8 | 9.7 |
| 工人团体捐款次数 | | | | | | |
| 1913 年全年… | 2 181 | 661 | 264 | 70.2 | 21.3 | 8.5 |
| 1914 年(截至5 月 13 日止) | 2 873 | 671 | 524 | 70.6 | 16.6 | 12.8 |
| 参加首都保险机关选举的受托人人数…………… | 37 | 7 | 4 | 77.1 | 14.6 | 8.3 |

对于资产阶级集团(取消派和左派民粹派)最“有利”的材料是报纸的发行份数。但是取消派和左派民粹派的报纸正好**不是**工人的而是资产阶级的报纸！捐款的材料(1914 年 1 月 1 日—5 月 13 日)就可以证明。在取消派所公布的捐款中，**非**工人的捐款占**全部**捐款的 56%(《劳动的真理报》第 15 号)①。左派民粹派的相应的数字是 50%。同时我们知道，左派民粹派根本不公布自己报纸的财务报表，他们的报纸显然也跟取消派的一样，是靠**资产阶级阔朋友**维持的。

只有真理派的报纸是工人的报纸。无论取消派的或者左派民粹派的报纸都是**资产阶级的报纸**。任何谎话都不能推翻这个**客观事实**。

关于工人团体的材料是最准确的材料，而且同欧洲的关于党

---

① 见本卷第 307—315 页。——编者注

员人数的材料非常相似。

左派民粹派工人团体增长得很快(一年中增长了一倍),已达到为各报捐款的工人团体总数的 12.8%。他们是**靠取消派的削弱**而增长起来的,因为取消派的团体的数目几乎完全没有增加(1914 年的半年,在整个工人运动巨大增长的条件下,只增加了 10 个团体),在工人团体中所占的比重则由 21.3%**减少**到 16.6%。

取消派先生们的机会主义和背弃党的行为把工人推向**另一个**比较"激进的"(在口头上)资产阶级集团。

从 1913 年到 1914 年,真理派增加了 692 个团体,取消派增加了 10 个,左派民粹派增加了 260 个。增加的百分比是:真理派增加 31.7%,取消派增加 1.5%,左派民粹派增加 100%(基数小总是比基数大增加得快:例如,普列汉诺夫现在有 9 个工人团体,如果在维也纳代表大会之前,为了出席维也纳代表大会,增加到 27 个或 45 个,那么,用百分数来表示,就是增加 200%或 400%)。

关于保险机关选举的材料只有彼得堡的。应当指出,左派民粹派 1914 年在圣彼得堡工人团体的捐款次数上也**比取消派占先**。

1914 年 1 月 1 日到 5 月 13 日,圣彼得堡工人团体的捐款次数如下:真理派 2 024 次,取消派 308 次,左派民粹派 **391 次**。按百分比算,真理派占 74.3%,取消派占 11.4%,左派民粹派占 14.3%。

我们的取消派真不愧是机会主义者,面对左派民粹派的增强,他们不是去加强捍卫马克思主义的原则性斗争,却去同左派民粹派结成反对马克思主义者(真理派)的联盟(同盟)!!

同时,左派民粹派的所有的领袖都在《同时代人》杂志上公开宣传这种同盟。取消派却**不敢**公开地、明白地向工人说出到底是怎么回事，总是遮遮掩掩。他们骨子里是立宪民主党人。

例如不久前在左派民粹派的报纸(1914 年 6 月 15 日《现代劳动思想报》[187]第 3 号)上刊登了一篇文章:《关于“阿伊瓦兹”工厂伤病救济基金会理事的选举》。这篇文章中说:“……必须提出两个名单让阿伊瓦兹工厂工人来裁夺:**一个是孟什维克和左派民粹派的联合名单**……另一个是真理派的名单……”(黑体是我们用的)

左派民粹派在这篇文章中公然把同取消派结成联盟说成是一切“**社会主义**”派别合作的原则，也就是公然表明取消派不仅背弃了指出左派民粹派的资产阶级性质的 1907 年的决议，而且也背弃了阿克雪里罗得提出的 1903 年的决议。

在马克思主义者看来，左派民粹派的加强就是农民被发动起来的一种标志或者征兆，它自然会把不觉悟的无产者和小资产阶级知识分子弄得“昏头昏脑”。这种情况只会促使我们马克思主义者更加努力地宣传与小市民的民粹主义不同的马克思主义。

工人同志们！少去相信保证和空谈！要更细心地研究关于我们工人运动的**客观**材料，关于取消派和左派民粹派的资产阶级思想和资产阶级实践怎样影响少数工人的**客观**材料。

载于 1914 年 6 月 28 日《劳动的真理报》第 27 号

译自《列宁全集》俄文第 5 版第 25 卷第 251—254 页

# 资产阶级知识分子反对工人的方法

(1914年6月28日〔7月11日〕)

世界上所有资本主义国家的资产阶级反对工人运动和工人政党的方法有两种。一种是暴力、迫害、禁止和镇压。这基本上是农奴制的、中世纪的方法。各国都有一些资产阶级的阶层和集团(在先进国家比较少,在落后国家比较多)喜欢采用这种方法。在工人反对雇佣奴隶制的一定时刻,特别是在紧急关头,**一切**资产阶级都主张采用这种方法。例如,英国的宪章运动、法国的1849年和1871年都有过这样的历史时刻。

资产阶级对付工人运动的另一种方法是分化工人,瓦解工人队伍,收买无产阶级的某些代表或某些集团,以便把他们拉到资产阶级方面去。这类方法不是农奴制的,而是现代的**纯粹**资产阶级的方法,是适应发达的和文明的资本主义制度、适应民主制度的方法。

民主制度是资产阶级制度中最纯粹最完善的一种。在这种制度下,一方面是极自由、极广泛、极鲜明的阶级斗争,一方面是资产阶级尽量施展种种阴谋诡计和狡猾的伎俩,“从思想上”影响雇佣奴隶,其目的是要引诱他们脱离反对雇佣奴隶制的斗争。

俄国是一个极端落后的国家,因而用来反对工人运动的农奴制方法就占了绝对的优势。但是在1905年以后,可以看出,在采用自由派和民主派那种欺骗和腐蚀工人的方法方面，已经有了很大的“进步”。煽起民族主义，竭力革新和活跃“人民的”宗教信仰（既有直接这样做的，也有采取间接的方式的，即发展唯心主义的、康德主义的和马赫主义的哲学），使资产阶级的政治经济学理论（或者与劳动论相结合，或者取代劳动论）接连取得“成就”，诸如此类都属于自由派的方法。

取消派—民粹派—立宪民主党采取的方法则属于愚弄工人、使工人受资产阶级思想支配的民主派方法。本文评述几件工人运动**周围**所发生的重大事件，就是要读者注意这些方法。

## 1. 取消派和民粹派的反工人联盟

据说，历史喜欢作弄人，喜欢同人们开玩笑，本来要进这间屋子，结果却跑进了那间屋子。[188]在历史上，凡是不懂得、不认识自己真正的实质，即不了解自己**实际上**（而不是凭自己的想象）倾向于**哪些阶级**的人们、集团和派别，经常会发生这样的事情。他们是真的不懂得，还是假装不懂得，这个问题也许会使写某人传记的作者感到兴趣，但是对于政治家来说，这种问题毕竟是次要的。

重要的是，历史和政治如何**揭露**这些集团和派别，如何透过它们“也是社会主义的”或“也是马克思主义的”词句揭露它们的资产阶级的实质。在资产阶级民主革命时代，世界各国有数十种集团和派别都以“社会主义”自诩（见马克思和恩格斯的《共产党宣言》第3章所列举的某些集团和派别）。然而历史在短短的一二十年内，甚至在更短的时间内，很快地就揭露了它们的原形。

目前俄国正处在这样的时代。

“经济派”脱离我国工人运动 10 年多来，“经济派”的继承者“孟什维克”、孟什维克的继承者“取消派”也相继脱离了我国的工人运动。

孟什维克曾经大声喊叫，说布尔什维克同民粹派“接近”啦……

可是，现在我们看到的却是，取消派和民粹派结成了已经十分明显的**联盟**，共同反对工人阶级和仍旧忠于这个阶级的布尔什维克。

取消派和民粹派这些小资产阶级知识分子的反工人联盟，是自发地形成和发展起来的。最初促成这个联盟的是“实践”。常言说得好，实践总是走在理论的前面(特别是对于那些遵循错误理论的人来说)。在彼得堡工人把取消派“撤销职务”以后，在工人把这些资产阶级影响的代表者赶出工会理事会，撤销他们在保险机构的重要职务以后，取消派就**自然而然地**同民粹派结成了联盟。

一位直率而天真的民粹派分子在《坚定思想报》第 5 号上写道：“我们一走进会场(选举保险理事会的)，马上就看清了真理派的狭隘的派别立场，但是我们没有失去希望。我们同取消派一起提出了共同的非派别性的名单，在名单中我们占一个理事和两个副理事的席位。”(见 1914 年 3 月 16 日《真理之路报》第 38 号)

可怜的取消派，历史同他们开了一个多么恶毒的玩笑！他们这位新的“朋友和联盟者”，左派民粹派分子是多么无情地揭露了他们！

取消派甚至来不及抛弃他们自己在 1903 年和其他几年所作出的宣布左派民粹派是资产阶级民主派的十分正式的声明和决议。

历史扫清了空话，驱散了幻想，揭露了各个集团的阶级本质。民粹派也好，取消派也好，都是被马克思主义的工人运动所抛弃的、但又企图用欺骗手段再次混进这一运动的小资产阶级知识分子集团。

所谓“派别活动”这种滥调是用来骗人的，臭名远扬的“经济派”领袖阿基莫夫在1903年的第二次党代表大会上就曾经利用这个滥调来反对火星派。阿基莫夫的滥调，极端机会主义者的滥调竟成了取消派和民粹派的唯一武器。《同时代人》杂志的问世，好像是有意要更清楚地向一切有见识的人表明：这种武器是破烂的、生了锈的、毫不中用的。

《同时代人》杂志的出版，是我国民主派杂志界前所未见的现象。除一些临时撰稿人的姓名以外（在我国，谁不是由于贫困才到**别人的**杂志社去挣钱的呢！），我们看到一大串**显然是示威性的**署名，以表示各派的联合。

自由派分子鲍古查尔斯基、民粹派分子苏汉诺夫、拉基特尼科夫、波·沃罗诺夫和维·切尔诺夫等人，取消派分子唐恩、马尔托夫、托洛茨基和舍尔（在《北方工人报》第66号上曾经登出了波特列索夫的名字，同普列汉诺夫排在一起，但又不见了……不知为什么），马赫主义者巴扎罗夫和卢那察尔斯基，最后是“统一派”（既是“统一派”也是《统一报》）的主角格·瓦·普列汉诺夫，这就是《同时代人》杂志用来炫耀的**示威性的**撰稿人名单。与此完全相适应，杂志的**主要**方针就是鼓吹（由民粹派出面）民粹派同“马克思主义者”（别开玩笑吧！）的联盟。

鼓吹的究竟是什么，请读者看了该杂志的首领苏汉诺夫先生的文章自己去判断吧。下面就是这位先生的一些**主要**“思想”：

"……旧的派别界限毕竟消除了。现在已经无法确定,马克思主义到哪儿为止,民粹主义从哪儿开始。这一方和那一方,既有民粹主义也有马克思主义。双方既不是马克思主义,也不是'民粹主义'。无论在过去或现在,能够不这样吗? 20世纪的任何一个集体主义者能不按照马克思主义来思想吗? 俄国的任何一个社会主义者能不是民粹主义者吗?

……关于当前马克思主义土地纲领所能说的,同上次关于民粹主义土地纲领所说的完全一样:就论证方法来说,这是马克思主义的纲领,就实践任务来说则是民粹主义的纲领。这个纲领诉诸'事物的历史进程',并且力求体现土地和自由这个口号。"(第7期第75—76页)

看来,够了吧?

这位苏汉诺夫先生公开吹嘘说,普列汉诺夫同意他的说法。可是普列汉诺夫却默不作声!

现在来看一下苏汉诺夫先生的这些论断吧。

普列汉诺夫和取消派的这位新盟友"消除了"马克思主义和民粹主义之间的区别,理由是,这两种派别就其实践任务来说似乎都体现了土地和自由这个口号。

这完完全全是主张工人同资产阶级"**统一**"的论证。譬如,"就实践"任务来说,工人阶级和自由派资产阶级可以说都"力求体现"立宪这个口号。聪明的苏汉诺夫先生一定会由此得出结论:无产阶级和资产阶级的界限已经"消除了","无法确定"无产阶级民主"到哪儿为止",资产阶级民主从哪儿开始。

就拿马克思主义土地纲领来说吧。苏汉诺夫的做法和所有的自由派资产者如出一辙,他们抽出一个"实践"口号("立宪"!),并且宣布社会主义世界观同资产阶级世界观的差别不过是"抽象理论的"差别!! 但是,我们认为,觉悟的工人和任何觉悟的政治家一样,值得注意的是实践口号的作用和意义,是这些口号为哪个阶级服务和如何服务的问题。

我们一打开马克思主义的土地纲领(苏汉诺夫先生提到这个纲领是为了肆意歪曲这个纲领),就可以看到,其中有些关于实践任务的条文(如地方公有)在马克思主义者中间有争论,但也有**没有争论的**条文,例如:

马克思主义的土地纲领一开头就说:"为了肃清沉重地直接压在农民身上的农奴制残余,为了使农村阶级斗争自由发展……" 在苏汉诺夫先生看来,这是无关紧要的"抽象的理论"！我们需要宪法是为了自由地开展无产阶级同资产阶级的阶级斗争呢,还是为了实现工人同资本家的"社会和解",这是无关紧要的,这是"抽象的理论"——所有的资产者都这么说。

资产者要工人相信这一点,正好如实反映了他们的阶级利益。苏汉诺夫先生的行为同资产者一模一样,他**抽去了**我们**为什么**要进行土地改革的问题:为了自由开展雇佣工人同大小业主的阶级斗争呢,还是为了利用资产阶级关于"劳动"经济的滥调来实现两者的"社会和解"?

马克思主义土地纲领在后面还这样写道:马克思主义者"……要始终不渝地反对一切阻碍经济发展进程的企图"。大家知道,正因为如此,马克思主义者宣布:对于农民土地自由转移(买卖,抵押等等)的任何限制,即使是极微小的限制,都是**反动的**措施,都是对工人、对整个社会发展极其有害的措施。

民粹主义者,从"社会立宪民主党人"彼舍霍诺夫一直到《勇敢思想报》的左派民粹派,都**赞同**这样或那样地限制土地的自由转移。所以马克思主义者认为,民粹派在这个问题上是最有害的**反动派**。

苏汉诺夫先生避而不谈这一点！他不愿意想起:正因为如此,

普列汉诺夫才把民粹主义者叫做"反动的社会主义者"。苏汉诺夫先生借口"实践"而回避"抽象的理论"，又笼统地借口"土地和自由"的口号而回避"实践"(自由转移农民的土地)。

结论很清楚:苏汉诺夫先生不过是**掩饰**工人和业主之间的阶级纷争的资产者。

马克思主义土地纲领针对这些资产者说:

"……在实行民主土地改革的一切场合下和任何情况下〈请注意:在一切场合下和任何情况下,也就是在地方公有的情况下,在土地分配的情况下,在任何其他可能的情况下〉",马克思主义者的"任务都是要始终不渝地争取成立农村无产阶级的独立阶级组织,向农村无产阶级说明他们的利益同农民资产阶级的利益是**根本**对立的,**警告他们不要被小经济制度所迷惑**,因为它在**商品生产**存在的情况下**永远**不能消灭群众的贫困",如此等等。

马克思主义土地纲领就是这样说的。在斯德哥尔摩代表大会上孟什维克所接受的**布尔什维克草案中**的这个条文,**也是**马克思主义者全体公认的最无可争辩的条文,正是这样说的。

在有关民粹主义的问题上最重要的、恰巧论述了"**小**经济制度"的这个条文正是这样说的。

**而苏汉诺夫先生却回避了这一条!!**

苏汉诺夫先生**闭口不谈**"马克思主义土地纲领"中**反对**民粹主义的明确言论,**从而**消除了各派别的"旧的界限",消除了马克思主义和民粹主义的差别!!

毫无疑问,苏汉诺夫先生是个最无聊的清谈家,在我国自由派"社交界"的沙龙中,这样的人很多,他们对马克思主义一窍不通,却热心于"消除"社会主义派别中的马克思主义和民粹主义的某种界限。

其实，无论在理论上或实践上，马克思主义和民粹主义之间都横着一条鸿沟。马克思的理论是关于资本主义发展以及雇佣工人同业主进行阶级斗争的理论。民粹主义的理论则是资产阶级利用"劳动经济"的滥调来粉饰资本主义的理论，是用同样的滥调、用主张限制转移土地等手段来掩饰、抹杀和阻碍阶级斗争的理论。

在历史上揭示了俄国马克思主义和民粹主义之间不可逾越的鸿沟的是**实践**……当然不是空喊口号的**实践**（只有最无知的人才把"口号"当做"实践"）……而是 1905—1907 年**千百万人进行公开的群众性斗争**的实践。这次实践表明，马克思主义是同工人阶级的运动相结合的，民粹主义是同小资产阶级农民的运动（农民协会[189]，第一届和第二届国家杜马的选举、农民运动等等）相结合（或开始相结合）的。

民粹派是俄国的资产阶级民主派。

这个派别半个世纪来的演变以及 1905—1907 年千百万人的公开行动都证明了这一点。从 1903 年到 1907 年，以及在 1913 年的夏季会议以前，马克思主义者"整体"的最高机关，一再十分肯定而正式地确认了这一点。

现在民粹派的**领袖**（切尔诺夫、拉基特尼科夫、苏汉诺夫）同社会民主党各种知识分子派别结成了写作联盟，这些知识分子派别不是直接反对地下组织即反对工人政党（取消派①唐恩、马尔托夫、切列万宁），便是替取消派帮腔的、**没有工人的小集团**（托洛茨基和舍尔、巴扎罗夫、卢那察尔斯基、普列汉诺夫），这样的联盟**实**

① 沃罗诺夫先生在《同时代人》杂志上维护取消派是多么尽心竭力啊！！

**际上**无非是**资产阶级知识分子的反工人联盟**。

我们认为，在真正承认地下组织，承认明确的、按老的一套来统一和指导策略的决议（1912 年 1 月的决议，1913 年 2 月和夏季的决议）的基础上实现了工人统一的是真理派。事实是：从 1912 年 1 月 1 日到 1914 年 5 月 13 日止，真理派实际上联合了 5 674 个工人团体，而取消派只联合了 1 421 个工人团体，前进派、普列汉诺夫、托洛茨基和舍尔等集团没有或几乎没有联合工人团体（见《工人日报》第 1 号第 19 页《俄国工人报刊的历史》和 1914 年 5 月 30 日《劳动的真理报》第 2 号①）。

事实是：就马克思主义者工人生活中的**一切**问题所通过的、原则坚定的、完整的、全面的决议是工人统一的巩固基础。**整体**就在这儿，因为五分之四的人绝对有权以“整体”的名义出面、行动和发表意见。

民粹派的首领同没有工人（没有明确的策略，没有明确的决议，而只是在取消派和真理派及其整体之间动摇不定）的一切社会民主党人集团的首领在《同时代人》杂志中结成的联盟，是**自发**形成的。**任何一个**“没有工人的社会民主党人集团”都不敢直接、明确、公开地**拥护**这个联盟（因为 1913 年的夏季会议是反对同民粹派结成联盟的）！任何一个集团，不管是取消派，还是前进派，不管是普列汉诺夫之流还是托洛茨基之流都不敢这样做！他们完全是随波逐流、不约而同地反对真理派，一心一意想粉碎或削弱真理派，因此本能地相互寻求援助，来**反对**五分之四的工人，取消派求助于苏汉诺夫和切尔诺夫，苏汉诺夫和切尔诺夫求助于普列汉诺

① 见本卷第 188—190 页。——编者注

夫，普列汉诺夫和托洛茨基又求助前面这些人，如此等等。所有这些集团既没有统一的政策和稍微明确的策略，也没有在工人面前公开主张同民粹派结成联盟。

这是资产阶级知识分子的毫无原则的反工人联盟。我们为普列汉诺夫陷入了这种可悲的团伙而感到惋惜，但是我们应当正视现实。让人们把这些集团的联盟叫做“统一”吧，我们却称之为**脱离**工人整体的行为。**事实**证明我们的看法是正确的。

## 2. 自由派怎样维护工人同取消派的“统一”

社会党国际局主席埃米尔·王德威尔得访问俄国，自然使统一问题的讨论活跃起来了。埃·王德威尔得的直接任务，就是收集有关统一问题的材料，探索统一的基础，采取促进统一的可能的步骤。从报上知道，他访问了马克思主义派和取消派双方报纸的编辑部，并在“宴会”上同双方代表交换了意见。

埃·王德威尔得从俄国刚一回家，即回到布鲁塞尔，两家用法文出版的主要的社会主义日报，巴黎的《人道报》(«L'Humanité»)[190]和布鲁塞尔的《人民报》(«Le Peuple»)，就在公历6月21日星期日发表了社会党国际局主席的谈话。但是，王德威尔得对俄国社会民主党人之间的意见分歧表述得不准确。他说，有些人“希望合法地组织起来，要求有建立联盟的权利，另一些人竭力想直接宣布……‘鲸鱼’……和剥夺土地”。王德威尔得称**这种**意见分歧是“相当幼稚的分歧”。

俄国的觉悟工人看了王德威尔得的这种评语，一定会“相当善意地”一笑置之，——我们作这种推测未必会错。既然“有些人”“希望合法地组织起来”，即主张成立公开的、合法的党，那么另一些人反对**这一点**，显然不会采取宣布“一条鲸鱼”或“几条鲸鱼”的方法，而是维护地下组织并且断然拒绝“为公开的党而斗争”。可敬的埃·王德威尔得同志，请您不要生气，这种意见分歧是关系到党的存在的分歧，这里不可能有任何的“调和”。想稍许葬送一下地下组织，想稍许代之以合法的党，是办不到的……

王德威尔得不仅打听了意见分歧，关于这个问题，社会党国际局主席和书记的皮包里已经装了大量的文件、报告和信札。这些都是各个实在的和徒有虚名的“领导机关”的代表送去的。王德威尔得显然还竭力利用访问彼得堡的机会，收集一些**事实**材料，了解一下俄国各社会主义（和“也是社会主义”）派别和集团的**群众**影响的大小。王德威尔得是一个有不少政治经验的人，他当然非常明白：在政治上，尤其是在工人运动中，真正能算数的只能是具有群众影响的派别。

在这个问题上，上述两家社会党法文报纸都载有王德威尔得的下面这段话：“俄国社会党人有三种日报。革命派〈显然是指左派民粹派〉的报纸发行量为 10 000—12 000 份；列宁派为 35 000—40 000 份；温和派（modérés）〈显然是指取消派〉约为 16 000 份。”

埃·王德威尔得在这里犯了一个小小的错误。大家知道，左派民粹派的报纸不是每天出版的，而是每星期出版三次；此外，据我们所知，真理派报纸的最大发行量被估计低了，它的发行量最高达 48 000 份。关于这一重要的（对于工人运动的自我认识来说）问题，如果收集不到一年的精确材料，最好也要收集到全月的材料。

王德威尔得认为，亚洲式的“相信口述”或“凭眼力估评”是没有意义的，所以他收集了**事实**。这位地道的欧洲人同冒充“欧洲人”的俄国取消派和自由派资产阶级的空谈家差别多大啊！立宪民主党人的正式代表在《言语报》发表的《埃·王德威尔得和俄国社会党人》一文（6月7日〔20日〕第152号，恰巧是在巴黎和布鲁塞尔发表王德威尔得谈话的前夕）写道：

> “在进午餐的时候，一位布尔什维克对王德威尔得肯定地说，他们没有什么人可以联合了，因为‘在工厂中，在工人阶级中，所有的人都团结在真理派的旗帜周围了，此外剩下的仅仅是一小撮知识分子’。他显然是在争论中说话过分夸大了。”

这就是取消派和自由派用圆滑的花言巧语装饰起来的典型的谎言。

“在争论中说话过分夸大了”！好像还有不过分的夸大……　立宪民主党人的正式代表不仅文理不通，而且简直是欺骗读者。既然布尔什维克“在争论中说话夸大了”，那么，你们立宪民主党人先生们，在报上谈到你们所提出的问题时，为什么不举出不夸大、不带争论色彩的**材料**呢？

不懂俄文的王德威尔得在俄国访问了三四天就收集到了**客观的**材料。而彼得堡的立宪民主党人先生们却完全和彼得堡的取消派一样[①]，在报纸上**从来**不引用**任何**客观的材料，毫无根据地、伪善地给真理派加上了“夸大”的罪名！

---

① 自由派的《基辅思想报》（很多取消派分子都在这份报纸上写文章）转载了《人民报》的王德威尔得的谈话，但是恰恰隐瞒了发行数字！！（《基辅思想报》第159号）

我们来看看王德威尔得的材料吧。根据这些材料，马克思主义的、取消派的和民粹派的报纸的每周发行数字如下：

| | | % | % | |
|---|---|---|---|---|
| 马克思主义报纸………… | 240 000 | 64.5 | 71.4 | 100% |
| 取消派报纸………………… | 96 000 | 25.8 | 28.6 | |
| 民粹派报纸………………… | 36 000 | 9.7 | | |
| **总　计**………… | 372 000 | 100 | | |

这就是社会党国际局主席收集到的客观材料。即使加上民粹派（愿意同民粹派“联合”的**只有**取消派、马赫主义者和普列汉诺夫，不过他们都不敢公开承认这一点）的报纸，真理派的报纸还是占多数，几乎占⅔。如果不算民粹派报纸，那么真理派与取消派相比，真理派报纸占 71.4%，即占**7/10以上！**

但是，阅读和维持报纸的不仅是工人。马克思主义报纸和取消派报纸所登的关于捐款的客观材料（从 1914 年 1 月 1 日至 5 月 13 日止）表明，有百分之八十的工人团体拥护真理派，在彼得堡，这个百分数达到 86%。真理派收到的 21 000 卢布中，有8/10以上是工人捐助的；而取消派的经费**有半数以上是由资产阶级提供的**。① 这就完全可以证明：关于报纸发行量的材料**大大缩小了**真理派的优势，因为取消派的报纸是由资产阶级来**维持**的。有关保险机关选举的、同样客观的材料说明：在参加选举全俄保险机关的 57 个受托人中，真理派占 47 人，即占 82.4%。

立宪民主党人通过自己的报刊在群众中责备真理派“夸大”（甚至是“过分夸大”），却不引用关于报纸发行量、关于工人团体、

① 见 6 月 13 日和 14 日《劳动的真理报》的《工人阶级和工人报刊》一文（见本卷第 307—315 页。——编者注）。

关于保险机关选举的任何客观材料，立宪民主党人这样昧着良心撒谎，无非是在**抬高取消派的身价**。

当然，俄国自由派资产阶级的阶级利益要求它庇护取消派，庇护这些被马克思主义者公认为(1910年的决议)“**资产阶级对无产阶级的影响的传播者**”。可是，如果自由派在这里还要冒充“公正”的人，那么他们的谎言就变得尤其虚伪，尤其令人厌恶。

立宪民主党人言论的政治意义只有一个，而且仅仅只有一个，那就是：竭力通过取消派向工人传播资产阶级影响。

《言语报》继续写道：“毫无疑问，真正的〈!!〉工人阶级知识分子和那些在最艰苦的年代担负着社会民主主义〈!! 按立宪民主党人这些社会民主主义行家的评价〉工作的工人，他们所同情的不是布尔什维克，而是布尔什维克的对手〈取消派、孟什维克〉。要是把这些人排除在俄国工人政党之外，工人政党的智力水平将大大降低，布尔什维克将自食其恶果”。

立宪民主党人在《言语报》的编辑部文章中就是这样写的。

为了便于比较，请看取消派的思想领袖尔·马·先生在《我们的曙光》杂志第3期(1914年第68页)上是怎样写的：

“这是反对杰缅季耶夫、格沃兹杰夫、契尔金、罗曼诺夫、布尔金、卡布灿们等等这些整体代表的暴乱〈真理派工人的暴乱〉，是反对在两个首都相当集中的工人马克思主义者的代表的暴乱，这些代表过去和现在都力图‘取消’俄国工人运动的幼稚幻想阶段。”

你们看，真是一模一样。立宪民主党人在《言语报》编辑部的文章中所重复的就是尔·马·在《我们的曙光》杂志中所唱的老调。立宪民主党的报纸**弥补了**《我们的曙光》杂志和《我们的取消派报》发行量的不足，并且在读者面前替布尔金、契尔金之流的社会民主主义打了保票。

尔·马·先生列举了一小撮取消派工人的名字。我们也很愿意再提一下这些名字。俄国所有的觉悟工人一看就能认出，这都是一些早就以反对地下组织即反对党而出名的**自由派工人**。在这期《我们的曙光》杂志上和尔·马·的文章登在一起的还有布尔金的文章，读了这篇文章就可以看出，他们两人是如何背弃地下组织，并为了讨好自由派而咒骂地下组织。

我们要这样记录下来，而且要作这样的理解：据**立宪民主党人所说**，尔·马·先生所列举的“杰缅季耶夫、格沃兹杰夫、契尔金、罗曼诺夫、布尔金以及卡布灿们”都是“真正的工人阶级知识分子”。其实，他们是真正的自由派工人！布尔金的文章完全证明了这一点。我们竭力向那些还没有亲耳听过上述自由派无产者演说的觉悟工人推荐这篇文章。

自由派《言语报》吓唬我们说，这些（据《言语报》说是）社会民主党人，这些被《言语报》赞不绝口的社会民主党人将被“排除在工人政党之外”。

但是我们却以一笑置之，因为大家都知道，这一小撮人是自己把自己排除在外，而投靠自由派和取消派的。“排除”这种人是建立真正的**工人**（而不是自由派工人）政党的保证和基础。

《言语报》在同一篇编辑部文章中赞扬取消派和自由派工人的**“沉着的、有时是泼冷水的言论有大无畏的气概”**。《言语报》和自由派怎么能不赞扬他们呢？俄国自由派要想直接影响工人，特别是在1905年以后，已经不可能了。而取消派戴着社会民主主义的假面具，干的却是和自由派同样的“泼冷水的”工作，同样在传播“资产阶级对无产阶级的影响”（见1910年的决议！），自由派怎么能不器重取消派呢。

《言语报》写道："它们〈社会民主党各派别〉之间的意见分歧不会很快地消除。但是，它们一方面可以保持自己的面貌，同时应当联合起来，而不要把自己的纠纷带到刚刚觉醒、投入自觉的政治生活的工人群众中去，工人内部的分裂只会使反动派感到十分高兴。仅仅这一点就足以促使两派中正直的人们诚心诚意地、认真地去寻求联合了。"

《言语报》就是这样写的。

我们很高兴，因为我们**没有**同自由派"正直的"人们为伍，也**没有**被那一伙人认为是"正直的"人们。我们认为成为那样的人是一种**耻辱**。我们认为：只有十分幼稚或愚蠢的人，才会相信自由派资产者的"公正"，特别是在谈到工人阶级解放运动，即谈到工人阶级反对资产阶级的运动时，更是如此。

立宪民主党人错误地以为俄国工人是幼稚无知的，会相信自由派资产阶级对"正直"能作出"公正的"评价。自由派资产者所以认为取消派及其辩护者是"正直的"，**那是因为，而且仅仅是因为**取消派在传播资产阶级对无产阶级的影响，在政治上为资产阶级效劳。

俄国已经联合起来了的马克思主义者，为了对自己的事业完全负责，直截了当地向全体俄国工人指出，取消派的既成集团，《我们的曙光》杂志和《光线报》等集团是**党外的**集团。1912 年 1 月，对这一点曾经作过声明。在这以后的两年半来，真理派团结了 5 674 个工人团体，而取消派及其一切维护者只有 1 421 个，这就是说，俄国有五分之四的觉悟工人是站在"真理派"一边的，是**赞同**一月决议的。实际上，取消派自己的行为使工人**离开了**他们。绝大多数工人的实际生活和经验，证明我们的决议是正确的。

自由派主张"统一"（工人同取消派统一），是出于它**自私的阶级**利益。其实，只有取消派脱离了工人政党，这个党才能**荣幸地**

(《言语报》的先生们,我们对这个词有另外的理解!)摆脱动乱时期。取消派脱离工人政党,不会使反动派“高兴”,而只会使他们**悲哀**,因为取消派一直阻挠大家承认老的形式、老的“等级制度”、老的决议等等,他们两年半来的表现说明,他们根本没有本事成立任何组织。取消派及其伙伴们的“八月”(1912)联盟已经瓦解了。

只有**不顾**取消派,只有**撇开**取消派,只有**反对**取消派,工人才得以进行并且有能力进行轰轰烈烈的罢工运动、保险运动和创办报纸的运动。这种运动现在已经使取消派的对手到处赢得了五分之四的多数。

自由派把反对地下组织的一小撮取消派知识分子脱离工人队伍,看做是“分裂”。自由派把**保持**取消派对工人的**影响**看做是“统一”。

我们的看法却不同:我们认为五分之四的工人团结在老的旗帜之下就是“统一”;我们认为,取消派集团不愿意承认和服从大多数工人的意志,而且破坏这种意志,这就是分裂。我们亲身体验到,真理派在两年半内团结了五分之四的工人,我们认为必须**照原路**继续前进,以便达到更完全的统一,从$^{4}/_{5}$提高到$^{9}/_{10}$,然后再达到$^{10}/_{10}$。

对取消派有两种相反的看法,一种是我们的看法,一种是自由派的看法,这是无产阶级和资产阶级的立场不同、观点不同所造成的。

对于普列汉诺夫的立场,应该如何来解释呢?他在1908年那样坚决地同取消派断绝关系,并且有一个时期十分坚定地在报刊上贯彻了党反对取消派的决议,因此当时有人对普列汉诺夫不再动摇抱有希望。可是,在五分之四的工人团结在真理派周围的今天，普列汉诺夫又开始动摇了。除了他个人的动摇性（他从1903年起就有了这种毛病）以外，没有什么可以解释他这种在实质上同目前自由派《言语报》的立场**完全**相吻合的“立场”。

现在，普列汉诺夫和《言语报》一样，不顾工人的意志，不顾党的决议，不顾取消派对这种决议的破坏，把保持取消派对工人的影响叫做“统一”。昨天，普列汉诺夫还把波特列索夫先生比做犹大，而且说得很对，使徒们**没有**犹大要比**有**犹大更有力量。今天，**事实**已经充分证明，取消派同波特列索夫的观点完全一致，并且践踏党的决议，而普列汉诺夫却转到取消派那里去了，还劝告真理派不要以“胜利者的口吻”同取消派谈话！！！更直率更简单些说，就是大多数工人**不**应当要求少数人（他们是跟着那些公然破坏党的决议的人走的）承认多数人的意志，尊重多数人的决议！！！

觉悟的工人将不得不痛心地承认，普列汉诺夫10年前得的政治动摇症又在旧病复发，这回，只好由他去了。

---

普列汉诺夫的动摇还有另外一个原因，我们把这种原因放在第二位，因为它对于普列汉诺夫要难堪得多。在取消派（他们从自由派资产阶级的同情中汲取社会力量）和“真理派”（他们从那些由黑暗中醒悟过来走向光明的大多数俄国工人的觉悟和团结中汲取自己的力量）这两个互相斗争着的**派别**之间，不可避免地会产生一些摇摆不定的知识分子集团。它们没有社会力量支持，不能对工人发生广泛的影响，它们在政治上等于零。这些集团没有坚定的、明确的、能吸引工人的以及为实际经验所证实的路线，它们只有**耍手腕的小组活动**。同群众没有联系，在俄国社会民主党的群众性派别（从1895年的罢工那时起，俄国的社会民主党就成为群

众性的了)中没有历史渊源,没有坚定、完整、鲜明、彻底的以及受过多年经验检验的路线,也就是说,不能回答策略、组织、纲领等等问题,——这就是要手腕的小组活动滋长的土壤,这就是它的特征。

普列汉诺夫的《统一报》,作为一个政治集体,完全符合这些特征(托洛茨基的《斗争》杂志也如此,顺便说一句,请读者考虑一下《斗争》杂志和《统一报》这些所谓的“联合派”分手的**原因**吧……)。杜马代表布里扬诺夫和其他任何一个代表一样,在非常不坚定的俄国政治家中还是比较“坚定的”,他当取消派已有很长的历史,现在却“动摇”到普列汉诺夫那边去了。但他自己并不知道,他究竟会动摇多久,究竟倒向了哪一边。他幻想把两个六人团,即希望帮助党的取消派**破坏**多数工人意志的六人团和执行这种意志的六人团“统一起来”,有这样一位“动摇不定的”杜马代表,对要手腕的小组活动来说,当然是莫大的幸运。

请你们设想一下,要**不顾**多数工人的意志而把两个六人团“统一起来”,你们一定会反对说,这是古怪的想法,杜马代表应当执行多数人的意志!可是,在无产阶级看来是古怪的东西,**自由派**却认为是美好的,高尚的,有益的,正直的,甚至可能是神圣的(明天,在别尔嘉耶夫、伊兹哥耶夫、梅列日科夫斯基之流的帮助下,司徒卢威大概会在《俄国思想》杂志上证明:“列宁派”是有罪的“分裂派”,而取消派和现在保护取消派不受工人“胜利者”攻击的普列汉诺夫,却是上帝意志的神圣执行者)。

只要你们暂且持有这种**不顾**多数工人意志而要把杜马中两个六人团“统一起来”的观点(实际上是自由派的观点),你们马上就会明白,布里扬诺夫和《统一报》文人集团是出于小团体的利益,想

**利用**两个六人团的分歧，以便永远扮演……“调和者”的角色！

布里扬诺夫、托洛茨基、普列汉诺夫、舍尔、切尔诺夫、苏汉诺夫或其他任何的调和者，一方面会说，取消派六人团取消党的决议是不对的；另一方面又会说，真理派六人团打出某种多数的名义出面，用不恰当的、不礼貌的、有罪的“胜利者的口吻”同自己的同事说话，也是不对的。这种“调和者”甚至会把自己的折中主义的阴谋诡计说成是合乎“辩证法的”，甚至会以“联合者”自居……　这种情况在我们党内不是没有过，只要回忆一下在斯德哥尔摩代表大会和伦敦代表大会上，以及在 1906—1911 年这段时期崩得分子和梯什卡所扮演的角色就够了！

这种对于进行耍手腕的小组活动的人来说是可喜的，对于工人政党来说是可悲的时期，在历史上是有过的，当时觉悟的工人还没有充分紧密地团结起来反对资产阶级影响的传播者“经济派”和“孟什维克”。

现在这种时期就要过去了。立宪民主党人先生的《言语报》看到“把纠纷带到工人群众中去”就**嚎啕大哭**。这是自由派老爷的态度。我们**欢迎**“把纠纷带到工人群众中去”，因为工人群众，也只有工人群众才能把“纠纷”同实质问题上的意见分歧**区别开来**，才能**自己**弄清意见分歧，提出**自己的**意见，解决不是“跟谁走，而是往何处走”①的问题，即解决自己的明确路线，由自己深思熟虑并检验过的路线问题。

这样的时刻已经到来或正在到来。真理派的工人群众**已经**能识别“纠纷”，已经弄清了意见分歧，已经自己确定了自己的路线。

---

① 莫斯科工人说得非常好（见 1914 年 5 月 29 日《工人日报》第 6 号），他们一下子就揭穿了普列汉诺夫《统一报》的全部虚伪性。

**经过**两年的公开斗争(1912 年和 1913 年)，关于工人团体的材料**事实上**已经证明了这一点。

要手腕的小组活动就要完了①。

## 3. 为什么工人组织公开斥责取消派为诽谤者？

1914 年 5 月 21 日《真理之路报》第 92 号刊登了**莫斯科市 10 个职业团体的代表**的决议。这个决议极其坚决而尖锐地谴责了马林诺夫斯基出走这一破坏组织的“罪行”，接着对国家杜马中的俄国社会民主党工人党团表示完全信任(“坚定地走自己的路吧，工人阶级和你们在一起！”)，最后公开地斥责《我们的工人报》的取消派“**对出走的代表立即进行恶意诽谤**”；这种人的行为和“右派报刊散播诽谤性传闻一样都是为了在工人队伍中制造混乱”。

莫斯科市 10 个职业团体的代表在决议中写道：“一切珍惜工人事业的人们的神圣职责，就是团结起来一致反击诽谤者。”“工人阶级给他们的回答是，把自己的队伍更紧密地团结在自己代表〈即俄国社会民主党工人党团〉的周围，**带着鄙视的目光从诽谤者身旁昂首阔步前进。**”

① 取消派**首领**(唐恩和马尔托夫)和各种集团的**首领**普列汉诺夫、托洛茨基、卢那察尔斯基都参加了同民粹派的联盟(《同时代人》杂志)，这也是要手腕的小组活动的一个典型，因为**谁**也不敢在工人面前公开而明确地说：我是为了某某原因而加入这个联盟的。《同时代人》杂志作为要手腕的小组活动的产儿，不过是一个死产儿。

其他许多内容相同的工人决议和拉脱维亚工人报的评论①等等，我们不必再加引用。否则就过于重复了。

我们来分析一下所发生的情况吧。

为什么俄国的觉悟工人（如莫斯科 10 个职业团体的代表）以及其他许多人，公开斥责《我们的工人报》的取消派是卑鄙的诽谤者，要工人阶级带着鄙视的目光从诽谤者身旁昂首阔步前进呢？

《我们的工人报》干了什么事了？

它散布隐名的传闻，影射马林诺夫斯基是奸细。

然而，没有指出一个控告者的姓名。没有举出一件确切的事实。至于可靠的证据，即使只是一个化名，或者一个出事地点和出事日期，都没有提出来。

有的只是一些恶毒的传闻，只是对从杜马出走“原因不明”大肆渲染。但是，有组织的工人即工人政党的党员严厉谴责的正是马林诺夫斯基这种原因不明的出走、这种秘密的逃跑。

有组织的马克思主义者工人，立即召开了自己的各种会议，有地方的、工会的、杜马的、全俄的、领导机关的会议，直截了当地向无产阶级，向全世界公开宣布：马林诺夫斯基没有向我们说明出走的原因，也没有预先告知这一点。这种不说明原因的行为，这种闻所未闻的擅自行动使他变成了临阵脱逃的逃兵，而我们正在进行的是一场严肃的、重大而艰巨的阶级战斗。我们审判过逃兵，我们会无情地谴责，而且已经谴责了他。完了，事情已经结束了。

① “我们认为用不着谈报上散布的传闻以及对马林诺夫斯基、对整个党团及其坚定方针的粗鲁诽谤，因为**散布这些东西的人总是居心不良的**，情况总是不确实的。”（1914 年 5 月 23 日《劳动的真理报》第 1 号）

“一个人算不了什么，阶级才是一切。坚守你们的阵地吧。我们同你们在一起。”(莫斯科40个商业职员给俄国社会民主党工人党团的电报。见1914年5月14日《真理之路报》第86号)

事情已经结束了。有组织的工人已经**有组织地**把事情结束了，并且把队伍集合起来继续进行工作。为了工作继续向前迈进!

但是知识分子小集团却采取另外一种态度。“原因不明”的行为没有使他们对问题采取**有组织的**态度(取消派及其伙伴们的领导机关**没有一个**对**问题实质**作过公开的**全面的评价!!!**)，反而使他们对**搬弄是非**大感兴趣。啊，“原因不明”? ——知识界饶舌妇们的好奇心又来了。

搬弄是非的人没有任何事实根据。马尔托夫小集团的饶舌妇们**没有能力采取有组织的**行动，如召集某个领导机构开会，收集政治上值得注意的或有意义的材料，把这些材料集中加以核实、分析和研究，作出指导无产阶级的、正式的、负责的决定。饶舌妇是没有这种本领的。

但是，唠唠叨叨，搬弄是非，一会儿往马尔托夫(或同他类似的卑劣的诽谤者)那里跑，一会儿又从马尔托夫那里来，造谣中伤，捕风捉影，四方传播，——在这些方面，知识分子饶舌妇却是能手!这种搬弄是非的知识分子饶舌妇，谁要是在一生中碰上一回，大概(只要他自己不是饶舌妇)会终生讨厌这批恶劣的家伙。

各有所好。每一个社会阶层都有自己的“生活方式”、自己的习惯、自己的爱好。每一种昆虫都有自己的斗争武器:有些昆虫是靠分泌恶臭的毒汁来战斗的。

有组织的马克思主义者工人采取了有组织的行动。他们有组织地解决了过去的同事擅自出走这件事，有组织地继续工作，继续斗争。取消派的知识分子饶舌妇，却没有走出，也不可能走出卑鄙的搬弄是非、造谣中伤的圈子。

有组织的工人马克思主义者从《我们的工人报》的头几篇文章就认清了这些饶舌妇，并且对他们作了非常正确的评价："卑鄙的诽谤"，应该"带着鄙视的目光昂首阔步前进"。他们根本不相信马尔托夫和唐恩散布的"传闻"，下定决心不理睬这些传闻，认为这些传闻毫无意义。

顺便说一句，被取消派激怒了的工人，在决议中所指的是整个取消派。依我看，要是像列宁的电报[191]和某些文章和决议那样专指马尔托夫和唐恩先生，那就正确得多了。我们没有理由公开责备和斥责**所有的**取消派分子，说他们都进行了卑鄙的诽谤。只有马尔托夫和唐恩，从试图破坏第二次(1903 年)党代表大会的意志那时起，10 年来多次证明他们采用了卑鄙的诬蔑和诽谤的斗争"手法"。这两个人说什么有人揭露出《新工人报》事实上的编辑是哪些人，妄想以此来为自己打掩护。可是在任何地方，连一字一句都没有提到过编辑是谁，更没有提到过事实上的编辑是谁。

至于工人政党从 10 年的历史中所熟悉的诽谤者，对他们应当指名道姓，而且已经指出来了。

诽谤者"冠冕堂皇地"要求进行"非正式的"审判，企图用这种手法来蒙蔽那些完全没有经验或完全不善于思考的人。他们说：确凿的情况我们一点也不知道，我们不控告任何人，光凭传闻，还"不足以"提出控告，而只能进行"调查"！

在传闻的**真实性**没有得到任何正直的公民、任何可靠的负责的民主机关保证以前，就在报刊上发表匿名的恶毒的传闻，这用法学术语来说，恰恰就是"构成了"诽谤罪！

问题的全部关键就在这里。

马尔托夫和唐恩是多次被揭露过的、早已出名的诽谤者。关于这一点,国外的报刊已经谈过好几十次了。在唐恩参与和负责的情况下,马尔托夫写了一本专门进行诽谤的小册子,题名《拯救者还是毁灭者》,**甚至**近来非常倾向于对取消派"让步"、说话委婉、小心谨慎的考茨基,也说这是一本"**令人反感的**"书。

这是事实,这在国外的报刊上早就登过了。

在这以后,马尔托夫和唐恩要我们根据**他们的**提议,根据**他们**诽谤性的意见,同意**在**包庇马尔托夫和唐恩的那些集团**参与之下**进行调查!!!

这真是诽谤者登峰造极的厚颜无耻,真是荒谬绝伦。

唐恩和马尔托夫的话,我们一句也**不相信**。**我们决不同意在**取消派和帮助取消派的集团**参与之下**对恶毒的传闻进行任何的"调查",因为这样就是**掩盖**马尔托夫和唐恩的罪行,而我们却要在工人阶级面前彻底揭露他们的罪行。

马尔托夫、唐恩及其包庇者崩得分子、齐赫泽分子和"八月联盟派"等等,直接或间接地要我们同他们一起进行"调查",我们给他们的回答是:我们不相信马尔托夫和唐恩。我们不认为他们是正直的公民。我们认为他们不过是下流的诽谤者,如此而已。

让唐恩和马尔托夫的包庇者或听信这两位先生的"传闻"的、神经衰弱的知识分子,在想到资产阶级法庭的时候去长吁短叹吧。这吓唬不了我们。为了对付讹诈者,我们**总是无条件地**赞成资产阶级法庭的资产阶级合法性的。

当有人说:给我 100 卢布,否则我要说出你欺骗老婆,同某某私通。这是刑事讹诈。在这种场合,我们赞成诉诸资产阶级法庭。

当有人说:给我政治让步,承认我是马克思主义者整体中权利平等的同志,否则我要大肆散布马林诺夫斯基是奸细的传闻。这是政治讹诈。

在这种场合,我们也赞成诉诸资产阶级法庭。

工人**自己**所持的正是这种观点:他们根据唐恩和马尔托夫的第一批文章的情况,对他们两人采取了不信任的态度,工人有没有问问自己:这些"传闻"既然是马尔托夫和唐恩写的,也许是确实的吧?——没有,工人**立刻**看清了本质,宣布"工人阶级将不顾卑鄙的诽谤而昂首阔步前进"。

或者,你们正式具名上诉,那样,资产阶级法庭就会揭露和惩罚你们(同讹诈作斗争没有其他的办法);或者,你们仍然背上受到10个职业团体的代表公开斥责的诽谤者的臭名。马尔托夫和唐恩先生,你们自己选择吧!

领导机关调查了这些传闻,声明这是无稽之谈。俄国工人都信任这个机关,它将**彻底**揭露诽谤言论的散布者。但愿马尔托夫不要以为**他**不会被揭露出来。

但是,庇护取消派或对取消派有所同情的政治集团,是否会信任我们的领导机关呢?当然不会!我们不需要他们的信任,我们也决不同意采取对他们表示丝毫信任的**任何**步骤。

我们说:**信任**马尔托夫和唐恩并且希望同他们"联合"的那些集团的先生们,八月联盟派分子、托洛茨基分子、前进派分子、崩得分子等等,请你们出来表明态度吧!先生们,二者必居其一:

如果你们自己想同马尔托夫和唐恩"联合",并且号召工人也这样做,这说明你们对他们,对取消派这一思想政治派别的著名领袖们还有一点信任(我们却没有)。既然你们信任他们,既然你们认为可能同他们"联合",并且鼓吹同他们"联合",那你们就采取**行动吧**,不要只是停留在**口头上!**

或者是,你们要求唐恩和马尔托夫(你们信任他们,他们也信任你们)说明"传闻"的来源,你们亲自研究这些传闻并且公开向工人阶级声明:我们担保,这不是饶舌妇愚蠢的搬弄是非,不是狂怒的取消派私下散布的恶毒的谣言,而是有**真**凭**实**据的。如果你们这样做了,如果能证明传闻一产生,取消派和普列汉诺夫等等的领导机关就进行过审核,并且立即通知了真理派领导机关,那我们就会回答说:先生们,我们深信你们弄错了,我们将向你们证明你们弄错了,但是我们承认,你们的做法是正直的民主派的做法。

或者是,你们这些号召工人同取消派联合的"派别"和集团的领导者先生们,躲在唐恩和马尔托夫的背后,听任他们肆意诽谤,不要求他们说明传闻的来源,不愿意费神(**也不愿负起政治上的责任**)去审核传闻的真实性。

那么,我们就要公开对工人们说:同志们,你们没有看到这些集团的所有领导者都是卑鄙的诽谤者的**同谋**和**帮凶**吗?

现在来看看工人是怎样作出决定的。

为了说明问题,我们拿一件具体的事情作例子。得到俄国⅘觉悟工人承认的领导机关声明,它经过调查,确信这些传闻完全是无稽之谈(如果不是更坏的话)。这时候有下面**两个**集团在报刊上发表了意见:(1)齐赫泽、契恒凯里、斯柯别列夫、豪斯托夫、图利亚科夫、曼科夫和亚格洛集团;(2)"八月联盟派",即取消派的八月联盟领导机关。

他们说了些什么呢?

**只是**说,他们**没有参加**真理派领导机关对传闻的调查!! 只是说了这么一点！

我们来分析一下这个情况吧。

首先，我们假设，在我们面前的不是齐赫泽之流的集团，而是正直的民主派。这些人曾选马林诺夫斯基当**自己**杜马党团的副主席。突然间，在报刊上，在他们负有政治责任的机关刊物上，有人散布传闻，说什么马林诺夫斯基是奸细！

在这种场合，一切正直的民主派最起码、最毋庸置疑的责任是什么，这难道还用说吗？

应该立刻召集自己人或随便什么人组成委员会，立刻调查传闻是从哪里来的，是什么人在什么时候散布的，审核这些传闻是否**可靠**，是否真实，然后公开地、直接地、诚实地向工人阶级声明：同志们，我们研究过了，**我们调查过了**，我们向你们保证，情况是真实的。

这才是正直的民主派应有的做法。默不作声、不进行调查、继续对散布恶毒传闻的机关刊物负责，这是极端的卑鄙无耻，就不配当正直的公民。

其次，我们假设，在我们面前的不是齐赫泽之流，而是卑劣的诽谤行为的帮凶和包庇者。他们**或许是亲耳听到**马尔托夫或马尔托夫的朋友散布恶毒的传闻，但是从来也没有想到要信以为真（重视这种传闻是很可笑的，凡是接触过社会民主党工作的人，谁没有听到几十次愚蠢的、明明是胡说八道的“传闻”呢？）；或许是什么也没有听见，但是很熟悉唐恩和马尔托夫的“手法”，宁愿“在遇到困难棘手的问题时，从旁边绕过去”[192]，公开表示相信马尔托夫和唐恩在报刊上散布的传闻，又怕自己名誉扫地，终生声名狼藉，可是另一方面又想**暗中**替马尔托夫和唐恩掩饰一番。

我们假设的第二种人的**做法正同齐赫泽之流一模一样**。

上述情况也完全适用于"八月联盟派"。

让工人们自己在这两种假设中选择一种吧,让他们自己去分析和研究齐赫泽之流的行为吧。

我们再来分析一下普列汉诺夫的行为。他在《统一报》第2号上把取消派关于马林诺夫斯基的文章叫做"令人愤慨"、"令人反感的"文章,但是同时又公开责备真理派说:这就是**你们**搞分裂的结果,"头都掉了,何必怜惜头发呢!"

普列汉诺夫这种行为是什么意思呢?

唐恩和马尔托夫公开声明,他们认为传闻是真实可靠的(否则,他们就不会要求调查了),既然普列汉诺夫不顾这些声明,说取消派的文章是令人愤慨、令人反感的文章,那就是说,他根本不相信唐恩和马尔托夫!! 那就是说,他**也**认为他们两人是卑鄙的诽谤者!!

不然的话,有什么必要,有什么合理的根据公开宣告,那些(用他们的话来说)想用揭露充当奸细这种严重可怕的罪恶,给民主派和无产阶级带来好处的人写了"令人愤慨的"文章呢??

既然普列汉诺夫对马尔托夫和唐恩的话一句也不相信,认为他们是卑鄙的诽谤者,那么,被开除出党的取消派采用这种斗争方法时,他怎么反而归罪于**我们**真理派呢? 他**怎么**会写出:"头都掉了,何必怜惜头发"这种话呢? 这岂不是用指责我们**"搞分裂"而替**唐恩和马尔托夫**辩护**吗!!

这是很奇怪的,但这是事实。

普列汉诺夫**在替**那些连他自己也一点不信任的、卑鄙的诽谤者**辩护**,说什么真理派把他们开除出党开除错了。

普列汉诺夫的这种行为就是用“要手腕的”办法(“一批马克思主义者”已经公开对他指出了这一点,他们曾经打算信任普列汉诺夫,但是很快就失望了)——这种由要手腕的小组活动造成的办法来庇护讹诈者,在客观上等于怂恿讹诈者去继续建立他们的功勋。

马尔托夫和唐恩一定会这样推论:既然我们一下子就能使不信任我们的“反取消派分子”普列汉诺夫**责备**(哪怕是间接地、部分地)真理派不该用“搞分裂”逼得我们进行这种殊死的斗争,那就是说……那就是说,再干下去吧!按原来这样继续干下去吧!普列汉诺夫**在给**我们**打气**,说我们**将得到让步**,作为我们进行讹诈的奖赏!![①]

普列汉诺夫的要手腕的小组活动一下子就在工人面前败露了。莫斯科人对《统一报》第1号的反应和本来打算信任普列汉诺夫的“一批马克思主义者”的回答,都证明了这一点。他们称普列汉诺夫是“要手腕的能手”[193]。普列汉诺夫要手腕的小组活动很快就要彻底暴露了。

---

1912年1月,工人代表公开地、正式地把以马尔托夫和唐恩为首的既成的取消派集团开除出党。在这以后的两年半内,俄国五分之四的多数工人都赞同这个决议,把它看做是**自己的**决议。马尔托夫和唐恩的讹诈和诽谤不会使工人“让步”,而只能使工人

---

① 读者可以看到,同普列汉诺夫一样庇护讹诈行为的还有托洛茨基,不过形式上更隐蔽、更怯懦罢了。托洛茨基,这个《我们的工人报》的**撰稿人**,在《斗争》杂志第6期上发表文章,一句话都没有指摘唐恩和马尔托夫的“活动”,却斥责真理派带来了“仇恨和分裂的祸种”(第44页)!!这样说来,“祸种”根本不在于诽谤,而在于执行党关于资产阶级影响传播者和地下组织诽谤者的决议。我们要这样记录下来。

更加坚信：只有**撇开**取消派，只有**反对**取消派，才能建设已经建成五分之四的工人马克思主义者“整体”。

———

现在，人人都说，俄国工人的政治觉悟提高了，工人政党的事务完全转交给工人来掌握了，在革命以后，俄国工人的成熟程度和自主精神都大大提高了。连托洛茨基和普列汉诺夫也呼吁工人来反对“知识分子集团”或“知识分子的派别活动”了。但是（事情很妙！）一谈到涉及俄国**目前的**觉悟工人所选择、所赞同、所建立的是什么政治派别这个问题的**客观**材料，无论是普列汉诺夫，无论是托洛茨基，无论是取消派，他们的矛头所向就变了，他们大叫大嚷，说什么这些工人，这些占俄国觉悟工人大多数的工人真理派，只是由于“茫然失措”（《斗争》杂志第1期第6页）才跟着真理派跑的，他们完全是**受了**“蛊惑性宣传”或派别活动的**影响**，如此等等。

可见，取消派、普列汉诺夫和托洛茨基**不是**现在承认大多数觉悟工人的意志，而是要到将来，到工人赞同他们，赞同取消派，赞同普列汉诺夫，赞同托洛茨基的时候，他们才承认！！

可笑的主观主义！可笑的客观材料恐惧症！如果不光是拿知识分子小组习气相互对骂的话，那需要的正是**现在的**材料，正是**客观的**材料。

现在大家都公认工人的政治认识正在提高。可是，我们的调和派普列汉诺夫、托洛茨基之流却对此又作了可笑的主观主义的论断。普列汉诺夫和托洛茨基，在社会民主主义阶级运动的两个相互斗争着的思潮之间**动摇不定**，并且硬要工人仿效他们主观的动摇。他们说：工人参加两种思潮的斗争，是工人不觉悟的表现，到工人比较觉悟的时候，他们就会停止斗争，停止“派别活动”（虽然真理派在两年半以前，在 1912 年 1 月，就直接和公开地开除了取消派，结束了“派别活动”，但是普列汉诺夫和托洛茨基一样，还是“照老习惯”重复“派别活动”的滥调）。

普列汉诺夫和托洛茨基对情况作了这样的评价，很明显是主观主义的。请回顾一下历史吧（马克思主义者回顾一下运动的历史总可以吧！），从历史上，你们可以看到反对“经济主义”（1895—1902 年）、孟什维主义（1903—1908 年）和取消主义（1908—1914 年）这些资产阶级思潮的斗争**几乎**进行了 **20 年**。这三种“资产阶级对无产阶级的影响”有着不可分割的联系和继承的关系，是无可怀疑的。俄国的先进工人每次参加这样的斗争，总是站在“火星派”方面反对“经济派”，站在布尔什维克方面反对孟什维克（列维茨基**本人**在大量的客观事实面前也不得不多次这样承认），站在“真理派”方面反对取消派，——这是历史事实。

试问，这种有关**群众性的**工人社会民主主义运动的历史事实向我们所说明的东西，同普列汉诺夫和托洛茨基（他们 10 年来一直认为自己的功绩就是坚决不同群众性的工人社会民主党派别唱一个调子）的善良的主观愿望相比，不是更重要吗？

从取消派和真理派两方面得来的当前这个时期的客观事实，以及 20 年来的历史都明显地证明，对俄国工人的政治教育以及在小资产阶级国家内**不**受小资产阶级影响的**真正的**工人政党的建立，**正**表现在反对取消派和战胜取消派这一点上。

普列汉诺夫和托洛茨基把自己希望避免斗争的善良的主观愿望（不顾历史，不顾社会民主党人中的群众性派别）奉献给工人，用迂腐的观点来看待工人的政治教育这件事。马克思曾经挖苦蒲鲁东说，以前是有历史的，现在再也没有历史了！[①] 过去20年来，对工人的政治教育一直是通过同资产阶级思潮“经济主义”以及同一思潮最近的各种表现的斗争来进行的。现在，普列汉诺夫和托洛茨基谈了几句关于斗争危害性的“迂腐”道理，历史就会停止前进，取消派的群众（由于资产阶级的支持）根基就会消失，群众性的（仅仅是由于工人的“茫然失措”才变为群众性的！）“真理派”就会消失，某种“真正的”东西就会树立起来……　普列汉诺夫和托洛茨基的论断未免太可笑了！

对工人的真正的政治教育只能通过以下方式来进行：坚定地、始终不渝地、一贯到底地用无产阶级的影响、要求和方针来反对资产阶级的影响、要求和方针。而取消主义（和1895—1902年的“经济主义”一样）是资产阶级对无产阶级影响的一种表现，这一点**连**托洛茨基也不敢否认，普列汉诺夫**自己**则在很久很久以前，在一年半到两年半以前，就维护过党肯定这一真理的决议。

但是在任何时候，在世界上任何地方，资产阶级对无产阶级的影响都不仅限于思想影响。一旦资产阶级对工人的影响下降、动摇和削弱的时候，资产阶级**总是到处**采用而且还会采用最疯狂的造谣诽谤的手段。马尔托夫和唐恩正是在他们破坏大多数有组织的马克思主义者的意志的时候，正是在他们感到思想斗争武器不足的时候，拿起了诬蔑和诽谤的武器。

不过以前他们一直是在流亡者的环境中，在范围比较狭窄的“听众”面前干这一套，所以很多事情都侥幸地滑过去了。现在他们是在数万俄国工人面前发表意见，因此立刻就碰到了钉子。在

① 见《马克思恩格斯文集》第1卷第612页。——编者注

流亡者中的那套挑拨离间、造谣中伤的"花招"不灵了。工人的政治觉悟实际上已经很高，**根据**马尔托夫和唐恩的发言**性质**，一下子就看出了这些发言是不诚实的，不怀好意的，并且向全俄国公开斥责这些人是诽谤者。

俄国的先进工人从一个资产阶级集团(取消派)的手中**打掉了**诽谤的武器，从而使自己的政治教育水平又向前跨进了一步。

取消派领袖、普列汉诺夫、托洛茨基同民粹派结成资产阶级联盟也好，自由派报刊竭力呼吁"正直的"人们把工人同工人政党的取消派联合起来也好，马尔托夫和唐恩干诽谤的勾当也好，这些都不能阻挡无产阶级在"真理派"思想、纲领、策略和组织的周围更加紧密地团结起来。

载于1914年6月《启蒙》杂志第6期

译自《列宁全集》俄文第5版第25卷第321—352页

# 关于“前进派分子”和“前进”集团

(1914年6月28日〔7月11日〕)

亚·波格丹诺夫在彼得堡取消派的报纸上极其严厉地谴责了《真理报》和“真理派”。现在在托洛茨基(他昨天还完全是取消派的朋友,今天已经有一半离开了他们)的杂志上刊登了有思想的和马克思主义的“前进”集团巴黎和日内瓦小组的一封信(第4期第56页)。

这个成立于1909年,也就是存在了近五年的巴黎日内瓦集团,在俄国只在高加索找到一个拥护它的小组。因此,在《真理之路报》已经作了解释之后[①],也许用不着再浪费时间来加以解释了。

但是,因为取消派和他们昨天的朋友托洛茨基顽强地维护“前进派”,更因为取消派、托洛茨基和前进派又一次形成的实际联盟使我们有可能向俄国的工人说明这个联盟究竟具有怎样的原则意义和政治意义,所以我们不得不再对前进派作一次答复。

“前进”集团1909年在国外脱离了布尔什维克。同年年底,他们出版了一本名为《目前形势和党的任务》的小册子,陈述了他们的“纲领”。

在这本小册子的第32页上写道:“参加制定纲领工作的有15名党员,其

① 见本版全集第24卷第368—371页。——编者注

中7名是工人，8名是知识分子。纲领的大部分是一致通过的。只有在国家杜马的问题上有三票弃权（两名“召回派”，一名“反抵制派”）。”

在纲领中（第17页及其他各页）维护了“无产阶级的哲学”。

“前进派”自己在出版物上公布过“前进派”的名单，其中有：恩·马克西莫夫、沃伊诺夫、阿列克辛斯基、卢那察尔斯基、利亚多夫、斯坦·安·沃尔斯基、多莫夫、亚·波格丹诺夫。

这些“前进派分子”的近况如何呢？

恩·马克西莫夫脱离了“前进”集团。

沃伊诺夫和阿列克辛斯基虽然留在集团里，但是他们已经分手了，现在分属于**两个**不同的“前进”集团，关于这点在巴黎发表过正式声明。

阿·卢那察尔斯基也同阿列克辛斯基分道扬镳了。

利亚多夫看来也脱离了；但是谁也不知道他在“前进”集团最近这次分裂中采取什么立场。

斯坦·安·沃尔斯基，从他经常为左派民粹派机关刊物撰稿来看（见《箴言》杂志），已经投奔了左派民粹派。

多莫夫在《前进》文集第3辑（1911年5月出版）上发表了一个声明，说“他不再为‘前进’集团的出版物撰稿了”（第78页）。

亚·波格丹诺夫在报刊上声明，说他脱离了“前进”集团。

事实就是这样的。

现在试把这些事实同托洛茨基刊登的巴黎和日内瓦“前进派分子”的声明比较一下：

“《真理之路报》断定‘前进’集团一开始就是由各种各样的反马克思主义分子拼凑起来的，随着工人运动的复兴已陷于四分五裂。这种说法与实际情形不符。”

读者从这里可以看出，对于上面提到的那些人和“前进”集团的全部历史非常了解，并且不止一次地帮助过这个集团的托洛茨基，刊登了“前进派分子”的令人气愤的和不可容忍的谎话，而《真理之路报》说出了千真万确的真话。

我们再回忆一下这样一件事实：大概是1910年或者1911年，在《现代世界》杂志[194]上发表了一篇格·阿·阿列克辛斯基评论亚·亚·波格丹诺夫著作的文章，书评作者说波格丹诺夫是一位与马克思主义毫无共同之处的“先生”。

这究竟是怎么回事呢？

原来，前进派确实是由各种各样的反马克思主义分子拼凑起来的。就思潮来说，这些分子分为**两**派，即“马赫主义”和“召回主义”，这一点从上面的引文也可以看出来了。

“马赫主义”是经过波格丹诺夫修改的马赫和阿芬那留斯的哲学，是波格丹诺夫、卢那察尔斯基、沃尔斯基所维护的哲学，也就是用“无产阶级的哲学”的假名称**隐藏**在“前进”集团的纲领里的哲学。实际上，这种哲学是巧妙地为宗教辩护的哲学唯心主义的一种变种，因此卢那察尔斯基从这种哲学滚到鼓吹把科学社会主义同宗教结合起来的主张并不是偶然的。亚·波格丹诺夫直到现在还在一些“新”著作里为这种极端反马克思主义的和极端反动的哲学辩护，尽管孟什维克格·瓦·普列汉诺夫和布尔什维克弗·伊林都同这种哲学作过坚决的斗争。

我们向所有的人提一个问题：取消派、亚·波格丹诺夫、托洛茨基和巴黎日内瓦前进派分子在发表“前进”集团的声明和有关“前进”集团的文章时，向俄国工人**隐瞒了**下述事实，是不是诚实的行为：

(1)“前进”集团自己把“无产阶级的哲学”也就是“马赫主义”塞进了自己的纲领里；

(2)在不同派别的马克思主义者中间已经进行了长期的顽强的斗争，反对“马赫主义”这种极端反动的哲学；

(3)甚至同马赫主义者一起在纲领上签名的热心的前进派分子阿列克辛斯基，过了一些时候也不得不用最激烈的方式反对马赫主义了。

现在我们再谈谈召回主义。

我们从上面看到，“召回派”是参加了“前进”集团的。正像这个集团的纲领在国外的报刊上一出现就有人指出的那样，它本身就包含着隐蔽的召回主义，它对召回主义作了许多令人不能容忍的让步，例如纲领第16页的第4项中说，(在一定时期以前)

> “工人阶级的一切半合法和合法的斗争手段和方法，包括参加国家杜马在内，都不可能具有独立的和决定性的意义。”

这也是“召回主义”，不过是隐蔽的、不明确的、含混的召回主义。护党派(即敌视取消主义的)布尔什维克和护党派孟什维克不断地、多次地说明，这种纲领是社会民主党人所不能容许的，这样为“召回主义”辩护是极端错误、极其有害的。

召回派反对参加第三届杜马，事态清楚地表明，他们错了，他们的观点**实际上**已导致无政府主义。

我们所指出的这种隐蔽地、无力地为“召回主义”辩护的行径，**在行动上**不可能执行《真理报》胜利地执行的路线，而真理派正由于执行了这条路线，在绝大多数的合法的和最合法的工人组织中战胜了党的破坏者取消派。

因此，既然“前进派”直到现在还谈论着“不折不扣的左派马克思主义”，我们就必须出来说话，必须向工人发出警告，必须声明：在这些响亮的词句后面隐藏着反马克思主义的、敌视马克思主义的学说，它会给工人运动带来极大的危害，它同工人运动是根本不能调和的。

正像布尔什维克早在五年多以前就已经指出的那样，前进派的这种“不折不扣的左派马克思主义”是一种面目全非的布尔什维主义；实际上这是(虽然前进派没有意识到这一点)一种离开马克思主义倒向无政府主义的倾向。

1910 年的一月全会(也就是前进派分子在托洛茨基的杂志上说的认可他们这个集团的那次全会)，**一致谴责了这种倾向**，认为它和取消主义的倾向同样有害。在 1910 年的整个一年中，全会为了贯彻它的决议而建立的一些领导机构，例如中央机关报编辑部[195]，曾经**多次**在自己的报刊上详细地说明，前进派也跟取消派一样，**破坏了**全会的决议；他们也跟取消派一样，实际上是**资产阶级对无产阶级的影响的传播者**。

既然前进派现在在托洛茨基的杂志上搬出“前进派的第一个和第二个学校”[196]作为依据，我们就必须摆一摆事实：有一半工人根据自身的经验认识到第一个学校的反马克思主义的和瓦解组织的作用，于是就**离开了**学校。关于第二个学校，执行全会决议的中央机关报曾经特别向工人发出过警告，说明这个学校所起的正是上面所指出的那种作用。

那么到底是谁帮助过这第二个学校呢？

只有取消派和托洛茨基**不顾**党的正式机关报的正式警告帮助过它。

在这第二个学校里，也完全同现在在彼得堡取消派的报纸和托洛茨基的《斗争》杂志上一样，我们清楚地看到一种实际的联盟，就是取消派、前进派和托洛茨基集团的联盟。

这是一些反马克思主义的、瓦解组织的集团的联盟，这些集团都仇视《真理报》的马克思主义和现在把俄国绝大多数有觉悟的工人团结在《真理报》周围的纪律、同志的纪律、党的纪律。

这个联盟以及“前进”集团本身和整个“前进派思想”，我们不能**不**说它们是“冒险主义”，因为“前进派”以及它同托洛茨基和取消派结成的“联盟”，除了造成无原则性，怂恿反马克思主义思想（又不公然为这种思想辩护），瓦解工人运动，不可能有别的结果。

我们坚持原则，坚决反对“前进”集团和前进派思想，但是对于那些正在脱离（像“前进”集团的大多数创始人那样）这个集团并且打算帮助由“真理派”团结和联合起来的俄国大多数觉悟工人的“前进派分子”，我们从来没有而且将来也不会关起大门来。我们决不纵容替“马赫主义”（令人遗憾的是波格丹诺夫仍然“十分顽固地坚持”这种思想）或者“前进派思想”辩护的行为，我们也决不留难那些真正认识到“前进”集团的错误、愿意**离开**“前进”集团回**到**党的队伍里来的同志。

波格丹诺夫在取消派的报纸上和前进派分子在托洛茨基的杂志上对“著作家伊林、季诺维也夫、加米涅夫”大肆攻击和谩骂，对此我们简要回答如下：这些著作家一向是执行团结起来的工人马克思主义者的**决议**的，而这些工人马克思主义者已经用他们以“真理派”为核心的团结一致，用他们在首都和全俄保险机关的选举向全世界公开证明，他们在俄国有组织的和有觉悟的工人中占绝大多数。

上面所说的那几位著作家是根据这些决议及其精神行事的，他们完全有理由认为他们的活动符合于大多数工人马克思主义者的意志，前进派、托洛茨基和取消派的狂妄辱骂当然不可能使他们放弃自己的活动。

“前进”集团的历史，它的瓦解，它经常同托洛茨基、取消派结成联盟，这些在某种程度上会引起工人的普遍注意，甚至是全社会的注意，因为这是在崩溃和瓦解的时代纷纷建立知识分子单独的小集团的典型现象。任何人都可以自由地组织单独的思想集团，向无产阶级指出特殊的道路，——但是人们对于新集团的每一个组织者“要求也会很多”。当然，错误并不等于欺骗，但是**坚持**那些已经被理论和五年多运动的实践所证明了的错误，那就是公然向马克思主义挑战，向团结起来的大多数工人挑战。

取消派和前进派的动摇或者倾向并不是偶然的，而是崩溃和瓦解时代的产物。我们看到，偏离工人马克思主义者的阶级斗争的道路的有这样两种资产阶级倾向，一切觉悟工人应该引以为戒。

---

附言：上文写成后，我们收到了一期托洛茨基的《斗争》杂志，上面又刊载了一封“‘前进派’日内瓦、巴黎、梯弗利斯马克思主义小组和圣彼得堡同志们”的信。

从这封信的签名里我们看到，1909 年底就提出“**自己的**”纲领的前进派，经过四年半的期间，才在俄国找到**一个**“梯弗利斯小组”，大概还有**两个**“彼得堡同志”（要是有三个人，想必就会成立一个彼得堡的、或者首都的、或者全俄的马克思主义的思想小组了！）。对于一个能够比较认真地评论政治的人，单凭“前进派”四年来“活动”的这种成果，就足以对这个集团作出评价了。就让托洛茨基在“**自己的**”小小的杂志上借同前进派联合去取乐吧，就让前进派和托洛茨基派去玩“强国”、“派别”相互勾结的游戏吧！这不过是想用豪言壮语来掩盖自己“集团”的不可救药的空虚的人们的一种幼稚的游戏罢了。

看到这些集团高谈什么团结和分裂，真令人可笑！亲爱的人们，要知道，我们能谈的是工人群众运动的统一，是工人政党的统一，至于同四年来没有得到俄国工人同情的知识分子小组的统一，那就请你们自己同托洛茨基去瞎扯吧！这是不值得争辩的。

载于1914年6月《启蒙》杂志第6期

译自《列宁全集》俄文第5版第25卷第353—359页

# 为奥克先·洛拉的《告乌克兰工人书》加的《编者按》

(1914 年 6 月 29 日〔7 月 12 日〕)

我们很高兴地刊登了我们的同志、乌克兰马克思主义者向乌克兰觉悟工人发出的号召:不分民族地联合起来。这个口号是目前俄国特别需要的。工人的坏顾问、《钟声》杂志的小资产阶级知识分子拼命想使乌克兰社会民主党工人脱离大俄罗斯社会民主党工人。《钟声》杂志干的是民族主义市侩的勾当。

我们要完成的是各民族工人共同的事业,也就是使各民族工人为了统一的共同的工作而团结起来,联合起来,打成一片。

乌克兰工人、大俄罗斯工人和俄国所有其他民族工人的紧密的兄弟联盟万岁!

载于 1914 年 6 月 29 日《劳动的真理报》第 28 号

译自《列宁全集》俄文第 5 版第 25 卷第 360 页

# 俄国社会民主工党中央委员会在布鲁塞尔会议上的报告和给出席该会议的中央代表团的指示[197]

(1914年6月23—30日〔7月6—13日〕)

在代表俄国社会民主工党中央委员会作报告以前，首先我要借这个机会履行一项愉快的义务——代表中央委员会向社会党国际局执行委员会主席王德威尔得同志表示深深的谢意，感谢他访问了我国并且亲自结识了彼得堡工人运动的活动家们。我们尤其感谢王德威尔得同志的是，他第一个开创了国际的著名成员同俄国担任领导工作的觉悟工人直接会面的先例，他还第一个在国外的社会党报纸(我们指的是《**人民报**》和《**人道报**》)上公布了有关俄国工人运动的客观材料，即从"真理派"(也就是我们的党)、"取消派"和"社会革命党"这三个派别的报纸的编辑部就地收集来的材料。

我的关于俄国社会民主党统一问题的报告分为以下四个部分：(1)首先我要说明社会民主党人内部最主要的意见分歧的**实质**；(2)其次我要谈谈有关俄国群众性工人运动的材料，说明**这一运动的经验**对我们党的路线**检验**的结果；(3)我要谈谈上述运动的经验对我们的反对者的工作、路线和立场检验的结果；(4)最后我代表俄国社会民主工党中央委员会提出关于统一的具体的、积极的、**实际的**建议。

## 一

对于目前俄国社会民主党发生的问题，有两种主要的看法。

一种看法是罗莎·卢森堡在她去年（1913年12月）向社会党国际局提出的建议中叙述的看法，也是取消派和维护取消派的集团同意的看法，即认为：无数派别之间的派别斗争的“混乱状态”笼罩着俄国，其中最坏的派别“列宁派”最热衷于制造分裂，事实上意见分歧根本没有排除共同工作的可能性。通过各种流派和派别的协议或妥协是可以达到统一的。

另一种是我们同意的看法，即认为俄国根本没有什么“派别斗争的混乱状态”。在俄国**只有**反对取消派的斗争，而且**只是**在这一斗争中，一个现在已经联合了占五分之四的**绝大多数**俄国觉悟工人的**真正**工人的社会民主党正在形成。这个联合了大多数工人的不合法的党已经召开过一些代表会议和会议，如1912年的一月代表会议、1913年的二月会议和1913年的夏季会议。合法的机关报是《真理报》（«Vérité»）；真理派的名称就是从这里来的。顺便提一下，有一位彼得堡工人在王德威尔得同志参加的圣彼得堡的宴会上也发表过这样的看法，他说圣彼得堡各个工厂的工人是统一的，置身在工人的这种统一以外的只是一些“没有军队的司令部”。

在我报告的第二部分，我要陈述一些能够证明我们的看法正确的具体材料。现在我先来谈谈关于取消主义的实质的问题。

取消派集团是在1912年的俄国社会民主工党一月代表会议上被正式开除出党的。然而关于取消主义的问题我们党在很早以前就提出来了。早在**1908**年12月召开的俄国社会民主工党全国代表会议,就通过了全党必须执行的毫无保留地谴责取消主义的明确的、正式的决议。这一决议给取消主义下了如下的定义:

(所谓取消主义,就是)“党内有一部分知识分子试图取消现有的俄国社会民主工党组织,代之以一种绝对要在合法范围内活动的不定型的联盟,甚至不惜以公然放弃党的纲领、策略和传统为代价”。

由此可见,早在**1908**年取消主义就已经被正式宣布为和被公认为**知识分子的**流派了,它的实质就在于**背弃**秘密的党,用合法的党**取而代之**或者鼓吹这种主张。

**1910**年1月的中央委员会全体会议再次**一致**谴责了取消主义,说它是“**资产阶级对无产阶级的影响的表现**”。

由此可见,说我们和取消派的意见分歧并不太大,比西欧的所谓激进派和温和派的意见分歧还要小,这种看法是十分错误的。西欧没有哪个党,确实没有哪个党能找到一项全党通过的决议,是谴责那些企图**解散**党和用新党来**代替**它的人的!!

西欧任何地方过去和现在都不存在而且也不可能存在这样的问题:是不是允许人们既享有党员的称号,**同时**又鼓吹解散这个党,说这个党是不适用和不需要的,鼓吹用另一个党来代替它。西欧任何地方都不像我国这样,有一个关系到党本身的**生存**,关系到党的**存在**的问题。

这不是组织问题、即**如何**建设党的问题上的意见分歧,而是关系到党的**存在**问题的分歧。这里根本谈不上什么调和、协议或者妥协。

如果不同那些在合法报刊上反对“地下组织”（即秘密的党），说地下组织是**“祸害”**，为脱党的行为辩护并且加以赞扬，鼓吹“公开的党”的著作家作坚决的斗争，我们就不可能建立我们的党（已建立4/5），更不可能继续建设我们的党。

在连最温和的自由派政党都不能合法化的现代俄国，我们党只有作为秘密党才能生存下去。这就是我们的处境的独特之处，我们的处境同实施非常法[198]时期的德国社会民主党的处境有些相似（虽然德国人在当时所享有的合法地位也比俄国现在强100倍）。我们的秘密的社会民主工党是由**秘密的**工人组织（往往称为“支部”）组成的，在这些组织的周围有相当密的**合法**工人团体网（保险基金会、工会、教育协会、体育协会、戒酒协会等等）。在首都合法的团体比较多，在外省往往根本没有。

有时秘密组织相当庞大，有时十分狭小，甚至只限于几个“受托人”[199]。

由于有这些合法团体，秘密组织就有了一定的**掩护**，并且能够在群众中广泛而公开地宣传工人团结的思想。统一全俄工人阶级的领导组织，建立中央机关（中央委员会），就各种问题通过党的明确的决议，——这一切自然是完全不合法的，因此要求绝对保密，要求得到可靠的先进工人的信任。

谁在合法报刊上**反对**“地下组织”或者赞成“公开的党”，谁就是公然**瓦解**我们的党，我们不能不认为这种人是我们党的**不可调和的敌人**。

自然，否认“地下组织”是同否认革命策略、维护改良主义相联系的。俄国正经历着资产阶级革命的时代。在俄国，现在就连最温和的资产者，即“立宪民主党人”和“十月党人”也对政府十分不满。但是他们都是革命的敌人，他们憎恨我们“进行蛊惑宣传”，还想率领群众像 1905 年那样进行街垒战。他们这些资产者所鼓吹的都仅仅是“改良”，他们在群众中散布一种对群众极其有害的信念，似乎改良可以同现在的沙皇君主制**并存**。

我们的策略不是这样。我们利用一切改良措施（例如保险）和一切合法团体。但是我们利用这些是为了提高群众的革命意识和发展群众的革命斗争。在至今还没有政治自由的俄国，这一点现在对我们要比对欧洲有大得多的直接意义。我们党领导着**革命罢工**，世界任何地方革命罢工的增长也没有俄国这样迅速，我们仅以 5 月这一个月为例。1912 年 5 月参加经济罢工的为 64 000 人，1914 年则有 99 000 人。

而参加政治罢工的，1912 年为 364 000 人，1914 年则有 647 000 人。政治斗争和经济斗争结合起来，就产生了革命罢工，它震动千百万农民，教育他们进行革命。我们党领导**革命的群众大会**和**革命的街头游行示威**运动。我们党为了这个目的散发**革命的传单**和**秘密报纸**，即党的中央机关报。为了从思想上把对群众进行的这一切宣传鼓动工作统一起来，我们党的最高机关通过了如下口号：(1)八小时工作制；(2)没收地主土地；(3)民主共和国。在俄国目前专横暴虐、无法制可言的情况下，在一切法律受到沙皇君主制压制的情况下，**只有**这些口号才能根据真正支持工人阶级革命运动的精神，把党的一切宣传鼓动工作真正地统一和领导起来。

听到取消派说我们反对“结社自由”，我们感到很可笑，因为我们不仅在 1912 年一月代表会议的一项专门决议中强调了我们纲领的这一条的意义，而且我们在行动中利用了残缺不全的结社权利(如保险基金会),取得了比取消派大十倍的成效。但是,当有人在合法报刊上说,没收地主土地的口号和民主共和国的口号不能作为向群众进行宣传鼓动的题目时,我们就声明,我们党同**这样的**人以及这样的文人集团是根本谈不上统一的。

我的报告的这一部分即第一部分的任务是说明意见分歧的**实质**,我就讲到这里;可以先提一下,在报告的第四部分的实际建议中,我将准确地列举出取消派的一切违背党的纲领和决议的行为。

关于取消派**脱离**我们的秘密党即俄国社会民主工党的经过,我不准备在这里详细谈了。我只想指出这一过程的**三个**主要时期。

第一个时期:从1908年秋季到1910年1月。党是通过党的各项明确的正式决议同取消主义进行斗争,谴责取消主义的。

第二个时期:从1910年1月到1912年1月。取消派**阻挠**党中央委员会的恢复,取消派破坏党中央委员会并且**解散**党中央委员会仅存的一个机构,即"中央委员会国外**局**"技术委员会[200]。当时**在俄国**的一些党委员会为了恢复党成立了"俄国组织委员会"[201](1911年秋天)。俄国组织委员会召开了1912年的一月代表会议。在这次代表会议上恢复了党,选出了中央委员会,还把取消派集团开除出党。

第三个时期:从1912年1月到现在。这一时期的实质在于:占4/5多数的俄国觉悟工人团结起来了,正是团结在1912年一月代表会议所通过的决议、所设立的机构的周围。

下面我就讲报告的第二部分,从俄国的群众性的工人运动的角度来说明我们党的现状以及取消派的现状。我将尽力阐明下面这个问题:**群众运动的经验**在何种程度上肯定了我们党的路线或取消派的路线。

## 二

1912年4月22日(俄历),工人的日报《真理报》开始在俄国出版了。**由于**1912年一月代表会议恢复了党,这个贯彻(往往用暗示的方法,总是不得不打些折扣)代表会议各项决议的报纸才得以创刊。当然,关于1912年1月党的秘密代表会议和它选出的中央委员会同合法的报纸《真理报》之间的秘密联系,我们从来没有**在任何报刊上**谈论过。1912年9月,同我们竞争的取消派的报纸《光线报》(现在的《我们的工人报》)开始出版了。以后是1912年秋天第四届国家杜马的选举。1913年起,俄国开始实施新保险法,于是成立了工人伤病救济基金会。最后是成立合法工会,尽管遭受政府的残酷迫害,但总是一边被封闭,一边就又重新建立起来。

不难理解,前面列举的**群众性**工人运动的一切表现,特别是**两**派的日报,提供了大量公开的可供查核的**客观**材料。我们认为我们有责任在社会党国际局执行委员会面前,对取消派及其国外拥护者那种说话毫无根据、强词夺理、武断夸大,而**不顾**俄国群众性工人运动的客观事实的惯用手法,提出坚决的抗议。

正是这些事实使我们绝对确信我们的路线是正确的。

1912年1月,举行了恢复秘密党的俄国社会民主工党代表会议。取消派和国外小集团(包括普列汉诺夫在内)大骂这次会议。

但是俄国的工人怎样呢?

第四届国家杜马的选举回答了这一点。

这次选举是在1912年秋天举行的。在工人选民团选出的第三届杜马代表中,有**50%**(8人中占4人)是我们这一派的;而在工人选民团选出的9名第四届杜马代表中,有6名即**67%**是站在党这方面的。这一点证明工人群众拥护党而反对取消派。如果现在6个倾向取消主义的杜马代表真正想同**党的**杜马党团,俄国社会民主党工人党团统一,那我们必须指出:统一的条件是承认杜马代表要执行大多数工人的意志。

其次,日报是**组织**工人阶级的极重要的武器。在报纸上有大量说明这一点的材料。例如,关于**各工人团体捐款数目**的材料。两种报纸,无论真理派(即党的)或者取消派的报纸,都登载过工人团体捐款的报表。这些报表是说明工人群众实际**组织**状况的、在俄国所能有的最好的、公开而且合法的材料。

在西欧,社会党都是合法的,党员人数大家都知道,在谈到有组织的工人运动时总要拿这个数字来作根据。

俄国没有公开的、合法的党。党组织是不合法的,秘密的,像我们所说的是"地下的"。但是**工人团体的捐款数目**却**间接地**(而且准确无误地)说明了这些组织的状况。

因为我们在两年多的时期内,取消派在一年半以上的时期内,都是公开地、经常地把这些材料登载在双方的报纸上的,而且稍有不实或错误,立刻就会引起工人的抗议,所以在一切公开而合法地说明工人群众组织程度的材料中,这些材料是**绝对可靠**和最好的。

如果我们的取消派和拥护他们的国外小集团顽固地无视这些材料,在自己的报刊上不谈这些材料,那么我们工人就会认为这完全是一种想**破坏大多数工人意志**的表现，认为这是不够老实的行为。

下面是1913年**全年**的材料。捐款给真理派的工人团体的数目是2 181个，给取消派的是661个。1914年(到5月13日)给真理派捐款的工人团体是2 873个，给取消派捐款的是671个。这就是说，真理派组织起来的工人团体的百分比在1913年是77%，在1914年是81%。

从1912年起，真理派经常发表这些材料，请大家审核这些材料，指出这些材料的客观性，并且号召**真正**(不是虚伪地)主张“统一”的朋友们真诚地承认大多数工人的意志。**否则**一切关于统一的言论都是虚伪的。

在取消派进行了一年半的反党斗争之后，占4/5多数的俄国觉悟工人表示**同意**“真理派的”坚持“地下组织”和革命策略的路线。我们期望取消派及其朋友们的，不是空谈**违反**党的意志的“统一”，而是明确地表示：他们究竟愿不愿承认这种大多数俄国觉悟工人的意志。

空口作些保证是容易的，但是办一份真正靠工人维持的名副其实是工人的报纸却很难。对于这一点，一切比我们更有经验的国外同志都知道。执行党的路线的真正工人的报纸，也就是真正靠工人的钱维持的报纸，是一个巨大的组织机构。

那么材料告诉了我们什么呢？客观的材料告诉我们，《真理报》是真正的工人报纸；而否定“地下组织”即否定党的取消派的报纸，无论就它的思想或者经费来源来说，**实际上**是**资产阶级的**报纸。

从1914年1月1日到5月13日，两种报纸像往常一样，都登载了捐款报表，我们的报纸还对这些报表作了总结。结果是这样：《真理报》共募集到 21 584 卢布 11 戈比，其中有 18 934 卢布 10 戈比是工人团体的捐款。也就是说，有组织的工人的捐款占 87%，资产阶级的捐款只占 13%。

取消派共募集到 12 055 卢布 89 戈比，其中工人团体的捐款是 5 296 卢布 12 戈比，即**不到**总数的**一半**，只占 44%。**一半以上**的钱是资产阶级给取消派的。

此外，一切自由派资产阶级的报刊每天都在称赞取消派，**帮助**他们破坏大多数工人的意志，**鼓励**取消派的改良主义，**鼓励**他们否定地下组织。

我要拿普列汉诺夫同志和杜马代表布里扬诺夫等人的《统一报》作例子来说明国外集团的活动。我手头有 3 份《统一报》，第一份是今年 5 月 18 日的，第三份是今年 6 月 15 日的。从报表中可以看到，有某人通过在国外的奥尔金同志给了这家报纸 1 000 卢布，此外还有国外的捐款 207 卢布 52 戈比。**6 个**（**6** 个！）工人团体捐了 60 卢布。

就是这么一个依靠俄国 6 个工人团体的报纸，居然号召工人不要听从党的决议，宣称这个党是“搞分裂的”党！！在两年半内，把 **5 600** 个工人团体联合在 1912 年和 1913 年 **3 次**秘密代表会议的正确决议周围的党是“搞分裂的”党，而联合了俄国 6 个工人团体、从国外募集到 1 200 卢布来**破坏**俄国工人意志的普列汉诺夫集团，倒是真正“搞统一的”集团！！

普列汉诺夫责骂别人进行派别活动，似乎单独为某个集团募捐，号召工人不要执行占五分之四的多数人的决议，反而**不是**派别活动。

至于我们，那我们要直截了当地说：我们认为普列汉诺夫集团的行为是典型的**瓦解组织的行为**。普列汉诺夫的行为就好比德国的梅林也纠合起6个工人团体，而且在单独出版的报纸上号召德国社会民主党人不要服从（比方说）同波兰人分裂的党。

我们跟普列汉诺夫说不到一起。我们把俄国五分之四的工人的团结叫做实际的而不是口头上的统一。我们把在国外的集团用从国外募集的捐款来反对大多数俄国工人的行为叫做**瓦解组织的行为**。

根据王德威尔得同志在圣彼得堡收集到并且公之于世的材料，《真理报》印数是40 000份，取消派报纸印数是16 000份。《真理报》做到收支相抵，而且是靠工人来维持的，而取消派却是靠我们报上称之为**资产阶级阔朋友**的人来维持的。

我们向社会党国际局执行委员会提交了双方报纸刊出的财务报表，这对于懂得工人报纸是一项多么重要的事业的国外同志们来说，会比空口保证、允诺、声明和对“列宁派”的咒骂更好些。

我们要问问取消派：他们是不是还想继续不承认这样一个**客观事实**：他们集团的报纸**实际上**是鼓吹放弃地下组织和**破坏**俄国大多数觉悟工人意志的资产阶级报纸？

如果还想这样，那他们关于“统一”的议论仍然会引起我们工人的辛辣的嘲笑。

谁要是认真想统一，就请他真诚地承认整个取消派的路线是完全错误的，它的错误已经被1908年以来党的各项决议和**工人群众**两年半的斗争**经验**所证实。

其次，还有关于工人保险机关选举的客观材料。我们反对各式各样的关于在当今沙皇俄国实行政治改良即立宪改良的论调，认为这些都是自由派的论调。但是我们**在行动上**而不是在口头上利用了像保险之类的**真正**改革。全俄保险机关的**整个**工人代表小组都是由**真理派**即谴责并摒弃取消派的工人组成的。在全俄保险机关的选举中，57 个受托人中有 47 个是真理派，也就是说占 82%。在首都圣彼得堡保险机关的选举中，受托人中有 37 个是真理派，7 个是取消派，也就是说真理派占 84%。

工会也是这样。外国同志听到国外俄国社会民主党人谈论俄国“派别斗争的混乱状态”(罗莎·卢森堡、普列汉诺夫、托洛茨基等人正是这样谈论的)，也许会以为在我国工会运动是一片分裂状态吧?

没有这回事。

在俄国没有平行的工会。无论彼得堡或者莫斯科，工会都是**统一的**。原因是在这些工会中**真理派**占了**绝对的**优势。

莫斯科的 13 个工会没有一个是取消派的。

在我们工人日历里标明会员人数的圣彼得堡的 20 个工会中，只有制图员、药剂师、办事员和一半的印刷工人的工会是取消派的。在其他一切工会中，例如在五金工人、纺织工人、裁缝、木器工人、店员等工会中，都是真理派占**绝对的**优势。

我们公开声明：如果取消派不肯断然改变自己的全部策略，不肯停止瓦解俄国大多数有组织的觉悟工人的勾当，那就不要再谈什么“统一”。

《真理报》每天都在赞扬(虽然是用暗示)**地下组织**并且谴责反对地下组织的分子。因此工人是跟着他们**自己的**《真理报》走的。

下面再提供一个关于国外秘密报刊的总结材料。**在** 1912 年取消派的八月代表会议**以后**，到 1914 年 6 月为止，我们党出版了

**5** 号秘密的指导性的政治报纸，**取消派一号也没有出**，社会革命党人出版了 **9** 号。这里不包括在俄国散发的传单，也就是在罢工、群众大会、示威游行时用来进行革命鼓动的传单。

我们党在这 5 号报纸中，提到秘密组织 **44 次**，取消派**零次**，社会革命党 **21 次**（主要是学生和农民）。

最后，1913 年 10 月在杜马中组成了独立的俄国社会民主党工人党团，这个党团跟取消派不同，它是要**贯彻**俄国大多数觉悟工人的意志而不是破坏他们的意志。这时**两个**报纸上都发表了从俄国各地寄来的拥护这个或那个，即拥护护党派党团或取消派党团的工人的**决议**。在决议上**签名**拥护"真理派的"即护党派杜马党团的有 **6 722 人**，而拥护取消派党团的有 **2 985 人**（其中有 1 086 个是崩得工人，719 个是高加索工人）。可见，取消派连同自己的一切同盟者凑起来还**不到三分之一**。

我们用来同取消派的口头保证作对照的客观材料简单说来就是这样。这些关于两年半来俄国工人阶级**群众**运动的客观材料以觉悟工人的经验完全证明了我党路线是正确的。

这里我得岔开去谈一个具体的例子，以便说明为什么我们同现在的取消派的现在的报纸根本谈不上什么"统一"，甚至根本谈不上什么"和解"。

这是一个极其重要的例子，它说明了取消派对我们党的秘密工作采取什么态度，因此我要请同志们特别注意。

大家都知道，自从 1912 年以来，俄国革命的群众性罢工的发展成绩卓著。厂主企图用同盟歇业来对付罢工。为了确定党对这种斗争方法的态度，我们党的 **1913** 年（注意年份：**1913** 年！）二月会议曾经制定并且**秘密**发表过一项决议[202]。

在这个决议中(秘密版第 11 页)直接提出:“举行街头革命示威游行这个迫切的任务”。在决议中直接建议(同上)“寻找反击同盟歇业的新的斗争方法,例如意大利式罢工[203],以及用革命的群众大会和革命的示威游行来代替政治罢工”。

我们再重复一遍,这是 1913 年 2 月的事情,也就是那个向全世界保证取消派**不**反对地下组织的取消派八月代表会议(1912 年)召开**半年**以后的事情。无论是从 1912 年 8 月到 1913 年 2 月这半年,**无论是下一年**即 1913 年 2 月到 1914 年 2 月,八月联盟在这个问题上**没有作出任何决议**。绝对没有!! 请你们再往下听。

1914 年 3 月 20 日,圣彼得堡的厂主决定用同盟歇业来对付罢工。在圣彼得堡,一天就有 7 万工人被赶出工厂。

我们党的圣彼得堡秘密组织“俄国社会民主工党彼得堡委员会”,根据党的决议,决定在 4 月 4 日勒拿惨案纪念日举行革命的示威游行来回答同盟歇业。

我们刊印了现在放在我面前的这份向工人发出号召的秘密传单。传单的署名是“俄国社会民主工党圣彼得堡委员会”。传单重申了党的口号(建立民主共和国、没收地主土地),最后一句话是:

“同志们! 4 月 4 日上午 11 时都上涅瓦大街去。”

自然,合法的报纸《真理报》不但不能转载这个传单,甚至连**主动地**提到这个传单也不行。

怎么办呢? 怎么才能向工人读者,至少向最觉悟、最先进的工人读者表达出对这个要工人举行非法的革命示威游行的秘密号召必须予以支持的**思想**呢?

只有像我们平常所做的那样,采取暗示的方法。

于是在游行的那一天,即在 1914 年 4 月 4 日,星期五,在我们的报纸(《真理之路报》第 54 号)上发表了一篇不具名的编辑部文章,标题很平常:《论工人运动的形式》[①]。在这篇文章中**直接提到**“马克思主义者 1913 年 2 月的正式决议”。并以下列字句**暗示了**革命的示威游行:

“觉悟的工人对某些更高的具体形式〈即提高斗争的形式〉也是十分熟悉的,这些形式在历史上曾不止一次地试用过,只有取消派才感到‘不可理解’和‘格格不入’。”(1914 年《真理之路报》第 54 号)。

俄国的警察和检察官们不知道暗示什么,但是觉悟的工人是知道的。

示威游行举行了。4 月 4 日下午出版的一切资产阶级报纸都谈到了这次示威游行。于是在第二天,即 4 月 5 日,我们的报纸(见《真理之路报》第 55 号)**摘引了**资产阶级报纸上的几段话,引文中说:

“最近几天,有人在工人中散发了大批传单,号召他们在勒拿事件周年纪念日这一天,即 4 月 4 日,参加示威游行。传单上的署名是俄国社会民主工党彼得堡委员会。”

我们从资产阶级报纸摘引了**这样**一段话,法院是不可能因此就传讯我们的报纸的。结果,我们执行了秘密党的决议;组织了革命的示威游行,并且以拥有 4 万读者的公开报纸**支持了**这个工作。

取消派做了些什么呢?

我已经说过,无论是 1912 年 8 月到 1913 年 2 月这半年也好,无论是以后这整整的一年也好,他们的八月联盟没有作出**任何秘**

① 见本卷第 58—61 页。——编者注

**密决定**。

在圣彼得堡，谁也没有听说过取消派有号召在1914年4月4日采取行动的任何秘密传单，资产阶级报纸也没有提到过。必须指出，资产阶级报纸的作证**是非常重要的**，因为传单如果真是发得很多，资产阶级报纸总是会知道并提到的。相反，如果传单发得很少，那么群众就不会知道，而资产阶级报纸也就不提了。

总之，取消派自己没有为组织1914年4月4日的革命示威游行做任何事情。他们在袖手旁观。

不但如此，取消派的合法报纸在第二天谈到游行时，

**没有转载资产阶级报纸关于我党圣彼得堡委员会散发传单的消息**!!

这很奇怪，但这是事实。我这里提供一份取消派1914年4月5日的报纸（《北方工人报》第48号），以便当着社会党国际局执行委员会的面痛斥这件事。

请想一想，这是什么意思!! 高喊要同我们党"统一"的人，愿意自称为社会民主党人的人，竟然把我们党的秘密组织——俄国社会民主工党圣彼得堡委员会——的**存在**，把这个委员会发出的**革命的**、秘密的、不合法的传单以及**它**组织的1914年4月4日的示威游行等事实**隐瞒起来**不让工人知道。

高喊同我党"统一"的人，竟然**不转载**资产阶级报纸关于大量散发我党圣彼得堡委员会署名的**秘密**传单的消息!

外国党的同志们从这件事情可以知道，为什么关于地下组织的问题对我们具有这么重要的根本意义。

然而事情还不仅如此。过了一星期，在1914年4月11日，取消派报纸（《北方工人报》第51号）发表了一篇文章，作者在文章中

**偏偏嘲笑**4月4日游行那天的《真理报》登载的那篇关于斗争的“更高级的形式”的文章，作者**嘲笑**说，《真理报》

**“以费解的形式来表达自己的思想”!!**

真叫人难以置信，一直否定和咒骂地下组织的取消派，竟然在合法报纸上**嘲笑**我们的合法报纸想**帮助**地下组织，但又只用了暗示的形式!!

就连我们的报纸**暗示了**一下“更高级的形式”，即我党圣彼得堡委员会组织的革命示威游行，取消派便在自己的报纸上，在同一篇文章中公开称我们为“**冒险家**”，并且是“最没有原则的冒险家”，“**无政府工团主义者**”，“工人的**挑唆者**”!!

我这里有一切文件，有圣彼得堡委员会的传单，有我们的报纸，也有取消派的报纸。有兴趣的同志可以请人把这些文件全部给他们翻译出来。

我要代表我党中央委员会和俄国绝大多数有组织的社会民主党工人声明：**只要有这样的报纸存在，就根本谈不上同这样的取消派集团“统一”、“和解”!!**

同这样的报纸“统一”，我们就**不能**在群众中进行我们的革命工作了。

## 三

我现在来讲报告的第三部分。在探讨了肯定我们路线的俄国群众性工人运动的**经验**以后，我想探讨一下我们的反对者的**经验**。

我们的反对者，无论是取消派，或者是国外小集团，如普列汉诺夫集团，都爱责骂我们是“篡夺者”。他们在1912年3月的《前进报》上又重复了这种责骂。而《前进报》却不让我们答复!! 我们且看看这种关于“篡夺行为”的指责究竟会有什么样的政治意义。

我已经说过，1912年的代表会议是在取消派破坏了旧的中央委员会以后由党的委员会成立的“俄国组织委员会”召开的。我们把秘密党的恢复看做自己的功绩，而且大多数俄国工人都承认这一点。

不过，就暂且假定我们的人数众多的（在国外集团和知识分子集团看来）反对者是正确的。就假定我们犯有“篡夺行为”、“分裂主义”等罪过。在这种情况下，希望我们的反对者**不是用言论，而是用**自己的工作和联合的**经验**来驳倒我们，这不是很自然的吗？

既然我们说的不反对取消派集团就不能建立党这个论断是错误的，那么希望同我们意见相左的集团和组织**用自己的**工作**经验来证明**同取消派是可能统一的，这难道不应该吗？

然而，请看我们的反对者的经验告诉了我们些什么。1912年1月我们的代表会议恢复了秘密党，俄国的大多数组织都派代表出席了这次会议。

1912年3月在《前进报》上联合起来责骂我们的有：

取消派、

崩得、

拉脱维亚人、

波兰人、

“托洛茨基分子”

和“前进派”。

"派别"和"集团"似乎很多吧？它们本来可以轻而易举地用自己的统一给俄国工人作出一个好榜样来！！

但是到了召开取消派的"八月"代表会议的时候就看出来了，原来我们的反对者的步调**无法**一致。

波兰人和普列汉诺夫甚至拒绝参加取消派的"八月"代表会议。

为什么呢？

因为他们甚至在党员资格的理解上都**无法**取得一致的意见！！！

所以，如果现在普列汉诺夫集团或罗莎·卢森堡，或其他任何人硬要自己和别人相信**可以**同取消派联合，我们就回答说：亲爱的同志们，你们自己试一试同取消派在确定党员资格的问题上"联合起来"吧，**不是口头上的联合，而是实际上的联合**。

其次，"前进派"参加了八月代表会议，但是他们又**退出了**会议，并且提出抗议，揭露了这个会议的虚幻性。

现在，在1914年2月，即取消派的"八月代表会议"召开了一年半以后，又举行了拉脱维亚党的代表大会。拉脱维亚人过去一向是拥护"统一"的。拉脱维亚工人**曾经想**和取消派在一起工作，他们不是在口头上这么说，而是用行动、**用经验**证明了这一点。

现在有了一年半的经验，拉脱维亚人虽然**仍旧严守中立**，可是在自己的代表大会上声明退出八月联盟，因为

——拉脱维亚代表大会的决议这样写道：

"调和派的无论如何要同取消派（1912年的八月代表会议）联合的尝试是徒劳无益的，联合派自己也落到了在思想上和政治上依附取消派的地步。"

现在谁愿意再取得"同取消派联合的经验"，可以听便。但是

我们要声明，只要取消派不坚决停止执行他们的取消主义路线，和他们进行任何联合都是不可能的。

最后，无论托洛茨基集团，或者以自己的领袖阿恩为首的高加索人，以及一些取消派分子（如“艾姆-艾尔”），在创办了**独立的**《斗争》杂志以后，实际上都**脱离了**八月联盟。这个杂志同工人没有任何联系，但是昨天的取消派集团的这个杂志用自己本身的存在，用自己对取消派的机会主义所作的批判，用自己脱离取消派的行动**证明了**，用行动、用经验证明了同取消派是不可能统一的。

只有当取消派决心彻底抛弃自己的全部策略并且不再做取消派的时候，才有可能统一。

下面我就来谈谈这种“统一”的明确的正式的条件。

## 四

我们中央委员会提出的使我们党有可能同取消派“统一”的实际的具体的条件如下。

**第一个条件：**

1. 必须最坚决地、毫无保留地确认 1908 年 12 月和 1910 年 1 月关于取消主义的全党决议正是适用于取消主义的。

为了使俄国一切觉悟工人相信这种确认是真正严肃的和彻底的，为了不让任何模棱两可的态度有存在的余地，必须承认，谁要是（特别是在合法报刊上）反对“地下组织”，即反对秘密组织，说它是“死尸”，说它是不存在的，说恢复它是一种反动的空想等等，——总而言之，用任何方法来贬低“地下组织”的作用和意义，谁就应该受到谴责，就不能容许他留在秘密的俄国社会民主工党的队伍里。

必须承认，谁要是(特别是在合法报刊上)反对“鼓吹秘密报刊”，谁就应该受到谴责，就不能容许他留在秘密党的队伍里。只有真诚地竭尽全力协助秘密报刊和秘密传单等工作发展的人，才能成为秘密党的党员。

必须承认，谁要是在当今俄国用任何形式鼓吹“公开的”(即合法的)工人政党，谁要是提出“公开的党”或者为公开的党而“斗争”的口号，谁就应该受到谴责，就不能容许他留在秘密党的队伍里，因为“公开的”工人政党在客观上也就是沙皇君主主义的工人政党。

必须承认，谁要是用任何形式(特别是在合法报刊上)反对革命的群众性罢工(即把经济斗争、政治斗争同革命鼓动工作结合起来的罢工)，反对革命的群众大会和街头的游行示威，谁就应该受到谴责，就不能容许他留在秘密党的队伍里。例如，在合法报刊上谴责工人的“罢工狂热”或者“斗争的更高级的形式”(＝游行示威的合法的别名)，就属于这种不能容许的、攻击领导罢工和游行示威的党所进行的革命工作的行为。

必须承认，上面指出的种种背离社会民主党路线而接受“资产阶级影响”的现象，正是《我们的曙光》杂志和《我们的工人报》的所作所为。

2. 必须承认，谁要是用任何形式(特别是在合法报刊上)宣称民主共和国和没收地主土地的口号对于在群众中进行鼓动工作是不适合的或不大适合的，谁就应该受到谴责，就不能成为秘密党的党员，这些口号是我们党的纲领所通过的，而且是当今俄国特别迫切地需要的，因为在当今俄国，沙皇君主制已经把沙皇形式上承认的宪法变成了对人民的嘲弄。

必须承认，鉴于自由派的报刊在群众中大规模地散布改良主义思想，把政治自由和沙皇君主制加以调和的思想，以及用革命手段推翻沙皇制度是不必要的、有害的和有罪的思想，——有鉴于此，必须进行争取像结社自由这样的立宪改良的鼓动工作，而且要在最广泛的范围内进行，但必须清楚地认识到，工人阶级是仇视自由派改良主义者的宣传的，并且把这一鼓动工作同解释和传播共和国的口号，即群众向沙皇君主制进行革命冲击的口号密切地联系起来。

3. 必须承认，我们党即俄国社会民主工党的任何一部分同**其他的**党结成联盟或同盟，都是绝对不能容许的，都是同党员的称号不相容的。

崩得和取消派**违反波兰**社会民主党的意志，**没有**取得该党的同意，也没有得到俄国社会民主工党代表大会的准许，而同**非**社会民主党的“波兰社会党左派”结成的联盟，就是这种不能容许的联盟。

杜马代表亚格洛，作为这个**非**社会民主党党员，只能是我党杜马党团的支持者，而决不能成为这一党团的成员。

4. 必须承认，在每一个城市和每一个地区应该只有一个统一的社会民主党组织，它要把各民族的工人联合起来，并且用当地无产阶级的各种语言来进行工作。

必须谴责崩得的犹太民族分离主义，他们直到现在还是不顾1906年俄国社会民主工党斯德哥尔摩代表大会的决议和1908年十二月代表会议重申上述决议的决议，拒绝执行社会民主党工人在各地实行各民族团结的原则，即 1898 年以来在高加索经受了光荣考验的原则[204]。

5. 必须承认，已经被俄国社会民主工党第二次（1903 年）代表大会的正式决议否定了的"民族文化自治"的要求，是要按民族划线分裂工人，鼓吹精致的民族主义，这个要求是同党的纲领相抵触的（改头换面的民族文化自治，即所谓"建立保障民族发展自由的机构"也是这样）。

我们党的一切地方的、民族的或专门的组织（其中包括杜马党团）所通过的决议，凡容许民族文化自治原则的，一律撤销；必须承认，没有得到俄国社会民主工党代表大会的准许而恢复这些决议者，是同党员的称号不相容的。

6. 党的一切组织、党的各种文字的一切出版物应该立即号召各派社会民主党工人迅速实现**自下而上的统一**，也就是在各地成立秘密的社会民主党支部、组织和小组，或者，在已经有这些组织的地方就加入这些组织。同时要无条件地反对一切"派别"实行联邦制或权利平等的原则，只承认少数忠诚地服从多数的原则。1913 年以来工人团体给各派报纸捐款次数，应该被合法报刊当做工人运动中各派力量对比最精确的（尽管是近似的）指标。因此党的一切出版物应公布这种数字，并且建议各地社会民主党组织，在俄国社会民主工党的新的代表大会召开以前，在采取各种实际步骤时以这些材料为依据。

在确定党员资格的问题上，必须承认，只有加入秘密的支部、小组或其他组织（无论地方的、工厂的、区的组织或合法团体中的社会民主党小组），只有进行布置会议、讨论党的决议、散发秘密出版物等秘密工作，——**只有**这些才是确定党员资格时必须考虑的。

一切集团和“派别”必须立即发出关于这一点的十分明确的秘密通告。

7. 必须承认，绝对不允许在同一个城市或同一个地方有两种互相竞争的报纸。少数派有权在全党面前，在专门创办的争论性的杂志上，讨论有关纲领、策略以及组织的意见分歧，但是不得在与对方竞争的报纸上发表破坏多数派的行动和决议的言论。

鉴于彼得堡的取消派报纸主要是靠资产阶级而不是靠无产阶级出钱维持的，它的出版违背了圣彼得堡的觉悟的社会民主党工人的十分明显和不可争辩①的多数的意志，它们进行的无视多数人意志的宣传起了极大的破坏作用，因此必须承认，立即停办这一报纸，同时创办一份争论性的杂志是必要的。

8. 1903 年第二次代表大会和 1907 年伦敦代表大会的决议指出，包括社会革命党在内的整个民粹派的性质是资产阶级民主派，必须极其明确地和无保留地肯定这些决议。

必须承认，一部分社会民主党人同社会革命党人（以及任何民粹派）无论是建立联盟或同盟或订立暂时协定去反对另一部分社会民主党人，都是绝对不能容许的。

必须直接地、无保留地谴责彼得堡的取消派，因为他们甚至在自己的“八月代表会议”上也没有宣布社会民主党对社会革命党人

---

① 据取消派在自己的报纸（1914 年 6 月 13 日《我们的工人报》第 34 号）上的统计，圣彼得堡有 72％是真理派，28％是取消派。这个奇怪的数字不是根据工人团体的数目，而是根据工人和资产阶级所捐的卢布的总数得来的，这就是说，1 万个每人捐 10 个戈比的工人，就等于 1 个捐 1 000 个卢布的资产者。事实上，从 1914 年 1 月 1 日到 5 月 13 日，圣彼得堡工人团体给真理派捐款 2 024 次，给取消派捐款 308 次，即分别占 86％和 14％。

采取任何新的方针，在选举保险机关时却一贯同社会革命党人建立联盟和订立协定来反对彼得堡绝大多数的社会民主党工人。

必须承认，著名的取消派分子和维护取消主义的集团中的著名的社会民主党人(普列汉诺夫、托洛茨基等等)同在圣彼得堡《同时代人》杂志上鼓吹"旧的派别界限毕竟消除了"，"无法确定，马克思主义到哪儿为止，民粹主义从哪儿开始"(《同时代人》杂志第7期第76页)的社会革命党人结成撰稿联盟，是不能容许的。

凡不仅仅是为了在资产阶级出版物挣钱而为上述刊物撰稿的写作者，如果愿意做社会民主党的党员，必须退出该杂志撰稿人的行列，并且声明自己退出该杂志。

9. 鉴于某些单独的国外集团，未受俄国国内任何党组织的任何委托，未同任何组织取得任何协议就进行活动，对俄国的工人运动起了极大的瓦解作用，必须承认有必要作出如下规定并付诸实施：一切国外集团，毫无例外地只有通过党中央委员会才能同在俄国国内进行活动的组织发生关系。

凡是不服从俄国社会民主党的工作中心即中央委员会的国外集团，不通过中央委员会就单独同国内发生关系因而起了瓦解作用的国外集团，都不得使用俄国社会民主工党的名称。

应该用国外捐款在国外创办社会民主党的争论性的杂志，以便全面地、不受书报检查地讨论有关纲领、策略、组织等问题。

必须确认和无条件地执行党章(第3条)的规定：只有"经批准的党组织有权出版党的出版物"。

10. 必须承认，中央委员会伦敦会议(1908年1月初)一致通过的决议是全体社会民主党人必须无条件地遵守的，这个决议说：

"在整个目前形势的要求下加强起来的社会民主党在工会运

动中的工作,应该本着伦敦的①和斯图加特的②决议的精神来进行,也就是说,无论如何不能在原则上承认工会的中立即无党派性,恰恰相反,而是要不断努力使工会尽可能紧密地靠近社会民主党。”

必须承认,在工会中进行反对秘密的俄国社会民主工党的鼓动工作,是同党员的称号不相容的。

取消派应保证不号召大家不服从工会理事会,保证忠诚地服从工会中的马克思主义者多数,决不建立分裂的平行的工会。

对待任何工人团体如各种俱乐部等等的工作也应如此。

**所有的**社会民主党人必须加入每个工会、文化教育协会等等组织内部的秘密的社会民主党支部。这些支部必须执行秘密党的决议。

必须承认,全体社会民主党人都有义务为**反对**按照民族特征划分工会。

11. 必须承认,在报纸上反对圣彼得堡工人选出的参加保险机关(全俄保险理事会、首都保险会议等等)的代表团,以及号召大家不服从它的指示等等,——**都是不能容许的**。必须承认,这个工人代表团所批准的保险纲要**是必须遵守的**。

同工人保险代表团的正式机关刊物(《保险问题》杂志)竞争的《工人保险》杂志[205]必须停办。

12. 高加索的社会民主党人应该承认,为已被俄国社会民主工党的纲领否定的民族文化自治进行鼓动工作是不能容许的。

高加索的社会民主党人应保证不破坏每个城市内只有一个统

① 即1907年俄国社会民主工党伦敦代表大会。

② 即1907年斯图加特国际社会党代表大会。

一的跨民族组织的原则，决不能在政治组织或工会组织内以民族划线分裂工人。

13. 国家杜马的 6 名代表（齐赫泽党团）以及布里扬诺夫代表必须承认上述一切条件。

齐赫泽党团应该在杜马讲坛上声明同意俄国社会民主党的纲领，**收回**它所宣扬的“民族文化自治”（以及改头换面的提法：“建立……机构”）。

齐赫泽党团应当承认 1912 年一月代表会议选出的党中央委员会的领导，承认有义务遵守党的一切决议，承认中央委员会的否决权。

---

只有在这些条件下，我们党中央委员会才认为可能实现统一，才愿意开始进行实现统一的运动。我们认为，在出版《我们的曙光》杂志和《我们的工人报》的取消派集团采取**目前**策略的情况下，同这个集团是绝对不可能进行任何谈判和联系的。而其他一切维护取消派的或者鼓吹同取消派统一或妥协的集团、流派、派别和机构，我们认为，从俄国工人运动的政治现实来看，都是一些空架子。

我们声明，用关于可能而且不难同取消派集团统一起来的口头上的保证和诺言来哄骗俄国的工人阶级，就等于对事情大帮倒忙，就等于用空话来冒充现实。

因此我们提出如下的实际建议：

早在一年以前我们党就提出了召开党代表大会的问题。关于这一点，在 1913 年俄国社会民主党中央委员会夏季会议的决议中就宣布过。现在这个召开代表大会的计划很快就要实现了。在最近的将来，在维也纳代表大会一闭幕或者甚至在维也纳代表大会期间，可能就要举行我们党的代表大会。自然，我们要求同志们不要发表和谈论这件事。如果那时遭逮捕的人很多，可能就不举行代表大会而举行代表会议。

因此，**在上面列举的各项条件还没有履行以前**，我们拒绝采取任何迁就取消派集团或取消派集团的维护者的措施，我们建议一切与我们观点相反的认为同原封不动地采取目前策略的目前的取消派集团可能统一、和解或妥协的集团、流派和派别，——我们建议这一切集团利用维也纳代表大会开会的机会，对我们的条件进行一次共同的正式的讨论。

但愿那些鼓吹同取消派和解或妥协的人不限于口头上的鼓吹，而能**用行动**证明同目前的取消派有可能统一。

如果我们能够把一切维护取消派的集团同取消派集团磋商的结果在我们党的代表大会或者代表会议上报告给俄国五分之四的工人的代表们听，我们会感到非常高兴的。

14. 最后我必须再谈一件事，虽然这会使人感到很不愉快，但在就俄国社会民主党的统一问题开诚布公地交换意见的时候，这是不能避而不谈的。

是这么一回事。

我们的对手取消派在自己的报纸上对我们党的某些党员进行激烈的人身攻击，他们或者是在群众面前公开给他们加上一大堆卑鄙无耻的刑事犯罪的罪名，或者是在自己的报纸上散布关于这类罪行的“传闻”。我们党的报纸回答了这些攻击，并以我们党中央委员会的名义直截了当地、明确地把取消派，特别是把他们的两个首领唐恩和马尔托夫叫做诽谤者。

不难想象，取消派的这种“攻击”在群众中起了多么严重的瓦解组织和瓦解斗志的作用，我们的原则过去是将来也永远是：“针锋相对”。让我们简单地举四个例子：

(1)1911 年尔·马尔托夫在巴黎发表了小册子《拯救者还是毁灭者?》，这本小册子主要是给列宁加上可耻的刑事犯罪的罪名。马尔托夫把这本小册子的德译本送给了考茨基，后者当时是俄国社会民主党某个有争议问题的仲裁人。考茨基在给卢那察尔斯基(“前进”集团)的信中说马尔托夫的这本小册子是一本“令人反感的”书，这个评语曾经被普列汉诺夫公布在俄国社会民主党的报刊上。最近取消派的报纸开始用暗示的方式一点一点地把这本小册子的内容散布到俄国的公众中去。

(2)从 1913 年到现在，取消派的报纸一直公开指责我们党的党员、保险机关的工作人员丹斯基不忠实。指责的理由是，丹斯基在业主的即企业家的组织里供职，为资产阶级服务。我们党通过一些机关(《真理报》和《启蒙》杂志的编辑部、国家杜马中的俄国社会民主党工人党团和某些工会等等)审查了这些指责，确认丹斯基已经逐渐由为企业主服务转到为工人运动服务了。他起初是《真理报》的匿名的撰稿人。在丹斯基最终加入我们党时，我们曾提出要他执行我们党的决议，完全脱离企业主的组织。丹斯基履行了这一点，辞去了上述职务。我代表中央委员会重申，我们党认为他是个忠实的同志，不允许任何人恣意毁坏他的名誉。我们的报纸指责取消派对丹斯基的诬蔑，并且指出取消派在这方面是特别不老实的，因为马尔托夫本人就经常用其他的笔名(在这里我把事实完全宣布出来：《基辅思想报》上的**叶戈罗夫**)在资产阶级报纸上写东西，取消派报纸的经常撰稿人当中在企业主联合会供职过的有

**叶若夫**，过去或现在还在供职的有**叶尔曼斯基**。

(3)杜马代表马林诺夫斯基没有说明原因突然从杜马弃职出走。我们的工人们召开了地方和中央的领导机关的会议，决定开除马林诺夫斯基出党，因为他瓦解了组织，临阵脱逃，未加说明也未事先经过领导机构讨论就离开了战斗的岗位。当时取消派的报纸散布不指名的传闻，暗示马林诺夫斯基是奸细，并且要求各派联合调查这种传闻。我们中央委员会声明，可以为马林诺夫斯基担保，经过调查之后，证实这种传闻是唐恩和马尔托夫的无耻诬蔑。中央委员会不参加任何有取消派参加的联合委员会，它继莫斯科的 10 个工会组织的代表之后，指责了进行诬蔑的人们，指责他们竟敢在报刊上不指名地散布有人充当奸细的“**传闻**”，而不是通过组织手续把这种传闻报告我们的中央委员会，**或是他们的**中央委员会(“组织委员会”)、崩得以及某些信任取消派的集团，由**领导机构**和负责机关来查清这种传闻。布尔采夫声明他不相信这种传闻。我们中央委员会的调查委员会声明要公布关于这种传闻的散布者的材料。我要补充的只是，这些散布者就是**取消派分子**。

(4)最近几天取消派的报纸发表了曾任第二届杜马代表的阿列克辛斯基的一封公开信，信中指责我们党的一位服过苦役的党员安东诺夫同志有变节行为。然而无论是同安东诺夫同志一起服过苦役的同志组成的专门委员会，或者是 1907 — 1908 年党中央委员会在芬兰通过的决议，都确认安东诺夫同志的行为是无可非议的，而孟什维克(即现在的取消派)和所有的“民族组织”当时也都参加了中央委员会。我们报刊的回答等于再次指责唐恩和马尔托夫在散布诽谤言论。

我必须按照中央委员会的委托，在社会党国际局执行委员会面前就这个问题提出实际建议。我们认为取消派的手法是一批被开除出党的人所采取的一种特殊的政治斗争手法。因此我们不指望通过道德说教使他们“改过自新”。但是，当包庇取消派的机构（如“组织委员会”、崩得以及托洛茨基）和众多的国外集团（包括普列汉诺夫）对我们谈论同这些取消派分子**“统一”**的时候，我们要在社会党国际局执行委员会面前向他们提出如下的建议：

他们应该开诚布公地、直截了当地声明，他们究竟同意不同意取消派在上面指出的 4 点（我们相信，除了这 4 点，取消派还可以补充 44 点）上所进行的“攻击”。

如果他们不同意，就让俄国的工人们知道这一点。

如果他们同意，**所有**建议我们同取消派“统一”或妥协的集团就应该选出一个联合委员会，草拟一份讲明理由、有事实依据、公开指控我们党的某些党员有不忠实行为的文件。我们将把这个文件提交我们党的代表大会，我们将建议一切维护取消派的集团组成的委员会的代表出席我们的代表大会，并且提出自己的证据。

我们认为我们有义务作如下的声明：如果做不到这一点，那么，目前在我们党的队伍内已经有所表现的、认为所有主张同取消派“统一”的集团都在**暗中**支持诽谤者的看法，就会在我们党内固定下来。

我们将代表俄国大多数觉悟的工人保护我们党的组织，使之免遭破坏，除了我们已经采用的和上面指出的保护办法，我们看不到有其他办法（如果不把我们一有可能就要诉诸资产阶级法庭这一办法算在内）。

我已经把俄国社会民主工党中央委员会委托我作的报告作完了。我想把报告归纳为两个简短的论点：

表面的情况是这样的。我们党，在1912年一月代表会议上不顾取消派集团的反对而恢复了的党，已经把取消派分子开除出党。**在此以后**，在经过了两年半的运动以后，俄国绝大多数的觉悟工人赞同了我们党的路线。因此我们有充分理由比过去更加坚定地相信我们的路线是正确的，**我们是不会放弃这条路线的**。如果取消派分子和维护他们的集团想要我们撤销关于开除取消派分子出党的决议，我们中央委员会愿意在我们党的代表大会上提出相应的建议，但**只有**在我上面列举的条件得到履行的情况下才会替这种建议说话。

实际的情况，即问题的实质是这样的。俄国正经历着资产阶级革命的时代，不坚定的知识分子集团有时喜欢把自己当做社会民主党人，或者支持我们党与之斗争了20年的社会民主党内的机会主义派别(1895—1902年的"经济主义"、1903—1908年的"孟什维主义"和1908—1914年的"取消主义")。取消派的八月(1912年)联盟以及这一联盟瓦解的经验证明，取消派和他们的维护者自己根本没有能力建立任何政党、任何组织。只有在反对这些集团的斗争中，俄国的真正工人的社会民主党才会形成起来，才有可能形成起来；尽管存在着极大的困难，这样的党现在已经联合了十分之八的(只算社会民主党人中间的)或十分之七的(社会民主党人和社会革命党人都计算在内)觉悟工人。

# 附　　录

# 指　　示

## 一　个人的意见

关于跟着真理派走的，确切些说就是真理派的俄国工人是占多数还是少数的材料同“统一”有什么关系的问题，应该指出：

1. 如果某个党或某个集团明确地提出我们党原则上不能同意的纲领或策略，那么关于多数的问题当然就没有意义了。例如，假定说，跟我们的纲领和策略都不相同的社会革命党(左派民粹派)把俄国大多数工人争取到他们那方面去了，这丝毫不会使我们放弃自己的路线。对于那些直截了当地否定当今俄国的“地下组织”(＝秘密党)的人，也是如此。

但是，社会民主党的某些集团和一部分取消派分子硬说他们同我们并没有不可调和的原则性的分歧。如果这些集团和这些人拒绝服从多数，我们就不得不向他们指出他们的不彻底性。

2. 使我们相信我们的策略路线和组织路线的正确性的，首先是我们多年来对俄国工人的社会民主主义运动的了解和参加这一运动的经验，以及我们的理论上的即马克思主义的信念。但是，我们坚持如下的看法：**群众性的**工人运动的实践的重要性决不次于理论，而且只有这种实践才能对我们的原则作出真正的**检验**。“我的朋友，理论是灰色的，而生活之树是常青的。”（浮士德）。因此，在同取消派及其同盟者进行了两年半的斗争以后，五分之四的觉悟工人表示赞成“真理派”，这一事实使我们更加相信我们的路线是正确的，使这种信念不可动摇。

3. 在我们俄国差不多每一个集团或“派别”（按照旧的称呼）都指责别的集团或“派别”，说它们**不是**工人的，而是资产阶级知识分子的。我们认为这种指责，或者确切些说，这种考虑，这种指出某一集团的社会作用的做法，**从原则上讲是极端重要的**。正因为我们认为这是极端重要的，所以我们认为有责任做到：**我们**指出其他集团的社会作用，不是凭空说的，而是用**客观**事实来证实的。这是因为客观事实不容置疑地、无可反驳地证明，在俄国**只有**真理派是**工人的**派别，而取消派和社会革命党**实际上**是资产阶级知识分子的派别。

## 二　个人的意见

如果有人（不管是社会党国际局的人还是我们的对手）企图“撇开”或者**贬低**证明我们占多数的那些材料，即客观材料，我们一定要请求发言，用整个代表团的名义正式提出内容如下的正式抗议：

我们坚决反对这种言论（或企图、借口等等），说我们的关于俄国绝大多数觉悟工人跟谁走的客观材料未经执行委员会查核（或与统一问题无关），不应提交执行委员会审议。我们认为恰恰相反，整个国际无疑感兴趣的，社会党国际局在它的决议（1913 年 12 月的决议）中明确表达出来的意向，就是取得最完整的、精确的、以文件为根据的关于俄国工人运动实际情况的材料。

我们认为，我们的对手是知道社会党国际局的十二月决定的，但是他们没有履行自己的义务，至今还没有单独地收集有关俄国工人运动的客观材料。

我们声明，在王德威尔得同志对俄国成功的访问之后，有一点是无可怀疑的：社会党国际局执行委员会能够通过王德威尔得同志完全合法地写公开信给俄国各家工人报纸（或愿意成为工人报纸）的编辑部和俄国各种合法的工人团体的一切理事，以便直接收集有关俄国的觉悟工人分成真理派、取消派、社会革命党人（左派民粹派）以及其他派别的材料。

没有这些客观材料，个别"集团"的代表的主观主义声明是绝对没有任何价值的。

## 三　不纳入报告

从取消派在拉脱维亚代表大会上的某些零零星星的言论和报刊上的某些暗示来看，他们搞"联合"骗局的计划之一，就是召开"共同的代表大会"的方案。

这个显然旨在笼络轻信的外国人的方案大约是这样的：或者是成立一个负责召开共同的代表大会的"联邦制的"组织委员会，或者是由我们党中央委员会"增补"某些取消派组织的代表，来负责召开共同的代表大会。

不管这个计划采用什么形式，都是我们绝对不能接受的，如果在布鲁塞尔"代表会议"上这个计划以某种形式出笼，中央委员会代表团就应该声明：

在取消派集团还没有履行我们提出的条件以前，我们决不能为召开共同的代表大会，或为实现联邦制，或为最低程度的接近采取任何措施。因为只要它们**没有**履行这些条件，我们就不能对被开除出党的而且每天还在自己的报纸上继续进行瓦解组织的活动的取消派集团表示**丝毫**信任。

我们如果信任这一集团，就等于**鼓励**它继续进行这种瓦解活动。而我们根据我们的一些代表大会、一些会议和中央委员会的决议，要求取消派**停止**这种活动，这是“和解”的必要条件。

形式上没有被开除出党的一些集团和组织（如崩得或高加索区域局或“六人团”等等）包庇取消派，绝对改变不了局面。从俄国的工作来看，本质的和现实的情况**只有**一个，就是：存在着这个取消派集团和它的号召大家破坏多数人意志的报纸。

如果崩得、齐赫泽的“六人团”等等，或高加索区域委员会，或托洛茨基，或组织委员会，或其他任何人愿意同我们接近，他们首先就应该**努力**使取消派集团接受我们的条件，或者坚决地谴责取消派集团并同它决裂。否则我们就根本谈不上采取**任何**对取消派集团表示信任的措施。

真正愿意俄国社会民主党统一的人，就应该不抱幻想，不被主观的保证和诺言等等打动。通向统一的道路有一条，而且只有一条，就是迫使脱离秘密党、瓦解秘密党、破坏多数人的工作和意志的少数人同自己的所作所为一刀两断，并且**用行动证明**自己愿意尊重多数人的意志。

对取消派集团**目前的**行为给予任何直接或间接的鼓励，或者使取消派集团产生希望，认为**在**它停止自己目前的活动和**真正**服从多数派的意志**以前**有可能同它实行“联邦制”或实行“和解”，或召开

"共同的代表大会",或"互相接近",都不会有什么结果。已经联合了4/5觉悟工人的俄国社会民主工党是**不允许**别人破坏它的意志的。

要自己和别人"确信"取消派并不那么坏的集团和机构(崩得、组织委员会、高加索区域委员会)应该了解,我们需要的不是言论,而是行动。如果他们信任取消派,**他们**就应该同取消派一起召开**自己的**代表大会,向代表大会提出**我们的**条件,努力使取消派作出满意的答复并且实际履行这些条件。我们要看结果,我们要等待**行动**,诺言我们是不相信的。

在取消派实际履行了我们的条件以后,而且只有在这以后,才有可能召开共同的代表大会和采取召开这种会议的措施。

外国的社会党人同志们有时会犯非常严重的错误,他们想帮助实现统一,但是同时又使取消派产生一种希望,就是取消派**不**彻底地根本改变他们的行为,**不**服从多数人的意志,我们也会同他们一起工作。不是帮助实现统一,而是帮助分裂分子,——这就是这种策略在客观上造成的后果。

我们的条件就是我们关于统一的协定草案,在取消派签署这个协定以前,在他们实际履行这个协定以前,根本谈不上采取任何导致接近的措施。

## 四

关于1914年4月4日游行示威的问题①。(1)我从彼得堡(以波波夫的名义)还订了《坚定思想报》(社会革命党)第18号和

① 见本卷第392—396页。——编者注

1914 年 4 月 4—5 日的资产阶级报纸。如果这些报纸寄到你处，应该补充到报告的文件中去。

我们**不能**肯定地说取消派从来没有散发过传单。**1913** 年他们散发过一份五月传单（在维也纳印的），**据彼得堡人说**，1914 年他们没有散发过。也有人说，散发过一份关于罢工的传单。

然而 1914 年 4 月 4 日是破坏秘密工作的典型事件之一。

———

如果普列汉诺夫或鲁巴诺维奇希望申辩，我们是否投票**赞成**他们出席？我想应该这样回答："我们本应该投票**反对**的，因为鲁巴诺维奇不是社会民主党人，而普列汉诺夫**也不代表俄国的任何组织**。**但是**，因为在我们的报告中有直接抨击普列汉诺夫集团和鲁巴诺维奇派的地方，所以我们不打算投反对票，而是**弃权**。"

———

给少数派保证吗？人们会问我们。

"不，我们既不同意跟被开除出党的取消派集团，也不同意就这个集团有关的问题讨论给它以任何保证。我们本身却要求取消派及其朋友们提出保证。"

———

注意：我们的条件的总的精神就是，反对抛弃**老的一套**，反对**转向新的政党**。我们不同意！请比较一下阿克雪里罗得的关于"党的改革**或者确切些说关于党的革命**"[①]的言论。

注意 ||| 如果谁抱怨分裂而又这样写，那是很可笑的!!!

———

① 见本版全集第 21 卷第 465—477 页。——编者注

不包括某些民族团体的"**俄国**社会民主工党"是不是合法？

是合法的，因为它是**俄国的**党，从1898年到1903年就没有包括波兰人和拉脱维亚人，从1903年到1906年就没有包括波兰人、拉脱维亚人和崩得！！

我们并没有排斥某些民族团体，是他们自己由于取消派问题而退出了。这对他们更糟糕！！

———

要**尽力**争取公布代表会议的记录，如果遭到拒绝，就提出**书面**抗议（如果根本拒绝，就要求公布我们的决议案——**反正我们是要公布的**——和**反决议案**（同时，执行委员会可以删除涉及"个人"的内容））。

———

我们的目的只有一个：迫使取消派＋崩得＋波兰社会党＋普列汉诺夫**提出**反决议案和反建议案。而我们**答应**把**亲爱的**同志们的"反建议案"提交我们的代表大会，**什么也不要**同意就退出会场。

———

最重要的是（最好是在答复中）着重指出，我们的"条件"**基本上早就由工人们公布了**。我就给波波夫寄去有关的几号《真理报》。

———

从我们的观点看来，布鲁塞尔代表会议最好采取怎样的工作程序呢？

首先由**所有的**组织和集团作报告，——这一项要用相当多的时间。然后进行简短的评论，在此以后由**所有的**组织和集团**提出具体的**建议。

在所有参加代表会议的人提出自己的具体建议时，让每一个人表态，他认为**根据这些**建议是否有可能为相互接近或者为举行关于相互接近的会谈采取进一步的措施，如果他认为不可能，那就把**一切**建议转交自己的组织。

很明显，我们这方面**无论如何不能接受**取消派、崩得、罗莎和普列汉诺夫（以及考茨基和王德威尔得）的建议，而是把他们的建议转交我们的代表大会或代表会议。

我们的任务仅仅是——比较清楚地说明我们的条件，**记下**“他们的”条件，然后退出会场。

有人会问我们，我们的条件是不是最后通牒式的？不是。我们要看看他们向我们提出哪些反建议，然后我们再答复：在这个基础上我们能不能继续进行会谈（等**所有人**都讲完，要求**所有人**在**所有**问题上提出反建议，然后离开会场。这就是我们的计划！）。

是不是要把波兰问题和俄国问题分开呢？我以为我们应该反对分开。我们要同我们的波兰人商量。

很明显，有人会千方百计地攻击我们提出了“吓人的”要求。我们应该平心静气地引证我们的一些代表会议和工作会议的决议以及彼得堡人、莫斯科人、高加索人等等的关于统一的决议。决议汇编我就寄去。我们要**总结**我们各组织的意见。如果谁也不愿意考虑这些意见，——也只好听便。我们也无能为力。

从取消派报纸的言论来看，王德威尔得在彼得堡进行了试探：我们是否同意执行委员会**不是**当**调停者**而是当**仲裁人**，即关于我们的意见分歧的**终审**“法官”？

答复是这样的：1905 年倍倍尔曾提出过这种建议[206]，我们的代表大会拒绝了，除表示谢意外，还声明，我们是自主的党，我认为，我们的代表大会现在也会这样答复（至少中央委员会的看法是这样)。

关于"诽谤"的问题"他们"或许会建议**大家都撤回一切谴责**。应该要求付诸表决!**我们反对**。我们将把他们的建议提交我们的代表大会。(如果他们提出并通过上述建议,他们就会陷入十分难堪的处境。)[[我们不会把散播诽谤言论的人的罪行同称诽谤者为诽谤者的人的行为等同看待的。]]

总之,毫无疑问,"他们"大家都会寻找"中间的"、"调和的"提法。我们要指出,1910 年 1 月就有人曾经同我们作过这种尝试,1912 年 8 月也有人同拉脱维亚人作过这种尝试,我们**决不再重复了**。就让代表会议分成两个明显的阵营吧:一边认为有可能同**目前的**取消派接近,另一边则认为如果取消派不**彻底改变策略和行为**,就不同他们接近。

应该**比较仔细地记下**"调和的"提法(这是主要的),然后稍加批评,就——·——一概拒绝。

载于 1929 年《列宁全集》俄文第 2、3 版第 17 卷

译自《列宁全集》俄文第 5 版第 25 卷第 361—405 页

# 工人对在国家杜马中成立俄国社会民主党工人党团的反应[207]

(1914 年 3—6 月)

不言而喻,由于在国家杜马中成立了独立的俄国社会民主党工人党团,同取消派的**公开**斗争必然变得特别激烈、特别突出。党的取消派(以及公开地和隐蔽地维护他们的人)借此叫嚷实行"统一",因为很难找到比这更方便、更体面的借口了。按照庸人们对问题的提法,好像问题全在于杜马中愿意用社会民主党名称的党团是一个还是两个;至于这个或者那个党团执行的是谁的意志,谁在贯彻多数有觉悟和有组织的工人的决议,什么是"地下组织",庸人们却没有能力加以分析,甚至不敢去分析。

因此,如果取消派在某一点上能博得根本鄙弃"党"的庸人和市侩的同情的话,那就是社会民主党杜马党团的所谓"分裂"。喜欢自命为社会民主党人的市侩们的哀号,从来没这样声嘶力竭,这样悲戚凄惨。由于全部事件都是公开的,工人和公众很容易对此事作出评价,而《真理报》和取消派的报纸也不约而同地号召觉悟的无产阶级表明自己的看法。

两家报纸都开始大量刊登来自工人的书信、声明和决议。

自从独立的俄国社会民主党工人党团成立(1913 年 10 月底)以来,已经过去好几个月了。两家报纸上发表拥护"六人团"(俄国社会民主党工人党团)和拥护"七人团"(取消派)的决议这一运动已经结束。

人们会问,运动的结果如何呢?

关于这一点,我们首先要引用尔·马尔托夫先生在《我们的曙光》杂志第 10—11 期合刊上发表的下列言论:

> 尔·马尔托夫先生写道:"无产阶级怎样对待他们习惯于看成一个整体的杜马党团的分裂呢? 根据目前报刊上的材料很难〈!??〉作出判断。约有一万多工人在《新工人报》和《拥护真理报》上分别就这个问题发表了意见。在这个数目中,**有一半多一些**〈黑体是我们用的〉赞成'六人团'的活动。但是这种优势被下面的事实缩小〈请听!〉了:表示反对分裂,因此也就是拥护社会民主党党团中的多数的,有许多党的集体单位,其中有些是联合了相当多的工人的集体单位。"(1913 年《我们的曙光》杂志第 10—11 期合刊第 97 页)

请看,这就是马尔托夫先生的全部论断,这是第一千次让我们清楚地看到他如何用地道的布勒宁手法[208]歪曲事实真相! "一半多些"!! 还有更模棱两可的说法吗? 51 和 99 都是 100 的"一半多些"。

许多党的集体单位怎么会"缩小"上述优势呢? 首先,这里没有具体数字;任何一个人都可以对"许多"这个字眼作随心所欲的理解;这个措辞似乎是马尔托夫先生为了**掩盖**真相而有意用的。其次,——**而且是主要的**——如果许多所谓党的集体单位拥有**小**部分工人,那么这种集体单位显然是**虚构的**。只有完全不熟悉情况或者是马虎大意的读者才会相信尔·马尔托夫先生的话,仿佛可能有一种集体单位**既不是虚构的**,又**不能**在报纸上**汇集**它所代表的**全体**工人对重大而迫切的问题所表示的**全部意见**。

尔·马尔托夫先生弄巧成拙了。他不仅承认了**多数**工人斥责社会民主党党团中的**取消派**即"七人团",而且也承认了取消派先生们用来炫耀的是些**没有**工人拥护的、**虚构的**集体单位。

马尔托夫先生承认了失败，可是又搬出虚构的“集体单位”，妄图用布勒宁的方式来掩盖失败的惨重**程度**，全部问题的关键就在这里。说明这种惨重程度的**准确数字已经**公布了，并且在1913年12月1日（14日）的社会党国际局的会议上告诉了马尔托夫的朋友们！为什么取消派在报刊上**没有一次，没有一个字**谈到过这些数字呢？难道不是心中有鬼吗？

这些数字总结了1913年11月20日以前的情况。这里统计的只是表了态的工人的**签名**，也就是最准确的、**从未**有人提出过异议的材料。总结表明：4 850人签名拥护“六人团”，只有2 539人签名（其中1 086个是崩得分子，636个是高加索人）拥护取消派，即拥护“七人团”。

现在请想一想，该怎样评论这位作家的手法！他企图使公众相信，似乎反对取消主义的人们的优势已被“许多”（虚构的）集体单位“缩小”；而这些集体单位**合在一起**在整个俄国只能收集到表态的工人签名总数的1/3！

现将在**整个**运动期间（这个运动已在一月初结束）刊登在两家报纸上的态度明确的决议中的**签名**数字列举如下：

| | 已经刊登出来的决议和声明中的签名数字 | | |
|---|---|---|---|
| | 拥护“六人团”（拥护党） | 拥护“七人团”（拥护取消派） | 共　计 |
| 圣彼得堡 | 5 003 | 621 | 5 624 |
| 俄国其他地方 | 1 511 | 559 | 2 070 |
| 高加索 | 208 | 719 | 927 |
| 崩得 | — | 1 086 | 1 086 |
| **共　计** | 6 722 | 2 985 | 9 707 |

取消派不顾廉耻，重复毫无根据和经不起检验的虚伪论断，竭力蛊惑阅读他们著作的读者，因此，无论我们怎样强调上述数字的意义都不为过分。这些数字是从两种互相竞争的报纸上引来的，任何一个识字的人都可以对我们的计算进行核对，可以不看我们的计算，自己进行计算。

总之，这些数字提供了一幅极有教育意义的关于俄国马克思主义者的党派情况的画面。俄国没有一个政党，的的确确没有一个政党，能够在整个反革命时期，特别是在 1913 年，就党内生活最重大的问题向**全体党员**如此**公开地和大规模地征求意见**。俄国没有一个合法的政党，没有一个财力雄厚的和拥有无数知识分子及各种机关报刊的自由派和民主派的政党，能够提供工人阶级政党所提供的材料，而这个被赶入地下的贫穷的无产者的政党，这个靠无产者的零星戈比维持着自己的小小报纸的政党却提供了这种材料。

工人政党给俄国**所有的**政党提供了应当**怎样**吸引普通党员**群众**对有争论的问题进行公开的全面的讨论的榜样。一切党派的、各种年龄的和形形色色的自由派分子和庸夫俗子们都喜欢为社会民主党的“分裂”痛哭不已。这些好心肠的先生不明白，不进行斗争就不能执行多数人的意志；而不执行多数人的意志，就谈不上什么党性，甚至根本谈不上有组织的政治行动。

当杜马中 13 个代表**违反**俄国**多数**有组织、有觉悟的马克思主义工人的意志时，蠢人们把这种“秩序”叫做“统一”；当杜马中的 6 个代表**根据**这个马克思主义工人多数的意志并**为了**执行他们的意志而组织了独立的杜马党团时，他们却责骂这种现象是“分裂”。

这些蠢人难道不可笑吗？难道他们不是理应受到蔑视吗？

除了想欺骗工人的人们，现在谁都应当明白，13 个代表的所谓“统一”（取消派和调和派正在喋喋不休地谈着这种统一）是对党的意志的**破坏**，是对多数工人的意志的**嘲弄**。

反过来，我们从另一方面来研究研究问题。只要不是疯子就不会怀疑：1913 年夏天举行过马克思主义者的会议（会议是很**不**公开的），那次会议上通过的已为党的领导机关所批准的决议已经成为党的意志和党的决议。这个决议要求“六人团”独立行动。[①]取消派和调和派先生们，你们责骂这次会议吗？你们称这次会议是小圈子，是拼凑的一伙，是什么空架子等等吗？好得很！你们的谩骂只是表现了你们的软弱无力，因为不容争辩的客观事实是：根据这个“小圈子”的决议，俄国⅔觉悟的工人团结得像一个人，一致**拥护**这次会议，**拥护**执行这次会议的意志。

空谈“统一”的先生们，这才叫做**党**，而你们所说的“统一”，实际上是**允许**取消派**破坏**党的意志。

应当注意到，既然有两家互相竞争的日报，就根本谈不到有人会妨碍任何愿意表态的觉悟工人来表明态度。结果却是拥护取消派的少于⅓，而且在取消派所得的选票总数中，来自崩得和高加索的占了一大半。在我们所引用的**签名**统计材料里，拉脱维亚的工人却几乎没有包括在内（他们有 98 人签名拥护六人团，70 人签名拥护取消派，而在参与表决这个问题、但没有签名的拉脱维亚工人中，有 863 名拥护“六人团”，347 名拥护取消派），800 多名波兰社会民主党工人在表决时拥护“六人团”，但没有签名，因而完全没有包括在内（将近 400 名拥护取消派的“社会党左派”情况与此相同）。

---

① 见本版全集第 24 卷第 58—59 页。——编者注

# 两个党团第一季度的工作经验说明了什么？

我们还不能在这里详细地谈论这个工作的**政治内容**。在杜马讲坛上提出**多数**工人的质问和要求，表达**多数**工人的观点和意志，从这个角度来看一下目前六人团的工作**取得了**多么大的**成就**，这是一个令人最感兴趣的问题，可惜，这个问题我们只能留在下一次来谈。我们只想用一两句话指出，国家杜马**六人团**的代表巴达耶夫和马林诺夫斯基1914年3月4日在国家杜马发表的演说中，**第一次**给了出版自由问题一种**非**自由派的提法，一种名副其实的无产阶级的提法，而取消派在著作界，在自己的出版物上，在自己“七人团”的杜马演说中，纯粹是按照自由派的方式把这个问题弄得混乱不堪，就在不久以前的3月13日《北方工人报》第2版上还可以读到这样一种议论，似乎“鼓吹秘密报刊只能削弱工人争取自己的合法报刊的斗争”。为了同这种可耻的、叛徒式的言论和意见进行斗争，在国家杜马中成立一个独立的俄国社会民主党工人党团在**原则上**是何等的必要，这在本书的正文中已多次谈到过，我们还要不止一次地谈到它。

现在我们只给自己提出一个比较简单的任务，就是让读者注意国家杜马中的俄国社会民主党工人党团一下子变得与取消派七人团**不同**的“外部”证据(如果可以这样说的话)。

每一个党团都在自己的报纸上刊登自己的司库关于该党团经手款项的财务报表。这些款项是用来救济被迫害者，用来帮助各工厂和各工业部门的罢工工人，用来满足工人运动其他各种需要的，它向我们展示了**工人生活**的许多方面，它以准确的、无可争辩的、客观的数字清楚地表明，国家杜马中的这个或那个党团同工人运动的**联系**究竟如何。

两家报纸和两个党团公布的具有上述性质的最后一次报表，包括的时间**到** 1914 年 1 月 21 日**为止**。这就是说，仅仅是两个党团单独存在以来**三个**月（自 10 月底到 1 月底）的报表。下面就是两个党团在这一个季度的报表的综合统计：

由两个党团经手的捐款：

| | 捐款总数 | | 其中包括： | | | | 工人团体数目 |
|---|---|---|---|---|---|---|---|
| | | | 非工人捐款 | | 工人捐款 | | |
| | 卢布 | 戈比 | 卢布 | 戈比 | 卢布 | 戈比 | |
| (1)俄国社会民主党工人党团经手 ········ | 6 173 | — | 71 | 31 | 6 101 | 69 | 719 |
| (2)社会民主党党团经手 ·················· | 2 212 | 78 | 765 | 80 | 1 446 | 98 | 94① |

① 正文中这些材料只统计到 1914 年 1 月 21 日为止（从成立俄国社会民主党工人党团时起，即从 1913 年 10 月底起）。

我们认为有责任在这里引用由维·亚·吉·同志统计的比较完整的材料，这些材料包括从俄国社会民主党工人党团成立到 1914 年 6 月止的整个时期。

从 1913 年 10 月起到 1914 年 6 月 6 日止，根据马克思主义者和取消派报纸的报表，由各杜马党团经手的（用来救济被迫害者等等的）捐款数目如下：

| | 共　计 | | 其中包括： | | | | 工人团体数目 |
|---|---|---|---|---|---|---|---|
| | | | 非工人捐款 | | 工人捐款 | | |
| | 卢布 | 戈比 | 卢布 | 戈比 | 卢布 | 戈比 | |
| 俄国社会民主党工人党团经手 ········ | 12 891 | 24 | 828 | 63 | 12 062 | 61 | 1 295 |
| 社会民主党党团经手 ·················· | 6 114 | 87 | 2 828 | 04 | 3 286 | 83 | 215 |

这些枯燥的数字提供了一幅两个党团的**组织**联系和全部生活的非常鲜明的画面。在这个季度里，向取消派党团捐款的工人团体的数目比向护党派党团捐款的差不多少了$\frac{7}{8}$。

可是取消派党团获得的**非**工人捐款①总数却多了**9倍**：765卢布比71卢布。护党派党团获得的**非**工人捐款①仅占全部捐款的**1%**（6 173卢布中有71卢布）。而在取消派方面则占全部捐款的**34%**（2 213卢布中有765卢布）。

这些数字使远离杜马党团生活的广大公众有可能正确地衡量并仔细地思索那些接近杜马党团生活的人从千万种日常生活"小事"里清楚知道的事实，这就是：

——取消派的党团（七人团）是非工人的党团；

——取消派党团与**非**工人的联系要比俄国社会民主党工人党团大约多30倍。

这些事实各方面的人都早已指出过。自由派的报纸《言语报》正确地称取消派党团为"知识分子"的党团，一切自由派的报刊也都多次确认了这一点。普列汉诺夫早已指出，取消派除收罗了波特列索夫先生以外，还收罗了不少小资产阶级机会主义分子。《真理之路报》也曾反复地指出，取消派中间有许多自由派**报纸**的撰稿人，而在自由派中间也有许多取消派**报纸**的撰稿人（如恩济斯、叶戈罗夫、斯季·诺维奇、叶·斯米尔诺夫、安季德·奥托、涅韦多姆斯基、李沃夫-罗加乔夫斯基、切列万宁以及其他许多人）。

---

俄国社会民主党工人党团获得的非工人捐款占总数的6%，而取消派（即"社会民主党"）党团则占总数的46%。给俄国社会民主党工人党团捐款的工人团体的数目占总数的85.7%（1 510个当中有1 295个），给"社会民主党"党团捐款的只占总数的14.3%。

① 这里指的是个人的、国外的以及学生的捐款。

就取消派实际的社会作用来说，它不过是自由派资产阶级政党的一个支部，它的存在是为了在无产者中间传播自由派工人政策的思想，是为了**破坏**俄国多数有组织、有觉悟的工人的意志。

载于1914年7月圣彼得堡波涛出版社出版的《马克思主义和取消主义》文集第2册

译自《列宁全集》俄文第5版第25卷第406—413页

# 首先要有明确性!

（谈谈统一问题）

（1914年7月2日〔15日〕）

## 1. 持两种意见的人

能不能同显然不善于用严肃态度对待严肃问题的人进行严肃的谈话呢？难哪，同志们，很难！然而某些人不善于用严肃态度谈论的问题本身却是一个非常严肃的问题，所以也不妨分析一下对这种问题的显然不严肃的回答。

严肃的问题就是关于俄国工人运动的统一问题。不善于用严肃态度对待这个问题的人，就是《统一报》的撰稿人。

请先看第一个例子。《统一报》第4号刊登了同齐赫泽代表的谈话。《统一报》编辑部希望这次谈话将"有利于俄国工人阶级的团结"。好极了。但是我们要看看，齐赫泽对俄国工人关心的组织问题和策略问题究竟说了些什么。

齐赫泽这样说："我本人完全同意阿恩同志最近在刊物上阐述的策略观点和组织观点。"

阿恩同志最近在刊物上阐述了什么观点呢？

例如，关于光线派即取消派的观点他说了一些什么呢？

阿恩这位著名的孟什维克、"真理派"的反对者"最近在刊物上"阐述了如下的观点:"取消派执行改良的方针";他们对地下组织、罢工、"不折不扣的口号"等等的看法,是同他们的整个改良主义密切联系着的;如果工人听从他们的建议,外省的工人就必然会放弃罢工,等等。

阿恩的这种观点表明他开始从取消派的俘虏的地位解放出来了,对这种开端我们曾表示欢迎。

现在齐赫泽声明他"完全"同意阿恩的观点。说得真好听。认识取消主义的实质和公然摒弃取消主义,这是非常明智的开端,——不是这样吗?齐赫泽代表在令人久等之后,终于看清了取消主义作为一个派别的作用,我们本来是准备表示欢迎的。

不过对待严肃的问题必须采取严肃的态度,因此,不仅要核查齐赫泽在《统一报》上的声明,而且要核查他的行动,那才是有益的。

社会民主党杜马党团(主席是齐赫泽代表)对俄国社会民主党工人党团提出的统一条件的答复,对统一**事业**具有极大的意义。

这个答复以告工人书的形式不久以前发表在《我们的工人报》第2号上。

齐赫泽代表和他的伙伴在这篇告工人书中,还回答了他们对当时叫做《北方工人报》的取消派机关报,即对取消主义采取什么态度的问题。

齐赫泽代表和他的朋友们写道:"至于马克思主义的《北方工人报》,我们对它的态度用一句话来说就是:**我们完全赞成它的方针**。"

原来如此,齐赫泽代表在正式的告工人书中声明他"**完全赞**

**成**”取消派报纸的方针，在《统一报》上的谈话中又表示“**完全同意**”阿恩的观点，而阿恩批评了取消派的报纸，说它是在当前工人运动中起着有害的阻碍作用的改良主义者的机关报。

能允许这样做吗？这是对待严肃问题的严肃态度吗？既然齐赫泽代表自己在两个月当中居然发表了两种关于取消派的针锋相对的观点，那他在同取消派统一的问题上还能说出一些严肃的话来吗？

有人会对我们说：不过，齐赫泽代表在写《社会民主党党团的公开答复》时，也许还不知道阿恩的观点，因此还认不清取消主义的作用吧。

很可惜，这与实际情况不符，因为阿恩的文章比《公开答复》的发表早得多。

请再注意一点。

阿恩的文章发表了几天以后，尔·马·在《北方工人报》上坚决地维护取消派，反对阿恩对它的批评。那么齐赫泽呢？他说过一句话来捍卫现在他声称“完全同意”的观点吗？没有，齐赫泽默不作声，而他的党团内的同事图利亚科夫代表正好在这个时候当上了《我们的工人报》的发行人……

再重复一遍：能允许社会民主党党团的主席对这个几经工作会议、代表会议以及其他会议研究的问题、广大工人群众非常关心的问题采取这种态度吗？从齐赫泽那里能找到关于统一问题的答案吗？这难道不是要外交手腕的小组为挽救取消派着想而偷换了统一问题吗？

我们的“联合派”的共同不幸就是：他们对于提到日程上来的问题没有明确的答案，他们自己也不知道他们要什么。

在他们的文章中有一点是明确的，那就是他们决心挽救取消派，因此他们在提出问题和解决问题的时候竭力避免明确性和准确性。

明确性和准确性目前对于取消派是最危险的。在谈到《统一报》的其他文章时，我们更会深信这一点。

但是工人们要求而且一定要达到明确性，因为他们不愿意把自己组织的统一建立在外交手腕和模棱两可的基础上，而是希望把它建立在对不同“派别”的政治作用准确估计的基础上。那些对这个问题持两种甚至两种以上意见的人，都是蹩脚的顾问。

载于 1914 年 7 月 2 日《劳动的真理报》第 30 号

译自《列宁全集》俄文第 5 版第 25 卷第 414—417 页

# 工人出版节的总结

根据《真理之路报》的报表

（1914年7月2日和3日〔15日和16日〕）

只有现在我们才能够对4月22日的“工人出版节”[209]进行一些总结。

《真理报》两周年纪念日已经成了检阅马克思主义力量的日子。

所有觉悟的工人在这一天都来帮助自己的工人机关报。就这样一戈比一戈比地集成了几百、几千卢布。

直到6月14日，《劳动的真理报》第15号才刊登了关于工人出版节捐款总数的最后报表。“出版节”的活动差不多持续了两个月。

许多同志在4月22日之后寄出自己的捐款时写道：“迟做总比不做好。”

寄给编辑部的决议数量之多，不仅不可能全文刊登，甚至也不可能一一列举。

但是这些决议起到了应有的作用，使我们深信：我们是站在正确的道路上，绝大多数的工人都赞同彻底的马克思主义的口号。

大家知道，取消派也把《真理报》派报纸的两周年纪念日宣布为自己报纸的“出版节”。他们曾经喧闹了一阵，想证明他们有权共同庆祝4月22日的出版节。当时他们还提议结成联盟，平分捐款。4 月 22 日表明,取消派报纸关于“联盟”和“平等权利”的话未免说得太早了。

彼得堡市的工人完全拒绝了“统一捐款”的建议。取消派报纸的这种号召只是在部分大学生中间以及外省的某些工厂中间得到一些响应。

统一捐款的数额对出版节捐款的最后结果几乎没有什么影响。6 月 13 日《我们的工人报》第 34 号上试图把自己报纸收到的捐款同《真理之路报》收到的捐款加以比较。我们说试图,是因为决不能认为《我们的工人报》所作的比较是最后的和完整的。如果我们想从《我们的工人报》那里获得这种完整的比较,那我们就得等到世纪末,因为对于取消派最有利的是利用总的数字,而不对这些捐款作详细分析,不说明这些钱是从谁那里得来的。

因此对取消派捐款报表作详细分析的任务也不得不由我们承担起来。

《我们的工人报》得出了一些颇可自慰的结论:第一,拥护“真理派”的不到俄国觉悟工人的3/5;第二,“真理派”只在彼得堡才占强大的优势,在外省则相反,那里占优势的是《我们的工人报》的拥护者。

首先,我们必须对《我们的工人报》从 6 月 11 日《劳动的真理报》上引用的我们收集到的捐款的最后数字作个小小的补充。《劳动的真理报》的总结止于 6 月 1 日,可是《我们的工人报》自己收集到的捐款总结则止于 6 月 10 日,为了作正确的比较,我们还应当加上载于本年 6 月 14 日《劳动的真理报》第 15 号的 6 月 1—10 日的捐款总数的报表。而且,6 月 10 日的总数并不十分准确,因为俄国各地的一些小宗捐款加在彼得堡的总数里了。

作了所有这些修改之后，我们得到了下列最后的数字，以后我们还要引用这些数字：

| | |
|---|---|
| 彼得堡 | 11 680 卢布 96 戈比 |
| 俄国各地 | 6 325 卢布 28 戈比 |
| 国外 | 104 卢布 97 戈比 |
| **共　计** | **18 111 卢布 21 戈比** |

**给《我们的工人报》的相应的捐款数字：**

| | |
|---|---|
| 彼得堡 | 4 446 卢布 13 戈比 |
| 俄国各地 | 6 409 卢布 12 戈比 |
| 国外 | 946 卢布 55 戈比 |
| **共　计** | **11 801 卢布 80 戈比** |

乍一看来，差别不太大，好像证明真有五分之二的觉悟工人拥护《我们的工人报》似的。但是，只要把这些数字分为工人的和非工人的捐款，情况就会起根本的变化。

整个俄国响应《**真理之路报**》关于“工人出版节”的号召的有：

**1 915 个工人团体，为它募集了 16 163 卢布 71 戈比的基金**。

响应《**北方工人报**》的号召的有：

**588 个工人团体，募集了 5 651 卢布 78 戈比**。

《真理之路报》获得的非工人捐款是 1 842 卢布 53 戈比，而《北方工人报》却是 6 062 卢布零 2 戈比，比从工人那里获得的要多。

工人出版节的这些捐款数字所揭示的情况同 1914 年 1 月 1 日开始的捐款和工人团体的统计结果一样。响应“工人出版节”的工人团体的总数中，只有1/5多一点是资助取消派报纸的。可是要知道，取消派曾竭尽全力企图改变力量的对比，使其在出版节前有利于自己。这一点他们没有成功。五分之四的觉悟工人拥护真理派——这个根据合法报纸存在两年以来的数字所推断出的事实，又为工人出版节所**证实**了。

我们再来看看彼得堡和外省的情况。在彼得堡，给真理派报纸捐款的次数（团体）是**1 276次**，捐款为10 762卢布46戈比；给取消派的是**224次**，捐款为2 306卢布27戈比。区别确实很大，连取消派都不敢否认"真理派"在最先进、最坚决、最有组织、政治上最有经验的首都无产阶级中间占有优势。

于是他们就在外省上打算盘。

> 《我们的工人报》写道："我们在外省看到一种与彼得堡相反的现象，在外省，单是《北方工人报》一家报纸收到捐款就比真理派的机关报**多**。"

这真是**欺骗**的典型，我们要特别介绍工人同志们来仔细看一看。真的错不了：真理派在外省募集了6 325卢布28戈比，取消派却募集了6 409卢布12戈比。多一些！不是吗？可是不妨再看看下列的数字。

在外省，给真理派报纸捐款的有**639个**工人团体，捐助了**5 401卢布25戈比**，非工人捐助了924卢布零3戈比。

给取消派报纸捐款的有**364个**工人团体，捐助了**3 345卢布51戈比**，78个非工人团体和个人捐助了**3 004卢布89戈比**。

不错，在外省取消派无疑**是占着优势**，不过不是在工人中间，而是在富裕的"朋友和同情者"中间。

取消派做得很干脆：为了证明自己在外省的"**优势**"，他们把从自己的资产阶级朋友那里拿到的大笔资金算做工人的零星捐款，于是就"压倒了"真理派！

也许这样做很巧妙，但是，好先生们，你们并没有以此证明你们在外省的优势，而只是证明你们脱离工人的情况在外省并不亚于在彼得堡。

在建立**工人**报刊和**工人**整体的事业中，应当依靠、可以依靠、必须依靠的只能是工人本身的主动精神，而不是阔“朋友”的资金。

在工人报纸和工人整体的事业中，取消派从非工人那里获得的捐款几乎同从工人那里获得的一样多（前者是 5 115 卢布，后者是 5 651 卢布），在我们看来，这件事并不是一种优点，而是一种缺点。它再一次证明了取消派同资产阶级知识界关系最密切。

而从我们这一方面来说，我们完全可以自豪的是，我们的“金库”差不多全是由工人的零星戈比凑集起来的，工人在 6 个星期中就为自己的报纸募集了 16 000 多卢布。

这笔款项是怎样筹集起来的呢？帮助办起坚持马克思主义的报纸的是哪些职业和哪些地区的工人呢？这种帮助有多大呢？

下面一张统计表回答了这些问题，这张统计表是最能说明当前工人运动状况的文件。

这张《真理之路报》收到的捐款统计表是按行业（按职业）分项的。领先的当然是五金工人。同志们，谨向你们致敬！

| | 圣彼得堡 | | | 外　　省 | | |
|---|---|---|---|---|---|---|
| | 团体 | 卢布 | 戈比 | 团体 | 卢布 | 戈比 |
| 五金工人 | 393 | 5 304 | 95 | 108 | 1 319 | 02 |
| 木器工人 | 116 | 1 014 | 73 | 24 | 172 | 10 |
| 印刷工人 | 113 | 966 | 34 | 37 | 236 | 47 |
| 铁路员工 | 24 | 165 | 93 | 34 | 345 | 24 |
| 店员 | 59 | 238 | 11 | 18 | 132 | 76 |
| 饭店服务人员 | 27 | 107 | 58 | 3 | 68 | 73 |

| | 圣彼得堡 | | | 外　省 | | |
|---|---|---|---|---|---|---|
| | 团体 | 卢布 | 戈比 | 团体 | 卢布 | 戈比 |
| 裁缝 | 49 | 203 | 21 | 28 | 245 | 82 |
| 制革工人 | 36 | 271 | 50 | 5 | 23 | 89 |
| 电工 | 31 | 275 | 35 | 6 | 39 | 76 |
| 纺织工人 | 41 | 303 | 88 | 24 | 130 | 32 |
| 城市企业(电车等等)职工 | 32 | 340 | 93 | 11 | 132 | 14 |
| 建筑工人 | 12 | 57 | 14 | 4 | 15 | 71 |
| 自来水工人 | 10 | 27 | 10 | 1 | 3 | — |
| 金银首饰工人 | 29 | 128 | 45 | 2 | 16 | 50 |
| 面包工人 | 39 | 124 | 06 | 11 | 28 | 60 |
| 矿工 | — | — | — | 14 | 71 | 44 |
| 工人团体 | 9 | 79 | 97 | 9 | 112 | 04 |
| 油漆工人 | 12 | 50 | 20 | 3 | 14 | 60 |
| 灌肠工人 | 8 | 31 | 45 | 2 | 5 | 63 |
| 化工行业部门 | 22 | 92 | 59 | 6 | 32 | 04 |
| 乘务员 | 16 | 78 | 62 | 1 | 5 | — |
| 糖果工人 | 12 | 79 | 76 | 3 | 14 | 25 |
| 纸版工人 | 5 | 13 | 45 | — | — | — |
| 烟草工人 | 12 | 83 | 63 | — | — | — |
| 巴库石油工人 | — | — | — | 12 | 83 | 98 |
| 职员(办事员等等) | 38 | 273 | 11 | 18 | 123 | 65 |
| 流放者 | — | — | — | 23 | 67 | 72 |
| 仆人(管院子的) | 12 | 27 | 90 | — | — | — |
| 其他各种行业和行业不明的 | 99 | 422 | 52 | 232 | 1 960 | 84 |
| **共　计** | 1 276① | 10 762 | 46 | 639 | 5 401 | 25 |

① 总数有出入。显然,原始资料开列的彼得堡各种团体的数字有刊误。——俄文版编者注

# 在彼得堡

近年来走在工人运动前头的是彼得堡。当外省一些地方(现在已经不多了)无产阶级还没有从1907—1911年的沉睡时期中醒过来,另一些地方的无产阶级刚刚迈开脚步以便同彼得堡无产阶级并肩前进的时候,彼得堡无产阶级发挥了巨大的积极性,他们对一切与工人运动有关的事件的反应就像灵敏的晴雨表。彼得堡无产阶级站在首位,这一点连《北方工人报》也未必敢否定吧。

请看彼得堡无产阶级是怎样响应"工人出版节"的。

这里给《真理之路报》捐款的有1 276个团体,它们捐了10 762卢布46戈比;给《北方工人报》捐款的有224个团体:捐了2 306卢布27戈比。

从团体的数目看,在彼得堡工人运动中,取消派只占觉悟工人的1/7,已经不是1/5了,而他们收到的捐款同真理派收到的捐款数额相比,只有1/6多一点。

这些材料表明,走在工人运动前列的彼得堡无产阶级的大多数,都抛弃了取消派而捍卫不折不扣的老口号。

印刷工人本来是取消派在有组织工人中的唯一避难所,可是甚至在这些工人中间,为"真理派"报刊募集的捐款几乎是为取消派报刊募集的捐款的5倍(捐给《真理之路报》的是966卢布34戈比,捐给《北方工人报》的是201卢布21戈比)。

五金工人的捐款材料也同样表明了这一点。他们为《真理之路报》募集了5 075卢布49戈比,为《北方工人报》募集了1 283卢布

66 戈比。也有 4 倍之多,这种情况早在五金工会存在期间就得到了证明,那时取消派在进行选举以及大会发言等场合经常遭到失败。

取消派在彼得堡其他行业中的情况就更糟了。木器工人给《真理之路报》捐款 1 014 卢布 73 戈比,给《北方工人报》一共才捐了 **38 卢布 14 戈比**。①

取消派的出版物不止一次地宣扬,跟着《真理报》走的是最愚昧无知的、对运动的重大问题弄不清楚的群众。在刚出版的 6 月号《我们的曙光》杂志上,过分热心的取消派分子阿·哥列夫先生武断地说,支持《真理报》的捐款和决议都是"来自在俄国工人运动史上第一次卷入社会民主党内利益和争论范围的那些工人阶层",来自愚昧无知、毫无觉悟的青年和落后工人。

取消派先生们竟然敢把一向站在工人运动前列的五金工人和印刷工人列入这个"阶层"。自然,哥列夫先生没有任何有利于自己论据的证明,他是从主观推断出发的。就让他这样去推断好了。我们则用确凿的数字证明,在如彼得堡的五金工人和印刷工人这样的先进的行业中间,取消派也只是勉强占到1/5。

我们不可能在这里一一引用其余所有行业工人捐款的比较数字,因为那会占太多的版面。因此我们只引用所有这些行业工人捐款的总数。

除了上面列举的行业工人的捐款以外,《真理之路报》从其他工人那里收到 3 700 卢布,《北方工人报》收到 500 卢布(去掉尾数)。这是店员、裁缝、制革工人、纺织工人、面包工人等等的捐款,

---

① 我们预先请《北方工人报》原谅,因为在研究它的捐款报表时,我们略去了一两个没有指明行业的手工工场的捐款。假如《北方工人报》能够较详细地整理自己的材料,这种事情是不会发生的。

他们都是在小工业从业的工人。

他们为《真理之路报》募集的捐款也达到为《北方工人报》募集的捐款的7倍。没有一个行业的工人对《北方工人报》的捐助比对《真理之路报》的捐助多。甚至办事员和职员也给《真理之路报》捐助了273卢布11戈比，而办事员和店员一共才为《北方工人报》捐助了262卢布32戈比（《北方工人报》的材料），店员给《真理之路报》捐助的是238卢布11戈比。

我们再列举一份最积极支持自己的工人报纸的企业名单：

（1）新阿伊瓦兹工厂——791卢布37戈比（捐给《北方工人报》464卢布67戈比），（2）普梯洛夫工厂——335卢布46戈比（捐给《北方工人报》59卢布38戈比），（3）圣彼得堡五金工厂——273卢布36戈比（捐给《北方工人报》116卢布92戈比），（4）制管工厂——243卢布80戈比（捐给《北方工人报》113卢布41戈比），（5）西门子—舒克尔特工厂——229卢布26戈比，（6）厄里克桑工厂——228卢布82戈比（捐给《北方工人报》55卢布13戈比），（7）帕尔维艾年工厂——183卢布93戈比，（8）老列斯纳工厂——168卢布30戈比，（9）弗兰科-俄罗斯工厂——148卢布82戈比，（10）新列斯纳工厂——116卢布25戈比，（11）电缆工厂——112卢布62戈比，（12）西门子—哈耳斯克工厂——104卢布30戈比，（13）奥布霍夫工厂——91卢布2戈比，（14）国家有价证券印刷厂——79卢布12戈比（捐给《北方工人报》54卢布）[210]。

载于1914年7月2日和3日《劳动的真理报》第30号和第31号

译自《列宁全集》俄文第5版第25卷第418—426页

# 俄国社会民主工党中央委员会的决定

(1914 年 7 月 5 日或 6 日〔18 日或 19 日〕)

中央委员会感谢中央委员会代表团在布鲁塞尔代表会议上灵活而坚决地捍卫了党的路线。中央委员会请代表团推选一名代表在 1914 年 8 月俄国社会民主工党代表大会或代表会议上作报告。

载于 1958 年《历史文献》杂志第 6 期

译自《列宁全集》俄文第 5 版第 25 卷第 427 页

# 布鲁塞尔代表会议上的波兰反对派[211]

（1914年7月5日〔18日〕以后）

以马列茨基为首的波兰反对派在布鲁塞尔代表会议上倒向了取消派一边。这些人言行不一。他们与阿列克辛斯基、普列汉诺夫、取消派分子结成的七三联盟结局如何，我们将拭目以待。用经验来检验是最好的检验。

译自《列宁全集》俄文第5版
第25卷第428页

# 徘徊在十字路口的波兰社会民主党反对派

（1914年7月7日〔20日〕以后）

波兰社会民主党反对派在布鲁塞尔会议上转向取消派，许多人认为这是一件出乎意料的事情，全体党员都感到非常沉痛。人们本来认为，波兰社会民主党反对派靠近真理派并不比拉脱维亚人远些。然而突然间，拉脱维亚人还站在反对取消派的岗位上，波兰社会民主党人却叛变了！！

这是为什么呢？

因为波兰社会民主党分成两派：一部分人想免除梯什卡和罗莎·卢森堡的职务，以便由他们自己来继续执行梯什卡的政策，也就是在布尔什维克和孟什维克之间、在党和党的取消派之间毫无原则地耍外交手腕和做"游戏"的政策。今天投票赞成这些人，明天又投票赞成那些人。在"公平"的幌子下先后背叛所有的人，为自己取得"利益和特权"。波兰社会民主党和俄国社会民主党订立的斯德哥尔摩（1906年）协议中的一些联邦制性质的条文[212]，对于梯什卡和罗莎·卢森堡所擅长的不体面的政策，是个方便的工具。

另一派主张同取消派彻底决裂，放弃联邦制，不再做在互相斗争的两派之间充当"钟摆"的"游戏"；主张同真理派、同党建立真诚的紧密的联盟。

波兰社会民主党的前一派在布鲁塞尔获得了胜利。因此很明显，我们对波兰社会民主党采取完全不信任的态度是必然的。另一派能不能团结起来，举起鲜明的、明确的旗帜，宣布实行彻底的、有原则的政策，即不仅反对梯什卡小组，而且反对梯什卡手法的实质的政策，这过些时候就会见分晓。不用说，只有在这种政策的基础上波兰社会民主党无产阶级才可能联合起来。

即将采取的建立这种联合的步骤，一定会彻底暴露波兰社会民主党党内实际情况的真相，从而确定我们对待它的态度。

载于1937年《列宁文集》俄文版第30卷

译自《列宁全集》俄文第5版第25卷第429—430页

# 驳《莱比锡人民报》的一篇文章[213]

（1914 年 7 月 8 日〔21 日〕）

1914 年 7 月 11 日《莱比锡人民报》第 157 号上刊载了一篇署名 Z.L.的文章《关于俄国的统一问题》。由于该文作者缺乏客观态度，我们不得不提几件事实请德国的同志们注意。为了让人看得清楚，我们把《真理报》公布过的统计表[①]引在下面。

**给圣彼得堡马克思主义派（“真理派”）报纸和取消派报纸的捐款**

**（1914 年 1 月 1 日—5 月 13 日）**

| | 真理派 | | 取消派 | |
|---|---|---|---|---|
| | 捐款次数 | 捐款总数 | 捐款次数 | 捐款总数 |
| 工人团体…………………… | 2 873 | 18 934.10 | 671 | 5 296.12 |
| 非工人团体………………… | 713 | 2 650.01 | 453 | 6 759.77 |
| 其中： | | | | |
| 学生和青年团体…………… | 54 | 650.92 | 45 | 630.22 |
| “拥护者”、“朋友”等等的团体 | 42 | 458.82 | 54 | 2 450.60 |
| 其他团体…………………… | 33 | 125.29 | 30 | 186.12 |
| 个人………………………… | 531 | 1 046.62 | 266 | 1 608.32 |
| 未具名的…………………… | 43 | 318.57 | 24 | 175.34 |
| 国外………………………… | 10 | 49.79 | 34 | 1 709.17 |
| **总计**……………… | 3 586 | 21 584.11 | 1 124 | 12 055.89 |

① 见本卷第 308 页。——编者注

1. 我们指出了统计的确切起讫日期(1914 年 1 月 1 日—5 月 13 日)。取消派没有指出日期。既然如此,把不可比和不可靠的事实拿来比较是不是诚实呢?

2. 取消派自己在报纸(《我们的工人报》第 34 号)上声明并公布说,他们有 948 个团体,这是他们现有的**一切**团体的数目,也就是说,不单是工人团体。然而在我们的统计中清楚地指出,2 873 和 671 这两个数字**仅仅**是工人团体。我们的统计表中**指出了**团体的总数,这个数目同工人团体的数目是**不相等**的。对这一点只字不提是不是诚实呢?

3. 我们的报纸说过,我们指出的是工人团体给两种报纸的捐款,我们并没有同一个团体捐款几次的材料。我们提供的是两种报纸同样的资料。正直的批评家居然能在这里找到我们的"错误",实在令人难以理解!

4. 我们列出了**可供对比的**材料,即两种报纸在同一时期的材料,而且对两种报纸的资料是**用同样的方法**整理的。

取消派根本没有列出可供对比的材料,这样也就破坏了人所共知的一切统计工作最根本的规则。每一个关心这些问题的人都能够毫不费力地弄到两种报纸并且核对我们提供的材料。

我们相信,没有一个抱着客观态度的人会说 Z.L.的"批评"手法是诚实的。

载于 1914 年 7 月 21 日《莱比锡人民报》第 165 号

译自《列宁全集》俄文第 5 版第 25 卷第 431—432 页

# 《革命与战争》一文的提纲[214]

（1914 年 7 月 15—18 日〔28—31 日〕）

## 革命与战争

### 1

I. (α)1914 年 7 月的日子与 1905 年 1 月相比较

1. 旗幡——街垒

2. 加邦——社会民主党的秘密组织

3. 流行的口号——三条鲸鱼

4. 天真的态度——顽强的斗争

5. 提出明确口号的有组织的终结。{《基辅思想报》《俄罗斯言论报》[215]。}

II. 罢工的和武装起义的口号

（普列汉诺夫报纸里的傻瓜列·弗·）。

III. 奥地利和塞尔维亚的战争与

欧洲大战。

IV. 军国主义，帝国主义。

武器自动地在射击。

反战斗争

饶勒斯的决议与盖得

俄国工人的经验。

反对战争的最好的战争:革命。

## 2

1. 7 月的日子与 1 月 9 日相比。

2. 政治危机 { 10 月<br>4 月 22 日<br>拉斯普廷<br>饥荒。

3. 运动的发展和口号的发展。

4. 被摒弃的取消主义和国外小集团。

5. 奥地利与塞尔维亚的战争。

6. 帝国主义和军国主义。

7. 以战争反对战争。

8. 世界局势和俄国无产阶级的任务。

译自《列宁全集》俄文第 5 版
第 25 卷第 450—451 页

# 附　　录

## 《论民族自决权》一文的提纲[①]

（1914 年 2—3 月）

### 1

在欧洲的其他纲领里没有。

奥地利社会民主党人与波兰社会民主党、**乌克兰**社会民主党。

没有一点“实际的东西”。

俄国资产阶级民主革命的完成。

奥地利的民族问题。（不坚决。瓦解？）

1896 年伦敦代表大会以及对它的决议的回避（“支吾搪塞”）。

自决权与大俄罗斯“居民”。

自决权与**分离**权（**解释**）。

自决权与离婚。

用反民族主义精神进行教育。

立宪民主党人与自决权。

一般的民族压迫与分离权……

**资产阶级**解决民族问题的三种方式（**1.** 容克-农奴主的；——**2.** 资

① 该文见本卷第 226—288 页。——编者注

产阶级自由派的;——**3.** 民主派的)。

资本主义使俄国和波兰结合
与"亚洲式的专制制度"。

空话(谁自决和怎样自决?立宪会议?诸如此类)。

波兰社会民主党的功绩**减去**罗·卢森堡的**错误**。

19**03**年俄国社会民主工党纲领和自决。

1905年的挪威。罗·卢森堡与《前进报》。

农民对于民族问题的态度(卡·考茨基与罗·卢森堡)。

资产阶级(被压迫民族的)民族主义与**黑帮**民族主义。

乌克兰运动和乌克兰问题。

社会革命党人与他们的"无条件的"自决权。

国家的分离与经济联系、文化联系以及**阶级**联系的**加强**。

经济上相互接近和作为经济因素的语言。"民族国家"……

罗·卢森堡和一伙机会主义者(李普曼+尤尔凯维奇+谢姆柯夫斯基)。

空想家马克思和实际的罗·卢森堡。

(爱尔兰。)马克思与洛帕廷。

俄国和"邻居":奥地利和亚洲各国
(+巴尔干各国)。

"可能,芬兰除外"(谢姆柯夫斯基)。

空泛的形而上学的词句(罗·卢森堡)。

人民——资产阶级思想体系中的概念(罗·卢森堡)。

不是"毫无价值",就是支持一切民族主义的要求(罗·卢森堡)。

具体的、历史的问题提法(罗·卢森堡)。

"大多数人民"?(罗·卢森堡)。

民族国家与强盗国家(罗·卢森堡)
殖民地(罗·卢森堡)。

民族主义者-反动派

民族主义者-自由派

民族主义者-民主派(彼舍霍诺夫)。

2

1. 空泛的形而上学的词句?
2. “民族国家”。
3. 彻底的民主派(与取消派)。
4. 1896 年伦敦代表大会。
5. 被压迫的资产阶级的民族主义和占统治地位的黑帮的民族主义。
6. 马克思论爱尔兰。
7. 挪威。
8. 罗·卢森堡**一伙**的机会主义!!
9. 1905 年和 1905 年以后的俄国民族问题。
10. 奥地利,俄国,巴尔干各国,亚洲。
11. 无赖和阴谋家:李普曼+尤尔凯维奇+谢姆柯夫斯基。
12. 未完成的资产阶级民主革命和解决民族问题的三种方式(1. 反动派的,2. 自由派的,3. 民主派的)。
13. 民族压迫与自决。立宪民主党人论自决。

## 3

I. (A)概念

法学术语的解释还是历史经济的解释?

……分离;民族国家……

II. (B)民族国家

＝典型,常态。

(罗·卢森堡与强盗国家)。

经济因素＝语言。

III. (C)"与俄国合并"……

与亚洲式的专制制度

德国的状况。

IV. (D)"形而上学的词句"

人民＝资产阶级意识形态中的概念(罗·卢森堡)。

V. (E)具体的和历史的问题提法(罗·卢森堡)。

VI. (Z)俄国——资产阶级民主改革尚未完成(农民?)。

(1905 年和 1905 年以后的民族运动。)

VII. (H)俄国与奥地利(乌克兰问题)

(纲领中没有吗?)。

VIII. ($\theta$)俄国与亚洲。

IX. 毫无价值或者支持一切民族主义的要求(罗·卢森堡)——"可能,芬兰除外"。

X. 没有"实际的东西"

(卡·考茨基和罗·卢森堡)。

——在对异族人关系上用反民族主义的精神对大俄罗斯农民进行教育

大俄罗斯居民

民族主义者-反动派
民族主义者-自由派
民族主义者-民主派
} 被压迫的资产阶级的民族主义和压迫别人的黑帮的民族主义。

XI. 民族压迫和立宪民主党人对自决权问题的态度。

XII. 解决民族问题的三种方式

((资产阶级民主改革=相互接近。))

XIII. 挪威

(罗·卢森堡和弗腊克派。)波兰社会民主党的功绩——罗·卢森堡。

XIV. 自决权与离婚。

XV. 1896 年的伦敦决议

(罗·卢森堡的诡辩)

(社会革命党人及其"无条件的"自决权)。

XVI. 1903 年的纲领——波兰社会民主党的彻底失败。

XVII. 机会主义分子的卑劣行径。罗莎·卢森堡与机会主义分子。

XVIII. 空想家马克思和"实际的"罗·卢森堡(爱尔兰)。

XIX. 简短的归纳。

(罗·卢森堡的机会主义。)

4

§ I. 自决的**概念**和“民族国家”问题。

(I—II)

---

§ II. 罗·卢森堡的论据及其**问题提法**。

(III—V)

---

§ III. 俄国**资产阶级民主**革命是否已经完成?

(VI—VIII)俄国民族问题的**具体特点**。

---

§ IV. “无政府主义的空谈”。

(IX—X)“或者是一切,或者是毫无价值”以及民族问题上的“**实际主义**”。

(离婚权(XIV)。)

---

§ V. **立宪民主党人**和罗·卢森堡对民族问题的态度

(XI)(**机会主义分子**)。

(XII)解决民族问题的三种方式。

---

§ VI. **挪威**(罗·卢森堡与弗腊克派)。

(XIII)

---

§ VII. 1896 年的**伦敦**决议。

(XV)(罗·卢森堡和社会革命党人。)

---

§ VIII. 1903 年的**纲领**。

(XVI 波兰社会民主党的彻底失败。<br>XVII 机会主义分子的卑劣行径。) (现在混乱。)

---

§ IX. **空想家马克思**和实际的**罗·卢森堡**。

(XVIII)

---

X. **结束语**。

(XIX)

## 5

I. 什么是民族自决?

II. 具体的和历史的问题提法。

III. 俄国资产阶级民主改革和我国民族问题的特点。

IV. 民族问题上的“实际主义”。

V. 自由派资产阶级和社会民主党机会主义对民族问题的态度。

VI. 挪威的例子。

VII. 1896 年伦敦代表大会的决议。

VIII. 1903 年俄国马克思主义者的纲领。

IX. 空想家卡·马克思和实际的罗莎·卢森堡。

X. 结束语。

（简短的归纳。）

载于1937年《列宁文集》俄文版
第30卷

译自《列宁全集》俄文第5版
第25卷第435—440页

# 俄国社会民主工党中央委员会在布鲁塞尔会议上的报告的提纲[①]

（1914年6月23—30日〔7月6—13日〕）

中央委员会的报告提纲 ⌇ “没有军队的司令部”

1. 感谢王德威尔得(到来。公布和收集**客观**材料)。

2. “争论点”。

题　目

两种主要的观点 { α. 派别斗争(在国外)
β. 俄国工人的团结和**他们的**大多数。

3. 斗争的由来和实质：

(A)

取消派脱离党(1908—1911年)以及

(B)

开除他们(1912年)。

(A)

4. 1908年和1910年的决议。中央机关报的斗争。

5. **与**取消派的愿望**相反**，1912年恢复了党。

(B)

① 报告见本卷第380—411页。——编者注

6. 从理论上评价取消主义的实质

**党**(秘密党)**的存在**和对党的背弃。

7. 用(αα)我党的经验和(ββ)我们的反对者的经验来检验这一理论和党的这些决议……

两种看法:(α)混乱状态;(β)工人政党反对取消派。

1908 年的取消主义的定义。参看 1910 年。

它的实质:脱离党。

地下组织的意义。

与策略的关系。

工人阶级的革命斗争:

{革命的罢工<br>革命的群众大会<br>革命的街头游行示威}

1912 年一月代表会议和党的恢复。

{提纲:I. 分歧的实质。<br>II. 我党的经验。<br>III. 我们的反对者的经验。<br>IV. **和解**的实际**条件**。(9 条<br>10??)}

译自《列宁全集》俄文第 5 版<br>第 25 卷第 448—449 页

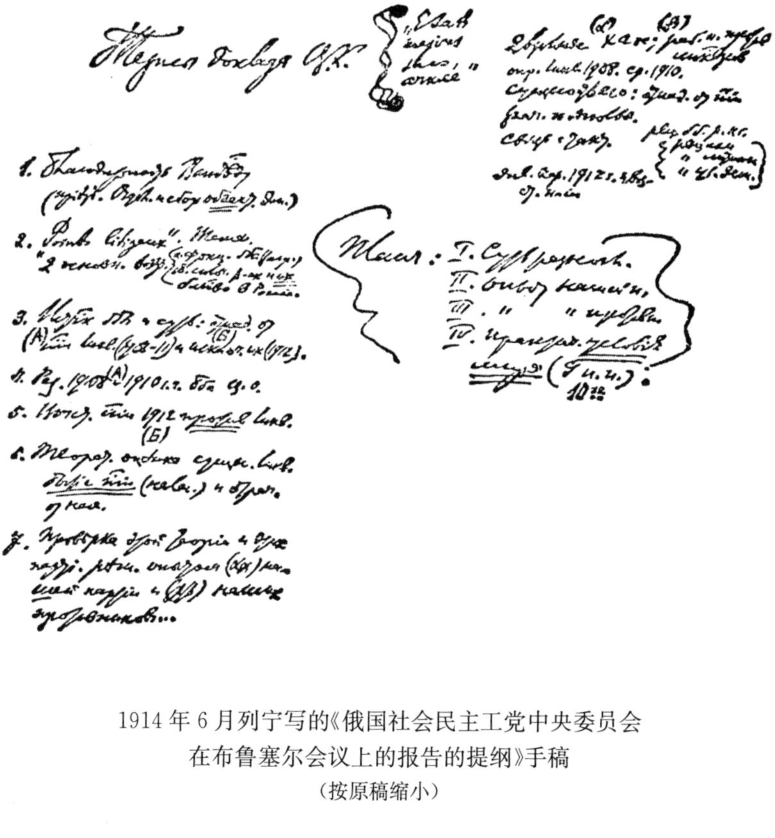

1914 年 6 月列宁写的《俄国社会民主工党中央委员会在布鲁塞尔会议上的报告的提纲》手稿

（按原稿缩小）

# 罗·瓦·马林诺夫斯基案件调查委员会的结论

(1914年7月)

## 调查委员会就有关罗·瓦·马林诺夫斯基政治上不忠诚的传闻作出的结论[216]

罗·瓦·马林诺夫斯基到国外的当天便知道了因他退出国家杜马而在报纸上出现的传闻,于是便立即请求马克思主义者领导机关的拥护者们调查他的个人经历和全部活动。领导机关不久便任命了一个由波兰马克思主义者加涅茨基(出席1903年俄国社会民主工党第二次代表大会的波兰社会民主党代表)担任主席的调查委员会。

委员会通过当面交谈或书信往来询问了一些最重要的证人。委员会获得了马林诺夫斯基本人就向他提出的所有问题陈述得非常详细的供词。委员会还安排了一次对质。委员会很快便完全弄清,有关马林诺夫斯基有奸细行为的所有传闻纯属无稽之谈。委员会一致同意的这一意见已报告马克思主义者领导机关。众所周知,该机关已在报刊上发表声明,他们确信马林诺夫斯基在政治上是忠诚的。[217]

委员会继续展开工作。很快查明了一些散布针对马林诺夫斯基的卑鄙传闻的人。委员会认为自己有义务通过本材料将调查工作得出的最重要的结论通报给全体工人。委员会收集了大量材料，在这里只能将其中最重要的、具有实质性的材料公之于众。所有详情和细节，俄国有组织的工人可通过另外的渠道获知——为此已采取了各种相应的措施。

本材料的内容分为三部分。第一部分为有关马林诺夫斯基政治经历的主要材料。第二部分引述并分析了针对马林诺夫斯基的所有产生重大影响的传闻和猜疑。最后，在第三部分，委员会认为有责任将它所查清的散布针对马林诺夫斯基的卑鄙传闻的团体和个人的有关材料公之于众。

## 1. 马林诺夫斯基退出国家杜马

委员会在工作中对马林诺夫斯基退出国家杜马一事很关注，因为有些人企图根据这件事得出证明马林诺夫斯基有奸细行为的结论。委员会没有对马林诺夫斯基退出国家杜马的动机作出政治评价。当然，委员会成员作为整个马克思主义党的成员，和所有工人马克思主义者一致认为，以马林诺夫斯基的这种形式退出杜马是瓦解组织的犯罪行为，是工人运动中不能容忍的行为。然而对于调查委员会来说重要的是另外一点：准确确定退出杜马的动机，从而弄清凭借退出杜马一事便断定他有奸细行为的推论是否站得住脚。

委员会确认，马林诺夫斯基退出杜马的原因正是俄国社会民主党工人党团和领导机关在历次公开发表的声明[218]中阐明的那些原因。这些原因是:极度神经过敏、心智疲惫不堪、一时头脑糊涂。此外,委员会还确定,对马林诺夫斯基轻率的行为产生影响的还有一个纯粹个人的情况,它与政治、尤其与工人运动毫不相干。委员会认为不可以也不必要将这一情况详细地公之于众。此情况不仅仅涉及马林诺夫斯基一个人。我们再次重申,关键是它与政治生活和工人运动毫无关系。

马林诺夫斯基放弃重要岗位一事本身自然应该受到最严厉的谴责。但是想了解马林诺夫斯基在政治上是否忠诚这一真实情况的人,不能因对瓦解组织的行为深恶痛绝而感情用事。想了解实情的人,应当搞清楚事实和事件的来龙去脉,仔细审查和考虑马林诺夫斯基的全部活动,并且只能依据这些极其重要的材料来作出评判。委员会就是这样做的。

## 2. 马林诺夫斯基的政治经历

委员会认为自己的首要责任是详细查明马林诺夫斯基的政治经历。根据委员会所掌握的全部材料,其政治经历大致如下①。

### 罗·瓦·马林诺夫斯基

罗·瓦·马林诺夫斯基自觉地参与政治活动只是在他服兵役后才开始的。在此之前他没有任何政治信念。有的只是一个波兰人对待波兰社会党这个反对民族压迫的政党的朴素好感,但无论是在服兵役前还是服兵役后,他从来没有加入该党。1901 年他被

① 以上由格·叶·季诺维也夫执笔。接下来是维·亚·吉霍米尔诺夫执笔。——俄文版编者注

征召到禁卫军伊兹迈洛夫团服役。在此期间，经请求他被调入枪械所，在这里他第一次与一位俄国社会民主党人接触。这位社会民主党人是一名士兵，曾在彼得堡一家工厂当司机。

马林诺夫斯基受此人影响很大。从这个时候起，他本人逐渐成为一名革命者。然而马林诺夫斯基在枪械所工作的时间并不长，他又被调回团里。1904 年 4 月，他当上了博捷里亚诺夫上校的饲马员。在此期间马林诺夫斯基认识了后来成为他妻子的 C.A.，当时她在连长拉兹吉利杰耶夫手下当差，还通过她和她的亲属结识了普梯洛夫工厂和列奇金工厂有觉悟的工人。1905 年 1 月 9 日他参加了示威游行。此后不久他又调回团里。有一次这个团的一个士兵辱骂罢工者，马林诺夫斯基便站出来为罢工者说话。

有人将这一情况报告了连长拉兹吉利杰耶夫，前面已经说过，后来成为马林诺夫斯基妻子的 C.A.就在他手下当差。连长吩咐马林诺夫斯基不要把事情闹大，并让他递交一份自愿参战(与日本作战)的报告。马林诺夫斯基照办了。1905 年夏，他已成为莫吉廖夫省的一名志愿兵，在这里他结识了一些崩得分子。就在这个夏天，他随第 20 补充营开赴远东，不过和约签订后，他很快又回到彼得堡。

在彼得堡，马林诺夫斯基一开始在制管厂(在第一队)，过了几日又转到朗根济片工厂(石岛大街)工作。从这个时候起，他开始从事社会政治工作。在这个工厂里与马林诺夫斯基一起工作的工人有：奥泽罗夫(他就是安东诺夫)、克拉多维科夫和一个油漆工，这个油漆工后来在普梯洛夫工厂工作。马林诺夫斯基通过这些工人进入了社会民主党工人的圈子。

1906 年春，他参加了五金工会组织并成为区理事会成员。在斯维亚堡起义[219]期间，他是布尔什维克派工厂委员会的成员，在各种群众集会上讲演（在一次集会上还参加了阿布拉姆的警卫队），参加社会民主党基层组织的活动。1906年初秋，他成为彼得堡分区委员会成员，并积极参加地方社会民主党的所有工作。在第二届国家杜马选举期间，他掌管党组织的一套房子（别洛泽尔斯卡亚大街27号），地区会议常在这里举行。这期间与马林诺夫斯基一起工作的有奥泽罗夫、舍甫琴科、米雅斯尼科夫（加入了委员会）、彼得罗夫（来自盖斯勒工厂）、马雷舍夫（轧铁厂）、维诺格拉多夫（列昂季耶夫工厂）。

除了从事党的工作，马林诺夫斯基还担任五金工会代表。1906年6月2日，彼得堡的工会全部被查禁，而五金工会彼得堡分会不顾涅瓦区、瓦西里耶夫岛区和维堡区有关禁止活动的决定，继续开展工作。1906年7月，马林诺夫斯基被选入这个半合法工会的区理事会。在这个理事会里工作的还有彼得罗夫（盖斯勒工厂）、马雷舍夫（轧铁厂）、马卡雷切夫（盖斯勒工厂）、维诺格拉多夫（列昂季耶夫工厂）和奥泽罗夫。

初秋，彼得堡分会的活动使其他一些地区也活跃起来。1906年11月初，这些地区的活动已恢复如初。在林学院举行了各地区代表会议，在与托姆斯基（不是米哈伊尔）的斗争中，马林诺夫斯基当选为全市工会书记。当时的理事会已发生很大变化，入选的有：来自纳尔瓦区的卡萨特金（社会革命党）和沃尔柯夫（取消派）；瓦西里耶夫岛区的布尔金、加里宁、绍特曼，还有一位社会革命党人，他携带炸弹在瓦西里耶夫岛大直街82号败露了（马林诺夫斯基帮他逃往美国）；涅瓦区的波格丹诺夫、舍甫琴科和叶菲莫夫；维堡区的沃尔柯夫（他就是“车臣人”）、叶尔绍夫、卡尔洛维奇和亚齐涅维奇;戈罗德区的罗曼诺夫和卢戈沃伊;莫斯科区的皮斯卡列夫;彼得堡区的奥泽罗夫、马卡雷切夫、彼得罗夫、跛子普列汉诺夫(工人代表苏维埃成员)和马林诺夫斯基。

在此期间为组建彼得堡工会中央常务局而工作的是一些知识分子,其中有托姆斯基、舍尔、基布里克、卡梅尔马赫尔、德米特里耶夫、Г.瑙莫夫(H.金茨堡)、格里涅维奇、斯维亚特洛夫斯基、沙雷(即雷若夫)和梁赞诺夫。马林诺夫斯基进入了中央常务局。1907年2月到4月期间他还是中央常务局书记处成员。1907年5月14日,五金工会取得合法地位,在一次全体会议上,马林诺夫斯基当选为理事会理事,并被理事会推选为工会书记,这一职务他一直担任到1909年10月。这时在工会工作的已经是一些新人:杰缅季耶夫、卡纳特奇科夫和契尔金。于是马林诺夫斯基结识了梅什科夫斯基、加米涅夫、马卡尔、格里戈里。也是在这个时候,他被推选参加了合作社第一次代表大会和工厂医生第一次代表大会,他还参加了国民大学代表大会[220]。1907—1908年他被选入五金工人代表大会的筹备委员会。1909年9月马林诺夫斯基参加了有关加强社会民主党组织问题的各种会议。

1909年11月,在禁酒大会的代表预备会议上,他与库普里亚诺娃、杰缅季耶夫(克瓦德拉特)、普列德卡林、马吉多夫和托姆斯基一同被捕,总共有八九个人。他一直被羁押到1910年1月中旬,获释后又被剥夺了在彼得堡的居住权。马林诺夫斯基获释后,工会理事会理事尼古拉(莫尔斯基洛)安排他去芬兰休养。工会资助他一些费用(将近100卢布)。一些工厂的工人还为他筹集了将近200卢布。

马林诺夫斯基得知他的同事舍甫琴科(像他一样被驱逐)被安

排在莫斯科，便于1910年2月中旬去了那里，并于同年的复活节前在布特尔的“什托尔”工厂找到一份工作。4月4—5日，他的妻子来到他这里(这段时间她一直住在彼得堡，由工会照顾)，他们移居到布特尔关卡外。1910年冬，大约在10月或11月间，马林诺夫斯基进入沙尼亚夫斯基大学。他一共去那里上过约4次课。1911年春，他报名参加了“莫斯科消费合作社”，在4月举行的该合作社第一次会议上，他被推选为检查委员会成员，而该委员会又选举他为主席。合作社的工作占用了马林诺夫斯基的所有时间。合作社存在了一年半，检查工作却一次也没有进行。6月，决算得到批准后，马林诺夫斯基便不再把他的全部时间用在合作社上了。

这时恰好基布里克来找他，建议他去参加一次老朋友聚会。聚会如期举行，参加聚会的有舍尔、基布里克、叶若夫、契尔金和马林诺夫斯基，还有一名知识分子(不是罗曼)。在这次聚会上讨论了是否召集分散在俄罗斯各地的老朋友开个会的问题(《社会民主党人报》上有一篇通讯[221]对此作了详细报道)。在第一次聚会时没有讨论技术性的问题，只是在第二次聚会时才分派了角色。就在这次聚会上，在对邀请谁这个问题作决定时，马林诺夫斯基才清楚，这纯粹是取消派搞派别活动的企图，于是他退出了聚会(文中说“我们吵翻了”[222])，这件事也因此不了了之。

1911年秋，马林诺夫斯基又一次进入沙尼亚夫斯基大学。1912年2月，他离开莫斯科去罗斯托基诺镇的费尔曼工厂工作。在那里，他与所有的同志断绝了来往，一直住到1914—1916年。①

① 以下为格·叶·季诺维也夫执笔。——俄文版编者注

## 3. 对马林诺夫斯基的主要怀疑

对马林诺夫斯基的主要怀疑、大概也是最初的怀疑，是 1911 年上半年在莫斯科产生的。委员会曾就此详细询问了主要的证人——那个受一些怀疑者的委托将产生的怀疑报告给有组织的马克思主义者的人。怀疑者是 4 个青年工人：普列特涅夫、科兹洛夫、布龙尼科夫和贝科夫。这 4 个青年工人将他们的怀疑告诉了一个人，并请他转告同志们，这个人就是尼·伊·布哈林。委员会已详细听取了他的陈述。

4 个青年工人的怀疑可归纳为以下几个方面：(1)工厂医生第二次代表大会举行后，哈尔科夫的一名代表被捕，因为他曾向莫斯科的一位同志发出一封信。这封信谈的是工厂医生代表大会的情况并提及社会民主党人筹备召开代表大会一事。据 4 个青年工人或他们中的某一个人报告，信中提到了马林诺夫斯基的名字。收信人和哈尔科夫的代表即写信人被逮捕，马林诺夫斯基却没有被逮捕。

(2)在对莫斯科的一个工会(距苏哈列夫塔不远)进行的一次搜捕(晚间)中马林诺夫斯基也被捕了。第二天早上，马林诺夫斯基在警察局收到了他妻子送来的东西。4 个青年工人产生了怀疑：他妻子怎么这么快就得知他被捕了。

(3)1910—1911 年冬季，莫斯科又有几个人在参加莫斯科取消派安排的会议和郊游时被捕，这些人也同马林诺夫斯基见过面。在审问中，宪兵们好像对上面提到的会议和郊游的一切情况了如指掌。4 个青年工人认为，宪兵这样熟知情况可能与马林诺夫斯基的奸细行为有关。以上就是我们提到的 4 个工人的重要"指控"。下面我们来进一步弄清楚产生怀疑的这个根源。①

调查委员会经过对有关马林诺夫斯基有奸细行为的传闻的起因和扩散进行调查,查明了如下事实:1911 年冬末或初春,4 个莫斯科工人——普列特涅夫、布龙尼科夫、贝科夫和科兹洛夫在监狱中向他们的一位狱友——尼古拉·伊万诺维奇·布哈林讲了他们自己对马林诺夫斯基的种种怀疑,请他转告当地(即莫斯科)有组织的马克思主义者领导机关[223]。其实调查委员会结论的第一部分已经对这些怀疑作了分析,调查委员会只能认为,这些怀疑经不起最起码的甄别,绝对靠不住。

只是由于那 4 个工人年纪太轻、毫无经验,才使他们至少是一时认为这些怀疑非同小可。不过尼·伊·布哈林在他给调查委员会的证词中明确讲到,这 4 个工人自己也曾犹豫不决,他们只是以推测的口吻而绝不是肯定的口吻表示自己的怀疑。此外还要注意到,当时莫斯科有关奸细行为的传闻和怀疑甚嚣尘上。这种现象可用一个事例来说明:莫斯科的马克思主义者奥季谢伊和阿尔卡季在见面时②常常相互说怀疑对方有奸细行为!还有一位马克思主义者,叫化学家,当时他把停止谈论奸细行为作为一个工作**条件**提了出来——这种谈论太靠不住了。

不管怎样,尼·伊·布哈林完成了狱友的委托,一出狱便将他们的种种怀疑转达给了莫斯科领导机关所属奸细案件调查委员会的前任主席舒利亚季科夫。就这样,这几名党员履行了自己的党员义务,将这些怀疑报告给该委员会的负责人。如果这 4 个工人

① 以下是列宁执笔。——俄文版编者注

② 列宁作了修改,原为"彼此相见时"。——俄文版编者注

在另一方面也履行自己的党员义务，即不“进行私下”谈论（不客气地说：不散布流言蜚语），那么关于马林诺夫斯基的“卑鄙的传闻”便不会产生和扩散。

据布哈林讲，舒利亚季科夫得知这些怀疑后当即指出，这是挑拨性的传闻在蔓延。调查委员会知道，舒利亚季科夫是《无产者报》扩大的编辑部成员，参加过1909年国外布尔什维克代表会议，并与国外布尔什维克领导机关保持过联系[224]。毋庸置疑，只要这些怀疑并非是①无稽之谈，他就会向领导机关报告。任何一个成熟的人都会这样做。

在上面提到的4个工人所去的沃洛格达流放地，已开始流传针对马林诺夫斯基的种种传闻、谣言和诽谤，而且对此起主要作用的是取消派的知识分子亚历山大·伊万诺维奇·维诺格拉多夫和瓦西里·舍尔，两人都是莫斯科人，而且舍尔很可能认识这4个工人，并在他们的心目中享有“思想上的”威信（上面提到的4个工人在莫斯科的时候曾经动摇过，但是在瓦·舍尔的影响下，在流放地最终成了取消派）。

关于亚·伊·维诺格拉多夫，调查委员会已掌握两个证人的证词，指证他参与过扩散关于马林诺夫斯基的流言蜚语。1913年12月初，瓦·舍尔在维也纳与尼·伊·布哈林谈过一次话（调查委员会有关于这次谈话的材料，第一是布哈林在谈话后立即发给领导机关的信的原件，第二是布哈林的内容详细的补充和核实性的个人证词[225]），在这次谈话中他非常明确地讲道，“在沃洛格达流放地，人们都在公开地议论马林诺夫斯基不可靠”，他舍尔自己对相信这些传闻还是把它们完全看做无稽之谈犹豫不决，并曾亲

① 列宁划掉了“自己能毫不犹豫地立刻断定这些怀疑并非是”，改为“这些怀疑并非是”。——俄文版编者注

自劝说亚·伊·维诺格拉多夫不要正式起诉马林诺夫斯基。

瓦西里·舍尔的这后一个行为，从他这方面来讲，直接违背了党员的义务。劝说一个自认为是马克思主义者的人①不要正式起诉(这里还包括向这个人信任的某个派别的地方或全俄领导机关正式报告)奸细行为，这种劝说只有在两种情况下才是可容许的：

第一，在劝说者自己对怀疑的严肃性问题毫不犹豫的情况下，任何一个成熟的、没有精神疾患或并非智力低下的人都知道，在这个问题上，稍有踌躇就会**不可避免地**招致某一个朋友、亲人、周围的人和其他人问个究竟，结果流言和诽谤便四处扩散；

第二，在劝说者完全确信自己的影响力和威望足以说服对方的情况下，也就是说，他确定能使被劝说者承认自己被彻底说服并履行自己的义务——不"私下"扩散那些他没有勇气直接以个人名义向任何一个领导机关报告的具体情况。

在我们分析的这件事中，这两种情况都不存在。舍尔自己"犹豫不决"，而且一直"犹豫不决"，直到马林诺夫斯基入选国家杜马后，舍尔才给他写了一封热情洋溢的贺信，**将他与倍倍尔相提并论**，期待他干出历史性的大事(一切都是以拒绝与取消派展开坚决斗争为条件的；在调查委员会所掌握的材料中有瓦·舍尔给马林诺夫斯基这封信的原件[226])。另一方面，俄国社会民主党工人党团成立后，当时②取消派对马林诺夫斯基的愤恨达到顶点，就是这个舍尔向尼·伊·布哈林表示了对马林诺夫斯基的"怀疑"，认为1913年11月底马林诺夫斯基在莫斯科的住所被翻得底朝天(很

① 列宁划掉了"一个有组织的马克思主义者"，改为"一个自认为是马克思主义者的人"。——俄文版编者注

② 下面列宁划掉了"自由主义的"。——俄文版编者注

可能是小偷干的)是一次"同志的搜查"(即怀疑马林诺夫斯基有奸细行为并为此寻找证据的同志对马林诺夫斯基住所的搜查)。

实际上调查委员会报告的第一部分已经对马林诺夫斯基的这个"罪证"作了分析。显而易见,只有那种好胡乱猜测或因在政治上敌视马林诺夫斯基而失去理智的人[①]才会发现这个"罪证"。

据瓦·舍尔对尼·伊·布哈林讲,亚·伊·维诺格拉多夫已不再起诉马林诺夫斯基,也就是说,他好像十分严肃认真地确信种种传闻和怀疑是极为荒谬的,正是**在去沃洛格达流放地之后**,他才又继续散布关于马林诺夫斯基的流言蜚语。

瓦·舍尔是流放到沃洛格达的取消派中最具影响力和最有学识的人,也是能够给马林诺夫斯基写热情"友好的"信的人,他的党员分内义务是收集(以准确的书面形式)他所认识的人中流传的所有关于马林诺夫斯基的传闻,对其加以整理和初步核实,以沃洛格达某流放营的名义或以受到瓦·舍尔信任的某领导机关的名义起草有关这些传闻的切实、明确的决定。

既然舍尔、亚·伊·维诺格拉多夫或沃洛格达的取消派中的其他人都没有履行这项党员分内义务(而且瓦·舍尔在自己出国后曾具备履行这项义务的非常有利的条件),那么,要解释忘记党员义务这种极为荒谬的行为和有组织的马克思主义者竟变为流言和诽谤的散布者这一现象,就必须注意到**恰恰在1911年春季形成的**极其强烈地[②]敌视马林诺夫斯基的那种氛围。

① 列宁划掉了"在发狂的取消派的愤恨中完全失去自制力或丧失理智、人格和廉耻的人",改为"好胡乱猜测或因在政治上敌视马林诺夫斯基而失去理智的人"。——俄文版编者注

② 下面列宁划掉了"自由主义取消派"。——俄文版编者注

马林诺夫斯基政治生涯的特点在于,他在禁卫军伊兹迈洛夫团服役期间才加入社会民主党,在1906年(即在革命的高潮之后)服役期满从战场回来后才开始在工会工作,而且几乎都是在合法的工会里工作。一方面,这引起了不了解马林诺夫斯基的经历并对法院和行政当局很少迫害他(比那些在1905年以前和1905年期间担任过党的工作的人少)感到奇怪的那些人的怀疑。另一方面,“合法者”马林诺夫斯基由于在合法场所工作,对取消派几乎所有的领袖人物(舍尔除外)都非常熟悉,这使一些莫斯科的布尔什维克对他产生了隐约的怀疑,他们说马林诺夫斯基在所谓的“派别”方面“不可靠”,也就是说,马林诺夫斯基是一个不可靠的布尔什维克,他是一个半取消派。

常有这样的反应。这一事实已由调查委员会查明。此事的发生在很大程度上是因为一些莫斯科的布尔什维克年轻、没有经验。他们不能理解取消派的这个几乎只从事合法活动的对手所处的新的、特殊的处境。不难理解,在挑拨性传闻到处流传的时期,大概已经传到布尔什维克中的青年工人和知识分子那里的有关马林诺夫斯基“不可靠”的推测在莫斯科造成了多么大的影响。

1911年春,俄国的取消派阵营中发生了一个极为重要的事件,顺便提一下,国外的一家报刊作了报道(第27号附刊[227])。情况是这样的:取消派的一些领袖人物产生了一个值得盛赞(从政府的角度看)的想法——将党的领导机关视为缺席者(实际上是取消党),**抛开它**进行第四届国家杜马的选举,自行挑选第四届国家杜马的取消派候选人!

舍尔、契尔金和马林诺夫斯基虽然没有参加讨论这个问题的会议，却知道开过这些会议。马林诺夫斯基就此严厉地、无情地、猛烈地谴责了取消派，以至于在这方面与取消派契尔金发生了极为严重的冲突。舍尔了解这一冲突，当时他站在契尔金一边（尽管他名义上是“超派别”的）。由于马林诺夫斯基在工人中的影响，马林诺夫斯基的意见**实际上制止了**“取消”地下活动的图谋。此后取消派对马林诺夫斯基恨之入骨。

就是因为这种仇恨，才形成了沃洛格达流放地的那种气氛，一些取消派（舍尔和维诺格拉多夫也在其中）公然违背责无旁贷的党员义务，**不是**正直地对种种怀疑和推测加以引导，而是添枝加叶，使它们变成了“私下”散布的流言蜚语。

调查委员会已查明在圣彼得堡以尔·马尔托夫为首的取消派著作家小组和在维也纳以托洛茨基与舍尔为首的①“八月联盟派”进一步传播流言蜚语的情况。

1913年秋，领导机关（真理派）的两名成员**首先**知道了（幸亏消息**不是**来自其他“派别或党团”的领导机关）显然是由于沃洛格达的传闻和流言蜚语而产生的对马林诺夫斯基的怀疑。两位领导机关的成员（第三位成员体力**刚一**好转，便立即加入到他们当中）[228]通过对种种怀疑的调查和分析，立即确认这些怀疑非常靠不住，十分荒诞不经，它们无疑与那些**不知从何而来的**传闻有关。因此，当时领导机关中已了解此事的所有②成员作出③决定：认为所有怀疑和传闻显然都是无稽之谈，并加紧追查传闻的**来源**。两位领导机关成员怀疑，这些传闻很可能是取消派散布的，尔·马尔

① 下面列宁划掉了“取消派”，改为“八月联盟派”。——俄文版编者注

② 列宁划掉了“三位”，改为“所有”。——俄文版编者注

③ 下面列宁划掉了“正式的”。——俄文版编者注

托夫未必[①]与暗地里散布[②]诽谤言论和卑鄙传闻这件事没有干系。这种疑虑促使他们**正式**责成三四个知道传闻的同志立即向领导机关如实报告[③]涉及传闻的**所有谈话**的内容。

1913年12月14日[④],领导机关的一个成员收到了尼·伊·布哈林1913年12月13日(公历)写的信,布哈林在信中讲述了1913年12月12日他刚刚在维也纳与瓦·舍尔进行谈话的内容。

这封信确定了如下事实:

(1)瓦·舍尔说过,他确信马林诺夫斯基在莫斯科的住所被翻得底朝天是"同志的搜查"(见上文)。

(2)瓦·舍尔还说过,"当地的领导者知道[⑤]这件事"。这件事指的是传闻,至于领导者,舍尔指的就是托洛茨基以及有影响的崩得分子和"八月联盟派"(著名的八月联盟领导成员)。

(3)瓦·舍尔向尼·伊·布哈林讲了就伽马(马尔托夫)的《变本加厉》一文与托洛茨基进行的一次谈话(当时还有一个人在场)。那篇文章提到,可能有比丹斯基更不道德的"两面派"[229]。托洛茨基对伽马的话感到气愤,说"这是影射马林诺夫斯基"。舍尔也表示反对,并告诉他们说,他知道那些传闻,不过这些传闻没有根据;据他讲,他说这些话时非常不客气。[⑥]

① 列宁划掉了"不会",改为"未必"。——俄文版编者注

② 下面列宁划掉了"下流的"。——俄文版编者注

③ 下面列宁划掉了"可能"。——俄文版编者注

④ 列宁划掉了"13日",改为"14日"。——俄文版编者注

⑤ 下面列宁划掉了"整个"。——俄文版编者注

⑥ "(1)尼·伊·布哈林这封信的日期是1913年12月13日(公历)。调查委员会的材料中有信的原件和带有布哈林签名的副本"(列宁加的注)。——俄文版编者注

(4)“在沃洛格达省(流放地)完全是公开地谈论马林诺夫斯基不可靠……在莫斯科大家都知道,**这是**公开的**秘密**”(舍尔对布哈林说的话;引自同一封信)。

综上所述得出如下结论:

一、有关马林诺夫斯基从事奸细活动[①]的传闻无疑已在维也纳“八月联盟派”的领导者中传播。不仅在舍尔和托洛茨基之间传播,而且在与他们接近的其他人中间传播。

瓦·舍尔十分清楚,这些传闻在沃洛格达流放地和莫斯科已广为传播(当然只是在取消派的知识分子中间传播,我们没有说工人参与散布传闻)。瓦·舍尔自己(不知是因为他“动摇不定”,还是另有原因)采取了十足的两面派态度,一方面在托洛茨基和其他人面前声称“传闻没有根据”;另一方面,**在第二天**,他又告诉布哈林一个**新的**、特别荒唐的传闻,即所谓马林诺夫斯基在莫斯科的住所被翻得底朝天是“同志的搜查”。瓦·舍尔是个莫斯科人,他在莫斯科的知识分子和资产者中关系很广,如果他真的确信“传闻没有根据”,如果他**真心实意**想制止传闻的传播、验证自己作出的“同志的搜查”的推测,他有足够的条件。只要稍作验证,订购几份报道此事的资产阶级报纸,询问资产阶级记者,等等,就会立刻明白,在头脑清醒的情况下是作不出“同志的搜查”这种荒谬推测的。

把这种由舍尔捏造的传闻告诉尼·伊·布哈林这样一个完全有根据认为舍尔消息非常灵通、天真地相信舍尔的人,完全是为了利用荒谬的、恶意诽谤的传闻制造实际的恐慌。

二、托洛茨基曾对舍尔和另一个人说,伽马(即用新笔名作遮

① 列宁划掉了“不可靠”,改为“从事奸细活动”。——俄文版编者注

掩的尔·马尔托夫)影射的正是马林诺夫斯基的奸细行为(因为伽马在文章中讲的——下面会谈到这一点——确实是与保安机关的勾结)。首先,托洛茨基这么说表明他非常了解情况,不仅了解尔·马尔托夫知道那些传闻,而且了解尔·马尔托夫**能够影射和可能影射的**是什么。如果"八月联盟派"没有同以尔·马尔托夫为首的取消派著作家小组[①]进行过多次交谈的话,是不可能如此熟悉情况的。

其次,托洛茨基在向一小伙自己的亲密同事[②]解开了马尔托夫居心叵测的、**极其隐秘的**影射(因为马尔托夫藏身在伽马这个笔名之后,自然不会说出他影射的是什么人与保安机关的勾结、哪些勾结)的同时,也扮演了与舍尔不相上下的两面派角色。这是因为,既然瓦·舍尔自己与托洛茨基等人交谈时声称传闻"没有根据",过了两天又将这些传闻**转告**布哈林,还补充了**新炮制的**对马林诺夫斯基住所进行"同志的搜查"的传闻,那么这一事实就足以说明散布传闻的背景[③]。

在这方面,托洛茨基、舍尔和在场的人显然违背了党员的义务,因为也可以**不**立即将沸沸扬扬的传闻具名**报告**给真理派领导机关,但要以认真负责的态度对待这件事,而且必须让**其他**负责的、民主派的领导机关得知这一情况,该机关经过核查后或正式声明传闻完全是荒唐无稽的,或正式认定传闻是真实的并转告给应

① 下面列宁划掉了"直接或通过国家杜马的取消派成员,等等"。——俄文版编者注

② 列宁划掉了"知心朋友",改为"自己的亲密同事"。——俄文版编者注

③ 原为:"那么,在有逻辑思维的人看来,托洛茨基和参与托洛茨基同舍尔交谈的其他人必定会提出继续散布传闻",列宁改为:"那么这一事实就足以说明散布传闻的背景"。——俄文版编者注

该转告的人。对于这一点,真正致力于打击极其恶劣的奸细行为和恶意散布有关奸细行为的诽谤性传闻的行径的民主派,从未有过不同意见。不妨举一个例子:1911 年春,领导机关(伦敦的)成员——布尔什维克收到了一封关于狱中某些人对另一个社会民主党组织的一位极为著名的中央委员会委员①产生怀疑的信。这封信(经过适当摘录)**立即**被转交给该组织②领导机关的一个成员(以及另外两个领导机关的成员③)。[230]由于以这种态度处理问题,当然就**没有**产生和散布关于这位极为著名的工作人员④有奸细行为的任何"传闻",而这位工作人员所属的那个组织⑤的领导机关与信赖他的一些小组一起对种种怀疑进行调查后正式声明,这些怀疑是完全没有根据的。

调查委员会根据真理派领导机关的通报⑥确认,该机关⑦**从来**没有收到过由"八月联盟派"、取消派杜马党团或崩得派的领导机关发出的有关马林诺夫斯基传闻的**任何**通报,尽管自托洛茨基在维也纳向知心朋友解开了马尔托夫居心叵测的、极其隐秘的影射**之后**,托洛茨基以及他的朋友们都已经**根本不再**考虑和指望以他

---

① 列宁划掉了"崩得分子",改为"另一个社会民主党组织的一位极为著名的中央委员会委员"。——俄文版编者注

② 列宁划掉了"崩得",改为"该组织"。——俄文版编者注

③ 列宁划掉了"一个波兰人和一个拉脱维亚人",改为"另外两个领导机关的成员";下面列宁还划掉了"尽管,确切地说,正是因为布尔什维克当时绝对不相信崩得的极端取消派领导者并拒绝与他们有任何政治上的接触"。——俄文版编者注

④ 列宁划掉了"崩得分子",改为"工作人员"。——俄文版编者注

⑤ 列宁划掉了"崩得",改为"这位工作人员所属的那个组织"。——俄文版编者注

⑥ 列宁划掉了"文件",改为"通报"。——俄文版编者注

⑦ 列宁划掉了"确认真理派的领导机关",改为"根据真理派领导机关的通报确认,该机关"。——俄文版编者注

们的力量来制止散布那些**开始**以最卑鄙的(居心叵测的和极其隐秘的)形式渗入报刊的传闻。

决不能以为,在马尔托夫的所有熟人和政治上的朋友中,**只有**托洛茨基而且他**只是**在维也纳向"特别亲近的"人解释过马尔托夫**想说**的那些话。

三、尔·马尔托夫曾用新的、尚且不为人知的笔名伽马在1913年11月的《北方工人报》上撰文反对"真理派",说可能有人或不知姓名的某人与保安机关有勾结(见1913年11月《北方工人报》[231]某号),对尔·马尔托夫这一行为的性质不可能有任何异议。

真理派的报纸针对伽马的文章指出,这是"歇斯底里的呓语",并号召工人们远离取消派营垒中这类卑鄙的著作家(见《真理报》1913年某号[232])。

然而实际上,从上述所有材料来看,这绝不是歇斯底里的呓语,而是**有意**借托洛茨基等人在"私下交谈"中的解谜来**散布**卑鄙的诽谤。

尔·马尔托夫藏身于无论在取消派的报刊上还是在自由派资产阶级报刊上都未曾使用过的新笔名之后,通过报刊来散布对马林诺夫斯基居心叵测的、隐秘的影射,对这一行为无须作进一步的评价①。还必须注意到,马尔托夫(伽马)的文章是于1913年11月发表的。就在这之前,在1913年10月刚刚成立了一个独立的

① 列宁划掉了"这无异于一个人乔装打扮、躲藏在门后偷听,而且日后还要将偷听到的只言片语以极具诽谤性的措辞转告'朋友们'。为了说明尔·马尔托夫这一行为是极其卑鄙、可耻的,还……",改为"对这一行为无须作进一步的评价"。——俄文版编者注

杜马党团，这正是由罗·瓦·马林诺夫斯基领导的俄国社会民主党工人党团[①]。

这个党团的成立和它的活动以及马林诺夫斯基的活动[②]引起自由派和取消派对马林诺夫斯基的极端愤恨与仇视。

不过，只有被自由派对五分之四有组织的工人马克思主义者的代表的仇恨冲昏头脑的尔·马尔托夫才能够采取如此卑鄙的做法。这种做法尔·马尔托夫在国外采取过不止一次。

调查委员会依据上述全部材料，并注意到调查委员会已查明的有关散布马林诺夫斯基有奸细行为传闻的事实，得出如下结论。

散布有关马林诺夫斯基的流言蜚语和诽谤性传闻的是：

第一，沃洛格达流放地的取消派，其中包括[③]亚·伊·维诺格拉多夫；

第二，以瓦·舍尔和H.托洛茨基为首的维也纳"八月联盟派"[④]著作家；

第三，以尔·马尔托夫为首的彼得堡取消派著作家。

---

① 下面列宁划掉了"马林诺夫斯基秉承俄国大多数有组织的工人马克思主义者的意志，领导6省的所有工人代表揭露取消派(他们一再受到党的决议的谴责)瓦解工人运动的行径，使俄国工人阶级的杜马代表资格不再受到取消派代表的扭曲。马林诺夫斯基这样做无疑履行了一个有组织的工人马克思主义者应当履行的义务"(第45—46张)。列宁在这一段文字的前面注明："见第46页"。——俄文版编者注

② 列宁划掉了"显然，这种政治活动……"，改为"这个党团的成立和它的活动以及马林诺夫斯基的活动"。——俄文版编者注

③ 列宁划掉了"以瓦·舍尔和……为首的"，改为"其中包括"。——俄文版编者注

④ 列宁划掉了"取消派"，改为"八月联盟派"。——俄文版编者注

尔·马尔托夫的言论具有[①]恶意诽谤的性质，这一点毫无疑问并且已完全查明，他因马林诺夫斯基卓有成效地开展反对取消派的政治斗争而感到恼火，于是便藏身于一个特殊的新笔名之后，在报刊上隐秘地影射某人与保安机关有勾结，让自己的朋友在私下交谈中解开居心叵测的影射并用这样的方式散布恶毒的诽谤。

关于托洛茨基、瓦·舍尔和亚·伊·维诺格拉多夫，调查委员会确认，他们违背党员的义务、散布传闻（知识分子的播弄是非）而不是向某个负责的正式的领导机关报告的问题属实。本委员会认为，瓦·舍尔的言论及其“同志的搜查”这一说法已构成犯罪[②]。

---

调查委员会认为，与恶意地或不自觉地、轻率地散布流言和谣言的行为进行坚决的、毫不留情的斗争是自己的义务，也是民主派每一个人的义务。

首先，要号召所有觉悟的、联合起来的工人马克思主义者都来讨论整个事件，表明自己对这一事件的态度，并请他们在可能的情况下收集补充材料。

其次，鉴于诽谤者对马林诺夫斯基的政治声誉进行空前的诋毁，要号召俄国民主派所有的人在报刊上发表文章，逐一揭露散布有关马林诺夫斯基传闻的全部事实真相。只有在极其特殊或个别的情况下，也就是在“交谈”的人名、地点、日期和内容不能公布的

---

① 下面划掉了“最卑鄙和无耻的”。——俄文版编者注

② 此处划掉了“这种散布传闻的行为在多大程度上具有取消派对自己的政敌进行恶毒的政治报复的性质或‘纯粹的’知识分子拨弄是非（对其作用的不理解要么可能是一时糊涂，要么可能是才智非常有限）的性质，调查委员会没有准确的材料，因此这个问题悬而未决”，改为“本委员会认为，瓦·舍尔的言论及其‘同志的搜查’这一说法已构成犯罪”。——俄文版编者注

情况下(这种情况在马林诺夫斯基事件中**极为**少见),才可找某一领导机关或布尔采夫谈。

只有整个正直的民主派的这种主动性和最广泛的公开性才能制止尔·马尔托夫式著作家[①]的行为和他们采用的斗争手段。

有关罗·瓦·马林诺夫斯基
卑鄙传闻扩散案调查委员会

1914年7月

载于1993年俄罗斯《历史问题》杂志第12期

译自1999年《不为人知的列宁文献(1891—1922)》俄文版第161—176页

① 原为"舞文弄墨的切别里亚奇卡们",列宁改为"尔·马尔托夫式著作家"。——俄文版编者注

# 注　　释

1　指八月联盟。

八月联盟是俄国社会民主工党第六次全国代表会议后试图与党对抗的各个派别结成的联合组织，1912年8月12—20日(8月25日—9月2日)在维也纳举行的代表会议上成立，倡议者是列·达·托洛茨基。出席会议的代表共29名，其中有表决权的代表18名：彼得堡"中央发起小组"2名，崩得4名，高加索区域委员会4名，拉脱维亚边疆区社会民主党中央4名，莫斯科调和派小组1名，塞瓦斯托波尔、克拉斯诺亚尔斯克和黑海舰队水兵组织各1名；有发言权的代表11名：组织委员会代表2名，维也纳《真理报》代表1名，《社会民主党人呼声报》代表1名，《涅瓦呼声报》代表1名，莫斯科取消派小组代表1名，波兰社会党"左派"代表4名和以个人身份参加的尤·拉林。29人中只有3人来自俄国国内，其余都是同地方工作没有直接联系的侨民。普列汉诺夫派——孟什维克护党派拒绝出席这一会议。前进派代表出席后很快就退出了。代表会议通过的纲领没有提出建立民主共和国和没收地主土地的口号，没有提出民族自决权的要求，而仅仅提出了宪法改革、全权杜马、修订土地立法、结社自由、"民族文化自治"等自由派的要求。八月联盟还号召取消秘密的革命党。代表会议选出了试图与俄国社会民主工党中央委员会抗衡的组织委员会，但它在俄国国内只得到少数取消派小组、《光线报》和孟什维克七人团的承认。八月联盟成立后只经过一年多的时间就瓦解了。关于八月联盟的瓦解，可参看列宁的《"八月"联盟的瓦解》、《"八月联盟"的空架子被戳穿了》、《论高喊统一而实则破坏统一的行为》(本卷第1—4、30—33、197—219页)。——1。

**2** 《光线报》(«Луч»)是俄国孟什维克取消派的合法报纸(日报),1912年9月16日(29日)—1913年7月5日(18日)在彼得堡出版,共出了237号。为该报撰稿的有帕·波·阿克雪里罗得、费·伊·唐恩、弗·叶若夫(谢·奥·策杰尔包姆)、诺·尼·饶尔丹尼亚、弗·科索夫斯基等。该报主要靠自由派捐款维持。对该报实行思想领导的是组成原国外取消派机关报《社会民主党人呼声报》编辑部的尔·马尔托夫、阿克雪里罗得、亚·马尔丁诺夫和唐恩。该报反对布尔什维克的革命策略,鼓吹建立所谓"公开的党"的机会主义口号,反对工人的革命的群众性罢工,企图修正党纲的最重要的论点。列宁称该报是叛徒的机关报。从1913年7月11日(24日)起,《光线报》依次改用《现代生活报》、《新工人报》、《北方工人报》和《我们的工人报》等名称出版。——1。

**3** 1912年一月代表会议即俄国社会民主工党第六次全国代表会议,于1912年1月5—17日(18—30日)在布拉格举行,会址在布拉格民众文化馆捷克社会民主党报纸编辑部内。

这次代表会议共代表20多个党组织。出席会议的有来自彼得堡、莫斯科、中部工业地区、萨拉托夫、梯弗利斯、巴库、尼古拉耶夫、喀山、基辅、叶卡捷琳诺斯拉夫、德文斯克和维尔诺的代表。由于警察的迫害和其他方面的困难,叶卡捷琳堡、秋明、乌法、萨马拉、下诺夫哥罗德、索尔莫沃、卢甘斯克、顿河畔罗斯托夫、巴尔瑙尔等地党组织的代表未能到会,但这些组织都送来了关于参加代表会议的书面声明。出席会议的还有中央机关报《社会民主党人报》编辑部、《工人报》编辑部、国外组织委员会、俄国社会民主工党中央运输组等单位的代表。代表会议的代表中有两位孟什维克护党派分子Д.М.施瓦尔茨曼和雅·达·捷文,其余都是布尔什维克。这次代表会议实际上起了代表大会的作用。

出席代表会议的一批代表和俄国组织委员会的全权代表曾经写信给拉脱维亚边疆区社会民主党中央委员会、崩得中央委员会、波兰和立陶宛社会民主党总执行委员会以及国外各集团,请它们派代表出席代表会议,但被它们所拒绝。马·高尔基因病没有到会,他曾写信给代表们表示祝贺。

列入代表会议议程的问题是:报告(俄国组织委员会的报告,各地方以及中央机关报和其他单位的报告)；确定会议性质；目前形势和党的任务；第四届国家杜马选举；杜马党团；工人国家保险；罢工运动和工会；“请愿运动”；关于取消主义；社会民主党人在同饥荒作斗争中的任务；党的出版物；组织问题；党在国外的工作；选举；其他事项。

列宁代表中央机关报编辑部出席代表会议，领导了会议的工作。列宁致了开幕词，就确定代表会议的性质讲了话，作了关于目前形势和党的任务的报告和关于社会党国际局的工作的报告，并在讨论中央机关报工作、关于社会民主党在同饥荒作斗争中的任务、关于组织问题、关于党在国外的工作等问题时作了报告或发了言。他起草了议程上所有重要问题的决议案，代表会议通过的决议也都经过他仔细审定。

代表会议的一项最重要的工作是从党内清除机会主义者。当时取消派聚集在两家合法杂志——《我们的曙光》和《生活事业》——的周围。代表会议宣布“《我们的曙光》和《生活事业》集团的所作所为已使它们自己完全置身于党外”，决定把取消派开除出俄国社会民主工党。代表会议谴责了国外反党集团——孟什维克呼声派、前进派和托洛茨基分子——的活动，认为必须在国外建立一个在中央委员会监督和领导下进行协助党的工作的统一的党组织。代表会议还通过了关于党的工作的性质和组织形式的决议，批准了列宁提出的党的组织章程修改草案。

代表会议共开了23次会议，对各项决议进行了详细的讨论(《关于党的工作的性质和组织形式》这一决议，是议程上的组织问题与罢工运动和工会问题的共同决议)。会议的记录至今没有发现，只保存了某些次会议的片断的极不完善的记录。会议的决议由中央委员会于1912年以小册子的形式在巴黎出版。

布拉格代表会议恢复了党，选出了中央委员会，并由它重新建立了中央委员会俄国局。当选为中央委员的是：列宁、菲·伊·戈洛晓金、格·叶·季诺维也夫、格·康·奥尔忠尼启则、苏·斯·斯潘达良、施瓦尔茨曼、罗·瓦·马林诺夫斯基(后来发现是奸细)。在代表会议结束时召开的中央委员会全会决定增补伊·斯·别洛斯托茨基和斯大林为中央委员。过了一段时间又增补格·伊·彼得罗夫斯基和雅·米·

斯维尔德洛夫为中央委员。代表会议还决定安·谢·布勃诺夫、米·伊·加里宁、亚·彼·斯米尔诺夫、叶·德·斯塔索娃和斯·格·邵武勉为候补中央委员。代表会议选出了以列宁为首的《社会民主党人报》编辑委员会,并选举列宁为俄国社会民主工党驻社会党国际局的代表。

这次代表会议规定了党在新的条件下的政治路线和策略,决定把取消派开除出党,对俄国社会民主工党这一新型政党的进一步发展和巩固党的统一具有决定性意义。

关于这次代表会议,参看《俄国社会民主工党第六次(布拉格)全国代表会议文献》(本版全集第21卷)。——1。

**4** 指1912年8月成立的"八月联盟"的拥护者。——1。

**5** 《斗争》杂志(«Борьба»)是俄国托洛茨基派的刊物,1914年2月22日(3月7日)—7月在彼得堡出版,共出了7期(最后一期是第7—8期合刊)。为该杂志撰稿的有托洛茨基分子、取消派分子和部分前进派分子。该杂志自称"非派别性工人杂志",实际上贯彻八月联盟的思想,是中派主义的中心。——1。

**6** 《北方工人报》(«Северная Рабочая Газета»)是俄国孟什维克取消派的合法报纸(日报),1914年1月30日(2月12日)—5月1日(14日)代替《新工人报》在彼得堡出版。同年5月3日(16日)起,该报改用《我们的工人报》的名称出版。列宁在文章中常讽刺地称该报为《北方取消派报》和《我们的取消派报》。——2。

**7** 《我们的曙光》杂志(«Наша Заря»)是俄国孟什维克取消派的合法的社会政治刊物(月刊),1910年1月—1914年9月在彼得堡出版。领导人是亚·尼·波特列索夫,撰稿人有帕·波·阿克雪里罗得、费·伊·唐恩、尔·马尔托夫、亚·马尔丁诺夫等。围绕着《我们的曙光》杂志形成了俄国取消派中心。第一次世界大战一开始,该杂志就采取了社会沙文主义立场。——2。

**8** 两条"鲸鱼"是指俄国社会民主工党最低纲领中的建立民主共和国和没

收地主全部土地这两个基本要求。

根据俄国民间传说的说法，地球是由三条鲸鱼的脊背支撑着的。布尔什维克常借用这一传说，在合法报刊和公开集会上以三条"鲸鱼"暗指建立民主共和国、没收地主全部土地、实行八小时工作制这三个基本革命口号。——3。

**9** 七人团是指俄国第四届国家杜马中的7名孟什维克代表：外高加索选出的尼·谢·齐赫泽、马·伊·斯柯别列夫、阿·伊·契恒凯里，顿河军屯州选出的伊·尼·图利亚科夫，乌法省选出的瓦·伊·豪斯托夫，塔夫利达省选出的安·法·布里扬诺夫，伊尔库茨克省选出的伊·尼·曼科夫。——4。

**10** 六个工人代表（六人团）是指俄国第四届国家杜马社会民主党党团中的6名布尔什维克代表：彼得堡省选出的阿·叶·巴达耶夫，叶卡捷琳诺斯拉夫省选出的格·伊·彼得罗夫斯基，哈尔科夫省选出的马·康·穆拉诺夫，弗拉基米尔省选出的费·尼·萨莫伊洛夫，科斯特罗马省选出的尼·罗·沙果夫，莫斯科省选出的罗·瓦·马林诺夫斯基（后来发现是奸细）。6名布尔什维克代表来自占俄国工人总数五分之四的6个主要工业中心，并且都是工人选民团的代表。

在第四届国家杜马初期，布尔什维克代表和孟什维克代表组成了联合的社会民主党党团。孟什维克依仗其多数，企图贯彻执行取消派的口号，因而党团内部从一开始就存在着尖锐的矛盾。有党的工作者参加的俄国社会民主工党中央委员会夏季会议讨论了国家杜马党团问题。会议指出：孟什维克利用其偶然得到的多数，侵犯6个工人代表的基本权利，使党团的统一受到了威胁；只有党团两个部分权利完全平等，联合的党团才能继续存在下去。1913年10月1日（14日），在列宁主持下召开了有国家杜马布尔什维克代表参加的中央委员会小型会议，讨论和确定了布尔什维克代表应采取的具体步骤。根据会议的决定，布尔什维克代表在10月16日（29日）召开的社会民主党党团会议上，向孟什维克代表提出了一项最后通牒，要求六人团和七人团在解决党团内一切问题上权利平等。由于没有获得满意答复，布尔什维克代表退出了会议。次日，他们把列宁起草并经中央委员会讨论过的一项声明（见本版全集第 24 卷第 85—87 页）交给了七人团。10 月 25 日（11 月 7 日），七人团在正式答复中拒绝承认六人团享有平等权利。布尔什维克代表随即宣布自己组成独立的党团，并向七人团建议双方在杜马讲坛上采取共同行动。根据列宁的建议，布尔什维克党团的名称确定为俄国社会民主党工人党团。

与此同时，根据列宁的指示，《拥护真理报》就杜马党团的问题进行了集中的宣传报道。10 月 18 日（31 日），该报发表了由布尔什维克代表署名的上述给七人团的声明。该报引用数字证明多数工人站在布尔什维克代表一边。10 月 20 日和 26 日（11 月 2 日和 8 日），该报又发表了六人团的两篇告全体工人书，叙述了分裂的经过，号召工人支持布尔什维克代表。10 月 29 日（11 月 11 日），该报在发表布尔什维克代表关于建立独立党团的声明的同时，刊载了列宁的长篇文章《关于社会民主党杜马党团内部斗争问题的材料》（见本版全集第 24 卷）。该报还在《工人支持自己的工人代表》的总标题下发表了大量工人集会的决议。列宁的《工人对在国家杜马中成立俄国社会民主党工人党团的反应》一文（见本卷第 421—429 页）对这些决议作了概括性的论述。——4。

**11** 《**告乌克兰工人书**》用乌克兰文发表于 1914 年 6 月 29 日《劳动的真理报》第 28 号，署名奥克先·洛拉。它号召工人们不分民族地联合起来同资本作斗争，并在《劳动的真理报》出版《乌克兰工人专页》。

《告乌克兰工人书》的草稿是列宁在 1914 年春天用俄文写的，原来打算在《真理之路报》的附刊《矿工专页》上发表。后来他托伊涅萨·阿尔曼德将草稿转寄给了洛拉（弗·斯捷潘纽克），建议洛拉用乌克兰文发表这个《告乌克兰工人书》。他认为，重要的是由乌克兰社会民主党人发出主张统一而反对按民族划线分裂工人的呼声。他说，如果用乌克兰人的口吻来转述我的草稿，并加上几个生动的乌克兰例子，那就再好没有了。

《乌克兰工人专页》未能出版。列宁《为奥克先·洛拉的〈告乌克兰工人书〉加的〈编者按〉》，见本卷第 379 页。——5。

**12** 《劳动的真理报》(«Трудовая Правда»)是俄国布尔什维克的合法报纸，1914年5月23日(6月5日)—7月8日(21日)代替被沙皇政府查封的《真理报》在彼得堡出版，共出了35号。——6。

**13** 《矿工专页》(«Шахтерский Листок»)是在顿巴斯矿工的倡议下由工人募捐在彼得堡出版的小报，第1号作为1914年3月16日(29日)《真理之路报》第38号的附刊出版，第2号作为1914年5月4日(17日)《真理之路报》第77号的附刊出版。——6。

**14** 《新时报》(«Новое Время»)是俄国报纸，1868—1917年在彼得堡出版。出版人多次更换，政治方向也随之改变。1872—1873年采取进步自由主义的方针。1876—1912年由反动出版家阿·谢·苏沃林掌握，成为俄国最没有原则的报纸。1905年起是黑帮报纸。1917年二月革命后，完全支持资产阶级临时政府的反革命政策，攻击布尔什维克。1917年10月26日(11月8日)被查封。——8。

**15** 十月党人是俄国十月党的成员。十月党(十月十七日同盟)代表和维护大工商业资本家和按资本主义方式经营的大地主的利益，属于自由派的右翼。该党于1905年11月成立，名称取自沙皇1905年10月17日宣言。十月党的主要领导人是大工业家和莫斯科房产主亚·伊·古契柯夫、大地主米·弗·罗将柯，活动家有彼·亚·葛伊甸、德·尼·希波夫、米·亚·斯塔霍维奇、尼·阿·霍米亚科夫等。十月党完全拥护沙皇政府的对内对外政策，支持政府镇压革命的一切行动，主张用调整租地、组织移民、协助农民退出村社等办法解决土地问题。第一次世界大战期间，号召支持政府，后来参加了军事工业委员会的活动，曾同立宪民主党等结成"进步同盟"，主张把帝国主义战争进行到最后胜利，并通过温和的改革来阻止人民革命和维护君主制。二月革命后，该党参加了资产阶级临时政府。十月革命后，十月党人反对苏维埃政权，在白卫分子政府中担任要职。——9。

**16** 劳动派分子是俄国国家杜马中的农民代表和民粹派知识分子代表组成的小资产阶级民主派集团劳动派(劳动团)的成员。劳动派于1906年

4月成立。领导人是阿·费·阿拉季因、斯·瓦·阿尼金等。劳动派要求废除一切等级限制和民族限制，实行自治机关的民主化，用普选制选举国家杜马。劳动派的土地纲领要求建立由官地、皇族土地、皇室土地、寺院土地以及超过劳动土地份额的私有土地组成的全民地产，由农民普选产生的地方土地委员会负责进行土地改革，这反映了全体农民的土地要求，同时它又容许赎买土地，则是符合富裕农民阶层利益的。在国家杜马中，劳动派动摇于立宪民主党和布尔什维克之间。布尔什维克党支持劳动派的符合农民利益的社会经济要求，同时批评它在政治上的不坚定，可是劳动派始终没有成为彻底革命的农民组织。六三政变后，劳动派在地方上停止了活动。第一次世界大战期间，劳动派多数采取沙文主义立场。二月革命后，劳动派积极支持资产阶级临时政府，1917年6月与人民社会党合并为劳动人民社会党。十月革命后，劳动派站在资产阶级反革命势力方面。

人民社会党人是1906年从俄国社会革命党右翼分裂出来的小资产阶级政党人民社会党的成员。人民社会党的领导人有尼·费·安年斯基、韦·亚·米雅柯金、阿·瓦·彼舍霍诺夫、弗·格·博哥拉兹、谢·雅·叶尔帕季耶夫斯基、瓦·伊·谢美夫斯基等。人民社会党提出"全部国家政权应归人民"，即归从无产者到资产阶级知识分子的全体劳动者，主张对地主土地进行赎买和实行土地国有化，但不触动份地和经营"劳动经济"的私有土地。在俄国1905—1907年革命趋于低潮时，该党赞同立宪民主党的路线，六三政变后，因没有群众基础，实际上处于瓦解状态。第一次世界大战期间，持社会沙文主义立场。二月革命后，该党开始恢复组织。1917年6月，同劳动派合并为劳动人民社会党。这个党代表富农利益，积极支持资产阶级临时政府，十月革命后参加反革命阴谋活动和武装叛乱，1918年后不复存在。——12。

**17**　*左派民粹派*就是社会革命党。社会革命党是俄国最大的小资产阶级政党。该党是1901年底—1902年初由南方社会革命党、社会革命党人联合会、老民意党人小组、社会主义土地同盟等民粹派团体联合而成的。成立时的领导人有马·安·纳坦松、叶·康·布列什柯-布列什柯夫斯卡娅、尼·谢·鲁萨诺夫、维·米·切尔诺夫、米·拉·郭茨、格·

安·格尔舒尼等，正式机关报是《革命俄国报》(1901—1904年)和《俄国革命通报》杂志(1901—1905年)。社会革命党人的理论观点是民粹主义和修正主义思想的折中混合物。他们否认无产阶级和农民之间的阶级差别，抹杀农民内部的矛盾，否认无产阶级在资产阶级民主革命中的领导作用。在土地问题上，社会革命党人主张消灭土地私有制，按照平均使用原则将土地交村社支配，发展各种合作社。在策略方面，社会革命党人采用了社会民主党人进行群众性鼓动的方法，但主要斗争方法还是搞个人恐怖。为了进行恐怖活动，该党建立了事实上脱离该党中央的秘密战斗组织。

在1905—1907年俄国第一次革命中，社会革命党曾在农村开展焚烧地主庄园、夺取地主财产的所谓"土地恐怖"运动，并同其他政党一起参加武装起义和游击战，但也曾同资产阶级的解放社签订协议。在国家杜马中，该党动摇于社会民主党和立宪民主党之间。该党内部的不统一造成了1906年的分裂，其右翼和极左翼分别组成了人民社会党和最高纲领派社会革命党人联合会。在斯托雷平反动时期，社会革命党经历了思想上、组织上的严重危机。在第一次世界大战期间，社会革命党的大多数领导人采取了社会沙文主义的立场。1917年二月革命后，社会革命党中央实行妥协主义和阶级调和的政策，党的领导人亚·费·克伦斯基、尼·德·阿夫克森齐耶夫、切尔诺夫等参加了资产阶级临时政府。七月事变时期该党公开转向资产阶级方面。社会革命党中央的妥协政策造成党的分裂，左翼于1917年12月组成了一个独立政党——左派社会革命党。十月革命后，社会革命党人(右派和中派)公开进行反苏维埃的活动，在国内战争时期进行反对苏维埃政权的武装斗争，对共产党和苏维埃政权的领导人实行个人恐怖。内战结束后，他们在"没有共产党人参加的苏维埃"的口号下组织了一系列叛乱。1922年，社会革命党彻底瓦解。——12。

**18** 《俄国财富》杂志(«Русское Богатство»)是俄国科学、文学和政治刊物。1876年创办于莫斯科，同年年中迁至彼得堡。1879年以前为旬刊，以后为月刊。1879年起成为自由主义民粹派的刊物。1892年以后由尼·康·米海洛夫斯基和弗·加·柯罗连科领导，成为自由主义民粹派的中心，在其周围聚集了一批政论家，他们后来成为社会革命党、人民社会党和历届国家杜马中的劳动派的著名成员。在1893年以后的几年中，曾同马克思主义者展开理论上的争论。为该杂志撰稿的也有一些现实主义作家。1906年成为人民社会党的机关刊物。1914年至1917年3月以《俄国纪事》为刊名出版。1918年被查封。——12。

**19** 萨拉兹金的演说是指百万富商、下诺夫哥罗德集市和交易所委员会主席阿·谢·萨拉兹金在该委员会于1913年8月16日(29日)为欢迎大臣会议主席弗·尼·科科夫佐夫前来集市而举行的特别会议上发表的讲话。萨拉兹金在讲话中代表全俄商业界向科科夫佐夫提出请求，认为“迫切需要”按照1905年10月17日沙皇宣言实行根本的政治改革。他还表示，工商业家愿意“积极参加社会自治和国家建设事业”。

列宁在自己的文章中不止一次地谈到萨拉兹金的这个讲话(见本版全集第23卷《俄国的资产阶级和俄国的改良主义》、《商人萨拉兹金和著作家费·唐·》、《政治上的原则问题》等文)。

贝利斯案件是沙皇政府和黑帮分子迫害俄国一个砖厂的营业员犹太人门·捷·贝利斯的冤案。贝利斯被控出于宗教仪式的目的杀害了信基督教的俄国男孩A.尤辛斯基，而真正的杀人犯却在司法大臣伊·格·舍格洛维托夫的庇护下逍遥法外。贝利斯案件的侦查工作从1911年持续到1913年。黑帮分子企图利用贝利斯案件进攻民主力量，并策动政变。俄国先进的知识分子以及一些外国社会活动家则仗义执言，为贝利斯辩护。1913年9—10月在基辅对贝利斯案件进行审判。俄国许多城市举行了抗议罢工。布尔什维克还作好准备，一旦贝利斯被判刑，就在彼得堡举行总罢工。贝利斯终于被宣告无罪。——13。

**20** 《新工人报》(«Новая Рабочая Газета»)是俄国孟什维克取消派的合法报纸(日报)，1913年8月8日(21日)—1914年1月23日(2月5日)代替《现代生活报》在彼得堡出版，共出了136号。《新工人报》的实际编辑是费·伊·唐恩。——15。

**21** 国务会议是俄罗斯帝国的最高咨议机关，于1810年设立，1917年二月革命后废除。国务会议审议各部大臣提出的法案，然后由沙皇批准；它本身不具有立法提案权。国务会议的主席和成员由沙皇从高级官员中任命，在沙皇亲自出席国务会议时，则由沙皇担任主席。国家杜马成立以后，国务会议获得了除改变国家根本法律以外的立法提案权。国务会议成员半数改由正教、各省地方自治会议、各省和各州贵族组织、科学院院士和大学教授、工商业主组织、芬兰议会分别选举产生。国务会议讨论业经国家杜马审议的法案，然后由沙皇批准。——17。

**22** 关于民族平等的法律草案（正式名称是《关于废除对犹太人权利的一切限制及与任何民族出身和族籍有关的一切限制的法律草案》）是列宁为第四届国家杜马俄国社会民主党工人党团起草的，显然准备在杜马讨论内务部预算时提出。

法律草案以俄国社会民主党工人党团的名义公布在《真理之路报》上。列宁认为用成千上万个无产者的签名和声明来支持该草案是俄国工人的光荣的事情。他指出：“这将最有效地巩固俄国不分民族的全体工人的**充分**团结，使他们更加打成一片。”（见本卷第 91 页）——19。

**23** 《真理报》（«Правда»）是俄国布尔什维克的合法报纸（日报），1912 年 4 月 22 日（5 月 5 日）起在彼得堡出版。《真理报》是群众性的工人报纸，依靠工人自愿捐款出版，拥有大批工人通讯员和工人作者（它在两年多时间内就刊载了 17 000 多篇工人通讯），同时也是布尔什维克党的实际上的机关报。《真理报》编辑部还担负着党的很大一部分组织工作，如约见基层组织的代表，汇集各工厂党的工作的情况，转发党的指示等。在不同时期参加《真理报》编辑部工作的有斯大林、雅·米·斯维尔德洛夫、尼·尼·巴图林、维·米·莫洛托夫、米·斯·奥里明斯基、康·斯·叶列梅耶夫、米·伊·加里宁、尼·伊·波德沃伊斯基、马·亚·萨韦利耶夫、尼·阿·斯克雷普尼克、马·康·穆拉诺夫等。第四届国家杜马的布尔什维克代表积极参加了《真理报》的工作。列宁在国外领导《真理报》，他筹建编辑部，确定办报方针，组织撰稿力量，并经常给编辑部以工作指示。1912—1914 年，《真理报》刊登了 300 多篇列宁的文章。

《真理报》经常受到沙皇政府的迫害。仅在创办的第一年，编辑们就被起诉过36次，共坐牢48个月。1912—1914年出版的总共645号报纸中，就有190号受到种种阻挠和压制。报纸被查封8次，每次都变换名称继续出版。1913年先后改称《工人真理报》、《北方真理报》、《劳动真理报》、《拥护真理报》；1914年相继改称《无产阶级真理报》、《真理之路报》、《工人日报》、《劳动的真理报》。1914年7月8日（21日），即在第一次世界大战前夕，沙皇政府下令禁止《真理报》出版。

1917年二月革命后，《真理报》于3月5日（18日）复刊，成为俄国社会民主工党中央委员会和彼得堡委员会的机关报。列宁于4月3日（16日）回到俄国，5日（18日）就加入了编辑部，直接领导报纸工作。1917年七月事变中，《真理报》编辑部于7月5日（18日）被士官生捣毁。7月15日（28日），资产阶级临时政府正式下令查封《真理报》。7—10月，该报不断受到资产阶级临时政府的迫害，先后改称《〈真理报〉小报》、《无产者报》、《工人日报》、《工人之路报》。1917年10月27日（11月9日），《真理报》恢复原名，继续作为俄国社会民主工党中央委员会的机关报出版。1918年3月16日起，《真理报》改在莫斯科出版。——25。

**24** 指拉脱维亚边疆区社会民主党第四次代表大会。

拉脱维亚边疆区社会民主党第四次代表大会于1914年1月13—26日（1月26日—2月8日）在布鲁塞尔召开。参加代表大会的共35人，其中有表决权的18人，有发言权的11人，来宾6人。在有表决权的代表中，布尔什维克和孟什维克各8人，调和派2人。列宁作为布尔什维克党中央委员会的代表应邀出席了大会。

这次代表大会是在该党内部布尔什维克和孟什维克进行尖锐斗争的形势下召开的。1913年底前，该党所有中央机关都被孟什维克取消派和调和派所夺取。布尔什维克组成了自己的派别，其组织中心是拉脱维亚边疆区社会民主党国外小组联合会。列宁积极参加了筹备和召开代表大会的工作。大会前他曾同拉脱维亚的布尔什维克进行了频繁的通信，到柏林和巴黎去亲自会见他们，了解大会的筹备、组成以及大会上可能出现的斗争结局等等问题。在代表大会上列宁作了关于拉脱维亚边疆区社会民主党对俄国社会民主工党和对杜马党团分裂一事的态度的报告，参加了布尔什维克代表的会议，帮助他们准备决议草案。代表大会前夕，即1914年1月12日(25日)晚，列宁在布鲁塞尔向大会的代表们就民族问题作了专题报告，阐述了布尔什维克在民族问题上的理论与策略。

代表大会在拉脱维亚边疆区社会民主党对俄国社会民主工党和对杜马党团分裂一事的态度问题上展开了特别尖锐的斗争，最后通过了布尔什维克的决议。这个决议的草案是列宁写的。由于列宁和拉脱维亚布尔什维克在代表大会上对调和主义倾向进行了有力的斗争，拉脱维亚社会民主党人终于退出了八月联盟。列宁认为这是对托洛茨基的联盟的“致命打击”。

在列宁直接参加下召开的这次代表大会是拉脱维亚边疆区社会民主党历史上的一个转折。代表大会选举了持布尔什维克立场的中央委员会。党的中央机关报《斗争报》也转到了布尔什维克的拥护者一边。——26。

**25** 为了应付沙皇政府的书报检查制度，列宁在引用拉脱维亚边疆区社会民主党第四次代表大会决议时作了“必要的变动”：用“全体拉脱维亚工人马克思主义者的代表”代替“拉脱维亚边疆区社会民主党代表大会”；用“马克思主义者整体”代替“俄国社会民主工党”；用“1908年12月和1910年1月全俄马克思主义者代表机关”代替“1908年12月全国代表会议和1910年1月俄国社会民主工党中央全会”；用“自己的领导机关”代替“拉脱维亚边疆区社会民主党中央委员会”。——26。

**26** 指1907年俄国社会民主工党第五次(伦敦)代表大会、1908年俄国社会民主工党第五次全国代表会议和1910年1月俄国社会民主工党中央全会的决议。——27。

**27** 齐赫泽党团指以尼·谢·齐赫泽为首的俄国第四届国家杜马中的孟什维克党团，1916年其成员为马·伊·斯柯别列夫、伊·尼·图利亚科夫、瓦·伊·豪斯托夫、齐赫泽和阿·伊·契恒凯里。第一次世界大战期间，该党团采取中派立场，实际上全面支持俄国社会沙文主义者。列宁对齐赫泽党团的机会主义路线的批判，见《组织委员会和齐赫泽党团有没有自己的路线?》、《齐赫泽党团及其作用》(本版全集第27卷和第28卷)等文。——27。

**28** 民族文化自治是奥地利社会民主党人奥·鲍威尔和卡·伦纳制定的资产阶级民族主义的解决民族问题的纲领。俄国孟什维克取消派和崩得分子都提出过民族文化自治的要求。1903年俄国社会民主工党第二次代表大会在讨论党纲草案时否决了崩得分子提出的增补民族文化自治内容的建议。列宁对民族文化自治的批判，见《关于民族问题的批评意见》、《论"民族文化"自治》、《论民族自决权》(本版全集第24卷和本卷)等著作。——27。

**29** 波兰社会党"左派"原为波兰社会党内的左派。波兰社会党是以波兰社会党人巴黎代表大会(1892年11月)确定的纲领方针为基础于1893年成立的。这次代表大会提出了建立独立民主共和国、为争取人民群众的民主权利而斗争的口号，但是没有把这一斗争同俄国、德国和奥匈帝国的革命力量的斗争结合起来。该党右翼领导人约·皮尔苏茨基等认为恢复波兰国家的唯一道路是民族起义，而不是以无产阶级为领导的全俄反对沙皇的革命。从1905年2月起，以马·亨·瓦列茨基、费·雅·柯恩等为首的左派逐步在党内占了优势。1906年11月在维也纳召开的波兰社会党第九次代表大会把皮尔苏茨基及其拥护者开除出党，该党遂分裂为两个党:波兰社会党"左派"和波兰社会党"革命派"("右派"，亦称弗腊克派)。

波兰社会党"左派"反对皮尔苏茨基分子的民族主义及其恐怖主义和密谋策略，主张同全俄工人运动密切合作，认为只有在全俄革命运动胜利基础上才能解决波兰劳动人民的民族解放和社会解放问题。在1908—1910年期间，主要通过工会、文教团体等合法组织进行活动。该党不同意孟什维克关于在反对专制制度斗争中的领导权属于资产阶级的论点，可是支持孟什维克反对第四届国家杜马中的布尔什维克代表。第一次世界大战爆发后，该党持国际主义立场，参加了1915年的齐美尔瓦尔德会议和1916年的昆塔尔会议。该党欢迎俄国十月革命。1918年12月,该党同波兰王国和立陶宛社会民主党一起建立了波兰共产主义工人党(1925年改称波兰共产党,1938年解散)。

波兰社会党“革命派”于1909年重新使用波兰社会党的名称,强调通过武装斗争争取波兰独立,但把这一斗争同无产阶级的阶级斗争割裂开来。从第一次世界大战开始起,该党的骨干分子参加了皮尔苏茨基站在奥德帝国主义一边搞的军事政治活动(成立波兰军团)。1917年俄国二月革命后,该党转而对德奥占领者采取反对立场,开展争取建立独立的民主共和国和进行社会改革的斗争。1918年该党参加创建独立的资产阶级波兰国家,1919年同原普鲁士占领区的波兰社会党和原奥地利占领区的加利西亚和西里西亚波兰社会民主党合并。该党不反对地主资产阶级波兰对苏维埃俄国的武装干涉,并于1920年7月参加了所谓国防联合政府。1926年该党支持皮尔苏茨基发动的政变,同年11月由于拒绝同推行“健全化”的当局合作而成为反对党。1939年该党解散。——27。

**30** 崩得是立陶宛、波兰和俄罗斯犹太工人总联盟的简称,1897年9月在维尔诺成立。参加这个组织的主要是俄国西部各省的犹太手工业者。崩得在成立初期曾进行社会主义宣传,后来在争取废除反犹太特别法律的斗争过程中滑到了民族主义立场上。在1898年俄国社会民主工党第一次代表大会上,崩得作为只在专门涉及犹太无产阶级问题上独立的“自治组织”,加入了俄国社会民主工党。在1903年俄国社会民主工党第二次代表大会上,崩得分子要求承认崩得是犹太无产阶级的唯一代表。在代表大会否决了这个要求之后,崩得退出了党。根据1906年俄国社会民主工党第四次(统一)代表大会决议,崩得重新加入了党。从1901年起,崩得是俄国工人运动中民族主义和分离主义的代表。它在党内一贯支持机会主义派别(经济派、孟什维克和取消派),反对布尔什维克。第一次世界大战期间,崩得分子采取社会沙文主义立场。1917年二月革命后,崩得支持资产阶级临时政府。1918—1920年外国武装干涉和国内战争时期,崩得的领导人同反革命势力勾结在一起,而一般的崩得分子则开始转变,主张同苏维埃政权合作。1921年3月崩得自行解散，部分成员加入俄国共产党（布）。——31。

**31** 这是列·尼·托尔斯泰在给尼·瓦·奥尔洛夫的画册《俄国的农夫》（1909年版）所写的序言中说的。——34。

**32** 指1900年《生活》杂志第2期上刊登的彼·伯·司徒卢威的《劳动价值理论的主要二律背反》一文。

《生活》杂志（«Жизнь»）是俄国文学、科学和政治刊物（月刊），1897—1901年在彼得堡出版。该杂志从1899年起成为合法马克思主义者的机关刊物，实际领导者是弗·亚·波谢，撰稿人有米·伊·杜冈-巴拉诺夫斯基、彼·伯·司徒卢威等。该杂志刊登过列宁的《农业中的资本主义》和《答普·涅日丹诺夫先生》两文（见本版全集第4卷）。在小说文学栏发表过马·高尔基、安·巴·契诃夫、亚·绥·绥拉菲莫维奇、伊·阿·布宁等的作品。该杂志于1901年6月被沙皇政府查封。1902年4—12月，该杂志由弗·德·邦契-布鲁耶维奇、波谢、维·米·韦利奇金娜等组织的生活社在国外复刊，先后在伦敦和日内瓦出了6期，另外出了《〈生活〉杂志小报》12号和《〈生活〉杂志丛书》若干种。——38。

**33** 指俄国作家费·米·陀思妥耶夫斯基的长篇小说《卡拉玛佐夫兄弟》中的律师费丘科维奇。这位律师强词夺理地为杀死生父、抢夺巨款的罪犯德米特里开脱罪责说："……我要否定这个抢劫罪名：既然无法确切指出究竟抢劫了多少，就无法定抢劫之罪，这是一条公理！那么他到底杀了人没有呢？难道会不谋财而去害命么？"（见该书第4部第12册第11章）——47。

**34** 关于成立领导秘密工作的中央组织部的决议是俄国社会民主工党中央委员会在1914年4月2—4日（15—17日）于克拉科夫举行的会议上通过的。中央委员会这几次会议是在列宁主持下进行的，来自俄国国内的布尔什维克杜马党团代表格·伊·彼得罗夫斯基参加了会议。

中央委员会会议研究了关于召开俄国社会民主工党例行代表大会的准备工作、关于举办工人出版节、关于在农民中进行工作、关于杜马事务和关于布尔什维克杜马党团的工作报告、关于国际妇女代表会议、关于第二国际维也纳代表大会、关于五一节传单的准备以及其他问题。

在讨论关于成立领导秘密工作的中央组织部问题并通过关于这一问题的决议之后，列宁提议选派党的著名工作者米·伊·加里宁、阿·谢·基谢廖夫等人以及保险运动中的工人积极分子参加中央组织部。

中央委员会决定委托国外的中央委员负责起草俄国社会民主工党中央委员会向第二国际维也纳代表大会的报告。中央委员会的这一委托是由列宁完成的。他于 1914 年 4—5 月间写成了《俄国社会民主工党中央委员会向第二国际维也纳代表大会的报告的提纲》(见本卷第 132—135 页)。——57。

**35** 指原定于在 1914 年 8 月维也纳国际社会党代表大会期间召开的俄国社会民主工党例行代表大会。为筹备这次代表大会，在中央委员会俄国委员会下面成立了组织委员会，同时还决定在莫斯科、高加索、南方和乌拉尔也成立相应的委员会。到 1914 年 7 月底，代表大会的筹备工作已基本完成。预定在大会上讨论的问题有：中央委员会的工作报告、各地的工作报告、政治局势、党的组织任务、罢工运动的任务、保险运动的策略、对最低纲领的若干补充、民族问题、同社会党国际局召开的会议有关的取消派问题、参加资产阶级报刊工作以及其他迫切问题。这次代表大会由于第一次世界大战的爆发而未能召开，但是为筹备代表大会所做的工作对加强与巩固党组织起了很大作用。——57。

**36** 《论工人运动的形式(同盟歇业和马克思主义的策略)》一文是针对彼得堡的厂主于 1914 年 3 月 20 日(4 月 2 日)宣布同盟歇业而写的。

1914 年 3 月，彼得堡的“三角”工厂发生了大量女工中毒事件。这一事件激起首都的无产者的普遍愤慨，他们举行了抗议罢工。为了对付罢工，彼得堡的厂主们宣布了同盟歇业。一天之内就有 7 万工人被赶出工厂。厂主们企图挑动工人举行大规模罢工，以便轻而易举地把工人运动镇压下去。但是，布尔什维克领导下的工人没有上当。鉴于在同盟歇业的情况下不宜举行大规模罢工，《真理报》号召工人采取其他的斗争形式，如在工厂里举行群众集会，在街头举行革命游行示威。

俄国社会民主工党彼得堡委员会散发了传单，号召工人在 1914 年 4 月 4 日勒拿惨案两周年纪念日举行游行示威。

在举行游行示威那天，《真理之路报》第 54 号作为编辑部文章刊登了列宁写的《论工人运动的形式》一文。文章用书报检查机关难以察觉的形式号召工人贯彻执行有党的工作者参加的俄国社会民主工党中央委员会克拉科夫会议的决议，寻找“反击同盟歇业的新的斗争方法”和“用革命的群众大会和革命的街头游行示威”来代替政治罢工。列宁特别强调指出革命游行示威的重大意义。

工人领会了党的号召，举行了强大的革命的游行示威。所有的资产阶级报纸都报道了这次游行示威。取消派的《北方工人报》登载了关于游行示威情况的报道，但隐瞒了彼得堡委员会散发传单的事实，而且还反对列宁的《论工人运动的形式》一文。取消派在工人和资本家进行激烈斗争的日子里号召工人“保持镇静”，并对布尔什维克组织革命游行示威进行攻击。列宁指出取消派的行为简直是怪事，他们对待 4 月 4 日游行示威的态度是破坏秘密工作的一个典型事例。列宁在他写的俄国社会民主工党中央委员会向布鲁塞尔会议的报告中着重揭露了取消派的行为(见本卷第 392—396 页)。——58。

**37** 指 1912 年 4 月 4 日(17 日)沙皇军队枪杀西伯利亚勒拿金矿工人的事件。勒拿金矿工人因不堪资本家的残酷剥削和压迫，于 1912 年 2 月底开始举行罢工。3 月中旬，罢工席卷各矿，参加者达 6 000 余人。罢工者提出实行八小时工作制、增加工资、取消罚款、提供医疗救护、改善供应和居住条件等要求。布尔什维克帕·尼·巴塔绍夫是领导罢工的总委员会主席。沙皇当局调动军队镇压罢工，于 4 月 3 日(16 日)夜逮捕了几乎全部罢工委员会成员。4 月 4 日(17 日)，2 500 名工人前往纳杰日金斯基矿向检察机关的官员递交申诉书。士兵们奉命向工人开枪，当场死 270 人，伤 250 人。勒拿惨案激起了全俄工人的愤怒，俄国革命运动从此迅速地向前发展。——59。

**38** 指 1912 年 12 月 26 日—1913 年 1 月 1 日(1913 年 1 月 8—14 日)在克拉科夫举行的有党的工作者参加的俄国社会民主工党中央委员会会

议，出于保密考虑定名为二月会议。出席会议的有中央委员列宁、斯大林、格·叶·季诺维也夫等，第四届国家杜马布尔什维克代表阿·叶·巴达耶夫、格·伊·彼得罗夫斯基、尼·罗·沙果夫，党的工作人员娜·康·克鲁普斯卡娅、列·波·加米涅夫、B.H.洛博娃以及由彼得堡、莫斯科地区、南方、乌拉尔和高加索的秘密的党组织选派的代表。克拉科夫会议是在列宁主持下进行的。他作了《革命高潮、罢工和党的任务》、《关于对取消主义的态度和关于统一》这两个报告，起草和审定了会议的全部决议，草拟了俄国社会民主工党中央委员会关于这次会议的《通报》。会议通过了关于党在革命新高潮中和罢工运动发展中的任务、关于秘密组织的建设、关于社会民主党杜马党团的工作、关于保险运动、关于党的报刊、关于民族的社会民主党组织、关于反对取消主义的斗争和关于无产阶级政党的统一等决议（见本版全集第 22 卷第 269—288 页）。这些决议对党的巩固和统一、对扩大和加强党和广大劳动群众的联系、对制定在工人运动不断高涨的条件下党的工作的新方式都起了很大作用。——59。

**39** 指 1914 年 3 月 2 日（15 日）在彼得堡举行的全俄保险理事会工人团的选举。

1912 年 6 月 23 日（7 月 6 日），沙皇政府颁布了工人保险法。根据这个法律，在俄国将设立伤病救济基金会和各级保险机关。由于种种限制，有权享受此项保险的不及职工总人数的十分之一，救济金额也很低。工人交纳的保险费多于厂主提供的部分。布尔什维克一方面向工人群众解释这个法律的反人民性质，另一方面号召群众不要抵制伤病保险基金会，而要利用这种合法组织进行革命工作。

围绕着保险机关的选举，布尔什维克同取消派、左派民粹派展开了尖锐的斗争。1913 年 12 月 15 日（28 日）《无产阶级真理报》第 8 号和 1913 年 12 月 21 日（1914 年 1 月 3 日）《保险问题》杂志第 9 期公布了布尔什维克给保险会议和保险理事会中工人代表的委托书。取消派也在《新工人报》上发表了他们的委托书。在保险理事会工人团选举前夕，1914 年 3 月 1 日（14 日）《真理之路报》第 25 号公布了候选人名单。保险理事会工人团的选举以布尔什维克取得胜利而结束。参加选举的

57名受托人中，有47人投票赞成布尔什维克的委托书。《真理之路报》提出的候选人以多数票当选。被选为理事会理事的是：Г.М.施卡平、С.Д.丘金、Г.И.奥西波夫、Н.И.伊林和С.И.扬金。他们都是布尔什维克建立的秘密保险中心的成员。孟什维克取消派号召工人不服从保险理事会的决议。——60。

**40** 《真理之路报》（«Путь Правды»）是俄国布尔什维克党的中央机关报，1914年1月22日（2月4日）—5月21日（6月3日）代替被沙皇政府查封的《真理报》在彼得堡出版，共出了92号。——61。

**41** 《坚定思想报》（«Стойкая Мысль»）是俄国左派民粹派（社会革命党）的合法报纸，1914年在彼得堡出版，每周出三次。《坚定思想报》是左派民粹派1913年在彼得堡创办的《劳动呼声报》使用过的一连串名称之一，这些名称是：《现代思想报》（1913年）、《神圣思想报》（1913年）、《自由思想报》（1913年）、《北方思想报》（1913年）、《振奋思想报》（1913—1914年）、《正确思想报》（1914年）、《坚定思想报》（1914年）、《劳动思想报》（1914年）、《勇敢思想报》（1914年）和《现代劳动思想报》（1914年）。——62。

**42** 《关于民族政策问题》是列宁拟的一篇发言稿，原定由布尔什维克代表格·伊·彼得罗夫斯基在第四届国家杜马会议上宣读。由于1914年4月22日（5月5日）左派代表受到不得参加杜马会议15次的处分（详见本卷第136—138页），这篇发言未能发表。发言稿的手稿没有全部保存下来，文中缺失的地方已在脚注中作了说明。——66。

**43** 《公民》（«Гражданин»）是俄国文学政治刊物，1872—1914年在彼得堡出版，创办人是弗·彼·美舍尔斯基公爵。作家费·米·陀思妥耶夫斯基于1873—1874年担任过它的编辑。原为每周出版一次或两次，1887年后改为每日出版。19世纪80年代起是靠沙皇政府供给经费的极端君主派刊物，发行份数不多，但对政府官员有影响。——66。

**44** 进步党人是俄国进步党的成员。该党是大资产阶级和按资本主义方式经营的地主的民族主义自由派政党,成立于1912年11月,它的核心是由和平革新党人和民主改革党人组成的第三届国家杜马中的“进步派”,创建人有著名的大工厂主亚·伊·柯诺瓦洛夫,大地主和地方自治人士伊·尼·叶弗列莫夫和格·叶·李沃夫等。该党纲领要点是:制定温和的宪法,实行细微的改革,建立责任内阁即对杜马负责的政府,镇压革命运动。列宁指出,进步党人按成分和意识形态来说是十月党人同立宪民主党人的混合物,这个党将成为德国也有的那种“真正的”资本主义资产阶级的政党(参看本版全集第22卷第265、352页)。

第一次世界大战期间,进步党人支持沙皇政府,倡议成立军事工业委员会。1915年夏,进步党同其他地主资产阶级政党联合组成“进步同盟”,后于1916年退出。1917年二月革命后,进步党的一些领袖加入了国家杜马临时委员会,后又加入了资产阶级临时政府。但这时进步党本身实际上已经瓦解。十月革命胜利后,原进步党领袖积极反对苏维埃政权。

立宪民主党人是俄国自由主义君主派资产阶级的主要政党立宪民主党的成员。立宪民主党(正式名称为人民自由党)于1905年10月成立。中央委员中多数是资产阶级知识分子、地方自治人士和自由派地主。主要活动家有帕·尼·米留可夫、谢·安·穆罗姆采夫、瓦·阿·马克拉柯夫、安·伊·盛加略夫、彼·伯·司徒卢威、约·弗·盖森等。立宪民主党提出一条与革命道路相对抗的和平的宪政发展道路,主张俄国实行立宪君主制和资产阶级的自由。在土地问题上,主张将国家、皇室、皇族和寺院的土地分给无地和少地的农民;私有土地部分地转让,并且按“公平”价格给予补偿;解决土地问题的土地委员会由同等数量的地主和农民组成,并由官员充当他们之间的调解人。1906年春,曾同政府进行参加内阁的秘密谈判,后来在国家杜马中自命为“负责任的反对派”。第一次世界大战期间,支持沙皇政府的掠夺政策,曾同十月党等反动政党组成“进步同盟”,要求成立责任内阁,即为资产阶级和地主所信任的政府,力图阻止革命并把战争进行到最后胜利。二月革命后,立宪民主党在资产阶级临时政府中居于领导地位,竭力阻挠土地问题、民族问题等基本问题的解决,并奉行继续帝国主义战争的政策。

七月事变后，支持科尔尼洛夫叛乱，阴谋建立军事独裁。十月革命胜利后，苏维埃政府于1917年11月28日(12月11日)宣布立宪民主党为“人民公敌的党”。该党随之转入地下，继续进行反革命活动，并参与白卫将军的武装叛乱。国内战争结束后，该党上层分子大多数逃亡国外。1921年5月，该党在巴黎召开代表大会时分裂，作为统一的党不复存在。——67。

**45** 各族人民的牢狱这句话源于法国作家和旅行家阿道夫·德·居斯蒂纳所著《1839年的俄国》一书。书中说：“这个帝国虽然幅员辽阔，其实却是一座牢狱，牢门的钥匙握在皇帝手中。”——68。

**46** 马泽帕派是指追随伊·捷·马泽帕(1644—1709)的哥萨克上层分子。马泽帕是第聂伯河左岸乌克兰地区的盖特曼，主张乌克兰独立和脱离俄国，在1700—1721年的北方战争中公开投向瑞典国王查理十二世一方。——68。

**47** 犹太区是沙皇俄国当局在18世纪末规定的可以允许犹太人定居的区域，包括俄罗斯帝国西部15个省，以及高加索和中亚细亚的一些地区，1917年二月革命后被废除。——69。

**48** 《言语报》(«Речь»)是俄国立宪民主党的中央机关报(日报)，1906年2月23日(3月8日)起在彼得堡出版，实际编辑是帕·尼·米留可夫和约·弗·盖森。积极参加该报工作的有马·莫·维纳维尔、帕·德·多尔戈鲁科夫、彼·伯·司徒卢威等。1917年二月革命后，该报积极支持资产阶级临时政府的对内对外政策，反对布尔什维克。1917年10月26日(11月8日)被查封。后曾改用《我们的言语报》、《自由言语报》、《时代报》、《新言语报》和《我们时代报》等名称继续出版，1918年8月最终被查封。——70。

**49** 《基辅思想报》(«Киевская Мысль»)是俄国资产阶级民主派的政治文学报纸(日报)，1906—1918年在基辅出版。1915年以前，该报每周出版插图附刊一份；1917年起出晨刊和晚刊。该报的编辑是A.尼古拉耶夫和И.塔尔诺夫斯基。参加该报工作的社会民主党人主要是孟什维克，其中有亚·马尔丁诺夫、列·达·托洛茨基等。第一次世界大战期间，该报采取护国主义立场。——70。

**50** 挪威于1814年被丹麦割让给瑞典，同瑞典结成了瑞挪联盟，由瑞典国王兼挪威国王。1905年7月，挪威政府宣布不承认瑞典国王奥斯卡尔二世为挪威国王，脱离联盟，成为独立王国（参看本卷第256—262页）。——71。

**51** 指1896年7月29日—8月1日在伦敦举行的第二国际第四次代表大会。——72。

**52** 波兰代表联盟是俄国国家杜马中波兰代表的联合组织。在第一届和第二届国家杜马中，这个联合组织的领导核心是波兰地主资产阶级政党——民族民主党的党员。波兰代表联盟在杜马策略的一切主要问题上都支持十月党。——73。

**53** 保守党人是指英国保守党的成员。保守党是英国大资产阶级和大土地贵族的政党，于19世纪50年代末至60年代初在老托利党基础上形成。在英国向帝国主义阶段过渡的时期，保守党继续维护土地贵族利益，同时也逐步变成垄断资本的政党。保守党在英国多次执掌政权。——75。

**54** 自由党人是指英国自由党的成员。自由党是英国的一个反映工商业资产阶级利益的政党，于19世纪50年代末至60年代初形成。自由党在英国两党制中代替辉格党的位置而与保守党相对立。19世纪至20世纪初，自由党多次执政，在英国政治生活中起了重要作用。1916—1922年，自由党领袖戴·劳合-乔治领导了自由党和保守党的联合政府。20世纪初，在工党成立后和工人运动发展的条件下，自由党力图保持它对工人的影响，推行自由派改良主义的政策，但也不惜公然动用军队来对付罢工工人。第一次世界大战结束后，自由党的势力急剧衰落，它在英国两党制中的地位为工党所取代。——75。

**55** 阿尔斯特原来是爱尔兰北部的一个省。第一次世界大战前夜，英国保守党人利用民族矛盾和宗教矛盾，把阿尔斯特变成反对爱尔兰自治的堡垒。根据1921年的英爱条约，阿尔斯特的大部分(6个郡)组成北爱尔兰，仍由英国统治。另外3个郡组成爱尔兰自由邦的阿尔斯特省。——75。

**56** 宪章运动是19世纪30—50年代英国无产阶级争取实行《人民宪章》的革命运动，是世界上第一次广泛的、真正群众性的、政治性的无产阶级革命运动。19世纪30年代，英国工人运动迅速高涨。伦敦工人协会于1836年成立，1837年起草了一份名为《人民宪章》的法案，1838年5月在伦敦公布。宪章提出六点政治要求：(一)凡年满21岁的男子皆有选举权；(二)实行无记名投票；(三)废除议员候选人的财产资格限制；(四)给当选议员支付薪俸；(五)议会每年改选一次；(六)平均分配选举区域，按选民人数产生代表。1840年7月成立了全国宪章派协会，这是工人运动史上第一个群众性的工人政党。宪章运动在1839、1842、1848年出现过三次高潮。三次请愿均被议会否决，运动也遭镇压。宪章运动终究迫使英国统治阶级作了某些让步，并对欧洲工人运动的发展产生了重大影响。马克思和恩格斯同宪章运动的左翼领袖乔·朱·哈尼、厄·琼斯保持联系，并积极支持宪章运动。——78。

**57** 《五一节和俄国的工人运动》一文是列宁以第四届国家杜马工人代表费·尼·萨莫伊洛夫的名义为瑞士社会民主党机关报《伯尔尼哨兵报》写的。

1914年4月25日，当时住在瑞士的格·李·什克洛夫斯基写信给列宁说，《伯尔尼哨兵报》的主编罗·格里姆已约在伯尔尼疗养的萨莫伊洛夫写一篇关于布尔什维克杜马党团的立场的文章，他请求列宁代笔。列宁将文章写好后，寄给了什克洛夫斯基，要他把文章给萨莫伊洛夫过目，并请他“再三”斟酌，以便使文章适合合法报纸的要求。看来，根据这一嘱托，文中有些字句被删去(本卷正文方括号中的文字系所删之处)。

这篇文章预定在《伯尔尼哨兵报》迎接1914年五一节的一号刊载，

因收到迟了,当时未能刊出。——83。

**58** 指社会党国际局。

社会党国际局是第二国际的常设执行和通讯机关,根据1900年9月第二国际巴黎代表大会的决议成立,设在布鲁塞尔。社会党国际局由各国社会党代表组成。执行主席是埃·王德威尔得,书记是卡·胡斯曼。俄国社会民主党人参加社会党国际局的代表是格·瓦·普列汉诺夫和波·尼·克里切夫斯基。从1905年10月起,列宁代表俄国社会民主工党参加社会党国际局。

社会党国际局1913年十二月常会讨论了俄国事务问题,决定由社会党国际局作为调停者出面组织有关方面就恢复俄国社会民主工党统一的可能性问题"交换意见",并委托自己的执行委员会为此同"俄国(包括波兰)工人运动的一切派别进行联系"。

这里收载的文章是党中央委员会关于同意参加社会党国际局所召集的会议的答复的扼要叙述。这一答复是中央委员会给社会党国际局执行委员会的"正式报告"。列宁在1914年1月18—19日(1月31日—2月1日)给社会党国际局书记胡斯曼的信里曾谈到报告已寄出一事(见本版全集第24卷)。社会党国际局在第一次世界大战开始后实际上不再存在。——86。

**59** 指《社会党国际局定期公报》。

《社会党国际局定期公报》(«Bulletin Périodique du Bureau Socialiste International»)于1910—1914年在布鲁塞尔出版,除法文版外,还有英文版和德文版。——86。

**60** 第二届杜马(第二届国家杜马)于1907年1—2月选举、当年2月20日(3月5日)召开,共有代表518人。主席是立宪民主党人费·亚·戈洛文。尽管当时俄国革命处于低潮时期,而且杜马选举是间接的、不平等的,但由于各政党间的界限比第一届杜马时期更为明显,群众的阶级觉悟较前提高,以及布尔什维克参加了选举,所以第二届杜马中左派力量有所加强。按政治集团来分,第二届杜马的组成是:右派即君主派和十月党54名,立宪民主党和靠近它的党派99名,各民族代表76名,无党派人士 50 名，哥萨克集团 17 名，人民社会党 16 名，社会革命党 37 名，劳动派 104 名，社会民主党 65 名。

同第一届杜马一样，第二届杜马的中心议题是土地问题。右派和十月党人捍卫 1906 年 11 月 9 日斯托雷平关于土地改革的法令。立宪民主党人大大删削了自己的土地法案，把强制转让土地的成分降到最低限度。劳动派在土地问题上仍然采取在第一届杜马中采取的立场。孟什维克占多数的社会民主党党团提出了土地地方公有化法案，布尔什维克则捍卫全部土地国有化纲领。除土地问题外，第二届杜马还讨论了预算、对饥民和失业工人的救济、大赦等问题。在第二届杜马中，布尔什维克执行与劳动派建立"左派联盟"的策略，孟什维克则执行支持立宪民主党人的机会主义策略。

1907 年 6 月 3 日(16 日)沙皇政府发动政变，解散了第二届杜马；同时颁布了保证地主和大资产阶级能在国家杜马中占绝对多数的新选举法。这一政变标志着俄国历史上斯托雷平反动时期的开始。——87。

**61** 第三届杜马(第三届国家杜马)是根据 1907 年 6 月 3 日(16 日)沙皇解散第二届杜马时颁布的新的选举条例在当年秋天选举、当年 11 月 1 日(14 日)召开的，存在到 1912 年 6 月 9 日(22 日)。这届杜马共有代表 442 人，先后任主席的有尼·阿·霍米亚科夫、亚·伊·古契柯夫(1910 年 3 月起)和米·弗·罗将柯(1911 年起)，他们都是十月党人。这届杜马按其成分来说是黑帮—十月党人的杜马，是沙皇政府对俄国革命力量实行反革命的暴力和镇压政策的驯服工具。这届杜马的 442 名代表中，有右派 147 名，十月党人 154 名，立陶宛—白俄罗斯集团 7 名，波兰代表联盟 11 名，进步派 28 名，穆斯林集团 8 名，立宪民主党人 54 名，劳动派 14 名，社会民主党人 19 名。因此它有两个多数：黑帮—十月党人多数和十月党人—立宪民主党人多数。沙皇政府利用前一多数来保证推行斯托雷平的土地政策，在工人问题上采取强硬政策，对少数民族采取露骨的大国主义政策；而利用后一多数来通过微小的让步即用改良的办法诱使群众脱离革命。

第三届杜马全面支持沙皇政府在六三政变后的内外政策。它拨巨款给警察、宪兵、法院、监狱等部门，并通过了一个大大扩充了军队员额的兵役法案。第三届杜马的反动性在工人立法上表现得尤为明显，它把几个有关工人保险问题的法案搁置了3年，直到1911年在新的革命高潮到来的形势下才予以批准，但保险条件比1903年法案的规定还要苛刻。1912年3月5日（18日），杜马工人委员会否决了罢工自由法案，甚至不许把它提交杜马会议讨论。在土地问题上，第三届杜马完全支持斯托雷平的土地法，于1910年批准了以1906年11月9日（22日）法令为基础的土地法，而拒绝讨论农民代表提出的一切关于把土地分配给无地和少地农民的提案。在少数民族问题上，它积极支持沙皇政府的俄罗斯化政策，通过一连串的法律进一步限制少数民族的基本权利。在对外政策方面，它主张沙皇政府积极干涉巴尔干各国的内政，破坏东方各国的民族解放运动和革命。

第三届杜马的社会民主党党团，尽管工作条件极为恶劣，人数不多，在初期活动中犯过一些错误，但是在列宁的批评和帮助下，工作有所加强，在揭露第三届杜马的反人民政策和对无产阶级和农民进行政治教育等方面都做了大量的工作。——87。

**62** 第四届杜马（第四届国家杜马）是根据1907年6月3日（16日）颁布的选举法于1912年秋天选举、当年11月15日（28日）召开的，共有代表442人，主席是十月党人米·弗·罗将柯。在这届杜马的442名代表中，有右派和民族党人185名，十月党人98名，立宪民主党人59名，进步党人和民族集团69名，劳动团10名，社会民主党人14名，无党派人士7名。这届杜马和上届杜马一样，也有两个多数：右派—十月党人多数和自由派—十月党人多数。第四届杜马的社会民主党党团中有6名布尔什维克、7名孟什维克和1名附和孟什维克而不享有完全权利的党团成员（华沙代表，波兰社会党“左派”的叶·约·亚格洛）。1913年10月，布尔什维克代表退出了统一的社会民主党党团，成立了独立的布尔什维克党团——俄国社会民主党工人党团。布尔什维克代表为了揭露沙皇制度的反人民政策，就大家所关心的问题不断向第四届杜马提出对政府的质询。第一次世界大战爆发后，布尔什维克代表坚决反对战争，拒绝投票赞成军事拨款，并在群众中进行革命宣传活动。1914

年11月布尔什维克党团成员被捕，随后被流放到西伯利亚。1915年8月，第四届国家杜马中的地主资产阶级党团组成了所谓“进步同盟”，一半以上的杜马代表参加了这个同盟。列宁认为，这是自由派和十月党人为了同沙皇在实行改革和动员工业力量战胜德国这一纲领上达成协议而结成的同盟。

1917年2月26日(3月11日)，二月革命爆发后，沙皇尼古拉二世命令第四届国家杜马停止活动。2月27日(3月12日)，国家杜马代表为了反对革命和挽救君主制度，成立了国家杜马临时委员会。3月1日(14日)，该委员会同彼得格勒苏维埃执行委员会的社会革命党和孟什维克领导达成协议，通过了关于建立资产阶级临时政府的决议。1917年10月6日(19日)，在革命群众的压力下，资产阶级临时政府被迫发布了解散国家杜马的法令。——87。

**63** 看来是指波兰普占区的波兰社会党。该党作为德国社会民主党内的自治组织于1893年成立。从1897年起，在这个党的领导机构中右派影响开始增强。这种情况终于使德国社会民主党与该党断绝了关系。——88。

**64** 《时报》(«Di Zait»)是崩得的机关报(周报)，1912年12月20日(1913年1月2日)—1914年5月5日(18日)用依地文在彼得堡出版。——93。

**65** 《俄国思想》杂志(«Русская Мысль»)是俄国科学、文学和政治刊物(月刊)，1880—1918年在莫斯科出版。起初是同情民粹主义的温和自由派的刊物。90年代有时也刊登马克思主义者的文章。1905年革命后成为立宪民主党右翼的刊物，由彼·伯·司徒卢威和亚·亚·基泽韦捷尔编辑。十月革命后于1918年被查封。后由司徒卢威在国外复刊，成为白俄杂志，1921—1924年、1927年先后在索非亚、布拉格和巴黎出版。——95。

**66** 十二月党人是俄国贵族革命家，因领导1825年12月14日(26日)彼得堡卫戍部队武装起义而得名。在起义前，十二月党人建立了三个秘密团体:1821 年成立的由尼·米·穆拉维约夫领导的、总部设在彼得堡的北方协会;同年在乌克兰第 2 集团军驻防区成立的由帕·伊·佩斯捷利领导的南方协会;1823 年成立的由安·伊·和彼·伊·波里索夫兄弟领导的斯拉夫人联合会。这三个团体的纲领都要求废除农奴制和限制沙皇专制。但是十二月党人试图只以军事政变来实现自己的要求。1825 年 12 月 14 日(26 日),在向新沙皇尼古拉一世宣誓的当天上午,北方协会成员率领约 3 000 名同情十二月党人的士兵开进彼得堡参议院广场。他们计划用武力阻止参议院和国务会议向新沙皇宣誓,并迫使参议员签署告俄国人民的革命宣言,宣布推翻政府、废除农奴制、取消兵役义务、实现公民自由和召开立宪会议。但十二月党人的计划未能实现,因为尼古拉一世还在黎明以前,就使参议院和国务会议举行了宣誓。尼古拉一世并把忠于他的军队调到广场,包围了起义者,下令发射霰弹。当天傍晚起义被镇压了下去。据政府发表的显系缩小了的数字,在参议院广场有 70 多名“叛乱者”被打死。南方协会成员领导的切尔尼戈夫团于 1825 年 12 月 29 日(1826 年 1 月 10 日)在乌克兰举行起义,也于 1826 年 1 月 3 日(15 日)被沙皇军队镇压下去。

沙皇政府残酷惩处起义者,十二月党人的著名领导者佩斯捷利、谢·伊·穆拉维约夫-阿波斯托尔、孔·费·雷列耶夫、米·巴·别斯图热夫-留明和彼·格·卡霍夫斯基于 1826 年 7 月 13 日(25 日)被绞死,121 名十二月党人被流放到西伯利亚,数百名军官和 4 000 名士兵被捕并受到惩罚。十二月党人起义对后来的俄国革命运动产生了很大影响。——98。

**67** 《钟声》杂志(«Колокол»)是亚·伊·赫尔岑和尼·普·奥格辽夫在国外(1857—1865 年在伦敦、1865—1867 年在日内瓦)出版的俄国革命刊物,最初为月刊,后来为不定期刊,共出了 245 期。该刊印数达 2 500 份,在俄国国内传播甚广。《钟声》杂志除刊登赫尔岑和奥格辽夫的文章外,还刊载各种材料和消息,报道俄国人民的生活状况和社会斗争,揭露沙皇当局的秘密计划和营私舞弊行为。在 1859—1861 年俄国革命形势发展时期,来自俄国国内的通讯数量激增,每月达到几百篇。尼·亚·杜勃罗留波夫、米·拉·米哈伊洛夫、尼·伊·吴亭等担任过它的记者,伊·谢·阿克萨科夫、尤·费·萨马林、伊·谢·屠格涅夫等为它供过稿。《钟声》杂志最初阶段的纲领以赫尔岑创立的俄国农民社会主义理论为基础,极力鼓吹解放农民,提出废除书报检查制度和肉刑等民主主义要求。但它也有自由主义倾向,对沙皇抱有幻想。1861年农民改革以后,《钟声》杂志便坚决站到革命民主派一边,登载赫尔岑和奥格辽夫尖锐谴责农民改革的文章以及俄国地下革命组织的传单、文件等。《钟声》杂志编辑部协助创立了土地和自由社,积极支持1863—1864年波兰起义,从而与自由派最终决裂。——98。

**68** 《给果戈理的信》是维·格·别林斯基于1847年7月写的,1855年由亚·伊·赫尔岑第一次发表在《北极星》文集上。——99。

**69** 劳动解放社是俄国第一个马克思主义团体,由格·瓦·普列汉诺夫和维·伊·查苏利奇、帕·波·阿克雪里罗得、列·格·捷依奇、瓦·尼·伊格纳托夫于1883年9月在日内瓦建立。劳动解放社把马克思主义创始人的许多重要著作译成俄文,在国外出版后秘密运到俄国,对马克思主义在俄国的传播起了巨大作用。普列汉诺夫当时写的《社会主义与政治斗争》、《我们的意见分歧》、《论一元论历史观之发展》等著作有力地批判了民粹主义,用马克思主义的观点分析了俄国社会的现实和俄国革命的一些基本问题。普列汉诺夫起草的劳动解放社的两个纲领草案——1883年的《社会民主主义的劳动解放社纲领》和1885年的《俄国社会民主党人纲领草案》,对于俄国社会民主党的建立具有重要意义,后一个纲领草案的理论部分包含了马克思主义政党纲领的基本成分。劳动解放社在团结俄国社会民主党的力量方面也做了许多工作。它还积极参加社会民主党人的国际活动,和德、法、英等国的社会民主党都有接触。劳动解放社以普列汉诺夫为代表对伯恩施坦主义进行了积极的斗争,在反对俄国的经济派方面也起了重要作用。恩格斯曾给予劳动解放社的活动以高度评价(参看《马克思恩格斯文集》第10卷第532页)。列宁认为劳动解放社的历史意义在于它从理论上为俄国社会民主党奠定了基础,向着工人运动迈出了第一步。劳动解放社的主要缺点是:它没有和工人运动结合起来,它的成员对俄国资本主义发展的特点缺乏具体分析,对建立不同于第二国际各党的新型政党的特殊任务缺乏认识等。劳动解放社于 1903 年 8 月在俄国社会民主工党第二次代表大会上宣布解散。——99。

**70** 《火星报》(«Искра»)是第一个全俄马克思主义的秘密报纸,由列宁创办。创刊号于 1900 年 12 月在莱比锡出版,以后各号的出版地点是慕尼黑、伦敦(1902 年 7 月起)和日内瓦(1903 年春起)。参加《火星报》编辑部的有:列宁、格·瓦·普列汉诺夫、尔·马尔托夫、亚·尼·波特列索夫、帕·波·阿克雪里罗得和维·伊·查苏利奇。编辑部的秘书起初是因·格·斯米多维奇,1901 年 4 月起由娜·康·克鲁普斯卡娅担任。列宁实际上是《火星报》的主编和领导者。他在《火星报》上发表了许多文章,阐述有关党的建设和俄国无产阶级的阶级斗争的基本问题,并评论国际生活中的重大事件。

《火星报》在国外出版后,秘密运往俄国翻印和传播。《火星报》成了团结党的力量、聚集和培养党的干部的中心。在俄国许多城市成立了俄国社会民主工党列宁火星派的小组和委员会。1902 年 1 月在萨马拉举行了火星派代表大会,建立了《火星报》俄国组织常设局。

《火星报》在建立俄国马克思主义政党方面起了重大的作用。在列宁的倡议和亲自参加下,《火星报》编辑部制定了党纲草案,筹备了俄国社会民主工党第二次代表大会。这次代表大会宣布《火星报》为党的中央机关报。

根据俄国社会民主工党第二次代表大会的决议,《火星报》编辑部改由列宁、普列汉诺夫、马尔托夫三人组成。但是马尔托夫坚持保留原来的六人编辑部,拒绝参加新的编辑部,因此《火星报》第 46—51 号是由列宁和普列汉诺夫二人编辑的。后来普列汉诺夫转到了孟什维主义的立场上,要求把原来的编辑都吸收进编辑部,列宁不同意这样做,于 1903 年 10 月 19 日(11 月 1 日)退出了编辑部。因此,从第 52 号起,《火星报》变成了孟什维克的机关报。人们将第 52 号以前的《火星报》称为旧《火星报》,而把孟什维克的《火星报》称为新《火星报》。——100。

**71** 《工人报》(«Рабочий»)是俄国最早的社会民主主义的秘密报纸,1885

年由布拉戈耶夫小组以“俄国社会民主主义者党”的名义在彼得堡出版，共出了两号。报纸的组织者是季·布拉戈耶夫。该报第 2 号刊登了格·瓦·普列汉诺夫的《俄国工人的当前任务》一文。该报流传于彼得堡、莫斯科、敖德萨、基辅、哈尔科夫、喀山、萨马拉等地。——100。

**72** 指彼得堡工人阶级解放斗争协会。

彼得堡工人阶级解放斗争协会是列宁于 1895 年 11 月创立的，由彼得堡的约 20 个马克思主义工人小组联合而成，1895 年 12 月定名为“工人阶级解放斗争协会”。协会是俄国无产阶级革命政党的萌芽，实行集中制，有严格的纪律。它的领导机构是中心小组，成员有 10 多人，其中 5 人(列宁、格·马·克尔日扎诺夫斯基、瓦·瓦·斯塔尔科夫、阿·亚·瓦涅耶夫和尔·马尔托夫)组成领导核心。协会分设 3 个区小组。中心小组和区小组通过组织员同 70 多个工厂保持联系。各工厂有收集情况和传播书刊的组织员，大的工厂则建立工人小组。协会在俄国第一次实现了社会主义和工人运动的结合，完成了从小组内的马克思主义宣传到群众性政治鼓动的转变。协会领导了 1895 年和 1896 年彼得堡工人的罢工，印发了供工人阅读的传单和小册子，并曾筹备出版工人政治报纸《工人事业报》。协会对俄国社会民主主义运动的发展产生了巨大影响，有好几个城市的社会民主党组织以它为榜样，把马克思主义小组统一成为全市性的“工人阶级解放斗争协会”。

协会一成立就遭到沙皇政府的迫害。1895 年 12 月 8 日(20 日)夜间，沙皇政府逮捕了包括列宁在内的协会领导人和工作人员共 57 人。但是，协会并没有因此而停止活动，它组成了新的领导核心(米·亚·西尔文、斯·伊·拉德琴柯、雅·马·利亚霍夫斯基和马尔托夫)。列宁在狱中继续指导协会的工作。1896 年 1 月沙皇政府再次逮捕协会会员后，协会仍领导了 1896 年 5—6 月的彼得堡纺织工人大罢工。1896 年 8 月协会会员又有 30 人被捕。接二连三的打击使协会的领导成分发生了变化。从 1898 年下半年起，协会为经济派(由原来协会中的“青年派”演变而成)所掌握。协会的一些没有被捕的老会员继承协会的传统，参加了 1898 年俄国社会民主工党第一次代表大会的筹备工作。——101。

**73** 指俄国社会民主工党第一次代表大会。

俄国社会民主工党第一次代表大会于1898年3月1—3日(13—15日)在明斯克秘密举行。倡议召开这次代表大会的是列宁领导的彼得堡工人阶级解放斗争协会;早在1895年12月列宁就在狱中草拟了党纲草案,并提出了召开代表大会的主张。由于彼得堡等地的组织遭到警察破坏,这次代表大会的筹备工作主要由基辅的社会民主党组织担任。出席代表大会的有6个组织的9名代表:彼得堡、莫斯科、基辅和叶卡捷琳诺斯拉夫的工人阶级解放斗争协会的代表各1名,基辅《工人报》小组的代表2名,崩得的代表3名。大会通过了把各地斗争协会和崩得合并为统一的俄国社会民主工党的决议。在民族问题上,大会承认每个民族有自决权。大会选出了由彼得堡工人阶级解放斗争协会代表斯·伊·拉德琴柯、基辅《工人报》代表波·李·埃杰尔曼和崩得代表亚·约·克列梅尔三人组成的中央委员会。《工人报》被承认为党的正式机关报。国外俄国社会民主党人联合会被宣布为党的国外代表机关。

中央委员会在会后以大会名义发表了《俄国社会民主工党宣言》。《宣言》宣布了俄国社会民主工党的成立,把争取政治自由和推翻专制制度作为社会民主工党当前的主要任务,把政治斗争和工人运动的总任务结合了起来。宣言指出:俄国工人阶级应当而且一定能够担负起争取政治自由的事业。这是为了实现无产阶级的伟大使命即建立没有人剥削人的社会制度所必须走的第一步。俄国无产阶级将摆脱专制制度的桎梏,用更大的毅力去继续同资本主义和资产阶级作斗争,一直斗争到社会主义全胜为止(参看《苏联共产党代表大会、代表会议和中央全会决议汇编》1964年人民出版社版第1分册第4—6页)。

这次大会没有制定出党纲和党章,也没有形成中央的统一领导,而且大会闭幕后不久大多数代表和中央委员遭逮捕,所以统一的党实际上没有建立起来。——101。

**74** 《圣彼得堡工人小报》(«С.-Петербургский Рабочий Листок»)是俄国彼得堡工人阶级解放斗争协会的秘密报纸。共出过两号:第1号于1897年2月(报纸上印的日期是1月)在俄国油印出版,共印300—400份;

第2号于同年9月在日内瓦铅印出版。该报提出要把工人阶级的经济斗争同广泛的政治要求结合起来，并强调必须建立工人政党。——101。

**75** 《工人思想报》(«Рабочая Мысль»)是俄国经济派的报纸，1897年10月—1902年12月先后在彼得堡、柏林、华沙和日内瓦等地出版，共出了16号。头几号由"独立工人小组"发行，从第5号起成为彼得堡工人阶级解放斗争协会的机关报。参加该报编辑部的有尼·尼·洛霍夫(奥尔欣)、康·米·塔赫塔廖夫、弗·巴·伊万申、阿·亚·雅库波娃等人。该报号召工人阶级为争取狭隘经济利益而斗争。它把经济斗争同政治斗争对立起来，认为政治斗争不在无产阶级任务之内，反对建立马克思主义的无产阶级政党，主张成立工联主义的合法组织。它贬低革命理论的意义，认为社会主义意识可以从自发运动中产生。列宁在《俄国社会民主党中的倒退倾向》和《怎么办?》(见本版全集第4卷和第6卷)等著作中批判了《工人思想报》的观点。——101。

**76** 《工人事业》杂志(«Рабочее Дело»)是俄国经济派的不定期杂志，国外俄国社会民主党人联合会的机关刊物，1899年4月—1902年2月在日内瓦出版，共出了12期(9册)。该杂志的编辑部设在巴黎，担任编辑的有波·尼·克里切夫斯基、帕·费·捷普洛夫、弗·巴·伊万申和亚·萨·马尔丁诺夫。该杂志支持所谓"批评自由"这一伯恩施坦主义口号，在俄国社会民主党的策略和组织问题上持机会主义立场。聚集在《工人事业》杂志周围的经济主义的拥护者形成工人事业派。工人事业派宣扬无产阶级政治斗争应服从经济斗争的机会主义思想，崇拜工人运动的自发性，否认党的领导作用。他们还反对列宁关于建立严格集中和秘密的组织的思想，维护所谓"广泛民主"的原则。《工人事业》杂志支持露骨的经济派报纸《工人思想报》，该杂志的编辑之一伊万申参加了这个报纸的编辑工作。在俄国社会民主工党第二次代表大会上，工人事业派是党内机会主义极右派的代表。列宁在《怎么办?》(见本版全集第6卷)中批判了《工人事业》杂志和工人事业派的观点。——102。

**77** 《工作者》文集(«Работник»)是国外俄国社会民主党人联合会的不定期刊物,由劳动解放社编辑,1896—1899年在日内瓦出版,读者对象为马克思主义工人小组成员。列宁是出版这个文集的发起人。1895年5月,他在瑞士同格·瓦·普列汉诺夫、帕·波·阿克雪里罗得以及劳动解放社的其他成员商谈了出版这个文集的问题。1895年9月回国以后,他又多方设法为这个文集提供物质支援和组织稿件。到1895年12月被捕为止,他除为文集撰写《弗里德里希·恩格斯》(见本版全集第2卷)一文外,还给文集编辑部寄去了阿·亚·瓦涅耶夫、米·亚·西尔文、索·巴·舍斯捷尔宁娜等写的几篇通讯。这个文集一共出了6期(3册);另外,还出了附刊《〈工作者〉小报》10期。第1—8期由劳动解放社编辑。第9—10期合刊由经济派编辑,于1898年11月出版。——103。

**78** 俄国社会民主工党第二次代表大会于1903年7月17日(30日)—8月10日(23日)召开。7月24日(8月6日)前,代表大会在布鲁塞尔开了13次会议。后因比利时警察将一些代表驱逐出境,代表大会移至伦敦,继续开了24次会议。

代表大会是《火星报》筹备的。列宁为代表大会起草了一系列文件,并详细拟定了代表大会的议程和议事规程。出席代表大会的有43名有表决权的代表,他们代表着26个组织(劳动解放社、《火星报》组织、崩得国外委员会和中央委员会、俄国革命社会民主党人国外同盟、国外俄国社会民主党人联合会以及俄国社会民主党的20个地方委员会和联合会),共有51票表决权(有些代表有两票表决权)。出席代表大会的有发言权的代表共14名。代表大会的成分不一,其中有《火星报》的拥护者,也有《火星报》的反对者以及不坚定的动摇分子。

列入代表大会议程的问题共有20个:1.确定代表大会的性质。选举常务委员会。确定代表大会的议事规程和议程。组织委员会的报告和选举审查代表资格和决定代表大会组成的委员会。2.崩得在俄国社会民主工党内的地位。3.党纲。4.党的中央机关报。5.代表们的报告。6.党的组织(党章问题是在这项议程下讨论的)。7.区组织和民族组织。8.党的各独立团体。9.民族问题。10.经济斗争和工会运动。

11.五一节的庆祝活动。12.1904年阿姆斯特丹国际社会党代表大会。13.游行示威和起义。14.恐怖手段。15.党的工作的内部问题:(1)宣传工作,(2)鼓动工作,(3)党的书刊工作,(4)农民中的工作,(5)军队中的工作,(6)学生中的工作,(7)教派信徒中的工作。16.俄国社会民主工党对社会革命党人的态度。17.俄国社会民主工党对俄国各自由主义派别的态度。18.选举党的中央委员会和中央机关报编辑部。19.选举党总委员会。20.代表大会的决议和记录的宣读程序,以及选出的负责人和机构开始行使自己职权的程序。有些问题没有来得及讨论。

列宁被选入了常务委员会,主持了多次会议,几乎就所有问题发了言。他还是纲领委员会、章程委员会和代表资格审查委员会的委员。

代表大会要解决的最重要的问题是:批准党纲、党章以及选举党的中央领导机关。列宁及其拥护者在大会上同机会主义者展开了坚决的斗争。代表大会否决了机会主义分子要按照西欧各国社会民主党的纲领的精神来修改《火星报》编辑部制定的纲领草案的一切企图。大会先逐条讨论和通过党纲草案,然后由全体代表一致通过整个纲领(有1票弃权)。在讨论党章时,会上就建党的组织原则问题展开了尖锐的斗争。由于得到了反火星派和"泥潭派"(中派)的支持,尔·马尔托夫提出的为不坚定分子入党大开方便之门的党章第1条条文,以微弱的多数票为大会所通过。但是代表大会还是基本上批准了列宁制定的党章。

大会票数的划分起初是:火星派33票,"泥潭派"(中派)10票,反火星派8票(3名工人事业派分子和5名崩得分子)。在彻底的火星派(列宁派)和"温和的"火星派(马尔托夫派)之间发生分裂后,彻底的火星派暂时处于少数地位。但是,8月5日(18日),7名反火星派分子(2名工人事业派分子和5名崩得分子)因不同意代表大会的决议而退出了大会。在选举中央机关时,得到反火星派分子和"泥潭派"支持的马尔托夫派(共7人)成为少数派,共有20票(马尔托夫派9票,"泥潭派"10票,反火星派1票),而团结在列宁周围的20名彻底的火星派分子成为多数派,共有24票。列宁及其拥护者在选举中取得了胜利。代表大会选举列宁、马尔托夫和格·瓦·普列汉诺夫为中央机关报《火星报》编委，格·马·克尔日扎诺夫斯基、弗·威·林格尼克和弗·亚·诺斯科夫为中央委员会委员，普列汉诺夫为党总委员会委员。从此，列宁及其拥护者被称为布尔什维克(俄语多数派一词音译)，而机会主义分子则被称为孟什维克(俄语少数派一词音译)。

俄国社会民主工党第二次代表大会具有重大的历史意义。列宁说："布尔什维主义作为一种政治思潮，作为一个政党而存在，是从1903年开始的。"(见本版全集第39卷第4页)——103。

**79** 新《火星报》是指第52号以后的《火星报》。1903年10月19日(11月1日)列宁退出《火星报》编辑部以后，该报第52号由格·瓦·普列汉诺夫一人编辑。1903年11月13日(26日)普列汉诺夫把原来的编辑全部增补进编辑部以后，该报由普列汉诺夫、尔·马尔托夫、帕·波·阿克雪里罗得、维·伊·查苏利奇和亚·尼·波特列索夫编辑。1905年5月该报第100号以后，普列汉诺夫退出了编辑部。1905年10月，该报停刊，最后一号是第112号。关于《火星报》，见注70。——104。

**80** 《前进报》(«Вперед»)是第一个布尔什维克报纸，俄国社会民主工党多数派委员会常务局的机关报(周报)，1904年12月22日(1905年1月4日)—1905年5月5日(18日)在日内瓦出版，共出了18号。列宁是该报的领导者，《前进报》这一名称也是他提出的。该报编辑部的成员是列宁、瓦·瓦·沃罗夫斯基、米·斯·奥里明斯基和阿·瓦·卢那察尔斯基。娜·康·克鲁普斯卡娅任编辑部秘书，负责全部通信工作。列宁在《俄国社会民主工党分裂简况》一文中写道："《前进报》的方针就是**旧《火星报》的方针**。《前进报》为了捍卫旧《火星报》正在同新《火星报》进行坚决的斗争。"(见本版全集第9卷第217页)《前进报》发表过列宁的40多篇文章，而评论1905年1月9日事件和俄国革命开始的第4、5两号报纸几乎完全是列宁编写的。《前进报》创刊后，很快就博得了各地方党委会的同情，被承认为它们的机关报。《前进报》在反对孟什维克、创建新型政党、筹备召开俄国社会民主工党第三次代表大会方面起了卓越作用。第三次代表大会决定委托中央委员会创办名为《无产者报》的新的中央机关报，《前进报》因此停办。——104。

**81** 《无产者报》(«Пролетарий»)是布尔什维克的秘密报纸,是根据党的第三次代表大会决定创办的俄国社会民主工党中央机关报(周报)。1905年5月14日(27日)—11月12日(25日)在日内瓦出版,共出了26号。根据1905年4月27日(5月10日)党的中央全会的决定,列宁被任命为该报的责任编辑,编委会的委员有瓦·瓦·沃罗夫斯基、阿·瓦·卢那察尔斯基和米·斯·奥里明斯基。参加编辑工作的有:娜·康·克鲁普斯卡娅、维·米·韦利奇金娜、维·阿·卡尔宾斯基、尼·费·纳西莫维奇、伊·阿·泰奥多罗维奇、莉·亚·福季耶娃等。弗·德·邦契-布鲁耶维奇、谢·伊·古谢夫、安·伊·乌里扬诺娃-叶利扎罗娃负责为编辑部收集地方通讯稿。克鲁普斯卡娅和福季耶娃负责编辑部同地方组织和读者的通信联系。该报继续执行《火星报》的路线,并保持同《前进报》的继承关系。《无产者报》发表了大约90篇列宁的文章和短评,印发了俄国社会民主工党第三次代表大会的材料。该报的发行量达1万份。1905年11月初列宁回俄国后不久停刊,报纸的最后两号是沃罗夫斯基编辑的。——104。

**82** 《新生活报》(«Новая Жизнь»)是俄国布尔什维克的第一个合法报纸,实际上是俄国社会民主工党的中央机关报。1905年10月27日(11月9日)—12月3日(16日)在彼得堡出版。正式编辑兼出版者是诗人尼·明斯基,出版者是女演员、布尔什维克玛·费·安德列耶娃。从1905年11月第9号起,该报由列宁直接领导。参加编辑部的有:列宁、弗·亚·巴扎罗夫、亚·亚·波格丹诺夫、瓦·瓦·沃罗夫斯基、米·斯·奥里明斯基、阿·瓦·卢那察尔斯基和彼·彼·鲁勉采夫。马·高尔基参加了《新生活报》的工作,并且在物质上给予很大帮助。《新生活报》发表过列宁的14篇文章。该报遭到沙皇政府当局多次迫害,在28号中有15号被没收。1905年12月2日(15日)该报被政府当局查封。最后一号即第28号是秘密出版的。——104。

**83** 《开端报》(«Начало»)是俄国孟什维克的合法报纸(日报),1905年11月13日(26日)—12月2日(15日)在彼得堡出版,共出了16号。该报由达·马·赫尔岑施坦和С.Н.萨尔蒂科夫担任编辑兼出版者。参加该报工作的有尔·马尔托夫、亚·尼·波特列索夫、帕·波·阿克雪里罗得、费·伊·唐恩、列·格·捷依奇、尼·伊·约尔丹斯基等。——104。

**84** 《浪潮报》(«Волна»)是布尔什维克的合法报纸(日报),1906年4月26日(5月9日)—5月24日(6月6日)在彼得堡出版,共出了25号。该报从第9号起实际上由列宁领导。参加编辑工作的有瓦·瓦·沃罗夫斯基和米·斯·奥里明斯基,撰稿人有阿·瓦·卢那察尔斯基、伊·伊·斯克沃尔佐夫-斯捷潘诺夫等。该报刊登过27篇列宁的文章和短评,其中有不少是作为社论发表的。《浪潮报》屡遭沙皇政府的迫害,最终被查封。从1906年5月26日(6月8日)起,布尔什维克出版了合法日报《前进报》以代替《浪潮报》。

《回声报》(«Эхо»)是俄国布尔什维克的合法报纸(日报)。1906年6月22日(7月5日)—7月7日(20日)接替被政府查封的《前进报》在彼得堡出版。该报的编辑实际上是列宁,撰稿人有阿·瓦·卢那察尔斯基、米·斯·奥里明斯基、瓦·瓦·沃罗夫斯基等。该报刊登过列宁的20多篇文章。该报不断遭到政府的迫害,已出14号中有12号被没收。1906年7月10日被查封。——104。

**85** 《人民杜马报》(«Народная Дума»)是俄国孟什维克的报纸(日报),1907年3月7日(20日)—4月4日(17日)代替被查封的《俄国生活报》在彼得堡出版,共出了21号。——105。

**86** 密纳发从丘必特的脑袋里钻出来一语源于古罗马的神话传说。密纳发是罗马神话中的智慧女神,相当于希腊神话中的雅典娜;丘必特是罗马神话中的最高天神,相当于希腊神话中的宙斯。据古罗马神话故事,密纳发从丘必特脑袋里一生下来,就身着盔甲,手执长矛,全副武装。后来,人们常用"像密纳发从丘必特脑袋里钻出来一样"来比喻某人或某事从一开始就完美无缺。——106。

**87** 指六三政变以后在俄国形成的反动政治体制。

六三政变是指俄国沙皇政府在1907年6月3日(16日)发动的反

动政变，史称六三政变。政变前，沙皇政府保安部门捏造罪名，诬陷社会民主党国家杜马党团准备进行政变。沙皇政府随之要求审判社会民主党杜马代表，并且不待国家杜马调查委员会作出决定，就于6月2日(15日)晚逮捕了他们。6月3日(16日)，沙皇政府违反沙皇1905年10月17日宣言中作出的非经国家杜马同意不得颁布法律的诺言，颁布了解散第二届国家杜马和修改国家杜马选举条例的宣言。依照新的选举条例，农民和工人的复选人减少一半(农民复选人由占总数44%减到22%，工人复选人由4%减到2%)，而地主和资产阶级的复选人则大大增加(地主和大资产阶级复选人共占总数65%，其中地主复选人占49.4%)，这就保证了地主资产阶级的反革命同盟在第三届国家杜马中居统治地位。新的选举条例还剥夺了俄国亚洲部分土著居民以及某些省份的突厥民族的选举权，并削减了民族地区的杜马席位(高加索由29席减为10席，波兰王国由37席减为14席)。六三政变标志着1905—1907年革命的失败和反革命的暂时胜利，斯托雷平反动时期由此开始。——108。

**88** 美国社会党是由美国社会民主党(尤·维·德布兹在1897—1898年创建)和以莫·希尔奎特、麦·海斯为首的一批原美国社会主义工人党党员联合组成的，1901年7月在印第安纳波利斯召开代表大会宣告成立。该党社会成分复杂，党员中有美国本地工人、侨民工人、小农场主、城市小资产阶级和知识分子。该党重视同工会的联系，提出自己的纲领，参加选举运动，在宣传社会主义思想和开展反垄断的斗争方面作出了贡献。后来机会主义分子(维·路·伯杰、希尔奎特等)在党的领导中占了优势，他们强使1912年该党代表大会通过了摒弃革命斗争方法的决议。以威·海伍德为首的一大批左派分子退党。第一次世界大战期间，社会党内形成了三派：支持美国政府帝国主义政策的社会沙文主义派；只在口头上反对帝国主义战争的中派；站在国际主义立场上反对帝国主义战争的革命少数派。1919年，退出社会党的左派代表建立了美国共产党和美国共产主义工人党。社会党的影响下降。

美国劳工联合会(劳联)是美国的工会联合组织，成立于1881年。劳联主要联合工人阶级的上层——熟练工人。参加劳联的工会基本是按行会原则组织的。劳联的改良主义领导人否定社会主义和阶级斗争原则,鼓吹阶级合作。第一次世界大战期间,支持帝国主义的战争政策。1935年发生分裂,矿工联合会、纺织工人联合会等产业工会另组美国产业工会联合会(产联)。1955年,劳联同产联重新合并,称做美国劳工联合会—产业工会联合会(简称劳联—产联)。——111。

**89** 纳尔苏修斯是古希腊神话中的一个孤芳自赏的美少年。后来人们常用纳尔苏修斯来比喻高傲自大的人。——113。

**90** 彭帕杜尔出自俄国作家米·叶·萨尔蒂科夫-谢德林的讽刺作品《彭帕杜尔先生们和彭帕杜尔女士们》。作家在这部作品中借用法国国王路易十五的情妇彭帕杜尔这个名字塑造了俄国官僚阶层的群像。“彭帕杜尔”一词后来成了沙皇政府昏庸横暴、刚愎自用的官吏的通称。——113。

**91** 第三种分子是对在地方自治机关里受雇担任农艺师、统计人员、技术员、医生、兽医、教师等职务的平民知识分子的一种称呼,以区别于政府与行政当局的人员(第一种分子)和选举产生的地方自治机关的代表(第二种分子)。“第三种分子”这个词是俄国萨马拉省副省长В.Г.康多伊迪于1900年首次使用的,在20世纪最初10年里流行于俄国。据统计,19世纪末俄国34个省共有65 000—70 000名地方自治机关职员。第三种分子的队伍中有不少资产阶级自由派人士和民粹派分子,也有社会民主党人。地方自治机关的文化经济活动,特别是医疗卫生和学校事业,靠着第三种分子而得到广泛发展。第三种分子作用的增强,遭到了沙皇行政机关和保守的贵族地方自治人士的反对。关于第三种分子,可参看本版全集第5卷《内政评论》一文。——113。

**92** 指1907年8月18—24日在斯图加特举行的第二国际第七次代表大会。列宁率领布尔什维克代表团参加了大会;这是列宁第一次出席第二国际的代表大会。

殖民地问题是这次代表大会议程上的主要问题之一。这个问题的报告人荷兰社会民主党人亨利克·范科尔提出了一份决议草案,为殖民侵略作辩护。草案认为，代表大会不应在原则上谴责一切殖民政策，因为殖民政策在社会主义制度下可以起传播文明的作用。范科尔宣称，即使在将来，社会党人也不但要带着机器和其他文化成就，而且要手持武器到“野蛮民族”那里去。这一机会主义决议草案得到德国代表团多数的支持。有些代表提出一项实质上改变了该决议内容的修正案，被代表大会以多数票通过。代表大会最后通过的关于殖民地问题的决议直接地和无保留地谴责了一切殖民政策。——114。

**93** 《社会主义月刊》(«Sozialistische Monatshefte»)是德国机会主义者的主要刊物，也是国际修正主义者的刊物之一，1897—1933年在柏林出版。编辑和出版者为右翼社会民主党人约·布洛赫。撰稿人有爱·伯恩施坦、康·施米特、弗·赫茨、爱·大卫、沃·海涅、麦·席佩耳等。第一次世界大战期间，该刊持社会沙文主义立场。——114。

**94** 这是列宁为《马克思主义和取消主义》文集写的结束语。列宁为该文集写的序言见本版全集第24卷。

《马克思主义和取消主义。关于现代工人运动的基本问题的论文集。第2册》一书于1914年7月由党的波涛出版社出版。文集收入了列宁和其他一些人的文章。列宁拟定了文集的大纲。根据这个大纲，文集分两册。两册的内容曾经在1914年3月21日《真理之路报》第42号上宣布过。

文集的第1册没有问世。文集的第2册有数十册由于出版社当时来不及运出印刷厂而被沙皇当局没收，但是大部分还是散发出去了。

文集的第2册除序言和结束语外，共收了14篇列宁的文章：《公开的党和马克思主义者》(见《几个争论的问题》)、《自由派工党的宣言》、《帕·波·阿克雪里罗得是怎样揭露取消派的》、《论崩得的分离主义》(见《俄国的分离主义者和奥地利的分离主义者》、《〈真理报〉是否证明了崩得分子的分离主义？》)、《马克思主义和改良主义》、《自由派资产阶级和改良主义》(见《政治上的原则问题》)、《自由派的盲目无知。必要的说明》(见《政论家札记》)、《经济罢工和政治罢工》、《谈谈“吃掉立宪民主党人”》、《我们同自由派论战的性质和意义》、《自由派资产阶级和取消派》、《工人阶级和工人报刊》、《关于社会民主党杜马党团内部斗争问题的材料》和《工人对在国家杜马中成立俄国社会民主党工人党团的反应》(见本版全集第20、21、22、23、24卷及本卷)。最后一篇是作为对前一篇文章的补充而专门为文集写的。有些文章收入文集时,标题作了改动。

这个文集的各项准备材料,参看《列宁文稿》人民出版社版第13卷第298—310页。——122。

**95** 关于“前进派”,见本卷第371—378页。——123。

**96** 这里说的是《无产者报》扩大编辑部会议。

《无产者报》扩大编辑部会议于1909年6月8—17日(21—30日)在巴黎举行。参加会议的有《无产者报》“小型”编辑部成员列宁、格·叶·季诺维也夫、列·波·加米涅夫、亚·亚·波格丹诺夫,俄国社会民主工党中央委员会委员、候补委员约·彼·戈尔登贝格、约·费·杜勃洛文斯基(这两人也是“小型”编辑部成员)、阿·伊·李可夫、维·康·塔拉图塔、维·列·尚采尔,布尔什维克地方组织代表米·巴·托姆斯基(彼得堡)、弗·米·舒利亚季科夫(莫斯科地区)、尼·阿·斯克雷普尼克(乌拉尔)。出席会议的还有娜·康·克鲁普斯卡娅、阿·伊·柳比莫夫、俄国社会民主工党中央委员会俄国局秘书亚·巴·哥卢勃科夫、第三届国家杜马代表尼·古·波列塔耶夫。这次会议实际上是有地方代表参加的布尔什维克中央的一次全体会议。

会议是根据列宁的倡议召开并且在他的领导下进行的。会议注意的中心是关于召回派和最后通牒派问题,这两派的代表是波格丹诺夫(马克西莫夫)和尚采尔(马拉)。在一些问题上他们得到舒利亚季科夫(多纳特)的支持。季诺维也夫、加米涅夫、李可夫和托姆斯基在一系列问题上采取了调和主义立场。

会议讨论了下列问题:关于召回主义和最后通牒主义;关于社会民主党内的造神说倾向;关于波格丹诺夫(马克西莫夫)就《走的不是一条路》一文(载于《无产者报》第42号)提出的抗议;关于在党的其他方面的工作中对杜马活动的态度;布尔什维克在党内的任务;关于在卡普里

岛创办的党校；关于离开党单独召开布尔什维克代表大会或布尔什维克代表会议的鼓动；关于波格丹诺夫（马克西莫夫）同志分裂出去的问题及其他问题。在会议召开的前夕，举行了一次没有召回派和最后通牒派代表参加的非正式的布尔什维克会议，研究了列入议程的各项问题。列宁在这次非正式会议上详细通报了党内和布尔什维克派内的情况，他所提出的论点，构成了扩大编辑部会议通过的决议的基础。

会议坚决谴责了召回主义和最后通牒主义，号召所有布尔什维克同它们作不调和的斗争。会议也坚决谴责了造神说这种背离马克思主义原理的思潮，并责成《无产者报》编辑部同一切修正马克思主义哲学的表现进行斗争。会议谴责了召回派和造神派建立派别性的卡普里党校的行为。会议确认布尔什维克中央同孟什维克护党派接近的路线的正确性。会议提醒布尔什维克不要进行召开"纯布尔什维克代表大会"的鼓动，因为这客观上将导致党的分裂。会议号召不停止同取消主义和修正主义的斗争，同时主张同党的所有组成部分接近，加速召开全党的代表会议和代表大会。由于波格丹诺夫拒绝服从会议决议，《无产者报》编辑部宣布不再对他的政治活动负责任，这实际上意味着把他从布尔什维克的队伍中开除出去。会议决议重申了俄国社会民主工党第五次代表大会关于利用国家杜马讲坛的性质和目的的决议，强调必须把工人阶级的所有合法的和半合法的组织变成由党的秘密支部领导的进行社会民主主义的宣传、鼓动和组织工作的据点。会议还通过了改组布尔什维克中央的决定，在决定中规定了中央的新的结构和任务。有关这次会议的列宁文献见本版全集第 19 卷。——123。

**97**　路标派即俄国立宪民主党的著名政论家、自由派资产阶级的代表人物尼·亚·别尔嘉耶夫、谢·尼·布尔加柯夫、米·奥·格尔申宗、亚·索·伊兹哥耶夫、波·亚·基斯嘉科夫斯基、彼·伯·司徒卢威和谢·路·弗兰克。1909 年春，他们把自己论述俄国知识分子的一批文章编成文集在莫斯科出版，取名为《路标》，路标派的名称即由此而来。在这些文章中，他们企图诋毁俄国解放运动的革命民主主义传统，贬低维·格·别林斯基、尼·亚·杜勃罗留波夫、尼·加·车尔尼雪夫斯基、德·伊·皮萨列夫等人的观点和活动。他们诬蔑 1905 年的革命运动，感谢沙皇政府"用自己的刺刀和牢狱"把资产阶级"从人民的狂暴中"拯救了出来。列宁在《论〈路标〉》一文中对立宪民主党的这一文集作了批判分析和政治评价(见本版全集第 19 卷)。——123。

**98** 《创举》杂志(«Почин»)是由一群社会革命党人创办的刊物,带有民粹主义取消派倾向。仅于 1912 年 6 月在巴黎出了一期。——123。

**99** 《箴言》杂志(«Заветы»)是倾向俄国社会革命党的合法的文学政治刊物(月刊),1912 年 4 月—1914 年 7 月在彼得堡出版。为杂志撰稿的有 P.B.伊万诺夫-拉祖姆尼克、波·维·萨文柯夫、尼·苏汉诺夫、维·米·切尔诺夫等。——123。

**100** 《北方思想报》(«Северная Мысль»)是俄国左派民粹派(社会革命党)的合法报纸。参看注 41。——124。

**101** 《无产阶级真理报》(«Пролетарская Правда»)是俄国布尔什维克党的中央机关报,1913 年 12 月 7 日(20 日)—1914 年 1 月 21 日(2 月 3 日)代替被沙皇政府查封的《真理报》在彼得堡出版,共出了 34 号。——124。

**102** 中央党是德国天主教徒的政党,1870—1871 年由普鲁士议会和德意志帝国国会的天主教派党团联合而成,因这两个党团的议员的席位在会议大厅的中央而得名。中央党通常持中间立场,在支持政府的党派和左派反对派国会党团之间随风转舵。——126。

**103** 合法马克思主义即司徒卢威主义,是 19 世纪 90 年代出现在俄国自由派知识分子中的一种思想政治流派,主要代表人物是彼·伯·司徒卢威。合法马克思主义利用马克思经济学说中能为资产阶级所接受的个别论点为俄国资本主义的发展作论证。在批判小生产的维护者民粹派的同时,司徒卢威赞美资本主义,号召人们"承认自己的不文明并向资本主义学习",而抹杀资本主义的阶级矛盾。合法马克思主义者起初是社会民主党的暂时同路人,后来彻底转向资产阶级自由主义。到 1900 年《火星报》出版时,合法马克思主义作为思想流派已不再存在。——126。

**104**　1904年秋，孟什维克《火星报》编辑部向党组织发出一封信。这封信提出社会民主党的主要任务就是通过资产阶级自由派和地方自治人士向政府提出要求而"对资产阶级反对派施加有组织的影响"。这一"地方自治运动计划"充分暴露了孟什维克不相信无产阶级的力量，不相信无产阶级有进行政治斗争和独立的革命活动的能力。孟什维克已从组织上的机会主义走向策略上的机会主义，"地方自治运动计划"就是他们在这条道路上迈出的第一步。列宁在《地方自治运动和〈火星报〉的计划》一文中对孟什维克的这一计划进行了详细的分析和批判(见本版全集第9卷)。——127。

**105**　布里根杜马即沙皇政府宣布要在1906年1月中旬前召开的咨议性国家杜马。1905年8月6日(19日)沙皇颁布了有关建立国家杜马的诏书，与此同时，还颁布了《关于建立国家杜马的法令》和《国家杜马选举条例》。这些文件是受沙皇之托由内务大臣亚·格·布里根任主席的特别委员会起草的，所以这个拟建立的国家杜马被人们称做布里根杜马。根据这些文件的规定，在杜马选举中，只有地主、资本家和农民户主有选举权。居民的大多数——工人、贫苦农民、雇农、民主主义知识分子被剥夺了选举权。妇女、军人、学生、未满25岁的人和许多被压迫民族都被排除在选举之外。杜马只能作为沙皇属下的咨议性机构讨论某些问题，无权通过任何法律。布尔什维克号召工人和农民抵制布里根杜马。孟什维克则认为可以参加杜马选举并主张同自由派资产阶级合作。1905年十月全俄政治罢工迫使沙皇颁布10月17日宣言，保证召开立法杜马。这样布里根杜马没有召开就被革命风暴扫除了。

维特杜马即第一届国家杜马。因为第一届国家杜马是根据沙皇政府大臣会议主席谢·尤·维特制定的条例于1906年4月27日(5月10日)召开的，故有此称。

在1905年十月全俄政治罢工的冲击下，沙皇尼古拉二世被迫发表了10月17日宣言，宣布召开具有立法职能的国家杜马以代替布里根咨议性杜马，借以把国家引上君主立宪的发展道路。1905年12月11日，沙皇政府公布了《关于修改国家杜马选举条例的命令》，这一命令原封不动地保留了为选举布里根杜马而制定的以财产资格和阶级不平等为基础的选举制度，只是在原来的三个选民团——土地占有者（地主）选民团、城市（资产阶级）选民团、农民选民团之外，新增了工人选民团。就分得的复选人数额来说，各选民团的权利不是平等的。地主的1票相当于城市资产阶级的3票、农民的15票、工人的45票。工人选民团的复选人只占国家杜马全部复选人的4%。选举不是普遍的。全体妇女、不满25岁的青年、游牧民族、军人、学生、小企业（50人以下的企业）的工人、短工、小手工业者、没有土地的农民都被剥夺了选举权。选举也不是直接的。一般是二级选举制，而为工人规定了三级选举制，为农民规定了四级选举制。

十二月起义失败后，沙皇政府一再限制曾经宣布过的杜马的权力。1906年2月20日的诏书给了国务会议以批准或否决国家杜马所通过的法案的权力。1906年4月23日（5月6日）又颁布了经尼古拉二世批准的《国家根本法》，将国家政策的最重要问题置于杜马管辖之外。

第一届国家杜马选举于1906年2—3月举行。布尔什维克宣布抵制，但是没能达到搞垮这次选举的目的。当杜马终究召集起来时，列宁要求利用杜马来进行革命的宣传鼓动并揭露杜马的本质。

第一届国家杜马的代表共478人，其中立宪民主党179人，自治派63人（包括波兰、乌克兰、爱沙尼亚、拉脱维亚、立陶宛等民族的资产阶级集团的成员），十月党16人，无党派人士105人，劳动派97人，社会民主党18人。主席是立宪民主党人谢·安·穆罗姆采夫。

第一届国家杜马讨论过人身不可侵犯、废除死刑、信仰和集会自由、公民权利平等等问题，但是中心问题是土地问题。在杜马会议上提出的土地纲领主要有两个：一个是立宪民主党人于5月8日提出的由42名代表签署的法案，它力图保持地主土地占有制，只允许通过"按公平价格"赎买的办法来强制地主转让主要用农民的耕畜和农具耕种的或已出租的土地；另一个是劳动派于5月23日提出的"104人法案"，它要求建立全民土地资产，把超过劳动土地份额的地主土地及其他私有土地收归国有，按劳动份额平均使用土地。

第一届国家杜马尽管很软弱，它的决议尽管很不彻底，但仍不符合政府的愿望。1906年7月9日（22日），沙皇政府解散了第一届国家杜马。——127。

**106** 《同志报》(«Товарищ»)是俄国资产阶级报纸(日报),1906 年 3 月 15 日(28 日)—1907 年 12 月 30 日(1908 年 1 月 12 日)在彼得堡出版。该报打着“无党派”的招牌,实际上是左派立宪民主党人的机关报。参加该报工作的有谢·尼·普罗柯波维奇和叶·德·库斯柯娃。孟什维克也为该报撰稿。从 1908 年 1 月起《我们时代报》代替了《同志报》。——128。

**107** 马尼洛夫是俄国作家尼·瓦·果戈理的小说《死魂灵》中的一个地主。他生性怠惰,终日想入非非,崇尚空谈,刻意讲究虚伪客套。马尼洛夫通常被用来形容耽于幻想、无所作为的人。——128。

**108** 《护党报》(«За Партию»)是俄国孟什维克护党派和调和派的小报,1912 年 4 月 16 日(29 日)—1914 年 2 月在巴黎不定期出版,共出了 5 号。参加该报工作的有格·瓦·普列汉诺夫、索·阿·洛佐夫斯基、阿·伊·柳比莫夫等。小报大部分在国外销售,主要反映在巴黎的普列汉诺夫集团的观点。——129。

**109** 《日报》(«День»)是俄国自由派资产阶级的报纸(日报),1912 年在彼得堡创刊。孟什维克取消派参加了该报的工作。该报站在自由派和孟什维克的立场上批评沙皇制度和资产阶级地主政党。第一次世界大战期间持护国主义立场。从 1917 年 5 月 30 日起,成为孟什维克的机关报,支持资产阶级临时政府,反对布尔什维克。1917 年 10 月 26 日(11 月 8 日)被查封。——129。

**110** 《前进报》(«Vorwärts»)是德国社会民主党的中央机关报(日报),1876 年 10 月在莱比锡创刊,编辑是威·李卜克内西和威·哈森克莱维尔。1878 年 10 月反社会党人非常法颁布后被查禁。1890 年 10 月反社会党人非常法废除后,德国社会民主党哈雷代表大会决定把 1884 年在柏林创办的《柏林人民报》改名为《前进报》(全称是《前进。柏林人民报》),从 1891 年 1 月起作为中央机关报在柏林出版,由李卜克内西任主编。恩格斯曾为《前进报》撰稿，同机会主义的各种表现进行斗争。1895 年恩格斯逝世以后，《前进报》逐渐转入党的右翼手中。它支持过俄国的经济派和孟什维克。第一次世界大战期间持社会沙文主义立场。俄国十月革命以后，进行反对苏维埃的宣传。1933 年停刊。——129。

**111** 指原定在维也纳举行的国际社会党第十次代表大会。1913 年 12 月社会党国际局会议讨论了维也纳代表大会的问题，决定于 1914 年 8 月召开这次代表大会，并且安排在大会开幕那天庆祝第一国际成立五十周年。代表大会议程包括以下问题：生活费用腾贵；帝国主义和反对军国主义的斗争（这个问题包括三个小问题：东方问题，各国之间的强制性仲裁法庭，欧洲联邦）；酗酒；失业；俄国被囚禁和流放的政治犯的处境；其他问题。

各国的代表人数不得超过该国所拥有的表决票数的 6 倍。俄国有 20 票，因而俄国社会民主工党两派和左派民粹派的代表以及工会的代表名额加起来不能超过 120 名。在有党的工作者参加的中央委员会波罗宁会议上，列宁就维也纳国际社会党代表大会的问题作报告时，建议采取一切措施使社会民主党工人在出席维也纳代表大会的代表中占多数。

由于第一次世界大战爆发，这次代表大会未能召开。——132。

**112** 1914 年 4 月 22 日（5 月 5 日），第四届国家杜马的 24 名代表（布尔什维克、孟什维克、劳动派）受到不得参加国家杜马会议 15 次的处分。这件事的原委是：俄国社会民主党工人党团（布尔什维克“六人团”）、社会民主党党团（孟什维克）和劳动派向杜马提议，从议事日程中撤销对预算的讨论，直到关于代表言论自由的法案通过为止。国家杜马以多数票否决了这个提议。布尔什维克、孟什维克和劳动派便在大臣会议主席伊·洛·哥列梅金发言时阻挠杜马议程的进行。杜马主席米·弗·罗将柯乃提议给予全体社会民主党人和劳动派这一处分。对此，彼得堡和莫斯科的工人曾举行罢工以示抗议。——136。

**113** 《无产者报》（«Пролетарий»）是俄国布尔什维克的秘密报纸，于 1906 年

8月21日(9月3日)—1909年11月28日(12月11日)出版,共出了50号。该报由列宁主编,在不同时期参加编辑部的有亚·亚·波格丹诺夫、约·彼·戈尔登贝格、约·费·杜勃洛文斯基等。该报的头20号是在维堡排版送纸型到彼得堡印刷的,为保密起见,报上印的是在莫斯科出版。由于秘密报刊出版困难,从第21号起移至国外出版(第21—40号在日内瓦、第41—50号在巴黎出版)。该报是作为俄国社会民主工党莫斯科委员会和彼得堡委员会的机关报出版的,在头20号中有些号还同时作为莫斯科郊区委员会、彼尔姆委员会、库尔斯克委员会和喀山委员会的机关报出版,但它实际上是布尔什维克的中央机关报。该报共发表了100多篇列宁的文章和短评。该报第46号附刊上发表了1909年6月在巴黎举行的《无产者报》扩大编辑部会议的文件。斯托雷平反动时期,该报在保存和巩固布尔什维克组织方面起了卓越的作用。根据俄国社会民主工党中央委员会1910年一月全会的决议,该报停刊。——141。

**114** 指俄国社会民主工党第五次代表大会。

俄国社会民主工党第五次代表大会于1907年4月30日—5月19日(5月13日—6月1日)举行。代表大会原来打算在哥本哈根或马尔默(瑞典)、布鲁塞尔召开。由于沙皇政府施加压力,丹麦、瑞典、比利时都禁止在其国土上召开俄国社会民主工党代表大会。因此已汇集在哥本哈根的大会代表只得转移到马尔默,又从那里动身前往伦敦。

出席代表大会的代表有342名,代表约15万名党员,其中有表决权的代表303名,有发言权的代表39名。在有表决权的代表中,有布尔什维克89名,孟什维克88名,崩得代表55名,波兰王国和立陶宛社会民主党代表45名,拉脱维亚边疆区社会民主党代表26名。大工业中心的代表多数是布尔什维克。列宁作为卡马河上游地区(乌拉尔)组织的代表参加了代表大会并被选入了主席团。马·高尔基作为有发言权的代表参加了代表大会。

代表大会议程的讨论几乎占用了四次会议。布尔什维克和孟什维克、崩得分子就是否把主要的具有原则性的理论和政治问题列入代表大会议程展开辩论。布尔什维克在波兰和拉脱维亚社会民主党人的支持下，使一个最重要的具有总原则性质的问题即对资产阶级政党的态度问题列入了议程。大会通过的全部议程是：中央委员会的工作报告；杜马党团的工作报告和杜马党团组织；对资产阶级政党的态度；国家杜马；“工人代表大会”和非党工人组织；工会和党；游击行动；失业、经济危机和同盟歇业；组织问题；斯图加特国际代表大会（五一节，军国主义）；军队中的工作；其他。由于时间和经费的关系，关于国家杜马、关于工会和党、关于游击行动的问题及组织问题只讨论了以各派名义在代表大会上提出的提案和决议案。关于失业、关于经济危机和同盟歇业、关于斯图加特国际代表大会等问题没有来得及讨论。

布尔什维克在代表大会上得到了波兰王国和立陶宛社会民主党及拉脱维亚边疆区社会民主党的代表的支持。布尔什维克用革命的纲领团结了他们，因而在代表大会上获得了多数。在一切基本问题上，代表大会都通过了布尔什维克的决议案。布尔什维克的策略被确定为全党的统一的策略。关于对资产阶级政党态度的问题通过了列宁起草的决议。这一决议对所有非无产阶级政党都作了布尔什维主义的评价，并规定了革命社会民主党对它们的策略。代表大会通过的关于国家杜马的决议，规定了社会民主党在杜马中的各项任务，指出社会民主党在杜马内的活动应该服从杜马外的活动，应该首先把杜马作为揭露专制制度和资产阶级妥协政策以及宣传党的革命纲领的讲坛。代表大会就“工人代表大会”问题通过的决议是以列宁为代表大会写的决议草案《关于非党工人组织和无产阶级中的无政府工团主义思潮》为基础写成的。在关于工会的决议中，代表大会批驳了工会“中立”的理论，认为必须做到党对工会实行思想上和政治上的领导。代表大会通过了新的党章。按照修改过的党章，在代表大会上只选举中央委员会，中央机关报编辑部由中央委员会任命并在中央委员会监督下工作。党章规定定期召开党的会议来讨论党内生活中最重要的问题。

代表大会选出了由布尔什维克 5 人（约·彼·戈尔登贝格、尼·亚·罗日柯夫、约·费·杜勃洛文斯基、伊·阿·泰奥多罗维奇、维·巴·诺根）、孟什维克 4 人（亚·马尔丁诺夫、诺·尼·饶尔丹尼亚、尼基福尔、约·安·伊苏夫）、波兰社会民主党 2 人（阿·瓦尔斯基、费·

埃·捷尔任斯基)和拉脱维亚社会民主党1人(卡·尤·克·达尼舍夫斯基)组成的中央委员会(另外3名中央委员由崩得和拉脱维亚边疆区社会民主党在代表大会后选派)。代表大会还批准24名候补中央委员,其中有列宁。鉴于新的中央委员会成分不一,中央的领导不可靠,在代表大会结束时,布尔什维克在自己的会议上成立了以列宁为首的布尔什维克中央,《无产者报》编辑部也加入布尔什维克中央。——141。

**115** 健忘的伊万意为忘记自己身世者或六亲不认、数典忘祖的人。在革命前的俄国,潜逃的苦役犯和逃亡的农奴一旦落入警察之手,为了不暴露真实姓名和身份,常常自称"伊万"(俄国最常见的名字),并声称忘记了自己的身世。因此在警厅档案中,他们便被登记为"忘记身世者"。这些人就被统称为"健忘的伊万"。——141。

**116** 《关于民族平等和保护少数民族权利的法律草案》是为国家杜马布尔什维克党团草拟的,准备提交第四届国家杜马讨论。

1914年5月6日(19日)列宁在给斯·格·邵武勉的信中叙述了《草案》的要点,他指出,利用这种方法可以广泛地说明民族文化自治是一种胡说(见本版全集第46卷第323号文献)。

这个法律草案未能提交杜马。——143。

**117** 《劳动思想报》(«Мысль Труда»)是俄国左派民粹派(社会革命党)的合法报纸。参看注41。——148。

**118** 指1913年9月23日—10月1日(10月6—14日)在波兰扎科帕内附近的波罗宁村举行的有党的工作者参加的俄国社会民主工党中央委员会会议(出于保密考虑定名为八月会议或夏季会议)。这次会议就其所讨论的问题和通过的决议的重要性来说相当于一次代表会议。出席会议的有22人,其中有表决权的17人,有发言权的5人。会议是在列宁领导下进行的,他在会上致了开幕词和闭幕词,作了中央委员会工作的总结报告、关于民族问题的报告、关于将在维也纳举行的国际社会党代表大会的报告及议程上其他问题的报告,审定了全部决议。会议还听取了各地的报告以及关于目前的鼓动任务、组织问题和关于党代表大会、关于罢工运动、关于党的报刊、关于社会民主党的杜马工作、关于社会民主党杜马党团、关于在合法团体里的工作和关于民粹派等项报告。会议指出在国内工人运动加强、革命不断发展和取消派影响普遍下降的情况下，党的主要革命口号仍然是建立民主共和国、没收地主土地和实行八小时工作制。会议决定立即普遍开展全俄政治罢工的鼓动。会议强调指出，合法报刊已成为使群众布尔什维克化的有力工具，各个党组织必须用订阅和捐款来支持合法报刊，并把这看做是交纳党费。会议同时还决定扩大秘密书刊的出版。为了加强革命鼓动，会议建议布尔什维克杜马代表更广泛地利用国家杜马的讲坛。由于孟什维克侵犯布尔什维克代表的权利，会议要求社会民主党党团内布尔什维克和孟什维克两部分权利平等。会议决定加强在合法组织（工会、俱乐部等）中的工作，以便把它们变成党的支柱。会议所通过的关于民族问题的决议驳斥了孟什维克和崩得分子的民族文化自治的论点，强调指出工人阶级的利益要求将一国各民族的无产者在统一的政治、工会、合作社和教育组织中打成一片。社会民主党应当坚持被压迫民族自决直至分离和组成独立国家的权利。会议认为主要的组织任务是加强每一城市的党的领导组织，并建立地区的党的联合组织。会议还就拟定党代表大会的议程和准备决议草案的问题向各个党组织发出了指示。——152。

**119** 《钟声》杂志（«Дзвін»）是合法的资产阶级民族主义刊物（月刊），倾向孟什维克，1913年1月—1914年在基辅用乌克兰文出版，共出了18期。参加该杂志工作的有B.П.列文斯基、弗·基·温尼琴科、列·尤尔凯维奇（雷巴尔卡）、德·顿佐夫、西·瓦·佩特留拉、格·阿·阿列克辛斯基、帕·波·阿克雪里罗得、列·达·托洛茨基等人。第一次世界大战爆发后停刊。——154。

**120** 《拥护真理报》（«За Правду»）是俄国布尔什维克党的中央机关报，1913年10月1日（14日）—12月5日（18日）代替被沙皇政府查封的《真理报》在彼得堡出版，共出了52号，其中有21号被没收，两号被罚款。

——154。

**121** 《同时代人》杂志(«Современник»)是俄国文学、政治、科学、历史和艺术刊物,1911—1915年在彼得堡出版,原为月刊,1914年起改为半月刊。聚集在杂志周围的有孟什维克取消派、社会革命党人、人民社会党人和自由派左翼。1913年以前该杂志事实上的编辑是亚·瓦·阿姆菲捷阿特罗夫,以后是尼·苏汉诺夫(尼·尼·吉姆美尔)。撰稿人有格·瓦·普列汉诺夫、叶·德·库斯柯娃、费·伊·唐恩、尔·马尔托夫、谢·尼·普罗柯波维奇、维·米·切尔诺夫等。《同时代人》杂志自称是"党外社会主义刊物",实际上是取消派和民粹派的刊物。该杂志同工人群众没有任何联系。第一次世界大战期间,该杂志采取社会沙文主义立场。——159。

**122** 《俄罗斯新闻》(«Русские Ведомости»)是俄国报纸,1863—1918年在莫斯科出版。它反映自由派地主和资产阶级的观点,主张在俄国实行君主立宪,撰稿人是一些自由派教授。至19世纪70年代中期成为俄国影响最大的报纸之一。80—90年代刊登民主主义作家和民粹主义者的文章。1898年和1901年曾经停刊。从1905年起成为右翼立宪民主党人的机关报。1917年二月革命后支持资产阶级临时政府。十月革命后被查封。——161。

**123** 罗·瓦·马林诺夫斯基从国家杜马出走并逃往国外后,为掩盖他这样做的真正原因曾以一些个人方面的理由来解释。——165。

**124** 指尔·马尔托夫的小册子《拯救者还是毁灭者?(谁破坏又是怎样破坏俄国社会民主工党)》。小册子是"在唐恩参与和负责的情况下"写成的,由《社会民主党人呼声报》编辑部于1911年春在巴黎出版。卡·考茨基在1911年8月9日写给阿·瓦·卢那察尔斯基的信中说,这本小册子是"令人反感的"(见本卷第361页)。——166。

**125** 指1914年5月17日(30日)《真理之路报》第89号刊登的《一个工人的信》,署名"车工别列宁"。——166。

**126** 1914年5月17日(30日)《真理之路报》第89号刊登了哈尔科夫《晨报》编辑部写的一则简讯,文中为该报刊登关于罗·瓦·马林诺夫斯基放弃职务原因的谣言一事向马林诺夫斯基致歉。——166。

**127** 《我们的工人报》(«Наша Рабочая Газета»)是俄国孟什维克取消派的合法报纸(日报),1914年5月3日(16日)—7月在彼得堡出版。——167。

**128** 指俄国社会民主党工人党团成员罗·瓦·马林诺夫斯基于1914年5月从第四届国家杜马出走一事。由于这种擅自离开战斗岗位的逃兵行为和破坏组织的行为,马林诺夫斯基被开除出党。

后来查明马林诺夫斯基是一名奸细(参看《惩办包庇奸细的罗将柯和准科夫斯基!》和《莫名其妙的断章取义》两文,本版全集第30卷)。1918年,根据全俄中央执行委员会最高法庭的判决,马林诺夫斯基被枪决。——168。

**129** 指1909年12月28日—1910年1月6日(1910年1月10—19日)在彼得堡举行的全俄第一次禁酒代表大会。——168。

**130** 指全俄合作社机构第一次代表大会。

全俄合作社机构第一次代表大会于1908年4月16—21日(4月29日—5月4日)在莫斯科举行。出席代表大会的有824名代表,其中约有50名是社会民主党人(包括布尔什维克和孟什维克)。代表大会听取了关于国际合作社运动、关于合作社运动的作用和任务、关于消费合作社在俄国的法律地位等报告。

在大会上,布尔什维克不顾孟什维克的阻挠,组织了社会民主党党团,领导了工会组织和工人合作社的代表反对在会上占多数的资产阶级合作社派的斗争。

在许多工人发言人讲话以后,警察当局下令禁止在代表大会上谈论阶级斗争、工会、在罢工和同盟歇业期间援助工人、合作社的报刊和宣传等问题,甚至禁止谈论代表大会常务委员会的选举和代表大会的例行召开问题,并且命令列席大会的警官立即逮捕所有"发表社会主义讲话和提出社会主义提案的人”。代表大会为此闭会以示抗议。——169。

**131** 指全俄工厂医生和工厂工业代表第一次代表大会。

全俄工厂医生和工厂工业代表第一次代表大会是根据莫斯科工厂医生协会的倡议，于1909年4月1—6日(14—19日)在莫斯科举行的。出席代表大会的代表中有52名工人，他们主要是由大工业中心(彼得堡、莫斯科、基辅、叶卡捷琳诺斯拉夫、巴库、伊万诺沃-沃兹涅先斯克等)的工会选出的。

按照代表大会组织者的意图，代表大会应当是工人和资本家之间“和解的节日”。然而在工人代表中占多数的布尔什维克，排除了取消派的干扰，带领工人们在代表大会上执行了无产阶级的阶级路线。工人代表就工厂医疗卫生的具体问题发言时，提出了马克思主义政党的原则性和纲领性的要求。

代表大会没有开完。由于警察当局断然要求在讨论中不得涉及“激起阶级斗争”的问题，禁止表决关于住宅问题的决议(因为“决议案中谈到了社会主义和土地公有化”)并且剥夺一些工人代表其中包括国家杜马代表伊·彼·波克罗夫斯基的发言权，所有的工人代表和一部分医生代表离开会场，以示抗议。因此，主席团决定闭会。——169。

**132** 指1911年4月在莫斯科举行的全俄工厂医生和工厂工业代表第二次代表大会。——169。

**133** 《保险问题》杂志(«Вопросы Страхования»)是俄国布尔什维克的合法刊物(周刊)，由布尔什维克党中央领导，1913年10月26日(11月8日)—1914年7月12日(25日)和1915年2月20日(3月5日)—1918年3月在彼得堡出版，共出了63期。参加杂志工作的有列宁、斯大林、瓦·弗·古比雪夫和著名的保险运动活动家尼·阿·斯克雷普尼克、彼·伊·斯图契卡、亚·尼·维诺库罗夫、尼·米·什维尔尼克等。——174。

**134** 《统一报》(«Единство»)是俄国孟什维克护国派极右翼集团统一派的报

纸，在彼得格勒出版。1914年5—6月出了4号。1917年3—11月为日报。1917年12月—1918年1月用《我们的统一报》的名称出版。编辑部成员有格·瓦·普列汉诺夫、维·伊·查苏利奇、柳·伊·阿克雪里罗得、格·阿·阿列克辛斯基、尼·瓦·瓦西里耶夫、列·格·捷依奇和尼·伊·约尔丹斯基。该报持极端沙文主义立场，主张和资产阶级合作，支持资产阶级临时政府，反对社会主义革命，攻击布尔什维克，敌视苏维埃政权。——176。

**135** 指1912年1月俄国社会民主工党第六次（布拉格）全国代表会议通过的、由列宁起草的《关于取消主义和取消派集团》决议（见本版全集第21卷）。——177。

**136** 《谈谈农业部的预算问题》是列宁为国家杜马中的布尔什维克代表拟的发言稿，由杜马代表格·伊·彼得罗夫斯基于1914年5月28日（6月10日）杜马讨论预算委员会关于国有地产司1914年预算的报告时宣读。——181。

**137** 贵族联合会是农奴主-地主的组织，于1906年5月在各省贵族协会第一次代表大会上成立，存在到1917年10月。成立该组织的主要目的是维护君主专制制度，维护大地主土地占有制和贵族特权。贵族联合会的领导人是阿·亚·鲍勃凌斯基伯爵、Н.Ф.卡萨特金-罗斯托夫斯基公爵、Д.А.奥尔苏菲耶夫伯爵、弗·米·普利什凯维奇等人。列宁称贵族联合会为“农奴主联合会”。贵族联合会的许多成员参加了国务会议和黑帮组织的领导中心。——181。

**138** 米科拉节即尼古拉节，这里是指俄历12月6日的冬天尼古拉节。尼古拉是宗教传说中的圣徒，俄国农民把他奉为耕种和收获的庇护神。——184。

**139** 指1904年8月在阿姆斯特丹召开的第二国际第六次代表大会通过的《党的统一》这一决议。——189。

**140** 这是列宁为撰写《论〈同时代人〉杂志》一文而拟的详细提纲。《论〈同时代人〉杂志》一文没有保存下来，也可能没有写成。

列宁在1914年春夏写的一系列文章中，尤其是在《左派民粹派在工人中的力量有多大》和《资产阶级知识分子反对工人的方法》这两篇文章（见本卷第333—336、337—370页）中，尖锐地批评了《同时代人》杂志。

关于《同时代人》杂志，见注121。——191。

**141** 《斗争》杂志（«Der Kampf»）是奥地利社会民主党的机关刊物（月刊），1907—1934年在维也纳出版。该杂志持机会主义的中派立场。担任过该杂志编辑的有：奥·鲍威尔、阿·布劳恩、卡·伦纳、弗·阿德勒等。——194。

**142** 《人民报》（«Le Peuple»）是比利时工人党的中央机关报（日报），1885年起在布鲁塞尔出版。在比利时工人党改称为比利时社会党后，是比利时社会党的机关报。——195。

**143** 指《启蒙》杂志。

《启蒙》杂志（«Просвещение»）是俄国布尔什维克的合法的社会政治和文学月刊，1911年12月—1914年6月在彼得堡出版，共出了27期。该杂志是根据列宁的倡议，为代替被沙皇政府查封的布尔什维克刊物——在莫斯科出版的《思想》杂志而创办的，受以列宁为首的国外编辑委员会的领导。出版杂志的实际工作，由俄国国内的编辑委员会负责。在不同时期参加国内编辑委员会的有：安·伊·乌里扬诺娃-叶利扎罗娃、列·米·米哈伊洛夫、米·斯·奥里明斯基、A.A.里亚比宁、马·亚·萨韦利耶夫、尼·阿·斯克雷普尼克等。从1913年起，《启蒙》杂志文艺部由马·高尔基领导。《启蒙》杂志作为布尔什维克机关刊物，曾同取消派、召回派、托洛茨基分子和资产阶级民族主义者进行过斗争，登过列宁的28篇文章。第一次世界大战前夕，《启蒙》杂志被沙皇政府查封。1917年秋复刊后，只出了一期（双刊号），登载了列宁的《布尔什维克能保持国家政权吗?》和《论修改党纲》两篇文章。——197。

144 指俄国社会民主工党第四次(统一)代表大会。

俄国社会民主工党第四次(统一)代表大会于1906年4月10—25日(4月23日—5月8日)在斯德哥尔摩举行。出席这次代表大会的有112名有表决权的代表和22名有发言权的代表。他们代表了俄国社会民主工党的62个组织。参加大会有发言权的还有波兰王国和立陶宛社会民主党、拉脱维亚社会民主工党和崩得的代表各3名,乌克兰社会民主工党、芬兰工人党的代表各1名。此外,还有保加利亚社会民主工党的代表1名。加上特邀代表和来宾,共有157人参加大会。

为了召开这次代表大会,1905年底布尔什维克和孟什维克两派领导机构组成了统一的中央委员会。在两个月的时间里,各地党组织讨论两派分别制定的纲领,并按300名党员产生1名代表的比例进行代表大会代表的选举。由于布尔什维克占优势的工业中心的许多党组织遭到摧残而严重削弱,因此代表大会的组成并未反映党内真正的力量对比。在112张表决票中,布尔什维克拥有46票,孟什维克则拥有62票,而且拥有少数几票的调和派在基本问题上也是附和孟什维克的。

代表大会的议程是:修改土地纲领;目前形势和无产阶级的阶级任务;关于对国家杜马选举结果和对杜马本身的策略问题;武装起义;游击行动;临时革命政府和革命自治;对工人代表苏维埃的态度;工会;对农民运动的态度;对各种非社会民主主义的党派和组织的态度;根据党纲中的民族问题对召开特别的波兰立宪会议的要求的态度;党的组织;与各民族的社会民主党组织(波兰王国和立陶宛社会民主党、拉脱维亚社会民主工党、崩得)的统一;工作报告;选举。大会只讨论了修改土地纲领、对目前形势的估计和无产阶级的阶级任务、对国家杜马的态度、武装起义、游击行动、与各民族的社会民主党的统一、党的章程等问题。列宁就土地问题、当前形势问题和对国家杜马的态度问题作了报告,就武装起义问题以及其他问题发了言,参加了党章起草委员会。

大会是在激烈斗争中进行的。在修改土地纲领问题上提出了三种纲领:列宁的土地国有化纲领,一部分布尔什维克的分配土地纲领和孟什维克的土地地方公有化纲领。代表大会以多数票批准了孟什维克的土地地方公有化纲领,但在布尔什维克的压力下对这一纲领作了一些修改。大会还批准了孟什维克的关于国家杜马的决议案和武装起义的决议案，大会未经讨论通过了关于工会的决议和关于对农民运动的态度的决议。代表大会通过了同波兰王国和立陶宛社会民主党以及同拉脱维亚社会民主工党统一的决定。这两个党作为地区性组织加入俄国社会民主工党，在该地区各民族无产阶级中进行工作。大会还确定了同崩得统一的条件。在代表大会批准的新党章中，关于党员资格的第1条采用了列宁的条文，但在党的中央委员会和中央机关报的相互关系问题上仍保留了两个中央机关并存的局面。

代表大会选出了由7名孟什维克（弗·尼·罗扎诺夫、列·伊·戈尔德曼、柳·尼·拉德琴柯、列·米·欣丘克、维·尼·克罗赫马尔、Б.А.巴赫梅季耶夫、帕·尼·科洛科尔尼科夫）和3名布尔什维克（瓦·阿·杰斯尼茨基、列·波·克拉辛、阿·伊·李可夫）组成的中央委员会和由5名孟什维克（尔·马尔托夫、亚·马尔丁诺夫、彼·巴·马斯洛夫、费·伊·唐恩、亚·尼·波特列索夫）组成的中央机关报编辑部。中央委员中的李可夫后来换成了亚·亚·波格丹诺夫。加入俄国社会民主工党的各民族社会民主党后来分别派代表参加了中央委员会。

列宁在《关于俄国社会民主工党统一代表大会的报告（给彼得堡工人的信）》这本小册子中对这次代表大会的工作作了分析（见本版全集第13卷）。——199。

**145** 布尔什维克护党派即以阿·伊·柳比莫夫（马·佐梅尔）为首的倾向取消派的调和派。

孟什维克护党派是孟什维克队伍中的一个在组织上没有完全形成的派别，于1908年开始出现，为首的是格·瓦·普列汉诺夫。1908年12月，普列汉诺夫同取消派报纸《社会民主党人呼声报》编辑部决裂；为了同取消派进行斗争，1909年他恢复出版了《社会民主党人日志》这一刊物。1909年在巴黎、日内瓦、圣雷莫、尼斯等地成立了孟什维克护党派的小组。在俄国国内，彼得堡、莫斯科、叶卡捷琳诺斯拉夫、哈尔科夫、基辅、巴库都有许多孟什维克工人反对取消派，赞成恢复秘密的俄国社会民主工党。普列汉诺夫派在保持孟什维主义立场的同时，主张保存和巩固党的秘密组织，为此目的而同布尔什维克结成了联盟。他们同布尔什维克一起参加地方党委员会，并为布尔什维克的《工人报》、《明星报》撰稿。列宁的同孟什维克护党派接近的策略，扩大了布尔什维克在合法工人组织中的影响。

1911年底，普列汉诺夫破坏了同布尔什维克的联盟。他打着反对俄国社会民主工党内部的“派别活动”和分裂的旗号，企图使布尔什维克党同机会主义者和解。1912年普列汉诺夫派同托洛茨基分子、崩得分子和取消派一起反对俄国社会民主工党布拉格代表会议的决议。——200。

**146** 诺兹德列夫是俄国作家尼·瓦·果戈理的小说《死魂灵》中的一个惯于信口开河、吹牛撒谎的无赖地主。当他的谎言被当面揭穿时，他也满不在乎，我行我素。——206。

**147** 犹杜什卡·戈洛夫廖夫是俄国作家米·叶·萨尔蒂科夫-谢德林的长篇小说《戈洛夫廖夫老爷们》中的主要人物波尔菲里·弗拉基米罗维奇·戈洛夫廖夫的绰号，犹杜什卡是对犹大的蔑称。谢德林笔下的犹杜什卡是贪婪、无耻、伪善、阴险、残暴等各种丑恶品质的象征。——206。

**148** 指1913年12月13—14日在伦敦举行的社会党国际局会议通过的决议案。决议案责成国际局执行委员会召集一次有来自“俄国（包括俄属波兰）工人运动中所有承认党的纲领或其纲领与社会民主党纲领相符合的派别”的代表就各派意见分歧的问题“交换意见”。卡·考茨基在12月14日的发言中谈到提出这个决议案的理由时说：“俄国旧的社会民主党已经消失了”，必须按照俄国工人渴望统一的愿望把它重新建立起来。列宁在《好决议和坏发言》一文中对此作了评论（见本版全集第24卷）。——213。

**149** 见俄国作家米·叶·萨尔蒂科夫-谢德林的随笔《在国外》。其中写道，1876年春他在法国听到一些法国自由派人士在热烈地谈论大赦巴黎公社战士的问题。他们一致认为大赦是公正而有益的措施，但在结束这个话题时，不约而同地都把食指伸到鼻子前，说了一声“mais”（即“但是”），就再也不说了。于是谢德林恍然大悟：原来法国人所说的“但是”就相当于俄国人所说的“耳朵不会高过额头”，意思是根本不可能有这样的事情。——216。

**150** 图希诺的倒戈分子一语源出于俄国历史故事。1608年俄波战争时，波兰傀儡伪德米特里二世率军攻入俄国，驻扎在莫斯科西北的图希诺，与在莫斯科的沙皇瓦西里·舒伊斯基两军对峙。在这种形势下，一些俄国领主和贵族像候鸟随气候变化而迁飞那样奔走于两个营垒之间：当莫斯科情况危急时，他们纷纷投奔图希诺营寨；当战局有利于沙皇时，他们又返回莫斯科，重新归顺沙皇。这些人便被称为“图希诺的倒戈分子”。后来人们常用这一称号来形容反复无常的投机分子。——218。

**151** 工厂视察员И.М.科兹米内赫-拉宁的统计著作不止一次地引起了列宁的注意。例如，1912年8月，列宁为科兹米内赫-拉宁的《莫斯科省的工作日和工作年》一书的问世写了《莫斯科省工厂的工作日》和《莫斯科省的工作日和工作年》两篇书评，分别发表在《真理报》和《涅瓦明星报》上（见本版全集第22卷）。1913年9月列宁在莫斯科《我们的道路报》上发表的《数字的语言》一文也引用了科兹米内赫-拉宁收集的统计资料（见本版全集第23卷）。

列宁在上述两篇书评的第一篇中曾提到，科兹米内赫-拉宁准备把有关莫斯科省工厂加班情况的专著付印。本文就是对1914年问世的这一著作的评介。——223。

**152** 十二个民族的侵犯原来是指1812年拿破仑第一对俄国的进攻。据说拿破仑当时统率着一支民族成分十分复杂、操12种不同语言的军队。这里是借喻机会主义各派对马克思主义纲领的一致攻击。——226。

**153** 《新时代》杂志（«Die Neue Zeit»）是德国社会民主党的理论刊物，1883—1923年在斯图加特出版。1890年10月前为月刊，后改为周刊。1917年10月以前编辑为卡·考茨基，以后为亨·库诺。1885—1895年间，杂志发表过马克思和恩格斯的一些文章。恩格斯经常关心编辑部的工作，帮助它端正办刊方向。为杂志撰过稿的还有威·李卜克内西、保·拉法格、格·瓦·普列汉诺夫、罗·卢森堡、弗·梅林等国际工人运动活动家。《新时代》杂志在介绍马克思主义基本理论、宣传俄国1905—1907年革命等方面做了有益的工作。随着考茨基转到机会主义立场，1910年以后，《新时代》杂志成了中派分子的刊物。第一次世界大战期间，杂志持中派立场，实际上支持社会沙文主义者。——228。

**154** 《科学思想》杂志(«Научная Мысль»)是俄国孟什维克派的刊物，1908年在里加出版。——228。

**155** 《社会民主党评论》杂志(«Przegląd Socjaldemokratyczny»)是波兰社会民主党人在罗·卢森堡积极参加下办的刊物，于1902—1904年、1908—1910年在克拉科夫出版。——229。

**156** 指1899年9月24—29日在布隆(现捷克布尔诺)举行的奥地利社会民主党代表大会。代表大会的中心议题是民族问题。在代表大会上提出了反映不同观点的两个决议案：一个是总的说来主张民族区域自治的党中央委员会的决议案；另一个是主张超地域的民族文化自治的南方斯拉夫社会民主党委员会的决议案。代表大会一致否决了民族文化自治纲领，通过了一个承认在奥地利国家范围内的民族自治的妥协决议(参看《关于奥地利和俄国的民族纲领的历史》一文，本版全集第24卷)。——239。

**157** 指1913年6月19—22日(7月2—5日)在利沃夫举行的全乌克兰大学生第二次代表大会。代表大会安排在伟大的乌克兰作家、学者、社会活动家、革命民主主义者伊万·弗兰科的纪念日举行。俄国的乌克兰大学生代表也参加了代表大会的工作。会上乌克兰社会民主党人德·顿佐夫作了《乌克兰青年和民族的现状》的报告，坚持乌克兰独立这一口号。代表大会不顾旅居俄罗斯的乌克兰社会民主党人的抗议，通过了顿佐夫提出的决议，这一决议形成了乌克兰分离主义者的纲领。——247。

**158** 《工人真理报》(«Рабочая Правда»)是俄国布尔什维克党的中央机关

报，1913 年 7 月 13 日(26 日)—8 月 1 日(14 日)代替被沙皇政府查封的《真理报》在彼得堡出版，共出了 17 号。——247。

**159** 《道路报》(«Шляхи»)是乌克兰大学生联合会的机关报，持民族主义立场，1913 年 4 月—1914 年 3 月在利沃夫用乌克兰文出版。——248。

**160** 《庶民报》(«Земщина»)是俄国黑帮报纸(日报)，国家杜马极右派代表的机关报，1909 年 6 月—1917 年 2 月在彼得堡出版。——250。

**161** 抓走和不准出自俄国作家格·伊·乌斯宾斯基的特写《岗亭》。书中的主人公梅穆列佐夫是俄国某县城的岗警。在沙皇军队的野蛮训练下，他丧失了人的一切优良天性，"抓走"和"不准"成了他的口头禅。梅穆列佐夫这个形象是沙皇专制警察制度的化身。——250。

**162** 《前进报》(«Naprzód»)是加利西亚和西里西亚波兰社会民主党的中央机关报，1892 年起在克拉科夫出版。该报反映小资产阶级民族主义的思想。——256。

**163** 出自俄国作家伊·安·克雷洛夫的寓言《小老鼠和大老鼠》。寓言说，有一天小老鼠听说狮子把猫逮住了，就兴高采烈地跑去告诉大老鼠。大老鼠说："你先别忙高兴，免得一场空欢喜！要是它们两个真动起爪子来，狮子肯定活不了。要知道：没有比猫更凶的野兽了！"——257。

**164** 弗腊克派即波兰社会党"革命派"。见注 29。——257。

**165** 指波兰 1863—1864 年起义。这次反对沙皇专制制度、争取民族独立的起义，是由波兰王国的封建农奴制危机和社会矛盾、民族矛盾加剧而引起的。起义的直接原因是沙皇政府决定于 1863 年 1 月在波兰王国强制征兵，企图用征召入伍的办法把大批怀有革命情绪的青年赶出城市。领导起义的是代表小贵族和小资产阶级利益的"红党"所组织的中央民族委员会，后改称临时民族政府。它同俄国革命组织土地和自由社中央委员会以及在伦敦的《钟声》杂志出版人建立了联系。它的纲领包含有波兰民族独立、一切男子不分宗教和出身一律平等、农民耕种的土地不付赎金完全归农民所有、废除徭役、国家出资给地主以补偿等要求。起义从1863年1月22日向俄军数十个据点发动攻击开始，很快席卷了波兰王国和立陶宛，并波及白俄罗斯和乌克兰部分地区。参加起义的有手工业者、工人、大学生、贵族知识分子、部分农民和宗教界人士等各阶层的居民。代表大土地贵族和大资产阶级利益的“白党”担心自己在社会上声誉扫地，也一度参加了斗争，并攫取了领导权。马克思对波兰起义极为重视，曾参与组织国际军团，支援起义。1864年5月，起义被沙皇军队镇压下去，数万名波兰爱国者被杀害、囚禁或流放西伯利亚。但是，起义迫使沙皇政府于1864年3月颁布了关于在波兰王国解放农奴的法令，因而在波兰历史上具有划时代的意义。——265。

**166** 《泰晤士报》(«The Times»)是英国最有影响的资产阶级报纸(日报)，1785年1月1日在伦敦创刊。原名《环球纪事日报》，1788年1月改称《泰晤士报》。——269。

**167** 芬尼是19世纪后半期—20世纪初爱尔兰的小资产阶级革命共和派，爱尔兰革命兄弟会的成员(芬尼一词来自爱尔兰历史上的一个传奇性军事义勇队的名称fiann)。爱尔兰革命兄弟会是秘密组织，于1858年成立(中心在美国和爱尔兰)，主要宗旨是通过秘密准备的武装起义建立独立的爱尔兰共和国。该会采取密谋策略，在群众中缺乏巩固的基础。——269。

**168** 指英国保守党。见注53。——271。

**169** 《纽约论坛报》即《纽约每日论坛报》(«New-York Daily Tribune»)，是一家美国报纸，1841—1924年出版。该报由著名的美国新闻工作者和政治活动家霍勒斯·格里利创办，在50年代中期以前是美国辉格党左翼的机关报，后来是共和党的机关报。在40—50年代，该报站在进步的立场上反对奴隶占有制。1851年8月—1862年3月，马克思曾为该报撰稿。给该报写的文章，很大一部分是马克思约恩格斯写的。在欧洲的反动时期里，马克思和恩格斯曾利用当时这个发行很广的进步报纸，以具体材料来揭露资本主义社会的种种病态。在美国国内战争时期，马克思不再为该报撰稿。马克思所以和《纽约每日论坛报》断绝关系，很大的一个原因是编辑部内主张同各蓄奴州妥协的人势力加强和该报离开了进步立场。——272。

**170** 列宁引用的是载于1902年《曙光》杂志第4期的格·瓦·普列汉诺夫的《俄国社会民主党纲领草案》一文。

《曙光》杂志(«Заря»)是俄国马克思主义的科学政治刊物，由《火星报》编辑部编辑，1901—1902年在斯图加特出版，共出了4期(第2、3期为合刊)。第5期已准备印刷，但没有出版。杂志宣传马克思主义，批判民粹主义和合法马克思主义、经济主义、伯恩施坦主义等机会主义思潮。——276。

**171** 熊的帮忙意为帮倒忙，出典于俄国作家伊·安·克雷洛夫的寓言《隐士和熊》。寓言说，一个隐士和熊做朋友，熊热心地抱起一块大石头为酣睡的隐士驱赶鼻子上的一只苍蝇，结果把他的脑袋砸成了两半。——280。

**172** 没有裤子穿的男孩一词出自俄国作家米·叶·萨尔蒂科夫-谢德林的随笔《在国外》。谢德林在随笔里用一个没有裤子穿的俄国男孩来比喻沙皇专制制度下落后、愚昧的俄国。后来人们经常用“没有裤子穿的男孩”来比喻粗野而愚昧的人。——281。

**173** 这里说的是俄国作家尼·格·波米亚洛夫斯基的小说《神学校随笔》。一个叫阿克休特卡的学生受到腐败的神学校的毒害而变成了品行恶劣的流氓。有一次他和同学一起外出，钻进一家食品店里偷吃东西，并且把痰吐到白菜桶里。——282。

**174** 这里引用的是俄国作家列·尼·托尔斯泰写的讽刺歌曲《1855年8月4日黑河战役之歌》。列阿德是沙皇军队的一位有勇无谋的将军，在克里木战争中守卫塞瓦斯托波尔。老奸巨猾的利普兰吉将军在反攻时怕担风险，建议总指挥高尔查科夫公爵派列阿德去冲锋陷阵，结果俄军遭到惨败。这首歌曾在俄国士兵中广为流传。——284。

**175** 1914年3月30日(4月12日)《真理之路报》第50号刊登了拉脱维亚边疆区社会民主党第四次代表大会关于第四届国家杜马社会民主党党团分裂问题的决议。决议强调,社会民主党杜马党团必须在承认党纲、党章和党的各项决议的条件下统一起来(见本卷第25—29页)。同一号《真理之路报》还刊登了《对齐赫泽、契恒凯里、图利亚科夫、斯柯别列夫、豪斯托夫和曼科夫代表的公开质问》,要求他们答复对拉脱维亚工人提出的上述原则究竟持什么态度的问题。由于孟什维克避而不答,杜马中的俄国社会民主党工人党团又在1914年4月17日《真理之路报》第63号上发表一封《公开信》,要求孟什维克代表对提出的问题作出明确回答。5月4日(17日),孟什维克在《我们的工人报》上发表了《公开的答复》。列宁在这篇文章中对《公开的答复》作了分析。——289。

**176** 引自收载俄国社会民主工党第五次全国代表会议决议的小册子——《俄国社会民主工党全俄代表会议(1908年12月)》1909年无产者报社巴黎版第38页(参看《苏联共产党代表大会、代表会议和中央全会决议汇编》1964年人民出版社版第1分册第246页)。——291。

**177** 指出席俄国社会民主工党中央委员会1910年一月全会的列·达·托洛茨基和民族组织的代表在会上发表的声明。列宁在《政论家札记》一文中曾经引用这个声明(见本版全集第19卷第261页)。——293。

**178** 自由社是叶·奥·捷连斯基(尔·纳杰日丁)于1901年5月建立的,自称为"革命社会主义"的组织。自由社鼓吹恐怖主义和经济主义思想,与彼得堡经济派一起反对火星派的俄国社会民主工党彼得堡委员会。该社在瑞士出版过两期《自由》杂志(1901年第1期和1902年第2期)。此外,还出版过《革命前夜。理论和策略问题不定期评论》第1期和纲领性小册子《俄国革命主义的复活》等。1903年,该社不复存在。

斗争社是达·波·梁赞诺夫、尤·米·斯切克洛夫和埃·李·古列维奇于1900年夏在巴黎成立的一个团体,1901年5月取此名称。该社试图调和俄国社会民主党内革命派和机会主义派之间的矛盾,建议统一社会民主党各国外组织。

1901年秋，斗争社成为一个独立的著作家团体。它在自己的出版物(《制定党纲的材料》第1—3辑、1902年《快报》第1号等)中歪曲马克思主义理论，反对列宁提出的俄国革命的社会民主党的组织原则和策略原则。由于它背弃社会民主党的观点和策略，进行瓦解组织的活动，并且同国内的社会民主党的组织没有联系，因此未被允许参加1903年俄国社会民主工党第二次代表大会。根据第二次代表大会的决定，斗争社被解散。——296。

**179** 《勇敢思想报》(«Смелая Мысль»)是俄国左派民粹派(社会革命党)的合法报纸。参看注41。——317。

**180** 《表明工人运动中各派力量的一些客观材料》一文是在收集和分析有关的统计数字和事实的基础上写成的。这篇文章的准备材料，参看《列宁文稿》人民出版社版第13卷第244—255页。——326。

**181** 指《劳动呼声报》和《浪潮报》。

《劳动呼声报》(«Töö Hääl»)是爱沙尼亚真理派的报纸，1914年1—5月在纳尔瓦出版。

《浪潮报》(«Vilnis»)是立陶宛真理派的报纸(周报)，1913—1914年在里加出版。——330。

**182** 指《我们的道路报》。

《我们的道路报》(«Наш Путь»)是俄国布尔什维克的合法报纸(日报)，1913年8月25日(9月7日)在莫斯科创刊，9月12日(25日)被沙皇政府查封，共出了16号。早在1912年夏季，列宁就曾指出，必须在莫斯科出版一种合法的工人报纸(见本版全集第21卷第416页)。同时列宁认为必须首先巩固《真理报》，然后再在莫斯科创办一张报纸。列宁在给阿·马·高尔基的信中称这张报纸为《莫斯科真理报》。关于在莫斯科出版党的机关报的问题，1913年7月27日(8月9日)在俄国社会民主工党中央委员会会议上讨论过。《真理报》编辑部曾经组织为莫斯科工人报纸募捐的活动。列宁积极参加了《我们的道路报》的工作。他曾把自己的文章同时寄给《真理报》和《我们的道路报》发表。

《我们的道路报》刊登了列宁的《俄国的资产阶级和俄国的改良主义》、《各等级和各阶级在解放运动中的作用》、《都柏林的阶级战争》、《都柏林流血事件一星期后》、《政治上的原则问题》、《哈里·奎尔奇》等文。《我们的道路报》的撰稿人有斯大林、高尔基、杰米扬·别德内依、米·斯·奥里明斯基、伊·伊·斯克沃尔佐夫-斯捷潘诺夫以及第四届国家杜马布尔什维克代表阿·叶·巴达耶夫、费·尼·萨莫伊洛夫和尼·罗·沙果夫。

《我们的道路报》很受工人欢迎，有395个工人团体捐款支持它。该报被查封时，莫斯科工人曾举行罢工表示抗议。——330。

**183** 《工人日报》(«Рабочий»)是俄国布尔什维克的合法报纸，代替被沙皇政府查封的《真理报》在彼得堡出版。该报第1号是在《真理之路报》尚在出版的期间，于1914年4月22日(5月5日)《真理报》创刊两周年时以小册子的形式出版的，是论述俄国工人报刊历史的专号。在《真理之路报》于1914年5月21日(6月3日)被查封后，《工人日报》与接续出版的《劳动的真理报》交替出版，于1914年7月7日(20日)前共出了9号。——330。

**184** 1914年6月11日(24日)《劳动的真理报》第12号刊登了一篇题为《怎么会发生这种事情？(取消派报纸上的工人通讯)》的短评。短评举出许多实例说明，取消派的机关报《我们的工人报》在工人通讯的幌子下，转载了资产阶级报纸的歪曲工人生活的真实情况的材料。——331。

**185** 指《1914年工人手册》。

《1914年工人手册》是布尔什维克的波涛出版社1913年12月14日(27日)出版的袖珍历书。初版5 000册在一天内销售一空。1914年2月出了《手册》的修订版即第2版。《手册》载有列宁的《俄国的罢工》一文(见本版全集第24卷)。——331。

**186** 指1903年俄国社会民主工党第二次代表大会《关于社会革命党人的决议》、1907年俄国社会民主工党第五次(伦敦)代表大会《关于对非无产阶级政党的态度的决议》和1913年俄国社会民主工党中央委员会八月

(夏季)会议《关于民粹派的决议》(参看《苏联共产党代表大会、代表会议和中央全会决议汇编》1964 年人民出版社版第 1 分册第 50—52、206—207、407—409 页)。——333。

**187** 《现代劳动思想报》(«Живая Мысль Труда»)是俄国左派民粹派(社会革命党)的合法报纸。参看注 41。——336。

**188** 本来要进这间屋子,结果却跑进了那间屋子这句话出自俄国作家亚·谢·格里鲍耶陀夫的喜剧《智慧的痛苦》第 1 幕第 4 场,意为主观上要做某一件事,结果却做了另外一件事。——338。

**189** 农民协会(全俄农民协会)是俄国 1905 年革命中产生的群众性的革命民主主义政治组织,于 1905 年 7 月 31 日—8 月 1 日(8 月 13—14 日)在莫斯科举行了成立大会。据 1905 年 10—12 月的统计,协会在欧俄有 470 个乡级和村级组织,会员约 20 万人。根据该协会成立大会和 1905 年 11 月 6—10 日(19—23 日)举行的第二次代表大会通过的决议,协会的纲领性要求是:实现政治自由和在普选基础上立即召开立宪会议,支持抵制第一届国家杜马;废除土地私有制,由农民选出的委员会将土地分配给自力耕作的农民使用,同意对一部分私有土地给以补偿。农民协会曾与彼得堡工人代表苏维埃合作,它的地方组织在农民起义地区起了革命委员会的作用。农民协会从一开始就遭到警察镇压,1907 年初被解散。——344。

**190** 《人道报》(«L' Humanité»)是法国日报,由让·饶勒斯于 1904 年创办。该报起初是法国社会党的机关报,在第一次世界大战期间为法国社会党极右翼所掌握,采取了社会沙文主义立场。1918 年该报由马·加香领导后,反对法国政府武装干涉苏维埃俄国的帝国主义政策。在法国社会党分裂和法国共产党成立后,从 1920 年 12 月起,该报成为法国共产党中央机关报。——346。

**191** 列宁的电报载于 1914 年 5 月 25 日(6 月 7 日)《工人日报》第 4 号。电报要求尔·马尔托夫和费·伊·唐恩公开具名起诉,而不要散布流言蜚语。——360。

**192** 引自俄国诗人尼·阿·涅克拉索夫的讽刺诗《40年代的人》。诗中写道:“我善良,我正直……不过,遇到严重的要害的问题,有时要从旁边绕过去……”——364。

**193** 由于取消派报纸《我们的工人报》对布尔什维克进行诽谤性攻击,“一批马克思主义者”请求格·瓦·普列汉诺夫作为他们在社会党国际局的代表对该报的这种不能容许的行为进行起诉。普列汉诺夫虽然对取消派机关报的行为也表示愤慨,但是拒绝在社会党国际局发言,这就说明他认为诽谤者是可以谅解的。于是“一批马克思主义者”于1914年6月5日(18日)在《劳动的真理报》上发表了《声明》,指出普列汉诺夫是“耍手腕的能手”。——366。

**194** 《现代世界》杂志(«Современный Мир»)是俄国文学、科学和政治刊物(月刊),1906年10月—1918年在彼得堡出版,编辑为尼·伊·约尔丹斯基等人。孟什维克格·瓦·普列汉诺夫、费·伊·唐恩、尔·马尔托夫等积极参加了该杂志的工作。布尔什维克在同普列汉诺夫派联盟期间以及在1914年初曾为该杂志撰稿。第一次世界大战期间,《现代世界》杂志成了社会沙文主义者的刊物。——373。

**195** 俄国社会民主工党中央委员会1910年一月全会重新选举了中央机关报《社会民主党人报》编辑部,其成员是:布尔什维克代表列宁和格·叶·季诺维也夫,孟什维克呼声派代表尔·马尔托夫和费·伊·唐恩,波兰社会民主党代表阿·瓦尔斯基。

《社会民主党人报》(«Социал-Демократ»)是俄国社会民主工党秘密发行的中央机关报。1908年2月在俄国创刊,第2—32号(1909年2月—1913年12月)在巴黎出版,第33—58号(1914年11月—1917年1月)在日内瓦出版,总共出了58号,其中5号有附刊。根据俄国社会民主工党第五次代表大会选出的中央委员会的决定,该报编辑部由布尔什维克、孟什维克和波兰社会民主党人的代表组成。实际上该报的领导者是列宁。1911年6月孟什维克马尔托夫和唐恩退出编辑部,同年12月起《社会民主党人报》由列宁主编。该报先后刊登过列宁的80多篇文章和短评。在斯托雷平反动时期和新的革命高涨年代,该报同取消派、召回派和托洛茨基分子进行斗争,宣传布尔什维克的路线,加强了党的统一和党与群众的联系。第一次世界大战期间,该报同国际机会主义、民族主义和沙文主义进行斗争,反对帝国主义战争,团结各国坚持国际主义立场的社会民主党人,宣传布尔什维克在战争、和平和革命等问题上提出的口号,联合并加强了党的力量。该报在俄国国内和国外传播很广,影响很大。列宁在《〈反潮流〉文集序言》中写道,"任何一个觉悟的工人,如果想了解国际社会主义革命思想的发展及其在1917年10月25日的第一次胜利",《社会民主党人报》上的文章"是不可不看的"(见本版全集第34卷第116页)。——375。

**196** 指卡普里党校和博洛尼亚党校。——375。

**197** 这是列宁起草的俄国社会民主工党中央委员会在社会党国际局召开的布鲁塞尔"统一"代表会议上的报告和给参加这次会议的布尔什维克代表团的指示。报告底稿有两种,一种是列宁的手稿,另一种是伊·瓦·克鲁普斯卡娅(娜·康·克鲁普斯卡娅的母亲)的誊抄稿,经列宁作过修改。两种底稿都不完整,现在的报告是根据两种底稿整理而成的。报告的提纲见本卷第459—460页。报告的另外一些准备材料,参看《列宁文稿》人民出版社版第13卷第291—295、320—323页。

布鲁塞尔"统一"会议是根据社会党国际局1913年十二月会议的决定于1914年7月3—5日(16—18日)召开的(参看注58)。按照这个决定,召开会议是为了就恢复俄国社会民主工党统一的可能性问题"交换意见"。但是,早在1914年夏初,社会党国际局主席埃·王德威尔得访问彼得堡时,就同取消派的领袖们商定:社会党国际局将不是充当调停者,而是充当布尔什维克和孟什维克之间分歧的仲裁人。列宁和布尔什维克知道,布鲁塞尔会议所追求的真正目的是要取消布尔什维克党,但是考虑到布尔什维克如拒绝参加,将会使俄国工人无法理解,因此还是派出了俄国社会民主工党中央委员会的代表团。代表团由伊·费·阿尔曼德(彼得罗娃)、米·费·弗拉基米尔斯基(卡姆斯基）和伊·费·波波夫（巴甫洛夫）三人组成。列宁当时住在波罗宁，同代表团保持着最密切的联系。他指示代表团要采取进攻的立场，要牢牢记住社会党国际局是调停者，而不是法官，这是十二月会议决议宣布了的，谁也别想把别人意志强加于布尔什维克。

派代表参加布鲁塞尔会议的除俄国社会民主工党中央委员会外，还有10个团体和派别：组织委员会（孟什维克）以及归附于它的一些组织——高加索区域委员会和"斗争"集团（托洛茨基分子）；社会民主党杜马党团（孟什维克）；格·瓦·普列汉诺夫的"统一"集团；"前进"集团；崩得；拉脱维亚边疆区社会民主党；立陶宛社会民主党；波兰社会民主党；波兰社会民主党反对派；波兰社会党"左派"。

会议充满着尖锐斗争。国际局的领导人不让阿尔曼德在这次会议上读完列宁写的俄国社会民主工党中央委员会向会议的报告的全文，她只读了报告的一部分便不得不转到统一的条件问题。机会主义分子极力反对列宁拟定的条件。普列汉诺夫说这不是实现统一的条件，而是"新刑法条文"。王德威尔得声称，即使这些条件在俄国得到赞同，国际也不允许付诸实施。卡·考茨基以社会党国际局的名义提出了关于俄国社会民主工党统一的决议案，断言俄国社会民主党内不存在妨碍统一的任何重大分歧。由于通过决议一事已超出会议的权限，布尔什维克和拉脱维亚社会民主党人拒绝参加表决。但社会党国际局的决议案仍以多数票通过。布尔什维克拒绝服从布鲁塞尔会议决议。

会后，取消派、托洛茨基分子、前进派、普列汉诺夫派、崩得分子以及高加索区域组织的代表结成了反对布尔什维克的布鲁塞尔联盟（"七三联盟"）。但这一联盟没有存在多久就瓦解了。——380。

**198**　非常法（反社会党人非常法）即《反社会民主党企图危害治安法》，是德国俾斯麦政府从1878年10月21日起实行的镇压工人运动的反动法令。这个法令规定取缔德国社会民主党和一切进步工人组织，查封工人刊物，没收社会主义书报，并可不经法律手续把革命者逮捕和驱逐出境。在反社会党人非常法实施期间，有1 000多种书刊被查禁，300多个工人组织被解散，2 000多人被监禁和驱逐。为适应非法存在的条件，德国社会民主党改造了自己的工作：党的中央机关报《社会民主党人报》在国外出版，党的全国代表大会定期在国外举行，在国内则巩固和发展地下党组织，并利用一切合法机会加强同群众的联系。结果，党的影响进一步增长。在工人运动的压力下，反社会党人非常法于1890年10月1日被废除。——383。

**199** 受托人是从工人中推选出来担任党的领导工作的先进工人。俄国社会民主工党中央委员会克拉科夫会议关于秘密组织的建设的决议和波罗宁会议关于组织问题和党代表大会的决议都提到了建立受托人制度的问题（见本版全集第22卷第279页，第24卷第54页）。——383。

**200** 技术委员会（国外技术委员会）即俄国社会民主工党中央委员会国外局技术委员会，于1911年6月1日（14日）在俄国社会民主工党中央委员六月会议上成立，执行与党的出版、运输等工作有关的技术职能。技术委员会作为在中央全会召开前的临时机构，由出席六月会议的中央委员和候补中央委员领导。布尔什维克、调和派和波兰社会民主党各有一名代表参加这一委员会。该委员会中调和派多数（米·康·弗拉基米罗夫和支持他的弗·L.列德尔）拖延支付国外组织委员会用于召开党代表会议的款项以及出版布尔什维克的《明星报》的拨款，并企图阻止党中央机关报《社会民主党人报》的出版。技术委员会在自己的机关刊物《情报公报》中攻击列宁和布尔什维克。在10月19日（11月1日）委员会会议讨论俄国组织委员会的告各地党组织书即《通报》和各项决议时，布尔什维克代表米·费·弗拉基米尔斯基提议服从俄国组织委员会的决议。这一提议被否决，因而弗拉基米尔斯基退出了技术委员会，从此布尔什维克和该委员会断绝了一切联系。——385。

**201** 俄国组织委员会是根据1911年俄国社会民主工党中央委员六月会议的决议为筹备召开党的全国代表会议而成立的，于当年9月底在各地方党组织代表会议上组成。

这次各地方党组织代表的会议，由国外组织委员会全权代表格·康·奥尔忠尼启则领导召开，参加会议的有巴库、梯弗利斯、叶卡捷琳堡、基辅和叶卡捷琳诺斯拉夫等地党组织的代表，包括斯·格·邵武勉、苏·斯·斯潘达良、伊·伊·施瓦尔茨等，列席会议的有叶·德·

斯塔索娃等。

会议总共开了三次会。第一次会在巴库召开，听取了国外组织委员会全权代表的工作总结报告，讨论了各地方的报告，通过了关于成立筹备召开代表会议的俄国组织委员会的决议。由于会议开幕后第二天邵武勉即被捕，出于安全的考虑，会议随即转移到梯弗利斯继续举行。第二次会讨论了俄国组织委员会同国外组织委员会和国外技术委员会的相互关系问题。会议通过的决议指出，国外组织委员会应服从担负着召开代表会议全部筹备工作的俄国组织委员会，国外组织委员会和国外技术委员会除非通知俄国组织委员会，并经它的同意和指示，不得通过文字或其他方式发表意见和支用党的经费。这次会还制定了出席党代表会议代表的选举程序。会议通过的关于合法组织参加党代表会议的代表权问题的决议说，俄国组织委员会邀请所有承认秘密的俄国社会民主工党并争取同它建立思想联系的合法的工人组织派代表出席党的代表会议，他们在代表会议上的权利问题由代表会议本身解决。会议通过的《关于民族组织的决议》呼吁各民族组织派代表参加俄国组织委员会，并着手进行出席代表会议代表的选举。第三次会讨论并通过了告各地党组织书草案。告各地党组织书(即《通报》)以及俄国组织委员会各项决议在梯弗利斯以单页形式印了 1 000 份，分发给了各地的和国外的组织。

到 1911 年底，在俄国组织委员会周围已团结了 20 多个地方组织：彼得堡、莫斯科、巴库、梯弗利斯、基辅、叶卡捷琳诺斯拉夫、叶卡捷琳堡、萨拉托夫、喀山、尼古拉耶夫、维尔诺等。俄国组织委员会的活动到 1912 年 1 月俄国社会民主工党第六次(布拉格)全国代表会议召开时结束，它为筹备此次会议做了大量的组织和宣传工作。——385。

**202**　指俄国社会民主工党中央委员会 1913 年二月会议的决议：《革命高潮、罢工和党的任务》(参看《苏联共产党代表大会、代表会议和中央全会决议汇编》1964 年人民出版社版第 1 分册第 375—377 页)。——392。

**203**　意大利式罢工即消极罢工或留场罢工，因首先流行于意大利而得名。——393。

**204** 指按照跨民族原则建立起来的高加索社会民主党布尔什维克组织。这些组织把各民族的先进无产者团结在自己的队伍里。列宁高度评价了高加索布尔什维克组织的活动，不止一次地指出，它们是各民族工人团结的典范。——402。

**205** 《工人保险》杂志(«Страхование Рабочих»)是俄国孟什维克取消派的刊物(月刊)，1912 年 12 月起在彼得堡出版。1917 年二月革命后用《工人保险和社会政策》的名称出版。1918 年 6 月停刊。——405。

**206** 指奥·倍倍尔 1905 年 2 月 3 日给列宁的信。倍倍尔代表德国社会民主党执行委员会在信中建议组织一个由他担任主席的仲裁法庭，以求停止俄国社会民主党的党内斗争。列宁在同年 2 月 8 日的回信中声称自己无权解决这个问题，只能将倍倍尔的建议转告党的代表大会(见本版全集第 45 卷第 7 号文献)。多数派委员会常务局在同年 3 月 10 日(23 日)《前进报》第 11 号发表的给倍倍尔的复信中也拒绝了他的建议，并强调指出，俄国社会民主党党内斗争的实质不带“**个人**性质，或者至少不带**集团**性质”，而是“**政治思想**的冲突”。因此，有权解决这个问题的，只能是党代表大会，而不是仲裁法庭(见《俄国社会民主工党第三次代表大会。文件和材料汇编》1955 年俄文版第 64—66 页)。在俄国社会民主工党第三次代表大会上没有作关于倍倍尔的信的专门报告，然而在讨论中发言的代表都反对倍倍尔的建议，赞同多数派委员会常务局上述复信中所阐述的观点(见《俄国社会民主工党第三次代表大会。会议记录》1959 年俄文版第 49、51—52、57、58、312 页)。多数派委员会常务局对倍倍尔建议的答复也得到各地方组织的拥护。——419。

**207** 《工人对在国家杜马中成立俄国社会民主党工人党团的反应》是列宁对他写的《关于杜马中的俄国社会民主党工人党团成立历史的材料》一文的补充。该材料原载《拥护真理报》，题为《关于社会民主党杜马党团内部斗争问题的材料》。列宁将该文收入《马克思主义和取消主义》文集时，改换了标题并写了这一补充。

《工人对在国家杜马中成立俄国社会民主党工人党团的反应》一文

的准备材料,参看《列宁文稿》人民出版社版第 13 卷第 244—255 页。——421。

**208** 布勒宁手法是指黑帮报纸《新时报》的撰稿人维·彼·布勒宁所特有的卑劣的论战手法。——422。

**209** 1914 年 3 月 21 日(4 月 3 日)《真理之路报》第 42 号刊登了署名"一群真理派"的公开信,号召把 1914 年 4 月 22 日(5 月 5 日)《真理报》出版两周年定为工人出版节,以庆祝布尔什维克日报的出版。

为了举办出版节,俄国社会民主工党中央委员会通过了向国际工人运动的活动家和俄国工人发出呼吁的决定。给国际工人运动活动家的呼吁书由《真理之路报》编辑部委托国家杜马代表格·伊·彼得罗夫斯基签署,内容是号召他们为《真理报》纪念号撰稿。呼吁书《致全体男女工人和工人报刊之友》由第四届国家杜马布尔什维克党团发出。布尔什维克党团的全体成员给报纸基金捐献了自己一天的工资。

《真理之路报》编辑部在报上接连地号召工人的马克思主义报纸和杂志、工人小组、工人团体和组织积极参加筹备和举行工人出版节这一团结的节日,号召他们通过为纪念号收集材料、捐献一天或半天工资、征集新的订户来支持报纸。其他的布尔什维克报纸和杂志也都转载了《真理之路报》的号召。

俄国工人热烈地响应了党的号召。布尔什维克用进一步巩固和扩大报纸同工人群众的联系、增加报纸的经费来庆祝《真理报》出版两周年。除了《真理报》外,一些公开的马克思主义报刊,如《启蒙》杂志、《保险问题》杂志、《五金工人》杂志等也都庆祝了这个节日。

1914 年 4 月 22 日(5 月 5 日)《真理之路报》刊登了列宁的电报。列宁在电报中热烈祝贺报纸创刊两周年,预祝工人报纸取得进一步的成就,并宣布他也为报纸基金捐献一天的工资。

《真理报》纪念号印了 13 万份。纪念号登载了社会党国际局,德国工会总委员会,英国、荷兰、挪威、瑞士、意大利、比利时的社会党及许多报纸和杂志编辑部的贺词。还登载了基尔·哈第专门为《真理之路报》写的《世界的进步》一文。著名的英国戏剧家肖伯纳也给《真理之路报》

寄来了贺词。报纸的纪念号具有真正的国际性质。

这一天还以小册子形式出版了专门阐述俄国工人报刊的历史的《工人日报》第1号，上面登载了列宁的两篇文章：《俄国工人报刊的历史》和《我们的任务》（见本卷第98—106、107—110页）。——434。

**210** 文章的末尾注有“待续”字样。但是后来《劳动的真理报》各号并没有刊登文章续篇，而1914年7月8日（21日）该报就被查封了。

在本文发表后的第二天，1914年7月4日的《劳动的真理报》刊登了《对报表的更正》，其中指出：“昨日本报所载《工人出版节的总结》一文中说：国家有价证券印刷厂捐款79卢布12戈比，应更正为133卢布32戈比。”——442。

**211** 《布鲁塞尔代表会议上的波兰反对派》这篇短评是为《劳动的真理报》写的，底稿边上有一段给编辑部的附言：“请把这篇东西用小号铅字刊载，对他们的来信不要答复，什么也不要刊登，就说到你们的新‘盟友’那儿去吧。”

由于1914年7月8日（21日）报纸被查封，短评未能发表。——444。

**212** 指1906年在斯德哥尔摩召开的俄国社会民主工党第四次（统一）代表大会上通过的《波兰王国和立陶宛社会民主党同俄国社会民主工党合并的条件》（参看《苏联共产党代表大会、代表会议和中央全会决议汇编》1964年人民出版社版第1分册第159—161页）。——445。

**213** 这篇文章发表于1914年7月21日《莱比锡人民报》，署名“《真理报》编辑部”。《莱比锡人民报》编辑部给文章加了一个标题：《反驳。给本报的来稿》。在《列宁全集》俄文第4、5版中，这篇文章都是按照《莱比锡人民报》上的德文原文译成俄文刊印的。

《莱比锡人民报》（«Leipziger Volkszeitung»）是德国社会民主党的报纸（日报），1894—1933年出版。该报最初属于该党左翼，弗·梅林和罗·卢森堡曾多年担任它的编辑。1917—1922年是德国独立社会民主党的机关报，1922年以后成为右翼社会民主党人的机关报。——447。

**214** 《〈革命与战争〉一文的提纲》写于1914年7月奥地利对塞尔维亚开战以后。与这个提纲有关的材料，参看《列宁文稿》人民出版社版第13卷第325—332页。《革命与战争》一文是打算为党的中央机关报《社会民主党人报》第33号写的。——449。

**215** 《俄罗斯言论报》(«Русское Слово»)是俄国报纸(日报)，1895年起在莫斯科出版(第1号为试刊号，于1894年出版)。出版人是伊·德·瑟京，撰稿人有弗·米·多罗舍维奇(1902年起实际上为该报编辑)、亚·瓦·阿姆菲捷阿特罗夫、彼·德·博博雷金、弗·阿·吉利亚罗夫斯基、瓦·伊·涅米罗维奇-丹琴科等。该报表面上是无党派报纸，实际上持资产阶级自由派立场。1917年后完全支持资产阶级临时政府，并曾拥护科尔尼洛夫叛乱。十月革命后不久被查封，其印刷厂被没收。1918年1月起，该报曾一度以《新言论报》和《我们的言论报》的名称出版，1918年7月最终被查封。——449。

**216** 调查委员会结论的执笔者是格·叶·季诺维也夫(第1部分和第3部分的开头)、维·亚·吉霍米尔诺夫(第2部分)和列宁(第3部分接着季诺维也夫直到结尾)。吉霍米尔诺夫在第2部分中叙述了由调查委员会提供的罗·瓦·马林诺夫斯基的个人经历(见1993年俄罗斯《历史问题》杂志第11—12期第70—74页)。结论作者们的全部注意力都集中到了对孟什维克证词的批驳上。没有对怀疑马林诺夫斯基从事奸细活动的布尔什维克的证词进行分析(参看马林诺夫斯基案件调查委员会的材料:1993年俄罗斯《历史问题》杂志第9、10、11—12期)。1914年7月作出的结论曾打算在《真理报》上发表，或以单行本的形式发表，但因1914年7月8日(21日)编辑部遭到破坏，结论未能发表。保存下来的结论的文本可能不是最后的文本，1914年9—10月，列宁和季诺维也夫从克拉科夫到达伯尔尼后，对文本重又作了加工。——463。

**217** 指发表在1914年5月31日(6月13日)《劳动的真理报》第3号上的俄国社会民主工党中央委员会的决定:“全俄马克思主义者机关的决定。领导机关得知了罗·马林诺夫斯基的解释以及各个有组织的工人团体作出的决议，并且注意到刊登在《真理之路报》第 91 号上的俄国社会民主党工人党团的声明，现作出如下结论。

一、(1)无论俄国社会民主党工人党团成员的工作条件多么艰苦，无论遇到什么样的困难，工人代表都必须坚守自己的岗位。(2)工人阶级的代表未经全体马克思主义者同意、没有事先向工人选民和杜马党团中自己的同志解释便放弃了代表权，这是一起严重违反纪律、给工作造成混乱的事件，应该受到俄国全体觉悟工人最严厉的谴责。

二、领导机关经过对马林诺夫斯基出走的情况以及他个人的解释的分析，确信马林诺夫斯基的行为没有政治背景，完全是由于神经紧张、精神疲惫和一时糊涂所致，正是在这种状态下，罗·瓦·马林诺夫斯基做出了这种令人愤怒的违反纪律的事。

三、领导机关确认，马林诺夫斯基由于自己的行为已置身于有组织的马克思主义者的队伍之外，只有全体马克思主义者作出一项专门的'决定'，才能改变这种状况和重新允许马林诺夫斯基在有组织的社会民主党的队伍中工作，但这个问题将来必须由有组织的工人提出来。

四、领导机关履行了自己的职责，审查了关于散布使马林诺夫斯基的政治声誉扫地的传闻的问题。此次调查发现，根本不存在需要对怀疑马林诺夫斯基政治上不忠诚的问题展开调查的任何材料。领导机关绝对相信，马林诺夫斯基在政治上是忠诚的。

五、领导机关坚信，尽管马林诺夫斯基的举动使莫斯科的工人受到极大打击，但是他们仍然会尽一切努力，重新为俄国社会民主党工人党团推选出一位当之无愧的成员，一位始终高举彻底的马克思主义的旗帜的成员。

六、领导机关提醒工人们注意取消派为瓦解工人运动而针对马林诺夫斯基出走一事采取的那些不可容忍的诬陷手段。领导机关请工人们对诬陷者给以坚决的回击，尽一切力量壮大有组织的马克思主义者的队伍，制止诬陷者的行动。

七、领导机关欢迎各工人团体积极参加马克思主义者整体的生活中重要关头的讨论，认为他们在决议中对马林诺夫斯基的行为表示谴责是对纪律原则的捍卫，认为对取消派诽谤者予以坚决回击是工人马克思主义者的组织进一步发展的保证。

工人运动不是靠个别人物来维系的。工人运动的壮大靠的是群众的参与、无产阶级的纪律和几万乃至几十万工人的组织性。所有觉悟的工人将在彻底的马克思主义的旗帜下更加紧密地团结在自己的代表的周围。”——463。

**218** 俄国社会民主党工人党团在《真理之路报》上发表了几份有关罗·瓦·马林诺夫斯基的声明(见1914年5月10、12、15、18、20日(俄历)的第82、84、87、90、91号)。声明说,俄国社会民主党工人党团与马林诺夫斯基之间并不存在政治分歧,工人党团的钱款保存完好,马林诺夫斯基并没有向工人党团报告他退出国家杜马的情况。马林诺夫斯基的行为受到了严厉的谴责。“领导机关”(俄国社会民主工党中央委员会)除了作出有关马林诺夫斯基的决定外,还发表了题为《论诽谤者的伎俩》的声明(见1914年6月14日(27日)《劳动的真理报》第15号和1993年俄罗斯《历史问题》杂志第10期第106—108页)。——464。

**219** 斯维亚堡起义是指1906年7月17日(30日)深夜在赫尔辛福斯附近的斯维亚堡要塞卫戍部队开始的起义。这次起义在很大程度上是由于社会革命党人的挑动而过早地自发爆发的。俄国社会民主工党彼得堡委员会获悉斯维亚堡可能爆发武装起义的消息后,曾于7月16日(29日)通过了列宁起草的决定,试图说服群众推迟行动(见本版全集第13卷第324—327页)。布尔什维克在确信自发行动已不能制止之后,便领导了起义。俄国社会民主工党军事组织的两名布尔什维克阿·彼·叶梅利亚诺夫少尉和叶·李·科汉斯基少尉担任起义的领导人。积极参加起义的有7个炮兵连(共有10个)。起义者提出了推翻专制政府、给人民自由、把土地交给农民等口号。芬兰工人曾举行罢工支持起义。起义坚持了三天,终于因为准备不足,在7月20日(8月2日)被镇压下去。起义参加者被交付法庭审判。43人被判处死刑,数百人被送去服苦役或被监禁。——467。

**220** 指全俄国民大学协会工作者第一次代表大会。

全俄国民大学协会工作者第一次代表大会于1908年1月3—6日(16—19日)在彼得堡举行。在讨论国民大学的工作和组织问题时,布尔什维克领导的代表大会工人代表团提出一项决议案,要求给予工人组织单独派代表参加国民大学理事会的权利,承认工人组织有权决定课程大纲,有权指定它们所希望的社会科学方面的讲课人,承认每个民族都有用本民族语言讲课的权利。代表大会以110票对105票否决了这些要求,于是工人代表便退出了代表大会。

国民大学是俄国的一种成人教育机构。第一所国民大学是1897年在莫斯科开办的普列奇斯坚卡学校。在1905—1907年革命期间,各地普遍成立了国民大学。布尔什维克曾广泛利用这种合法的文化教育工作方式在工人和农民中宣传马克思主义。——468。

**221** 指1911年9月1日(14日)《社会民主党人报》第23号上的一篇通讯——《合法工人运动活动家会议》。——469。

**222** 引自提供给俄国社会民主工党中央委员会调查委员会的罗·瓦·马林诺夫斯基自传(见1993年俄罗斯《历史问题》杂志第11—12期合刊第73页)。——469。

**223** 指俄国社会民主工党莫斯科委员会。——471。

**224** 1909年布尔什维克国外代表会议——《无产者报》扩大编辑部会议,于1909年6月在巴黎举行,弗·米·舒利亚季科夫作为莫斯科地区组织的代表参加了会议;他与布尔维什克中央保持通信和其他形式的联系。

关于《无产者报》扩大编辑部会议,见注96。——472。

**225** 列宁在此处和下面引用了尼·伊·布哈林于1913年11月30日(12月13日)写给他的信(见1989年《苏共中央通报》第4期第206—207页)和布哈林给俄国社会民主工党中央委员会调查委员会的证词(见1996年俄罗斯《历史问题》杂志第9期第120页)。布哈林于1914年11月知道了调查委员会的结论后,曾就该文件中对瓦·弗·舍尔和亚·伊·维诺格拉多夫的行为的评价以及利用从他那里得到的秘密情报的做法提出异议(见布哈林 1914 年 11—12 月写给俄国社会民主工党国外局的信,载于 1993 年俄罗斯《历史问题》杂志第 11—12 期合刊第 83—84 页)。——472。

**226** 在调查委员会的材料中没有瓦·弗·舍尔给罗·瓦·马林诺夫斯基的信。——473。

**227** 在 1912 年 6 月 4 日(17 日)《社会民主党人报》第 27 号的附刊上刊登了莫斯科和彼得堡的孟什维克——合法工人运动活动家于 1911 年 5 月举行会议的报道。——475。

**228** 指俄国社会民主工党中央委员会委员列宁和格·叶·季诺维也夫,至于 1913 年年底对罗·瓦·马林诺夫斯基搞奸细活动的传闻进行调查的第三个人是谁,无法确定。——476。

**229** 尔·马尔托夫的《变本加厉》一文发表在孟什维克的合法报纸《新工人报》1913 年 11 月 13 日(26 日)第 81 号上。指责布尔什维克丹斯基(康·安·科马罗夫斯基)"搞两面派"是因为他同时参加社会民主党报刊(《真理报》、《保险问题》杂志)和资产阶级报纸(《工商业报》)的工作这件事。马尔托夫讲的可能有更加"不道德的"两面派,被理解为暗指布尔维什克中的奸细行为。由俄国社会民主工党中央委员会、杜马"六人团"、《真理报》编辑部和《启蒙》杂志编辑部的代表组成的委员会承认,丹斯基的做法原则上是不对的,同时认为怀疑他从事奸细活动是没有根据的。——477。

**230** 这封信(究竟是谁收到的,未能查明)涉及俄国社会民主工党中央委员和崩得中央委员伊·李·艾森施塔特(尤金)。俄国社会民主工党中央委员会国外局调查关于中央机关存在奸细活动(1911—1913 年)的传闻的委员会"审查了所掌握的材料后,得出一致结论:对尤金同志的怀疑是完全没有根据的"。同时委员会"确信,在俄国社会民主工党中央机关内的确存在着奸细活动"(俄罗斯现代史文献保存和研究中心第 332 全宗,第 1 目录,第 50 卷宗,第 200 张)。——480。

**231** 有误。应该是《新工人报》。关于《新工人报》，见注 20。——481。

**232** 指刊登在 1913 年 11 月 20 日(12 月 3 日)《拥护真理报》第 40 号上的《请有组织的工人们注意》一文。——481。

# 人 名 索 引

## A

阿布拉姆——见克雷连柯,尼古拉·瓦西里耶维奇。

布德勒,弗里德里希(弗·阿·)(Adler,Friedrich(F.A.) 1879—1960)——奥地利社会民主党右翼领袖之一,"奥地利马克思主义"理论家,第二半国际和社会主义工人国际的组织者和领袖之一;维·阿德勒的儿子。1907—1911 年任苏黎世大学理论物理学讲师。1910—1911 年任瑞士社会民主党机关报《民权报》编辑,1911 年起任奥地利社会民主党书记。在哲学上是经验批判主义的信徒,主张以马赫主义哲学"补充"马克思主义。第一次世界大战期间主张社会民主党对帝国主义战争保持"中立"和促使战争早日结束。1914 年 8 月辞去书记职务。1916 年 10 月 21 日因枪杀奥匈帝国首相卡·施图尔克伯爵被捕。1918 年 11 月获释后重新担任党的书记,走上改良主义道路。1919 年当选为全国工人代表苏维埃执行委员会主席。1923—1939 年任社会主义工人国际书记。——194—195。

阿恩——见饶尔丹尼亚,诺伊·尼古拉耶维奇。

阿尔卡季——见加里宁,费多尔·伊万诺维奇。

阿芬那留斯,理查(Avenarius,Richard 1843—1896)——德国哲学家,主观唯心主义者,经验批判主义创始人之一。1877 年起任苏黎世大学教授。否认物质世界的客观存在,认为"只有感觉才能被设想为存在着的东西",杜撰所谓"原则同格"论、"潜在中心项"、"嵌入说"等。主要著作有《哲学——按照费力最小的原则对世界的思维》(1876)、《纯粹经验批判》(1888—1890)、《人的世界概念》(1891)等。1877 年起出版《科学的哲学季刊》。——373。

阿基莫夫(**马赫诺韦茨**),弗拉基米尔·彼得罗维奇(Акимов(Махновец),

Владимир Петрович 1872—1921)——俄国社会民主党人,经济派代表人物。19世纪90年代中期加入彼得堡民意社,1897年被捕,1898年流放叶尼塞斯克省,同年9月逃往国外,成为国外俄国社会民主党人联合会领导人之一;为经济主义思想辩护,反对劳动解放社,后又反对《火星报》。1903年代表联合会出席俄国社会民主工党第二次代表大会,是反火星派分子,会后成为孟什维克极右翼代表。1905—1907年革命期间支持主张建立"全俄工人阶级组织"(社会民主党仅是该组织中的一种思想派别)的取消主义思想。作为有发言权的代表参加了俄国社会民主工党第四次(统一)代表大会的工作,维护孟什维克的机会主义策略,呼吁同立宪民主党人联合。斯托雷平反动时期脱党。——103、340。

阿克雪里罗得,帕维尔·波里索维奇(Аксельрод,Павел Борисович 1850—1928)——俄国孟什维克领袖之一。19世纪70年代是民粹派分子。1883年参与创建劳动解放社。1900年起是《火星报》和《曙光》杂志编辑部成员。这一时期在宣传马克思主义的同时,也在一系列著作中把资产阶级民主制和西欧社会民主党议会活动理想化。1903年在俄国社会民主工党第二次代表大会上是《火星报》编辑部有发言权的代表,属火星派少数派,会后是孟什维主义的思想家。1905年提出召开广泛的工人代表大会的取消主义观点。1906年在党的第四次(统一)代表大会上代表孟什维克作了关于国家杜马问题的报告,宣扬无产阶级同资产阶级实行政治合作的机会主义思想。斯托雷平反动时期和新的革命高涨年代是取消派的思想领袖,参加孟什维克取消派《社会民主党人呼声报》编辑部。1912年加入"八月联盟"。第一次世界大战期间表面上是中派,实际持社会沙文主义立场;曾参加齐美尔瓦尔德代表会议和昆塔尔代表会议,属于右翼。1917年二月革命后任彼得格勒苏维埃执行委员会委员,支持资产阶级临时政府。十月革命后侨居国外,反对苏维埃政权,鼓吹武装干涉苏维埃俄国。——3、118、127、141、291、336、417。

阿列克谢耶夫,彼得·阿列克谢耶维奇(Алексеев,Петр Алексеевич 1849—1891)——俄国早期工人革命家,织工。19世纪70年代初接近革命民粹派,1873年加入彼得堡涅瓦关卡外的革命工人小组,1874年11月起在莫斯科工人中进行革命宣传,是全俄社会革命组织的积极成员。1875年4

月被捕。1877年3月在法庭上发表预言沙皇专制制度必然覆灭的著名演说。同年被判处十年苦役,1884年起在雅库特州的一个偏僻的乡服苦役,1891年8月在该地被盗匪杀害。——99。

阿列克辛斯基,格里戈里·阿列克谢耶维奇(Алексинский,Григорий Алексеевич 1879—1967)——俄国社会民主党人,后蜕化为反革命分子。1905—1907年革命期间是布尔什维克。第二届国家杜马彼得堡工人代表,社会民主党党团成员,参加了杜马的失业工人救济委员会、粮食委员会和土地委员会,并就斯托雷平在杜马中宣读的政府宣言,就预算、土地等问题发了言。作为社会民主党杜马党团代表参加了俄国社会民主工党第五次(伦敦)代表大会的工作。斯托雷平反动时期是召回派分子、派别性的卡普里党校(意大利)的讲课人和"前进"集团的组织者之一。第一次世界大战期间是社会沙文主义者,曾为多个资产阶级报纸撰稿。1917年加入孟什维克统一派,持反革命立场;七月事变期间伙同特务机关伪造文件诬陷列宁和布尔什维克。1918年逃往国外,投入反动营垒。——123、297、372、373、374、409、444。

阿列曼,让(Allemane,Jean 1843—1935)——法国小资产阶级社会主义者;职业是印刷工。1862年起参加工人运动。1871年参加巴黎公社,为此被判处终身苦役。1879年大赦后,为一系列社会主义报纸撰稿。1882年参加法国工人党中的机会主义派别——可能派。1890年可能派分裂后,领导无政府工团主义的工人社会革命党(阿列曼派),1905年该派加入统一的法国社会党。1901年、1906年和1910年三次被选入议会。1914年议会竞选失败后脱离政治活动。——88。

阿姆菲捷阿特罗夫,亚历山大·瓦连廷诺维奇(Амфитеатров,Александр Валентинович 1862—1938)——俄国小品文作家,曾为资产阶级自由派报刊和反动报刊撰稿。1905年去法国住了几年。第一次世界大战期间是社会沙文主义者,反动的民族主义报纸《俄罗斯意志报》创办人之一,该报在1917年鼓吹用暴力对付布尔什维克和《真理报》。十月革命后为白俄流亡分子。——10—11。

阿斯奎斯,赫伯特·亨利(Asquith,Herbert Henry 1852—1928)——英国国务活动家,自由党领袖之一。1886年首次当选为议会议员。1892年起多次担任大臣职务，1908—1916年任首相。反映英国帝国主义资产阶级的观点及其兼并意图，推行对外扩张、镇压工人运动和民族解放运动的政策。阿斯奎斯政府对第一次世界大战的爆发起了推动作用。第一次世界大战结束后领导反对同保守党人联合的自由党人。1924年议会竞选失败后，在政治上不再起重要作用。——76。

艾姆-艾尔——见卢柯姆斯基，梅耶尔·雅柯夫列维奇。

安德里安阿姆普伊尼美里娜（Andrianampoinimerina）——马达加斯加国王。——54。

安东尼·沃伦斯基（**赫拉波维茨基，阿列克谢·巴甫洛维奇**）（Антоний Волынский（Храповицкий，Алексей Павлович）1863—1936）——俄国黑帮分子，沙皇反动政治最著名的鼓吹者之一，俄国正教教会的极右派头目。1902年起在沃伦当主教，后为哈尔科夫的大主教。外国武装干涉和国内战争时期与邓尼金勾结。反革命势力被粉碎后逃往国外，成为流亡国外的君主派首领之一。——182、185。

安东诺夫——见波波夫，阿纳托利·弗拉基米罗维奇。

安东诺夫（奥泽罗夫）（Антонов（Озеров））——1905年为彼得堡朗根济片工厂工人。——466、467、468。

安季德·奥托——见托洛茨基，列夫·达维多维奇。

奥登堡，谢尔盖·费多罗维奇（Ольденбург，Сергей Федорович 1863—1934）——苏联东方学家，俄国印度学派创始人之一，1900年起为彼得堡科学院院士。1917年任临时政府教育部长，立宪民主党中央委员。1904—1929年任科学院常任秘书。1930年起任东方学研究所所长。写有一系列有关中国、印度、印尼及其他一些国家民俗、民族志和艺术方面的著作。——54。

奥尔金——见佛敏，瓦连廷·巴甫洛维奇。

奥季谢伊——见曼德尔施塔姆，A.B.。

奥泽罗夫——见安东诺夫。

## B

巴布什金，伊万·瓦西里耶维奇（Бабушкин，Иван Васильевич 1873—

1906)——俄国工人,职业革命家,布尔什维克。1891 年起在彼得堡谢米扬尼科夫工厂当钳工。1894 年加入列宁领导的工人马克思主义小组。曾参加列宁起草的社会民主党第一份鼓动传单《告谢米扬尼科夫工厂工人书》的撰写工作,并在厂内散发。从彼得堡工人阶级解放斗争协会建立时起,就是该协会最积极的会员和列宁最亲密的助手。参加列宁的《火星报》的组织工作,是该报首批代办员之一和通讯员。1902 年受党的委派到工人团体中进行革命工作,参加反对经济派和祖巴托夫分子的斗争,使工人摆脱祖巴托夫"警察社会主义"的影响。多次被捕、流放和监禁。参加 1905—1907 年革命,是俄国社会民主工党伊尔库茨克委员会和赤塔委员会委员,赤塔武装起义的领导人之一。1906 年 1 月从赤塔到伊尔库茨克运送武器时被讨伐队捕获,未经审讯即被枪杀。列宁为巴布什金写了悼文,高度评价他忠于革命的精神。——101。

巴达耶夫,阿列克谢·叶戈罗维奇(Бадаев, Алексей Егорович 1883—1951)——1904 年加入俄国社会民主工党,在彼得堡做党的工作。第四届国家杜马彼得堡省工人代表,参加布尔什维克杜马党团,同时在杜马外做了大量的革命工作,是中央委员会俄国局成员,为布尔什维克的《真理报》撰稿,出席了有党的工作者参加的俄国社会民主工党中央委员会克拉科夫会议和波罗宁会议。因进行反对帝国主义战争的革命活动,1914 年 11 月被捕,1915 年流放图鲁汉斯克边疆区。1917 年二月革命后从流放地回来,在彼得格勒参加布尔什维克组织的工作,是十月武装起义的参加者。十月革命后在党、苏维埃和经济部门担任领导工作。在党的第十四至第十八次代表大会上当选为中央委员。1938—1943 年任俄罗斯联邦最高苏维埃主席团主席和苏联最高苏维埃主席团副主席。——426。

巴尔克,彼得·李沃维奇(Барк, Петр Львович 1869—1937)——俄国大银行家;曾任伏尔加—卡马银行常务董事,1913 年被任命为副工商大臣,1914 年起至 1917 年二月革命前任财政大臣。十月革命后侨居国外。——9。

巴特拉克——见扎东斯基,米哈伊尔·巴甫洛维奇。

巴扎罗夫,弗·(**鲁德涅夫,弗拉基米尔·亚历山德罗维奇**)(Базаров, В. (Руднев, Владимир Александрович) 1874—1939)——俄国哲学家和经济学家。1896 年参加社会民主主义运动。1904—1907 年是布尔什维克,曾为布尔什维克报刊撰稿。1907—1910年斯托雷平反动时期背弃布尔什维主义，宣传造神说和经验批判主义，是用马赫主义修正马克思主义的主要代表人物之一。1917年是孟什维克国际主义者，半孟什维克的《新生活报》的编辑之一；反对十月革命。1921年起在国家计划委员会工作。和伊·伊·斯克沃尔佐夫-斯捷潘诺夫合译了《资本论》(第1—3卷，1907—1909年)及马克思的其他一些著作。晚年从事文艺和哲学著作的翻译工作。其经济学著作涉及经济平衡表问题。哲学著作追随马赫主义，主要著作有《无政府主义的共产主义和马克思主义》(1906)、《两条战线》(1910)等。——179、340、344。

邦契-布鲁耶维奇，弗拉基米尔·德米特里耶维奇(Бонч-Бруевич，Владимир Дмитриевич 1873—1955)——19世纪80年代末参加俄国革命运动，1896年侨居瑞士。在国外参加劳动解放社的活动，为《火星报》撰稿。俄国社会民主工党第二次代表大会后是布尔什维克。1903—1905年在日内瓦领导俄国社会民主工党中央委员会发行部，组织出版布尔什维克的书刊(邦契-布鲁耶维奇和列宁出版社)。以后几年积极参加布尔什维克报刊和党的出版社的组织工作，屡遭沙皇政府迫害。对俄国的宗教社会运动、尤其是宗教分化运动作过研究，写过一些有关宗教分化运动史的著作；1904年曾为教派信徒出版社会民主主义的小报《黎明报》。1917年二月革命后任彼得格勒苏维埃执行委员会委员、《彼得格勒苏维埃消息报》编委(至1917年5月)、布尔什维克《工人和士兵报》编辑。积极参加彼得格勒十月武装起义。十月革命后任人民委员会办公厅主任(至1920年10月)、生活和知识出版社总编辑。1921年起从事科学研究和著述活动。1933年起任国家文学博物馆馆长。1945—1955年任苏联科学院宗教和无神论历史博物馆馆长。写有回忆列宁的文章。——191、192。

鲍勃凌斯基，弗拉基米尔·阿列克谢耶维奇(Бобринский，Владимир Алексеевич 1868—1927)——俄国大地主和大糖厂主，伯爵，反动的政治活动家。1895—1898年任图拉省博戈罗季茨克县地方自治局主席。第二届、第三届和第四届国家杜马图拉省代表，在杜马中属于右翼。作为极端的民族主义者，主张在俄国少数民族边疆地区强制推行俄罗斯化。十月革命后参加君主派的俄国国家统一委员会，1919年起为白俄流亡分子。

——68—69、74。

鲍古查尔斯基(**雅柯夫列夫,瓦西里·雅柯夫列维奇**)(Богучарский (Яковлев, Василий Яковлевич) 1861—1915)——俄国革命运动史学家。早年同情民意党人,19世纪90年代倾向合法马克思主义,后来成为自由派资产阶级的积极活动家。1902—1905年积极参加自由派资产阶级的《解放》杂志的工作。1905年退出该杂志,参与出版半立宪民主党、半孟什维克的《无题》周刊和《同志报》。1906—1907年在弗·李·布尔采夫的参与下出版《往事》杂志。杂志刊登了一些俄国革命运动方面的资料,1908年被查封。因《往事》杂志案,1909年被驱逐出境,1913年回国。1914—1915年任自由经济学会的学术秘书。写有许多有关19世纪俄国革命运动史方面的著作,编辑出版了大量有价值的资料,其中篇幅最大的是官方资料汇编《19世纪的俄国国事罪》(1906)。——179、191、192、340。

鲍威尔,奥托(Bauer, Otto 1882—1938)——奥地利社会民主党和第二国际领袖之一,"奥地利马克思主义"理论家。同卡·伦纳一起提出资产阶级民族主义的民族文化自治论。1907年起任社会民主党议会党团秘书,同年参与创办党的理论刊物《斗争》杂志。1912年起任党中央机关报《工人报》编辑。第一次世界大战期间应征入伍,在俄国前线被俘。俄国1917年二月革命后在彼得格勒,同年9月回国。敌视俄国十月革命。1918年11月—1919年7月任奥地利共和国外交部长,赞成德奥合并。1920年在维也纳出版反布尔什维主义的《布尔什维主义还是社会民主主义?》一书。1920年起为国民议会议员。第二半国际和社会主义工人国际的组织者和领袖之一。曾参与制定和推行奥地利社会民主党的机会主义路线,使奥地利工人阶级的革命斗争遭受严重损失。晚年修正了自己的某些改良主义观点。——228、229。

贝科夫,М.П.(Быков, М.П.)——金银加工工人,孟什维克。1911年在莫斯科被捕。——470、471。

贝利斯,门德尔·捷维奥维奇(Бейлис, Мендель Тевиович 生于1873年)——俄国基辅一家砖厂的营业员,犹太人。1911年遭诬告,指控他为举行宗教仪式杀了一名信奉基督教的儿童。沙皇政府力图借此诉讼案煽起反犹太人运动。此案件延续了两年多,在人民群众的抗议下,贝利斯终于在1913

年被宣告无罪。——13、19、66。

倍倍尔，奥古斯特(Bebel, August 1840—1913)——德国工人运动和国际工人运动活动家，德国社会民主党和第二国际的创建人和领袖之一，马克思和恩格斯的朋友和战友；旋工出身。19世纪60年代前半期开始参加政治活动，1867年当选为德国工人协会联合会主席，1868年该联合会加入第一国际。1869年与威·李卜克内西共同创建了德国社会民主工党(爱森纳赫派)，该党于1875年与拉萨尔派合并为德国社会主义工人党，后又改名为德国社会民主党。多次当选国会议员，利用国会讲坛揭露帝国政府反动的内外政策。1870—1871年普法战争期间持国际主义立场，在国会中投票反对军事拨款，支持巴黎公社，为此曾被捕和被控叛国，断断续续在狱中度过近六年时间。在反社会党人非常法施行时期，领导了党的地下活动和议会活动。90年代和20世纪初同党内的改良主义和修正主义进行斗争，反对伯恩施坦及其拥护者对马克思主义理论的歪曲和庸俗化。是出色的政论家和演说家，对德国和欧洲工人运动的发展有很大影响。马克思和恩格斯高度评价了他的活动。——170、419、473。

本尼格森，Э.П.(Беннигсен, Э.П. 生于1875年)——俄国伯爵，地主，十月党人。曾任县贵族代表、诺夫哥罗德省旧俄县地方自治局和诺夫哥罗德省地方自治局议员和彼得堡市杜马议员。第三届和第四届国家杜马诺夫哥罗德省代表。——218。

彼得罗夫(Петров)——盖斯勒工厂工人。1906年为俄国社会民主工党彼得堡分区委员会委员。——467、468。

彼舍霍诺夫，阿列克谢·瓦西里耶维奇(Пешехонов, Алексей Васильевич 1867—1933)——俄国社会活动家和政论家。19世纪90年代为自由主义民粹派分子。《俄国财富》杂志撰稿人，1904年起为该杂志编委；曾为自由派资产阶级的《解放》杂志和社会革命党的《革命俄国报》撰稿。1903—1905年为解放社成员。小资产阶级政党"人民社会党"的组织者(1906)和领袖之一，该党同劳动派合并后(1917年6月)，参加劳动人民社会党中央委员会。1917年二月革命后任彼得格勒工兵代表苏维埃执行委员会委员，同年5—8月任临时政府粮食部长，后任预备议会副主席。十月革命后反对苏维埃政权，参加了反革命组织"俄罗斯复兴会"。1922年被驱逐出境,成为白俄流亡分子。——127、163、286、318、342、453。

俾斯麦,奥托·爱德华·莱奥波德(Bismarck,Otto Eduard Leopold 1815—1898)——普鲁士和德国国务活动家和外交家。普鲁士容克的代表。曾任驻彼得堡大使(1859—1862)和驻巴黎大使(1862),普鲁士首相(1862—1872、1873—1890),北德意志联邦首相(1867—1871)和德意志帝国首相(1871—1890)。1870年发动普法战争,1871年支持法国资产阶级镇压巴黎公社。主张在普鲁士领导下"自上而下"统一德国。曾采取一系列内政措施,捍卫容克和大资产阶级的联盟。1878年颁布反社会党人非常法。由于内外政策遭受挫折,于1890年3月去职。——206、268。

别尔嘉耶夫,尼古拉·亚历山德罗维奇(Бердяев,Николай Александрович 1874—1948)——俄国宗教哲学家。学生时代参加社会民主主义运动。19世纪90年代末曾协助基辅的工人阶级解放斗争协会,因协会案于1900年被逐往沃洛格达省。早期倾向合法马克思主义,试图将马克思主义同新康德主义结合起来;后转向宗教哲学。1905年加入立宪民主党。斯托雷平反动时期是宗教哲学流派"寻神说"的代表人物之一。曾参与编撰《路标》文集。十月革命后创建"自由精神文化学院"。1921年因涉嫌"战术中心"案而被捕,后被驱逐出境。著有《自由哲学》、《创造的意义》、《俄罗斯的命运》、《新中世纪》、《论人的奴役与自由》、《俄罗斯思想》等。——355。

别林斯基,维萨里昂·格里戈里耶维奇(Белинский,Виссарион Григорьевич 1811—1848)——俄国革命民主主义者,文学批评家和政论家,唯物主义哲学家;对俄国社会思想的进一步发展和解放运动产生了巨大影响。1833—1836年为《望远镜》杂志撰稿,1838—1839年编辑《莫斯科观察家》杂志,1839—1846年主持《祖国纪事》杂志文学批评栏。1847年起领导《同时代人》杂志批评栏,团结文学界进步力量,使这家杂志成为当时俄国最先进的思想阵地。是奋起同农奴制作斗争的农民群众的思想家,在思想上经历了由唯心主义到唯物主义、由启蒙主义到革命民主主义的复杂而矛盾的发展过程。是俄国现实主义美学和文学批评的奠基人。在评论普希金、莱蒙托夫、果戈理的文章中,以及在1840—1847年间发表的对俄国文学的评论中,揭示了俄国文学的现实主义和人民性,肯定了所谓"自然派"的原则,同反动文学和"纯艺术"派进行了斗争。1847年赴国外治病,于7

月 3 日写了著名的《给果戈理的信》，提出了俄国革命民主派的战斗纲领，这是他一生革命文学活动的总结。——98—99。

波波夫(**布里特曼**)，阿纳托利·弗拉基米罗维奇(安东诺夫)(Попов (Бритман), Анатолий Владимирович(Антонов) 死于 1914 年)——俄国社会民主党人，俄国社会民主工党第二次代表大会后是布尔什维克，党的伯尔尼协助小组给国外多数派拥护者的呼吁书(1905)的起草人之一。1905—1907 年积极参加彼得堡和喀琅施塔得军事组织的活动。多次被捕，1908 年流放服苦役，不久从流放地逃跑。后侨居国外，加入党的巴黎支部和国外组织委员会。第一次世界大战爆发后作为志愿兵参加法军，1914 年 11 月死于前线。——409。

波波夫，伊万·费多罗维奇(Попов，Иван Федорович 1886—1957)——俄国社会民主党人，后成为苏联著名作家。1905—1914 年是布尔什维克党党员，在莫斯科和国外从事革命工作。1908 年移居比利时，负责建立俄国社会民主工党中央委员会同社会党国际局之间的联系。曾为《真理报》、《启蒙》杂志和比利时工人党机关报《人民报》等撰稿。第一次世界大战期间被德国人俘虏。1918 年回国后被派到瑞士任商务代办，后在工农检查人民委员部出版社、报刊部门以及戏剧单位工作。写有一些以俄国革命事件为题材的作品，创作了反映列宁少年时代的著名话剧《家》。——416、418。

波尔土盖斯，斯捷潘·伊万诺维奇(诺维奇，斯季·)(Португейс，Степан Иванович(Нович，Ст.) 1880—1944)——俄国孟什维克，政论家。俄国社会民主工党第五次(伦敦)代表大会敖德萨组织的代表。斯托雷平反动时期和新的革命高涨年代是取消派分子，为《社会民主党人呼声报》、《我们的曙光》杂志等孟什维克取消派报刊撰稿。第一次世界大战期间是社会沙文主义者。十月革命后反对苏维埃政权，为南方白卫分子的报刊撰稿，后移居国外。——428。

波格丹诺夫(Богданов)——1906 年在圣彼得堡涅瓦区工会组织工作。——467。

波格丹诺夫(**马林诺夫斯基**)，亚历山大·亚历山德罗维奇(马克西莫夫，恩·)(Богданов(Малиновский)，Александр Александрович(Максимов，Н.) 1873—1928)——俄国社会民主党人，哲学家，社会学家，经济学家；职业是医生。19 世纪 90 年代参加社会民主主义小组。1903 年成为布尔什维克。在党的第三、第四和第五次代表大会上被选入中央委员会。曾参加布尔什维克机关报《前进报》和《无产者报》编辑部，是布尔什维克《新生活报》的编辑。在对待布尔什维克参加第三届国家杜马的问题上持抵制派立场。1908 年是反对布尔什维克在合法组织里工作的最高纲领派的领袖。斯托雷平反动时期和新的革命高涨年代背离布尔什维主义，领导召回派，是"前进"集团的领袖。在哲学上宣扬经验一元论。1909 年 6 月因进行派别活动被开除出党。第一次世界大战期间持国际主义立场。十月革命后是共产主义科学院院士，在莫斯科大学讲授经济学。1918 年是无产阶级文化派的思想家。1921 年起从事老年医学和血液学的研究。1926 年起任由他创建的输血研究所所长。主要著作有《经济学简明教程》(1897)、《经验一元论》(第 1—3 卷，1904—1906)、《生动经验的哲学》(1913)、《关于社会意识的科学》(1914)、《普遍的组织起来的科学(组织形态学)》(1913—1922)。——117、123、130、158、179、297、298、371、372、373、376。

波克罗夫斯基，米哈伊尔·尼古拉耶维奇(多莫夫)(Покровский, Михаил Николаевич(Домов) 1868—1932)——1905 年加入俄国社会民主工党，历史学家。曾参加 1905—1907 年革命，任党的莫斯科委员会委员。1907 年在党的第五次(伦敦)代表大会上当选为候补中央委员。1908—1917 年侨居国外。斯托雷平反动时期参加召回派和最后通牒派，后加入"前进"集团，1911 年与之决裂。第一次世界大战期间持国际主义立场，从事布尔什维克书刊的出版工作，曾编辑出版列宁的《帝国主义是资本主义的最高阶段》一书。1917 年 8 月回国，参加了莫斯科武装起义，是莫斯科河南岸区革命司令部的成员。1917 年 11 月—1918 年 3 月任莫斯科苏维埃主席。布列斯特和约谈判期间是第一个苏俄代表团的成员，一度持"左派共产主义者"立场。1918 年 5 月起任俄罗斯联邦副教育人民委员。1923—1927 年积极参加反对托洛茨基主义的斗争。在不同年代曾兼任共产主义科学院、共产主义科学院历史研究所、红色教授学院、中央国家档案馆、马克思主义历史学家协会等单位的领导人。1929 年起为科学院院士。1930 年起为党中央监察委员会委员。多次当选为全俄中央执行委员会和苏联中央执行委员会委员。写有《俄国古代史》(五卷本，1910—1913)、《俄国文化史概论》(上下册,1915—1918)、《俄国历史概要》(上下册,1920)等著作。——372。

波米亚洛夫斯基,尼古拉·格拉西莫维奇(Помяловский,Николай Герасимович 1835—1863)——俄国民主主义作家,写有《神学校随笔》(1862—1863)等著作。作品抨击俄国的官僚专制制度,反对强暴和专横,得到车尔尼雪夫斯基和高尔基的高度评价。——282。

波特列索夫,亚历山大·尼古拉耶维奇(Потресов,Александр Николаевич 1869—1934)——俄国孟什维克领袖之一。19世纪90年代初参加马克思主义小组。1896年加入彼得堡工人阶级解放斗争协会,后被捕,1898年流放维亚特卡省。1900年出国,参与创办《火星报》和《曙光》杂志。在俄国社会民主工党第二次代表大会上是《火星报》编辑部有发言权的代表,属火星派少数派,会后是孟什维克刊物的主要撰稿人和领导人。斯托雷平反动时期和新的革命高涨年代是取消派思想家,在《复兴》杂志和《我们的曙光》杂志中起领导作用。第一次世界大战期间是社会沙文主义者。1917年在反布尔什维克的资产阶级《日报》中起领导作用。十月革命后侨居国外,为克伦斯基的《白日》周刊撰稿,攻击苏维埃政权。——3、125、127、128、177、179、191、298、333、340、354、428。

伯恩哈德,路德维希(Bernhard,Ludwig 1875—1935)——德国经济学家和政论家。曾在柏林、基尔和其他一些城市的学校任教授。一度研究波兰—普鲁士政策,是使波兰人德意志化的拥护者。晚年研究法西斯主义的经济制度。——287。

伯恩施坦,爱德华(Bernstein,Eduard 1850—1932)——德国社会民主党和第二国际右翼领袖之一,修正主义的代表人物。1872年加入社会民主党,曾是欧·杜林的信徒。1879年和卡·赫希柏格、卡·施拉姆在苏黎世发表《德国社会主义运动的回顾》一文,指责党的革命策略,主张放弃革命斗争,适应俾斯麦制度,受到马克思和恩格斯的严厉批评。1881—1890年任党的中央机关报《社会民主党人报》编辑。从90年代中期起完全同马克思主义决裂。1896—1898年以《社会主义问题》为题在《新时代》杂志上发表一组文章,1899年发表《社会主义的前提和社会民主党的任务》一书,从经济、政治和哲学方面对马克思主义的理论和策略作了全面的修正。1902

年起为国会议员。第一次世界大战期间持中派立场。1917 年参加德国独立社会民主党,1919 年公开转到右派方面。1918 年十一月革命失败后出任艾伯特—谢德曼政府的财政部长助理。——194—195。

博捷里亚诺夫(Ботерянов)——沙俄军队上校。——466。

布勃诺夫,安德列·谢尔盖耶维奇(化学家)(Бубнов,Андрей Сергеевич (Химик) 1884—1940)——1903 年加入俄国社会民主工党。曾在伊万诺沃-沃兹涅先斯克、莫斯科、彼得堡等城市做党的工作,屡遭沙皇政府迫害。1912 年在党的第六次(布拉格)全国代表会议上当选为候补中央委员,为《真理报》撰稿。1917 年二月革命后是党的莫斯科区域局成员。在党的第六次代表大会上当选为中央委员,是中央委员会驻彼得堡委员会的代表。在十月革命的准备和进行期间参加领导武装起义的彼得格勒军事革命委员会和党总部。十月革命后任交通人民委员部部务委员、派驻南方的共和国铁路委员,曾参与平定卡列金叛乱。1918 年参加"左派共产主义者"集团。1918 年 3 月参加乌克兰苏维埃政府,先后当选为乌克兰共产党(布)中央委员和中央政治局委员。以乌克兰方面军革命军事委员会委员、第 14 集团军革命军事委员会委员和乌克兰国防委员会委员的身份参加了国内战争前线部队的领导工作。1921 年起任北高加索军区和骑兵第 1 集团军革命军事委员会委员,党中央委员会东南局成员。1920—1921 年参加民主集中派。1922—1923 年主管党中央委员会鼓动宣传部的工作。1923 年参加托洛茨基反对派,不久脱离。1924—1929 年任工农红军政治部主任和苏联革命军事委员会委员,1925 年任党中央委员会书记。1929—1937 年任俄罗斯联邦教育人民委员。在党的第八、第十一和第十二次代表大会上当选为候补中央委员,在党的第十三至第十七次代表大会上当选为中央委员。——471。

布尔采夫,弗拉基米尔·李沃维奇(Бурцев,Владимир Львович 1862—1942)——俄国政论家和出版家。19 世纪 80 年代是民意党人。1885 年被捕,流放西伯利亚,后逃往国外,从事收集和出版革命运动文献的工作。1897 年在伦敦出版革命运动史料汇编《一百年来》。1900 年开始出版《往事》杂志。曾把沙俄内务部警察司的秘密活动公之于众,揭露了奸细叶·菲·阿捷夫和罗·瓦·马林诺夫斯基等人。俄国第一次革命前夕接近社会革命党人，革命失败后支持立宪民主党人。1911 年 10 月—1914 年 1 月在巴黎出版自由派资产阶级的《未来报》。第一次世界大战期间是沙文主义者。1915 年回国，反对布尔什维克。1917 年二月革命后开始出版《共同事业报》(后转到巴黎出版)。十月革命后侨居国外，参与建立君主派白卫组织，反对苏维埃俄国。——409、484。

布尔金(**谢苗诺夫**)，费多尔·阿法纳西耶维奇(Булкин(Семенов)，Федор Афанасьевич 生于 1888 年)——1904 年加入俄国社会民主工党，孟什维克。曾在彼得堡和哈尔科夫做党的工作，是彼得堡组织出席党的第五次(伦敦)代表大会的代表。斯托雷平反动时期和新的革命高涨年代是取消派分子。第一次世界大战期间是护国派分子，在诺夫哥罗德、萨马拉和彼得堡的军事工业委员会工作。十月革命后，作为孟什维克的代表在奥伦堡苏维埃工作。后脱离孟什维克，1920 年加入俄共(布)，做经济和工会工作。1922 年因参加工人反对派被开除出党。1927 年重新入党，在列宁格勒、伊尔库茨克等城市做经济工作。1935 年被再次开除出党。——140、177、206、350、351、467。

布哈林，尼古拉·伊万诺维奇(Бухарин，Николай Иванович 1888—1938)——1906 年加入俄国社会民主工党。1907 年进入莫斯科大学法律系经济学专业学习。1908 年起任党的莫斯科委员会委员。1909—1910 年几度被捕，1911 年从流放地逃往欧洲。在国外开始著述活动，参加欧洲工人运动。1917 年二月革命后回国，当选为莫斯科苏维埃执行委员会委员、党的莫斯科委员会委员，任《社会民主党人报》和《斯巴达克》杂志编辑。在党的第六至第十六次代表大会上当选为中央委员。1917 年 10 月起任莫斯科军事革命委员会委员，参与领导莫斯科的武装起义。同年 12 月起任《真理报》主编。1918 年初反对签订布列斯特和约，是"左派共产主义者"集团的领袖。1919 年 3 月当选为党中央政治局候补委员。1919 年共产国际成立后任共产国际执行委员会委员和主席团委员。1920—1921 年工会问题争论期间领导"缓冲"派。1924 年 6 月当选为中央政治局委员。1926—1929 年主持共产国际的工作。1929 年被作为"右倾派别集团"的领袖受到批判，同年被撤销《真理报》主编、中央政治局委员、共产国际执行委员会委员和主席团委员职务。1931 年起任苏联最高国民经济委员会主席团委员。1934—1937 年任《消息报》主编。1934 年当选为候补中央委员。1937 年 3 月被开除出党。1938 年 3 月 13 日被苏联最高法院军事审判庭以“参与托洛茨基的恐怖、间谍和破坏活动”的罪名判处枪决。1988 年平反并恢复党籍。——470、471、472、473、474、477、478、479。

布赖涅斯，Б.（**科辛斯基，Б.**）（Брайнес，Б.（Косинский，Б.）生于 1884 年）——俄国新闻工作者。1904 年参加革命运动，起初是社会民主党人，后为社会革命党人。1912 年起参加里加五金工会活动，为社会革命党的报刊撰稿。1917 年二月革命后任彼得格勒苏维埃委员和第一届中央执行委员会委员。1918 年脱离社会革命党，1923 年加入俄共（布），从事经济工作。——124。

布勒宁，维克多·彼得罗维奇（Буренин，Виктор Петрович 1841—1926）——俄国政论家，诗人。1876 年加入反动的《新时报》编辑部，成为新时报派无耻文人的首领。对一切进步社会思潮的代表人物肆意诽谤，造谣诬蔑。——9、10—11、422、423。

布里扬诺夫，安德列·法捷耶维奇（Бурьянов，Андрей Фаддеевич 生于 1880 年）——俄国孟什维克。斯托雷平反动时期和新的革命高涨年代是取消派分子。第四届国家杜马塔夫利达省代表，社会民主党杜马党团成员。1914 年脱离取消派，加入孟什维克护党派，第一次世界大战期间倾向护国派。——4、129、209、294、313、355、389、406。

布龙尼科夫，В.С.（Бронников，В.С. 1887—？）——金银加工工人，孟什维克。在莫斯科织布工工会工作。1911 年被捕。——470、471。

C

策杰尔包姆，谢尔盖·奥西波维奇（叶若夫，弗·）（Цедербаум，Сергей Осипович（Ежов，В.）1879—1939）——1898 年参加俄国社会民主主义运动，在彼得堡工人旗帜社工作。后被捕，在警察公开监视下被逐往波尔塔瓦。曾担任从国外运送《火星报》的工作。1904 年秋侨居国外，加入孟什维克。1905 年 4 月参加了在日内瓦召开的孟什维克代表会议。不久回国，在孟什维克彼得堡组织中工作，1906 年编辑孟什维克合法报纸《信使报》。斯托雷平反动时期和新的革命高涨年代是取消派分子，参加孟什维克取消派报刊的工作，是取消派彼得堡"发起小组"的领袖之一。第一次世界大战期间是护国派分子。1917 年为孟什维克的《前进报》撰稿。十月革命后脱离政治活动。——3、59、128、409、469。

查苏利奇，维拉·伊万诺夫娜（Засулич，Вера Ивановна 1849—1919）——俄国民粹主义运动和社会民主主义运动活动家。1868 年在彼得堡参加革命小组。1878 年 1 月 24 日开枪打伤下令鞭打在押革命学生的彼得堡市长费·费·特列波夫。1879 年加入土地平分社。1880 年侨居国外，逐步同民粹主义决裂，转到马克思主义立场。1883 年参与创建劳动解放社。80—90 年代翻译了马克思的《哲学的贫困》和恩格斯的《社会主义从空想到科学的发展》，写了《国际工人协会史纲要》等著作；为劳动解放社的出版物以及《新言论》和《科学评论》等杂志撰稿，发表过一系列文艺批评文章。1900 年起是《火星报》和《曙光》杂志编辑部成员。在俄国社会民主工党第二次代表大会上是《火星报》编辑部有发言权的代表，属火星派少数派，会后成为孟什维克领袖之一，参加孟什维克的《火星报》编辑部。1905 年回国。斯托雷平反动时期和新的革命高涨年代是取消派分子。第一次世界大战期间是社会沙文主义者。1917 年是孟什维克统一派分子。对十月革命持否定态度。——3。

车臣人——见沃尔柯夫。

车尔尼雪夫斯基，尼古拉·加甫里洛维奇（Чернышевский，Николай Гаврилович 1828—1889）——俄国革命民主主义者和空想社会主义者，作家，文学评论家，经济学家，哲学家；俄国社会民主主义先驱之一，俄国 19 世纪 60 年代革命运动的领袖。1853 年开始为《祖国纪事》和《同时代人》等杂志撰稿，1856—1862 年是《同时代人》杂志的领导人之一，发扬别林斯基的民主主义批判传统，宣传农民革命思想，是土地和自由社的思想鼓舞者。因揭露 1861 年农民改革的骗局，号召人民起义，于 1862 年被沙皇政府逮捕，入狱两年，后被送到西伯利亚服苦役。1883 年解除流放，1889 年被允许回家乡居住。著述很多，涉及哲学、经济学、教育学、美学、伦理学等领域。在哲学上批判了贝克莱、康德、黑格尔等人的唯心主义观点，力图以唯物主义精神改造黑格尔的辩证法。对资本主义作了深刻的批判，认为社会主义是由整个人类发展进程所决定的，但作为空想社会主义者，又认为俄国有可能通过农民村社过渡到社会主义。所著长篇小说《怎么办?》(1863)和《序幕》(约 1867—1869)表达了社会主义理想,产生了巨大的革命影响。——99、265。

## D

丹斯基,Б.Г.(**科马罗夫斯基,康斯坦丁·安东诺维奇;Х.**)(Данский,Б.Г.(Комаровский,Константин Антонович,Х.)生于 1883 年)——1901 年加入波兰社会党,1911 年加入俄国社会民主工党。曾为《明星报》和《真理报》撰稿。1913—1914 年任《保险问题》杂志编辑。1917 年任革命军事委员会军事检查院政治委员。十月革命后主管《真理报》的一个专栏,在国营萨哈林石油瓦斯工业托拉斯工作。1923—1926 年任《保险问题》杂志主编,后在苏联驻维也纳全权代表处工作。——133、408、477。

德拉哥马诺夫,米哈伊尔·彼得罗维奇(Драгоманов,Михаил Петрович 1841—1895)——乌克兰历史学家,民间创作研究家和政论家,资产阶级自由派代表人物之一。1864 年起任基辅大学讲师;曾为自由派刊物撰稿。1875 年因政治上“不可靠”被大学解聘,1876 年侨居瑞士。在国外继续从事政论活动,揭露沙皇政府的政策,同时又反对社会主义和阶级斗争理论,批评民意党人和社会民主党人。把地方自治运动看做是同沙皇制度作斗争的支柱。1883 年任《自由言论》周刊编辑。乌克兰民族解放运动温和派著名领导人之一,主张民族文化自治。1889 年起任索非亚大学教授。写有《俄国的自由主义和地方自治机关》(1889)以及有关乌克兰历史、乌克兰和斯拉夫民间创作方面的著作。——265。

德罗兹多夫,约瑟夫·加甫里洛维奇(Дроздов,Иосиф Гаврилович 生于 1865 年)——俄国经济学家和作家。1887 年因参加学潮被捕,流放切尔尼戈夫省,1889 年又被流放东西伯利亚,为期五年。流放期满后加入俄国社会民主工党,在切尔尼戈夫做党的工作,为《火星报》和一些马克思主义派的杂志撰稿。苏维埃政权时期从事写作。写有一些土地问题的著作。——22、23、220—222。

德米特里耶夫——见科洛科尔尼科夫,帕维尔·尼古拉耶维奇。

杜冈-巴拉诺夫斯基,米哈伊尔·伊万诺维奇(Туган-Барановский,Михаил

Иванович 1865—1919)——俄国经济学家和历史学家。1895—1899年任彼得堡大学政治经济学讲师,1913年起任彼得堡工学院教授。19世纪90年代是合法马克思主义的代表人物。曾为《新言论》杂志和《开端》杂志等撰稿,积极参加同自由主义民粹派的论战。20世纪初起公开维护资本主义,修正马克思主义的基本原理,成了"马克思的批评家"。1905—1907年革命期间加入立宪民主党。十月革命后成为乌克兰反革命势力的骨干分子,1917—1918年任乌克兰中央拉达财政部长。主要著作有《现代英国的工业危机及其原因和对人民生活的影响》(1894)、《俄国工厂今昔》(第1卷,1898)等。——34、117。

杜林,欧根·卡尔(Dühring,Eugen Karl 1833—1921)——德国哲学家和经济学家。毕业于柏林大学,当过见习法官,1863—1877年为柏林大学非公聘讲师。70年代起以"社会主义改革家"自居,反对马克思主义,企图创立新的理论体系。在哲学上把唯心主义、庸俗唯物主义和实证论混合在一起;在政治经济学方面反对马克思的劳动价值学说和剩余价值学说;在社会主义理论方面以资产阶级改良主义精神阐述自己的社会主义体系,反对科学社会主义。他的思想得到部分德国社会民主党人的支持。恩格斯在《反杜林论》一书中系统地批判了他的观点。主要著作有《国民经济学和社会主义批判史》(1871)、《国民经济学和社会经济学教程》(1873)、《哲学教程》(1875)等。——114。

顿佐夫,德米特里(Донцов,Дмитрий 生于1883年)——乌克兰社会民主工党党员,利沃夫的《道路报》和在莫斯科出版的《乌克兰生活》杂志撰稿人。第一次世界大战期间参与组建资产阶级民族主义组织"乌克兰解放协会",该组织企图依靠奥地利君主国的帮助来实现"独立自主的乌克兰"的口号。十月革命后为流亡分子。——247、248。

多莫夫——见波克罗夫斯基,米哈伊尔·尼古拉耶维奇。

## E

恩格斯,弗里德里希(Engels,Friedrich 1820—1895)——科学共产主义创始人之一,世界无产阶级的领袖和导师,马克思的亲密战友。——233—234、261、264、267—268、270、271、274、338。

恩济斯——见罗扎诺夫,弗拉基米尔·尼古拉耶维奇。

尔·马·——见马尔托夫,尔·。

尔·谢·——见柯尔佐夫,德·。

## F

费·唐·——见唐恩,费多尔·伊里奇。

费尔曼,B.(Ферман,B.)——莫斯科省罗斯托季诺县印染厂厂主。——469。

佛敏,瓦连廷·巴甫洛维奇(奥尔金)(Фомин,Валентин Павлович(Ольгин)——俄国社会民主党人,俄国社会民主工党第二次代表大会后为孟什维克,1909年起是孟什维克护党派,普列汉诺夫的拥护者;住在国外。1909—1910年为《社会民主党人呼声报》撰稿,1912—1914年为孟什维克护党派小报《护党报》撰稿。——389。

弗·阿·——见阿德勒,弗里德里希。

弗·奥·(B.O.)——《教育事业的衰败》一文(载于1914年3月21日《北方工人报》第35号)的作者。——154。

弗拉基米罗夫(**舍印芬克尔**),米龙·康斯坦丁诺维奇(列·弗·;列·弗拉·)(Владимиров(Шейнфинкель),Мирон Константинович(Л.В.,Л.Вл.)1879—1925)——1903年加入俄国社会民主工党,布尔什维克。曾在彼得堡、戈梅利、敖德萨、卢甘斯克和叶卡捷琳诺斯拉夫做党的工作。1905年是代表波列斯克委员会出席党的第三次代表大会的代表,参加1905—1907年革命。因从事革命活动被捕和终身流放西伯利亚,1908年从流放地逃往国外。1911年脱离布尔什维克,后加入出版《护党报》的普列汉诺夫派巴黎小组。第一次世界大战期间参加托洛茨基的《我们的言论报》的工作。1917年二月革命后回国,参加区联派,在俄国社会民主工党(布)第六次代表大会上随区联派集体加入布尔什维克党。十月革命后在彼得格勒市粮食局和粮食人民委员部工作。1921年先后任乌克兰粮食人民委员和农业人民委员。1922—1924年任俄罗斯联邦财政人民委员和苏联副财政人民委员。1924年11月起任苏联最高国民经济委员会副主席。1924年在党的第十三次代表大会上当选为候补中央委员。——244、273、449。

## G

伽马——见马尔托夫，尔·。

盖得，茹尔（**巴西尔，马蒂厄**）（Guesde，Jules（Basile，Mathieu）1845—1922）——法国工人运动和国际工人运动活动家，法国工人党创建人之一，第二国际的组织者和领袖之一。19世纪60年代是资产阶级共和主义者。拥护1871年的巴黎公社。公社失败后流亡瑞士和意大利，一度追随无政府主义者。1876年回国。在马克思和恩格斯影响下逐步转向马克思主义。1877年11月创办《平等报》，宣传社会主义思想，为1879年法国工人党的建立作了思想准备。1880年和拉法格一起在马克思和恩格斯指导下起草了法国工人党纲领。1880—1901年领导法国工人党，同无政府主义者和可能派进行坚决斗争。1889年积极参加创建第二国际的活动。1893年当选为众议员。1899年反对米勒兰参加资产阶级内阁。1901年与其拥护者建立了法兰西社会党，该党于1905年同改良主义的法国社会党合并，盖得为统一的法国社会党领袖之一。20世纪初逐渐转向中派立场。第一次世界大战一开始即采取社会沙文主义立场，参加了法国资产阶级政府。1920年法国社会党分裂后，支持少数派立场，反对加入共产国际。——450。

盖斯勒（Гейслер）——圣彼得堡工厂主。——467。

甘凯维奇，尼古拉（Ганкевич，Николай 生于1869年）——加利西亚乌克兰社会民主工党创建人之一。1914—1917年是设在利沃夫的“乌克兰总拉达”成员。十月革命后是乌克兰和波兰反苏维埃联盟的支持者。——239。

戈尔德布拉特——见麦迭姆，弗拉基米尔·达维多维奇。

戈尔登贝格，约瑟夫·彼得罗维奇（梅什科夫斯基）（Гольденберг，Иосиф Петрович（Мешковский）1873—1922）——俄国社会民主党人。俄国社会民主工党第二次代表大会后是布尔什维克。国外俄国社会民主党人联合会成员。在1905—1907年革命期间起过重要作用，参加了布尔什维克所有报刊编辑部的工作，是俄国社会民主工党中央委员会负责同其他党派和组织联系的代表。1907年在党的第五次（伦敦）代表大会上当选为中央委员。1910年进入中央委员会俄国局，对取消派采取调和主义态度。第一次世界大战期间是护国派分子，普列汉诺夫的拥护者。1917—1919 年参加新生活派。1920 年重新加入布尔什维克党。——468。

哥尔斯基，阿·弗·（**杜布瓦，阿纳托利·爱德华多维奇**）（Горский，А. В.（Дюбуа，Анатолий Эдуардович）生于 1881 年）——俄国孟什维克取消派分子，曾为《复兴》杂志、《新工人报》等取消派报刊撰稿，是取消派《我们的曙光》杂志出版人。参加过第三届和第四届国家杜马社会民主党党团工作。第一次世界大战期间是社会沙文主义者，十月革命后反对苏维埃政权，后为白俄流亡分子。——140。

哥列夫，阿·——见哥列夫，波里斯·伊萨科维奇。

哥列夫（**戈尔德曼**），波里斯·伊萨科维奇（哥列夫，阿·）（Горев（Гольдман），Борис Исаакович（Горев，А.）1874—1937）——俄国社会民主党人。19 世纪 90 年代中期参加革命运动，彼得堡工人阶级解放斗争协会会员。1897 年被捕并被流放到奥廖克明斯克。1905 年是俄国社会民主工党彼得堡委员会委员，布尔什维克。1907 年转向孟什维克。在俄国社会民主工党第五次（伦敦）代表大会上代表孟什维克当选为候补中央委员。曾为孟什维克取消派的《社会民主党人呼声报》和《我们的曙光》杂志撰稿。1910—1911 年为党中央委员会国外局成员和书记。1912 年参加了托洛茨基在维也纳召开的反布尔什维克的八月代表会议，在会上被选入组委会。1917 年二月革命后为孟什维克《工人报》编辑之一、孟什维克中央委员会委员和第一届中央执行委员会委员。1920 年 8 月声明退出孟什维克组织。后在高等院校从事教学工作。——441。

哥列梅金，伊万·洛金诺维奇（Горемыкин，Иван Логгинович 1839—1917）——俄国国务活动家，君主派分子。1895—1899 年任内务大臣，推行削弱和取消 1861 年改革的反动政策（所谓“反改革”政策），残酷镇压工人运动。1899 年起为国务会议成员。1906 年 4 月被任命为大臣会议主席（同年 7 月由斯托雷平接替），维护专制制度，解散第一届国家杜马。1914 年 1 月—1916 年 1 月再次出任大臣会议主席，执行以格·叶·拉斯普廷为首的宫廷奸党的意志。敌视第四届国家杜马和进步同盟。——137、146。

格莱斯顿，威廉·尤尔特（Gladstone，William Ewart 1809—1898）——英国

国务活动家，自由党领袖。1843—1845年任商业大臣，1845—1847年任殖民大臣，1852—1855年和1859—1866年任财政大臣，1868—1874年、1880—1885年、1886年和1892—1894年任内阁首相。用政治上的蛊惑宣传和表面上的改革来笼络居民中的小资产阶级阶层和工人阶级上层分子。推行殖民扩张政策。对爱尔兰的民族解放运动采取暴力镇压政策，同时也作一些细微的让步。——271。

格里戈里——见季诺维也夫，格里戈里·叶夫谢耶维奇。

格里涅维奇——见科甘-格里涅维奇，米哈伊尔·格里戈里耶维奇。

龚帕斯，赛米尔（Gompers，Samuel 1850—1924）——美国工会运动活动家。生于英国，1863年移居美国。1881年参与创建美国与加拿大有组织的行业工会和劳工会联合会，该联合会于1886年改组为美国劳工联合会（劳联），龚帕斯当选为美国劳工联合会第一任主席，并担任此职直至逝世（1895年除外）。实行同资本家进行阶级合作的政策，反对工人阶级参加政治斗争。第一次世界大战期间是社会沙文主义者。敌视俄国十月革命和苏维埃俄国。——111。

古列维奇，埃马努伊尔·李沃维奇（斯米尔诺夫，叶·）（Гуревич，Эммануил Львович（Смирнов，Е.）生于1865年）——俄国政论家，1890年以前是民意党人，后来成为社会民主党人；俄国社会民主工党第二次代表大会后是孟什维克。斯托雷平反动时期和新的革命高涨年代是取消派分子，为左派立宪民主党人的《同志报》撰稿；是孟什维克取消派《我们的曙光》杂志的创办人之一和撰稿人。第一次世界大战期间是社会沙文主义者。——428。

古契柯夫，亚历山大·伊万诺维奇（Гучков，Александр Иванович 1862—1936）——俄国大资本家，十月党的组织者和领袖。1905—1907年革命期间支持政府镇压工农。1907年5月作为工商界代表被选入国务会议，同年11月被选入第三届国家杜马；1910年3月—1911年3月任杜马主席。第一次世界大战期间是中央军事工业委员会主席和国防特别会议成员。1917年3—5月任临时政府陆海军部长。同年8月参与策划科尔尼洛夫叛乱。十月革命后反对苏维埃政权，1918年起为白俄流亡分子。——18、127。

## H

哈尔图林,斯捷潘·尼古拉耶维奇(Халтурин,Степан Николаевич 1857—1882)——俄国最早的工人革命家之一;细木工。19 世纪 70 年代中期参加工人运动,加入民粹派的友人协会,但与民粹派不同,认为政治斗争是革命运动的主要任务,并且把新兴的无产阶级视为革命运动的决定性力量。1878 年组织俄国北方工人协会,并筹备出版独立的工人报纸。1879 年秋加入民意党。1880 年 2 月谋刺沙皇未成。不顾警方追捕,在俄国南方继续坚持革命工作。1881 年起为民意党执行委员会委员。1882 年 3 月因参与刺杀敖德萨军事检察官当场被捕,被战地法庭判处死刑。——99。

汉穆拉比(Hammurabi)——巴比伦国王(公元前 1792—前 1750)。——54。

豪斯托夫,瓦连廷·伊万诺维奇(Хаустов,Валентин Иванович 生于 1884 年)——俄国社会民主党人,孟什维克;职业是旋工。第四届国家杜马乌法省工人代表,社会民主党杜马党团成员。第一次世界大战期间是国际主义者。——363。

赫尔岑,亚历山大·伊万诺维奇(Герцен,Александр Иванович 1812—1870)——俄国革命民主主义者,作家和哲学家。在十二月党人的影响下走上革命道路。1829—1833 年在莫斯科大学求学期间领导革命小组。1834 年被捕,度过六年流放生活。1842 年起是莫斯科西欧主义者左翼的领袖,写有《科学中华而不实的作风》(1842—1843)、《自然研究通信》(1844—1845)等哲学著作和一些抨击农奴制度的小说。1847 年流亡国外。欧洲 1848 年革命失败后,对欧洲革命失望,创立"俄国社会主义"理论,成为民粹主义创始人之一。1853 年在伦敦建立自由俄国印刷所,印发革命传单和小册子,1855 年开始出版《北极星》文集,1857—1867 年与尼·普·奥格辽夫出版《钟声》杂志,揭露沙皇专制制度,进行革命宣传。在 1861 年农民改革的准备阶段曾一度摇摆。1861 年起坚定地站到革命民主主义方面,协助建立土地和自由社。晚年关注第一国际的活动。列宁在《纪念赫尔岑》(1912)一文中评价了他在俄国解放运动史上的作用。——98—99。

赫鲁斯塔廖夫-诺萨尔,格奥尔吉·斯捷潘诺维奇(Хрусталев-Носарь,

Георгий Степанович 1877—1918)——俄国政治活动家,律师助理。1906年加入俄国社会民主工党,孟什维克。1905年10月作为无党派人士当选为孟什维克控制的彼得堡工人代表苏维埃主席。1906年因彼得堡苏维埃案受审,流放西伯利亚,1907年逃往国外。俄国社会民主工党第五次(伦敦)代表大会代表。支持关于召开所谓"非党工人代表大会"和建立"广泛的无党派的工人党"的思想。斯托雷平反动时期和新的革命高涨年代是取消派分子,为孟什维克的《社会民主党人呼声报》撰稿。1909年退党。第一次世界大战期间回国。十月革命后在乌克兰积极从事反革命活动,支持帕·彼·斯科罗帕茨基和西·瓦·佩特留拉。1918年被枪决。——170。

赫希柏格,卡尔(Höchberg,Karl 1853—1885)——德国著作家,社会改良主义者。1876年加入社会民主党,曾出版《未来》(1877—1878)、《社会科学和社会政治年鉴》(1879—1881)和《政治经济研究》(1879—1882)等杂志。反社会党人非常法通过后,在《社会科学和社会政治年鉴》上发表了同施拉姆和伯恩施坦合写的《德国社会主义运动的回顾》一文,指责党的革命策略,号召工人阶级同资产阶级结盟并依附于资产阶级,认为"工人阶级没有能力依靠自己的双手获得解放"。这些机会主义观点受到马克思和恩格斯的严厉批评。——114。

黑克尔,埃米尔(Haecker,Emil 1875—1934)——波兰社会党右翼活动家。1892年起为加利西亚和西里西亚波兰社会民主党党员。从1894年起,近40年一直担任克拉科夫社会党报纸《前进报》编辑。1906—1919年为波兰社会民主党领导成员。第二国际一系列代表大会的参加者。晚年为波兰社会党总执行委员会委员和该党克拉科夫专区委员会委员。——263。

化学家——见布勃诺夫,安德列·谢尔盖耶维奇。

## J

基布里克,Б.С.(Кибрик,Б.С.)——孟什维克。1906年为彼得堡工会中央常务局成员。1911年被捕。——468、469。

吉霍米尔诺夫,维克多·亚历山德罗维奇(维·亚·吉·)(Тихомирнов,Виктор Александрович(В.А.Т.) 1889—1919)——1905年加入俄国社会民主工党,曾在喀山、彼得堡和莫斯科等地积极开展革命工作,多次被捕和流放。1912年参与创办《真理报》，并为该报撰稿。第一次世界大战期间在彼得格勒和国外做党的工作，负责运送布尔什维克的书刊等。积极参加1917年二月革命，是党的第六次代表大会代表。会后被派往莫斯科，参加莫斯科的十月战斗。十月革命后任内务人民委员部部务委员。——307、427。

吉姆美尔，尼·尼·——见苏汉诺夫，尼·。

季诺维也夫（**拉多梅斯尔斯基**），格里戈里·叶夫谢耶维奇（格里戈里）（Зиновьев（Радомыслький），Григорий Евсеевич（Григорий）1883—1936）——1901年加入俄国社会民主工党，党的第二次代表大会后是布尔什维克。在党的第五至第十四次代表大会上当选为中央委员。1908—1917年侨居国外，参加布尔什维克《无产者报》编辑部和党的中央机关报《社会民主党人报》编辑部。斯托雷平反动时期对取消派、召回派和托洛茨基分子采取调和主义态度。1912年后和列宁一起领导中央委员会俄国局。第一次世界大战期间持国际主义立场。1917年4月回国，进入《真理报》编辑部。十月革命前夕反对举行武装起义的决定。1917年11月主张成立有孟什维克和社会革命党人参加的联合政府，遭到否决后声明退出党中央。1917年12月起任彼得格勒苏维埃主席。1919年共产国际成立后任共产国际执行委员会主席。1919年当选为党中央政治局候补委员，1921年当选为中央政治局委员。1925年参与组织"新反对派"，1926年与托洛茨基结成"托季联盟"。1926年被撤销中央政治局委员和共产国际的领导职务。1927年11月被开除出党，后来两次恢复党籍，两次被开除出党。1936年8月25日被苏联最高法院军事审判庭以"参与暗杀基洛夫、阴谋刺杀斯大林及其他苏联领导人"的罪名判处枪决。1988年6月苏联最高法院为其平反。——376、468。

加邦，格奥尔吉·阿波罗诺维奇（Гапон，Георгий Аполлонович 1870—1906）——俄国神父，沙皇保安机关奸细。1902年起和莫斯科保安处处长祖巴托夫有了联系。1903年在警察司授意下在彼得堡工人中成立了一个祖巴托夫式的组织——圣彼得堡俄国工厂工人大会。1905年1月9日挑动彼得堡工人列队前往冬宫，向沙皇请愿，结果工人惨遭屠杀，他本人躲藏起来，逃往国外。同年秋回国，接受保安处任务，企图潜入社会革命党的战斗组织。阴谋败露后被工人战斗队员绞死。——449。

加里波第，朱泽培（Garibaldi，Giuseppe 1807—1882）——意大利民族英雄，意大利统一时期民族解放运动的著名军事家，资产阶级民主派领袖之一。1834年参加热那亚海军起义，起义失败后逃往国外。1836—1848年流亡南美，参加了当地人民争取独立和解放的斗争。1848年回国投身革命，是1849年罗马共和国保卫战的领导人之一。1848—1849年、1859年和1866年领导志愿军，参加对抗奥地利的解放战争。1860年组织千人志愿军，解放了波旁王朝统治下的西西里后，实际上统一了意大利。1862年和1867年两度进攻教皇统治下的罗马，但均告失败。1870—1871年普法战争期间，他和两个儿子一起参加法军同入侵法国的普军作战。拥护第一国际，积极协助建立第一国际意大利支部。支持巴黎公社，曾缺席当选为国民自卫军中央委员会委员。——268。

加里宁，费多尔·伊万诺维奇（阿尔卡季）（Калинин，Федор Иванович（Аркадий）1882—1920）——俄国织布工人，1903年加入俄国社会民主工党。1905年领导弗拉基米尔省亚历山德罗夫斯克市的武装起义，后在党的莫斯科委员会工作。斯托雷平反动时期和新的革命高涨年代参加派别性的卡普里党校和博洛尼亚党校（意大利）的工作，加入"前进"集团。1912年起侨居巴黎。1917年二月革命后回国，在彼得格勒五金工会工作。十月革命后任教育人民委员部部务委员，是无产阶级文化协会的领导人之一。——471。

加里宁，米哈伊尔·伊万诺维奇（Калинин，Михаил Иванович 1875—1946）——1898年加入俄国社会民主工党。曾在第一批秘密的马克思主义工人小组和彼得堡工人阶级解放斗争协会中工作，是《火星报》代办员和1905—1907年革命的积极参加者。屡遭沙皇政府迫害。1912年在党的第六次（布拉格）全国代表会议上当选为候补中央委员，后进入中央委员会俄国局。《真理报》的组织者之一。1917年二月革命期间是彼得格勒工人和士兵武装发动的领导人之一，党的彼得堡委员会执行委员会委员。在彼得格勒积极参加十月武装起义。十月革命后任彼得格勒市长，1918年任市政委员。1919年雅·米·斯维尔德洛夫逝世后，任全俄中央执行委员会主席,1922 年起任苏联中央执行委员会主席,1938 年起任苏联最高苏维埃主席团主席。在党的第八至第十八次代表大会上当选为中央委员。1919 年起为中央政治局候补委员,1926 年起为中央政治局委员。写有许多关于社会主义建设和共产主义教育问题的著作。——467。

加米涅夫(**罗森费尔德**),列夫·波里索维奇(Каменев(Розенфельд),Лев Борисович 1883—1936)——1901 年加入俄国社会民主工党,党的第二次代表大会后是布尔什维克。是高加索联合会出席党的第三次代表大会的代表。1905—1907 年在彼得堡从事宣传鼓动工作,为党的报刊撰稿。1908 年底出国,任布尔什维克的《无产者报》编委。斯托雷平反动时期对取消派、召回派和托洛茨基分子采取调和主义态度。1914 年初回国,在《真理报》编辑部工作,曾领导第四届国家杜马布尔什维克党团。1914 年 11 月被捕,在沙皇法庭上宣布放弃使沙皇政府在帝国主义战争中失败的布尔什维克口号,次年 2 月被流放。1917 年二月革命后反对列宁的《四月提纲》。从党的第七次全国代表会议(四月代表会议)起多次当选为中央委员。十月革命前夕反对举行武装起义的决定。在全俄苏维埃第二次代表大会上当选为全俄中央执行委员会第一任主席。1917 年 11 月主张成立有孟什维克和社会革命党人参加的联合政府,遭到否决后声明退出党中央。1918 年起任莫斯科苏维埃主席。1922 年起任人民委员会副主席,1924—1926 年任劳动国防委员会主席。1923 年起为列宁研究院第一任院长。1919—1925 年为党中央政治局委员。1925 年参与组织"新反对派",1926 年 1 月当选为中央政治局候补委员,同年参与组织"托季联盟",10 月被撤销政治局候补委员职务。1927 年 12 月被开除出党,后来两次恢复党籍,两次被开除出党。1936 年 8 月 25 日被苏联最高法院军事审判庭以"参与暗杀基洛夫、阴谋刺杀斯大林及其他苏联领导人"的罪名判处枪决。1988 年 6 月苏联最高法院为其平反。——376、468。

加涅茨基(**菲尔斯滕贝格**),雅柯夫·斯坦尼斯拉沃维奇(Ганецкий(Фюрстенберг),Яков Станиславович 1879—1937)——波兰和俄国革命运动活动家。1896 年加入社会民主党。1903—1909 年为波兰王国和立陶宛社会民主党总执行委员会委员。1907 年在俄国社会民主工党第五次

(伦敦)代表大会上缺席当选为中央委员。在波兰王国和立陶宛社会民主党第六次代表大会上,因在党内一系列问题上持不同意见,退出总执行委员会。1912 年波兰王国和立陶宛社会民主党分裂后,是最接近布尔什维克的所谓分裂派的领导人之一。第一次世界大战期间参加齐美尔瓦尔德左派。1917 年是俄国社会民主工党(布)中央委员会国外局成员。十月革命后历任财政人民委员部部务委员、人民银行委员和行长、对外贸易人民委员部和外交人民委员部部务委员等职。1935 年起任国家革命博物馆馆长。——276、277、463。

杰缅季耶夫(克瓦德拉特)(Дементьев(Квадрат))——1909 年为彼得堡五金工会理事会成员。——468。

金茨堡,Н.(瑙莫夫,Г.)(Гинцбург,Н.(Наумов,Г.))——1906 年为彼得堡工会中央常务局成员。——468。

## K

卡尔洛维奇(Карлович)——1906 年在彼得堡维堡区工会组织工作。——467。

卡梅尔马赫尔(Камермахер)——1906 年为彼得堡工会中央常务局成员。——468。

卡纳特奇科夫,С.И.(Канатчиков,С.И. 1876—1940)——工人,布尔什维克。1908—1910 年为彼得堡五金工会理事会成员。——468。

卡萨特金(Касаткин)——社会革命党人。1906 年在彼得堡五金工会工作。——467。

康比埃(Cambier)——法国小资产阶级社会主义者。1890 年加入工人社会革命党(阿列曼派),该党是 19 世纪末法国工人运动中半无政府主义的机会主义派别之一。1905 年为统一的法国社会党党员;后退党。——88。

考茨基,卡尔(Kautsky,Karl 1854—1938)——德国社会民主党和第二国际的领袖和主要理论家之一。1875 年加入奥地利社会民主党,1877 年加入德国社会民主党。1881 年与马克思和恩格斯相识后,在他们的影响下逐渐转向马克思主义。从 19 世纪 80 年代到 20 世纪初写过一些宣传和解释马克思主义的著作:《卡尔·马克思的经济学说》(1887)、《土地问题》

(1899)等。但在这个时期已表现出向机会主义方面摇摆,在批判伯恩施坦时作了很多让步。1883—1917 年任德国社会民主党理论刊物《新时代》杂志主编。曾参与起草 1891 年德国社会民主党纲领(爱尔福特纲领)。1910 年以后逐渐转到机会主义立场,成为中派领袖。第一次世界大战前夕提出超帝国主义论,大战期间打着中派旗号支持帝国主义战争。1917 年参与建立德国独立社会民主党,1922 年拥护该党右翼与德国社会民主党合并。1918 年后发表《无产阶级专政》等书,攻击俄国十月革命,反对无产阶级专政。——166、213、228—229、230、231、233、243、246、264、361、408、419、452、454。

柯尔佐夫,德·(**金兹堡,波里斯·阿布拉莫维奇**;尔·谢·;谢多夫,尔·)(Кольцов, Д.(Гинзбург, Борис Абрамович, Л. С., Седов, Л.) 1863—1920)——俄国社会民主党人,孟什维克。19 世纪 80 年代前半期参加民意党人运动,80 年代末转向社会民主主义。1893 年初侨居瑞士,接近劳动解放社。1895—1898 年任国外俄国社会民主党人联合会书记。1900 年联合会分裂后,退出该组织。曾参加第二国际伦敦代表大会(1896)和巴黎代表大会(1900)的工作。作为有发言权的代表出席了俄国社会民主工党第二次代表大会,属火星派少数派;会后成为孟什维克骨干分子,为孟什维克报刊《社会民主党人报》、《开端报》等撰稿。1905—1907 年革命期间在彼得堡参加工会运动,1908 年起在巴库工作。斯托雷平反动时期和新的革命高涨年代持取消派立场。第一次世界大战期间是社会沙文主义者。1917 年二月革命后任彼得格勒工兵代表苏维埃劳动委员。敌视十月革命。1918—1919 年在合作社组织中工作。——3、105、128、196、210、290。

科甘-格里涅维奇,米哈伊尔·格里戈里耶维奇(Коган-Гриневич, Михаил Григорьевич 生于 1874 年)——俄国社会民主党人,工会运动活动家。参加过国外俄国社会民主党人联合会的活动,1900—1902 年是《工人思想报》撰稿人。俄国社会民主工党第二次代表大会后成为孟什维克。1906—1907 年为左派立宪民主党人的机关报《同志报》撰稿。十月革命后在工运部门工作。——468。

科科夫佐夫,弗拉基米尔·尼古拉耶维奇(Коковцов, Владимир Николаевич 1853—1943)——俄国国务活动家,伯爵。1904—1914 年(略有间断)任财政大臣,1911—1914年兼任大臣会议主席。第一次世界大战期间是大银行家。十月革命后为白俄流亡分子。——10、18。

科科什金,费多尔·费多罗维奇(Кокошкин,Федор Федорович 1871—1918)——俄国法学家和政论家,立宪民主党创建人和领袖之一,该党中央委员。第一届国家杜马莫斯科省代表。1907年起是《俄罗斯新闻》、《法学》杂志和《俄国思想》杂志等自由派报刊撰稿人。1917年二月革命后在临时政府中任部长。十月革命后反对苏维埃政权。——70—71、251、252、253、255、284、285、286、287。

科柳巴金,亚历山大·米哈伊洛维奇(Колюбакин,Александр Михайлович 1868—1915)——俄国地方自治运动活动家,资产阶级自由派分子,立宪民主党人。1905—1906年任诺夫哥罗德省地方自治局主席。1907年为第三届国家杜马代表;第三届和第四届国家杜马立宪民主党议会党团委员会秘书,立宪民主党中央委员。——70、251。

科洛科尔尼科夫,帕维尔·尼古拉耶维奇(德米特里耶夫)(Колокольников,Павел Николаевич(Дмитриев) 1871—1938)——俄国孟什维克。斯托雷平反动时期和新的革命高涨年代是取消派分子。第一次世界大战期间是护国派分子,为孟什维克的《我们的曙光》、《我们的事业》和《事业》等杂志撰稿。1917年二月革命后任联合临时政府劳动部副部长。十月革命后任工人合作社理事会理事,后从事教学工作。——468。

科斯特罗夫——见饶尔丹尼亚,诺伊·尼古拉耶维奇。

科索夫斯基,弗拉基米尔(**列文松,М.Я.**)(Косовский,Владимир(Левинсон,М.Я.) 1870—1941)——崩得创建人和领袖之一。19世纪90年代中期加入维尔诺社会民主主义小组,1897年参加崩得成立大会,被选入崩得中央委员会,任崩得中央机关报《工人呼声报》主编。1903年在俄国社会民主工党第二次代表大会上是崩得国外委员会的代表,反火星派分子,会后成为孟什维克。斯托雷平反动时期和新的革命高涨年代为孟什维克取消派刊物《我们的曙光》杂志和《光线报》撰稿。第一次世界大战期间是社会沙文主义者,采取亲德立场。敌视十月革命,革命后侨居国外,在波兰的崩得组织中工作。1939年移居美国。——288。

科兹洛夫,А.Г.(Козлов,А.Г. 1888—?)——织布工,孟什维克。1906年起在

莫斯科织布工工会工作。1914—1915年在图拉。——470、471。

科兹米内赫-拉宁,И.М.(Козьминых-Ланин,И.М. 生于1874年)——俄国机械工程师。1913—1914年是莫斯科省的工厂视察员,后来在莫斯科的一些大学任教。写有一些关于莫斯科省劳动统计方面的著作。——223—225。

克拉多维科夫(Кладовиков)——1905年为圣彼得堡朗根济片工厂工人。——466。

克雷连柯,尼古拉·瓦西里耶维奇(阿布拉姆)(Крыленко, Николай Васильевич(Абрам) 1885—1938)——1904年加入俄国社会民主工党。1905—1906年是彼得堡学生运动领袖之一,在彼得堡布尔什维克组织中工作。1907年脱党。1911年又回到布尔什维克组织中工作,先后为《明星报》和《真理报》撰稿。1913年12月被捕。第一次世界大战期间,1914—1915年侨居国外,后在军队服役。1917年二月革命后在《士兵真理报》工作,同年6月参加俄国社会民主工党(布)前线和后方军事组织全国代表会议,被选入党中央委员会全俄军事组织局。积极参加十月革命,是彼得格勒军事革命委员会委员。十月革命后参加第一届人民委员会,任陆海军事务委员会委员,1917年11月被任命为最高总司令。1918年3月起在司法部门工作。1922—1931年任全俄中央执行委员会最高革命法庭庭长、俄罗斯联邦副司法人民委员、检察长。1931年起任俄罗斯联邦司法人民委员,1936年起任苏联司法人民委员。1927—1934年为党中央监察委员会委员。全俄中央执行委员会主席团委员。——467。

克里切夫斯基,波里斯·尼古拉耶维奇(Кричевский, Борис Николаевич 1866—1919)——俄国社会民主党人,政论家,经济派领袖之一。19世纪80年代末参加社会民主主义小组的工作。90年代初侨居国外,加入劳动解放社,参加该社的出版工作。90年代末是国外俄国社会民主党人联合会的领导人之一。1899年任该会机关刊物《工人事业》杂志的编辑,在杂志上宣扬伯恩施坦主义观点。1903年俄国社会民主工党第二次代表大会后不久脱离政治活动。——103。

克瓦德拉特——见杰缅季耶夫。

库普里亚诺娃(Куприянова)——曾参与圣彼得堡革命运动。1909年被捕。

——468。

库斯柯娃，叶卡捷琳娜·德米特里耶夫娜(Кускова，Екатерина Дмитриевна 1869—1958)——俄国社会活动家和政论家，经济派代表人物。19世纪90年代中期在国外接触马克思主义，与劳动解放社关系密切，但在伯恩施坦主义影响下，很快走上修正马克思主义的道路。1899年所写的经济派的纲领性文件《信条》，受到以列宁为首的一批俄国马克思主义者的严厉批判。1905—1907年革命前夕加入自由派的解放社。1906年参与出版半立宪民主党、半孟什维克的《无题》周刊，为左派立宪民主党人的《同志报》撰稿。呼吁工人放弃革命斗争，力图使工人运动服从自由派资产阶级的政治领导。十月革命后反对苏维埃政权。1921年进入全俄赈济饥民委员会，同委员会中其他反苏维埃成员利用该组织进行反革命活动。1922年被驱逐出境。——192、193。

## L

拉法格，保尔(Lafargue，Paul 1842—1911)——法国工人运动和国际工人运动活动家，法国工人党和第二国际创建人之一，马克思主义的理论家和宣传家；马克思的女儿劳拉的丈夫。1865年初加入第一国际巴黎支部，1866年2月当选为国际总委员会委员。在马克思和恩格斯直接教诲下逐渐接受科学社会主义。巴黎公社时期曾组织波尔多工人声援公社的斗争，并前往巴黎会见公社领导人。公社失败后流亡西班牙，在反对巴枯宁主义者的斗争中起了重要作用。1872年10月迁居伦敦，为创建法国独立的工人政党做了大量工作。1880年和盖得一起在马克思和恩格斯指导下起草了法国工人党纲领，任工人党机关报《平等报》编辑。1882年回到巴黎，和盖得一起领导工人党，同可能派进行了坚决的斗争。1889年积极参加创建第二国际的活动。1891年当选为众议员。19世纪末20世纪初反对伯恩施坦修正主义，谴责米勒兰加入资产阶级内阁的行为。1905年统一的法国社会党成立后为党的领袖之一。——268—269。

拉基特尼科夫，尼古拉·伊万诺维奇(Ракитников，Николай Иванович 生于1864年)——俄国民粹派分子，后为社会革命党人；新闻工作者。1901年起为社会革命党中央委员，在俄国许多城市和国外从事活动，为社会革命党的报刊撰稿。1916年回国，为《萨拉托夫通报》撰稿。1917年二月革命后任临时政府农业部副部长。十月革命后参加萨马拉的反革命立宪会议委员会的活动。1919年退出社会革命党中央委员会，承认苏维埃政权。后脱离政治活动。——317、318、340、344。

拉林，尤·(**卢里叶，米哈伊尔·亚历山德罗维奇**)(Ларин，Ю.(Лурье，Михаил Александрович)1882—1932)——1900年参加俄国社会民主主义运动，在敖德萨和辛菲罗波尔工作。1904年起为孟什维克。1905年是俄国社会民主工党彼得堡孟什维克委员会委员。1906年进入党的统一的彼得堡委员会；是党的第四次(统一)代表大会有表决权的代表。维护孟什维克的土地地方公有化纲领，支持召开"工人代表大会"的取消主义思想。党的第五次(伦敦)代表大会波尔塔瓦组织的代表。斯托雷平反动时期和新的革命高涨年代是取消派领袖之一，参加了"八月联盟"。第一次世界大战期间是中派分子。1917年二月革命后领导出版《国际》杂志的孟什维克国际主义派。1917年8月加入布尔什维克党。在彼得格勒参加十月武装起义。十月革命后主张成立有孟什维克和社会革命党人参加的联合政府。在苏维埃和经济部门工作，曾任最高国民经济委员会主席团委员、国家计划委员会主席团委员等职。1920—1921年工会问题争论期间先后支持布哈林和托洛茨基的纲领。——79—80。

拉萨尔，斐迪南(Lassalle，Ferdinand 1825—1864)——德国工人运动活动家，小资产阶级社会主义者，德国工人运动中的机会主义——拉萨尔主义的代表人物。积极参加德国1848年革命。曾与马克思和恩格斯有过通信联系。1863年5月参与创建全德工人联合会，并当选为联合会主席。在联合会中推行拉萨尔主义，把德国工人运动引上了机会主义道路。宣传超阶级的国家观点，主张通过争取普选权和建立由国家资助的工人生产合作社来解放工人。曾同俾斯麦勾结并支持在普鲁士领导下"自上而下"统一德国的政策。在哲学上是唯心主义者和折中主义者。——126、233、234。

拉斯普廷(**诺维赫**)，格里戈里·叶菲莫维奇(Распутин(Новых)，Григорий Ефимович 1872—1916)——俄国冒险家，沙皇尼古拉二世的宠臣。出身于农民家庭。1907年冒充"先知"和"神医"招摇撞骗，混入宫廷，干预国政。尼古拉二世和皇后把他奉为"活基督"，言听计从。1916年12月被君主派分子刺死。——450。

拉伊斯卡娅，E.E.（Райская，E.E. 生于1862年）——俄国彼得堡小剧院的女演员，小品文作家亚·瓦·阿姆菲捷阿特罗夫的妻子。——10。

拉兹吉利杰耶夫（Разгильдеев）——沙俄军队连长。——466。

朗根济片，Р.Л.（Лангензиппен，Р.Л.）——圣彼得堡铸铁厂厂主。——466。

雷盖尔，塔代乌什（Reger，Tadeusz 1872—1938）——加利西亚和西里西亚波兰社会民主党党员，新闻工作者。1903—1920年创办和编辑社会党的《西里西亚工人》周刊，并为一些定期刊物撰稿。1911—1917年为奥地利议会议员。1919—1935年为波兰议会议员，属波兰社会党右翼，任该党总执行委员会委员和切申专区委员会书记。——240。

雷努维埃，沙尔·贝尔纳（Renouvier，Charles Bernard 1815—1903）——法国哲学家，唯心主义者和折中主义者，新批判主义哲学学派的主要代表。1890年起参加《哲学年鉴》杂志的工作。理论哲学是休谟的现象论和康德的先验论的结合。主要著作有《现代哲学概论》（1842）、《古代哲学概论》（1844）、《人格主义》（1903）等。——41、42、50。

雷若夫——见沙雷。

李伯尔（**戈尔德曼**），米哈伊尔·伊萨科维奇（Либер（Гольдман），Михаил Исаакович 1880—1937）——崩得和孟什维克领袖之一。1898年起为社会民主党人，1902年起为崩得中央委员。1903年率领崩得代表团出席俄国社会民主工党第二次代表大会，在会上采取极右的反火星派立场，会后成为孟什维克。1907年在党的第五次（伦敦）代表大会上代表崩得被选入中央委员会，是崩得驻中央委员会国外局的代表。斯托雷平反动时期是取消派分子，1912年是"八月联盟"的骨干分子，第一次世界大战期间是社会沙文主义者。1917年二月革命后任彼得格勒工兵代表苏维埃执行委员会委员和第一届中央执行委员会主席团委员，采取孟什维克立场，支持资产阶级联合内阁，敌视十月革命。后脱离政治活动，从事经济工作。——278、279。

李卜克内西，卡尔（Liebknecht，Karl 1871—1919）——德国工人运动和国际工人运动活动家，德国社会民主党左翼领袖之一，德国共产党创建人之一；威·李卜克内西的儿子；职业是律师。1900年加入社会民主党，积极反对机会主义和军国主义。1912年当选为帝国国会议员。第一次世界大战期间持国际主义立场,反对支持本国政府进行掠夺战争。1914年12月2日是国会中唯一投票反对军事拨款的议员。是国际派(后改称斯巴达克派和斯巴达克联盟)的组织者和领导人之一。1916年因领导五一节反战游行示威被捕入狱。1918年10月出狱,领导了1918年十一月革命,与卢森堡一起创办《红旗报》,同年底领导建立德国共产党。1919年1月柏林工人斗争被镇压后,于15日被捕,当天惨遭杀害。——111。

李普曼,弗·(**格尔什,П.М.**)(Либман,Ф.(Герш,П.М.) 生于1882年)——著名的崩得分子,1911年进入崩得中央委员会,是《崩得评论》编辑部成员,追随取消派。第一次世界大战期间支持沙皇政府的兼并政策;住在瑞士。——226、227、232、249、250、255、262—263、275、281、282—283、284、288、452、453。

李沃夫-罗加乔夫斯基,瓦西里·李沃维奇(Львов-Рогачевский,Василий Львович 1874—1930)——俄国文艺学家,社会民主党人,孟什维克。1898—1899年是工人阶级解放斗争协会会员。1900年加入俄国社会民主工党哈尔科夫组织,后加入俄国社会民主工党基辅委员会写作组。党的第二次代表大会后是孟什维克。斯托雷平反动时期和新的革命高涨年代是取消派分子。曾为《南方工人报》、《我们的曙光》杂志、《光线报》等取消派和自由派定期刊物撰稿。1917年脱离政治活动,从事写作。——428。

里亚布申斯基,弗拉基米尔·巴甫洛维奇(Рябушинский,Владимир Павлович)——俄国莫斯科最大的企业主和银行家家族的代表人物之一。1894年起是里亚布申斯基父子纺织公司的董事。——35、54—55。

利亚多夫(**曼德尔施塔姆**),马尔丁·尼古拉耶维奇(Лядов(Мандельштам),Мартын Николаевич 1872—1947)——1891年参加俄国民粹派小组。1893年参与创建莫斯科工人协会。1895年被捕,1897年流放上扬斯克,为期五年。从流放地返回后在萨拉托夫工作。在俄国社会民主工党第二次代表大会上是萨拉托夫委员会的代表,属火星派多数派;会后是党中央代办员。1904年8月参加了在日内瓦举行的22个布尔什维克的会议,被选入多数派委员会常务局。是布尔什维克出席第二国际阿姆斯特丹代表大会的代表和俄国社会民主工党第三次代表大会有发言权的代表。积极参加1905—1907年革命，为党的莫斯科委员会委员。斯托雷平反动时期是召回派分子，卡普里党校（意大利）的讲课人，加入"前进"集团（1911年退出）。1917年二月革命后任巴库工兵代表苏维埃副主席，持孟什维克立场。1920年重新加入俄共（布），在最高国民经济委员会工作。1923年起先后任斯维尔德洛夫共产主义大学校长，科学机构、博物馆及艺术科学部门总管理局局长，十月革命档案馆馆长，列宁研究院和党史委员会学术委员会委员等职。写有党史方面的著作。——372。

梁赞诺夫（**戈尔登达赫**），达维德·波里索维奇（Рязанов(Гольдендах)，Давид Борисович 1870—1938）——1889年参加俄国革命运动。曾在敖德萨和基什尼奥夫开展工作。1900年出国，是著作家团体斗争社的组织者之一；该社反对《火星报》制定的党纲和列宁的建党组织原则。俄国社会民主工党第二次代表大会反对斗争社参加大会的工作，并否决了邀请梁赞诺夫作为该社代表出席大会的建议。代表大会后是孟什维克。1905—1907年在国家杜马社会民主党党团和工会工作。后再次出国，为《新时代》杂志撰稿。1909年在"前进"集团的卡普里党校（意大利）担任讲课人，1911年在隆瑞莫党校（法国）讲授工会运动课。曾受德国社会民主党委托从事出版《马克思恩格斯全集》和第一国际史的工作。第一次世界大战期间是中派分子，为孟什维克的《呼声报》和《我们的言论报》撰稿。1917年二月革命后参加区联派，在俄国社会民主工党（布）第六次代表大会上随区联派集体加入布尔什维克党。十月革命后从事工会工作。1918年初因反对签订布列斯特和约一度退党。1920—1921年工会问题争论期间持错误立场，被解除工会职务。1921年参与创建马克思恩格斯研究院，担任院长直到1931年。1931年2月因同孟什维克国外总部有联系被开除出党。——219、468。

列·弗·；列·弗拉·——见弗拉基米罗夫，米龙·康斯坦丁诺维奇。

列昂季耶夫（Леонтьев）——圣彼得堡工厂主。——467。

列金，卡尔（Legien，Karl 1861—1920）——德国右派社会民主党人，德国工会领袖之一。1890年起任德国工会总委员会主席。1903年起任国际工会书记处书记，1913年起任主席。1893—1920年（有间断）为德国社会民主党国会议员。1919—1920年为魏玛共和国国民议会议员。第一次世界大战期间是社会沙文主义者。1918年十一月革命期间同其他右派社会民主党

主义者，新闻工作者；马克思女儿燕妮的丈夫。19 世纪 60 年代初积极参加反对第二帝国的共和主义和民主主义运动。1865 年侨居比利时，后到英国，同年加入第一国际。1866—1867 年和 1871—1872 年是第一国际总委员会委员，多次参加第一国际代表大会。1871 年 4 月当选为巴黎公社委员。公社失败后流亡英国，1880 年大赦后回国。80 年代一度参加法国工人党中的机会主义派别"可能派"。——268。

卢戈沃伊（Луговой）——1906 年在圣彼得堡戈罗德区工会组织工作。——468。

卢柯姆斯基，梅耶尔·雅柯夫列维奇（艾姆-艾尔）（Лукомский，Меер Яковлевич（Эм-Эль）1872—1931）——1916 年以前是俄国孟什维克，后为无党派人士；职业是医生。斯托雷平反动时期和新的革命高涨年代是取消派分子。1912—1913 年是孟什维克取消派报纸《光线报》编辑部成员。第一次世界大战期间是前线医生。十月革命后在卫生人民委员部机关工作。——313、399。

卢那察尔斯基，阿纳托利·瓦西里耶维奇（沃伊诺夫）（Луначарский，Анатолий Васильевич（Воинов）1875—1933）——19 世纪 90 年代初参加俄国社会民主主义运动。俄国社会民主工党第二次代表大会后是布尔什维克。曾先后参加布尔什维克的《前进报》、《无产者报》和《新生活报》编辑部。代表《前进报》编辑部出席了党的第三次代表大会，受列宁委托，在会上作了关于武装起义问题的报告。党的第四次（统一）代表大会和第五次（伦敦）代表大会的参加者，布尔什维克出席第二国际斯图加特代表大会（1907）和哥本哈根代表大会（1910）的代表。斯托雷平反动时期脱离布尔什维克，参加"前进"集团；在哲学上宣扬造神说和马赫主义。第一次世界大战期间持国际主义立场。1917 年二月革命后参加区联派，在俄国社会民主工党（布）第六次代表大会上随区联派集体加入布尔什维克党。十月革命后到 1929 年任教育人民委员，以后任苏联中央执行委员会学术委员会主席。1930 年起为苏联科学院院士。在艺术和文学方面著述很多。——123、179、297、340、344、357、372、373、408。

卢森堡，罗莎（Luxemburg，Rosa 1871—1919）——德国、波兰和国际工人运动活动家，德国社会民主党和第二国际左翼领袖和理论家之一，德国共产党创建人之一。生于波兰。19世纪80年代后半期开始革命活动,1893年参与创建和领导波兰王国社会民主党,为党的领袖之一。1898年移居德国,积极参加德国社会民主党的活动,反对伯恩施坦主义和米勒兰主义。曾参加俄国第一次革命(在华沙)。1907年参加俄国社会民主工党第五次(伦敦)代表大会,在会上支持布尔什维克。斯托雷平反动时期和新的革命高涨年代对取消派采取调和主义态度。1912年波兰王国和立陶宛社会民主党分裂后,曾谴责最接近布尔什维克的所谓分裂派。第一次世界大战期间持国际主义立场,是建立国际派(后改称斯巴达克派和斯巴达克联盟)的发起人之一。参加领导了德国1918年十一月革命,同年底参与领导德国共产党成立大会,作了党纲报告。1919年1月柏林工人斗争被镇压后,于15日被捕,当天惨遭杀害。主要著作有《社会改良还是革命》(1899)、《俄国社会民主党的组织问题》(1904)、《资本积累》(1913)等。——134、219、226—275、276、277、278、280、284、286、381、391、398、419、445、452、453、454、455、456、457。

鲁巴金,尼古拉·亚历山德罗维奇(Рубакин,Николай Александрович 1862—1946)——俄国图书学家和作家。参加过秘密的学生组织,曾被捕。1907年起侨居瑞士,直到去世。写有许多图书简介和俄国图书事业史方面的著作以及地理和自然科学等方面的科普论文集。介绍图书的主要著作是《书林概述》(1906)。列宁在国外见过鲁巴金,并使用过他的藏书。鲁巴金后来把自己珍贵的藏书(约8万册)遗赠给苏联。——105、116—118、119。

鲁巴诺维奇,伊里亚·阿道福维奇(Рубанович,Илья Адольфович 1860—1920)——俄国社会革命党领袖之一。早年积极参加民意党运动,19世纪80年代侨居巴黎,1893年在巴黎加入老民意党人小组。社会革命党成立后即为该党积极成员。曾参加《俄国革命通报》杂志的工作,该杂志从1902年起成为社会革命党正式机关刊物。是出席国际社会党阿姆斯特丹代表大会(1904)和斯图加特代表大会(1907)的社会革命党代表,社会党国际局成员。第一次世界大战期间是社会沙文主义者。十月革命后反对苏维埃政权。——417。

罗将柯,米哈伊尔·弗拉基米罗维奇(Родзянко,Михаил Владимирович 1859—1924)——俄国大地主,十月党领袖之一,君主派分子。20世纪初曾任叶卡捷琳诺斯拉夫省地方自治局主席。1911—1917年先后任第三届和第四届国家杜马主席，支持沙皇政府的反动政策。1917年二月革命期间力图保持君主制度，组织并领导了国家杜马临时委员会，后参与策划科尔尼洛夫叛乱。十月革命后投靠科尔尼洛夫和邓尼金，企图联合一切反革命势力颠覆苏维埃政权。1920年起为白俄流亡分子。——137、138。

罗曼——见叶尔莫拉耶夫，康斯坦丁·米哈伊洛维奇。

罗曼诺夫（Романов）——1906年在圣彼得堡戈罗德区工会组织工作。——468。

罗普申，维·——见萨文柯夫，波里斯·维克多罗维奇。

罗扎诺夫，弗拉基米尔·尼古拉耶维奇（恩济斯）（Розанов，Владимир Николаевич（Энзис）1876—1939）——俄国社会民主党人，孟什维克。19世纪90年代中期在莫斯科参加社会民主主义运动，1899年被逐往斯摩棱斯克。1900年加入南方工人社。是筹备召开俄国社会民主工党第二次代表大会的组织委员会委员，并代表南方工人社出席了代表大会。会上持中派立场，会后成为孟什维克骨干分子。1904年底被增补进调和主义的党中央委员会，1905年2月被捕。1905年5月在孟什维克代表会议上被选入孟什维克领导中心——组织委员会，在党的第四次（统一）代表大会上代表孟什维克被选入中央委员会。1908年侨居国外。第一次世界大战期间持国际主义立场。1917年二月革命后是彼得格勒工兵代表苏维埃孟什维克党团成员，护国派分子。敌视十月革命，积极参加反革命组织的活动，因“战术中心”案被判刑。大赦后脱离政治活动，在卫生部门工作。——428。

罗扎诺夫，瓦西里·瓦西里耶维奇（Розанов，Василий Васильевич 1856—1919）——俄国宗教哲学家，文艺批评家和政论家。宣扬唯心主义和神秘主义。19世纪90年代末起是晚期斯拉夫派记者，《俄罗斯通报》杂志和《俄罗斯评论》杂志撰稿人，《新时报》的主要政论家之一。他的文章维护专制制度和东正教，受到革命马克思主义者的尖锐批评。——182。

洛拉，奥克先·H.（斯捷潘纽克，弗·）（Лола，Оксен Н.（Степанюк，В.）1884—1919）——乌克兰社会民主党人，工人。1900年起为乌克兰革命党党员，1906年起参加乌克兰社会民主联盟（“斯皮尔卡”）。侨居国外期间成为乌克兰社会民主工党党员。1914年暂时接近布尔什维克，加入俄国社会民主工党国外组织巴黎支部。1917年回到乌克兰后继续在乌克兰社会民主工党内进行活动。——379。

洛帕廷,格尔曼·亚历山德罗维奇(Лопатин,Герман Александрович 1845—1918)——俄国民粹派革命家。19世纪70年代在国外居住期间,与马克思和恩格斯关系密切。1870年被选入第一国际总委员会。与尼·弗·丹尼尔逊一起把马克思的《资本论》第1卷译成俄文。因从事革命活动多次被捕。1887年被判处死刑,后改为终身苦役,在施吕瑟尔堡要塞的单人囚房服刑。1905年大赦时获释,后脱离政治活动。——267、452。

## M

马尔丁诺夫,亚历山大(**皮凯尔,亚历山大·萨莫伊洛维奇**)(Мартынов,Александр(Пиккер,Александр Самойлович) 1865—1935)——俄国经济派领袖之一,孟什维克著名活动家,后为共产党员。19世纪80年代初参加民意党人小组,1886年被捕,流放东西伯利亚十年;流放期间成为社会民主党人。1900年侨居国外,参加经济派的《工人事业》杂志编辑部,反对列宁的《火星报》。在俄国社会民主工党第二次代表大会上是国外俄国社会民主党人联合会的代表,反火星派分子,会后成为孟什维克。1907年作为叶卡捷琳诺斯拉夫组织的代表参加了党的第五次(伦敦)代表大会的工作,在代表大会上当选为中央委员。斯托雷平反动时期和新的革命高涨年代是取消派分子,参加取消派的机关报《社会民主党人呼声报》编辑部。第一次世界大战期间持中派立场。1917年二月革命后为孟什维克国际主义者。十月革命后脱离孟什维克。1918—1922年在乌克兰当教员。1923年加入俄共(布),在马克思恩格斯研究院工作。1924年起任《共产国际》杂志编委。——103、104、141、196、219、278、290。

马尔柯夫,尼古拉·叶夫根尼耶维奇(马尔柯夫第二)(Марков,Николай Евгеньевич(Марков 2-й) 生于1876年)——俄国大地主,反动的政治活动家,黑帮组织"俄罗斯人民同盟"和"米迦勒天使长同盟"领袖之一。第三届和第四届国家杜马代表,杜马中极右翼领袖之一。十月革命后为白俄流亡分子。——74、187。

马尔柯夫第二——见马尔柯夫,尼古拉·叶夫根尼耶维奇。

马尔托夫,尔·(**策杰尔包姆,尤利·奥西波维奇**;尔·马·;叶戈罗夫;伽马)(Мартов,Л.(Цедербаум,Юлий Осипович,Л.М.,Егоров,Гамма) 1873—1923)——俄国孟什维克领袖之一。1895 年参与组织彼得堡工人阶级解放斗争协会。1896 年被捕并流放图鲁汉斯克三年。1900 年参与创办《火星报》,为该报编辑部成员。在俄国社会民主工党第二次代表大会上是《火星报》组织的代表,领导机会主义少数派,反对列宁的建党原则;从那时起成为孟什维克中央机关的领导成员和孟什维克报刊的编辑。曾参加党的第五次(伦敦)代表大会的工作。斯托雷平反动时期和新的革命高涨年代是取消派分子,编辑《社会民主党人呼声报》,参与组织"八月联盟"。第一次世界大战期间是中派分子,参加齐美尔瓦尔德代表会议和昆塔尔代表会议。曾参加孟什维克组织委员会国外书记处,为书记处编辑机关刊物。1917 年二月革命后领导孟什维克国际主义派。十月革命后反对镇压反革命和解散立宪会议。1919 年当选为全俄中央执行委员会委员,1919—1920 年为莫斯科苏维埃代表。1920 年 9 月侨居德国。参与组织第二半国际,在柏林创办和编辑孟什维克杂志《社会主义通报》。——2、3、27、92、93、105、118、119—120、121、126、127、128、137、140、166、167、171、177、179、191、193、201、206、284、290、300、334、340、344、350、351、357、359、360、361、362、363、364、365、366、369、370、407、408、409、422、423、432、476—477、478、479、480、481、482、483、484。

马赫,恩斯特(Mach,Ernst 1838—1916)——奥地利物理学家和哲学家,主观唯心主义者,经验批判主义创始人之一。1864 年起先后在格拉茨和布拉格任大学数学和物理学教授,1895—1901 年任维也纳大学哲学教授。在认识论上复活贝克莱和休谟的观点,认为物体是"感觉的复合",感觉是"世界的真正要素"。主要哲学著作有《力学发展的历史评述》(1883)、《感觉的分析》(1886)、《认识和谬误》(1905)等。——373。

马吉多夫,Б.И.(Магидов,Б.И. 1884—1972)——布尔什维克。1905—1910 年为彼得堡工会活动家。1911—1917 年被流放。1918 年任第 10 集团军政治部主任。——468。

马卡尔——见诺根,维克多·巴甫洛维奇。

马卡雷切夫(Макарычев)——盖斯勒工厂工人。1906 年在彼得堡五金工会工作。——467、468。

马克拉柯夫,尼古拉·阿列克谢耶维奇(Маклаков,Николай Алексеевич 1871—1918)——俄国地主,右派立宪民主党人,黑帮分子;瓦·阿·马克拉柯夫的弟弟。1900—1909年在财政部任职,1909—1912年任切尔尼戈夫省省长,1913—1915年任内务大臣,1915年起为国务会议成员。——137。

马克拉柯夫,瓦西里·阿列克谢耶维奇(Маклаков,Василий Алексеевич 1870—1957)——俄国立宪民主党领袖之一,地主。1895年起为律师,曾为多起政治诉讼案出庭辩护。1906年起为立宪民主党中央委员。第二届、第三届和第四届国家杜马代表。1917年二月革命后任国家杜马临时委员会驻司法部委员;支持帕·尼·米留可夫,主张把帝国主义战争进行到"最后胜利"。同年7月起任临时政府驻法国大使。十月革命后为白俄流亡分子。——139。

马克思,卡尔(Marx,Karl 1818—1883)——科学共产主义的创始人,世界无产阶级的领袖和导师。——34—35、38—40、41、42、43、46、47、49、50—51、53、62、114、163、230、233、234、264、265、266—275、317、320—321、338、343、368—369、452、453、455、457。

马克西莫夫,恩·——见波格丹诺夫,亚历山大·亚历山德罗维奇。

马雷舍夫(Малышев)——彼得堡轧铁厂工人。1906年为俄国社会民主工党彼得堡分区委员会委员。——467。

马列茨基,亚历山大·马夫里基耶维奇(Малецкий,Александр Маврикиевич 1879—1937)——19世纪90年代末在波兰参加革命运动。1904年在罗兹工作,后到华沙。1906年当选为波兰王国和立陶宛社会民主党总执行委员会委员。1907年参加俄国社会民主工党第五次(伦敦)代表大会和第二国际斯图加特代表大会的工作。1909年因在一系列党内问题上同波兰王国和立陶宛社会民主党的领导产生分歧,退出总执行委员会。1912年波兰王国和立陶宛社会民主党分裂后,是最接近布尔什维克的所谓分裂派领导人之一,任该派机关报《工人报》编辑。第二国际巴塞尔代表大会(1912)和俄国社会民主工党布鲁塞尔会议(1914)的参加者。1921—1922年任苏俄外交人民委员部情报局局长,1922—1925年为《共产国际》杂志编辑部秘书,1926—1935年在高等学校任教,后为国立列宁图书馆哲学部学术顾问。——444。

马林诺夫斯基,罗曼·瓦茨拉沃维奇(Малиновский,Роман Вацлавович 1876—1918)——俄国社会民主主义运动中的奸细,莫斯科保安处密探;职业是五金工人。1906年出于个人动机参加工人运动,后来混入俄国社会民主工党;曾任工人委员会委员和五金工会理事会书记。1907年起主动向警察局提供情报,1910年被录用为沙皇保安机关密探。在党内曾担任多种重要职务,1912年在党的第六次(布拉格)全国代表会议上当选为中央委员。在保安机关暗中支持下,当选为第四届国家杜马莫斯科省工人选民团的代表,1913年任布尔什维克杜马党团主席。1914年辞去杜马职务,到了国外。1917年6月,他同保安机关的关系被揭穿。1918年回国,被捕后由全俄中央执行委员会最高法庭判处枪决。——133、165—167、168—171、357、358、362、364、365、409、426、463—484。

马林诺夫斯卡娅,С.А.(Малиновская,С.А.)——罗·瓦·马林诺夫斯基的妻子。——466、469、470。

马努(Manu)——印度法学家。——54。

马努斯,伊格纳季·波尔菲罗维奇(Манус,Игнатий Порфирович)——俄国大银行家,金融投机家。持有大量国际商业银行的股票,是许多工业公司和银行的董事和董事长。通过拉斯普廷对宫廷施加影响;第一次世界大战期间力主俄德亲善和单独媾和。——10。

马斯洛夫,彼得·巴甫洛维奇(Маслов,Петр Павлович 1867—1946)——俄国经济学家,社会民主党人。写有一些土地问题著作,修正马克思主义政治经济学原理。曾为《生活》、《开端》和《科学评论》等杂志撰稿。俄国社会民主工党第二次代表大会后是孟什维克;曾提出孟什维克的土地地方公有化纲领。在俄国社会民主工党第四次(统一)代表大会上代表孟什维克作了关于土地问题的报告,被选入中央机关报编辑部。斯托雷平反动时期和新的革命高涨年代是取消派分子。第一次世界大战期间是社会沙文主义者。十月革命后脱离政治活动,从事教学和科研工作,研究社会主义政治经济学问题。1929年起为苏联科学院院士。——320。

马志尼,朱泽培(Mazzini,Giuseppe 1805—1872)——意大利统一时期的资产阶级革命家，民族解放运动中民主派的领袖和思想家之一。早年参加秘密革命组织“烧炭党”，后被捕，流亡国外。1831 年在法国马赛建立青年意大利党。积极参加 1848 年革命，1849 年为罗马共和国临时政府首脑。1860 年支持加里波第对西西里的远征。主张通过革命道路把意大利从异族压迫下解放出来和建立统一的民主共和国，认为起义是基本的斗争手段，但惯于采用密谋策略，忽视农民利益，不懂得解决土地问题的重要性。反对阶级斗争，宣扬通过“劳资合作”来解决工人问题的小资产阶级空想主义计划。——268。

麦迭姆(**格林贝格**)，弗拉基米尔·达维多维奇(戈尔德布拉特)(Медем(Гринберг)，Владимир Давидович(Гольдблат) 1879—1923)——崩得领袖之一。1899 年参加俄国社会民主主义运动，1900 年加入明斯克崩得组织。曾流放西伯利亚，1901 年从流放地逃往国外。1903 年起为崩得国外委员会委员，代表该委员会出席俄国社会民主工党第二次代表大会，会上是反火星派分子。1906 年当选为崩得中央委员。曾参加俄国社会民主工党第五次(伦敦)代表大会工作，支持孟什维克。十月革命后领导在波兰的崩得组织。1921 年到美国，在犹太右翼社会党人的《前进报》上撰文诽谤苏维埃俄国。——272、279、282。

麦克唐纳，詹姆斯·拉姆赛(MacDonald，James Ramsay 1866—1937)——英国政治活动家，英国工党创建人和领袖之一。1885 年加入社会民主联盟。1886 年加入费边社。1894 年加入独立工党，1906—1909 年任该党主席。1900 年当选为劳工代表委员会书记，该委员会于 1906 年改建为工党。1906 年起为议员，1911—1914 年和 1922—1931 年任工党议会党团主席。推行机会主义政策，鼓吹阶级合作和资本主义逐渐长入社会主义的理论。第一次世界大战初期采取和平主义立场，后来公开支持劳合-乔治政府进行帝国主义战争。1918—1920 年竭力破坏英国工人反对武装干涉苏维埃俄国的斗争。1924 年和 1929—1931 年先后任第一届和第二届工党政府首相。1931—1935 年领导由保守党决策的国民联合政府。——76。

曼德尔施塔姆，A. B.(奥季谢伊)(Мандельштам，A. B.(Одиссей) 1878—1929)——布尔什维克。1906—1910 年为俄国社会民主工党莫斯科委员会委员。——471。

曼科夫，伊万·尼古拉耶维奇（Маньков，Иван Николаевич 生于 1881 年）——俄国孟什维克取消派分子，第四届国家杜马伊尔库茨克省代表，社会民主党杜马党团成员。第一次世界大战期间是社会沙文主义者，1915 年违背社会民主党党团决议，在杜马中投票赞成军事预算，因而被开除出杜马党团。——363。

梅列日科夫斯基，德米特里·谢尔盖耶维奇（Мережковский，Дмитрий Сергеевич 1866—1941）——俄国作家和文学批评家，颓废派和象征主义派的代表之一。反对俄国文学中的现实主义和民主主义流派。小说中充满宗教神秘主义思想。敌视十月革命。1920 年移居国外，继续进行反苏维埃政权的活动。——355。

梅林，弗兰茨（Mehring，Franz 1846—1919）——德国工人运动活动家，德国社会民主党左翼领袖和理论家之一，历史学家和政论家，德国共产党创建人之一。19 世纪 60 年代末起是资产阶级民主主义政论家，1877—1882 年持资产阶级自由主义立场，后向左转化，逐渐接受马克思主义。曾任民主主义报纸《人民报》主编。1891 年加入德国社会民主党，担任党的理论刊物《新时代》杂志撰稿人和编辑，1902—1907 年任《莱比锡人民报》主编，反对第二国际的机会主义和修正主义，批判考茨基主义。第一次世界大战爆发后坚决谴责帝国主义战争和社会沙文主义者的背叛政策；是国际派（后改称斯巴达克派和斯巴达克联盟）的组织者和领导人之一。1918 年参加建立德国共产党的准备工作。欢迎俄国十月革命，撰文驳斥对十月革命的攻击，维护苏维埃政权。在研究德国中世纪史、德国社会民主党史和马克思主义史方面作出重大贡献，在整理出版马克思、恩格斯和拉萨尔的遗著方面也做了大量工作。主要著作有《莱辛传奇》（1893）、《德国社会民主党史》（1897—1898）、《马克思传》（1918）等。——390。

梅姆列佐夫（Мымрецов）——253。

梅什科夫斯基——见戈尔登贝格，约瑟夫·彼得罗维奇。

梅延多夫，亚历山大·费利克索维奇（Мейендорф，Александр Феликсович 生于 1869 年）——俄国十月党人，地主，里夫兰的男爵。1892 年毕业于彼得堡大学，获法学副博士学位。1892—1907 年在参议院、里加专区法院、国务会议办公厅和内务部供职。1902—1905 年在彼得堡大学任俄国土地法讲师。第三届和第四届国家杜马里夫兰省代表,第三届国家杜马第一次和第二次会议副主席。1919 年移居国外。以《普鲁士宪法》(1904)、《俄国立法体系中的农户》(1907)等著作闻名。——304—306。

美舍尔斯基,弗拉基米尔·彼得罗维奇(Мещерский,Владимир Петрович 1839—1914)——俄国政论家,公爵。曾在警察局和内务部供职。1860 年起为《俄罗斯通报》杂志和《莫斯科新闻》撰稿。1872—1914 年出版黑帮刊物《公民》,1903 年创办反动杂志《慈善》和《友好的话》,得到沙皇政府大量资助。在这些报刊上,不仅反对政府向工人作任何让步,而且反对政府向自由派资产阶级作任何让步。——66。

米海洛夫斯基,尼古拉·康斯坦丁诺维奇(Михайловский,Николай Константинович 1842—1904)——俄国自由主义民粹派理论家,政论家,文艺批评家,实证论哲学家,社会学主观学派代表人物。1860 年开始写作活动。1868 年起为《祖国纪事》杂志撰稿,后任编辑。1879 年与民意党接近。1882 年以后写了一系列谈"英雄"与"群氓"问题的文章,建立了完整的"英雄"与"群氓"的理论体系。1884 年《祖国纪事》杂志被查封后,给《北方通报》、《俄国思想》、《俄罗斯新闻》等报刊撰稿。1892 年起任《俄国财富》杂志编辑,在该杂志上与俄国马克思主义者进行激烈论战。——12。

米留可夫,帕维尔·尼古拉耶维奇(Милюков,Павел Николаевич 1859—1943)——俄国立宪民主党领袖,俄国自由派资产阶级思想家,历史学家和政论家。1886 年起任莫斯科大学讲师。90 年代前半期开始政治活动,1902 年起为资产阶级自由派的《解放》杂志撰稿。1905 年 10 月参与创建立宪民主党,后任该党中央委员会主席和中央机关报《言语报》编辑。第三届和第四届国家杜马代表。第一次世界大战期间为沙皇政府的掠夺政策辩护。1917 年二月革命后任第一届临时政府外交部长,推行把战争进行到"最后胜利"的帝国主义政策;同年 8 月积极参与策划科尔尼洛夫叛乱。十月革命后同白卫分子和武装干涉者合作。1920 年起为白俄流亡分子,在巴黎出版《最新消息报》。著有《俄国文化史概要》、《第二次俄国革命史》及《回忆录》等。——59、127、138、304。

米雅斯尼科夫(Мясников)——1906 年为俄国社会民主工党彼得堡分区委员会委员。——467。

缅施科夫，米哈伊尔·奥西波维奇(Меньшиков，Михаил Осипович 1859—1919)——俄国政论家，黑帮报纸《新时报》撰稿人。十月革命后反对苏维埃政权，1919年被枪决。——10。

莫尔斯基洛(尼古拉)(Морскило(Николай))——1909年为彼得堡五金工会理事会成员。——468。

莫吉梁斯基，米哈伊尔·米哈伊洛维奇(Могилянский，Михаил Михайлович 1873—1942)——俄国律师，政论家。1906年加入立宪民主党，为该党中央机关报《言语报》和俄罗斯及乌克兰的其他定期报刊撰稿。十月革命后退出立宪民主党。30年代在乌克兰苏维埃社会主义共和国科学院工作。——248。

莫利，约翰(Morley，John 1838—1923)——英国政论家，历史学家和国务活动家，自由党人。1867—1882年为《双周评论》主编。1883年起为议员。1886年和1892年在格莱斯顿内阁任爱尔兰事务大臣，1905—1910年任印度事务大臣，实行镇压民族解放运动的政策；后任枢密院院长，1914年退职。写有论述伏尔泰、卢梭、狄德罗、科布顿、克伦威尔和格莱斯顿等人的著作；1917年出版了两卷回忆录。——76。

## N

瑙莫夫，Г.——见金茨堡，Н.。

尼古拉——见莫尔斯基洛。

涅克拉索夫，尼古拉·维萨里昂诺维奇(Некрасов，Николай Виссарионович 1879—1940)——俄国立宪民主党左派领袖之一，教授。第三届和第四届国家杜马代表，1916年11月被选为杜马副主席。第一次世界大战期间任全俄地方自治机关和城市联合会军需供应总委员会副主席。1917年二月革命后参加临时政府，历任交通部长、不管部部长和财政部长。1917年夏退出立宪民主党，加入激进民主党。十月革命后在中央消费合作总社工作。——70。

涅韦多姆斯基，米·(**米克拉舍夫斯基，米哈伊尔·彼得罗维奇**)(Неведомский，М.(Миклашевский，Михаил Петрович) 1866—1943)——俄国社会民主党人，孟什维克，文学批评家和政论家。斯托雷平反动时期和新的革命高潮年代是取消派分子,同时表现出资产阶级自由主义倾向。十月革命后从事政论活动。——428。

诺根,维克多·巴甫洛维奇(马卡尔)(Ногин,Виктор Павлович(Макар)1878—1924)——1898年加入俄国社会民主工党,布尔什维克。曾在国内外做党的工作,是《火星报》代办员。积极参加1905—1907年革命。1907年和1917年两度当选为党中央委员。屡遭沙皇政府迫害。斯托雷平反动时期对孟什维克取消派采取调和主义态度。第一次世界大战期间在莫斯科和萨拉托夫的自治机关工作,为《莫斯科合作社》等杂志撰稿。1917年二月革命后先后任莫斯科苏维埃副主席和主席。十月革命后参加第一届人民委员会,任工商业人民委员。1917年11月主张成立有孟什维克和社会革命党人参加的联合政府,遭到否决后声明退出党中央和人民委员会。1918—1924年历任副劳动人民委员、最高国民经济委员会主席团委员、全俄纺织辛迪加管理委员会主席等职。1921年起任俄共(布)中央检查委员会主席。曾任苏联中央执行委员会主席团委员。——468。

诺维奇,斯季·——见波尔土盖斯,斯捷潘·伊万诺维奇。

诺沃托尔日斯基,格·(**尼基茨基,A.A.**)(Новоторжский,Г.(Никитский,A.A.))——俄国政论家,《同时代人》杂志撰稿人。此外还在《俄国财富》杂志和《俄罗斯新闻》等报刊上发表过文章。——192。

## P

配第,威廉(Petty,William 1623—1687)——英国经济学家和统计学家,资产阶级古典政治经济学的创始人。把经济学研究对象从流通领域转到生产领域,并运用统计和数学方法分析经济现象,力求找出经济发展的内在规律。最先提出了劳动价值论的一些基本观点,分析了商品的价值,认为商品的自然价格(即价值)是由生产商品时所耗费的劳动时间决定的。还探讨了工资、地租和利息等范畴,对级差地租的两种形式作了论述。主要著作有《赋税论》(1662)、《爱尔兰的政治解剖》(1672)、《货币略论》(1682)、《政治算术》(1683)等。——42、43。

皮斯卡列夫(Пискарев)——1906年在圣彼得堡莫斯科区工会组织工作。——468。

蒲鲁东，皮埃尔·约瑟夫（Proudhon，Pierre-Joseph 1809—1865）——法国政论家，经济学家，社会学家，小资产阶级思想家，无政府主义理论的创始人之一。1840 年出版《什么是财产？》一书，从小资产阶级立场出发批判大资本主义所有制，幻想使小私有制永世长存。主张由专门的人民银行发放无息贷款，帮助工人购置生产资料，使他们成为手工业者，再由专门的交换银行保证劳动者“公平地”销售自己的劳动产品，而同时又不触动生产工具和生产资料的资本主义所有制。认为国家是阶级矛盾的主要根源，提出和平“消灭国家”的空想主义方案，对政治斗争持否定态度。1846 年出版《经济矛盾的体系，或贫困的哲学》，阐述其小资产阶级的哲学和经济学观点。马克思在《哲学的贫困》一书中对该书作了彻底的批判。1848 年革命时期被选入制宪议会后，攻击工人阶级的革命发动，赞成 1851 年 12 月 2 日的波拿巴政变。——268、368—369。

普利什凯维奇，弗拉基米尔·米特罗范诺维奇（Пуришкевич，Владимир Митрофанович 1870—1920）——俄国大地主，黑帮反动分子，君主派。1900 年起在内务部任职，1904 年为维·康·普列韦的内务部特别行动处官员。1905 年参与创建黑帮组织“俄罗斯人民同盟”，1907 年退出同盟并成立了新的黑帮组织“米迦勒天使长同盟”。第二届、第三届和第四届国家杜马代表，因在杜马中发表歧视异族和反犹太人的演说而臭名远扬。第一次世界大战期间鼓吹把战争进行到“最后胜利”。1917 年二月革命后主张恢复君主制。十月革命后竭力反对苏维埃政权，是 1917 年 11 月初被揭露的军官反革命阴谋的策划者。——19、67、69、71、74、91、138、155、156、171、181、187、250—251、255、284、285、286、287。

普列德卡林，安德列·亚诺维奇（Предкальн（Приедкалн），Андрей Янович 1873—1923）——拉脱维亚社会民主党人；职业是医生。1907 年被选入第三届国家杜马，参加社会民主党党团，追随布尔什维克。曾为布尔什维克的《明星报》和《真理报》撰稿。十月革命后从事医学方面的科研工作，领导里加市儿童医院。——468。

普列汉诺夫（Плеханов）——1906 年在彼得堡区工会组织工作。——468。

普列汉诺夫，格奥尔吉·瓦连廷诺维奇（Плеханов，Георгий Валентинович 1856—1918）——俄国早期的马克思主义理论家，后来成为孟什维克和第二国际机会主义领袖之一。19 世纪 70 年代参加民粹主义运动,是土地和自由社成员及土地平分社领导人之一。1880 年侨居瑞士,逐步同民粹主义决裂。1883 年在日内瓦创建俄国第一个马克思主义团体——劳动解放社。翻译和介绍了马克思和恩格斯的许多著作,对马克思主义在俄国的传播起了重要作用;写过不少优秀的马克思主义著作,批判民粹主义、合法马克思主义、经济主义、伯恩施坦主义、马赫主义。20 世纪初是《火星报》和《曙光》杂志编辑部成员。曾参与制定俄国社会民主工党纲领草案和参加党的第二次代表大会的筹备工作。在代表大会上是劳动解放社的代表,属火星派多数派,参加了大会常务委员会,会后逐渐转向孟什维克。1905—1907 年革命时期反对列宁的民主革命的策略,后来在孟什维克和布尔什维克之间摇摆。在俄国社会民主工党第四次(统一)代表大会上作了关于土地问题的报告,维护马斯洛夫的孟什维克方案;在国家杜马问题上坚持极右立场,呼吁支持立宪民主党人的杜马。斯托雷平反动时期和新的革命高涨年代反对取消主义,领导孟什维克护党派。第一次世界大战期间持社会沙文主义立场。1917 年二月革命后支持资产阶级临时政府。对十月革命持否定态度,但拒绝支持反革命。最重要的理论著作有《社会主义与政治斗争》(1883)、《我们的意见分歧》(1885)、《论一元论历史观之发展》(1895)、《唯物主义史论丛》(1896)、《论个人在历史上的作用》(1898)、《没有地址的信》(1899—1900),等等。——4、103、118、127、141、176—180、190、191、192、195、196、209、249、275、276、277、279、282、297、298、299、313、323、333、335、340、341、343、344、345—346、353、354、355、356、357、365—366、367—370、373、386、389、390、391、396—397、398、404、408、410、417、418、419、428、444、449。

普列特涅夫,В.Ф.(Плетнев,В.Ф. 1886—1942)——细木工,孟什维克。1904—1914 年(有间断)任莫斯科织布工工会秘书。——470、471。

普罗柯波维奇,谢尔盖·尼古拉耶维奇(Прокопович,Сергей Николаевич 1871—1955)——俄国经济学家和政论家。曾参加国外俄国社会民主党人联合会,是经济派的著名代表人物,伯恩施坦主义在俄国最早的传播者之一。1904 年加入资产阶级自由派的解放社,为该社骨干分子。1905 年为立宪民主党中央委员。1906 年参与出版半立宪民主党、半孟什维克的

《无题》周刊，为左派立宪民主党人的《同志报》积极撰稿。1917年8月任临时政府工商业部长，9—10月任粮食部长。1921年在全俄赈济饥民委员会工作，同反革命地下活动有联系。1922年被驱逐出境。——103、192、193。

## Q

齐赫泽，尼古拉·谢苗诺维奇（Чхеидзе，Николай Семенович 1864—1926）——俄国孟什维克领袖之一。19世纪90年代末参加社会民主主义运动。俄国社会民主工党第二次代表大会后是孟什维克。第三届和第四届国家杜马代表，第四届国家杜马孟什维克党团主席。第一次世界大战期间是中派分子。1917年二月革命后任国家杜马临时委员会委员、彼得格勒工兵代表苏维埃主席和第一届中央执行委员会主席，极力支持资产阶级临时政府。1918年起是反革命的外高加索议会主席，1919年起是格鲁吉亚孟什维克政府——立宪会议主席。1921年格鲁吉亚建立苏维埃政权后流亡法国。——4、27、29、94、129、136、177、209、289、290、291、294、361、363、364、365、406、415、430、431、432。

契尔金，瓦西里·加甫里洛维奇（Чиркин，Василий Гаврилович 1877—1954）——俄国工人。1903年参加革命运动，1904年底参加孟什维克。支持召开"工人代表大会"的取消主义观点；是孟什维克出席俄国社会民主工党第五次（伦敦）代表大会的代表。1906年起积极参加工会运动。多次被捕和流放。斯托雷平反动时期是取消派分子。第一次世界大战期间是社会沙文主义者。1917年二月革命后是全俄苏维埃第一次和第二次代表大会代表。1918年脱离孟什维克，1920年加入布尔什维克。后在工会和经济部门担任负责工作。——350、468、469、475、476。

契恒凯里，阿卡基·伊万诺维奇（Чхенкели，Акакий Иванович 1874—1959）——格鲁吉亚孟什维克领袖之一；职业是律师。1898年参加社会民主主义运动。斯托雷平反动时期和新的革命高涨年代是取消派分子。第四届国家杜马代表，参加孟什维克杜马党团。第一次世界大战期间是社会沙文主义者。1917年二月革命后是临时政府驻外高加索的代表。1918年4月任外高加索临时政府主席，后任格鲁吉亚孟什维克政府外交部长。

1921 年格鲁吉亚建立苏维埃政权后成为白俄流亡分子。——363。

切尔诺夫，维克多·米哈伊洛维奇（Чернов，Виктор Михайлович 1873—1952）——俄国社会革命党领袖和理论家之一。1902—1905 年任社会革命党中央机关报《革命俄国报》编辑。曾撰文反对马克思主义，企图证明马克思的理论不适用于农业。第一次世界大战期间持社会沙文主义立场，曾参加齐美尔瓦尔德代表会议和昆塔尔代表会议。1917 年 5—8 月任临时政府农业部长，对夺取地主土地的农民实行残酷镇压。敌视十月革命。1918 年 1 月任立宪会议主席；曾领导萨马拉的反革命立宪会议委员会，参与策划反苏维埃叛乱。1920 年流亡国外，继续反对苏维埃政权。在他的理论著作中，主观唯心主义和折中主义同修正主义和民粹派的空想混合在一起；企图以资产阶级改良主义的"结构社会主义"对抗科学社会主义。——123、316、340、344、345、356。

切列万宁，涅·（**利普金，费多尔·安德列耶维奇**）（Череванин，Н.（Липкин，Федор Андреевич）1868—1938）——俄国政论家，"马克思的批评家"，后为孟什维克领袖之一，取消派分子。俄国社会民主工党第四次（统一）代表大会和第五次（伦敦）代表大会的参加者，取消派报刊撰稿人，16 个孟什维克关于取消党的"公开信"的起草人之一。1912 年反布尔什维克的八月代表会议后是孟什维克领导中心——组委会成员。第一次世界大战期间是社会沙文主义者。1917 年是孟什维克中央机关报《工人报》编辑之一和孟什维克中央委员会委员。敌视十月革命。——141、179、298、344、428。

## R

饶尔丹尼亚，诺伊·尼古拉耶维奇（阿恩；科斯特罗夫）（Жордания，Ной Николаевич（Ан，Костров）1869—1953）——俄国社会民主党人。19 世纪 90 年代开始政治活动，加入格鲁吉亚第一个社会民主主义团体"麦撒墨达西社"，领导该社的机会主义派。1903 年在俄国社会民主工党第二次代表大会上是有发言权的代表，属火星派少数派，会后为高加索孟什维克的领袖。1905 年编辑孟什维克的《社会民主党人报》（格鲁吉亚文），反对布尔什维克在资产阶级民主革命中的策略。第一届国家杜马代表，社会民主党党团领袖。1907—1912 年为俄国社会民主工党中央委员（代表孟什维克)。斯托雷平反动时期和新的革命高涨年代形式上参加孟什维克护党派,实际上支持取消派。1914 年为托洛茨基的《斗争》杂志撰稿。第一次世界大战期间是社会沙文主义者。1917 年二月革命后任梯弗利斯工人代表苏维埃主席。1918—1921 年是格鲁吉亚孟什维克政府主席。1921 年格鲁吉亚建立苏维埃政权后成为白俄流亡分子。——172、174、210、278、294、297、313、399、430—431、432。

饶勒斯,让(Jaurès,Jean 1859—1914)——法国社会主义运动和国际社会主义运动活动家,法国社会党领袖,历史学家和哲学家。1885 年起多次当选议员。原属资产阶级共和派,90 年代初开始转向社会主义。1898 年同亚·米勒兰等人组成法国独立社会党人联盟。1899 年竭力为米勒兰参加资产阶级政府的行为辩护。1901 年起为社会党国际局成员。1902 年与可能派、阿列曼派等组成改良主义的法国社会党。1903 年当选为议会副议长。1904 年创办《人道报》,主编该报直到逝世。1905 年法国社会党同盖得领导的法兰西社会党合并后,成为统一的法国社会党的主要领导人。在理论和实践问题上往往持改良主义立场,但始终不渝地捍卫民主主义,反对殖民主义和军国主义。由于呼吁反对临近的帝国主义战争,于 1914 年 7 月 31 日被法国沙文主义者刺杀。写有法国大革命史等方面的著作。——450。

## S

萨尔蒂科夫-谢德林,米哈伊尔·叶夫格拉福维奇(**萨尔蒂科夫,米·叶·**;谢德林)(Салтыков-Щедрин,Михаил Евграфович(Салтыков,М.Е.,Щедрин) 1826—1889)——俄国讽刺作家,革命民主主义者。1848 年因发表抨击沙皇制度的小说被捕,流放七年。1856 年初返回彼得堡,用笔名“尼·谢德林”发表了《外省散记》。1863—1864 年为《同时代人》杂志撰写政论文章,1868 年起任《祖国纪事》杂志编辑,1878 年起任主编。60—80 年代创作了《一个城市的历史》、《戈洛夫廖夫老爷们》等长篇小说,批判了俄国的专制农奴制,刻画了地主、沙皇官僚和自由派的丑恶形象。——216、251。

萨拉兹金,阿尔卡季·谢尔盖耶维奇(Салазкин,Аркадий Сергеевич 生于 1870 年)——俄国大商人和大地主,立宪民主党人,第二届和第四届国家杜马梁赞省代表。1910 年起任下诺夫哥罗德集市和交易所委员会主席。第一次世界大战期间是农业部负责在下诺夫哥罗德省采购军粮的特派员。十月革命后在南方进行反革命活动。——13。

萨文柯夫，波里斯·维克多罗维奇（罗普申，维·）（Савинков，Борис Викторович（Ропшин，В.）1879—1925）——俄国社会革命党领袖之一，作家。在彼得堡大学学习时开始政治活动，接近经济派-工人思想派，在工人小组中进行宣传，为《工人事业》杂志撰稿。1901 年被捕，后被押送沃洛格达省，从那里逃往国外。1903 年加入社会革命党，1903—1906 年是该党"战斗组织"的领导人之一，多次参加恐怖活动。1909 年和 1912 年以维·罗普申为笔名先后发表了两部浸透神秘主义和对革命斗争失望情绪的小说：《一匹瘦弱的马》和《未曾有过的东西》。1911 年侨居国外。第一次世界大战期间是社会沙文主义者。1917 年二月革命后回国，任临时政府驻最高总司令大本营的委员、西南方面军委员、陆军部副部长、彼得格勒军事总督；根据他的提议在前线实行了死刑。十月革命后参加克伦斯基—克拉斯诺夫叛乱，参与组建顿河志愿军，建立地下反革命组织"保卫祖国与自由同盟"，参与策划反革命叛乱。1921—1923 年在国外领导反对苏维埃俄国的间谍破坏活动。1924 年偷越苏联国境时被捕，被判处死刑，后改为十年监禁。在狱中自杀。——123。

萨文科，阿纳托利·伊万诺维奇（Савенко，Анатолий Иванович 生于 1874 年）——俄国资产阶级民族主义者，政论家，大地主。1908 年在基辅创办俄罗斯民族主义者俱乐部。第四届国家杜马基辅省代表，在杜马中加入进步同盟。曾为黑帮报纸《新时报》和《基辅人报》撰稿。十月革命后反对苏维埃国家，后为白俄流亡分子。——253。

沙雷（雷若夫）（Шарый（Рыжов））——1906 年为彼得堡工会中央常务局成员。——468。

沙尼亚夫斯基，А.Л.（Шанявский，А.Л. 1837—1905）——将军，自由派社会活动家。1908 年按照他的遗嘱用其资金在莫斯科开办了国民大学（沙尼亚夫斯基大学）。——469。

绍特曼，亚历山大·瓦西里耶维奇（Шотман，Александр Васильевич 1880—1937）——1899 年加入俄国社会民主工党，布尔什维克；旋工。1899—

1902 年是彼得堡工人阶级解放斗争协会会员，参加了 1901 年“奥布霍夫防卫战”，任维堡区党的组织员。在俄国社会民主工党第二次代表大会上是彼得堡委员会的代表，属火星派多数派；会后在科斯特罗马和伊万诺沃-沃兹涅先斯克工作，任党的北方委员会委员。在彼得堡和敖德萨参加 1905—1907 年革命。1911—1912 年任芬兰社会民主党赫尔辛福斯委员会委员。在 1913 年有党的工作者参加的俄国社会民主工党中央委员会波罗宁会议上被增补为中央委员和中央委员会俄国局成员，同年 11 月被捕并流放西伯利亚。在托木斯克参加 1917 年二月革命。1917 年 6 月起任党的彼得堡郊区委员会委员；7 月起是党中央委员会和列宁之间的联络员，8 月受党中央委托，安排列宁从拉兹利夫转移到芬兰。积极参加十月革命，十月革命后历任最高国民经济委员会主席团委员、西伯利亚国民经济委员会主席、卡累利阿苏维埃社会主义自治共和国中央执行委员会主席等职。1926—1937 年在最高国民经济委员会和全俄中央执行委员会主席团工作。1924—1934 年为党中央监察委员会委员。——467。

舍尔，瓦西里·弗拉基米罗维奇（Шер，Василий Владимирович 1884—1940）——俄国社会民主党人，孟什维克。1902 年参加革命运动，1905 年加入俄国社会民主工党。斯托雷平反动时期和新的革命高涨年代是取消派分子。1917 年二月革命后任莫斯科士兵代表苏维埃秘书；七月事变后任莫斯科军区副司令，后任陆军部政治部主任。十月革命后在中央消费合作总社、最高国民经济委员会和国家银行工作。1931 年因进行反革命活动被苏联最高法院判刑。——340、344、345、356、468、469、472—479、482、483。

舍尔古诺夫，瓦西里·安德列耶维奇（Шелгунов，Василий Андреевич 1867—1939）——俄国工人，职业革命家，布尔什维克。1886 年参加革命运动，先后加入社会民主主义的托奇斯基小组和布鲁斯涅夫小组。1892 年起在彼得堡工人小组中宣传马克思主义。彼得堡工人阶级解放斗争协会的组织者和活动家之一，因该协会案被捕和流放。流放期满后，在叶卡捷琳诺斯拉夫、巴库、梯弗利斯和彼得堡等地做党的工作。1905 年 12 月再次被捕，1906 年在狱中失明，但出狱后继续做党的工作。1910 和 1912 年先后参与创办《明星报》和《真理报》。十月革命后参加莫斯科河岸区党组织的工作。

1924年起领取特种退休金。——101。

舍甫琴柯,塔拉斯·格里戈里耶维奇(Шевченко,Тарас Григорьевич 1814—1861)——乌克兰诗人、画家和思想家,革命民主主义者;乌克兰新文学和民族文学语言的奠基人。农奴家庭出身。1838年赎身后入彼得堡美术学院学习。同彼得拉舍夫斯基派有过联系。1847年因参加秘密团体被捕,后被送到遥远的奥伦堡军团去服兵役。1858年回到彼得堡后,同车尔尼雪夫斯基和杜勃罗留波夫交往甚密。他的作品充满了对沙皇专制制度和农奴制的仇恨,反映了乌克兰劳动人民的生活和斗争。其绘画奠定了乌克兰批判现实主义艺术的基础。——68、69。

舍甫琴科,C.E.(Шевченко,C.E.)——工人,孟什维克。1906年在圣彼得堡涅瓦区工会组织工作。1910年1月被逐出圣彼得堡市。后在莫斯科工作。——467、468。

舍格洛维托夫,伊万·格里戈里耶维奇(Щегловитов,Иван Григорьевич 1861—1918)——俄国大地主,极端反动分子。1906—1915年任司法大臣。推行黑帮政策,公然使法院服从于警察当局的指令。是建立战地法庭、发动六三政变、审判第二届和第四届国家杜马社会民主党代表和策划贝利斯案件的主谋之一。1917年任国务会议主席。——137。

圣西门,昂利·克洛德(Saint-Simon,Henri Claude 1760—1825)——法国空想社会主义者。贵族出身。参加过美国独立战争,同情法国大革命。长期考察革命后的社会矛盾,于19世纪初逐渐形成空想社会主义思想。把社会发展看做人类理性的发展,有时也认为社会发展是经济发展引起的。抨击资本主义制度,认为竞争和无政府状态是一切灾难中最严重的灾难。所设想的理想制度是由"实业家"和学者掌握各方面权力、一切人都要劳动、按"才能"分配的"实业制度"。由于历史的局限,把资本家和无产阶级合称"实业家阶级",并主张在未来社会中保留私有制。提出关于未来社会必须有计划地组织生产和生活、发挥银行调节流通和生产的作用、国家将从对人的政治统治变为对物的管理和对生产的指导等一系列有重大意义的思想。晚年宣告他的最终目的是工人阶级的解放,但不理解工人阶级的历史使命,寄希望于统治阶级的理性和善心。主要著作有《一个日内瓦居民给当代人的信》(1803)、《人类科学概论》(1813)、《论实业制度》(1821)、《实业家问答》(1823—1824)、《新基督教》(1825)等。——50、51。

施韦泽,约翰·巴蒂斯特(Schweitzer,Johann Baptist 1833—1875)——德国工人运动活动家,拉萨尔派代表人物之一;职业是律师。政治活动初期是自由主义者,在拉萨尔的影响下参加工人运动。1864—1871年任全德工人联合会机关报《社会民主党人报》编辑,1867年起任联合会主席。执行拉萨尔主义的机会主义路线,支持俾斯麦所奉行的在普鲁士领导下"自上而下"统一德国的政策。在联合会内实行个人独裁,引起会员不满,1871年被迫辞去主席职务。1872年因同普鲁士当局的勾结被揭露而被开除出全德工人联合会。——126。

舒宾斯基(**舒宾斯科伊**),尼古拉·彼得罗维奇(Шубинский(Шубинской),Николай Петрович 生于1853年)——俄国地主,十月党人。曾任莫斯科高等法院律师,特维尔省卡利亚津县地方自治局和特维尔省地方自治局议员。1900年起为莫斯科市杜马议员。当过卡利亚津县贵族代表。第三届和第四届国家杜马特维尔省代表。在杜马中发表过黑帮反动演说。——9。

舒尔采-德里奇,海尔曼(Schulze-Delitzsch,Hermann 1808—1883)——德国庸俗经济学家和政治活动家。1848年是普鲁士国民议会议员,60年代是进步党领袖之一,1867—1883年为国会议员。宣扬资本家和工人的阶级利益协调一致。1849年起在德国工人和手工业者中间开展成立合作社和信贷所的活动,认为这是摆脱贫困的唯一道路。——126。

舒利亚季科夫,弗拉基米尔·米哈伊洛维奇(Шулятиков,Владимир Михайлович 1872—1912)——政论家,布尔什维克。1908年起在俄国社会民主工党莫斯科组织工作,是俄国社会民主工党莫斯科委员会党内奸细活动调查委员会委员。——471、472。

司徒卢威,彼得·伯恩哈多维奇(Струве,Петр Бернгардович 1870—1944)——俄国经济学家,哲学家,政论家,合法马克思主义主要代表人物,立宪民主党领袖之一。19世纪90年代编辑合法马克思主义者的《新言论》杂志和《开端》杂志。1896年参加第二国际第四次代表大会。1898年参加起草《俄国社会民主工党宣言》。在1894年发表的第一部著作《俄国经济发展问题的评述》中,在批判民粹主义的同时,对马克思的经济学说和哲学学说提出“补充”和“批评”。20世纪初同马克思主义和社会民主主义彻底决裂，转到自由派营垒。1902年起编辑自由派资产阶级刊物《解放》杂志，1903年起是解放社的领袖之一。1905年起是立宪民主党中央委员，领导该党右翼。1907年当选为第二届国家杜马代表。第一次世界大战爆发后鼓吹俄国的帝国主义侵略扩张政策。十月革命后敌视苏维埃政权，是邓尼金和弗兰格尔反革命政府成员，后逃往国外。——34、35、36、37、38、39、40、41、42、43、44、45、46、47、48—49、50、51、52、53、54、55、139、193、265、355。

斯柯别列夫，马特维·伊万诺维奇（Скобелев，Матвей Иванович 1885—1938）——1903年参加俄国社会民主主义运动，孟什维克；职业是工程师。1906年侨居国外，为孟什维克出版物撰稿，参加托洛茨基的维也纳《真理报》编辑部。第四届国家杜马代表，社会民主党杜马党团领袖之一。第一次世界大战期间是中派分子。1917年二月革命后任彼得格勒工兵代表苏维埃副主席、第一届中央执行委员会副主席；同年5—8月任临时政府劳动部长。十月革命后脱离孟什维克，先后在合作社系统和对外贸易人民委员部工作。1922年加入俄共（布），在经济部门担任负责工作。1936—1937年在全苏无线电委员会工作。——129、363。

斯米尔诺夫，叶·——见古列维奇，埃马努伊尔·李沃维奇。

斯涅萨列夫，尼古拉·瓦西里耶维奇（Снессарев，Николай Васильевич 1864—1918）——俄国新闻工作者和政论家。曾为《祖国之子报》撰稿，1887—1913年是《新时报》撰稿人兼编辑部秘书。因盗用公款被报社解聘，后写了《〈新时报〉的幻景》一书。——8、9—10。

斯切克洛夫，尤里·米哈伊洛维奇（Стеклов，Юрий Михайлович 1873—1941）——1893年参加俄国社会民主主义运动，是敖德萨第一批社会民主主义小组的组织者之一。1903年俄国社会民主工党第二次代表大会后是布尔什维克。斯托雷平反动时期和新的革命高涨年代为布尔什维克的《社会民主党人报》、《明星报》、《真理报》和《启蒙》杂志撰稿。参加过第三届和第四届国家杜马社会民主党党团的工作。是隆瑞莫党校（法国）的讲课人。1917年二月革命后当选为彼得格勒苏维埃执行委员会委员；最初持“革命护国主义”立场，后转向布尔什维克。十月革命后任全俄中央执行委员会和苏联中央执行委员会主席团委员、《全俄中央执行委员会消息报》和《苏维埃建设》杂志的编辑。1929年起任苏联中央执行委员会学术委员会副主席。写有不少革命运动史方面的著作。——192。

斯特列尔佐夫，罗曼·叶菲莫维奇（Стрельцов，Роман Ефимович 生于1875年）——俄国著作家和政论家。1900—1914年侨居国外，大部分时间住在德国，曾为《社会主义月刊》、《莱比锡人民报》、《前进报》等外国社会民主党报刊撰稿，并为在俄国出版的左派立宪民主党人的《同志报》撰稿。回国后在彼得格勒市自治机关的一些委员会中工作。十月革命后在莫斯科和雅罗斯拉夫尔的经济部门工作。——192。

斯托雷平，彼得·阿尔卡季耶维奇（Столыпин，Петр Аркадьевич 1862—1911）——俄国国务活动家，大地主。1884年起在内务部任职。1902年任格罗德诺省省长。1903—1906年任萨拉托夫省省长，因镇压该省农民运动受到尼古拉二世的嘉奖。1906—1911年任大臣会议主席兼内务大臣。1907年发动"六三政变"，解散第二届国家杜马，颁布新选举法以保证地主、资产阶级在杜马中占统治地位，残酷镇压革命运动，大规模实施死刑，开始了"斯托雷平反动时期"。实行旨在摧毁村社和培植富农的土地改革。1911年被社会革命党人Д.Г.博格罗夫刺死。——17—18、68、137、181、184、206。

斯维亚特洛夫斯基，弗拉基米尔·弗拉基米罗维奇（Святловский，Владимир Владимирович 1867—1927）——经济学家，彼得堡大学副教授，帝国自由经济学会分会秘书。1906—1907年进入彼得堡工会中央常务局。——468。

苏汉诺夫，尼·（**吉姆美尔，尼古拉·尼古拉耶维奇**）（Суханов，Н.（Гиммер，Николай Николаевич）1882—1940）——俄国经济学家和政论家。早年是民粹派分子，1903年起是社会革命党人，1917年起是孟什维克。曾为《俄国财富》、《同时代人》等杂志撰稿；企图把民粹主义和马克思主义结合起来。第一次世界大战期间自称是国际主义者，为《年鉴》杂志撰稿。1917年二月革命后任彼得格勒苏维埃执行委员会委员、半孟什维克的《新生活报》编辑之一；支持资产阶级临时政府。曾参加马尔托夫的孟什维克集团。

## T

特鲁别茨科伊，叶夫根尼·尼古拉耶维奇（Трубецкой，Евгений Николаевич 1863—1920）——俄国资产阶级自由派思想家，宗教哲学家，公爵。曾先后任基辅大学和莫斯科大学法哲学教授，为俄国唯心主义者的纲领性文集《唯心主义问题》（1902）和《俄罗斯新闻》等出版物撰稿。1906年以前是立宪民主党人，1906年是君主立宪派政党“和平革新党”的组织者之一。在沙皇政府镇压1905—1907年革命和建立斯托雷平体制的过程中起过重要作用。第一次世界大战期间主张将战争进行到“最后胜利”。十月革命后反对苏维埃政权，是邓尼金的骨干分子。写有一些宗教神秘主义的哲学著作。——236。

梯什卡，扬（**约吉希斯，莱奥**）（Tyszka，Jan（Jogiches，Leo）1867—1919）——波兰和德国工人运动活动家。1893年参与创建波兰王国社会民主党（1900年改组为波兰王国和立陶宛社会民主党），1903年起为该党总执行委员会委员。曾积极参加俄国1905—1907年革命。1907年出席俄国社会民主工党第五次（伦敦）代表大会，当选为候补中央委员。斯托雷平反动时期和新的革命高涨年代谴责取消派，但往往采取调和主义态度。1912年反对布拉格代表会议的决议。列宁尖锐地批评了他在这一时期的活动。第一次世界大战期间在德国，参加德国社会民主党的工作，持国际主义立场；是斯巴达克联盟的组织者和领导人之一。1916年被捕入狱，1918年十一月革命时获释。积极参与创建德国共产党，在该党成立大会上当选为中央委员会书记。1919年3月被捕，于柏林监狱遇害。——356、445、446。

图利亚科夫，伊万·尼基季奇（Туляков，Иван Никитич 生于1877年）——俄国工人，社会民主党人，孟什维克，第四届国家杜马顿河军屯州代表。——209、363、432。

托尔斯泰，列夫·尼古拉耶维奇（Толстой，Лев Николаевич 1828—1910）——俄国作家。出身贵族。他的作品深刻地反映了俄国社会整整一个时代（1861—1905）的矛盾，列宁称托尔斯泰为“俄国革命的镜子”。作为天才的艺术家，托尔斯泰创作了无与伦比的俄国生活的图画，创作了世界文学中第一流的作品，对俄国文学和世界文学产生了巨大影响；同时他的作品又突出地表现了以宗法制社会为基础的农民世界观的矛盾：一方面无情地揭露沙皇专制制度和新兴资本主义的种种罪恶，另一方面又鼓吹

托姆斯基(Томский)——1906年在彼得堡工会组织工作。——467。

托姆斯基(**叶弗列莫夫**),米哈伊尔·巴甫洛维奇(Томский(Ефремов),Михаил Павлович)1880—1936)——1904年加入俄国社会民主工党。1905—1906年在党的雷瓦尔组织中工作,开始从事工会运动。1907年当选为党的彼得堡委员会委员,任布尔什维克的《无产者报》编委。曾参加党的第五次(伦敦)代表大会的工作。多次被捕和流放。1917年二月革命后任党的彼得堡委员会执行委员会委员。十月革命后任莫斯科工会理事会主席。1919年起任全俄工会中央理事会主席团主席。1920年参与创建红色工会国际,1921年工会国际成立后担任总书记。在党的第八至第十六次代表大会上当选为中央委员,1923—1930年为中央政治局委员。1920年起任全俄中央执行委员会主席团委员,1922年12月起任苏联中央执行委员会主席团委员。支持民主集中派,坚持工会脱离党的领导的"独立性"。1929年被作为"右倾派别集团"领袖之一受到批判。1934年当选为候补中央委员。1936年因受政治迫害自杀。1988年恢复党籍。——468。

陀思妥耶夫斯基,费多尔·米哈伊洛维奇(Достоевский,Федор Михайлович 1821—1881)——俄国作家。19世纪40年代开始文学活动。他的第一部中篇小说《穷人》曾得到以别林斯基为代表的进步批评界的高度评价。1847年加入彼得拉舍夫斯基革命小组。1849年被捕并被判处死刑,后改判服苦役,刑满后当兵。1859年返回彼得堡,重新开始文学活动。作品《死屋手记》(1861—1862)、《罪与罚》(1866)、《白痴》(1868)等的特点,是现实主义地描写现实生活、人的各种感受以及个人对人类尊严遭到戕害的反抗。同时,在他的作品中,将对社会不平的抗争是同逆来顺受的说教和对苦难的崇尚交织在一起。在长篇小说《群魔》中,公开反对唯物主义和无神论,反对革命运动。——47。

## W

瓦尔沙夫斯基,阿·绍·——见瓦尔斯基,阿道夫。

瓦尔斯基,阿道夫(**瓦尔沙夫斯基,阿道夫·绍洛维奇**)(Warski,Adolf(Варшавский,Адольф Саулович)1868—1937)——波兰革命运动活动家。1889年是波兰工人联合会组织者之一。先后参加波兰王国社会民主党以及波兰王国和立陶宛社会民主党的建党工作。1893年侨居国外，与罗·卢森堡等人一起出版波兰社会民主党人最早的报纸《工人事业报》，后又出版《社会民主党评论》杂志。是波兰王国和立陶宛社会民主党出席俄国社会民主工党第四次（统一）代表大会的有发言权的代表，会后进入俄国社会民主工党中央委员会。在党的第五次（伦敦）代表大会上当选为中央委员。1909—1910年是俄国社会民主工党中央机关报《社会民主党人报》编辑之一。第一次世界大战期间是国际主义者，参加了齐美尔瓦尔德代表会议和昆塔尔代表会议。1916年回到波兰，因进行反战宣传被德国人逮捕。1917年获释后成为波兰王国和立陶宛社会民主党领导成员。1918年参与创建波兰共产党，是波共中央委员（1919—1929）和政治局委员（1923—1929）。曾被选为波兰议会议员，是议会共产党党团主席。1929年移居苏联，在马克思恩格斯列宁研究院从事波兰工人运动史的研究工作。——276—277。

瓦季莫夫，维·（**波德维茨基，维克多·瓦季莫维奇**）（В—димов，В.(Подвицкий，Виктор Вадимович) 约生于1881年）——俄国右派社会革命党人。1906年在社会革命党《觉悟的俄罗斯》文集上发表文章。1914年为《勇敢思想报》撰稿。十月革命后反对苏维埃政权。——320。

王德威尔得，埃米尔（Vandervelde，Émile 1866—1938）——比利时政治活动家，比利时工人党领袖，第二国际的机会主义代表人物。1885年加入比利时工人党，90年代中期成为党的领导人。1894年起多次当选为议员。1900年起任第二国际常设机构——社会党国际局主席。第一次世界大战爆发后成为社会沙文主义者，是大战期间欧洲国家中第一个参加资产阶级政府的社会党人。1918年起历任司法大臣、外交大臣、公共卫生大臣、副首相等职。俄国1917年二月革命后到俄国鼓吹继续进行战争。敌视俄国十月革命，支持武装干涉苏维埃俄国。曾积极参加重建第二国际的活动，1923年起是社会主义工人国际书记处书记和常务局成员。——330、346—347、348、380、381、390、414、419、459。

维·亚·吉·——见吉霍米尔诺夫，维克多·亚历山德罗维奇。

维赫利亚耶夫，潘捷莱蒙·阿列克谢耶维奇（Вихляев，Пантелеймон Алексеевич 1869—1928）——俄国统计学家和农学家，自由主义民粹派分子，后为社会革命党人。1896—1898年主持特维尔地方自治局经济处的工作，1907—1917年主持莫斯科地方自治局统计处的工作。写过一些有关沙俄时期农民经济方面的统计著作，否认农民的阶级分化，赞扬村社制度。1917年二月革命后在临时政府中任农业部副部长。十月革命后在中央统计局工作，同时在莫斯科大学和莫斯科其他高等院校任教。——316。

维利，鲁道夫（Willy，Rudolph 1855—1920）——德国马赫主义哲学家，阿芬那留斯的学生。其著作除列宁分析过的《反对学院智慧。哲学批判》（1905）以外，尚有《从原始一元论观点看总体经验》（1908）、《理想与生活……》（1909）等。——41。

维诺格拉多夫（Виноградов）——圣彼得堡列昂季耶夫工厂工人。——467。

维诺格拉多夫，亚历山大·伊万诺维奇（Виноградов，Александр Иванович 1886—1970）——孟什维克。1907—1910年在莫斯科织布工工会工作，是俄国社会民主工党莫斯科组织成员。1911年被捕并被流放沃洛格达省。——472、473、474、476、482、483。

魏斯（**门德尔斯**），爱德华·弗兰克（Wise（Мендерс），Edward Frank 生于1885年）——拉脱维亚孟什维克领袖之一。1904年参加革命运动。斯托雷平反动时期和新的革命高涨年代是取消派分子。1912—1913年为拉脱维亚边疆区社会民主党孟什维克国外委员会委员，反对拉脱维亚的布尔什维克。第一次世界大战期间是孟什维克国际主义者。资产阶级统治拉脱维亚时期，任第二国际机会主义政党"拉脱维亚社会民主工党"中央委员会主席。1932年起任第二国际执行委员会委员。1934—1940年法西斯专政时期是秘密的、旨在推翻法西斯主义的拉脱维亚社会主义工农党党员。——300—301。

沃尔柯夫（车臣人）（Волков（Чеченец））——孟什维克。1906年在圣彼得堡纳尔瓦区和维堡区工会组织工作。——467。

沃尔斯基，斯坦尼斯拉夫（**索柯洛夫，安德列·弗拉基米罗维奇**）（Вольский，Станислав（Соколов，Андрей Владимирович）生于1880年）——俄国社会民主党人。俄国社会民主工党第二次代表大会后加入布尔什维克。1904—1905年在莫斯科做党的工作，参加过十二月武装起义。斯托雷平反动时期和新的革命高涨年代是召回派领袖之一，曾参与组织派别性的卡普里和博洛尼亚党校（意大利）的工作，加入“前进”集团。1917 年二月革命后任《新生活报》编委，在彼得格勒苏维埃军事部工作。敌视十月革命，反对苏维埃政权。一度侨居国外，但很快回国。曾在林业合作社、国家计划委员会和商业人民委员部工作。1927 年起从事著述。——372、373。

沃罗诺夫，波里斯（**列别捷夫，波里斯·尼古拉耶维奇**）（Воронов，Борис（Лебедев，Борис Николаевич）1883—1919）——俄国社会革命党人，经济学家和政论家。1909—1910 年是社会革命党中央委员。1912 年起为社会革命党报刊撰稿。第一次世界大战期间是社会沙文主义者。1917—1918 年在社会革命党的《人民权力报》编辑部工作，后在合作社系统工作。——340、344。

沃伊诺夫——见卢那察尔斯基，阿纳托利·瓦西里耶维奇。

## X

西利，约翰·爱德华·伯纳德（Seely，John Edward Bernard 1868—1947）——英国政治活动家和国务活动家，将军。1900 年起多次被选入议会，1904 年前为保守党议员，后为自由党议员。1908 年任副殖民大臣，1911 年起任副陆军大臣，1912—1914 年任陆军大臣。第一次世界大战期间曾指挥加拿大旅。1918—1919 年任副军需大臣，后任空军大臣。1924 年以后从事社会活动。——76。

谢德林——见萨尔蒂科夫-谢德林，米哈伊尔·叶夫格拉福维奇。

谢多夫，尔·——见柯尔佐夫，德·。

谢姆柯夫斯基，谢·（**勃朗施坦，谢苗·尤利耶维奇**）（Семковский，С.（Бронштейн，Семен Юльевич）1882—1937）——俄国社会民主党人，孟什维克。曾加入托洛茨基的维也纳《真理报》编辑部，为孟什维克取消派报刊和外国社会民主党人的报刊撰稿；反对民族自决权。第一次世界大战期间是中派分子，孟什维克组织委员会国外书记处成员。1917 年回国后，进入孟什维克中央委员会。1920 年同孟什维克决裂。后在乌克兰高等院校任教授，从事科学著述。——209、226、227、232、243、249、250、255、262—263、275、283、284、286、297、300、301、452、453。

## Y

亚格洛，叶夫根尼·约瑟福维奇（Ягелло（Jagiello），Евгений Иосифович 1873—1947）——波兰工人运动活动家，波兰社会党“左派”党员；职业是旋工。1912年第四届国家杜马选举期间，由波兰社会党“左派”和崩得联盟提名为杜马代表候选人；尽管波兰社会民主党人反对，仍当选为杜马代表，并在布尔什维克的反对下由孟什维克“七人团”投票通过参加社会民主党杜马党团。第一次世界大战结束后参加波兰工人运动左翼，后脱离政治活动。——27—28、94、133、134、292、301、302、363、401。

亚里士多德（Aristoteles 公元前384—前322）——古希腊哲学家和学者，古代奴隶社会统治阶级的思想家。师事柏拉图，但批判了老师的唯心主义理论。在哲学观点上摇摆于唯心主义和唯物主义之间。在古希腊哲学家中学识最为渊博，不仅是形式逻辑的奠基人，而且研究了辩证思维最基本的形式，被恩格斯称为“古代世界的黑格尔”。此外，还研究了心理学、物理学、政治学、历史学、伦理学、经济学等等。马克思阐述关于商品、价值、货币以及资本的最初形式（高利贷资本和商业资本）的学说的历史，就是从亚里士多德讲起的。——49。

亚齐涅维奇，А.Г.（Яцыневич，А.Г.）——工人，孟什维克。彼得堡五金工会组织者之一。1910年起任该工会主席。——467—468。

亚伊纳瓦尔基亚（Yajna Valmiki）——印度法学家。——54。

叶尔曼斯基（**科甘**），奥西普·阿尔卡季耶维奇（Ерманский（Коган），Осип Аркадьевич 1866—1941）——俄国社会民主党人，孟什维克。19世纪80年代末参加革命运动。1899—1902年在俄国南方工作。俄国社会民主工党第二次代表大会后是孟什维克。1905年在俄国社会民主工党敖德萨委员会工作；是俄国社会民主工党第四次（统一）代表大会敖德萨组织的代表。斯托雷平反动时期和新的革命高涨年代是取消派分子，积极为孟什维克报刊撰稿。曾参加第三届国家杜马社会民主党党团的工作。第一次世界大战期间是中派分子。1917年是孟什维克国际主义者。1918年是孟什维克中央委员，孟什维克中央机关刊物《工人国际》杂志编辑之一。1921年退出孟什维克，在莫斯科从事学术工作。——409。

叶尔莫拉耶夫，康斯坦丁·米哈伊洛维奇（罗曼）（Ермолаев，Константин Михайлович（Роман） 1884—1919）——俄国社会民主党人，孟什维克。1904—1905 年在彼得堡和顿涅茨煤田工作。俄国社会民主工党第五次（伦敦）代表大会代表，代表孟什维克被选入中央委员会。斯托雷平反动时期是取消派分子，1910 年是在关于取消党的“公开信”上签名的 16 个孟什维克之一。1917 年当选为孟什维克党中央委员，参加第一届全俄中央执行委员会。——469。

叶尔帕季耶夫斯基，谢尔盖·雅柯夫列维奇（Елпатьевский，Сергей Яковлевич 1854—1933）——俄国作家和政论家；职业是医生。19 世纪 80 年代初因参加民意党被流放东西伯利亚三年，后为《俄国财富》杂志领导人之一，曾为《俄罗斯新闻》撰稿。1906 年参与组织人民社会党。1905—1907 年革命后是取消派分子，反对布尔什维克党。——12、13、14、15。

叶尔绍夫（Ершов）——1906 年在圣彼得堡维堡区工会组织工作。——467。

叶菲莫夫（Ефимов）——1906 年在圣彼得堡涅瓦区工会组织工作。——467。

叶戈罗夫——见马尔托夫，尔·。

叶戈罗夫，尼古拉·马克西莫维奇（Егоров，Николай Максимович 生于 1871 年）——俄国工人，第三届国家杜马彼尔姆省代表，参加社会民主党党团。曾为布尔什维克合法报纸《明星报》撰稿，后来加入托洛茨基派。1913 年是取消派《光线报》撰稿人。1917 年加入区联派。后任俄罗斯联邦金矿总委员会主席。——313、408。

叶若夫，弗·——见策杰尔包姆，谢尔盖·奥西波维奇。

伊林，弗·——见列宁，弗拉基米尔·伊里奇。

伊兹哥耶夫（**兰德**），亚历山大·索洛蒙诺维奇（Изгоев（Ланде），Александр Соломонович 1872—1935）——俄国政论家，立宪民主党思想家。早年是合法马克思主义者，一度成为社会民主党人，1905 年转向立宪民主党。曾为立宪民主党的《言语报》、《南方札记》和《俄国思想》杂志撰稿，参加过《路标》文集的工作。十月革命后为颓废派知识分子的《文学通报》杂志撰稿。因进行反革命政论活动，于 1922 年被驱逐出境。——139、355。

尤尔凯维奇（**雷巴尔卡**），列夫（Юркевич（Рыбалка），Лев 1885—1918）——乌克兰民族主义者，乌克兰民族社会党人，乌克兰社会民主工党中央委员。

1913—1914 年参加资产阶级民族主义的《钟声》杂志的工作。第一次世界大战期间在洛桑出版《斗争》月刊，主张乌克兰工人单独成立社会民主主义政党，主张将乌克兰从俄国分离出去并建立地主资产阶级的乌克兰君主国。——226、227、232、249、250、255、262—263、275、282—283、284、452、453。

尤什凯维奇，帕维尔·索洛蒙诺维奇（Юшкевич，Павел Соломонович 1873—1945）——俄国社会民主党人，孟什维克；数学家。在哲学上是马赫主义者，拥护实证论和实用主义；斯托雷平反动时期对马克思主义哲学进行修正，企图用马赫主义的一个变种——"经验符号论"代替马克思主义哲学。著有《从经验符号论观点看现代唯能论》一文（收入《关于马克思主义哲学的论丛》）（1908）及《唯物主义和批判实在论》（1908）、《新思潮》（1910）、《一种世界观与种种世界观》（1912）等书。十月革命后反对苏维埃政权，1917—1919 年在乌克兰为孟什维克—社会革命党人的《联合》杂志和其他反布尔什维克的报刊撰稿，后脱离政治活动。1930 年起在马克思恩格斯研究院从事哲学著作的翻译工作。——125。

约诺夫（**科伊根，费多尔·马尔科维奇**）（Ионов（Койген，Федор Маркович）1870—1923）——俄国社会民主党人，崩得领袖之一，后为布尔什维克。1893 年起在敖德萨社会民主主义小组工作。1903 年当选为崩得中央委员，1906 年代表崩得出席俄国社会民主工党第四次（统一）代表大会。1907 年是党的第五次（伦敦）代表大会的代表。1908 年 12 月参加俄国社会民主工党第五次代表会议的工作，在基本问题上支持孟什维克护党派的纲领，后对取消派采取调和主义态度。第一次世界大战期间加入接近中派立场的崩得国际主义派。十月革命后加入俄共（布），在党的沃佳基地区委员会工作——93、300。

## Z

扎东斯基，米哈伊尔·巴甫洛维奇（巴特拉克）（Затонский，Михаил Павлович（Батрак）生于 1881 年）——俄国社会革命党活动家。1905 年被选入第一届彼得堡工人代表苏维埃。1911 年起在彼得堡五金工会工作，曾任该工会主席。1917 年为社会革命党中央委员。十月革命后在乌克兰工作。

# 文献索引

［阿德勒，弗·］《马克思主义的永恒性》（［Adler，F.］Das Bleibende des Marxismus.—«Der Kampf»，Wien，1914，Nr.7，April，S.334—335.Unterschrift：F.A.）——194。

阿恩——见饶尔丹尼亚，诺·尼·。

阿克雪里罗得，帕·波·《当前的主题》（摘自帕·波·阿克雪里罗得给朋友的信）（Аксельрод，П.Б.На очередные темы.（Из писем П.Б.Аксельрода к друзьям）.—«Наша Заря»，Спб.，1912，№6，стр.8—20）——417。

阿列克谢耶夫，З.《论土地支配自由》（Алексеев，З.О свободе распоряжения землей.—«Стойкая Мысль»，Спб.，1914，№20，13 апреля，стр.1—2）——161、163。

阿列克辛斯基，格·阿·《列宁组织中的刑事风气》（公开信）（Алексинский，Г.А.Уголовные нравы в ленинской организации.（Открытое письмо）.—«Наша Рабочая Газета»，Спб.，1914，№41，21 июня，стр.3）——409。

—《［书评：］亚·波格丹诺夫〈当代的文化任务〉》（［Рецензия на книгу：］А. Богданов.«Культурные задачи нашего времени».Изд.Дороватовского и Чарушникова.Москва.1911 г.Ц.60 коп.—«Современный Мир»，［Спб.，1911］，№7，стр.345—348）——373。

巴特拉克——见扎东斯基，米·巴·。

倍倍尔，奥·［《给弗·伊·列宁的信》］（1905 年 1 月 21 日（2 月 3 日））（Бебель，А.［Письмо В.И.Ленину］.21 января（3 февраля）1905 г. Рукопись）——419。

彼舍霍诺夫，阿·瓦·《当前的主题。我们的纲领（它的梗概和范围）》（Пешехонов，А.В.На очередные темы.Наша платформа（ее очертания и размеры）.—«Русское Богатство»，Спб.，1906，［№8］，стр.178—206）——

12、286。

—《当前的主题。信贷民主化》(На очередные темы. Демократизация кредита.—«Русское Богатство», Спб., 1914, №4, стр. 335 — 363)——161、163。

别尔曼,雅·《社会法律的和经济的因素对国事犯罪率的影响》(Берман, Я. Влияние социально-правового и экономического факторов на государственную преступность. (По данным свода статист. свед. по делам угол.).—«Право», Спб., 1913, №33, 18 августа, стлб. 1912 — 1924)——100、103、215。

别林斯基,维·格·《给果戈理的信》(Белинский, В. Г. Письмо к Гоголю)——99。

波格丹诺夫,亚·《给编辑部的信》(Богданов, А. Письмо в редакцию.—«Новая Рабочая Газета», Спб., 1914, №16, 21 января, стр. 2 — 3)——371、376。

—《经济学简明教程》(Краткий курс экономической науки. Изд. 9-е, вновь испр. М., Дороватовский и Чарушников, 1906. 288, 22 стр.)——117。

[波克罗夫斯基,米·尼·《关于拒绝参加"前进"集团出版工作的声明》]([Покровский, М. Н. Сообщение об отказе от участия в изданиях группы «Вперед»].—В кн.: Вперед. Сборник статей по очередным вопросам. №3. Изд. группы «Вперед». [Женева, кооп. тип. «Союз»], май 1911, стлб. 78. Подпись: Домов)——372。

波米亚洛夫斯基,尼·格·《神学校随笔》(Помяловский, Н. Г. Очерки бурсы)——282。

波特列索夫,亚·尼·《帕·波·阿克雪里罗得》(Потресов, А. Н. П. Б. Аксельрод. (Сорок пять лет общественной деятельности). [Спб.], «Накануне», [1914]. 54 стр.)——127。

伯恩哈德,路·《波兰人为在普鲁士的生存而斗争》(Бернгард, Л. Борьба поляков за существование в Пруссии. (Die Polenfrage. Das polnische Gemeinwesen im preussischen Staat). С разрешения авт. пер. со 2-го нем. изд. А. С. Изгоев. С предисл. П. Б. Струве и вступит. статьей А. С. Изгоева. М.,

Рябушинский,1911.XXIV,584 стр.)——287。

—《普鲁士的波兰人》(Bernhard, L. Das polnische Gemeinwesen im preußischen Staat. Die Polenfrage. Leipzig, Duncker u. Humblot, 1907. X, 686 S.,2 Karten)——287。

伯恩施坦,爱·《社会主义的前提和社会民主党的任务》(Bernstein, E. Die Voraussetzungen des Sozialismus und die Aufgaben der Sozialdemokratie. Stuttgart,1902.X,188 S.)——195。

—[《一封信》]([Lettre].—«Le Peuple»,Bruxelles,1914,11 avril)——195。

布尔金,费·阿·《工人的主动精神和工人的蛊惑宣传》(Булкин, Ф. А. Рабочая самодеятельность и рабочая демагогия.—«Наша Заря», Спб., 1914,№3,стр.55—64)——140、177、206、351。

布赖涅斯,Б.里加(《保险运动的进展》)(Брайнес, Б. Рига. Ход страховой кампании.—«Северная Мысль»,Спб.,1913,№1,23 ноября,стр.3,в отд.: Страхование)——124。

德拉哥马诺夫,米·彼·《历史上的波兰和大俄罗斯民主派》(Драгоманов, М. П. Историческая Польша и великорусская демократия. Женева, тип. «Работника» и «Громади»,1881.511[2],VIII стр. На обл. год изд.:1882)——265。

德罗兹多夫,约·加·《俄国农业工人的工资与1905—1906年土地运动的关系》(Дроздов,И.Г.Заработная плата земледельческих рабочих в России в связи с аграрным движением 1905—1906 гг.Спб.,Семенов,1914.68 стр.)——22—24、220—222。

顿佐夫,德·《俄国报刊论最近一次代表大会》(Донцов, Д. Російська преса про останнїй з'їзд.—«Шляхи», Львов, 1913, №8 — 9, 1 падолиста)——248。

多莫夫——见波克罗夫斯基,米·尼·。

恩格斯,弗·[《给卡·马克思的信》](1851年5月23日)(Engels, F. [Brief an K. Marx]. 23. Mai 1851.—In: Der Briefwechsel zwischen Friedrich Engels und Karl Marx. 1844 bis 1883. Hrsg. von A. Bebel und E. Bernstein. Bd. 1. Stuttgart, Dietz, 1913, S. 187—191)——267。

—[《给卡·马克思的信》](1868 年 11 月 20 日)([Brief an K. Marx]. 20. November 1868.—Ibidem, Bd.4, S.113—114)——270。

—[《给卡·马克思的信》](1869 年 10 月 24 日)([Brief an K. Marx]. 24. Oktober 1869.—Ibidem, S.197—198)——270、273。

尔·马·——见马尔托夫,尔·。

尔·谢·——见柯尔佐夫,德·。

费·唐·——见唐恩,费·伊·。

弗·阿·——见阿德勒,弗·。

弗·奥·《教育事业的衰败》(В. О. Ухудшение школьного дела.—«Северная Рабочая Газета», Спб., 1914, №35, 21 марта, стр.2)——154。

[弗拉基米罗夫,米·康·]《有党的工作者参加的中央委员会夏季会议》([Владимиров, М. К.] «Летнее совещание ЦК с партийными работниками».—«За Партию», [Париж], 1914, №5, февраль, стр. 5—6. Подпись: Л. Вл.)——244。

哥尔斯基,阿·弗·《同盟歇业和"彻底的马克思主义"的策略》(Горский, А. В. Локаут и тактика «последовательного марксизма».—«Северная Рабочая Газета», Спб., 1914, №51, 11 апреля, стр.1)——140、395。

哥列夫,阿·——见哥列夫,波·伊·。

哥列夫,波·伊·《是蛊惑宣传还是马克思主义?》(Горев, Б. И. Демагогия или марксизм? (Итоги и наблюдения).—«Наша Заря», Спб., 1914, №6, стр. 30—41)——441。

歌德,约·沃·《浮士德》(Гёте, И. В. Фауст)——413。

格里鲍耶陀夫,亚·谢·《智慧的痛苦》(Грибоедов, А. С. Горе от ума)——254、338。

黑克尔,S.《社会主义在波兰》(Häcker, S. Der Sozialismus in Polen.—«Die Neue Zeit», Stuttgart, 1895—1896, Jg. XIV, Bd. II, Nr. 37, S. 324—332)——263。

[吉霍米尔诺夫,维·亚·]《1914 年 1 月 1 日—5 月 13 日给圣彼得堡马克思主义的"真理派的"报纸和取消派的报纸的捐款》[表格]([Тихомирнов, В. А.] Сборы на газеты марксистские «правдистские» (правд.) и ликвидаторские (ликв.) в С.-Петербурге с 1 января по 13 мая 1914 года. [Таблица].—В кн.: Ленин, В. И. и др. Марксизм и ликвидаторство. Сборник статей об основных вопросах современного рабочего движения. Ч.II.Спб.,«Прибой»,1914,стр.208,в ст.:Ленин,В.И.«Рабочий класс и рабочая печать»)——189、307—315、324、427、447—448。

吉姆美尔,尼·尼·——见苏汉诺夫,尼·。

捷尔莱奇,Г.《俄国公民私法简明教程》(Терлаич,Г.Краткое руководство к систематическому познанию гражданского частного права России.Ч.I—II. Спб.,1810.110,241 стр.)——37。

考茨基,卡·《波兰完了吗?》(Kautsky,K.Finis Poloniae? —«Die Neue Zeit», Stuttgart,1895 — 1896,Jg. XIV,Bd. II,Nr. 42,S. 484 — 491;Nr. 43,S. 513—525)——243、246、264。

—《民族性和国际性》(载于《科学思想》杂志)(Каутский,К.Национализм и интернационализм.—«Научная Мысль»,Рига,1908,№1,стр. 3 — 42) ——228。

—《民族性和国际性》(载于《新时代》杂志增刊)(Nationalität und Internationalität. Stuttgart,Singer,[1908]. 36 S.(Ergänzungshefte zur «Neuen Zeit». Nr. 1. 1907/1908. Ausgegeben am 18. Januar 1908))—— 228、230、231。

—《亲爱的卢那察尔斯基同志!》[给阿·瓦·卢那察尔斯基的信](Дорогой тов. Луначарский! [Письмо А. В. Луначарскому]. Mülbrücken,9 августа 1911 г.[Рукопись.Русск.гект.пер.].4 стр.)——361、408。

[柯尔佐夫,德·]《工人群众和地下组织》([Кольцов,Д.] Рабочие массы и подполье.—«Луч»,Спб.,1913,№15 (101),19 января,стр.1)——3。

—《我们同谁在一起》(С кем мы.—«Луч»,Спб.,1913,№108 (194),12 мая,стр.1.Подпись:Л.С.)——196。

科索夫斯基,弗·《真理派分子的奇谈》(Косовский,В. Правдистская легенда.—«Наша Рабочая Газета»,Спб.,1914,№3,6 мая,стр. 2) ——288。

科兹米内赫-拉宁,И.М.《莫斯科省工厂的加班劳动》(Козьминых-Ланин,И.

М.Сверхурочные работы на фабриках и заводах Московской губернии. М.,1914.31 стр.)——223—225。

拉基特尼科夫,尼·伊·《农奴制和资本主义》(Ракитников, Н. И. Крепостничество и капитализм.—«Смелая Мысль», Спб., 1914, №7, 1 июня, стр.2)——317。

拉林,尤·《两个派别的争论和统一》(Ларин, Ю. Спор двух направлений и объединение.—«Борьба», Спб., 1914, №3, 12 апреля, стр. 30—34, в отд.: Трибуна)——79—82。

—《在右面——和周围》(论目前形势)(Направо—и кругом. (К современному положению).—«Дело Жизни», Спб., 1911, №1, стлб. 47—58; №2, стлб. 10—20)——79。

莱蒙托夫,米·尤·《致亚·奥·斯米尔诺娃》(Лермонтов, М. Ю. А. О. Смирновой)——189。

李普曼,弗·《旧过失的新翻版》(Либман, Ф. Новое издание старой ошибки. (К национальному вопросу).—«Цайт», Пб., 1913, №28, 17 (30) сентября, стр. 3—4. На евр. яз.)——226、227、231、249、250、255、262、275、281、283、284、288。

利平,Ф. И.《工人代表和民族问题》(Липин, Ф. И. Рабочие депутаты и национальный вопрос.—«Цайт», Пб., 1913, №9, 21 февраля (6 марта), стр. 1. На евр. яз.)——290。

[梁赞诺夫,达·波·]《破灭了的幻想》(论我们党内危机的根源问题)([Рязанов, Д. Б.] Разбитые иллюзии. К вопросу о причинах кризиса в нашей партии. Изд. автора. Женева, 1904. 117 стр. (РСДРП). Перед загл. авт.: Н. Рязанов)——219。

列·弗拉·——见弗拉基米罗夫,米·康·。

列金,卡·《美国工人运动见闻》(Legien, C. Aus Amerikas Arbeiterbewegung. Berlin, Singer, 1914. 203 S.)——111—115。

[列宁,弗·伊·]《"八月联盟"的空架子被戳穿了》([Ленин, В. И.] Разоблачение «августовской» фикции.—«Путь Правды», Спб., 1914, №50, 30 марта, стр. 3)——92、300。

—《“八月”联盟的瓦解》(Распад «Августовского» блока.—«Путь Правды», Спб.,1914,№37,15 марта,стр.2)——210、214。

—《策略上的动摇》(Тактические колебания.—«Пролетарий»,[Выборг], 1906,№2,29 августа,стр.2—3.На газ.место изд.:М.)——141。

—《俄国资本主义的发展》(Развитие капитализма в России. Процесс образования внутреннего рынка для крупной промышленности. 1896 — 1899 гг.)——221。

—《革命高潮、罢工和党的任务》[有党的工作者参加的俄国社会民主工党中央委员会克拉科夫会议通过的决议](Революционный подъем,стачки и задачи партии. [Резолюция, принятая на Краковском совещании ЦК РСДРП с партийными работниками].—В кн.: [Ленин, В. И.] Извещение и резолюции совещания Центрального Комитета РСДРП с партийными работниками. Февраль 1913. Изд. ЦК РСДРП. [Париж, первая половина февраля 1913], стр. 9 — 11. (РСДРП)) —— 60、61、392—393、394。

—《各等级和各阶级在解放运动中的作用》(Роль сословий и классов в освободительном движении.—«Северная Правда», Спб., 1913, №22, 28 августа,стр.1.Подпись:В.Ильин)——100。

—《工人阶级和工人报刊》(Рабочий класс и рабочая печать.—«Трудовая Правда»,Спб., 1914, №14, 13 июня, стр. 1; №15, 14 июня, стр. 1)——334、349、447—448。

—《关于布尔什维主义》(О большевизме.—В кн.: Рубакин, Н. А. Среди книг. Опыт обзора русских книжных богатств в связи с историей научнофилософских и литературно-общественных идей. Справочное пособие для самообразования и для систематизации и комплектования общеобразовательных библиотек,а также книжных магазинов. Т. II. Изд. 2-ое, доп. и перераб. М., «Наука», 1913, стр. 772 — 773, в ст.: «Предварительные замечания» к подразд. Б. «Социализм научный. Государственный социализм и социал-реформизм»)——118。

—[《关于调查马林诺夫斯基事件的电报》]([Телеграмма о расследовании

дела Малиновского].—«Рабочий», Спб., 1914, №4, 25 мая, стр. 1)——360、363。

—《关于民粹派》[有党的工作者参加的俄国社会民主工党中央委员会1913年夏季会议的决议](О народниках. [Резолюция, принятая на летнем 1913 г. совещании ЦК РСДРП с партийными работниками].—В кн.: Извещение и резолюции летнего 1913 года совещания Центрального Комитета РСДРП с партийными работниками. Изд. ЦК. [Париж, декабрь] 1913, стр. 23—24. (РСДРП))——333、344、345。

—《关于民族平等的法律草案》——见列宁，弗·伊· 同志们!。

—《关于民族问题的决议[有党的工作者参加的俄国社会民主工党中央委员会1913年夏季会议的决议]》(Резолюция по национальному вопросу, [принятая на летнем 1913 г. совещании ЦК РСДРП с партийными работниками].—В кн.: Извещение и резолюции летнего 1913 года совещания Центрального Комитета РСДРП с партийными работниками. Изд. ЦК. [Париж, декабрь] 1913, стр. 20—23. (РСДРП))——152、153、266。

—《关于民族问题的批评意见》(Критические заметки по национальному вопросу.—«Просвещение», Спб., 1913, №10, стр. 95—105; №11, стр. 55—59; №12, стр. 56—64. Подпись: В. Ильин)——226、234。

—《关于"请愿运动"》[1912年1月俄国社会民主工党第六次(布拉格)全国代表会议通过的决议](О «петиционной кампании». [Резолюция, принятая на Шестой (Пражской) Всероссийской конференции РСДРП в январе 1912 г.].—В кн.: Всероссийская конференция Рос. соц.-дем. раб. партии 1912 года. Изд. ЦК. Paris, кооп. тип. «Идеал», 1912, стр. 27. (РСДРП))——385。

—《关于取消主义和取消派集团》[1912年1月俄国社会民主工党第六次(布拉格)全国代表会议通过的决议](О ликвидаторстве и о группе ликвидаторов. [Резолюция, принятая на Шестой (Пражской) Всероссийской конференции РСДРП в январе 1912 г.].—В кн.: Всероссийская конференция Рос. соц.-дем. раб. партии 1912 года. Изд. ЦК. Paris, кооп. тип.

«Идеал»，1912，стр. 28 — 29.（РСДРП））—— 4、87、177、199、205、208、353、366、381、411、459。

—《关于社会党国际局的决定的决议》（Резолюция о решении Соц. бюро.— «Пролетарская Правда»，Спб.，1913，№9，17 декабря，стр. 2. Подпись: Группа организованных марксистов）—— 121、214。

—《关于社会民主党杜马党团》[有党的工作者参加的俄国社会民主工党中央委员会1913年夏季会议的决议]（О думской с.-д. фракции.[Резолюция，принятая на летнем 1913 г. совещании ЦК РСДРП с партийными работниками].—В кн.: Извещение и резолюции летнего 1913 года совещания Центрального Комитета РСДРП с партийными работниками. Изд. ЦК. [Париж，декабрь] 1913，стр. 18 — 19.（РСДРП））—— 211、212、425。

—《关于亚·波格丹诺夫》（Об А. Богданове.—«Путь Правды»，Спб.，1914，№21，25 февраля，стр. 2）—— 371、372。

—《关于组织问题和党代表大会的决议[有党的工作者参加的俄国社会民主工党中央委员会1913年夏季会议的决议]》（Резолюция по организационному вопросу и о партийном съезде，[принятая на летнем 1913 г. совещании ЦК РСДРП с партийными работниками].—В кн.: Извещение и резолюции летнего 1913 года совещания Центрального Комитета РСДРП с партийными работниками. Изд. ЦК. [Париж，декабрь] 1913，стр. 14.（РСДРП））—— 406。

—《决议[有党的工作者参加的俄国社会民主工党中央委员会1913年夏季会议的决议]》（Резолюции，[принятые на летнем 1913 г. совещании ЦК РСДРП с партийными работниками].—Там же，стр. 12 — 24.（РСДРП））—— 152、178、189、213、296、344、389。

—《决议[有党的工作者参加的俄国社会民主工党中央委员会克拉科夫会议通过]》（Резолюции，[принятые на Краковском совещании ЦК РСДРП с партийными работниками].—В кн.: [Ленин，В. И.] Извещение и резолюции совещания Центрального Комитета РСДРП с партийными работниками. Февраль 1913. Изд. ЦК РСДРП. [Париж，первая половина февраля 1913],стр.9—23.(РСДРП))——178、189、213、296、344、389。

—《拉脱维亚工人论社会民主党党团的分裂》(Латышские рабочие о расколе в с.-д. фракции.—«Путь Правды», Спб., 1914, №50, 30 марта, стр.3)——92、300。

—《立宪民主党人和"民族自决权"》(Кадеты и «право народов на самоопределение».—«Пролетарская Правда», Спб., 1913, №4, 11 декабря, стр. 2. Подпись: И.)——248。

—《立宪民主党人论乌克兰问题》(Кадеты об украинском вопросе.—«Рабочая Правда», Спб., 1913, №3, 16 июля, стр.1. Подпись: М.)——248。

—《论工人运动的形式》(О формах рабочего движения. (Локаут и марксистская тактика).—«Путь Правды», Спб., 1914, №54, 4 апреля, стр.1)——394、396。

—《论统一》(Об единстве.—«Трудовая Правда», Спб., 1914, №2, 30 мая, стр.1)——345。

—《论左派民粹派》(О левонародниках.—«Путь Правды», Спб., 1914, №86, 14 мая, стр.1)——317。

—《面目全非的布尔什维主义》(Карикатура на большевизм.—«Пролетарий», [Париж], 1909, №44. Приложение к №44 газ. «Пролетарий», 4 (17) апреля, стр.1—2)——375。

—《民粹主义和取消主义是瓦解工人运动的因素》(Народничество и ликвидаторство как элементы распада в рабочем движении.—«Пролетарская Правда», Спб., 1913, №12, 20 декабря, стр.1)——124。

—《民族自由主义和民族自决权》(Национал-либерализм и право наций на самоопределение.—«Пролетарская Правда», Спб., 1913, №12, 20 декабря, стр.1)——249、251。

—同志们!(Товарищи! —«Путь Правды», Спб., 1914, №48, 28 марта, стр.2, в отд.: Российская с.-д. раб. фракция)——90、91。

—《唯物主义和经验批判主义》(Материализм и эмпириокритицизм. Критические заметки об одной реакционной философии. М., «Звено», [май] 1909. III, 438 стр. Перед загл. авт.: Вл. Ильин)——41、373。

—[《修改工人政党的土地纲领》第 5 章]([Пересмотр аграрной программы рабочей партии. Глава V].—«Партийные Известия»,[Спб.],1906,№2, 20 марта, стр. 12. Под общ. загл.: Проекты аграрной программы к предстоящему съезду)——343。

—《英国自由党人和爱尔兰》(Английские либералы и Ирландия.—«Путь Правды»,Спб.,1914,№34,12 марта,стр.1)——75。

列宁,弗·伊·等人《马克思主义和取消主义》(Ленин, В. И. и др. Марксизм и ликвидаторство. Сборник статей об основных вопросах современного рабочего движения. Ч. II. Спб., «Прибой», 1914. IV, 214 стр.)——122、189、307—315、324、426、427、447—448。

[列宁,弗·伊·和季诺维也夫,格·叶·]《俄国工人报刊的历史》([Ленин, В. И. и Зиновьев, Г. Е.] Из истории рабочей печати в России.—«Рабочий»,Спб.,1914,№1,22 апреля,стр.1—32)——330、345。

列维茨基,弗·《从修正主义到马克思主义》(Левицкий, В. От ревизионизма к марксизму.—«Северная Рабочая Газета»,Спб.,1914,№46,3 апреля,стр. 2)——195。

—《取消还是复兴?》(Ликвидация или возрождение? —«Наша Заря», Спб.,1910,№7,стр.91—103,в отд.: На темы дня)——142、368。

列文斯基,В.《加利西亚乌克兰工人运动发展概略》(Левинский, В. Нарис розвитку українського робітничого руху в Галичині. З передмовою Л. Юркевича. Відбитка з журнала «Дзвін»(1913, кн. VI—XII і 1914, кн. I). Київ,1914. XII,116 стр.)——282。

卢森堡,罗·《波兰的工业发展》(Luxemburg, R. Die industrielle Entwicklung Polens. Inaugural—Dissertation zur Erlangung der staatswissenschaftlichen Doktorwürde der hohen staatswissenschaftlichen Fakultät der Universität Zürich. Leipzig, Duncker u. Humblot, 1898. IV, 95 S.)——234。

—《德国和奥地利的波兰社会主义运动的新潮流》(Neue Strömungen in der polnischen sozialistischen Bewegung in Deutschland und Österreich.—«Die Neue Zeit»,Stuttgart,1895—1896,Jg. XIV,Bd. II,Nr.

32,S.176—181;Nr.33,S.206—216)——264。

—《民族问题和自治》(Kwestja narodowościowa i autonomja.—«Przegląd Socjaldemokratyczny»,[Kraków],1908,N 6,sierpień,s.482—515;N 7,wrzesień,s.597—631;N 8—9,październik—listopad,s.687—710;N 10,grudzień,s.795—818;1909,N 12,czerwiec,s.136—163;N 14—15,sierpień—wrzesień,s.351—376)——226、227、228、229、230,231、232—243、245、246、247、248、252、254、256—261、263、266、277、280、284、286、451—458。

—《社会爱国主义在波兰》(Der Sozialpatriotismus in Polen.—«Die Neue Zeit»,Stuttgart,1895—1896,Jg. XIV,Bd. II,Nr. 41,S. 459—470)——264。

鲁巴金,尼·亚·《书林概述》(Рубакин,Н. А. Среди книг. Опыт обзора русских книжных богатств в связи с историей научно-философских и литературно-общественных идей. Справочное пособие для самообразования и для систематизации и комплектования общеобразовательных библиотек,а также книжных магазинов. Т. II. Изд. 2-ое,доп. и перераб. М.,«Наука»,1913. XV,930,67 стр.)——105、116—118、119。

—《[〈书林概述〉]第2卷序言》(Предисловие ко второму тому [«Среди книг»].—В кн.: Рубакин,Н. А. Среди книг. Опыт обзора русских книжных богатств в связи с историей научно-философских и литературно-общественных идей. Справочное пособие для самообразования и для систематизации и комплектования общеобразовательных библиотек,а также книжных магазинов. Т. II. Изд. 2-ое,доп. и перераб. М.,«Наука»,1913,стр. V—XV)——116、117。

洛拉,奥·Н.《告乌克兰工人书》(Лола,О. Н. Обращение к украинским рабочим.—«Трудовая Правда»,Спб.,1914,№28,29 июня,стр. 3. Под общ. загл.: Южный район)——379。

[马尔托夫,尔·]《答布尔金》([Мартов,Л.] Ответ Булкину.—«Наша Заря»,Спб.,1914,№3,стр. 64—70. Подпись: Л. М.)——140、177、206、350。

—《给尼·亚·鲁巴金的关于孟什维主义的实质和历史的信》([Письмо к Н.А.Рубакину о сущности и истории меньшевизма].—В кн.:Рубакин, Н.А.Среди книг. Опыт обзора русских книжных богатств в связи с историей научно-философских и литературно-общественных идей. Справочное пособие для самообразования и для систематизации и комплектования общеобразовательных библиотек,а также книжных магазинов.Т.II. Изд. 2-е, доп. и перераб. М., «Наука», 1913, стр. 771 — 772, в ст.: «Предварительные замечания» к подразд. Б. «Социализм научный. Государственный социализм и социал-реформизм»)——105、118、119。

—《国际的干预和俄国社会民主党的统一》(Вмешательство Интернационала и с.-д.единство в России. II.—«Наша Заря», Спб., 1914, №2, стр. 81—88.Подпись:Л.М.)——121、127、129。

—《社会民主党党团内的分裂》(Раскол в социал-демократической фракции.—«Наша Заря»,Спб.,1913,№10—11,стр.89—101)——27、422。

—《四分之一杜马的自杀》(Самоубийство четвертой Думы.—«Северная Рабочая Газета», Спб., 1914, №61, 23 апреля, стр. 1. Подпись: Л. М.)——137。

—《无根据的喜悦》(Неосновательное торжество.—«Северная Рабочая Газета»,Спб.,1914,№44,1 апреля,стр.2.Подпись:Л.М.)——92、93。

—《在无数的打击下》(Под градом ударов.—«Северная Рабочая Газета», Спб.,1914,№39,26 марта,стр.2.Подпись:Л.М.)——60。

—《拯救者还是毁灭者?》(Спасители или упразднители? (Кто и как разрушал РСДРП).Изд.«Голоса Социал-Демократа».Париж,imp.Gnatovsky,1911.47 стр.(РСДРП))——361、408。

马克思,卡·[《给弗·恩格斯的信》](1864年11月4日)(Marx,K.[Brief an F.Engels].4.November 1864.—In:Der Briefwechsel zwischen Friedrich Engels und Karl Marx.1844 bis 1883.Hrsg.von A.Bebel und E.Bernstein. Bd.3.Stuttgart,Dietz,1913,S.186—192)——268。

—[《给弗·恩格斯的信》](1866年6月7日)([Brief an F.Engels].7.Juni 1866.—Ibidem,S.323—324)——268。

г.)——38、230。

—《资本论》(第3卷)(Капитал. Критика политической экономии, т. III, ч. 1—2. 1894 г.)——38、40。

—[《总委员会关于格莱斯顿对被囚禁的爱尔兰人的政策的决议》]([Резолюция Генерального Совета о политике Гладстона по отношению к ирландским заключенным]. 16 ноября 1869 г.)——271、273。

马克思,卡·和恩格斯,弗·《共产党宣言》(Маркс, К. и Энгельс, Ф. Манифест Коммунистической партии. Декабрь 1847 г.—январь 1848 г.)——62、317、338。

[美舍尔斯基,弗·彼·]《秘密情况》([Мещерский, В. П.] Тайновед.—«Гражданин», Спб., 1914, №14, 6 апреля, стр. 5—6. Подпись: Лас-Нанас)——66。

莫吉梁斯基,米·米·《"全乌克兰"大学生代表大会》(Могилянский, М. М. «Всеукраинский» съезд студенчества.—«Речь», Спб., 1913, №174 (2486), 29 июня (12 июля), стр. 2—3)——247。

—《自决权和分离主义》(Самоопределение и сепаратизм.—«Речь», Спб., 1913, №331 (2643), 3(16) декабря, стр. 3)——248。

尼古拉耶韦茨《论为报刊而斗争》(Николаевец. К борьбе за печать. (Собрание о печати).—«Северная Рабочая Газета», Спб., 1914, №28, 13 марта, стр. 2, в отд.: За свободу печати)——128、131、140、217、426。

涅克拉索夫,尼·阿·《40年代的人》(Некрасов, Н. А. Человек сороковых годов)——364。

诺沃托尔日斯基,格·《是否需要重新审定?》(关于劳动团的任务)(Новоторжский, Г. Нужен ли пересмотр? (О задачах трудовой группы).—«Современник», Спб., 1914, кн. 4, февраль, стр. 78—84)——333。

普列汉诺夫,格·瓦·《不该这么办》(Плеханов, Г. В. Чего не делать.—«Искра», [Женева], 1903, №52, 7 ноября, стр. 1—2)——298。

—《俄国社会民主工党纲领草案》(Проект программы Российской социал-демократической рабочей партии.—«Заря», Stuttgart, 1902, №4, август, стр. 11—39, в отд.: А.)——249、276。

(181),26 апреля,стр.2.Подпись:Ан.)——210。

萨尔蒂科夫-谢德林,米·叶·《生活琐事》(Салтыков-Щедрин,М.Е.Мелочи жизни)——276。

—《在国外》(За рубежом)——216、251、281、282、283。

司徒卢威,彼·伯·《"大俄罗斯"的经济问题》(Струве,П.Б.Экономическая проблема «Великой России». Заметки экономиста о войне и народном хозяйстве.—В кн.: Великая Россия. Сборник статей по военным и общественным вопросам.Кн.2.М.,Рябушинский,[1911],стр.143—154)——35。

—《经济和价格》(Хозяйство и цена.Критические исследования по теории и истории хозяйственной жизни. Ч. I. Хозяйство и общество.—Цена-ценность. Спб.—М., [Рябушинский], 1913. IV, XXXV, 358 стр. (Исследования и работы по полит.экономии и обществ.знаниям,изд.под ред.П.Б.Струве.Вып.III))——35—55。

—《[〈经济和价格〉一书]第1卷序言》(Предисловие к первой части [книги «Хозяйство и цена»].—В кн.: Струве, П. Б. Хозяйство и цена. Критические исследования по теории и истории хозяйственной жизни. Ч. I. Хозяйство и общество.—Цена-ценность. Спб.—М., [Рябушинский], 1913,стр.IV—V.(Исследования и работы по полит.экономии и обществ. знаниям,изд.под ред.П.Б.Струве.Вып.III))——35。

—《劳动价值理论的主要二律背反》(Основная антиномия теории трудовой ценности.—«Жизнь»,Спб.,1900,№2,стр.297—306)——38。

斯涅萨列夫,尼·瓦·《〈新时报〉的幻景》(Снессарев,Н.В.Мираж «Нового Времени».Почти роман.Спб.,тип.Пивоварского и Типографа,1914.135 стр.)——8—11。

斯特列尔佐夫,罗·叶·《国际的统一策略》(Стрельцов,Р.Е.Объединительная политика Интернационала.—«Современник»,Спб.,1914, кн.6,март, стр.83—87)——192。

苏汉诺夫,尼·《马克思主义和修正主义略论》(Суханов,Н.Несколько слов о марксизме и ревизионизме.—«Современник», Спб., 1914, кн. 7, апрель, стр.66—78)——340、342、343、404。

—《民粹派略论》(Несколько слов о народничестве.—«Современник»,Спб.,1914,кн.6,март,стр.59—69)——192。

—《统一》(Единство.—«Современник»,Спб.,1914,кн.12,июнь,стр.69—81)——179。

[唐恩,费·伊·]《面向国际》([Дан,Ф.И.]Навстречу Интернационалу.—«Новая Рабочая Газета»,Спб.,1913,№108,15 декабря,стр.1;№109,17 декабря,стр.1.Подпись:Ф.Д.)——121。

—《沿着谎言道路》(По пути неправды.—«Северная Рабочая Газета»,Спб.,1914,№48,5 апреля,стр.1.Подпись:Ф.Д.)——92、93、94。

特鲁别茨科伊,叶·尼·《地方自治的新俄国》(Трубецкой,Е.Н.Новая земская Россия.(Из наблюдений земского деятеля).—«Русская Мысль»,М.—Пб.,1913,кн.XII,стр.1—12)——236。

[托尔斯泰,列·尼·]《列·尼·托尔斯泰为尼·奥尔洛夫的画册〈俄国的农夫〉所写的序言》([Толстой,Л.Н.] Предисловие Л.Н.Толстого к альбому «Русские мужики» Н.Орлова.—В кн.:Русские мужики. Картины художника Н.Орлова.С предисл.Л.Н.Толстого.Спб.,Голике и Вильборг,1909.8 стр.,IX л.илл.)——34。

—《塞瓦斯托波尔的故事》(Севастопольская песня)——284。

[托洛茨基,列·达·]《编辑部的话》([Троцкий,Л.Д.] От редакции.—«Борьба»,Спб.,1914,№1,22 февраля,стр.3—7)——199、200、203、205、207、209、213、215、217、218、367。

—《俄国党内生活状况》([Trozky,L.D.] Aus dem russischen Parteileben.—«Vorwärts»,Berlin,1912,Nr.72,26.März.1.Beilage des «Vorwärts»,S.1)——134、208、397。

—《工人杂志》(Рабочий журнал.—«Северная Рабочая Газета»,Спб.,1914,№11,21 февраля,стр.2.Подпись:Н.Троцкий)——3、198。

—《我们的政治任务》(Наши политические задачи.(Тактические и организационные вопросы).Изд.РСДРП.Женева,тип.партии,1904.XI,107 стр.(РСДРП).Перед загл.авт.:Н.Троцкий)——104、219。

—《议会制度和工人阶级》(Парламентаризм и рабочий класс.—«Борьба», Спб.,1914,№1,22 февраля,стр.31—35.Подпись:Н.Троцкий)——216。

陀思妥耶夫斯基,费·米·《卡拉玛佐夫兄弟》(Достоевский,Ф.М.Братья Карамазовы)——47。

瓦季莫夫,维·《土地问题和左派民粹主义》(В—димов,В.Земельный вопрос и левое народничество.—«Смелая Мысль»,Спб.,1914,№9,6 июня,стр. 1—2)——320。

维·亚·吉·——见吉霍米尔诺夫,维·亚·。

维利,鲁·《反对学院智慧。哲学批判》(Willy,R.Gegen die Schulweisheit. Eine Kritik der Philosophie. München, Langen. Verl. für Literatur u. Kunst,1905.219 S.)——41。

魏斯,弗·《拉脱维亚马克思主义者的代表大会》(Вейс,Ф.Съезд латышских марксистов.—«Наша Заря»,Спб.,1914,№4,стр.59—65)——301。

沃罗诺夫,波·《工人保险团和左派民粹派》(Воронов,Б.Страховая рабочая группа и левонародники.—«Мысль Труда»,Спб.,1914,№1,20 апреля, стр.1—2)——148、149、150。

—《派别争吵和当前任务》(Фракционная рознь и очередные задачи.—«Современник»,Спб.,1914,кн.9,май,стр.64—71)——344。

乌拉尔的纳扎尔《怎么会发生这种事情?》(Уральский, Н. Как это происходит? (Рабочие корреспонденции в ликвидаторской газете).—«Трудовая Правда»,Спб.,1914,№12,11 июня,стр.1)——331。

乌斯宾斯基,格·伊·《岗亭》(Успенский,Г.И.Будка)——250、253。

谢多夫,尔·——见柯尔佐夫,德·。

谢姆柯夫斯基,谢·尤·《民族问题中的简单化的马克思主义》(Семковский, С.Ю.Упрощенный марксизм в национальном вопросе.—«Новая Рабочая Газета»,Спб.,1913,№69,29 октября,стр.1;№71,31 октября,стр.2)——226、227、232、243、249、250、255、262、275、283—284、287、452。

雅柯夫列维奇,Я.《"义务制"农户》(Яковлевич,Я.«Обязанное» хозяйство.—«Русская Мысль»,М.—Пб.,1914,кн.III,стр.10—14,в отд.:В России и за границей)——95—97、182—186。

叶尔帕季耶夫斯基，谢·雅·《生活在前进……》(Елпатьевский, С. Я. Жизнь идет…—«Русское Богатство», Спб., 1914, №1, стр. 276 — 299) —— 13—15。

尤尔凯维奇，列·《俄国的马克思主义者和乌克兰的工人运动》(Юркевич, Л. Російські марксісти і український рабітничий рух.—«Дзвін», [Київ], 1913, №7—8, стр. 83—94) —— 226、227、232、249、250、255、262、275、283、284。

—《序言》(Передмова.—В кн.: Левинський, В. Нарис розвитку українського рабітничого руху в Галичині. З передмовою Л. Юркевича. Відбитка з журнала «Дзвін» (1913, кн. VI—XII і 1914, кн. I). Київ, 1914, стр. V—XII) —— 282。

约诺夫，П.《对攻击性鼓动的质问》(Ионов, П. Запрос о погромной агитации.—«Цайт», Пб., 1914, №14 (53), 3(16) апреля, стр. 2. На евр. яз.) —— 93。

[扎东斯基，米·巴·]《社会主义和农民》([Затонский, М. П.] Социализм и крестьянство.—«Стойкая Мысль», Спб., 1914, №14, 28 марта, стр. 2—3. Подпись: Батрак) —— 62—65。

———

Z. L.《关于俄国的统一问题》(Z. L. Zur Einigungsfrage in Rußland.—«Leipziger Volkszeitung», 1914, Nr. 157, 11. Juli. 3. Beilage zu Nr. 157 «Leipziger Volkszeitung», S. 1) —— 447、448。

*　　*　　*

《埃米尔·王德威尔得论俄国》(Эмиль Вандервельде о России.—«Киевская Мысль», 1914, №159, 12 июня, стр. 2) —— 348。

[《埃米尔·王德威尔得先生的谈话》]([Interview de M. Emile Vandervelde].—«Le Peuple», Bruxelles, 1914, 21 juin) —— 346、348、349、380、390、459。

《埃米尔·王德威尔得在彼得堡》(Эмиль Вандервельде в Петербурге.—«Наша Рабочая Газета», Спб., 1914, №27, 5 июня, стр. 1) —— 346、

381、419。

《埃米尔·王德威尔得在〈劳动的真理报〉编辑部》(Эмиль Вандервельде в редакции газ.«Трудовая Правда».—«Трудовая Правда»,Спб.,1914,№4,1 июня,стр.1)——346。

《八月联盟领导集团的意见》(От руководящего коллектива Августовского блока.—«Наша Рабочая Газета»,Спб.,1914,№21,29 мая,стр.1,в отд.:К делу Малиновского)——363、364。

《保险理事会的选举》(Выборы в страховой совет.—«Стойкая Мысль»,Спб.,1914,№5,7 марта,стр.3,в отд.:Страховое дело.Подпись:Выборщик)——125、339。

《保险问题》杂志(圣彼得堡)(«Вопросы Страхования»,Спб.)——174、405。

《报表》(Отчет.—«Единство»,Спб.,1914,№3,15 июня,стр.4,в отд.:Рабочая жизнь)——389。

《报刊》(载于1913年12月12日(25日)《言语报》第340号(总第2652号))(Печать.—«Речь» Спб.,1913,№340(2652),12(25)декабря,стр.2)——248—249、250。

《报刊纵览》(Среди газет и журналов.—«Новое Время»,Спб.,1913,№13563,13(26)декабря,стр.4)——250。

《北方工人报》(圣彼得堡)(«Северная Рабочая Газета»,Спб.)——2、15、79、92、94、119、120、127、150、172、198、313、395、431、432、435、436、438、440、441、442。

—1914,№11,21 февраля,стр.2.——2、3、198、210。

—1914,№28,13 марта,стр.2.——128、130、140、217、426。

—1914,№35,21 марта,стр.2.——154。

—1914,№36,22 марта,стр.1.——434、436。

—1914,№39,26 марта,стр.2.——60。

—1914,№44,1 апреля,стр.2.——92、93。

—1914,№46,3 апреля,стр.2.——195。

—1914,№48,5 апреля,стр.1,3.——92、93、94、395。

—1914,№51,11 апреля,стр.1.——140、395。

—1914,№61,23 апреля,стр.1.——137。

—1914,№66,29 апреля,стр.1.——179、191、340。

《北方思想报》(圣彼得堡)(«Северная Мысль»,Спб.,1913,№1,23 ноября,стр.3)——124。

—1913,№2,26 ноября,стр.2.——124。

《北方真理报》(圣彼得堡)(«Северная Правда»,Спб.,1913,№22,28 августа,стр.1)——100。

《编辑部的话》[对列·达·托洛茨基《工人杂志》一文的答复](От Редакции.[Ответ на статью Л. Д. Троцкого «Рабочий журнал»].—«Северная Рабочая Газета»,Спб.,1914,№11,21 февраля,стр.2)——2、3、209。

《编辑部的话》[《光线报》编辑部对诺·尼·饶尔丹尼亚《再论"地下组织"》一文的答复](От ред[акции. Ответ редакции «Луча» на статью Н. Н. Жордания «Еще о подполье»].—«Луч», Спб., 1913, №95 (181), 26 апреля,стр.2)——210。

《编辑部的话》[社论](От редакции.[Передовая].—«Луч»,Спб.,1912,№1, 16 сентября,стр.1)——1。

《波兰和立陶宛社会民主党代表的声明》(Заявление представителей Социал-демократии Польши и Литвы.—В кн.:Второй очередной съезд Росс.соц.-дем. рабочей партии. Полный текст протоколов. Изд. ЦК. Genève, тип. партии,[1904],стр.388—390.(РСДРП))——277、279、401、406。

[《波兰王国和立陶宛社会民主党同俄国社会民主工党合并的条件(俄国社会民主工党第四次(统一)代表大会通过)》]([Условия слияния СДКПиЛ с РСДРП, принятые на IV (Объединительном) съезде РСДРП].—В кн.: Протоколы Объединительного съезда РСДРП, состоявшегося в Стокгольме в 1906 г.М.,тип.Иванова,1907,стр.345—348)——445。

《创举》杂志(巴黎)(«Почин» («L'Initiative»),Париж)——123。

《当前的任务》(Задача момента.—«Стойкая Мысль», Спб., 1914, №13, 26 марта,стр.1)——60。

《党的统一》[阿姆斯特丹国际社会党代表大会决议](Einheit der Partei.[Die Resolution des Internationalen Sozialistenkongresses zu Amsterdam].—

In: Internationaler Sozialistenkongreß zu Amsterdam. 14. bis 20. August 1904. Berlin, Expedition der Buchh. «Vorwärts», 1904, S.32)——189。

《党内消息报》[圣彼得堡](«Партийные Известия», [Спб.], 1906, №2, 20 марта, стр.12)——343。

《党内状况》[1910年1月俄国社会民主工党中央全会通过的决议](Положение дел в партии. [Резолюция, принятая на пленуме ЦК РСДРП в январе 1910 г.]—«Социал-Демократ», [Париж], 1910, №11, 26 (13) февраля, стр.10, в отд.: Из партии)——28、86、93、94、119、123、139、141—142、176、177、289、292—293、296、298、313、350、351、366、367、369、375、382、385、399、400、459、460。

《道路报》(利沃夫)(«Шляхи», Львов, 1913, №8—9, 1 падолиста)——248。

《帝国法令公报》(«Reichsgesetzblatt», Berlin, 1878, Nr. 34, S. 351—358)——383。

《斗争》杂志(圣彼得堡)(«Борьба», Спб.)——1—3、79、88、128、130、150、159、170、179、197、198、209—210、213、215、293、294、355、371、374、376、377、399。

—1914, №№1—3, 22 февраля—12 апреля.——79。

—1914, №1, 22 февраля. 56 стр.——2、199、200、203—204、205、207、209、211、213、214、215、216—217、367。

—1914, №2, 18 марта, стр.24—25.——280。

—1914, №3, 12 апреля, стр.30—34, 34—39.——79—81。

—1914, №4, 28 апреля, стр.24—33, 56.——172—175、371、372、373、375、377、431、432。

—1914, №5, 16 мая, стр.24—25.——377。

—1914, №6, 6 июня, стр.44—45.——366。

《斗争》杂志(维也纳)(«Der Kampf», Wien, 1914, Nr.7, April, S.334—335)——194。

《杜马党团的分裂》(Раскол думской фракции.—«Борьба», Спб., 1914, №1, 22 февраля, стр.27—30)——211、213。

《对齐赫泽、契恒凯里、图利亚科夫、斯柯别列夫、豪斯托夫和曼科夫代表的公

182、355。

—1913,кн.XII,стр.1—12.——236。

—1914,кн.III,стр.10—14.——95—96、182—186。

[《俄罗斯帝国法律汇编》]第767条(Статья 767 [Свода законов Российской империи].—В кн.:Свод законов Российской империи. Т. 9. Законы о состояниях. Изд. 1899 года. Спб.,гос. тип.,[б.г.],стр.155)——20。

《俄罗斯新闻》(莫斯科)(«Русские Ведомости»,M.,1914,№82,10 апреля, стр.2)——161。

《俄罗斯言论报》(莫斯科)(«Русское Слово»,M.)——449。

《法学》(圣彼得堡)(«Право»,Спб.,1913,№33,18 августа,стлб.1912—1924)——99—100、103、215。

《反社会民主党企图危害治安法》(1878年10月21日)(Gesetz gegen gemeingefährlichen Bestrebungen der Sozialdemokratie. Vom 21. Oktober 1878.—«Reichsgesetzblatt»,Berlin,1878,Nr.34,S.351—358)——383。

《费·唐恩的报告》——见《高加索代表团关于全党代表会议的报告》。

《高加索代表团关于全党代表会议的报告》(Отчет кавказской делегации об общепартийной конференции. Изд. Центрального бюро заграничных групп РСДРП. Paris, Rédaction du Socialisme, 1909. 53 стр. (РСДРП))——302。

《给编辑部的信》(Письмо в редакцию.—«Борьба»,Спб.,1914,№5,16 мая, стр.24—25,в отд.:Трибуна)——377。

《给各党组织的信》[第一封信。传单](Письмо к партийным организациям. [Письмо 1-е. Листовка]. Б. м.,[ноябрь 1904]. 4 стр. (Только для членов партии))——127、141。

《给齐赫泽、契恒凯里、斯柯别列夫、豪斯托夫、曼科夫和图利亚科夫代表的公开信》(Открытое письмо депутатам: Чхеидзе, Чхенкели, Скобелеву, Хаустову,Манькову и Тулиякову.—«Путь Правды»,Спб.,1914,№63, 17 апреля,стр. 2. Подпись: Российская с.-д. рабочая фракция)——289、290、291—292、431。

《工党的态度》(The Labour party's attitude.—«The Times»,London,1914,

No.40,479,March 24,p.14)——76—77。

《工人保险》杂志(圣彼得堡)(«Страхование Рабочих»,Спб.)——405。

《工人报》(圣彼得堡)(1885年)(«Рабочий» ,Спб.,1885,№№1—2,январь—июль)——100。

《工人出版节》(День рабочей печати.—«Северная Рабочая Газета»,Спб.,1914,№36,22 марта,стр.1)——434、436。

《工人出版节的总结》(Итоги дня рабочей печати.—«Наша Рабочая Газета»,Спб.,1914,№34,13 июня,стр.2)——403、435、437、448。

《工人代表对政治形势和对马克思主义者的统一有些什么看法》(Что думают о политическом положении и об объединении марксистов рабочие депутаты.(Беседа с тт.Петровским и Чхеидзе).—«Единство»,Спб.,1914,№4,29 июня,стр.2)——430、431、433。

《工人日报》(圣彼得堡)(1914年)(«Рабочий»,Спб.,1914,№1,22 апреля,стр.1—32)——330、345。

—1914,№4,25 мая,стр.1.——360、363。

—1914,№6,29 мая,стр.2.——356、366。

《工人事业》杂志(日内瓦)(«Рабочее Дело»,Женева)——102。

《工人思想报》[圣彼得堡—柏林—华沙—日内瓦](«Рабочая Мысль»,[Спб.—Берлин—Варшава—Женева])——101、102。

《工人真理报》(圣彼得堡)(«Рабочая Правда»,Спб.,1913,№3,16 июля,стр.1)——247。

《工作者》文集(日内瓦)(«Работник»,Женева)——103。

《公开的答复》——见《社会民主党杜马党团的公开的答复》。

《公民》(圣彼得堡)(«Гражданин»,Спб.,1914,№14,6 апреля,стр.5—6)——66。

《关于阿伊瓦兹工厂伤病救济基金会理事的选举》(К выборам уполномоченных в больн. кассу на зав. Айваз.—«Живая Мысль Труда»,Спб.,1914,№3,15 июня,стр.3.Подпись:Рабочие левонародники)——336。

[《关于出版1914年〈同时代人〉杂志第8期的通告》]([Объявление о выходе №8 журнала «Современник» за 1914 г.].—«Северная Рабочая Газета»,

Спб.,1914,№66,29 апреля,стр.1)——179、191、340。

[《关于出版1914年〈同时代人〉杂志第10期的通告》]([Объявление о выходе №10 журнала «Современник» за 1914 г.].—«Единство»,Спб.,1914,№1,18 мая,стр.1)——178、340。

《关于地方民族组织的统一》[俄国社会民主工党第五次代表会议(1908年全国代表会议)通过的决议](Об объединении национ[альных] орган[изаций] на местах.[Резолюция, принятая на Пятой конференции РСДРП (Общероссийской 1908 г.)].—В кн.:Извещение Центрального Комитета Российской с.-д. рабочей партии о состоявшейся очередной общепартийной конференции.[Изд. ЦК РСДРП. Paris, 1909], стр. 6. (РСДРП))——32、401。

《关于对非无产阶级政党的态度的决议[俄国社会民主工党第五次(伦敦)代表大会通过]》(Резолюция об отношении к непролетарским партиям, [принятая на V (Лондонском) съезде РСДРП].—В кн.:Лондонский съезд Российской соц.-демокр. раб. партии (состоявшийся в 1907 г.). Полный текст протоколов. Изд. ЦК. Paris, 1909, стр. 454 — 455. (РСДРП))——333、336、344、403。

《关于俄国社会民主工党各组织代表会议的通知》(Извещение о конференции организаций РСДРП.Изд.ОК.[Wien],сентябрь 1912.55 стр.(РСДРП))——393。

《关于工会的决议[俄国社会民主工党第五次(伦敦)代表大会通过]》(Резолюция о профессиональных союзах,[принятая на V (Лондонском) съезде РСДРП].—В кн.:Лондонский съезд Российской соц.-демокр.раб. партии (состоявшийся в 1907 г.).Полный текст протоколов.Изд.ЦК. Paris,1909,стр.458.(РСДРП))——405。

《关于工会的决议[1908年1月俄国社会民主工党中央委员会通过]》(Резолюция о профессион[альных] союзах,[принятая ЦК РСДРП в январе 1908 г.].—«Пролетарий», [Женева], 1908, №21, 26 (13) февраля,стр.4,в отд.:Из партии)——404。

《关于工作报告的决议[俄国社会民主工党第五次代表会议(1908年全国代

(1908年全国代表会议)通过的决议](载于《俄国社会民主工党中央委员会关于举行全党例行代表会议的通知》一书)(Об объединении с «левицей» ППС.[Резолюция, принятая на Пятой конференции РСДРП (Общероссийской 1908 г.)].—В кн.: Извещение Центрального Комитета Российской с.-д. рабочей партии о состоявшейся очередной общепартийной конференции.[Изд. ЦК РСДРП. Paris, 1909], стр. 6.(РСДРП))——94、301、302。

[《关于〈统一报〉收到捐款的报道》]([Сообщение о взносах, поступивших на газету «Единство»].—«Единство», Спб., 1914, №3, 15 июня, стр. 4, в отд.: Рабочая жизнь)——389。

《光线报》(圣彼得堡)(«Луч», Спб.)——1、2、15、87、120、121、130、172、207、209、309、352、386。

—1912, №1, 16 сентября, стр. 1.——1。

—1912, №37, 28 октября, стр. 2.——168—171。

—1912, №53, 17 ноября, стр. 1.——296。

—1913, №15 (101), 19 января, стр. 1, 2.——3、312。

—1913, №95 (181), 26 апреля, стр. 2.——210。

—1913, №108 (194), 12 мая, стр. 1.——196。

《〈光线报〉1912年9月18日至1913年1月15日现金收支表》(Денежный отчет «Луча» с 18 сентября 1912 по 15 января 1913 г.—«Луч», Спб., 1913, №15 (101), 19 января, стр. 2)——312。

《国际告工人书》——见马克思,卡·《国际工人协会成立宣言》。

《国际局》(Das Internationale Bureau.—«Vorwärts», Berlin, 1913, Nr. 333, 18. Dezember, S. 3. In der Rubrik: Aus der Partei)——86、88、121、135、213、381、413—414。

《国际社会党代表大会》(Международные социалистические конгрессы. [Спб.], «Утро», [1906]. 90, [5] стр.)——262。

《国际社会民主党和奥地利民族纠纷》[南方斯拉夫社会民主党在奥地利社会民主党全国代表大会上提出的决议草案](Die internationale Sozialdemokratie und der Nationalitätenstreit in Österreich. [Der Resolutionsentwurf der Exekutive der südslavischen sozialdemokratischen Partei，angetragen dem Gesammtparteitag der Sozialdemokratie in Österreich，abgehalten zu Brünn].—In：Verhandlungen des Gesammtparteitages der Sozialdemokratie in Österreich，abgehalten zu Brünn vom 24. bis 29. September 1899 im «Arbeiterheim». Nach dem stenographischen Protokolle. Wien，Brand，1899，S.XV)——154。

《国际社会民主党和奥地利民族纠纷》[在布隆召开的奥地利社会民主党全国代表大会决议](Die internationale Sozialdemokratie und der Nationalitätenstreit in Österreich.[Die Resolution des Gesammtparteitages der Sozialdemokratie in Österreich，abgehalten zu Brünn].—Ibidem，S. XV—XVI)——239。

《[国家杜马的]速记记录》(1912—1913 年)(Стенографические отчеты [Государственной думы]. 1912—1913 гг. Сессия первая. Ч. I. Заседания 1—30 (с 15 ноября 1912 г. по 20 марта 1913 г.). Спб.，гос. тип.，1913. XXI стр.，2437 стлб. (Государственная дума. Четвертый созыв))——290。

《[国家杜马的]速记记录》(1913 年)(Стенографические отчеты [Государственной думы]. 1913 г. Сессия первая. Ч. II. Заседания 31—54 (с 22 марта по 24 мая 1913 г.). Спб.，гос. тип.，1913. XV стр.，2246 стлб.，стр. 2247—2251 прилож. (Государственная дума. Четвертый созыв))——156。

《[国家杜马的]速记记录》(1914 年)(Стенографические отчеты [Государственной думы]. 1914 год. Сессия вторая. Ч. II—III. Спб.，гос. тип.，1914. 2 т. (Государственная дума. Четвертый созыв))

—ч. II. Заседания 29—52(с 22 января по 19 марта). XVIII стр.，1992 стлб.——426。

—ч. III. Заседания 53—75 (с 21 марта по 5 мая 1914 г.). XIX стр.，2046 стлб.——59、146。

《国家杜马选举条例》(Положение о выборах в Государственную думу. [3(16) июня 1907 г.].—«Собрание узаконений и распоряжений правительства，издаваемое при правительствующем Сенате»，Спб.，1907，отд. 1，№94，3 июня，ст. 845，стр. 1303—1380)——87、206—207。

отд.:К уходу Малиновского. Подпись: Представители 10-ти профессиональных обществ гор. Москвы)——357、358、359—360、362、409。

[《决议(俄国社会民主工党第五次(伦敦)代表大会通过)》]([Резолюции, принятые на V (Лондонском) съезде РСДРП].—В кн.: Лондонский съезд Российской соц.-демокр. раб. партии (состоявшийся в 1907 г.). Полный текст протоколов. Изд. ЦК. Paris, 1909, стр. 454 — 458. (РСДРП))——26、213、296。

[《决议(俄国社会民主工党第五次代表会议(1908 年全国代表会议)通过)》]([Резолюции, принятые на Пятой конференции РСДРП (Общероссийской 1908 г.)].—В кн.: Извещение Центрального Комитета Российской с.-д. рабочей партии о состоявшейся очередной общепартийной конференции. [Изд. ЦК РСДРП. Paris, 1909], стр. 4 — 7. (РСДРП))——27、28、29、176、214、293、296、302。

[《决议(1910 年 1 月俄国社会民主工党中央全会通过)》]([Резолюции, принятые на пленуме ЦК РСДРП в январе 1910 г.].—«Социал-Демократ», [Париж], 1910, №11, 26 (13) февраля, стр. 10 — 11, в отд.: Из партии)——28、29、176、214、293、296、375。

《决议[1912 年 1 月俄国社会民主工党第六次(布拉格)全国代表会议通过]》(Резолюции, [принятые на Шестой (Пражской) Всероссийской конференции РСДРП в январе 1912 г.].—В кн.: Всероссийская конференция Рос. соц.-дем. раб. партии 1912 года. Изд. ЦК. Paris, кооп. тип. «Идеал», 1912, стр. 14 — 34. (РСДРП))——87、88、178、189、214、296、345、384—385、389。

《开端报》(圣彼得堡)(«Начало», Спб.)——104。

《科学思想》杂志(里加)(«Научная Мысль», Рига, 1908, №1, стр. 3 — 42)——228。

《拉脱维亚工人报关于马林诺夫斯基出走的消息》(Латышская рабочая газета об уходе Малиновского.—«Трудовая Правда», Спб., 1914, №1, 23 мая, стр. 2, в отд.: К уходу Малиновского. Подпись: С.)——358。

《莱比锡人民报》(«Leipziger Volkszeitung», 1914, Nr. 157, 11. Juli. 3. Beilage zu

Nr.157 «Leipziger Volkszeitung»,S.1)——447、448。

《浪潮报》(里加)(«Vilnis»,Riga)——330。

《浪潮报》(圣彼得堡)(«Волна»,Спб.)——104。

《劳动的真理报》(圣彼得堡)(«Трудовая Правда»,Спб.)——334、346、347、448。

—1914,№1,23 мая,стр.2.——358。

—1914,№2,30 мая,стр.1.——345。

—1914,№4,1 июня,стр.1.——346。

—1914,№7,5 июня,стр.3.——365、366。

—1914,№12,11 июня,стр.1,4.——331、435。

—1914,№14,13 июня,стр.1;№15,14 июня,стр.1.——334、349、447—448。

—1914,№15,14 июня,стр.4.——434、435。

—1914,№28,29 июня,стр.3.——379。

《劳动呼声报》(纳尔瓦)(«Töö Hääl»,Narva)——330。

《劳动旗帜报》[巴黎](«Знамя Труда»,[Париж],№№45—53,сентябрь 1912—апрель 1914)——391—392。

《劳动思想报》(圣彼得堡)(«Мысль Труда»,Спб.)——150。

—1914,№1,20 апреля,стр.1—2.——148、149、150。

—1914,№2,23 апреля,стр.3—4.——150。

《勒拿事件周年纪念》(Годовщина ленских событий.—«Путь Правды»,Спб.,1914,№55,5 апреля,стр.3.Под общ.загл.:4-ое апреля)——394。

里加(为推选出席省保险理事会候选人而召开的各伤病救济基金会全体理事会议)(Рига.Общее собрание правленцев больничных касс для намечания кандидатов в губ.страх. присутствие.—«Мысль Труда»,Спб.,1914,№2,23 апреля,стр.3—4.Подпись:Инородец)——149。

《立宪民主党纲领[第二次代表大会通过]》(Программа конституционно-демократической партии,[принятая на II съезде].—В кн.:Конституционно-демократическая партия.(Партия народной свободы).Постановления II-го съезда 5—11 января 1906 г.и программа.Спб.,тип.«Обще-

—1912,Nr.72,26.März.1.Beilage des «Vorwärts»,S.1.——134、208、397。

—1913,Nr.333,18.Dezember,S.3.——86、88、121、135、213、381、413。

《前进报》(克拉科夫)(«Naprzód»,Krakбw)——256、257、259、452。

《前进报》(日内瓦)(«Вперед»,Женева)——104。

《["前进"集团巴黎小组和日内瓦小组成员的]一封公开信》(Открытое письмо [членов парижского и женевского кружков группы «Вперед»].—«Борьба», Спб., 1914, №4, 28 апреля, стр. 56)—— 371、372、373、375、376。

《前进》文集(Вперед.Сборник статей по очередным вопросам.№3.Изд.группы «Вперед».[Женева,кооп.тип.«Союз»],май 1911.78 стлб.)——372。

《人道报》(巴黎)(«L'Humanité»,Paris,1914,N 3717,21 juin,p.3)——328、330—331、346、347、348—349、380、390、459。

《人民报》(布鲁塞尔)(«Le Peuple»,Bruxelles,1914,11 avril)——195。

—1914,21 juin.——346、347、348—349、380、390、459。

《人民杜马报》(圣彼得堡)(«Народная Дума»,Спб.)——105。

《人民自由党代表会议》(本报通讯员报道)(Конференция партии народной свободы.(От нашего корреспондента).Петербург,26 марта.—«Киевская Мысль»,1914,№86,27 марта,стр.5)——70、252。

《人民自由党 1914 年 3 月 23—25 日代表会议》(Конференция партии народной свободы 23—25 марта 1914 г.—«Речь»,Спб.,1914,№83 (2752),26 марта (8 апреля),стр.3—4)——70、251、253、254、255、260。

《日报》(圣彼得堡)(«День»,Спб.)——129。

《社会党国际局定期公报》(«Bulletin Périodique du Bureau Socialiste International»,Bruxelles,1913,N 11.Supplément au «Bulletin Périodique du Bureau Socialiste International»N 11.6 p.)——86。

《社会党国际局 1913 年十二月会议的决议》——见《国际局》。

《社会民主党党团的声明》(От с.-д.фракции.—«Наша Рабочая Газета»,Спб.,1914,№22,30 мая,стр.3.Подпись:С.-д.фракция)——364。

《社会民主党杜马党团的公开的答复》(От с[оциа͜л]-д[емократическ]ой думской фракции.Гласный ответ.—«Наша Рабочая Газета»,Спб.,1914,№2,

4 мая, стр. 1)——289、291、293、298、431、432。

《社会民主党评论》杂志[克拉科夫](«Przegląd Socjaldemokratyczny», [Kraków], 1908, N 6, sierpień, s.482—515; N 7, wrzesień, s.597—631; N 8—9, październik—listopad, s.687—710; N 10, grudzień, s.795—818; 1909, N 12, czerwiec, s.136—163; N 14—15, sierpień—wrzesień, s.351—376)——226、227、228、229、230、231、232—243、245、246、247、248、252、254、257—261、263、266、277、280、284、286、451—457。

《社会民主党人报》[维尔诺—圣彼得堡—巴黎—日内瓦](«Социал-Демократ», [Вильно—Спб.—Париж—Женева])——178、375、384、459。

—[Париж], 1910, №11, 26 (13) февраля, стр. 10—11.——27、28、86、93、94、119、123、139、142、176、177、213、289、293、296、298、313、349、352、366、367、369、375、382、385、399、400、459、460。

—№28—29—№32, 5 (18) ноября 1912—15(28) декабря 1913.——392。

《社会民主党人日志》(日内瓦)(«Дневник Социал-Демократа», Женева, 1905, №2, август, стр. 37—49)——297。

—1911, №15, октябрь, стр. 7—33.——408。

《社会主义月刊》(柏林)(«Sozialistische Monatshefte», Berlin)——114、115、194。

《生活事业》杂志(圣彼得堡)(«Дело Жизни», Спб., 1911, №1, стлб. 47—58; №2, стлб. 10—20)——79。

《生活》杂志(圣彼得堡)(«Жизнь», Спб., 1900, №2, стр. 297—306)——38。

《圣彼得堡工人小报》(«С.-Петербургский Рабочий Листок»)——101。

《圣彼得堡 4 月 4 日》(4 апреля в С.-Петербурге.—«Северная Рабочая Газета», Спб., 1914, №48, 5 апреля, стр. 3)——395。

《十月党人代表会议》(Конференция октябристов.—«Речь», Спб., 1913, №307 (2619), 9(22) ноября, стр. 5—6)——18。

《时报》(彼得堡)(«Цайт», («Di Zait») Пб. На евр. яз.)——93、330。

—1913, №2, 29 декабря. 4 стр. На евр. яз.——330。

—1913, №9, 21 февраля (6 марта), стр. 1. На евр. яз.——290。

—1913, №28, 17(30) сентября, стр. 3—4. На евр. яз.——226、227、231、249、

250、255、262、275、281、282—283、284、288。

—1914,№14 (53),3(16) апреля,стр.2.На евр.яз.——93。

—1914,№17 (56),8(21) мая,стр.2.На евр.яз.——302。

《世纪报》(莫斯科)(«Век»,М.)——11。

《曙光》杂志(斯图加特)(«Заря»,Stuttgart,1902,№4,август,стр.11—39,в отд.:А.)——249、276。

《庶民报》(圣彼得堡)(«Земщина»,Спб.)——250。

《泰晤士报》(伦敦)(«The Times»,London)——269。

—1914,No.40,479,March 24,p.14.——76。

《同时代人》杂志(圣彼得堡)(«Современник»,Спб.)——159、178、191—192、333、335、340、345、357。

—1914,кн.4,февраль,стр.78—84.——333。

—1914,кн.6,март,стр.59—69,83—87.——192。

—1914,кн.7,апрель,стр.66—78.——340、342、343、404。

—1914,кн.9,май,стр.64—71.——344。

—1914,кн.12,июнь,стр.69—81.——179。

《同志报》(圣彼得堡)(«Товарищ»,Спб.)——128。

同志们!［传单］(Товарищи! Два года прошло с тех пор,как на далекой Лене...［Листовка. Спб.,4 апреля 1914］.2 стр. Подпись: ПК РСДРП)——393、395、396。

《统一报》(圣彼得堡)(«Единство»,Спб.)——179、192、322、340、355、356、389、430、433。

—1914,№1,18 мая,стр.1,2—3,4.——176—179、313、340、366、389。

—1914,№2,1 июня,стр.1—2,4.——353、365、389。

—1914,№3,15 июня,стр.4.——389。

—1914,№4,29 июня,стр.2.——430、431、433。

《统一问题》(Вопросы единства. От редакции.—«Борьба»,Спб.,1914,№3,12 апреля,стр.34—39)——79、80。

《土地纲领草案(布尔什维克为俄国社会民主工党第四次(统一)代表大会制定)》——见列宁,弗·伊·《修改工人政党的土地纲领》(第5章)。

—1913,№10—11,стр.89—101.——27、422。

—1914,№2,стр.81—88.——120、127、129。

—1914,№3,стр.55—64,64—70.——140、177、206、351。

—1914,№4,стр.59—65.——300。

—1914,№6,стр.30—41.——441。

《无产阶级真理报》(圣彼得堡)(«Пролетарская Правда»,Спб.)——249、250、251。

—1913,№4,11 декабря,стр.2.——248。

—1913,№9,17 декабря,стр.2.——121、214。

—1913,№12,20 декабря,стр.1.——124、249、250、251。

《无产者报》[维堡—日内瓦—巴黎](«Пролетарий»,[Выборг—Женева—Париж])——104。

—[Выборг],1906,№2,29 августа,стр. 2 — 3. На газ. место изд.: М.——141。

—[Женева],1908,№21,26 (13) февраля,стр.4.——404。

—[Париж],1909,№44. Приложение к №44 газ. «Пролетарий»,4(17) апреля,стр.1—2.——374。

《五一节》[传单](Первое мая.[Листовка.Вена,апрель 1913].2 стр.Подпись: Организационный комитет РСДРП)——417。

《现代劳动思想报》(圣彼得堡)(«Живая Мысль Труда»,Спб.,1914,№3,15 июня,стр.3)——336。

《现代世界》杂志[圣彼得堡](«Современный Мир»,[Спб.,1911],№7,стр. 345—348)——373。

《现代思想报》(圣彼得堡)(«Живая Мысль»,Спб.)——199。

《向〈统一报〉致意》(载于 1914 年 5 月 18 日《统一报》第 1 号)(Приветствия «Единству».—«Единство»,Спб.,1914,№1,18 мая,стр.4)——389。

《向〈统一报〉致意》(载于 1914 年 6 月 1 日《统一报》第 2 号)(Приветствия «Единству».—«Единство»,Спб.,1914,№2,1 июня,стр.4)——389。

《新工人报》(圣彼得堡)(«Новая Рабочая Газета»,Спб.)——15、25、172、177、199、311、312、360、427。

—1913,№69,29 октября,стр.1;№71,31 октября,стр.2.——226、227、231、243、249、250、255、262、275、283、286、452。

—1913,№108,15 декабря,стр.1;№109,17 декабря,стр.1.——121。

—1914,№16,21 января,стр.2—3.——371、376。

《新生活报》(圣彼得堡)(«Новая Жизнь»,Спб.)——104。

《新声报》(里加)(«Jauna Balss»,Riga)——25、358。

《新时报》(圣彼得堡)(«Новое Время»,Спб.)——8、9—11、182、250。

—1913,№13563,13(26)декабря,стр.4.——250。

《新时代》杂志(斯图加特)(«Die Neue Zeit»,Stuttgart,1895—1896,Jg.XIV,Bd.II,Nr.32,S.176—181;Nr.33,S.206—216)——263。

—1895—1896,Jg.XIV,Bd.II,Nr.37,S.324—332.——263。

—1895—1896,Jg.XIV,Bd.II,Nr.41,S.459—470.——263。

—1895—1896,Jg.XIV,Bd.II,Nr,42,S.484—491;Nr.43,S.513—525.——243、246、263。

《虚伪的解释》(Фальшивые объяснения.—«Цайт»,Пб.,1914,№17 (56),8 (21) мая,стр.2.Подпись:А—р.На евр.яз.)——302。

《选举法》——见《国家杜马选举条例》。

《言语报》(圣彼得堡)(«Речь»,Спб.)——247、251、351、354、428。

—1913,№174 (2486),29 июня (12 июля),стр.2—3.——247。

—1913,№307 (2619),9 (22) ноября,стр.5—6.——18。

—1913,№331 (2643),3(16) декабря,стр.3.——248。

—1913,№340 (2652),12 (25) декабря,стр.2.——249、250。

—1914,№83 (2752),26 марта (8 апреля),стр.3—4.——70、251、253、254、255、260。

—1914,№152 (2821),7(20) июня,стр.2.——348、350、351、356。

《1899年9月24—29日于布隆"工人之家"召开的奥地利社会民主党全国代表大会记录》(Verhandlungen des Gesammtparteitages der Sozialdemokratie in Österreich, abgehalten zu Brünn vom 24. bis 29. September 1899 im «Arbeiterheim». Nach dem stenographischen Protokolle. Wien, Brand,1899.XX,144 S.)——154、239。

《1905年土地占有情况统计》(Статистика землевладения 1905 г.Свод данных по 50-ти губерниям Европейской России. Спб., тип. Минкова, 1907. 199 стр.; L стр.табл.(Центр.стат.ком.м-ва внутр.дел))——186。

《1914年工人手册》(Спутник Рабочего на 1914 год.Спб.,«Прибой»,[1914].[8],190 стр.,[90])——329、331、391。

《[1914年6月1日〈真理之路报〉收到的捐款]报表》(Отчет [о суммах, поступивших в фонд газеты «Путь Правды» по 1 июня 1914 г.].—«Трудовая Правда»,Спб.,1914,№12,11 июня,стр.4)——435—436。

《1914年6月1日至6月10日〈劳动的真理报〉收到的捐款报表》(Отчет о пожертвованиях,поступивших в фонд «Трудовой Правды» от 1 июня по 10 июня 1914 г.—«Трудовая Правда»,Спб.,1914,№15,14 июня,стр.4)——434、435。

一批马克思主义者([关于马林诺夫斯基出走的]声明)(Группа марксистов. Заявление[по поводу ухода Малиновского].—«Трудовая Правда»,Спб.,1914,№7,5 июня,стр.3,в отд.:К уходу Малиновского)——330、331。

《一批商业职员来电》(电报)(От группы торгов.служащих.(Телеграмма).—«Путь Правды», Спб., 1914, №86, 14 мая, стр. 2, в отд.: К уходу Малиновского. Подпись: Сорок человек торговых служащих Москвы)——359。

《议会报》(梯弗利斯)(«Пикри»(«Дума»),Тифлис.На груз.яз.)——329。

《拥护真理报》(圣彼得堡)(«За Правду»,Спб.)——154。

《勇敢思想报》(圣彼得堡)(«Смелая Мысль»,Спб.)——334、342、347。

—1914,№7,1 июня,стр.2.——317。

—1914,№9,6 июня,стр.1—2.——320。

[《在俄国社会民主工党第四次(统一)代表大会上通过的对崩得同俄国社会民主工党统一的条件草案的补充决议》]([Резолюция,принятая на IV (Объединительном) съезде РСДРП в дополнение к проекту условий объединения Бунда с РСДРП].—В кн.: Протоколы Объединительного съезда РСДРП,состоявшегося в Стокгольме в 1906 г.М.,тип.Иванова,1907,стр.392)——401。

Aktion. [Die Resolution des Internationalen Sozialistischen Arbeiter-und Gewerkschaftskongresses zu London].—In: Verhandlungen und Beschlüsse des Internationalen Sozialistischen Arbeiter-und Gewerkschaftskongresses zu London vom 27. Juli bis 1. August 1896. Berlin, Expedition der Buchh. «Vorwärts», 1896, S.18)——72、227、249、262、264、266、284、451、455、456、457。

《政治行动》[1896年伦敦国际代表大会通过的决议](Политические действия. [Резолюция, принятая на международном конгрессе в Лондоне в 1896 г.].—В кн.: Международные социалистические конгрессы. [Спб.], «Утро», [1906], стр.25—26)——263。

《殖民地问题》[斯图加特国际社会党代表大会决议](Die Kolonialfrage. [Die Resolution des Internationalen Sozialistenkongresses zu Stuttgart].—In: Internationaler Sozialistenkongreß zu Stuttgart. 18. bis 24. August 1907. Berlin, Buchh. «Vorwärts», 1907, S.39—40)——114。

《钟声》杂志[基辅](«Дзвін», [Київ])——154、282、379。

—1913, №7—8, стр.83—94.——226、227、231、249、250、255、262、275、282、284。

《钟声》杂志(伦敦—日内瓦)(«Колокол», Лондон—Женева)——98。

《资产阶级和取消派的评价》(Буржуазная и ликвидаторская оценка.—«Путь Правды», Спб., 1914, №47, 27 марта, стр.1)——60。

《组织章程[俄国社会民主工党第五次(伦敦)代表大会通过]》(Организационный устав, [принятый на V(Лондонском) съезде РСДРП].—В кн.: Лондонский съезд Российской соц.-демокр. раб. партии (состоявшийся в 1907 г.). Полный текст протоколов. Изд. ЦК. Paris, 1909, стр.459. (РСДРП))——26、404。

---

Н.Р.Г.——见《我们的工人报》。

# 年　　表

（1914 年 3 月—7 月）

## 1914 年

**3 月—4 月 26 日(5 月 9 日)**

列宁居住在波兰的克拉科夫。

**3 月 15 日(28 日)**

列宁的《"八月"联盟的瓦解》一文发表在《真理之路报》第 37 号上。

**3 月 15 日(28 日)以后**

收到苏·斯·斯潘达良从叶尼塞斯克省的来信,信中介绍他的流放生活,并询问党内情况,特别是同取消派斗争的情况。

**3 月 17 日(30 日)以后**

收到纽约工人俱乐部总书记威·埃德林的来信,信中告知从俱乐部基金中捐赠给俄国社会民主工党一笔款子。

**3 月 18 日(31 日)以后**

收到拉脱维亚社会民主主义运动活动家扬·埃·扬松(布劳恩)的来信,信中请求告知第四届国家杜马布尔什维克党团的情况。

**不晚于 3 月 19 日(4 月 1 日)**

写《告乌克兰工人书》。

**3 月 19 日(4 月 1 日)**

致函伊·费·阿尔曼德,请她把《告乌克兰工人书》的草稿转交给奥·洛拉,强调指出,最重要的是,让乌克兰社会民主党人要求统一,反对以民族划线分裂工人。

**3 月 20 日(4 月 2 日)**

列宁的《资本主义和报刊》一文发表在《真理之路报》第 41 号上。

**3月22日(4月4日)以前**

收到尼·伊·布哈林的来信，信中说他正在写评论奥地利经济学家欧·柏姆-巴维克的书，请求列宁校订该书并为该书作序。

**3月22日(4月4日)**

列宁的《激进的资产者论俄国工人》和《政治教训》两篇文章发表在《启蒙》杂志第3期上。

**3月23日(4月5日)以前**

致函奥·洛拉，要求收集并寄来有关乌克兰居民的统计材料。

把自己的《拉脱维亚工人论社会民主党党团的分裂》和《"八月联盟"的空架子被戳穿了》两篇文章寄给《真理之路报》编辑部。

**3月23日(4月5日)以后**

收到扬·安·别尔津的来信，信中告知拉脱维亚边疆区社会民主党第一届中央委员会的活动和《斗争报》编辑部的情况。信中还谈到布尔什维克在拉脱维亚地方组织中的影响在加强。

收到奥·洛拉的来信，信中告知正为列宁收集有关乌克兰的统计材料，对在《真理报》和《启蒙》杂志上即将开辟乌克兰专栏一事表示满意。

**不晚于3月25日(4月7日)**

致函伊·费·阿尔曼德，认为德国人实际上有两个党，应该向他们学习一切宝贵的东西，但在学习中决不能姑息机会主义者。

**3月25日和4月10日(4月7日和23日)之间**

致函《真理之路报》编辑部，询问他的《英国的宪法危机》一文是否在下一号上发表；批评格·瓦·普列汉诺夫鼓吹同取消派统一。

**3月27日(4月9日)以前**

致函在伯尔尼的格·李·什克洛夫斯基，对俄国革命活动家费·尼·萨莫伊洛夫的健康表示担忧，并要求为萨莫伊洛夫安排治疗。

致函拉·萨·里夫林，请他物色一位瑞士最好的医生给萨莫伊洛夫治病，并设法将他安排在疗养院疗养。

**不早于3月27日(4月9日)**

收到扬·埃·扬松(布劳恩)的来信，信中告知拉脱维亚边疆区社会民主党中央委员会关于允许自由报道和刊载拉脱维亚边疆区社会民主党第四次代表大会的情况的决定。信中还请求在两三星期内把列宁在代表大会上发言的详细提要寄去。

**3月28日(4月10日)**

列宁的《关于民族平等的法律草案》一文发表在《真理之路报》第48号上。

写信给在沃洛格达的母亲玛·亚·乌里扬诺娃,说他将于5月初迁往波罗宁。

**3月29日(4月11日)以前**

致函在苏黎世的亚·阿·别克扎江,要求利用他的地址与社会党国际局进行联系。

**3月29日(4月11日)**

致函在巴黎的伊·费·阿尔曼德,说自己怀疑法国警察局扣压俄国政治流亡者的信件;建议巴黎支部全体成员起来抵制格·阿·阿列克辛斯基,他为了达到污蔑布尔什维克包庇叛徒的目的,竟毫无根据地指控安东诺夫出卖了自己的同案人。

列宁的《农业工人的工资》一文发表在《真理之路报》第49号上。

**3月29日(4月11日)以后**

收到《钟声》杂志编辑部的来信,信中请列宁写一篇关于第四届杜马社会民主党党团分裂的文章。

**3月30日(4月12日)**

列宁的《拉脱维亚工人论社会民主党党团的分裂》和《"八月联盟"的空架子被戳穿了》两篇文章发表在《真理之路报》第50号上。

**3月31日(4月13日)以前**

致函维·鲁·明仁斯基,对他妹妹柳·鲁·明仁斯卡娅被捕一事表示关切。

**3月**

列宁的《又一次消灭社会主义》一文发表在《现代世界》杂志第3期上。

**3月—4月**

写《工人对在国家杜马中成立俄国社会民主党工人党团的反应》一文。

**3月—7月**

拟《卡尔·马克思》这一词条的写作提纲。

**不晚于 4 月 1 日(14 日)**

写《德国工人运动中的哪些东西是不应该模仿的》一文。

**4 月 1 日(14 日)以后**

致函在巴黎的伊·费·阿尔曼德，说崩得的出版物已收到，还谈到自己对《女工》杂志第 3 期的印象。

**4 月 2 日—4 日(15 日—17 日)**

在克拉科夫主持俄国社会民主工党中央委员会会议(有布尔什维克杜马党团代表格·伊·彼得罗夫斯基出席)；拟定会议日程；起草俄国社会民主工党中央委员会关于成立领导秘密工作的中央组织部的决议。会议研究了关于下一次党的代表大会的筹备工作、关于参加在维也纳举行的第二国际代表大会、关于在农民中进行工作、关于庆祝工人出版节、关于出版全俄工会机关报等问题。

同格·伊·彼得罗夫斯基研究将在杜马会议上作的关于沙皇政府民族政策的发言。

**4 月 2 日(15 日)以后**

收到姐姐安娜的来信，信中告知《启蒙》杂志第 4 期刊登了列宁的《德国工人运动中的哪些东西是不应该模仿的》一文。信中还要求列宁翻阅 1914 年《启蒙》杂志的内容提要，并为杂志寄去文章。

**不晚于 4 月 3 日(16 日)**

致函弗·米·扎戈尔斯基，请他寄来党代表会议(1908 年)的决议、党的纲领和《社会民主党人报》第 11 号。

**4 月 3 日(16 日)以后**

写文章揭露在《我们的曙光》杂志第 3 期上发表文章的取消派分子尔·马尔托夫和费·布尔金(谢苗诺夫)。列宁的文章没有找到。

**4 月 4 日(17 日)**

列宁的《论工人运动的形式(同盟歇业和马克思主义的策略)》一文发表在《真理之路报》第 54 号上。

**4 月 4 日(17 日)以后**

收到弗·米·扎戈尔斯基的来信，信中告知俄国社会民主工党第五次代表会议决议已经寄出，并说没有《社会民主党人报》第 11 号和俄国社会民主工党纲领。

记录俄国社会民主工党中央委员会国外局会议(有俄国社会民主工党莫斯科区域局代表出席)的议程。会议研究关于召开区域代表会议、关于筹备下一次党的代表大会、关于在莫斯科出版报纸和发行《真理报》等问题。

**4月6日(19日)**

列宁的《左派民粹派在美化资产阶级》一文发表在《真理之路报》第56号上。

**4月6日(19日)以后**

为布尔什维克杜马党团代表格·伊·彼得罗夫斯基写《关于民族政策问题》的发言稿。

**4月9日(22日)以前**

两次致函在柏林的拉脱维亚社会民主党人伊·埃·格尔曼,谈俄国社会民主工党中央委员会在克拉科夫举行的会议、即将召开的党的代表大会、纪念4月22日(5月5日)工人出版节和5月1日(14日)国际劳动节的传单。

**4月9日(22日)**

写信给在沃洛格达的妹妹玛·伊·乌里扬诺娃,说已得知奥洛涅茨流放地人员变化情况;认为有必要收集关于流放人员的材料,并在《启蒙》杂志上发表。

**4月10日(23日)**

列宁的《英国的宪法危机》一文发表在《真理之路报》第57号上。

**4月11日(24日)**

将奥·洛拉就《告乌克兰工人书》问题写的一封信转寄给在巴黎的伊·费·阿尔曼德,在附信中要求阿尔曼德在苏黎世同乌克兰社会民主党人见面,弄清楚他们对单独成立乌克兰民族社会民主主义组织问题的态度,并设法建立一个反分离主义分子的小组;为准备党的代表大会,建议在巴黎和瑞士加紧建立联络点;认为必须再版经1912年俄国社会民主工党第六次(布拉格)代表会议修改过的党纲和党章。

**4月12日(25日)**

列宁的《统一》一文发表在《真理之路报》第59号上。

**4月13日(26日)**

致函《钟声》杂志编辑部,对资产阶级民族主义者鼓吹乌克兰工人分离出去组成单独的社会民主主义组织,表示极大的愤慨。

**4月15日(28日)**

列宁的《有组织的马克思主义者论国际局的干预》一文发表在《真理之路报》第61号上。

**4月15日(28日)以后**

收到姐姐安·伊·乌里扬诺娃-叶利扎罗娃从彼得堡寄来的信,信中告知《启蒙》杂志编辑部会议的情况和该杂志第4期的内容。信中还要他把《论民族自决权》一文的结尾部分以及给《启蒙》杂志第5期和《女工》杂志第5期的其他材料寄去。

**4月16日(29日)**

列宁的《民族平等》和《取消派和拉脱维亚的工人运动》两篇文章发表在《真理之路报》第62号上。

致函波兰王国和立陶宛社会民主党边疆区执行委员会,告知他们的《声明》将刊登在下一号《社会民主党人报》的争论附刊上。

**4月17日(30日)以后**

收到斯·格·邵武勉寄自巴库的信,信中谈到油田工人的情绪、他写民族问题小册子的情况。

**4月20日(5月3日)以前**

致函在伯尔尼的费·尼·萨莫伊洛夫,对他的健康状况和治疗效果表示关切。

**4月20日(5月3日)**

列宁的《农村中的农奴制经济》一文发表在《真理之路报》第66号上。

**4月22日(5月5日)以前**

出席立陶宛社会民主党人(侨民)会议。会议讨论社会民主党对待民族问题的态度以及波兰王国和立陶宛社会民主党与俄国社会民主工党相互关系的问题。

致函在伦敦的马·马·李维诺夫,建议他以代表身份出席第二国际维也纳代表大会。

同波兰记者阿·迈科森谈日益迫近的帝国主义战争。

**4月22日(5月5日)**

列宁的《俄国工人报刊的历史》和《我们的任务》两篇文章发表在《工人日报》第1号上。

列宁在《真理之路报》两周年纪念日给该报编辑部的贺电发表在该报第67号上。

列宁的文章《论民族自决权》(前4章)、《德国工人运动中的哪些东西是不应该模仿的》,以及对尼·亚·鲁巴金的《书林概述》第2卷的书评,发表在《启蒙》杂志第4期上。

**不早于4月22日(5月5日)**

收到B.Д.韦格曼的信,信中说敖德萨工人斗争很活跃,布尔什维克的影响在增长。信中还谈到《真理报》受欢迎以及其他情况。

**4月22日(5月5日)以后**

收到马·马·李维诺夫从伦敦的来信,信中告知由于经费不足不能去维也纳出席第二国际代表大会。信中还说他认为自己不能再留在社会党国际局内,只有列宁才能在社会党国际局内享有威望。

收到《启蒙》杂志第4期,修改自己的《论民族自决权》一文。

**4月23日(5月6日)**

列宁签署的祝贺出版节的电报《同你们心连心》发表在《真理之路报》第68号上。

**4月24日(5月7日)**

复函费·尼·萨莫伊洛夫,告知《真理报》发行量增加,要他耐心治疗,并邀请他在痊愈后到自己这儿来。

**4月26日(5月9日)**

由克拉科夫移居波罗宁。

**4月29日(5月12日)以前**

致函在伯尔尼的格·李·什克洛夫斯基,请他组织一个侨居瑞士的布尔什维克的代表团参加第二国际维也纳代表大会。

**4月29日(5月12日)**

列宁的《取消主义的定义》一文发表在《真理之路报》第73号上。

**4月29日(5月12日)以后**

收到亚·安·特罗雅诺夫斯基从维也纳寄来的信,信中谈到《启蒙》杂志编辑部工作中的缺点、俄国国内和国外编辑人员的相互关系等问题。

**不晚于4月30日(5月13日)**

致函在巴黎的奥·洛拉,请他把乌克兰作家弗·基·温尼琴科的小册子找到并寄来。

**4月**

致函尼·伊·布哈林,谈为布尔什维克杜马党团准备关于民族问题的发言稿一事。

收到尼·伊·布哈林的回信,信中拒绝为布尔什维克杜马党团准备关于民族问题的发言稿。

写《〈马克思主义和取消主义〉文集的结束语》。

致函在彼得堡的阿·叶·巴达耶夫,告知他已被选为俄国社会民主工党中央委员会委员。

**4月—5月**

起草《俄国社会民主工党中央委员会向第二国际维也纳代表大会的报告的提纲》。

**不早于4月**

编写1912年8月以后各地所有布尔什维克和社会革命党人秘密组织清单、1912年1月—1914年4月出版的《社会民主党人报》和《劳动旗帜报》的期号清单以及这一时期工人团体情况和为报纸募捐情况的综合报告。

**5月2日(15日)以后**

致函在柏林的扬·鲁迪斯-吉普斯利斯,认为出版《真理报》拉脱维亚文附刊为时过早;要他把未经在拉脱维亚社会民主党报纸上发表的文章的译文寄来;告知《社会民主党人报》即将出版;祝贺五一节示威游行的胜利,特别是在里加和彼得堡的胜利。

**5月3日(16日)**

列宁的《再论政治危机》一文发表在《真理之路报》第76号上。

**不早于5月3日(16日)**

收到波涛出版社的来信,信中请他将他论述工会运动的全部文章寄去,或者指明刊登这些文章的报纸和杂志的期号。

**5月4日(17日)**

列宁的《工人运动中的思想斗争》一文发表在《真理之路报》第77号上。

**5月4日(17日)以后**

代表俄国社会民主工党中央委员会给伊·费·阿尔曼德写委托书,要她以俄国社会民主工党各妇女组织的名义参加社会党国际局。

**5月5日(18日)**

致函在纽约的尼·尼·纳科里亚科夫,对他寄来美国官方关于农业问题的统计刊物表示感谢;祝贺俄国五一节示威游行的胜利;告知乌拉尔组织的发展情况。

**5月6日(19日)**

致函在巴库的斯·格·邵武勉,谈打算如何同"民族文化自治"的拥护者进行斗争;介绍他拟定的由布尔什维克党团提交第四届杜马的关于民族平等和保护少数民族权利的法律草案的内容;建议邵武勉参加制定草案的工作。

致函在日内瓦的维·阿·卡尔宾斯基,请他把尼·亚·鲁巴金写的《书林概述》第1卷寄去;要他弄清楚,在日内瓦的俄国布尔什维克中有谁能自费去维也纳出席第二国际代表大会。

**5月6日(19日)以后**

写《关于民族平等和保护少数民族权利的法律草案》。

**不晚于5月7日(20日)**

写《论民族自决权》一文的结尾部分。

**5月7日(20日)**

致函在维也纳的亚·安·特罗雅诺夫斯基,告知正在讨论特罗雅诺夫斯基同他所资助的《启蒙》杂志编辑部相互关系的协议草案;要他尽快把争论民族问题的文章给杂志寄来;告知《论民族自决权》一文的结尾部分已寄出,5月份大概能刊登出来。

**5月8日(21日)以前**

致函在维也纳的格·伊·丘德诺夫斯基,对他的《新积累论》一文提出若干补充意见。

两次致函彼得堡的《启蒙》杂志编辑部和姐姐安·伊·乌里扬诺娃-叶利扎罗娃，对改动寄去的文章表示不满。

**5月8日(21日)**

列宁的《"庄园主邻居"》一文发表在《真理之路报》第80号上。

**5月8日(21日)以后**

致函在维也纳的尼·伊·布哈林，关注来自俄国的关于第四届国家杜马代表罗·瓦·马林诺夫斯基擅离职守的消息。

**5月8日(21日)以后**

收到姐姐安·伊·乌里扬诺娃-叶利扎罗娃从彼得堡的来信，信中对修改列宁寄去的文章说明了原因。

致函《启蒙》杂志编辑部，承认在批评编辑部修改自己的文章一事上，态度有些急躁。

**5月9日(22日)**

列宁的《民粹派和"派别暴力"》一文发表在《真理之路报》第81号上。

**5月9日或10日(22日或23日)**

致函在伯尔尼的格·李·什克洛夫斯基，告知由于罗·瓦·马林诺夫斯基离开杜马，取消派报刊对布尔什维克大肆诽谤；询问费·尼·萨莫伊洛夫能否去一趟莫斯科。

**5月10日(23日)**

列宁的《精致的民族主义对工人的腐蚀》一文发表在《真理报》第82号上。

**5月10日(23日)以后**

收到扬·安·别尔津从布鲁塞尔的来信，信中询问俄国社会民主工党代表大会和第二国际维也纳代表大会是否举行，是否邀请拉脱维亚边疆区社会民主党代表出席代表大会等情况。

致函在日内瓦的维·阿·卡尔宾斯基，感谢他寄来尼·亚·鲁巴金的《书林概述》第1卷；尖锐批评《同时代人》杂志，对费·伊·唐恩、尔·马尔托夫、格·瓦·普列汉诺夫为该杂志撰稿表示气愤；答应给他寄去第二国际代表大会代表资格的证明。

**5月11日(24日)**

致电雅·斯·加涅茨基，请他收集有关罗·瓦·马林诺夫斯基的全部材料并详细电告华沙报纸上的消息。

**5月11日(24日)以后**

收到格·伊·彼得罗夫斯基的电报,电报告知第四届杜马社会民主党工人党团及《真理报》编辑部对罗·瓦·马林诺夫斯基问题所持的立场。

**5月12日(25日)**

致函伊·费·阿尔曼德,告知彼得堡各报对罗·瓦·马林诺夫斯基的逃跑行为的反应。

**5月12日(25日)以后**

致函在伯尔尼的格·李·什克洛夫斯基,谈布尔什维克在第二国际维也纳代表大会上的策略。

致函在彼得堡的格·伊·彼得罗夫斯基,劝他不必花时间去讨论罗·瓦·马林诺夫斯基离开杜马一事,因为马林诺夫斯基已经受到谴责;指示必须同取消派分子进行不懈的斗争。

**5月13日(26日)**

列宁的《论政治形势》和《工人的统一和知识分子的"派别"》两篇文章发表在《真理之路报》第85号上。

**5月14日(27日)**

列宁的《论左派民粹派》一文发表在《真理之路报》第86号上。

**5月上半月**

致函在巴黎的伊·费·阿尔曼德,对乌克兰作家弗·基·温尼琴科在道德问题上的观点提出反对意见;建议在俄国社会民主工党巴黎支部讨论关于出席第二国际维也纳代表大会的代表团问题。

**不晚于5月19日(6月1日)**

致函在巴黎的阿·弗·波波夫(卡扎科夫),询问目前出版《社会民主党人报》的经费情况。

**5月20日(6月2日)以后**

收到阿·弗·波波夫(卡扎科夫)从巴黎的来信,信中告知目前出版《社会民主党人报》的经费情况。信中还邀请列宁去美国作报告并询问他能否用英语讲、告知在纽约举行了布尔什维克会议。

**5月22日(6月4日)**

列宁的《取消派和马林诺夫斯基的简历》一文发表在《工人日报》第2

号上。

**5月23日(6月5日)以前**

致函在洛夫兰的伊·费·阿尔曼德,说对乌克兰作家弗·基·温尼琴科写的长篇小说《先辈遗训》持完全否定的态度。

**5月24日(6月6日)**

列宁的《论两条道路》一文发表在《工人日报》第3号上。

**5月24日(6月6日)以后**

收到维·阿·卡尔宾斯基从日内瓦的来信,信中赞同自费出席第二国际维也纳代表大会。

致函格拉纳特出版社编辑部秘书,请他们告知,出版社要求卡·马克思这一词条释文写多大篇幅和什么时候交稿。

**不晚于5月25日(6月7日)**

致函在维也纳的亚·安·特罗雅诺夫斯基,谈关于重新分配出席第二国际代表大会的委托书一事。

**5月25日(6月7日)**

列宁的《不知道自己希望什么的普列汉诺夫》一文发表在《工人日报》第4号上。

**5月25日(6月7日)以后**

收到格·李·什克洛夫斯基从伯尔尼寄来的信,信中说明从瑞士派哪些人组成代表团出席第二国际维也纳代表大会,并邀请列宁参加代表团。

收到雅·安·特罗雅诺夫斯基从维也纳的来信,信中谈到重新分配出席第二国际维也纳代表大会的委托书、中央委员会报告的参考提纲、为工人报刊捐款的数目和整理俄国社会民主工党中央委员会克拉科夫会议(有党的工作人员参加)记录的进展情况。

**5月28日(6月10日)以前**

为第四届国家杜马中的布尔什维克代表起草发言稿《谈谈农业部的预算问题》。

**5月28日(6月10日)以后**

收到姐姐安·伊·乌里扬诺娃-叶利扎罗娃从彼得堡的来信,信中告知《启蒙》杂志第5期即将出版、这一期和正在编辑的第6期将发表列宁和其他人的文章。信中还谈到编辑部同阿·马·高尔基的相互关系问题。

**5月30日(6月12日)**

列宁的《论统一》一文发表在《劳动的真理报》第2号上。

**5月30日(6月12日)以后**

收到斯·格·邵武勉从巴库寄来的信，信中说已经收到列宁5月6日(19日)的信和《关于民族平等和保护少数民族权利的法律草案》的提纲。信中还对草案的某些条文提出了自己的看法、告知巴库罢工和布尔什维克巴库委员会领导罢工的情况。

**5月**

写《〈论《同时代人》杂志〉一文的提纲》。

**6月初**

收到亚·加·施略普尼柯夫从彼得堡的来信，信中叙述了社会党国际局主席埃·王德威尔得到达的情况。

**6月1日(14日)**

列宁的《论民族自决权》一文第5—7章、《图快出丑》、《论高喊统一而实则破坏统一的行为》，以及对约·加·德罗兹多夫的《俄国农业工人的工资与1905—1906年土地运动的关系》一书和И.М.科兹米内赫-拉宁的《莫斯科省工厂的加班劳动》小册子的评论，发表在《启蒙》杂志第5期上。

**6月1日(14日)以后**

从格·瓦·普列汉诺夫的《头都掉了，何必怜惜头发(声明)》一文中作摘录，并统计1914年布尔什维克的、取消派的、社会革命党的报纸每周发行份数，在《资产阶级知识分子反对工人的方法》一文中引用了这些资料。

**6月4日(17日)以后**

收到亚·安·特罗雅诺夫斯基的信，信中邀请列宁来维也纳作报告和休息。信中还说打算写一篇文章驳斥“民族文化自治”，并请求审阅这篇文章。

**6月5日(18日)**

列宁的《问题明确了(请觉悟的工人们注意)》一文发表在《劳动的真理

报》第 7 号上。

**6 月 5 日和 9 日(18 日和 22 日)之间**

收到《真理报》编辑部的来信,信中谈到同取消派作斗争的问题、《真理报》的发行量和该报发表的论战材料。

**6 月 5 日和 26 日(6 月 18 日和 7 月 9 日)之间**

写《表明工人运动中各派力量的一些客观材料》一文。

**6 月 5 日(18 日)以后**

致函《劳动的真理报》编辑部,询问调和主义倾向对真理派工人的影响;指示应如何对待正在转向取消派的格·瓦·普列汉诺夫;建议无情地痛斥小团体主义和取消主义。

**6 月 9 日(22 日)**

列宁的《论冒险主义》和《拉脱维亚马克思主义者的决议和取消派》两篇文章发表在《工人日报》第 7 号上。

**6 月 10 日(23 日)**

列宁的《一位自由派的坦率见解》一文发表在《劳动的真理报》第 11 号上。

**6 月 11 日(24 日)以后**

读刊登在《劳动的真理报》第 12 号上的乌拉尔的纳扎尔的短评《怎么会发生这种事情?》并在上面作记号,在《表明工人运动中各派力量的一些客观材料》中提到这篇短评。

**6 月 13 日和 14 日(26 日和 27 日)**

列宁的《工人阶级和工人报刊》一文发表在《劳动的真理报》第 14、15 号上。

**6 月 14 日(27 日)以后**

收到波涛出版社的来信,信中告知奥·倍倍尔的回忆录的部分译稿已送去排版,并说《马克思主义和取消主义》文集即将印完。

**6 月 16 日(29 日)以前**

致函米·康·弗拉基米罗夫(舍印芬克尔)和里斯金,谈有关在巴黎出版党纲和党章事宜。

代表俄国社会民主工党中央委员会通知社会党国际局书记卡·胡

斯曼，委派马·马·李维诺夫为驻社会党国际局代表。

**不早于6月16日(29日)**

统计各个团体和个人为《统一报》募捐的情况，该报是以格·瓦·普列汉诺夫为首的孟什维克护党派分子同布尔什维克调和派分子出版的。

**6月16日(29日)以后**

收到社会党国际局执行委员会寄给俄国社会民主工党中央委员会的信，信中告知在第二国际维也纳代表大会召开以前，社会党国际局执行委员会将在布鲁塞尔召开"统一"会议，要求派代表出席。

收到米·康·弗拉基米罗夫和里斯金从巴黎寄来的复信，信中告知俄国社会民主工党章程和纲领已经付排，保证如期完成这项工作。

**不晚于6月17日(30日)**

致函波涛出版社，询问自己的《工人阶级和工人报刊》一文的处理情况，这篇文章原拟作为《马克思主义和取消主义》文集第2册的附录出版。

**6月17日(30日)以后**

收到波涛出版社的来信，信中告知他的《工人阶级和工人报刊》一文已经排好，将刊印在《马克思主义和取消主义》文集的最后面。

收到扬·安·别尔津从布鲁塞尔的来信，信中告知，拉脱维亚社会民主党已经收到社会党国际局执行委员会关于7月3—5日(16—18日)在布鲁塞尔召开会议的通知，他将代表拉脱维亚党出席这次会议，建议会面并商讨共同行动。

**不晚于6月19日(7月2日)**

致函波涛出版社，再次询问自己的《工人阶级和工人报刊》一文的情况；要求整理出一套报纸(供草拟布鲁塞尔会议的报告用)；随信附去对自己的《工人对在国家杜马中成立俄国社会民主党工人党团的反应》一文的补充。

**6月19日(7月2日)**

列宁的《左派民粹主义和马克思主义》一文发表在《劳动的真理报》第19号上。

**6月19日(7月2日)以后**

列宁和娜·康·克鲁普斯卡娅收到亚·加·施略普尼柯夫从彼得堡的

来信,信中谈到俄国工人的觉悟日益提高,总罢工的思想深入人心,布尔什维克报纸极受欢迎,取消派分子及其报刊在削弱。

收到马·马·李维诺夫从伦敦的来信,信中附有卡·胡斯曼的两封信,其中包括社会党国际局发出的出席布鲁塞尔会议的邀请书。

**不晚于 6 月 20 日(7 月 3 日)**

受俄国社会民主工党中央委员会的委托致函伊·费·波波夫、米·费·弗拉基米尔斯基和亚·阿·别克扎江,建议他们参加俄国社会民主工党中央委员会代表团出席社会党国际局布鲁塞尔"统一"会议。

致函伊·费·阿尔曼德,告知社会党国际局执行委员会定于 7 月 3—5 日(16—18 日)在布鲁塞尔召开"统一"会议;列宁受俄国社会民主工党中央委员会委托,请阿尔曼德参加代表团,对她在会议上持何种态度提出建议;答应制定极详尽的策略。

**6 月 21 日(7 月 4 日)**

晚上,同雅·斯·加涅茨基商谈有关波兰反对派参加布鲁塞尔会议的问题。

**不早于 6 月 21 日(7 月 4 日)**

受俄国社会民主工党中央委员会委托,通知社会党国际局执行委员会,说中央委员会作出一项专门决定:如果波兰反对派没有受到邀请,或不能同其他与会者享有平等权利,那俄国社会民主工党就不参加布鲁塞尔会议;询问将有哪些组织和个人出席这次会议。

**6 月 21 日—23 日(7 月 4 日—6 日)**

致函在南锡的格·伊·萨法罗夫,建议他以俄国社会民主工党中央委员会代表团秘书的身份出席布鲁塞尔会议。

**6 月 21 日(7 月 4 日)以后**

收到伊·费·波波夫从布鲁塞尔的来信,信中说他同意作为代表出席布鲁塞尔会议,必要时还可以担任翻译。信中还请求对寄送会议所需的文件和《真理报》一事作指示。

**6 月 22 日(7 月 5 日)**

列宁的《俄国的土地问题》一文发表在《劳动的真理报》第 22 号上。

**6 月 23 日(7 月 6 日)以前**

就出版俄国社会民主工党纲领和章程的开本和二校样拖延的原因等事

宜;致函在巴黎的尼·瓦·库兹涅佐夫。信中还要求告知出席第二国际维也纳代表大会的巴黎代表的名单以及其他情况。

致函斯·格·邵武勉,同他争论民族问题,要他读一读列宁的《关于民族问题的批评意见》和《论民族自决权》两篇文章,并对文章提出批评意见;请他搜集在高加索用格鲁吉亚文、亚美尼亚文以及其他文字出版社会民主党报纸的材料,询问布尔什维克报纸和取消派报纸的发行情况。

致函在洛夫兰的伊·费·阿尔曼德,请她为第二国际维也纳代表大会准备好一切必要的文件材料以及《社会民主党人报》上驳斥取消派的文章。

致函伊·费·阿尔曼德,坚决主张她去出席布鲁塞尔会议;答应代表俄国社会民主工党中央委员会起草报告;告知拟由哪些人参加代表团。

致函在巴黎的尼·瓦·库兹涅佐夫,请库兹涅佐夫同米·费·弗拉基米尔斯基商讨他参加布鲁塞尔会议的问题。

**6月23日(7月6日)**

致函在彼得堡的阿·萨·叶努基泽,询问1911年以来高加索出版布尔什维克报纸和取消派报纸的情况,以及这些报纸是否刊登财务报表、工人和其他人的贺词、关于投票拥护第四届杜马代表六人团或七人团的决议等材料。

**6月23日—30日(7月6日—13日)**

起草俄国社会民主工党中央委员会在布鲁塞尔会议上的报告的提纲;起草报告的几种文稿;写给中央代表团的指示。

**不早于6月23日(7月6日)**

收到Б.Г.丹斯基的来信,信中告知已给《保险问题》杂志寄去自己一篇文章的抄件,请求修改这篇文章。信中还告知《马克思主义和取消主义》文集已经印完并询问列宁何时到维也纳。

**6月23日(7月6日)以后**

收到《真理报》编辑部的来信,信中说《资产阶级知识分子反对工人的方法》一文发表在《启蒙》杂志第6期上。

收到扬·安·别尔津的来信，信中谈到即将召开的布鲁塞尔会议、同意列宁提出的俄国社会民主工党统一的条件、表示将协调布尔什维克和拉脱维亚代表团的发言、介绍会议参加者情况、认为列宁有必要亲自出席这次会议。

收到尼·瓦·库兹涅佐夫从巴黎的来信，信中解释俄国社会民主工党纲领和章程二校样耽搁的原因、谈到出席维也纳代表大会的布尔什维克代表团名单已寄出、要求寄去俄国社会民主工党中央委员会给法国全国非常代表会议的贺词。

**6月24日(7月7日)**

列宁的《谩骂的政治意义(谈谈统一问题)》一文发表在《劳动的真理报》第23号上。

**6月24日(7月7日)以后**

收到尼·瓦·库兹涅佐夫从巴黎的来信，信中谈到米·费·弗拉基米尔斯基同意参加俄国社会民主工党中央委员会出席布鲁塞尔会议代表团，还谈到根据列宁的要求正在搜集党的代表大会、代表会议的记录、决议以及各种报纸。

**不晚于6月25日(7月8日)**

致函维·谢·米茨凯维奇-卡普苏卡斯，询问有关立陶宛《浪潮报》的创办历史和编辑方针。

几次致函在伦敦的马·马·李维诺夫，叙述俄国社会民主工党中央委员会就布尔什维克参加布鲁塞尔会议一事给社会党国际局书记卡·胡斯曼的答复的内容。

收到伊·费·阿尔曼德从洛夫兰发来的电报，电报中说同意参加俄国社会民主工党中央委员会出席布鲁塞尔会议代表团。

致函伊·费·阿尔曼德，谈有关筹备维也纳国际妇女社会党人代表会议的事宜，并感谢她寄来邮包和拍来电报。

致函伊·费·阿尔曼德，告知中央委员会确定的俄国社会民主工党出席布鲁塞尔“统一”会议代表团的名单，并告知次日将寄出中央委员会的报告的开头部分和结尾部分。

**6月25日(7月8日)以后**

收到马·马·李维诺夫从伦敦寄来的明信片，明信片中告知已收到列宁的两封信，还说给卡·胡斯曼已寄出一封信，说明不出席布鲁塞尔会议的原因。

**6月26日(7月9日)**

列宁的《表明工人运动中各派力量的一些客观材料》一文发表在《劳动的真理报》第25号上。

**6月27日(7月10日)以前**

致函彼得堡的波涛出版社，要求将《马克思主义和取消主义》文集的校样寄来。

致函在伦敦的马·马·李维诺夫，要他给在布鲁塞尔的伊·费·波波夫寄去五个人的委托书，供出席布鲁塞尔会议的布尔什维克代表使用。

致函在洛夫兰的伊·费·阿尔曼德，说列宁为布鲁塞尔会议起草的俄国社会民主工党中央委员会的报告已经寄去，请阿尔曼德将这份报告译成法文，并对她在会上如何行动提出建议。

致函在巴黎的米·费·弗拉基米尔斯基(卡姆斯基)，请他搜集布鲁塞尔会议的所有材料。

致函在布鲁塞尔的伊·费·波波夫，要他把巴黎、彼得堡等城市寄来的文件保存好，以供布尔什维克代表在布鲁塞尔会议上工作之用。列宁还委托波波夫尽可能准确地把所发生的一切，特别是德国卡·考茨基的发言记录下来。

**不早于6月27日(7月10日)**

收到阿·弗·卡扎科夫从巴黎的来信，信中谈到俄国社会民主工党纲领和章程的排版工作已经结束，要求批准出版。

**6月27日和7月3日(7月10日和16日)之间**

对俄国社会民主工党中央委员会给布鲁塞尔会议的报告作补充。

致函伊·费·阿尔曼德，就如何在布鲁塞尔会议上宣读俄国社会民主工党中央委员会的报告一事，向她提出建议，强调必须论证只有布尔什维克才是工人党。

给在布鲁塞尔的伊·费·波波夫寄去载有自己的《论高喊统一而实则破坏统一的行为》一文的《启蒙》杂志第5期以及其他文件。

**不晚于6月28日(7月11日)**

给伊·费·阿尔曼德寄去为出席布鲁塞尔会议的俄国社会民主工党中央委员会代表团所作的重要指示的第四部分。

**6月28日(7月11日)**

列宁的《左派民粹派在工人中的力量有多大》一文发表在《劳动的真理报》第27号上。

列宁的《论民族自决权》(最后部分)、《资产阶级知识分子反对工人的方法》和《关于"前进派分子"和"前进"集团》等三篇文章发表在《启蒙》杂志第6期上。

致函波涛出版社,感谢他们寄来《马克思主义和取消主义》一书第2册的最后一部分校样;要求立即将该书机样,连同《真理报》、《我们的曙光》杂志的合订本和其他一些材料寄给在布鲁塞尔的伊·费·波波夫。

**不晚于6月29日(7月12日)**

会见从彼得堡来请示工作的阿·谢·基谢廖夫、尼·巴·阿维洛夫等人,向他们了解彼得堡工人运动的情况;建议他们留下来参加党中央委员会的会议。

**6月29日(7月12日)**

致函在洛夫兰的伊·费·阿尔曼德,告知彼得堡的两名工人(阿·谢·基谢廖夫和尼·巴·阿维洛夫)已经到达,格·伊·彼得罗夫斯基即将到达;强调她参加布鲁塞尔会议是极为必要的。

列宁起草的《告乌克兰工人书》用乌克兰文刊登在《劳动的真理报》第28号上,署名奥克先·洛拉,并附有列宁加的《编者按》。

**6月29日和7月6日(7月12日和19日)之间**

在波罗宁主持党中央委员会会议(有来自俄国国内的党的工作者参加)。会议研究杜马党团的工作和筹备党的代表大会的问题。

**6月29日(7月12日)以后**

在波罗宁多次同格·伊·彼得罗夫斯基研究俄国国内工人运动问题和布尔什维克杜马党团的工作。

**不晚于6月30日(7月13日)**

致函伊·费·阿尔曼德,阐述布尔什维克代表团在布鲁塞尔会议上的策略，提醒她必须向社会党国际局成员详细解释俄国社会民主工党在非法条件下工作的特点和困难，指示她在同取消派和社会党国际局领导人进行论战中如何运用好党的决议。

**6月30日(7月13日)以后**

收到马·马·李维诺夫从伦敦寄来的信，信中说波兰社会民主党反对派已经收到出席布鲁塞尔会议的邀请书，还说委托书已寄给在布鲁塞尔的伊·费·波波夫。

**不晚于7月1日(14日)**

致函在洛夫兰的伊·费·阿尔曼德，告诉她提交社会党国际局和供在布鲁塞尔会议上作报告用的材料已寄出，要求把材料保存好，事后归还。

**7月2日(15日)**

列宁的《首先要有明确性！(谈谈统一问题)》一文发表在《劳动的真理报》第30号上。

**7月2日和3日(15日和16日)**

列宁的《工人出版节的总结(根据〈真理之路报〉的报表)》一文发表在《劳动的真理报》第30号和第31号上。

**7月3日(16日)以前**

写便条给格·叶·季诺维也夫，请他转告雅·斯·加涅茨基：不同意他提出的发给250克郎才能去出席布鲁塞尔会议的要求。

收到格·伊·萨法罗夫从南锡寄来的信，信中表示同意去维也纳出席第二国际代表大会和党代表大会，还请求党中央委员会拨给他参加布鲁塞尔会议所需的经费。

收到伊·费·波波夫从布鲁塞尔的来信，信中说马·马·李维诺夫寄来的给出席布鲁塞尔会议全体代表的委托书以及列宁寄来的汇款和文件都已收到。信中还谈到波波夫为参加布鲁塞尔会议进行准备工作的情况，他现在正等待详细的指示。

**不晚于7月3日(16日)**

致函在布鲁塞尔的伊·费·阿尔曼德，告知在波罗宁正在举行有党的工作人员参加的中央委员会会议、俄国社会民主工党代表大会将于8月召开；要求在布鲁塞尔会议闭幕后，详细报告会议的结果。

**7月3日—5日(16日—18日)**

在比亚韦-杜纳耶茨领导布尔什维克代表团在布鲁塞尔会议上的工作。

**7月3日(16日)以后**

收到伊·费·波波夫的信,信中报告了布鲁塞尔会议的进程和布尔什维克代表团在会议上的活动情况。

**7月4日或5日(17日或18日)**

致电出席布鲁塞尔会议的俄国社会民主工党中央委员会代表团,指示必须以三个代表团的名义提出关于取消派的实质的声明。

**7月5日(18日)以前**

列宁和格·伊·彼得罗夫斯基从波罗宁致电社会党国际局,告知有关埃·王德威尔得彼得堡之行的各种材料已寄出。同时把这封电报的副本和彼得罗夫斯基从彼得堡带来的材料和报纸寄给俄国社会民主工党代表团。这些材料对于揭露孟什维克起了重大作用。

**7月5日(18日)**

列宁编辑的《马克思主义和取消主义》文集第2册出版,该文集收载列宁14篇著作。

**7月5日(18日)以后**

为《劳动的真理报》写题为《布鲁塞尔代表会议上的波兰反对派》的短评。

致函在伯尔尼的格·李·什克洛夫斯基,告知布鲁塞尔会议的结果;询问他是否在为第二国际维也纳代表大会作准备;了解费·尼·萨莫伊洛夫的健康状况。

致函在柏林的拉脱维亚社会民主党人伊·埃·格尔曼,谈拉脱维亚社会民主党对俄国社会民主工党的态度,对1914年拉脱维亚人和他们的中央委员会反对取消派的言论表示满意,但对拉脱维亚边疆区社会民主党能否与布尔什维克完全统一表示怀疑,认为必须先要明确如下原则问题:拉脱维亚边疆区社会民主党是否能与俄国社会民主工党共同反对取消派、民族主义和联邦制。

致函在柏林的弗·米·卡斯帕罗夫,要求告知俄国革命事件的发展情况。

**7月6日(19日)**

俄国社会民主工党中央委员会通过列宁起草的关于对波兰反对派的态

度和关于向出席布鲁塞尔会议的中央委员会代表团表示感谢的决议草案。

致函伊·费·阿尔曼德，揭露第二国际领导人在布鲁塞尔会议上的行径，称赞布尔什维克代表处理事情冷静而又坚决。

致函伊·费·阿尔曼德，告知收到关于布尔什维克代表团在布鲁塞尔会议上的工作的出色报道，向她表示感谢，并说下一次党的代表大会大约于8月7—12日（20—25日）举行，她将作为代表参加这次代表大会。

**7月7日（20日）以前**

致函伊·费·阿尔曼德，告知7月5日（18日）的关于布鲁塞尔会议的工作报告已经收到，对波兰反对派的行为表示愤慨；建议采取措施获得参加维也纳代表大会的委托书；要求根据手稿指明，俄国社会民主工党中央委员会的报告中有哪几个地方她已在布鲁塞尔会议上讲了。

**7月7日（20日）以后**

写《徘徊在十字路口的波兰社会民主党反对派》一文。

列宁和娜·康·克鲁普斯卡娅收到Г.Н.科托夫从巴黎的来信，信中告知他作为《真理报》驻俄国社会民主工党国外组织委员会的代表的工作情况，并说正等候关于布鲁塞尔会议的报告。

**不晚于7月8日（21日）**

开始为格拉纳特百科词典撰写《卡尔·马克思（传略和马克思主义概述）》这一词条。

**7月8日（21日）**

致函格拉纳特出版社编辑部秘书，告知因一些意料不到的情况不得不把已经动笔的《卡尔·马克思》这一词条停下来，希望编辑部能另找一位作者撰写。

列宁对《莱比锡人民报》的一篇文章的反驳发表在该报第165号上，署名"《真理报》编辑部"。

**7月8日（21日）以后**

收到伊·费·波波夫从布鲁塞尔的来信，信中谈到会议的进程，布尔什维克代表团和波兰、拉脱维亚社会民主党人代表团在布鲁塞尔会议上的活动情况。

收到格·伊·彼得罗夫斯基从彼得堡的来信，信中告知布尔什维克几次遭到逮捕，但彼得堡工人的活动日益增强。

**7月9日(22日)**

委托娜·康·克鲁普斯卡娅致函俄国社会民主工党中央委员会俄国局，通报布鲁塞尔会议情况以及党代表大会和第二国际维也纳代表大会筹备情况。

**7月9日(22日)以后**

收到亚·加·施略普尼柯夫的来信，信中告知彼得堡和俄国其他一些城市因法国总统雷·彭加勒访俄而举行罢工的消息，以及为出席第二国际维也纳代表大会而进行准备工作的情况。

**不晚于7月11日(24日)**

收到伊·费·阿尔曼德的来信，信中告知布鲁塞尔会议的详细情况。

致函伊·费·阿尔曼德，感谢她提供了代表会议的详细情况；赞同俄国社会民主工党中央委员会代表团拒绝参加表决卡·考茨基在布鲁塞尔会议上提出的决议；告知打算同前来波罗宁的拉脱维亚社会民主党人爱·兹维尔布利斯讨论关于拉脱维亚边疆区社会民主党出席俄国社会民主工党代表大会的问题；批评卡·考茨基和格·瓦·普列汉诺夫的立场。

**7月12日(25日)以前**

致函伊·费·阿尔曼德，说俄国革命正在到来，还谈到彼得堡有很多人被逮捕、报纸被查封、奥地利和塞尔维亚之间可能发生战争等情况。

**7月12日(25日)**

受俄国社会民主工党中央委员会委托，致函在斯德哥尔摩的瑞典社会民主党人威·扬松或奥·施蒂茨，请求告知斯德哥尔摩的几个可靠的秘密地址，以便同彼得堡进行联系，因为过去是经华沙联系的，现在已不可能了。

**7月12日(25日)以后**

收到格拉纳特出版社编辑部从莫斯科寄来的信，信中请他不要拒绝撰写《卡尔·马克思》这一词条，并建议将交稿日期延至8月15日(28日)。

**不晚于7月13日(26日)**

同拉脱维亚社会民主党人爱·兹维尔布利斯谈话,兹维尔布利斯向列宁介绍拉脱维亚社会民主党及其"左派反对派"的情况。

**7月13日(26日)**

致函扬·鲁迪斯-吉普斯利斯,要求告知里加第四区和拉脱维亚工人的大多数是否赞成同俄国社会民主工党中央委员会建立更为密切的关系;认为让工人了解中央委员会在布鲁塞尔会议上提出的十四项条件是重要的;询问拉脱维亚社会民主党在民族问题上的态度,阐明自己反对联邦制和主张民主集中制的立场;谴责波兰反对派在布鲁塞尔会议上的行径。

**7月14日(27日)**

收到弗·米·卡斯帕罗夫从柏林寄来的信,信中告知登有对布鲁塞尔会议各种反映的报纸已经寄出。

**7月15日(28日)**

致函格拉纳特出版社编辑部秘书,表示同意将《卡尔·马克思》这一词条写完。

**7月15日和18日(28日和31日)之间**

起草《〈革命与战争〉一文的提纲》,并为下一号即第33号《社会民主党人报》编写文章目录。

**7月15日(28日)以后**

收到瑞典社会民主党人威·扬松从斯德哥尔摩的来信,信中告知奥·施蒂茨现在哥本哈根,建议全部信件按他的地址寄。

**7月16日(29日)以后**

收到扬·鲁迪斯-吉普斯利斯从柏林来的复信,信中告知在拉脱维亚边疆区社会民主党内存在着"左派反对派",而他本人是这派的拥护者。鲁迪斯-吉普斯利斯认为同俄国社会民主工党中央委员会建立更加密切的关系是必要的,同时还告知:列宁为布鲁塞尔会议所拟的十四项条件已经收到。

**7月17日(30日)以后**

收到伊·埃·格尔曼从柏林的来信,信中告知在布鲁塞尔会议上,布尔什维克提出的十四项条件已为拉脱维亚社会民主党人接受。

收到格·伊·萨法罗夫从南锡的来信，信中谈到为第二国际维也纳代表大会所进行的准备工作、布尔什维克代表团的初步名单，认为列宁和俄国国内来的党的工作者参加这个代表团是必要的。

**7月18日(31日)**

致函在伯尔尼的格·李·什克洛夫斯基，告知第二国际代表大会改为7月27日(8月9日)在巴黎举行；认为费·尼·萨莫伊洛夫务必前去出席这次代表大会，要求尽可能细心地安排好这件事，使他在巴黎不至于中断治疗。

**7月18日(31日)以后**

致电在彼得堡的阿·叶·巴达耶夫，通知国际社会党代表大会即将在巴黎举行；邀请他前来波罗宁。

**不晚于7月19日(8月1日)**

应弗·维·阿多拉茨基的要求，写回信向他介绍有关民族问题的书刊，建议参考安·潘涅库克和约·施特拉塞尔的几本小册子。

致函在柏林的弗·米·卡斯帕罗夫，要求从《前进报》以及资产阶级报纸上整理出一套关于彼得堡工人运动的剪报，并把它寄来；询问在《前进报》上是否刊登过格·瓦·普列汉诺夫的《新的高涨》一文的译文。

收到格·伊·萨法罗夫从南锡的来信，信中谈到他对布鲁塞尔会议的印象，以及他结识费·尼·萨莫伊洛夫的情况。

## 《列宁全集》第二版第 25 卷编译人员

**译文校订：**王文卿　陆肇明　徐记忠　傅仲选　王问梅

**资料编写：**杨祝华　刘丕烈　张瑞亭　刘方清　林海京　王锦文　刘彦章

**编　　辑：**江显藩　许易森　李桂兰　薛春华　李京洲　门三姗

**译文审订：**胡尧之　岑鼎山

## 《列宁全集》第二版增订版编辑人员

李京洲　高晓惠　翟民刚　张海滨　赵国顺　任建华　刘燕明　孙凌齐　门三姗　韩　英　侯静娜　彭晓宇　李宏梅　付　哲　戢炳惠　李晓萌

**审　　定：**韦建桦　顾锦屏　柴方国

**本卷增订工作负责人：**韩　英　翟民刚

项目统筹：崔继新
责任编辑：孔　欢
装帧设计：石笑梦
版式设计：周方亚
责任校对：胡　佳

图书在版编目(CIP)数据

列宁全集.第25卷/(苏)列宁著;中共中央马克思恩格斯列宁斯大林著作编译局编译.
—2版(增订版)-北京:人民出版社,2017.3(2024.7重印)
ISBN 978-7-01-017104-3
Ⅰ.①列…　Ⅱ.①列… ②中…　Ⅲ.①列宁著作-全集　Ⅳ.①A2
中国版本图书馆CIP数据核字(2016)第316451号

书　　名　列宁全集
　　　　　LIENING QUANJI
　　　　　第二十五卷
编 译 者　中共中央马克思恩格斯列宁斯大林著作编译局
出版发行　人民出版社
　　　　　(北京市东城区隆福寺街99号　邮编 100706)
邮购电话　(010)65250042　65289539
经　　销　新华书店
印　　刷　北京新华印刷有限公司
版　　次　2017年3月第2版增订版　2024年7月北京第2次印刷
开　　本　880毫米×1230毫米 1/32
印　　张　23
插　　页　3
字　　数　609千字
印　　数　3,001—6,000册
书　　号　ISBN 978-7-01-017104-3
定　　价　56.00元

ISBN 978-7-01-017104-3
9 787010 171043 >